Franz Lüttgen

Johann Gregor Breuer und Adolph Kolping

Franz Lüttgen

Johann Gregor Breuer und Adolph Kolping

Studien zur Frühgeschichte des Katholischen Gesellenvereins

BONIFATIUS
Druck · Buch · Verlag
PADERBORN

Imprimatur. Paderbornae, d. 03. m. Februaris 1997
Nr. A 58-21.00.2/439. Vicarius Generalis i. V. Dr. Schmitz

Die Deutsche Bibliothek – CIP-Einheitsaufnahme

Lüttgen, Franz:
Johann Gregor Breuer und Adolph Kolping : Studien zur Frühgeschichte des Katholischen Gesellenvereins / Franz Lüttgen. – Paderborn : Bonifatius, 1997
ISBN 3-87088-977-2

Umschlagabbildungen:
Das Breuerbild befindet sich bei Frau Gertrud Schmitz-Breuer, Opladen; das Kolpingbild in Privatbesitz

ISBN 3-87088-977-2

Gesamtherstellung:
Bonifatius GmbH Druck · Buch · Verlag Paderborn

„Jedem das Seine: Lehrer Breuer die Ehre, aus eigener Initiative den Verein gestiftet und ihm in uneigennützigster Mühewaltung die erste Pflege und Förderung gegeben, Vater Kolping das Verdienst und den Ruhm, die Ausbreitung und Sicherstellung des von ihm erkannten Gotteswerkes zu seiner Lebensaufgabe gemacht zu haben!"

Erklärung der „alten Garde"
vom 14. Oktober 1890

Inhaltsverzeichnis

Einleitung

„Jeder wahrhaft Gläubige weiß, daß die Kirche von den Enthüllungen der Wahrheit alles zu hoffen und nichts zu fürchten hat."
Sebastian Merkle

Seit dem Jahre 1981, als ich die Leitung des Archivs der Deutschen Kolpingsfamilie in Köln übernommen habe, befasse ich mich mit den Anfängen dessen, was heute Kolpingwerk heißt. Von vornherein hatte ich mir zum Ziel gesetzt, die Verbandsgeschichte des Gesellenvereins/Kolpingwerkes in einen breiten kirchen-, biographie- und sozialgeschichtlichen Kontext zu stellen, um, eingebettet in ein umfassendes Bild des 19. und 20. Jahrhunderts, die Verbandsgeschichte und darin speziell sowohl die Originalität Johann Gregor Breuers und Adolph Kolpings, der beiden wichtigsten Persönlichkeiten im Gründungsgeschehen des Katholischen Gesellenvereins, als auch ihre Zeitverhaftetheit und Interdependenz mit vielen anderen Personen und Strömungen deutlich werden zu lassen.

Einen großen Teil meiner beruflichen Tätigkeit habe ich neben archivarischen und bibliothekarischen Tätigkeiten in die textgenaue Edition der Adolph-Kolping-Schriften gesteckt, und bei dieser Arbeit ergaben sich immer wieder Fragestellungen, die in dieser Form mehr oder weniger neu waren und einer gründlicheren Erforschung bedurften. So habe ich sozusagen als Nebenprodukt der Edition an verschiedenen Stellen „Neues" über Adolph Kolping, aber auch über Johann Gregor Breuer publiziert.

Nachdem jetzt zehn von voraussichtlich 22 Bänden der Adolph-Kolping-Schriften (KS) erschienen sind und ich schon in der Einleitung von Band 8 eine Art Halbzeitbilanz gezogen habe,[1] habe ich mir ebenso meine bisherigen Publikationen zur Verbandsgeschichte näher angeschaut.

Aus den größeren Beiträgen, von denen einige bisher noch nicht anderswo erschienen sind, habe ich 14 für dieses Buch zusammengestellt. Danach könnte es so scheinen, als seien diese Studien eher zufällig hier zusammengetragen worden. Das ist aber nicht der Fall; denn, obwohl sie jeweils in sich abgeschlossen sind, ergeben sie zusammen ein einheitliches Bild, und ich muß mir im nachhinein sagen, daß von Anfang an ein Gesamtkonzept dahintergestanden hat. Dabei sei nicht verschwiegen, daß ich gerne auch noch weitere, geplante Studien eingefügt hätte, um das Bild noch farbiger zu gestalten.

---

[1] Vgl. KS, Bd. 8, S. VIII-X.

Diese Studien seien kurz charakterisiert: Zunächst ging es darum, die beiden Persönlichkeiten in ihren Biographien und in der Literatur vorzustellen. Als nächstes nahm ich die frühe Jugend Kolpings in den Blick, und zwar seine Gesellenzeit in Köln.

Die vier folgenden Studien untersuchen die Zeit, in der sich Breuer und Kolping näher begegnet sind, die Jahre 1846 bis 1849 in Elberfeld. Als erstes wird die Geschichte des katholischen Gesellenvereins Elberfeld in dieser Zeit im Überblick dargestellt. Dann folgt eine Untersuchung über protestantische Einflüsse auf diese Vereinsgründung. Kolpings Wirken im Revolutionsjahr 1848 schließt sich an, und zuletzt wird der Frage nachgegangen, wie der „Streit um die Gründung" dieses Vereins im Laufe von anderthalb Jahrhunderten geführt worden ist.

Die letzten sechs Studien befassen sich mit Kolpings Wirken in Köln. Zunächst wird ein Überblick über die Jahre 1849 bis 1865 gegeben. Zwei Kolpinglegenden werden dann näher untersucht. Kolpings Verhältnis zum Handwerk ist das Thema der folgenden Studie. Weiter geht es um die langjährigen Auseinandersetzungen um die Korporationsrechte des Kölner Gesellenhospitiums. Kolpings Verhältnis zum politischen Katholizismus wird anschließend beleuchtet, und zuletzt werden Kolpings Bemühungen um den Kauf des Kölner Konventes Kreuz geschildert. Weil die Studien über die Korporationsrechte und das Kreuzkonvent eine große Zahl von neu aufgefundenen Texten dokumentieren, sind sie umfangreicher als die übrigen.

Es geht dem Buch erstens darum, die eigenständigen Persönlichkeiten Breuer und Kolping aus ihrem Handeln hervorleuchten zu lassen, und zwar in verschiedenen Belichtungen, zweitens, ihr gegenseitiges Verhältnis zu klären,[2] drittens, die Entwicklung des katholischen Gesellenvereinswesens in Elberfeld und Köln und über Köln hinaus bis zum Tode Kolpings nachzuzeichnen. Viertens haben beide Persönlichkeiten über das Vereinsmäßige hinaus viele Anregungen für den sozialen und politischen Raum gegeben, denen hier ebenfalls nachgegangen wird. Das Buch steckt sich also nicht das Ziel, die Biographien Breuers und Kolpings bis ins letzte zu beschreiben, will aber sehr wohl viele bisher unbekannte Details dazu beisteuern. Ihm geht es mehr um die Interdependenz dieser beiden Persönlichkeiten, die ihren je eigenen Beitrag dazu geliefert haben, daß wir heute das „Kolpingwerk" haben. Was Breuer betrifft, geht es ihm zudem darum, dem Kolpingwerk diesen Gründer neu zu schenken, und zwar pünktlich zu seinem hundertsten Todestag am 2. April 1997. Was die Person Kolping angeht, so haben sich in vielen Jahrzehnten eine ganze Reihe von Legenden um ihn gerankt. Mehrere davon

---

[2] Über ihr Verhältnis kann man in der Literatur viele Variationen entdecken, u. a.: „... der Lehrer J. G. Breuer und sein bedeutendster Schüler, der spätere Geistliche A. Kolping". Antje Kraus, Armenwesen, Wohlfahrtspflege, Sozialarbeit, in: Handbuch der deutschen Bildungsgeschichte, Bd. 3: 1800-1870, München 1987, S. 317-331, hier S. 321.

wurden näher untersucht mit dem Ziel, den „echten“ Kolping aus den Quellen hervortreten zu lassen. Daß dabei eine ganze Reihe bisher nicht beachteter Quellen zu Rate gezogen werden konnte, sei nebenbei erwähnt.

In die hier neu aufgelegten Studien sind auch weitere Funde und Erkenntnisse eingeflossen, die seit der ersten Drucklegung gemacht worden sind. In den meisten Fällen wurden die Ergebnisse bestätigt. Zwei Fehler habe ich aber gegenüber den früheren Druckfassungen verbessert: Zum einen hatte ich Kolpings Gesellenzeit in Köln auf das Jahr 1836 angesetzt. Eine bisher unveröffentlichte Teilbiographie Kolpings aus der Feder von P. Roman Kinast ofm hat mich aber belehrt, daß es sich um 1835 gehandelt hat. Zum anderen hatte ich in der Edition von KS, Bd. 3 einen späteren Zusatz von Breuer in seine „Denkschrift“ hineingezogen und daraus Fehlschlüsse gezogen. Des weiteren konnte die „Wohnung“ des Gesellenvereins „Am Hof“ lokalisiert werden.

Da die Untersuchungen inhaltlich meistens Längsschnitte unter verschiedenen Gesichtspunkten darstellen, waren in den „Schnittmengen“ Wiederholungen nicht zu vermeiden. Aus diesem Grunde wurden vorher textgleiche Zitate nach Möglichkeit gekürzt oder durch ähnliche ersetzt mit der Ausnahme der Vorgänge um die Kölner Korporationsrechte, wo bewußt eine Kurzfassung in den Überblick über Kolpings Wirken in Köln hineingenommen worden ist.

Ein Abkürzungsverzeichnis zeigt die häufig benutzte Literatur an. Wie in KS, Bd. 3-5 und 7-10 üblich, werden Zitate in der heute üblichen Orthographie gebracht. Ergänzungen stehen in eckigen Klammern. Vornamen wurden bei der ersten Erwähnung der entsprechenden Person ergänzt. Eine Bibliographie meiner Veröffentlichungen, soweit sie in irgendeiner Form um die Gründungsgeschichte des Verbandes kreisen,[3] sowie ein Personenregister schließen das Buch ab.

Diese Studien wollen auch zu ähnlichen Untersuchungen anregen; denn einzelne Züge aus dem Leben von Breuer und Kolping sowie aus der Gründungsgeschichte des Katholischen Gesellenvereins insgesamt sind bisher noch nie gründlich untersucht worden.

Zum Schluß möchte ich mich bei meiner Familie dafür bedanken, daß sie viel Verständnis aufgebracht hat für meine Vorarbeiten an diesem Buch.

---

[3] Vgl. auch: Biographisch-bibliographisches Kirchenlexikon, Bd. 4, Herzberg 1992, Sp. 361; Emmanuel van Stein, Fachbibliotheken in Köln (2): Die Bibliothek des Kolpingwerks. Im Zentrum steht die Sozialgeschichte, in: Kölner Stadt-Anzeiger vom 2. 8. 1991.

Abkürzungsverzeichnis

Akte Koblenz: Landeshauptarchiv Koblenz, Best. 403, Nr. 7360.

Akte Köln: Historisches Archiv der Stadt Köln, Best. 26/119, Der Verkauf des Konvents Kreuz auf der Breitestraße Nr. 120 u[nd] 122.

Breuer: Johann Gregor Breuer, Was für Jahre! Lebenserinnerungen, Hrsg. Klaus Goebel, Dortmund 1995.

Feldmann: Christian Feldmann, Adolph Kolping. Für ein soziales Christentum, Freiburg 1991.

Festing: Heinrich Festing, Adolph Kolping und sein Werk. Ein Überblick über Leben und Wirken des großen Sozialreformers sowie über die Entwicklung seines Werkes bis heute, Freiburg 1981.

Jorde: Fritz Jorde, Der kath[olische] Gesellen-Verein zu Elberfeld. Seine Gründung und weitere Geschichte. Festschrift zur goldenen Jubelfeier des Vereins am 23. und 24. August 1896, Elberfeld 1896.

Kalender: Katholischer Volkskalender für das Jahr des alten und neuen Heils 18xx, 1 (1840)ff.; Kalender für das katholische Volk, 1 (1854)ff.

KB: Kolpingsblatt 1 (1901)ff.; Kolpingblatt 62 (1962)ff.

Kracht: Hans-Joachim Kracht, Adolph Kolping. Priester, Pädagoge, Publizist im Dienst christlicher Sozialreform. Leben und Werk aus den Quellen dargestellt, Freiburg 1993.

KS: Adolph-Kolping-Schriften. Kölner Ausgabe:

Bd. 1: Dokumente – Tagebücher – Gedichte, Hrsg. Hans Joachim Kracht, Köln ^{2}1981;

Bd. 2: Briefe, Hrsg. Michael Hanke und Rosa Copelovici, Köln ^{2}1991;

Bd. 3: Soziale Frage und Gesellenverein, Teil I: 1846-1852, Hrsg. Rosa Copelovici, Michael Hanke, Franz Lüttgen und Josef Anton Stüttler, Köln 1985;

Bd. 4: Soziale Frage und Gesellenverein, Teil II: 1852-1858, Hrsg. Rosa Copelovici, Michael Hanke, Franz Lüttgen und Josef Anton Stüttler, Köln 1986;

Bd. 5: Soziale Frage und Gesellenverein, Teil III: 1859-1865, Hrsg. Rosa Copelovici, Michael Hanke, Franz Lüttgen und Josef Anton Stüttler, Köln 1987;

Bd. 6: Bilder aus Rom, Hrsg. Hans Joachim Kracht, Köln 1986;

Bd. 7: Reiseberichte, Teil I, Hrsg. Rosa Copelovici und Franz Lüttgen, Köln 1992;

Bd. 8: Reiseberichte, Teil II, Hrsg. Rosa Copelovici † und Franz Lüttgen, Köln 1995;

Bd. 9: Predigten und religiöse Schriften, Hrsg. Franz Lüttgen, Köln 1994;

Bd. 10: Erzählungen um Doktor Fliederstrauch, Hrsg. Franz Lüttgen, Köln 1996.

Mitteilungen: Mittheilungen für die Vorsteher der katholischen Gesellen-Vereine, 1863ff.; Mitteilungen für die Vorsteher der katholischen Gesellenvereine, 1902ff.; Mitteilungen für die Präsides des Kolpingwerkes, 1936ff.

Müller-Späth: Jürgen Müller-Späth, Die Anfänge des CVJM in Rheinland und Westfalen. Ein Beitrag zur Sozial- und Kirchengeschichte im 19. Jahrhundert, Pulheim 1988.

Plenarbeschlüsse: Historisches Archiv der Stadt Köln, Best. 424/11 [1856-1859], 424/12 [1860-1865], Die Plenarbeschlüsse der Armenverwaltung zu Köln.

Protokollbuch: Protokollbuch des Vorstandes des Kölner Gesellenvereins 1850-1874. Original im Archiv der Kolpingsfamilie Köln-Zentral, Fotokopie im Archiv der Deutschen Kolpingsfamilie, Köln, B 123.

RK: Rheinisches Kirchenblatt, 1 (1844)ff.

RV: Rheinische Volksblätter für Haus, Familie und Handwerk, 1 (1854)ff.

Schäffer: Sebastian Georg Schäffer, Adolph Kolping der Gesellenvater. Ein Lebensbild, Münster 1880.

Schmolke: Michael Schmolke, Adolph Kolping als Publizist. Ein Beitrag zur Publizistik und zur Verbandsgeschichte des deutschen Katholizismus im 19. Jahrhundert, Münster 1966.

Steinke: Paul Steinke, Leitbild für die Kirche: Adolph Kolping. Sendung und Zeugnis seines Werkes heute, Paderborn 1992.

Vitus: Rudolf Vitus, Die Anfänge des katholischen Gesellenvereins zu Elberfeld. Ein Beitrag zur Geschichte der kirchlich-sozialen Bewegung im 19. Jahrhundert, Wuppertal-Elberfeld 1934.

Johann Gregor Breuer (1821-1897)[1]

1. Die Quellenlage

Johann Gregor Breuer, der fast sein ganzes Berufsleben als Hauptlehrer an der katholischen Mädchenschule zu Elberfeld zugebracht hat, ist ein gebürtiger Neusser. In weiteren Kreisen bekannt wurde er dadurch, daß er im Jahre 1846 den ersten katholischen Gesellenverein in Elberfeld gegründet hat, den dann Adolph Kolping von Köln aus überregional organisieren konnte. Weithin unbekannt ist aber, daß Breuers Bedeutung für die katholisch-soziale Bewegung weit darüber hinausgeht. Dabei war und blieb er ein passionierter Lehrer. Wir sind in der glücklichen Lage, aus der Feder Breuers selbst eine Art Autobiographie zu besitzen. Sie ist gerade als beispielhafte Lehrerbiographie des 19. Jahrhunderts veröffentlicht worden.[2] Von ersten Teilniederschriften im Jahre 1879 einmal abgesehen, hat sie Breuer in den Jahren 1889 und 1890 als Dokument für seine Familie und seine Freunde verfaßt. Ein großer Teil des Textes kreist um die Gründung des Elberfelder Gesellenvereins, von dem man damals noch weithin annahm, daß Kolping ihn gegründet habe. Das letzte halbe Jahrhundert im Leben Breuers fehlt leider fast vollständig in dieser Autobiographie. Immerhin besitzen wir zwei Dokumente aus seinen letzten Lebensjahren, die diesen Mangel einigermaßen wettmachen: einen Brief an seinen jüngeren Kollegen Fritz Jorde vom 26. Mai 1894, in dem Breuer in vielen Stichworten die Schwerpunkte seines späteren Wirkens angibt, und eine Festschrift zum 50jährigen Jubiläum des katholischen Mädchenvereins von Elberfeld am 15. September 1895, in der Breuer seine pädagogischen Anliegen als Mädchenerzieher in der Schule und darüber hinaus ausführlich herausstellt.[3] Fritz Jorde hat dann kurz nach dem Tode von Breuer eine erste Biographie veröffentlicht,[4] und spätere Würdigungen folgen in der Regel Jorde bzw. wie schon Jorde selbst der partiellen Einsichtnahme in das Manuskript der Autobiographie.

Da Breuer auch vieles publiziert hat, sind diese Texte ebenfalls heranzuziehen. So hat er Hunderte von Gelegenheitsgedichten verfaßt, die zum

---

[1] Zuerst erschienen in: Lebensbilder aus dem Kreis Neuss, Bd. 2, Dormagen 1995, S. 58-72; dort ohne genaue Quellenverweise.

[2] Breuer.

[3] Vgl.: a. a. O., S. 223-275.

[4] Fritz Jorde, Johann Gregor Breuer. Ein Lebensbild, Elberfeld 1897.

Teil noch als Familienbesitz vorhanden sind; etwa hundert weitere sind in seinem Gesellenliederbuch erhalten, das von 1851 bis 1894 in elf Auflagen erschienen ist.[5] Er hat nicht nur die Gründung von Zeitschriften initiiert – die heute noch erscheinende Frauenzeitschrift „Monika" geht u. a. auf seine Initiative zurück –, sondern auch immer wieder Aufsätze in Tageszeitungen und Zeitschriften veröffentlicht, leider oft anonym. Auch Schulbücher hat er ohne Namensnennung herausgegeben. So läßt sich sein publizistisches Wirken nur annäherungsweise erahnen.
Damit sind die Quellen zur Breuerschen Biographie aber noch nicht erschöpft. Im Stadtarchiv Wuppertal kann man in den Schulakten noch Zusätzliches finden, ebenfalls im Pfarrarchiv St. Laurentius in Wuppertal, was die Gründung der verschiedensten kirchlichen Vereine und die Einrichtung eines katholischen Krankenhauses sowie die Errichtung neuer Pfarreien in Elberfeld betrifft. Auch das Archiv der Deutschen Kolpingsfamilie in Köln besitzt einzelne Unterlagen, und in der ausgedehnten Breuerschen Familie befinden sich verschiedene Erinnerungsstücke an ihn.

2. Eine schwere Kindheit

Geboren wurde Johann Gregor Breuer laut Geburtsurkunde am 26. November 1821 als Sohn des Müllermeisters Wilhelm Breuer und seiner Frau Christine, geb. Busch, als achtes von neun Kindern in Neuss, Glockhammer D 68. Der Vater, 1776 in Geyen bei Brauweiler geboren, war Mühlenbauer, und als solcher mußte er oft monatelang von zu Hause abwesend sein. Selbst bei der Geburt von Johann Gregor konnte er nicht dabei sein. Entsprechend fiel der Mutter die ganze Last der Kindererziehung zu. Wenn Breuer über sich schrieb, gab er als Geburtsdatum immer den 26. November 1820 an.[6] Wußte er selbst das Geburtsjahr nicht – was eher unwahrscheinlich ist –, oder hat er sich später um ein Jahr „älter" gemacht? Wir wissen es nicht.

Was Breuer im Alter über seine ersten Jahre niederschrieb, zeigt eine recht unbeschwerte erste Kindheit: Die Mutter nahm ihn in den Frühgottesdienst ins Quirinusmünster mit, mit einem Spielkameraden aus dem gleichen Haus vollführte er Knabenstreiche, und die ersten Erlebnisse in der Schule fanden kaum seine Sympathie. Am 27. April 1828 starb seine Mutter, noch nicht 60 Jahre alt, und das bedeutete eine Katastrophe für den Rest der Familie. Der Vater war gezwungen, die Kinder

[5] Liederbuch, zunächst für den rheinischen Gesellenbund. Herausgegeben zum Vortheil des Elberfelder Jünglingsvereines von J. G. Breuer, Lehrer in Elberfeld, Elberfeld 1851; Liederbuch für katholische Gesellen-Vereine, Hrsg. J. G. Breuer, Elberfeld [11]1894.
[6] Vgl.: Breuer, S. 24.

in der Verwandtschaft zu „verteilen", und Johann Gregor verblieb zunächst bei seiner 19jährigen Schwester, die dem Vater so lange den Haushalt führte, wie dieser in der Mühle am Obertor in Neuss beschäftigt war.

Dieser Zustand dauerte aber nur eine kurze Zeit. Der Vater erhielt Arbeit an der Windmühle in Brauweiler, und Johann Gregor wurde bei seiner Tante im nahegelegenen Geyen untergebracht. Hören wir ihn selbst: „Tante Margareth führte eine Art Klosterleben; ihre einzige Beschäftigung war Beten und Spinnen. Ihre Bedürfnisse an Kleidung, Nahrung etc. waren äußerst gering. ... Sobald die Hühner schlafen gingen, hatte ich strenge Klausur bei Tante Margareth, mußte bei ihr, da sie ihren eigenen Hausstand führte, die leichtere Küchenarbeit besorgen und ihr den Rosenkranz vorbeten. Das Abendbrot ... bestand fast ausschließlich aus schwarzem Kaffee, Brot und Kartoffeln."

Tagsüber konnte der Junge aber in der Nähe seines Vaters spielen. Er selbst zeichnet sich so, daß er „bei aller Lebhaftigkeit des Temperamentes und einem äußerst leichten Jugendsinn ein durchaus harmloser Junge war".[7]

Als der Vater im Herbst 1830 in Brauweiler die Arbeit vollendet hatte, nahm er seinen Sohn mit und zog mit ihm zu Fuß über Neuss, Frimmersdorf und Solingen, wo die verschiedenen Kinder untergekommen waren, in den Siegkreis, wo der älteste Sohn Joseph, der 15 Jahre älter als Johann Gregor war, bei der Familie de la Valette auf Schloß Auel bei Neuhonrath als Hauslehrer beschäftigt war.

„In betreff meiner hatte sich mein Bruder jedenfalls erzählen lassen, wie ich seit längerer Zeit wenn nicht verwahrlost, so doch in sehr bedenklichem Maße, namentlich in bezug auf Schulunterricht, vernachlässigt sei. ... Sein Entschluß stand fest, mich dazubehalten und für meine weitere Erziehung und Schulbildung zu sorgen."[8]
Johann Gregor wurde nacheinander bei Bekannten seines Bruders einquartiert. Von einem Hause konnte er berichten: „Rosauel wurde für mich ein Eldorado; hier genoß ich die goldene, die rosige Zeit meiner Kindheit und Jugend. Sehr bald hatte ich mich in die Ordnung des Hauses eingelebt."[9] Als die „Herrschaft" von Schloß Auel in Erfahrung brachte, daß ihr Hauslehrer seinen Bruder „für Geld draußen in Pflege gegeben"[10] habe, bewog sie ihn, Johann Gregor mit ins Schloß zu nehmen. Dort mußte dieser sich wieder neu eingewöhnen: Er hatte einem blinden Hausgeistlichen zur Seite zu stehen und ärgerte sich über stundenlange Festmahlzeiten, und die Söhne des Schloßherrn spielten manche gefährlichen Streiche, an denen er zu leiden hatte.

---

[7] A. a. O., S. 30.
[8] A. a. O., S. 35.
[9] A. a. O., S. 43.
[10] A. a. O., S. 49.

3. Eine strebsame Jugendzeit

Am Weißen Sonntag 1832 empfing Johann Gregor in Neuhonrath die erste heilige Kommunion, und im September des gleichen Jahres wurde er in der Kölner Minoritenkirche gefirmt. In seinem Selbstbewußtsein hat er durch diese Sakramente „eine Art Großjährigkeit erlangt".[11] Auch wenn er der jüngste Erstkommunikant war, so fiel er damals als geschickter Ministrant im Dorf auf. Es kam ein neuer Pfarrer nach Neuhonrath, und fast gleichzeitig wurde Joseph Breuer dort als Dorfschullehrer angestellt. Der neue Pfarrer und der neue Lehrer waren nämlich alte Freunde. Joseph zog mit seinem Bruder in das dortige Schulhaus. „Bei unserem Wegzuge von Haus Auel trug ich unsere beiderseitigen Habseligkeiten in einem Paar Bündeln an der Hand."[12] Die Hausarbeit im neuen Haushalt fiel jetzt dem jüngeren Bruder zu. Weil ein Lehrer damals zumeist auch Küster war, hatte Johann Gregor auch Aufgaben wie das Aveläuten zu erledigen. Aber die Haushaltung vermehrte sich schnell: Der Vater war krank geworden und siedelte nach Neuhonrath über, ebenso eine ältere Schwester. In dieser Zeit erfolgte eine erste „Gründung" von seiten Johann Gregors: Ein „Armen-Kranken-Verein", ein loser Zusammenschluß gleichgesinnter Knaben, sammelte bei den „besseren" Familien Viktualien für die Kranken der Gemeinde.

Der Vater und der ältere Bruder machten sich Gedanken um die Zukunft von Johann Gregor und dachten daran, ihn bei einem Handwerker unterzubringen. Dieser aber wollte nicht; selbst in die Druckerei L. Schwann in Neuss zog es ihn nicht:

„Also, ich blieb einstweilen und behauptete nach wie vor den ersten Platz in der Schule. Ich gefiel mir allzu sehr in meiner Stellung als Adjunkt meines Bruders in Unterweisung der kleinen Rekruten, später auch in seiner Vertretung beim Lese- und Schreibunterricht der größeren Schüler. Hier war [!] mir mein Beruf und meine Zukunft vorgezeichnet.[13]

Im Sommer 1836 heiratete Joseph, und die Haushaltung wurde noch enger. Für Johann Gregor bedeutet dies, daß für ihn eine andere Bleibe gesucht werden mußte. Diese fand sich in Lohmar bei dem dortigen Lehrer, der „unter Aufsicht und Mitleitung des Schulpflegers eine Präparandenschule unterhielt. Gegen das geringe Entgelt von 36 T[a]l[e]rn pro Jahr fand ich bei Herrn [Johann] Klein Aufnahme und neben gründlicher Unterweisung in allen Lehrfächern Logis und Beköstigung, wogegen ich verpflichtet wurde, ihn im Schul- und Küsterdienst nach Möglichkeit zu unterstützen und eventuell zu vertreten. Auch jetzt wieder

---

[11] A. a. O., S. 56.

[12] A. a. O., S. 58. Das Schulhaus ist abgebildet in: Bernhard Walterscheid-Müller, 250 Jahre Kath. Pfarrgemeinde St. Mariä Himmelfahrt Neuhonrath, Lohmar 1988, S. 41.

[13] A. a. O., S. 65.

lebte ich mich in die neuen Verhältnisse leicht und bald ein."[14] Das Berufsziel, Lehrer zu werden, war jetzt eindeutig klar. Von Lohmar aus wurde Breuer für mehrere Wochen in die nähere Umgebung zur Vertretung der dortigen Lehrer entsandt. In Siegburg erhielt er Geigenunterricht. Dort lernte er einen Kaplan Max Ramacher kennen, „einen Lehrersohn aus Elberfeld, der mir die Unterlehrerstelle bei seinem Vater antrug. ... Die Sache wurde perfekt."[15]

4. Die ersten Stationen des Lehrerberufs

„Meine erste Lehramtstätigkeit in Elberfeld begann am 8. Oktober 1838,"[16] und sie sollte bis Ende 1840 dauern. Bei Lehrer Peter Joseph Ramacher an der katholischen Mädchenschule in der Grünstraße in Elberfeld hatte Breuer das erste und zweite Schuljahr morgens und nachmittags und zusätzlich abends „Fabrikknaben und -mädchen reiferen Alters"[17] zu unterrichten, alles zusammen 40 Stunden in der Woche für ein äußerst geringes Gehalt von 26 Talern jährlich. „Ich selbst habe damals bei meiner Arbeits- und Schaffenslust gar nicht einmal daran gedacht, daß das, was man mir abverlangt, zuviel, was man mir zugedacht, zu wenig sei."[18] Er wohnte und aß bei der Familie Ramacher. Trotz einer damals veralteten „Buchstabiermethode" im Leseunterricht gelang es Breuer, die kleinen Schülerinnen „schon gleich am ersten Tage" für sich zu gewinnen. „Dies gab", gesteht er, „meinem Schaffen und meiner Schaffensfreudigkeit nicht geringen Vorschub."[19]

Breuer trat in eine katholische Schule ein, und das hieß, daß er abhängig wurde von der dortigen Geistlichkeit, Pfarrer Franz Stephan Oberrhe und den Kaplänen Peter Christian Schnepper, Hubert Friedrich Friderici und Peter Meisloch. Seinem Pfarrer stellte Breuer später in seinen Aufzeichnungen ein besonderes ehrendes Zeugnis aus.[20]

Die ersten Ferien feierte der Junglehrer zu Weihnachten 1838. Trotz seines geringen Gehaltes hatte er durch zusätzliche Privatstunden 20 Taler erspart, die er seinem Bruder als Abgeltung für seine Fürsorge und als Weihnachtsgeschenk nach Neuhonrath überbrachte. Die damalige Reise muß für Breuer ein solches Erlebnis gewesen sein, daß er sie noch in seinem Alter in Einzelheiten nacherzählen konnte. Im Königsforst bei Bensberg mußte er vor Wilderern um sein Leben laufen. Auf der Heim-

[14] A. a. O., S. 67.
[15] A. a. O., S. 71-72.
[16] A. a. O., S. 72.
[17] A. a. O., S. 75.
[18] A. a. O., S. 76.
[19] A. a. O., S. 79-80.
[20] Vgl.: a. a. O., S. 81-86.

reise benutzte er von Mülheim nach Düsseldorf ein Dampfboot, das bei der Landung beinahe gekentert wäre, und die Kutsche von Düsseldorf nach Elberfeld kam „mitunter recht bedenklich ins Schwanken und dem Chausseegraben allzu nahe, was ohne Zweifel darin seinen Grund hatte, daß der Kutscher hinterm Schnapsglase des 'Guten' (!) zuviel getan hatte“.[21]

Neben der Mädchenschule war auch im gleichen Gebäude eine Knabenschule untergebracht, und im Jahre 1839 planten die beiden Kapläne Friderici und Meisloch eine Neuorganisation, was sich hauptsächlich gegen die beiden älteren Schulleiter mit ihren veralteten Methoden ausgewirkt hätte. Es sollten seminaristisch ausgebildete Junglehrer für die Oberklassen eingestellt werden. Um diese Ausbildung zu erhalten, bewarb sich Breuer bei der zuständigen Regierung in Düsseldorf um die Aufnahme ins Lehrerseminar Kempen und bestand die Aufnahmeprüfung. Zu Ostern 1841 sollte er dort Aufnahme finden. Es kam aber anders. Ein „Seminarist“ sollte in der Mädchenschule angestellt werden. Er wollte aber schon zu Jahresbeginn 1841 anfangen. Breuer machte ihm die Stelle frei, weil er die wenigen Monate bis zum Eintritt in Kempen sich auf diesen neuen Lebensabschnitt ohne aufreibenden Schuldienst besser vorbereiten und seinen Lebensunterhalt durch Nachhilfe bestreiten könne. Pfarrer Oberrhe stellte ihm ein ausgezeichnetes Zeugnis aus:

„Die Art und Weise, wie er die Kinder behandelt hat, war über alles Lob erhaben, so daß bei seiner Entfernung eine allgemeine Trauer entstanden ist und der allgemeine Wunsch war, ihn noch länger hier zu halten. Er verdient daher, vor allen empfohlen zu werden.“[22]

„Auf baldiges Wiedersehen“,[23] sagte ihm der Pfarrer zum Abschied. Breuer zog in das Haus eines Bekannten in Elberfeld, und in der nun folgenden Zeit fand er noch die Möglichkeit, die Anfänge des Klavierspielens zu lernen. Er erarbeitete mit Freunden die Statuten eines „Armen-Kranken-Vereins“ in Elberfeld, der an die gleichnamige Gründung in Neuhonrath erinnert. Gerade wegen der größeren Freizeit konnte Breuer damals Freunde gewinnen, und diese Freundschaften hielten zumeist das ganze Leben.

Aber auch der Eintritt ins Kempener Seminar ging nicht reibungslos vonstatten. Wegen eines – wir würden heute sagen – Sozialfalles, eines Kollegen, der wegen seines höheren Alters nachträglich vorgezogen werden sollte, wurde Breuer gebeten, den Eintritt ins Seminar um ein Jahr zu verschieben, mit der Versicherung, in der Zwischenzeit an der katholischen Schule in Krefeld als Hilfslehrer mit 125 Talern Gehalt angestellt zu werden.

---

[21] A. a. O., S. 96.

[22] A. a. O., S. 103.

[23] A. a. O., S. 102.

So geschah es auch, und Breuer übernahm die sogenannte Vorklasse, in der die Kinder für die Knaben- und Mädchenschule vorgebildet werden sollten. Breuer resümiert: „In Krefeld verlebte ich ein recht glückliches Jahr. ... Ich durfte jetzt wieder nach der mir eigenen, im Präparandenkursus erlernten Methode unterrichten und fand Gelegenheit, mich selber darin zu vervollkommnen.“[24]

Die Seminarausbildung absolvierte Breuer von 1842 bis 1844. Es ergaben sich neue Freundschaften. „Einige jener Unterrichtsgegenstände waren mir neu und kaum dem Namen nach bekannt, und ich konnte an mir selbst die Erfahrung machen, wie wertvoll es für den Seminaraspiranten [ist], mit einigermaßen guten Vorkenntnissen ins Seminar einzutreten.“[25] Dennoch wurde Breuer vom Seminardirektor sozusagen als Privatsekretär eingesetzt. Über eine Finanzenge half der Elberfelder Kaplan Friderici hinweg. Während des zweiten Seminarjahres wurden vermehrt praktische Schulübungen gefordert. Breuer absolvierte viele davon in einer Taubstummenschule. Nach der Schulprüfung verlebt er mehrere Wochen bei einem Studienkollegen in Kaldenkirchen, wo sie zusammen benachbarte Schulen, auch in den Niederlanden, besuchten.

5. Der Weg zum Hauptlehrer in Elberfeld

Der inzwischen zum Pfarrer von Elberfeld aufgestiegene Friedrich Friderici hatte Breuer für die Leitung einer neuen katholischen Schule ausersehen und erwirkt, daß er am 11. April 1844 seinen Dienst anzutreten habe. An der Mädchenschule in der Grünstraße, die inzwischen drei Klassen umfaßte, war ein neuer Hauptlehrer eingesetzt worden, und Breuer wurde dort, weil die Eröffnung der neuen Schule sich verzögerte, als erste[m] Hilfslehrer“[26] die zweite Klasse anvertraut. Hier im vertrauten Elberfeld konnte er die früheren Freundschaften erneuern, besonders im „Armen-Kranken-Verein“, und den dortigen Freunden, oft Handwerksgesellen, gab er nebenbei Privatunterricht, „und sie ließen es sich mit anerkennenswertem Fleiße angelegen sein, ihre mangelhafte Elementarbildung bestmöglich zu ergänzen“.[27] Breuer war auch maßgeblich beteiligt an der Gründung der „Gesellschaft Parlament“ am 22. Februar 1845 als Gegengewicht zu der ersten deutschkatholischen Gemeinde in Westdeutschland, die ausgerechnet in Elberfeld kurz vorher ins Leben getreten war. Wie schon der „Arme-Kranken-Verein“ war es eine reine Laiengründung. „An den Sonntagabenden besuchte ich nun regelmäßig

---

[24] A. a. O., S. 109.
[25] A. a. O., S. 120.
[26] A. a. O., S. 134.
[27] A. a. O., S. 138.

die Gesellschaft und fand hier im Kreise braver, ausschließlich katholischer Männer"[28] viele neue Anregungen.

Am 18. Mai 1845 trat wieder eine Wendung in Breuers Leben ein: Der gerade erst neu angestellte Hauptlehrer an der Mädchenschule verstarb im Alter von nur 28 Jahren. „Die mannigfachen Besorgungen und Arrangements für eine würdige Bestattung der Leiche waren mir anvertraut, ebenso die vorläufige Vertretung des Verstorbenen in seiner Schulklasse wie überhaupt in seinem Amtspflichten."[29]

Im Oktober wurde dann die Hauptlehrerstelle ausgeschrieben, und von vielen Bewerbungen wurden drei in die engere Wahl gezogen. Für den Probeunterricht am 21. November vor der Schulkommission nutzte er nun geschickt seinen „Platzvorteil" aus. Er schrieb selbst:

„Meine Schülerinnen waren vollzählig erschienen, und zwar in ihrem besten Anzug, als ob's eine Parade gelte. Und war es denn nicht in Wirklichkeit eine Schulparade, zu der ich mich mit ihnen gerüstet hatte? ... Ich hatte mir vorgenommen, jede irgendwie passende Gelegenheit zu benutzen, um möglichst alles, was meine Kinder gelernt hatten, wußten und konnten, ans Licht zu ziehen und meine Schule nach der besten Seite zu zeigen."[30]

Der Erfolg blieb nicht aus. Eine Bedingung war aber an die Übernahme der Hauptlehrerstelle geknüpft: Breuer sollte sich verheiraten. Als Pfarrer Friderici ihm das einstimmige Ergebnis, daß er neuer Schulleiter sei, bekanntgab, fiel auch zum ersten Mal der Name Adolph Kolping: Dieser neue Kaplan sei „zum Schulvorsteher gewählt und dem Vorstand der Mädchenschule zugeteilt".[31]

6. Der Mädchenverein

Schon vor dieser offiziellen Anstellung hatte Breuer, dem zeitlebens der Gesang, vor allem der Gesang im Gottesdienst, sehr am Herzen lag, einen Mädchenchor ins Leben gerufen. Aber nicht der Gesang war das Hauptziel dieser Neugründung. Das Ziel, den Mädchen Lebensregeln mit auf den Weg zu geben und im besonderen sie einzuführen in die religiösen und kirchlichen Pflichten, umschrieb er zwei Jahre vor seinem Tode folgendermaßen:

„Mein Mädchenchor hatte bei der Geistlichkeit und der Gemeinde freundliche Anerkennung und Sympathie gefunden. Das gab mir Anlaß, diesen Chor für den Dienst der Kirche weiter zu kultivieren. ... Darum

[28] A. a. O., S. 145.
[29] A. a. O., S. 146.
[30] A. a. O., S. 148-149.
[31] A. a. O., S. 151.

hatte ich Privatstunden dafür angesetzt, zu denen vorzugsweise meine gereifteren Schülerinnen und eine größere Anzahl aus der Schule bereits entlassener Mädchen freudig herbeieilten. ... Hiernach scheint der Mädchenverein eigentlich nur ein Gesangchor gewesen zu sein, wofür er auch in der ersten Zeit tatsächlich gehalten wurde. Aber in Wirklichkeit verfolgte er einen weit höheren Zweck. ... Die Erwägung, daß die Elementarschule mit der ihr zugemessenen knappen Zeit außerstande ist, dem Bildungsbedürfnis der Kinder auch nur einigermaßen genügend zu dienen, ... daß gerade jetzt in den gefährlichen Jahren der Entwicklung, oft der Entscheidung für das kommende Leben, die Kinder einer fernerweiten Beaufsichtigung, Leitung und Unterweisung mehr benötigt sind denn zuvor: Diese Erwägungen führten zur Begründung des Mädchenvereins."[32]

Der Verein sollte ein langes Leben haben: 1920 wurde sein 75jähriges Jubiläum gefeiert. In gewisser Weise war er der Grundstock zu einem ganzen Kosmos von Vereinen, die im Laufe der nächsten Jahre und Jahrzehnte durch Breuer das Licht der Welt erblicken sollten.[33]

7. Der Gesellenverein

Der Gesang des Mädchenchores und auch der „Gesellschaft Parlament" stellten den ersten Anlaß zur Gründung des Elberfelder Gesellenvereins dar. Bei der Fronleichnamsprozession am 11. Juni 1846 zeigten sich einige Gesellen, die als ehemalige Privatschüler mit Breuer befreundet waren, angeregt, auch bei der zweiten jährlich stattfindenden Prozession am Laurentiustag, dem 9. August, auf ähnliche Weise mit Liedern öffentlich hervorzutreten, wie es der Mädchenverein beabsichtigte. Seit Juli trafen sich zuerst „etwa 12 bis 15 Jünglinge"[34] in Breuers Schule, später etwa 30, zu den Gesangsproben. Bei der letzten Probe lud Breuer die jungen Männer, meist Handwerksgesellen, ein, weiter zu proben.

„Bald waren die Versammlungsabende nicht mehr ausschließlich dem Gesange gewidmet, sondern kleine Vorlesungen und ungezwungene gemütliche Unterhaltung brachten eine angenehme Abwechslung. ...

Zweierlei wurde mir alsbald klar: erstens die mangelhafte Schul- und Lebensbildung der meisten jungen Handwerker ... und zweitens die überaus großen Gefahren für Religion und Tugend, denen der Handwerksbursche ... preisgegeben ist. Ich behielt diese Erwägungen keineswegs für mich, sondern besprach dieselben gelegentlich mit den jungen

---

[32] A. a. O., S.160-162.

[33] Vgl.: Franz Lüttgen, Johann Gregor Breuers Beitrag zur Entstehung der Jugendsozialarbeit, in: Jahrbuch für Jugendsozialarbeit 15 (1994), S. 97-116.

[34] Breuer, S. 165.

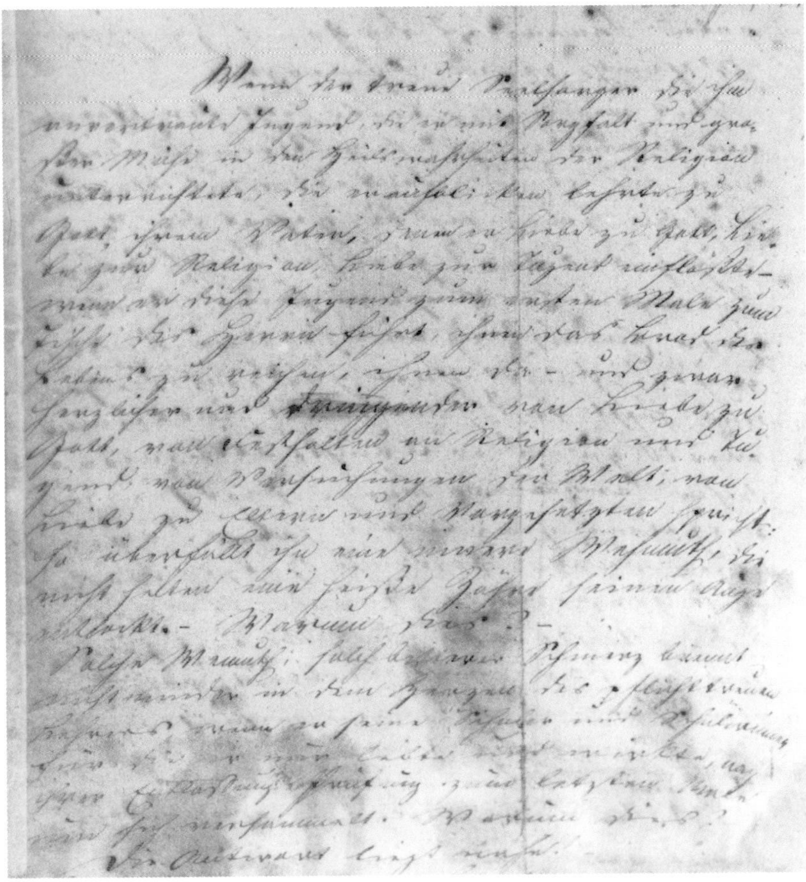

Abb. 1: Der Anfang von Breuers Konzept der „Denkschrift“ vom 23. Oktober 1846 (Quelle: Archiv der Deutschen Kolpingsfamilie, Köln, A 71)

Leuten selber und mit meinen vertrautesten Freunden. ... Gleichzeitig verfaßte ich eine Denkschrift zu dem Zwecke, ... mich der Zustimmung und Genehmigung zu versichern, daß der seit Monaten in der Bildung begriffene, eigentlich aber und der Wahrheit gemäß nicht nur in der Idee und auf dem Papier, sondern auch de facto fix und fertige Gesellenverein vorläufig und bis auf weiteres mein Schullokal zu seinen Versammlungen benutzen dürfe."[35]

Diese „Denkschrift", die erst seit 1928 im Gesellenverein bekannt ist, wird immer mehr als die eigentliche „Gründungsurkunde" dieses Verbandes angesehen. Kolping hat durch sein Organisationstalent den Grundgedanken dieser Schrift weiteste Anerkennung in Kirche und Gesellschaft verschafft. Sie ist aber weiter gefaßt, als sie normalerweise gesehen wird; denn sie bezieht sich nicht nur auf den neugegründeten Gesellenverein. Die Überlegungen, die zur Gründung des Mädchenvereins einige Monate vorher geführt hatten, finden sich, wiederum angeregt durch den Umgang mit den Gesellen, hier wieder.

„Die Denkschrift redet in ihrer Einleitung allgemein solchen ... Bildungsvereinen das Wort, welche die fernere Erziehung und Unterweisung der Jugend, vornehmlich der Jugend aus dem Volke, in geeigneter Form und nach Maßgabe des Bedürfnisses da aufnehmen und fortsetzen, wo die Schule, die Elementar- oder Volksschule, ihre Aufgabe vollendet hat. Sie beklagt sich, daß solche Anstalten bzw. Vereine zur Zeit nicht bestehen."[36]

Im Text der „Denkschrift" heißt es dann zum Schluß, und das Wörtchen „zunächst" sollte beachtet werden: „Als Antwort folge hier meine Absicht, wie in der hiesigen kath[olischen] Gemeinde eine solche Fortbildungsanstalt, und zwar zunächst für Jünglinge, hervorzurufen und einzurichten sei. ... Ich möchte ... zunächst einen Gesellenverein eingerichtet sehen, einen Verein, der zur Aufgabe hat, einheimischen und fremden Jünglingen und namentlich Handwerksgesellen in einem Alter von 18 bis 25 Jahren und darüber durch Vortrag und passende Lektüre Belehrung, Erbauung, Fortbildung und angenehme Unterhaltung und Erheiterung zu verschaffen."[37]

Die „Denkschrift" enthält Statuten des Gesellenvereins mit 15 Paragraphen, in denen u. a. geregelt wurde, daß ein Geistlicher Vorsitzender oder Präses des Vereins sein sollte.

Einen weiteren Hinweis, wieso sich Breuer zu dieser Gründung veranlaßt sah, finden wir in einer Anmerkung seiner Memoiren, wo von „gefährlichen Gesellschaften", d. h. protestantischen Bibelstunden, die Rede ist.[38] Zu dieser Zeit bestanden in Elberfeld evangelische Jünglings-

---

[35] A. a. O., S. 166.
[36] A. a. O., S. 167.
[37] J. G. Breuer, in: KS, Bd. 3, S. 3-4.
[38] Vgl.: Breuer, S. 183.

vereine, die sicher ein wichtiges Vorbild für den katholischen Gesellenverein gewesen sind.[39]

Anhand der vorliegenden Quellen kann demnach eindeutig nachgewiesen werden, daß Breuer nicht nur bei den ersten Mitgliedern den Wunsch, als Gesangverein aufzutreten, angeregt hatte, sondern daß seine Motivation zur Gründung des Mädchenvereins, nämlich die mit 12 oder 13 Jahren entlassenen Schulkinder lebenstüchtig zu machen, die gleiche war wie die zur Gründung des Gesellenvereins. Daß diese eindeutige Tatsache jahrzehntelang, ja weit über den Tod Breuers hinaus, in den weitesten Kreisen „des katholischen Deutschland" nicht bekannt geworden ist, ja daß Adolph Kolping sich als Gründer dieses Vereins feiern ließ und die historischen Fakten nie klargestellt hat, hat auf die Dauer Breuer doch zu schaffen gemacht, und einmal, im Jahre 1890, hat er öffentlich, allerdings in amerikanischen Zeitungen, unzweideutig seine „Vaterschaft" an diesem Kinde proklamiert.[40]

Der damalige erste Kaplan Johann Joseph Xaver Steenaerts wurde wenige Tage nach der Abfassung der „Denkschrift", am 8. November 1846, zum Vereinspräses gewählt, weil er mit jungen Lehrer in näherer Verbindung stand, und die Aufgabe als Präses hat er zur allgemeinen Zufriedenheit erfüllt. Den Unterrichtsstoff teilten sich Steenaerts und Breuer: Breuer gab Unterweisungen über das Kirchenjahr und erklärte wie im Mädchenverein Epistel und Evangelium vom jeweiligen Sonntag, wie es nach dem Urteil der Zuhörer ein Priester nicht besser hätte machen können, und der Kaplan erklärte historische Zusammenhänge, so über den Jesuitenorden. „Es war ein einfaches, herzliches Zusammenleben im Verein",[41] heißt es im Rückblick, und Feste wurden je nach der Herkunft der Gesellen auf bergische oder kölnische Art gefeiert.

Am 27. Januar 1847 heiratete Breuer Sybilla Gertrud Kesseler. Für unsere Verhältnisse erstaunlich wenig lesen wir in der Autobiographie Breuers über seine Frau. Immerhin, einmal wird sie besonders hervorgehoben: Noch bevor Kolping bei dessen Abschied aus Elberfeld von Breuer mit dem Titel „Gesellenvater" geehrt worden ist, zeigte sie sich zu Weihnachen 1847 als „Gesellenmutter", nachdem sie den in Elberfeld wohnenden auswärtigen Gesellen des Vereins eine Weihnachtsbescherung ausgerichtet hatte.[42]

Zweiter Präses des Gesellenvereins wurde im Juni 1847 Adolph Kolping. Dieser hatte Breuers „Denkschrift" gelesen und spontan sich diesem gegenüber geäußert: „Da haben Sie aber ein Ding gemacht, daran

---

[39] Vgl. den Beitrag: „Evangelische Jünglingsvereine und katholische Gesellenvereine", in diesem Band.

[40] Vgl. den Beitrag: „Der Streit um die Gründung des Elberfelder Gesellenvereins", in diesem Band.

[41] Jorde, S. 25.

[42] Vgl.: Breuer, S. 203-204; Jorde, S. 32-33.

habe ich all mein Lebtag gefreit."[43] Als Gast erschien er seit Dezember 1846 im Verein, und hier im Kontakt mit solchen Gesellen, wie er selbst einmal viele Jahre lang einer gewesen war, lernte er seine späte Lebensaufgabe kennen. Gerne ließ man ihn erzählen und Vorträge halten. Bald ernst, bald launig, oft im Dialekt sprach er über Handwerk und Gesellen, über seine Reiseerlebnisse, und er eroberte trotz seiner zunächst etwas abstoßenden Art die Herzen vieler Gesellen.

Anders als sein Vorgänger hatte Kolping mit Anfangsschwierigkeiten im Verein zu kämpfen. Als nach wenigen Wochen die Teilnahme der Gesellen an den Vorträgen Kolpings nachließ, riet Breuer ihm, „mehr Humor in die Sache [zu] lenken"[44] und ein abwechslungsreicheres Programm anzustreben. Der Erfolg blieb nicht aus, und der Verein wuchs sichtlich.

Zwar war Kolping grundsätzlich bereit, wichtige pädagogische Elemente von Breuers „System" zu übernehmen; daß er aber dennoch den Vereinsgründer und in diesem Falle den Vereinsretter in der folgenden Zeit, die er als Präses weiter fungierte, an die Seite drängte, das hat Breuer innerlich verletzt. Dies machte sich schon Anfang Juli 1847 bemerkbar, als der Kölner Erzbischof Johannes von Geissel mehrere Tage in Elberfeld weilte. Breuer bemerkte dazu: „Kolping stellte s[einer] erzbischöflichen Gnaden den Verein vor, nur meine Wenigkeit nicht. ... Man muß Kolping gekannt haben, um seinen Mangel an Kurtoisie richtig zu beurteilen."[45] Und weiter:

„Schon sehr bald nach seiner Erwählung zum Präses schien sein Wirken und Streben dahin abzuzielen, meine Rechte im Verein zu schmälern, meinen Einfluß auf die jungen Leute abzuschwächen, meine Tätigkeit ausschließlich auf den Unterricht im Gesange und anderen Elementarfächern zu beschränken und sich selbst die alleinige und unumschränkte Leitung und Herrschaft im Verein zuzueignen."[46]

Es sollte Jahrzehnte dauern, bis das historische Faktum, daß nicht Kolping, sondern Breuer den ersten katholischen Gesellenverein gegründet hatte, im allgemeinen Bewußtsein sich fest verankert hat; denn erst seit einem halben Jahrhundert wird die Tatsache auch im Kolpingwerk – der Begriff stammt noch aus der Zeit, als die alleinige geistige Urheberschaft Kolpings als selbstverständlich angesehen wurde – allgemein anerkannt. Aber noch heute werden angebliche wissenschaftliche Beweise dafür geliefert, daß der Einfluß Kolpings auf die Formulierungen des ersten gedruckten Vereinsstatuts vom 8. Oktober 1848 dem Verein eine andere Richtung gewiesen habe, und dabei ignoriert, was Breuer mehr-

[43] Breuer, S. 186.
[44] Zitiert nach: Josef Anton Stüttler, Adolph Kolpings Beitrag zur Entstehung der Jugendsozialarbeit, in: Jahrbuch für Jugendsozialarbeit 11 (1990), S. 3-25, hier S. 13.
[45] Breuer, S. 202.
[46] A. a. O., S. 204.

fach betonte, daß er als damaliger Sekretär dies von Kolping unterzeichnete Statut „selbst verfaßt“[47] habe. Das Bundesfinanzministerium teilte am 18. Juli 1995 mit, im folgenden Jahre werde eine Gedenkmünze geprägt werden „zum 150. Jahrestag der Gründung des ersten katholischen Gesellenvereins durch Adolph Kolping“.[48]

8. Weitere Vereinsgründungen

Das weitgespannte Konzept von Jugendvereinen, das die „Denkschrift“ entworfen hatte, hat Breuer je nach den Verhältnissen in der Elberfelder katholischen Bevölkerung nach und nach zu verwirklichen gesucht. Schon im Jahre 1847 gründete er den „Jungfrauenverein“. Kolping, der später ähnliche Vereinsgründungen unterstützte, sagte damals: „Lächerlich, daß er nun auch noch das Frauenvolk zusammentrommeln muß!“ Breuer sah damals aber schon weiter: „Als ob die Gefahren für die weibliche Jugend, insbesondere für die von außen, zumeist vom Lande her in Elberfeld eingewanderten katholischen Dienstmädchen, deren Zahl sich damals schon auf mehr denn 400 pro Jahr bezifferte, nicht ebenso groß, ja nicht noch erheblich größer gewesen wären und noch sind als die bei den eingewanderten Gesellen!“[49]

Diesem Verein schloß sich eine schon 1846 gegründete Strick- und Nähschule für arme Mädchen an, an der drei Handarbeitslehrerinnen beschäftigt waren. Um diese bezahlen zu können, hat Breuer einen Kreis von Wohltätern organisiert. Im Jahre 1847 gab es schon 120 Schülerinnen. Pfarrer Friderici berichtete über diese „Industrieschule“ an die königliche Regierung in Düsseldorf und trug so dazu bei, daß der Unterricht in weiblichen Handarbeiten für alle preußischen Grundschulen verpflichtend wurde.

Breuer legte besonderen Wert darauf, die von ihm betreuten Mädchen in gute Stellungen zu vermitteln. Über Jahrzehnte hinweg fungierte er deshalb sozusagen als Auskunftsbüro zur Stellenvermittlung. Die Abrundung der Vereinsbildungen auf weiblicher Seite bildete 1867 der „katholische Frauenverein“.

Wie schon gesagt, liebte Breuer sehr den Gesang. Deshalb gründete er im Jahre 1850 einen großen gemischten Chor namens „Cäcilia“. Mit diesem gab er mehrere Konzerte, „in denen selbst größere Tonwerke in würdiger Weise zur Aufführung gelangten“. Mit besonderem Engagement widmete er sich daneben der Vorbereitung und Durchführung der jährlichen Laurentiusprozession; denn „er hatte eine hervorragende An-

[47] A. a. O., S. 193. Vgl. Kracht, S. 128-129.
[48] Pressemitteilung BMF Nr. 51/95, S. 1.
[49] Breuer, a. a. O., S. 206.

lage, Feste zu arrangieren und öffentliche Aufzüge nach außen hin glänzend zu gestalten. Deshalb wurde ihm auch die äußere Leitung der Prozession stillschweigend und gern überlassen.“[50]

Aber nicht nur die Gründung von Vereinen lag Breuer am Herzen. Als zu Ende des „tollen“ Jahres 1848 die „Gesellschaft Parlament“ einzugehen drohte, gab er ihr eine neue Zielsetzung: die Sorge für den Bau eines katholischen Krankenhauses. Direkt oder indirekt wurden dadurch der Baukasse 30000 Mark zugeführt, und im Jahre 1856 konnte das St. Josephshospital eingeweiht werden, das bis heute das Andenken an seinen Initiator Johann Gregor Breuer bewahrt.

9. Breuers überregionales sozialpolitisches Wirken

Wenn im Kolpingwerk von Breuer die Rede ist, dann wird immer wieder hervorgehoben, daß Kolping einen internationalen Verband geschaffen habe, Breuers vielfältige Vereinsgründungen dagegen den Rahmen der katholischen Gemeinde von Elberfeld nicht überschritten hätten. Das stimmt zweifellos für die Zeit, in der Kolping gewirkt hat, also bis zum Jahre 1865. Ein „Schulmeister“ mit einem relativ kleinen Sozialprestige hatte auch zunächst kaum die Möglichkeit, seine Ideen zu verbreiten wie ein Kolping, der sich ja gerade zu diesem Zweck nach Köln hatte versetzen lassen auf die zwar schlecht dotierte Stelle eines Domvikars, wo er aber genügend Zeit für seine eigentliche Lebensaufgabe finden konnte.

Für die Zeit von 1867 bis 1871 sind aber in den „Christlich-socialen Blättern“ eine ganze Reihe von Aktivitäten Breuers dokumentiert, die sein soziales und sozialpolitisches Wirken in einem sehr weitgesteckten Rahmen zeigen. Diese Zeitschrift verstand sich als Zentralorgan für alle sozialen Bestrebungen im katholischen Deutschland. Breuer erscheint darin schon im zweiten Heft als Vorsitzender oder Präses des „Spar- und Darlehen-Vereins zum h[eiligen] Joseph“ in Elberfeld.[51] Dieser Verein war zwei Jahre vorher gegründet worden. Nach den Statuten war sein Zweck:

„Die Erhaltung und Hebung des katholischen Bürgerstandes der Gemeinde Elberfeld durch Gründung einer Kasse, vermöge deren den Beitretenden Gelegenheit gegeben wird, geringe Ersparnisse rentbar anzulegen und nötige Vorschüsse ohne lästige Bedingungen zu erhalten“.[52]

---

[50] Fritz Jorde, Johann Gregor Breuer (Anm. 4), S. 30.
[51] Christlich-sociale Blätter 1 (1868), Nr. 2 vom 21. 4., S. 36.
[52] A. a. O., Nr. 3 vom 23. 5., S. 44.

Statuten und Rechenschaftsberichte wurden zum Zweck der Nachahmung veröffentlicht, und ähnliche Kreditvereine wurden nach und nach an anderen Orten ins Leben gerufen.

Für Ende Juni 1868 wurde eine Generalversammlung aller christlich-sozialen Vereine nach Krefeld einberufen. Breuer ließ durch den Redakteur, Kaplan Peter Joseph Schings aus Aachen, dazu folgenden Aufruf veröffentlichen: „Wir möchten durch die 'Christlich-socialen Blätter' alle katholischen Kredit-, Konsum-, Handwerker-, Spar- und Darlehenvereine aus Rheinland und Westfalen einladen, sich auf der diesjährigen katholischen Versammlung in Krefeld vertreten zu lassen."[53]

Dort wurde Breuer einstimmig zum Vorsitzenden der Tagung gewählt. Es wurde eine Reihe von Beschlüssen gefaßt, von denen der erste lautete: „Es soll ein Zentralvorstand für das christlich-soziale Vereinswesen in Rheinland-Westfalen gewählt werden."[54]

Bei dieser Gelegenheit beantragte Breuer, der gemeinsamen Zeitschrift folgenden Untertitel zu geben: „Organ für die christlich-soziale Partei".[55] Welche Parteienkonstellationen es gegeben hätte, falls Breuers Pläne verwirklicht worden wären zu einer Zeit, als es noch keine Zentrumspartei gab, ist nur zu erahnen. Wäre es damals, zur Zeit vor der Reichsgründung, zur Verwirklichung der Breuerschen (sozial-)politischen Ideen gekommen, hätte die Würzburger Gemeinsame Synode der deutschen Bistümer sich nicht ein Jahrhundert später darüber zu streiten brauchen, ob die katholische Kirche in der Sozialen Frage versagt habe.

Breuer arbeitete weiterhin an einer Verbindung der katholischen Kreditvereine untereinander. Eine Versammlung mehrerer solcher Vereine fand im März 1869 in Köln statt. Dort wurde Breuer beauftragt, „ein Promemoria zu entwerfen, welches der geistlichen Behörde eingesandt werden solle, um dieselbe für die Unterstützung der Zwecke der Kreditanstalten und des Kreditverbandes zu gewinnen".[56]

Die „christlichen Sozialisten", wie sie sich nannten, trafen sich zur Vorbereitung der nächsten Generalversammlung der katholischen Vereine, der späteren Katholikentage, am 5. September 1869 in Düsseldorf. In dem Bericht darüber heißt es: „Nach der Wahl eines Vorsitzenden, des Herrn Lehrers Breuer aus Elberfeld, begann eine allgemeine Debatte."[57]

Ein Antrag aus Elberfeld, der die Bildung von Kreditvereinen anregen sollte, wurde auf der Versammlung angenommen. Ein anderer Antrag, formuliert von Redakteur Schings, lautete folgendermaßen: „Die christlich-soziale Sektion wählt einen Zentralvorstand aller christlich-sozialen

[53] A. a. O., S. 56.
[54] A. a. O., Nr. 5 vom 27. 7., S. 82.
[55] A. a. O., S. 73 und 83. Vgl.: a. a. O., 3 (1870), Nr. 3 vom 19. 3., S. 44.
[56] Christlich-sociale Blätter 2 (1869), Nr. 4 vom 23. 4., S. 63.
[57] A. a. O., Nr. 9 vom 4. 10., S. 133.

Vereine Preußens. Zum provisorischen (!) Zentralvorstand wird ernannt der Vorstand des 'St. Josephs Spar- und Darlehenvereins' zu Elberfeld."

Als Begründung führte er aus: „Die Katholiken Elberfelds, der Geburtsstätte des Gesellenvereins, haben seit jeher klug und tätig an der kath[olischen] Bewegung, insbesondere am kath[olischen] Vereinsleben, Anteil genommen; sie besitzen das älteste katholische Kasino Deutschlands, das, wohl gemerkt, sich sogar der Korporationsrechte erfreut. Den Vorstandsmitgliedern des St. Josephs Spar- und Darlehenvereins dürfen wir – nach unserer zwar unmaßgeblichen Überzeugung – Bildung und Einsicht genug zutrauen, um in Vereinigung mit (einer beliebigen Anzahl von) Männern aus Deutschland, die sich durch Kenntnis und praktisches Wirken in der Soz[ialen] Frage ausgezeichnet haben, die christlich-soziale Partei würdig zu vertreten."[58]

Den Höhepunkt in Breuers öffentlichem Wirken stellt die Elberfelder Versammlung der christlich-sozialen Vereine Anfang März 1870 dar. Im Bericht heißt es, die Wahl Elberfelds sei „als eine sehr glückliche anzusehen" gewesen.

„Man sieht, ein besserer Boden für soziale Bestrebungen war nicht leicht zu finden als inmitten dieses 'deutschen Englands'. ... So muß die Stätte segensreichen sozialen Wirkens beschaffen sein, sagte sich jeder, der in diese Vereinsorganisation schaute und in ihrem Mittelpunkte, der gesellig-brüderlichen Vereinigung, sie erfaßte."[59]

Nachdem Lehrer Breuer „namens des örtlichen Komitees"[60] Prof. Franz Xaver Schulte als Vorsitzenden vorgeschlagen hatte, wurde er zum Schriftführer gewählt. Er erhielt die Gelegenheit, über sein langjähriges Wirken zu berichten, zunächst über die Elberfelder „Gesellschaft Parlament": „Die Gesellschaft hat sich gebildet aus der Notwendigkeit, einen Mittelpunkt zur Besprechung alles dessen zu schaffen, was dem Katholiken und Bürger not tue. Aus ihm sei der Spar- und Darlehensverein, welcher im vorigen Jahre 104000 T[a]l[e]r Darlehen ausgegeben, der St. Antoniusverein, welcher schon 17 Jahre wirke, und der Bürgerverein hervorgegangen. Redner beklagt den Übelstand, daß vielfach die besser situierten Stände sich so gern von diesen Gesellschaften ausschlössen, und wünscht, daß sie mit dem Einfluß ihrer höheren Bildung im Umgange mit ihren Gesinnungsgenossen von bescheidener Lebensbildung auf letztere zu deren Gunsten einwirken sollten."[61]

---

[58] A. a. O., S. 137.

[59] Christlich-sociale Blätter 3 (1870), Nr. 3 vom 19. 3., S. 36. Weiter heißt es dort: „Denn wer hätte es vergessen können, daß hier die Geburtsstätte des Gesellenvereines war, daß der sel[ige] Vater Kolping hier in frischer, freudiger Jugendkraft unter Gottes reichem Segen das Senfkörnlein pflanzte?" Vgl. die „Statistik der christlich-sozialen Vereine zu Elberfeld", in: a. a. O., 4 (1871), Nr. 11 vom 1. 9., S. 159-160.

[60] A. a. O., S. 37.

[61] A. a. O., S. 39.

Breuer ließ sich in das Komitee zur Gründung christlicher Arbeitervereine wählen, referierte „über die Bedeutung und Wirksamkeit des in Elberfeld blühenden katholischen Mädchenvereins“[62] und eröffnete eine „Volksversammlung auf dem Johannisberg“, auf der die Vereinsdelegierten der Elberfelder Bevölkerung vorgestellt wurden. Dazu heißt es: „Die Männervereine Elberfelds hatten diese Rücksichtnahme im vollsten Maße durch ihre ernste und würdige Haltung verdient, die sie inmitten der heftigsten sozialen Agitation, deren Tummelplatz seit Jahren die Schwesterstädte Elberfeld und Barmen sind, bewahrt hatten.“[63]

Auch Generalpräses Sebastian Georg Schäffer, Kolpings Nachfolger, hielt bei dieser Gelegenheit eine Ansprache und würdigte den Elberfelder Gesellenverein, den er schon vorher als den älteste[n] christlich-sozialen Verein Deutschlands“[64] bezeichnet hatte. Zum Schluß der Tagung wurde Lehrer Breuer geehrt wegen „seine[r] hohen Verdienste in der Vorbereitung zur Delegiertenversammlung, in seiner Aufmerksamkeit während derselben gegen alle Delegierten und in seiner Ausdauer in allem Guten bis zum Ende“.[65] Ein französischer Historiker hat diese Tagung „Pentecôte du christianisme social“[66] genannt.

Während Breuer sich ab und zu in den „Christlich-socialen Blättern“ in kleineren Aufsätzen zu Wort meldete,[67] organisierte er mit Erfolg den Wahlkampf der christlich-sozialen Partei in Elberfeld zur ersten Reichstagswahl.[68]

Breuers öffentliches Wirken im deutschen Katholizismus setzte sich noch einige Zeit fort. Zur Mainzer Generalversammlung der katholischen Vereine im Jahre 1871 stellte er folgenden Antrag: „Die Sache der christlich-sozialen Vereine ist wichtig genug, um dafür eigene Arbeiter anzustellen. Unsere Gegner sind uns hierin bedeutend voraus.“[69]

Weitere Anträge von ihm sprachen sich für Arbeiterwohnungen, Zehnstundentag, Verbot der Frauenarbeit in Fabriken und Aufhebung

---

[62] A. a. O., S. 40.

[63] A. a. O., S. 41.

[64] A. a. O., S. 40.

[65] A. a. O., S. 44.

[66] Georges Goyau, L'Allemagne religieuse. Le Catholicisme 1800-1870, Bd. 3: 1848-1870, Paris 1909, S. 166.

[67] Vgl.: Die Jünglingsvereine in ihrer Beziehung zur Sozialen Frage, in: Christlich-sociale Blätter 3 (1870), Nr. 5 vom 25. 5., S. 73-74; Die soziale Bedeutung der Sonntagsfeier in religiöser und materieller Hinsicht, in: a. a. O., 4 (1871), Nr. 3 vom 19. 3., S. 39-41.

[68] Vgl.: Christlich-sociale Blätter 4 (1871), Nr. 4 vom 3. 4., S. 54-56. Dort, S. 55-56, heißt es: „Elberfeld gebührt die Ehrenkrone. Die von Freund und Feind geachtete kath[olische] Gemeinde daselbst hat es unter Leitung ihrer Vereine, unter der aufopfernden Führung furchtloser Männer, insbesondere des H[er]rn Oberlehrers Breuer, gewagt, sich zuerst in ganz Deutschland als 'christlich-soziale Partei' in den Wahlkampf einzuführen.“

[69] A. a. O., Nr. 11 vom 1. 9., S. 155.

des Schulgeldes aus. Dort wurde er auch zum zweiten Vorsitzenden der Sektion für soziale Fragen gewählt.[70]

Im Jahre 1871 gründete er den „Christlich-sozialen Verein zu Elberfeld“. Aber mit dieser Gründung sollte er wenig Glück haben. Wie schon früher, so gab es auch diesmal „geistlichen“ Widerstand. Hören wir ihn selbst: „Aber der bei uns gegründete Verein, der so viel dazu hätte beitragen können, kathol[ische] Arbeiter vom Eintritt in die Sozialdemokratie rechtzeitig abzuhalten, nicht weniger auch, ein Bindemittel, ein Zentralpunkt für die verschiedenen kath[olischen] Männervereine in Elberfeld zu werden bestimmt war, ... wurde wiederum durch unsere hochwürdige (?) Geistlichkeit, vornehmlich durch die Herren Kapläne [Hermann Joseph] Albertz u[nd Michael Martin] Heyden, inhibiert und durch allerlei Machinationen lahmgelegt. Es schien mir, als ob man im Pfarrhaus sich verschworen habe, mich kirre zu machen und mir jede Tätigkeit, die nicht direkt meines Amtes war, zu behindern und zu verleiden.“[71]

10. Breuers Schuljubiläum und seine letzten Jahre

Die rege Vereinstätigkeit führte nicht dazu, daß die Schule darunter litt. Vielmehr wurde „Breuers Schule“, wie sie allgemein hieß, gerade auch von Mädchen „aus den besten Bürgerkreisen“ besucht, und die königliche Regierung sprach schon im September 1853 dem Lehrer ihre besondere Anerkennung aus. Fritz Jorde schrieb 1897: „Begeistert sprechen heute noch Hunderte von Elberfelder Frauen und Müttern von ihrem Jugendlehrer Breuer.“[72]

Diese Dankbarkeit zeigte sich dann deutlich bei der Feier zum 25jährigen Hauptlehrerjubiläum, das nicht, wie eigentlich vorgesehen, im Herbst 1870, sondern wegen des Krieges erst am 6. Juni 1871 veranstaltet wurde. Am Vorabend drängte sich die Menge im Schulhaus, um den Jubilar musikalisch zu begrüßen. Da geschah das Unglück: Das Treppenhaus hielt der Last nicht stand und stürzte ein. 21 Mädchen wurden verletzt, und eines erlag seinen Verletzungen. Einzelne trugen noch jahrelang an den Folgen des Zusammensturzes. Gegen den Widerstand Breuers wurde dann am folgenden Tage die Feier durchgeführt mit Laudationen und Gedichten. Pfarrer Friderici sagte u. a., nachdem er die schulischen Leistungen Breuers hervorgehoben hatte:

---

[70] Vgl.: Verhandlungen der einundzwanzigsten Generalversammlung der katholischen Vereine Deutschlands zu Mainz am 10., 11., 12., 13. und 14. September 1871, Mainz 1871, S. 63-65.

[71] Breuer, S. 238.

[72] Fritz Jorde, Johann Gregor Breuer (Anm. 4), S. 31.

„In der Tat haben Sie Ihre ganze freie Zeit dem Gemeindeinteresse gewidmet, und es gibt in unserer Gemeinde kein gutes, irgendwie nennenswertes Werk, das nicht seine Entstehung Ihnen vorzugsweise verdankt und dem Sie nicht Ihre ganze Aufmerksamkeit und Teilnahme gewidmet haben und noch widmen."[73]

Wilhelm Herchenbach, Düsseldorfer Lehrer und katholischer Volksschriftsteller, dem Breuer schon in Neuhonrath begegnet war, reimte zu diesem Anlaß eine Reihe von Gedichten. Zum Gesellenverein heißt es dort u. a.:

„Daß Du der erste warst im Reigen,
Ist wenig noch bekannt.
Doch schmälert's Dein Verdienst ja nimmer,
Daß dies die Welt nicht weiß."[74]

In der Folgezeit widmete sich Breuer der Errichtung von Filialgemeinden der stark angewachsenen katholischen Gemeinde von Elberfeld. Er sorgte sich um den günstigen Kauf von Grundstücken, organisierte Kirchenbauvereine für die Marienkirche und die Suitbertuskirche und sammelte das Geld ein. Zuletzt, als ein Parteienstreit die katholische Gemeinde zu entzweien drohte, gründete er noch einmal einen Verein mit dem Namen „Eintracht".

Im Jahre 1884 trat er in den Ruhestand. Mit der Zeit wurde es nun auch ruhig um ihn. Seine Frau war 1881 gestorben, und fünf seiner sieben Kinder sind vor ihm heimgegangen. Auch sein Schwiegersohn, der ihn noch dazu hatte bestimmen können, seine Lebenserinnerungen zu einem großen Teile niederzuschreiben, starb, und mit der Zeit wurde ihm das Leben in Elberfeld fremd. Im Jahre 1896 zog er zu seinem Sohn nach Höchst am Main. Doch als diese Absicht bekannt wurde, veranstaltete die „Gesellschaft Parlament" ihrem Ehrenpräsidenten ein herzliches Abschiedsfest.

In San Remo, wo er Linderung seiner Schmerzen suchte, starb er am 2. April 1897 in den Armen seines Sohnes. Sein letztes Wort war die Beteuerung, daß er der Gründer des Gesellenvereins sei. Am 11. April 1897 fand in Elberfeld das Begräbnis statt. Es gestaltete sich zu einer Kundgebung der Zuneigung, die sich der Verstorbene erworben hatte. Die Zugordnung umfaßte allein 24 verschiedene Gruppen. Das Grabmal steht noch heute auf dem katholischen Friedhof von Elberfeld. Die Büste, die ehemals dieses Grabmal geziert hatte, weist heute den Weg zum Johann-Gregor-Breuer-Saal, dem Pfarrsaal der Laurentiuspfarrei von Wuppertal-Elberfeld.

---

[73] A. a. O., S. 34.
[74] A. a. O., S. 40.

Adolph Kolping – Gedanken aus Anlaß der Seligsprechung am 27. Oktober 1991[1]

1. Einleitung

Seit 1978 ist die Zahl der Seligen um etwa 320 und die der Heiligen um etwa 260 angestiegen. In einer Zeitung ist deshalb zu lesen: „Der Papst fördert die Inflation der Seligen."[2] Die meisten von diesen Heiligen und Seligen werden nur Spezialisten für die Geschichte der einzelnen Orden bekannt sein. Anders steht es um die neueste Seligsprechung, um Adolph Kolping. Dieser deutsche Priester, der von 1813 bis 1865 gelebt hat, ist allein schon wegen des international organisierten „Kolpingwerkes" bekannt. Die Feier der Seligsprechung, vom deutschen Fernsehen direkt übertragen, zeigte auch eine Menschenansammlung auf dem Petersplatz in Rom, die sonst nur anläßlich des Segens „Urbi et orbi" erreicht wird, und ein Meer von orange-schwarzen Kolpingfahnen, was deutlich machte, daß Zigtausende ein persönliches Verhältnis zu diesem Priester des vergangenen Jahrhunderts haben. Natürlich wurde damit nicht dieser Verband seliggesprochen und noch nicht einmal sein „Gründer"; denn, wie der heutige Generalpräses des Kolpingwerkes, Heinrich Festing, sagte, war der Verfasser der „Gründungsurkunde unseres Verbandes" ein einfacher Schullehrer, Johann Gregor Breuer aus Elberfeld.[3]

Die Seligsprechung Kolpings hebt sich also deutlich ab von den meisten Kanonisationen der vergangenen Jahre. Ein Grund dafür muß doch wohl in der Person Kolping selbst liegen. Doch gibt es nicht noch andere Gründe? Am 25. Oktober 1991 hatte das Deutsche Fernsehen einen wertvollen Dokumentarfilm über das Leben Kolpings gesendet. Im Anschluß daran wurde der Autor, Erich Kock, nach seiner persönlichen Meinung über diese Seligsprechung gefragt. Trotz seiner klaren Sympathie für Kolping stellte er die Frage, ob dieser auch ohne „Lobby" finanzieller und anderer Art zur Ehre der Altäre gelangt sei, und er vermißte „einfache Menschen", beispielsweise Familienväter, die ihr ganzes Leben christlich gestaltet hätten, in der offiziellen Liste. Hier wäre anzufügen,

---

[1] Zuerst erschienen in niederländischer Sprache: Adolph Kolping. Overwegingen bij gelegenheid van zijn zaligverklaring op 27 oktober 1991, in: Internationaal Katholiek Tijdschrift Communio 16 (1991), S. 452-461.

[2] Stuttgarter Zeitung vom 24. 10. 1991.

[3] Vgl.: Kirchenzeitung Köln, 1. 11. 1991.

daß Johann Gregor Breuer ganz gewiß diese Ehre verdient hätte; waren doch in gewissem Sinne seine Konzepte wesentlich weiter gefaßt als die Kolpings. Leider wurden aber die Erfolge seiner sozialen Tätigkeit in Elberfeld und weit darüber hinaus von der Geschichtsschreibung noch kaum zur Kenntnis genommen.[4] „Geschichtsschreibung" ist ja – das kann man auch immer wieder an den Biographien Kolpings erkennen – zu einem großen Teil Abschreiben; aber erst die Kenntnis der Quellen macht den eigentlichen Reiz der Geschichte aus. Aus meiner Kenntnis kann ich sagen, daß auf diese Weise noch ganz neue Einsichten über Kolping gefunden werden können.

Wer war nun Adolph Kolping? Zunächst seien die äußeren Lebensdaten aneinandergereiht. Dann soll versucht werden, seine „innere" Entwicklung darzustellen. Sein Lebenswerk, die Organisierung des „Katholischen Gesellenvereins", soll dann im sozialgeschichtlichen Rahmen skizziert werden. Zum Schluß soll aufgezeigt werden, welche Beziehungen Kolping als Person und die von ihm geformte Organisation bis heute zu den Ländern Belgien und Niederlande gehabt hat.

2. Kolpings Lebensdaten

Geboren am 8. Dezember 1813 als viertes Kind eines Schäferehepaares in Kerpen, einem ehemals brabantischen Städtchen etwa 20 km von Köln entfernt – Vorfahren sollen aus den Niederlanden eingewandert sein[5] –, zu einer Zeit, als das linke Rheingebiet zu Frankreich gehörte, besuchte Adolph Kolping die dortige Volksschule, begann mit 13 Jahren die Schuhmacherlehre und arbeitete dann zehn Jahre lang als Schusterlehrling und -geselle in der näheren Umgebung und zuletzt in Köln. Weil er den Wunsch hatte, Priester zu werden, erhielt er von zwei befreundeten Priestern Lateinunterricht, und am Marzellengymnasium in Köln machte er nach 3 ½ Jahren das Abitur. Das Studium der Theologie absolvierte er von 1841 bis 1844 in München und Bonn, und nach einem Jahr im Priesterseminar in Köln wurde er am 13. April 1845 zum Priester geweiht. Die erste Kaplanstelle bezog er an der Laurentiuskirche in Elberfeld. Nachdem er dort schon anderthalb Jahre gewirkt hatte, lernte er Ende 1846 den von Breuer gegründeten Gesellenverein kennen. Wenige Monate später wurde er der zweite Präses dieses Vereins, und schon im

---

[4] Vgl.: Franz Lüttgen, Ein Lehrer kämpfte um die Belange der Arbeiter. Die Bedeutung Johann Gregor Breuers für die christlich-soziale Bewegung, in: Deutsche Tagespost 1989, Nr. 132 vom 4. 11., S. 5.

[5] Vgl.: Johannes Stöber, Studien zur Familie des seligen Adolph Kolping, Teil I: Grundriß einer Geschichte der Familie Colpin / Kolpein / Kolpin-g von den Ursprüngen im heutigen Nordfrankreich im 14. und 15. Jahrhundert bis zu Gerhard Kolpein in Kerpen, ca. 1610-1686, Köln 1995.

Sommer 1847 erkannte er darin seine Lebensaufgabe. Seit April 1849 war Kolping Domvikar in Köln. Als solcher gründete er in der Rheinmetropole einen zweiten Gesellenverein, und er baute, nachdem nach und nach auch an anderen Orten solche Vereine gegründet worden waren, eine Vereinsorganisation auf, zunächst „Rheinischer Gesellenbund", aber schon Ende 1851 „Katholischer Gesellenverein" genannt. Durch sein Auftreten auf der Generalversammlung des katholischen Vereins Deutschlands in Mainz 1851 plötzlich als Gesellenpräses weit bekannt geworden, machte er seit 1852 große Reisen, um den Gesellenverein überregional zu organisieren.

Im gleichen Jahre kaufte er ein größeres Haus mitten in Köln, das er zu einem „Gesellenhospitium" ausgestaltete, einem Vereinshaus mit Wohnmöglichkeit für durchreisende Gesellen. Zusätzlich war Kolping unermüdlich journalistisch tätig. In den vom ihm 1854 gegründeten „Rheinischen Volksblättern für Haus, Familie und Handwerk" hat er bis zu seinem Tode einige tausend Seiten publiziert, am meisten Kommentare zu politischen Ereignissen. Aber auch viele Erzählungen sind dort und in den jährlich von ihm bearbeiteten Volkskalendern zu finden.

Die Vereinsorganisation hat er 1858 der kirchlichen Organisation angeglichen, indem er die Vereine in Diözesanverbände gliederte mit einem vom Bischof ernannten Diözesanpräses an der Spitze. Er selbst wurde „Generalpräses". Im Jahre 1862 wurde er, nachdem er ein beträchtliches Stiftungskapital hinterlegt hatte, Rektor der Minoritenkirche in Köln. Im gleichen Jahr durfte er in Rom zweimal Papst Pius IX. begegnen, und er erhielt einen päpstlichen Ehrentitel. Die Renovierung der Minoritenkirche und der Umbau des Gesellenhospitiums nahmen ihn in den letzten Jahren zusätzlich in Anspruch. Nach schweren Leiden starb er in Köln am 4. Dezember 1865. Die Zahl der damaligen Gesellenvereine betrug über 400 mit etwa 25000 Mitgliedern.

3. Die „innere" Biographie Kolpings

Dies ist wohl das schwierigste Kapitel, und zwar aus dem Grunde, weil seit der ersten ausführlichen Biographie Kolpings aus der Feder seines Nachfolgers Schäffer vom Jahre 1879[6] ein Bild Kolpings als „Gesellenvater" festzustehen scheint, das praktisch von allen späteren Biographen mit einer Reihe von Zusätzen übernommen worden ist. Man konnte am 27. Oktober 1991 in einer Sendung des Westdeutschen Rundfunks mit dem Titel „Unter liederlichen Gesellen" hören, daß der jugendliche Kolping, wenn man seine Gedichte, Briefe und Tagebucheintragungen auf

---

[6] Zuerst veröffentlicht als Artikelfolge, in: RV 26 (1879) und 27 (1880), dann auch als Buch: Schäffer.

sich wirken läßt, doch sehr hochnäsig gewesen sei, was aber in allen Biographien so nicht gesagt werde. Dieser Hinweis sollte im ganzen beherzigt werden: Solange Primärquellen vorhanden sind, sind diese zuerst zu konsultieren.

In kleinbürgerlichen Kreisen aufgewachsen, nahm Kolping das damalige „katholische Milieu“ in sich auf, das in der Familie, in der Schule, im Gottesdienst und in einer ziemlich wahllos zusammengekommenen Erbauungsliteratur an ihn herangetragen wurde. Was von Johann Michael Sailer geschrieben wurde, kann man auch von Kolping sagen: „Kennzeichnend ... ist ein gesunder, lebensfroher Glaube, der gepaart ist mit praktischem Lebenssinn. ... Grunderfahrung seines Lebens ist das religiöse Leben im Elternhaus, das für ihn solche Überzeugungskraft besaß, daß sein Glaube nie ins Wanken kam.“[7]

Sein Entschluß, Priester zu werden, war damals die einzige Möglichkeit, dem niedrigen Handwerkermilieu der Schuster zu entfliehen, wobei natürlich religiöse Motive auch eine wichtige Rolle gespielt haben. Eine bisher unveröffentlichte Anekdote aus mündlicher Tradition, 1929 niedergeschrieben, erhärtet dies: „Bevor Kolping den Entschluß gefaßt hatte, Priester zu werden, hatte er eine tiefe Zuneigung zu der Schwester meines Vaters Karl Andreas Statz, der als Schulrat in Metz starb, gefühlt. Da jedoch mein Großvater von der Sache nichts wissen wollte, faßten beide den Entschluß, sich dem geistlichen Stande zu widmen. Meine Tante Gretchen wurde Klosterfrau bei den Ursulinen“[8] in Ahrweiler.

Die erste religiöse Prägung auf eine kirchenpolitische Richtung hin ist für die Zeit des Schulbesuchs in Köln anzunehmen. Es war die Zeit, in der der Kölner Erzbischof Clemens August Droste zu Vischering in Verbannung lebte und eine kirchliche Volksbewegung gegen die Übergriffe des Staates im Entstehen begriffen war. Das läßt sich deutlich aus Kolpings Tagebuch jener Zeit entnehmen. Darin klingen auch schon Themen an, die später für sein Glaubensverständnis wichtig werden sollten, beispielsweise eine Überbetonung des Glaubens gegenüber der Vernunft, Fideismus genannt, eine Strömung, die damals von Frankreich her als Reaktion auf Aufklärung und Revolution das katholische Rheinland überschwemmte. Am Ende der Schulzeit hatte Kolping auch Kontakt aufgenommen zu führenden Vertretern dieser Richtung in Belgien, um durch ihre Vermittlung in Rom studieren zu können, was sich dann aber nicht realisieren ließ.[9] Mehr und mehr wurden diese Kreise geprägt durch einen inquisitorischen Kampf gegen die Schüler des 1831 verstorbenen Bonner Theologieprofessors Georg Hermes. Die ultramontane

---

[7] Johann Hofmeier, Seelsorge und Seelsorger. Eine Untersuchung zur Pastoraltheologie Johann Michael Sailers, Regensburg 1967, S. 9.
[8] Frau S. Backhaus, Hohengandern, am 18. 8. 1929, in: Archiv der Deutschen Kolpingsfamilie, Zeugenaussagen.
[9] Vgl.: KS, Bd. 2, S. 30, 45-46.

Geschichtsschreibung hat dieses unerquickliche Treiben jahrzehntelang als „katholische Erneuerungsbewegung“ zu verherrlichen gewußt.

Kolpings kirchliches Aha-Erlebnis aber fand in München statt, wo er 1841 sein Studium begann, verbunden mit den Namen Ignaz von Döllinger, Joseph Görres und Friedrich Windischmann. Der Geist der „Historisch-politischen Blätter“ ist fortan auch Kolpings Geist in theologischer und kirchenpolitischer Ausrichtung, Mit „Ultramontanismus“ ist dieser Geist nur unvollkommen wiedergegeben. Auch die ersten sozialen Impulse scheint Kolping hier erhalten zu haben, und zwar Gedanken Franz von Baaders, vermittelt durch Döllinger. In Bonn hat Franz Xaver Dieringer einen starken Einfluß auf Kolping ausgeübt. Als „Studentenführer“ und erstmals auch publizistisch trat Kolping dort gegen zwei „hermesianische“ Professoren hervor. Andererseits hat er aber intensiv studiert und an praktischen Übungen für angehende Priester teilgenommen. Von dem Vorbereitungsjahr im Priesterseminar wissen wir fast nur, daß Kolping eine Ausarbeitung geschrieben hat über das katholische Priestertum, die leider wie so vieles andere nicht erhalten ist. Bei den Elberfelder Predigten über das Priestertum, die wörtlich vorliegen, wird er daraus wohl vieles übernommen haben.

Die vier Jahre Kaplanstätigkeit in Elberfeld werden meistens so dargestellt, als wenn die Leitung des dortigen Gesellenvereins die meiste Arbeitszeit Kolpings in Anspruch genommen hätte. Als zweiter Kaplan hatte er sich aber zunächst einmal in die pfarrliche Ordnung einzufügen und Gottesdienste, Predigten und Religionsunterricht zu halten. Die etwa 90 Predigten, die er in Elberfeld gehalten hat, hielten sich an das Vorbild von Dieringer und vermittelten volksnah dogmatische Wahrheiten. Die heute noch vorhandenen Predigtmanuskripte sind von mir in der Reihe der Adolph-Kolping-Schriften veröffentlicht worden.[10]

Wie ein Brief vom Januar 1846 an die Kölner kirchliche Behörde zeigt, fühlte sich Kolping in seiner neuen Rolle ganz und gar nicht wohl, und welche Schuld daran sein „hermesianischer“ Pfarrer hatte, ist heute schwer zu sagen.[11] Elberfeld war damals geprägt von der Frühindustrialisierung, d. h. von Heimarbeit und noch wenigen Fabriken, was den Zustrom vieler Menschen aus den nahen Landregionen zur Folge hatte. Hatte doch seit Jahrzehnten ein Bevölkerungswachstum eingesetzt, das dazu führte, daß traditionelle Gewerbegebiete wie das Wuppertal überproportional anwuchsen. Kolping war gerade zu einer Zeit in Elberfeld, als Mißernten und Teuerungen große soziale Not in die Bevölkerung brachten, über die der „Gesellschaftsspiegel“ von Moses Heß so beredt

---

[10] KS, Bd. 9.

[11] Vgl.: KS, Bd. 2, S. 113-120. Im Unterschied zu Kracht, S. 115, hat die „ideologische[n] und soziale[n] Streitpunkte“ zwischen Pfarrer Friderici und Kolping herausgestellt: Jürgen Herres, Städtische Gesellschaft und katholische Vereine im Rheinland 1840-1870, Essen 1996, S. 109-110.

Zeugnis ablegt.[12] In die traditionell protestantische Stadt strömten auch viele Katholiken, und die Gemeinde St. Laurentius umfaßte damals etwa 9000 Gläubige. In diesen Jahren wurde der konfessionelle Gegensatz besonders heftig in der „Elberfelder Zeitung“ ausgetragen, weil sich eine „deutschkatholische“ Gemeinde gebildet hatte, die der römisch-katholischen Konkurrenz machen wollte.[13] Als Reaktion auf diese Spannungen gründete der Junglehrer Breuer eine „Gesellschaft Parlament“, und ähnlich hat er nach und nach eine ganze Reihe von Vereinen ins Leben gerufen, 1846 auch den Gesellenverein.

Kolpings Art, die als eckig und geradeaus gezeichnet wird, ein gesunder Kern unter rauher Schale, kam nicht bei allen Gläubigen an, und Zeugnisse über dieses Mißverstehen sind vorhanden. Auch war er damals noch zu draufgängerisch, so daß seine Projekte, einen Pius- und einen Vinzenzverein zu gründen und ein Pfarrblatt ins Leben zu rufen, im Sande verliefen.

Anders wurde es, als Kolping den einige Monate vorher gegründeten Gesellenverein kennenlernte. Von der Gründungsgeschichte sei nur erwähnt, daß der Lehrer Breuer aus dem Kontakt mit Gesellen, die unter seiner Leitung Lieder für die Pfarrprozession einübten, deren Not kennenlernte und freudige Zustimmung erhielt, als er den Vorschlag machte, sich weiter regelmäßig als Verein zu treffen. Seine Überlegungen faßte er in einer „Denkschrift“ mit fertigen Statuten zusammen, die er seinem Schulvorstand und dem Pfarrklerus zur Information übergab.[14] Nach diesen Statuten wurde im November 1846 der damalige erste Kaplan Steenaerts, zum Vereinspräses gewählt. Schon kurz danach kam auch Kolping als Gast zu den Versammlungen, und plötzlich merkte er, daß er die Sprache der Gesellen und ihre Nöte selbst gut kannte; und je mehr er über das Programm der „Denkschrift“ nachdachte, um so mehr erkannte er darin seine Lebensaufgabe. Im Sommer 1847 wurde er dann selber Vereinspräses, und sein Entschluß, diesen Vereinstyp zu verbreiten, stand schon damals fest. Nach anfänglichen Schwierigkeiten, die Breuer zu beheben verstand,[15] wuchs auch der Verein immer mehr, und Kolping machte sich auf die Suche nach einer Stelle, von der aus er seine selbstgewählte Lebensaufgabe in Angriff nehmen könnte. Er fand sie als Domvikar in Köln.

---

[12] Gesellschaftsspiegel. Organ zur Vertretung der besitzlosen Klassen und zur Beleuchtung der gesellschaftlichen Zustände der Gegenwart, Elberfeld 1845-1846. Vgl.: A. [Kolping], Briefe von der Wupper, in: KS, Bd. 3, S. 32-41.

[13] Vgl.: Alexander Stollenwerk, Der Deutschkatholizismus in den preußischen Rheinlanden, Mainz 1971, S. 30-51.

[14] Vgl.: KS, Bd. 3, S. 1-8.

[15] Vgl.: Josef Anton Stüttler, Adolph Kolpings Beitrag zur Entstehung der Jugendsozialarbeit, in: Jahrbuch für Jugendsozialarbeit 11 (1990), S. 3-25, hier S. 13-14.

Zunächst ging es darum, einen „Ableger" in Köln einzupflanzen. Der Erfolg gab Kolping recht: Schon im Mai 1850 konnte sich ein „Rheinischer Gesellenbund" aus drei Vereinen konstituieren, und neue Vereine entstanden bald in allen größeren deutschen Städten. Offensichtlich entsprach dieser Vereinstyp einem Zeitbedürfnis. Vorbilder gab es auch, und zwar in Elberfeld im dortigen evangelischen Jünglingsverein und im „Rheinisch-westfälischen Jünglingsbund",[16] und selbständige ähnliche Initiativen im katholischen Raum schlossen sich gerne an Kolpings Verband an.[17]

Kolping hatte auch deshalb Erfolg, weil er volkstümlich schreiben konnte. Seine wöchentlich erscheinenden „Rheinischen Volksblätter" hatten zeitweise eine größere Auflage als vergleichbare Tageszeitungen. Das ergab auch einen großen finanziellen Gewinn, der für das Gesellenhospitium und für die großen Reisen verwendet worden ist. Das meiste von dem, was Kolping geschrieben hat, ist noch nicht gründlich erforscht worden. Meine Erfahrung damit lautet: Sobald man ins Detail geht, wird die Sache interessant. Beispielsweise haben damalige Persönlichkeiten – ich nenne nur August Reichensperger, Viktor Aimé Huber und Friedrich Pilgram – sich in dieser Zeitschrift zu Wort gemeldet, woraus man auf deren Verhältnis zu Kolping Rückschlüsse ziehen kann.

Vieles, was Kolping geschrieben hat, muß man natürlich auf dem Hintergrund des damaligen Zeit- und Menschenbildes, auch des damaligen Kirchenbildes sehen. Insofern ist es für uns leicht, das, was er z. B. über die Stellung der Frau geschrieben hat, als veraltet abzutun. Dennoch ist zu fragen: Aus welchen Quellen schöpfte Kolping, und welche eigenen Erfahrungen sind in sein Bild eingeflossen? Dann kommt man zu dem Ergebnis, daß Kolping zu seiner Zeit von den wenigsten als veraltet angesehen wurde, daß es aber auch damals schon Persönlichkeiten gab, die weiter gedacht haben. Kolpings Einsatz für den Erhalt des gefährdeten Kirchenstaates seit dem Italienischen Krieg 1859 hat etwas Rührendes an sich, wirkt aber, wenn man das heutige Wissen um die damaligen Vorgänge sich vergegenwärtigt, sehr parteiisch und einseitig. Die Weitsicht seines Lehrers Döllinger in den Odeonsvorträgen von 1861 fehlte ihm;[18] allerdings blieb er auch verschont von den peinlichen Angriffen „katholischer" Art, die Döllinger seitdem hat über sich ergehen lassen müssen. Das gleiche gilt von Kolpings Kommentar zur Enzyklika

---

[16] Vgl. den Beitrag: „Evangelische Jünglingsvereine und katholische Gesellenvereine", in diesem Band.

[17] Vgl.: Franz Lüttgen, Ein „Verein von Jünglingen" in Kerpen, gegründet 1851, in: Kerpener Heimatblätter 5 (1986-1990), S. 351-360.

[18] Vgl.: Ignaz von Döllinger, Kirche und Kirchen, Papstthum und Kirchenstaat, München 1861.

„Quanta cura" und zum „Syllabus".[19] Es wäre zuviel verlangt, von ihm eine so differenzierte Antwort zu erwarten, wie sie John Henry Newman gegeben hat.[20] Daß ihm die (Neu-)Scholastik noch gar nicht mit ihrem Axiom „gratia supponit naturam" bekannt war, zeigt folgender Satz Kolpings, der in letzter Zeit oft zitiert worden ist: „Auf dem Glauben ruht das Leben."[21]

4. Kolpings Lebenswerk

Über seinen Tod hinaus ist Kolping durch zwei Sachen bekannt geblieben: durch seine Volkserzählungen, die immer wieder neu aufgelegt worden sind, und durch den Gesellenverein, der sich seit 1933 Kolpingsfamilie und seit 1935 Kolpingwerk nennt. In den letzten Jahrzehnten hat es keine Neuauflagen der Volkserzählungen mehr gegeben, ein Zeichen dafür, daß sie ganz im „katholischen Milieu" beheimatet waren. Sie stellen, mentalitätsgeschichtlich gesehen, eine interessante Fundgrube für die Geschichte des 19. Jahrhunderts dar, und ihre Neuedition in den Adolph-Kolping-Schriften ist vorbereitet. Aus der Vergessenheit herausgeholt hat Michael Schmolke den Publizisten Kolping.[22] Den Politiker Kolping gilt es noch zu entdecken, und andere Aspekte seiner Tätigkeit müßten ebenfalls untersucht werden: der neugotisch geprägte Bauherr Kolping und der Kolping, den eine enge Freundschaft mit vielen Persönlichkeiten seiner Zeit verband. Dagegen ist der Pädagoge oder „Sozialpädagoge" Kolping immer wieder beleuchtet worden.[23]

Als Kolpings Lebenswerk wird aber mit vollem Recht die Organisierung und Ausbreitung des Katholischen Gesellenvereins angesehen. Ausgehend von dem fertigen Gesellenverein, den er in Elberfeld vorfand, hat er von Köln aus eine Organisation ins Leben gerufen, die für seine Zeit einmalig war und für das gesamte katholische Vereinsleben Vorbildfunktion erlangt hat. Dennoch ist Kolping, wie schon gesagt, nicht ihr „Gründer". Der Anteil Breuers und der Anteil Kolpings am weiteren Gründungsgeschehen läßt sich genau ablesen an den ersten Vereinsdo-

---

[19] Adolph Kolping, Unterhaltungen über die „Enzyklika" vom 8. Dezember 1864, in: RV 12 (1865), Nr. 4-11.

[20] Vgl. John Henry Newman, Briefe und Tagebuchaufzeichnungen aus der katholischen Zeit seines Lebens, Mainz 1957, S. 395-396.

[21] KS, Bd. 5, S. 238.

[22] Vgl.: Schmolke.

[23] Vgl. u. a.: Johannes Nattermann, Adolf Kolping als Sozialpädagoge und seine Bedeutung für die Gegenwart, Leipzig 1925.

kumenten, die u. a. in Band 3 der Adolph-Kolping-Schriften zusammengefaßt sind.[24]

Der „Streit um die Gründung des Elberfelder Gesellenvereins", der über Jahrzehnte heftig geführt worden ist,[25] hat leider auch einen Grund darin, daß Kolping in der Öffentlichkeit nie die historische Bedeutung Breuers anerkannt und die Behauptung, er selbst sei der Gründer gewesen, nie richtiggestellt hat.

Daß der Gesellenverein dennoch als Kolpings Lebenswerk bezeichnet werden kann, liegt daran, daß er ganz allein die Ausweitung der Vereinsidee in Angriff genommen und für die relativ kurze Zeit seiner verbleibenden Tätigkeit zu einem erstaunlichen Ergebnis geführt hat. Er persönlich war der Mittelpunkt, und als solcher wurde er immer wieder in Wahlen bestätigt. In den Adolph-Kolping-Schriften sind die organisatorischen Schritte zur Ausbreitung des Katholischen Gesellenvereins dokumentiert.

Schon hingewiesen wurde auf die Zeitgemäßheit dieser Institution. Das Handwerk war in Preußen und in anderen Staaten in der sogenannte Gewerbefreiheit zu Anfang des 19. Jahrhunderts aus den Fesseln der Zunft entlassen worden. Die soziale Lage der Handwerksmeister und speziell der Gesellen spitzte sich in der ersten Hälfte des vorigen Jahrhunderts zu: Es gab zu viele Gesellen, die nicht mehr im Haushalt des Meisters wohnten, sondern in Wirtschaften ihre freie Zeit verbringen mußten. Kolping schilderte 1848 in seiner Schrift „Der Gesellenverein. Zur Beherzigung für alle, die es mit dem wahren Volkswohl gut meinen" die ganze Not dieser Berufsgruppe, und er erklärte, inwiefern der Gesellenverein Abhilfe schaffen könne.[26] In Elberfeld hatte er gerade in dieser Zeit das Elend des Pauperismus gesehen, und davor wollte er die Gesellen und über sie den ganzen Handwerkerstand bewahren.

Welche soziale Bedeutung kommt nun Kolpings Lebenswerk zu? Auch wenn man Kolping nicht zum Sozialtheoretiker hochstilisieren kann, war er doch mehr als nur ein Praktiker, der in den konkreten Nöten zupackte. Er hat sehr wohl, besonders in den letzten Lebensjahren, sich intensiv mit der damals in weiten Kreisen besprochenen und gefürchteten „Sozialen Frage" befaßt. Der fünfte Band der Adolph-Kolping-Schriften zeigt sein Umdenken in dieser Frage an vielen Dokumenten. Hatte er vorher alle Hilfe von der christlichen Caritas und von einer Änderung der Gesinnung erhofft, so kam er mehr und mehr zu der Überzeugung, daß zur Lösung dieser gewaltigen Frage eine Strukturre-

---

[24] Man darf nur nicht vorschnell der Meinung sein, die ersten gedruckten Elberfelder Statuten, von Kolping unterzeichnet (KS, Bd. 3, S. 61-66), seien so auch von ihm konzipiert worden. Vgl.: Breuer, S. 191-193.

[25] Vgl. den Beitrag: „Der Streit um die Gründung des Elberfelder Gesellenvereins", in diesem Band.

[26] Vgl.: KS, Bd. 3, S. 44-68.

form, d. h. eine entsprechende Gesetzgebung, unumgänglich ist. Mit Franz Joseph Buss und Peter Reichensperger war er einer der ersten im katholischen Raum, der diese Überzeugung verkündet hat, und zwar in seinem letzten, durch den Tod unvollendet gebliebenen Aufsatz „Zur Arbeiterfrage".[27]
Bischof Wilhelm Emmanuel von Ketteler hat diese Kolpingsche Erkenntnis sich zu eigen gemacht und sie sechs Wochen vor dessen Tod in einem Vortrag vor dem Mainzer Gesellenverein vorgetragen,[28] und durch ihn ist sie Allgemeingut im deutschen Katholizismus geworden. Weil diese Erkenntnis auch in die päpstlichen Sozialenzykliken eingeflossen ist, kann Kolping mit Fug und Recht als ein wichtiger Vorläufer der katholischen Soziallehre angesehen werden,[29] und der jetzige Papst hat den Termin der Seligsprechung Kolpings bewußt in das hundertjährige Jubiläumsjahr von „Rerum Novarum" gelegt.

5. Kolpings Beziehungen zu den Niederlanden und Belgien

Was Kolpings Beziehungen zu den Niederlanden betrifft, so fällt auf, daß diese ganz im Unterschied zu den anderen Nachbarstaaten bei ihm kaum eine Rolle spielen. Von vereinzelten Notizen im wöchentlich geschriebenen „politischen Tagebuch" einmal abgesehen, hat er sich kaum mit diesem schönen Land befaßt. Immerhin steht im „Rheinischen Kirchenblatt" ein Bericht über „die katholischen Zustände in Holland", den Kolping als Redakteur veröffentlicht hat.[30]

Aber kurze Zeit nach Kolpings Tod, am 1. August 1868, bringen die „Rheinischen Volksblätter" die erste Notiz über einen katholischen Gesellenverein in Amsterdam, die St. Josef's-Gezellen-Vereeniging, mit den Wahlsprüchen „Godsdienst, Arbeid, Tevredenheid".[31] Schon 1884 lag eine niederländische Bearbeitung der Schäfferschen Kolpingbiographie vor,[32] und im Jahre 1929 hatte der niederländische Zweig des Katholischen Gesellenvereins 84 Vereine mit 8617 Mitgliedern,[33] heute sieben Kolpingsfamilien mit 400 Mitgliedern.

---

[27] Vgl.: KS, Bd. 5, S. 367-385.
[28] Vgl.: Wilhelm Emmanuel Freiherr von Ketteler, Schriften, Aufsätze und Reden 1848-1866, Mainz 1977, S. 685-688.
[29] Vgl.: Josef A. Stüttler, Adolph Kolping und „Rerum Novarum". Kolpings Wirken und Werk und 100 Jahre kirchliche Sozialbotschaft im Vergleich, Köln 1991.
[30] Vgl.: RK 10 (1853), Nr. 25 vom 19. 6., [S.1].
[31] RV 15 (1868), Nr. 31 vom 1. 8., S. 494.
[32] V. D., Adolf Kolping de Gezellenvader, Zwolle 1884.
[33] Vgl.: Handbuch des katholischen Gesellenvereins, Köln 1929, S. 181.

Kolpings Beziehungen zu Belgien, speziell zum flämischen Teil, sind dagegen vielgestaltig. Seit dem Jahre 1851 ist er fast jährlich im Sommer zur Kur nach Ostende gefahren und wohnte bei einem „alten Kapitän" namens Vandersteene in der Josephstraat 33.[34] Schon 1851 hatte er geschrieben:

„Das Bad bekommt mir, wie es scheint, sehr gut, wenn es mich auch nicht von allen Übeln kuriert."[35]

Diese Zeit der Muße nutzte Kolping zu eingehenden Beobachtungen und Notizen, die er dann später in den „Rheinischen Volksblättern" auszumalen verstanden hat. Hier seien nur die Titel genannt: „Der alte Kapitän. Ein Familienbild", „Reisenotizen aus dem Tagebuch eines simplen Christenmenschen", „Reisenotizen aus der großen Welt", „Aus Belgien. Reisenotizen", „Mein's gut, tu, was du kannst, und laß Gott walten", „Noch etwas aus dem Seebade", „Aus Belgien", „Bilder aus dem Seebadleben". Auch das Reisetagebuch aus Ostende vom Jahre 1863 ist erhalten. Aber nicht nur das Treiben an der See hat Kolping interessiert, sondern auch die belgische Politik, speziell die Lage der „Klerikalen". Diese sah er immer nur im Kampf gegen die „Liberalen", und seine Kommentare, beispielsweise über den Jesuitenprozeß in Brüssel vom Jahre 1864, sind ganz von diesem Gegensatz geprägt.[36] Entsprechend häufig erscheint Belgien im „politischen Tagebuch".

Wenn man von dem damals deutschen Eupen absieht, wo 1851 ein Gesellenverein entstanden ist, so hat sich schon 1853 in Lüttich ein erster Gesellenverein in Belgien gebildet „nach dem Muster der rheinischen unter den deutschen Arbeitern, ... dem ein deutscher Geistlicher vorsteht".[37] In Brüssel wurde 1874 ein deutscher und 1886 ein flämischer Gesellenverein gegründet.[38] 1929 gab es in Belgien drei Vereine mit 258 Mitgliedern,[39] und heute gibt es nur in Eupen eine Kolpingsfamilie.

Zum Schluß sei eine Schilderung Kolpings von seinem letzten Aufenthalt in Ostende aus dem Jahre 1865 zitiert:

„Wir haben den Damm erreicht und stehen wieder vor der herrlichen See, die, von frischerem Winde als in der Morgenfrühe bewegt, anfängt, sich zu kräuseln, und schon artige Wellen bei kommender Flut gegen den Strand treibt. Die Luft ist trotz der strahlenden Sonne kühler, weicher und feuchter geworden; nicht fünf Minuten, und jede Müdigkeit ist aus den Gliedern verschwunden. Dabei sieht der Himmel aus, als ob anderes Wetter sich vorbereiten wolle. Dort auf der See nämlich am

[34] Vgl.: KS, Bd. 2, S. 415.
[35] A. a. O., S. 145.
[36] Vgl. diese Texte in: KS, Bd. 8.
[37] Feierstunde. Beilage zum RK 3 (1853), Nr. 46 vom 13. 11., S. 184.
[38] Vgl.: Hubert Franz Schweitzer, Der katholische Gesellenverein. Handbuch für Vereinsvorsteher, Köln 1905, S. 506.
[39] Vgl.: Handbuch des katholischen Gesellenvereins (Anm. 33), ebd.

westlichsten Horizont hat es sich, meint man, wie Rauch auf der See gelagert und breitet sich immer mehr, einer Decke gleich, weiter und weiter über die Gewässer. Gehen wir nur den Strand aufwärts, dicht den andringenden Wellen entlang, über den festen Sandteppich und schlürfen den 'Atem des Meeres' reichlich ein, eine Medizin so frisch und kostbar, wie sie wohl ein Arzt verschreiben, aber kein Apotheker herrichten kann. Das ist der rechte Trank für das ermattete Leibesgestell, für die erschlafften Nerven, die müde Lunge, die träge Leber und den armen Kopf."[40]

Aus diesen Zeilen spürt man die Ahnung des Todes. Dieser Reisebericht aus Belgien ist ebenso wie der Aufsatz „Zur Arbeiterfrage" unvollendet geblieben.

---

[40] KS, Bd. 8, S. 143.

Die Literatur von und über Adolph Kolping – eine Übersicht[1]

1. Einleitung

Adolph Kolping, der von 1813 bis 1865 gelebt hat, war ein Vielschreiber. Er hat nicht nur Tagebücher und viele Briefe geschrieben, sondern auch eine ganze Menge publiziert. Schon als Student zu Anfang der 1840er Jahre hat er eine Reihe von Zeitungsartikeln verfaßt. Später hat er dann als literarischer Unternehmer Zeitschriften herausgegeben und darin vieles selbst verfaßt. Fast alles, was er publiziert hat, ist erhalten, und von den Briefen sind es immerhin noch etwa 450.

Über Kolping ist seit dem Jahre 1849, seitdem er in das öffentliche Leben getreten ist, immer wieder geschrieben worden. Man kann kaum ein Geschichtsbuch, in dem das 19. Jahrhundert behandelt wird, aufschlagen, auch Lexika und Bücher über das katholische Vereinsleben, in denen nicht einiges über Kolping zu lesen ist. Wichtiger sind Bücher und Aufsätze, die sich speziell mit seiner Person beschäftigen. Im Laufe von knapp anderthalb Jahrhunderten sind sehr viele von solchen Publikationen erschienen, nicht nur auf Deutsch, sondern vereinzelt schon im vergangenen Jahrhundert, verstärkt aber im letzten Jahrzehnt auch in den verschiedensten Sprachen.

In diesem Beitrag soll nicht der Versuch gemacht werden, eine einigermaßen vollständige Bibliographie der Literatur von und über Kolping zu erstellen; denn je mehr man findet, um so mehr Lücken nimmt man auch wahr. Das gilt besonders für solche biographischen Notizen über Kolping, die immer wieder die gleichen Vorlagen benutzten. Das gilt aber auch für das, was Kolping selbst publiziert hat; denn in vielen Fällen kann seine Autorschaft nur vermutet werden, und Nachdrucke seiner sogenannten Volkserzählungen sind in den unterschiedlichsten Reihen zu finden. Es kann sich hier also nur um eine schwerpunktmäßige Literaturübersicht handeln. Daß diese notwendigerweise subjektiv ist und speziell bei der Charakterisierung der einzelnen Bücher und Aufsätze Wertungen enthält, läßt sich nicht vermeiden. Diese Literaturübersicht gründet sich auf die Sammlung der Kolpingliteratur im Archiv der Deutschen Kolpingsfamilie in Köln.

---

[1] Zuerst erschienen in: Jahrbuch für Jugendsozialarbeit 17 (1996), S. 133-148.

2. Kolpings schriftstellerische Lebensleistung

Michael Schmolke ist in seiner Doktorarbeit über das publizistische Wirken Kolpings u. a. dessen ersten literarischen Gehversuchen nachgegangen und hat dabei bis dahin unbekannte Texte ermittelt, die den Bonner Studenten in einer scharfen kirchenpolitischen Auseinandersetzung zeigen.[2] Es ging dabei um einen theologischen Richtungsstreit, und Kolping trat vehement für den vom Kölner Erzbischof geförderten Theologieprofessor Franz Xaver Dieringer ein gegen die Schüler des schon verstorbenen Professors Georg Hermes und gegen den Kurator der Universität, Philipp Joseph von Rehfues.

Während seiner Kaplanszeit in Elberfeld hat dann Kolping schon ganz konkrete publizistische Pläne entwickelt. Johann Gregor Breuer schreibt darüber:

„Mit besonderer Vorliebe hatte er die Herausgabe einer katholischen Wochenzeitschrift unter dem Titel 'Sonntagsglocke' in Aussicht genommen, den Prospectus dazu geschrieben, Material gesammelt, etc., als verschiedene Erwägungen an maßgeblicher Stelle den Plan zu seinem größten Verdrusse scheitern machten."[3]

Immerhin fallen in die Elberfelder Zeit eine Reihe von Aufsätzen, die im „Rheinischen Kirchenblatt" veröffentlicht worden sind, und die Broschüre „Der Gesellenverein".

Nachdem Kolping Domvikar in Köln geworden war, konnte er neben der Aufbauarbeit im Gesellenverein auch mehr Zeit für das publizistische Wirken einsetzen. Im Sommer 1849 veröffentlichte er den „katholischen Volkskalender für das Jahr des alten und neuen Heils 1850". Er verbarg sich dabei – man riecht noch den Geruch der Revolten vom Mai – unter dem Pseudonym: „ein paar katholische Erzdemokraten", und entsprechend sind die Erzählungen: „Schlechte und rechte Demokraten", „Auch eine Bürgerwehrgeschichte", „Eine moderne Mordgeschichte", „Aus dem Handwerksburschenleben" u. a. Die im Kalender zusammengefaßten Erzählungen und Kurzgeschichten waren für das einfache Volk bestimmt und dabei in ihrer plastischen, ja mitunter derben Sprache immer darauf angelegt, eine religiöse und pädagogische Wahrheit bzw. das, was Kolping dafür hielt, zu vermitteln. Jährlich erschienen dann Kolpings Kalender mit immer neuen Geschichten, seit 1854 unter dem Titel: „Kalender für das katholische Volk". Um diese Geschichten trotz seiner anderen Arbeit schreiben zu können, zog er sich nach Möglichkeit zu Freunden zurück. Das Vorwort zu seinem letzten Kalender zeigt Kolping in der Vorahnung seines baldigen Todes.

---

[2] Vgl.: Schmolke, S. 79-90.

[3] Breuer, S. 177.

Regelmäßig arbeitete Kolping an den von seinem Freunde, Religionslehrer Christian Hermann Vosen, redigierten Blättern, dem „Rheinischen Kirchenblatt“ und dem „Christlichen Stadt- und Landboten“, mit. Seit Beginn des Jahres 1850 haben dann Kolping und Vosen gemeinsam das „Rheinische Kirchenblatt“ geführt und ab Oktober 1850 Kolping allein. Im Jahrgang 1850 sind auch die meisten Beiträge aus Kolpings Feder zu finden. In der Zeit, als er allein das Blatt redigierte, bis zum Frühjahr 1854, hat er wesentlich weniger eigene Beiträge darin veröffentlicht.

Zusätzlich hat er seit dem Beginn seiner alleinigen Redaktionsführung ein eigenes publizistisches Organ geschaffen, das er zunächst „Vereinsorgan“ und ab 1851 „Feierstunde“ tituliert hat. Dieses wöchentlich vier Seiten starke Blättchen erschien als „Beilage zum Rheinischen Kirchenblatt“ und war gedacht als Mitteilungsblatt für den „Rheinischen Gesellenbund“, der dann Ende 1851 umbenannt worden ist in: „Katholischer Gesellenverein“. Die 736 Seiten dieser Beilage sind etwas vom Wertvollsten, was wir von Kolping besitzen. Zu dieser Zeit fand er noch Muße, seine Gedanken über die Organisation von Gesellenvereinen, aber auch über Familien- und Handwerksfragen ausführlich zu entfalten.

Möglicherweise war Kolpings praktischer Sinn nicht dazu angetan, auf die Dauer ein Kirchenblatt zu leiten, dessen Untertitel lautete: „Eine katholische Zeitschrift zur Belehrung und Erbauung“, und die positiven Erfahrungen mit seiner „Feierstunde“ ließen in ihm den Plan reifen, eine eigene, ganz auf seinen persönlichen Geschmack hin ausgerichtete Zeitschrift zu gründen. Er nannte diese seine Neugründung: „Rheinische Volksblätter für Haus, Familie und Handwerk“. Das erste Heft, am 1. April 1854 erschienen, enthält in verschiedenen Aufsätzen Kolpings die Programmatik der Zeitschrift. Die Schwerpunkte waren: ein Leitartikel, der auch eine Erzählung sein konnte, das „politische Tagebuch“, in dem eine Übersicht über die politischen Ereignisse der vergangenen Woche aus der Sicht Kolpings gegeben wurde, Handwerksnachrichten unter dem Titel: „Gott segne das ehrbare Handwerk!“, Nachrichten über den Katholischen Gesellenverein, Informationen über „kirchliches Leben“, speziell über die Kölner Erzdiözese, u. v. a. Dieses Blatt erschien jeden Samstag im Umfang von 16 Seiten. In den knapp zwölf Jahren, in denen Kolping dieses „Blättchen“, wie er es nannte, geführt hat, summiert sich das auf knapp 10000 Seiten. Wenn er auch wegen Reisen oder Krankheit öfter die Redaktionsgeschäfte einem befreundeten Priester übertragen mußte, kann man doch sagen, daß etwa die Hälfte des gedruckten Textes von Kolping selbst stammt. Das ist eine gewaltige Leistung, wenn man sich vor Augen führt, daß die Organisierung der Gesellenvereinsarbeit an sich schon einen ganzen Mann erforderte. Oft merkt man den Beiträgen auch an, daß der Autor sie zu einer Zeit geschrieben hat, in der er längst hätte schlafen müssen.

Wenn man fragt, weshalb Kolping diese immense Arbeit auf sich genommen hat, so ist ein wichtiger Beweggrund seine Liebe zum katholischen „Volk“, und gerade durch die Kalender und die „Rheinischen Volksblätter“ ist er als Volksschriftsteller in die Geschichte eingegangen. Ein wichtiger Grund war aber auch ein materieller: Mit seiner Zeitschrift erzielte er einen hohen finanziellen Gewinn, den er u. a. seinen Gründungen, dem Kölner Gesellenverein und Gesellenhospitium, zur Verfügung stellte. Ohne dieses Geld hätte er viele seiner Pläne nicht verwirklichen können. Um 1861 erreichte das „Blättchen“ eine Auflage von über 6000 Abonnenten. Für damalige Verhältnisse war das eine enorm hohe Zahl. Man vergleiche damit nur die Auflage der „Kölnischen Blätter“, der katholischen Tageszeitung im Rheinland, die 4800 Abonnenten zu Anfang 1864 zählte.

Damit ist aber Kolpings publizistische Tätigkeit noch nicht erschöpft. Im Jahre 1862 reifte in ihm der Plan, „für die Vorsteher der katholischen Gesellenvereine“ ein Mitteilungsblatt zu gründen. Ein ausführlicher „Prospectus“, unterzeichnet vom „Generalpräses“ Kolping, gibt über die Zielsetzung des Blattes genauen Aufschluß. Bis zu seinem Tode konnte er vier Hefte veröffentlichen. In ihnen hat er sozusagen sein Vermächtnis als Organisator der Gesellenvereine niedergelegt. Sein letzter Satz darin lautet: „Landesart soll indessen in den Vereinen ja auch ihre Pflege finden.“[4]

Diese Veröffentlichungen sind aber nicht das ganze schriftstellerische Werk Kolpings; denn er hat auch einen schriftlichen Nachlaß hinterlassen. Seine vielen Briefe wurden schon erwähnt. Weiter hat er in seiner Jugend Tagebuch geführt und Gedichte verfaßt. Als Kaplan in Elberfeld hat er viele Predigten gehalten, die er vorher alle säuberlich konzipiert hat. Ferner hat er immer wieder Vorträge gehalten, am bekanntesten auf den Generalversammlungen der katholischen Vereine Deutschlands. Von diesen Vorträgen besitzen wir zumeist Nachschriften. Insofern ist hier der Übergang von der Schriftlichkeit zur Mündlichkeit fließend. Weiter gibt es eine ganze Reihe von Dokumenten, die mit großer Wahrscheinlichkeit Kolping zum Verfasser haben, die aber im Namen einer Institution, beispielsweise des Vorstandes des Kölner Gesellenhospitiums, als Statuten oder als Eingaben an eine Behörde erhalten geblieben sind.

---

[4] Mitteilungen 1 (1863-1871), Sp. 128.

3. Die Überlieferungsgeschichte von Kolpings Schriften

Es stellt sich die Frage nach der Überlieferungsgeschichte dessen, was Kolping schriftlich hinterlassen hat. Das, was er publiziert hat, ist, wie schon gesagt, bis auf minimale Ausnahmen vorhanden. Was seinen schriftlichen persönlichen Nachlaß betrifft, ist schon seinem Nachfolger im „Amt" des Generalpräses, Schäffer, aufgefallen, daß Kolping möglicherweise seinen schriftlichen Nachlaß „gesäubert" hatte: „Leider hat der selige Kolping nur diesen Schein aufbewahrt; die anderen fehlen."[5]

Was er aber hinterlassen hatte, war so viel, daß Schäffer, der später u. a. aus diesem Material seine Kolpingbiographie erstellte, nicht alle relevanten Quellen richtig verwertet hat. Es stellt sich die Frage, was davon bis in unsere Zeit erhalten geblieben ist. Weil bis zum Zweiten Weltkrieg nie in entsprechendes Verzeichnis angelegt worden ist, kann man generell diese Frage nicht beantworten, sondern muß von dem heute vorhandenen Material ausgehen. Daß nicht nur Kriegsverluste zu verzeichnen sind, dafür seien zwei Beispiele angeführt.

Schäffer schrieb über Kolpings Elberfelder Zeit: „Es liegen u. a. 87 vollständig ausgearbeitete Predigten vor, bis zum letzten Wort in der ihm eigenen höchst zierlichen Handschrift zu Papier gebracht."[6] Wie in der Einleitung zu Band 9 der Adolph-Kolping-Schriften im einzelnen nachgewiesen, sind davon nur etwa 20 erhalten geblieben; die meisten sind wohl als Reliquien an Kolpingverehrer verschenkt worden.

Des weiteren sind auch bewußt Unterlagen vernichtet worden, so Ignaz von Döllingers Briefe an Kolping, weil „die Nachlaßwalter Kolpings durch Erwähnung der in seinen Papieren befindlichen, heute unwiederbringlich zerstörten Briefe des Stiftspropstes es haben vermeiden wollen, den Gesellenvater in eine abträgliche Nachbarschaft zu bringen".[7]

Das lange Ringen um die Seligsprechung Kolpings, das dann im Jahre 1991 zum Abschluß gelangt ist, zeitigte aber auch sehr erfreuliche Resultate. Bei der ersten amtlichen Verlautbarung zur Vorbereitung des Seligsprechungsprozesses rief der Kölner Kardinal Karl Joseph Schulte 1929 u. a. dazu auf, „sämtliche Berichte und sonstige Schriftstücke" nach Köln einzusenden.[8] Viele Texte Kolpings wurden damals zum ersten Mal bekannt, besonders die Sammlungen von Kolpingbriefen der Familie Mittweg und von Karl Statz. Ohne diesen Aufruf wüßten wir wohl bis heute nichts von diesen Quellen, aus denen wir wieder viele Details erschließen können, und das historische Interesse an der Person Kolpings

---

[5] Schäffer, S. 4.
[6] A. a. O., S. 66.
[7] Viktor Conzemius, Adolf Kolping und Ignaz von Döllinger, in: Annalen des historischen Vereins für den Niederrhein 164 (1962), S. 118-191, hier S. 143.
[8] Kirchlicher Anzeiger für die Erzdiözese Köln 69 (1929), Nr. 5 vom 15. 2., S. 29.

ist dadurch erst richtig geweckt worden, wenn auch unter dem eingeengten hagiographischen Gesichtspunkt, der sich in vielen Kreisen bis heute erhalten hat.

4. Die Editionen der Werke Kolpings

Schon Kolping selbst hat Sammlungen seiner Erzählungen, die zumeist in den Kalendern, aber auch in der „Feierstunde“ erschienen waren, in zwei Bändchen „Ein katholisches Volksbuch für die Großen und Kleinen. Sammlung von Erzählungen und Aufsätzen“, in den Jahren 1853 und 1855 herausgegeben. Unter dem Titel: „Lebensbilder. Ernste und heitere Erzählungen“ erschienen 1860 zusammengebunden vier Kalender Kolpings. „Von vielen Seiten aufgefordert, die in den verschiedenen Jahrgängen des von mir verfaßten Volkskalenders enthaltenen größeren Erzählungen in einer neuen Ausgabe für das lesende Publikum zu veröffentlichen,“[9] hat Kolping dann bis zu seinem Tode drei Bände „Erzählungen“ bei Nasse herausgegeben. Es wurden dort auch andere Texte nachgedruckt wie die „Bilder aus Rom“, die in den „Rheinischen Volksblättern“ erschienen waren. Diese Reihe ist dann auf fünf Bände erweitert worden, und in den verschiedensten Verlagen ist es immer wieder zu Abdrucken entweder einzelner Geschichten oder mehrerer Bände von gesammelten Geschichten gekommen, so bei Manz „Volkserzählungen“ in sieben Bänden. Kolpings Erzählungen vom Doktor Fliederstrauch aus den „Rheinischen Volksblättern“ hat Schäffer im Jahre 1883 in zwei Bänden neu herausgegeben, allerdings nicht vollständig und stilistisch „geglättet“.

Nachdrucke seiner vereinspädagogischen Schriften „Der Gesellenverein“ und „Der Gesellenverein und seine Aufgabe“ sowie seiner Schrift „Familienangelegenheiten“ unter dem Titel „Ehe und Familienleben“ erschienen seit den 1920er Jahren im Gefolge der Untersuchungen von Johannes Nattermann.[10]

Wie schon gesagt, begann seit etwa 1930 eine systematische Suche nach Kolpingtexten, die allerdings durch den Zweiten Weltkrieg unterbrochen worden ist. In den 1960er Jahren hat einerseits Viktor Conzemius Kolpings Briefe an Ignaz von Döllinger in München gefunden und publiziert, und Michael Schmolke hat seine Dissertation über Kolping als Publizist veröffentlicht. Zu diesem Zweck hat er sich und dem Leser nicht nur einen Durchblick durch Kolpings schriftstellerisches Werk geschaffen, sondern auch eine Reihe von zusätzlichen Funden gemacht.

---

[9] An die Leser, in: Adolph Kolping, Erzählungen, Soest ^{3}1870, S. 3.

[10] Vgl. Johannes Nattermann, Adolf Kolping als Sozialpädagoge und seine Bedeutung für die Gegenwart, Leipzig 1925.

Ich möchte sein Werk die erste wissenschaftliche Arbeit über Kolping im eigentlichen Sinne nennen.

So war der Boden bereitet, um eine wissenschaftlichen Ansprüchen genügende Neuedition der Werke Kolpings ins Auge zu fassen. Die Planung dieser „Adolph-Kolping-Schriften" geht bis in das Jahr 1963 zurück. Unter Leitung von Prof. Dr. Eduard Hegel bildete sich ein Gremium von „Herausgebern". Für die konkrete Arbeit wurde zunächst Hans Joachim Kracht gewonnen. Die erste Arbeit bestand in der Sammlung der Dokumente. Das Arbeitsergebnis liegt seit 1975 gedruckt vor: Band 1, „Dokumente – Tagebücher – Gedichte". Bei der Einrichtung, daß der oder die Bearbeiter als „Herausgeber" fungieren, ist es bis heute geblieben, und dem ersten Herausgebergremium sind wir für seine Hebammendienste dankbar. Ein Jahr später erschien Band 2, „Briefe", herausgegeben von Michael Hanke. Mit diesen beiden Bänden war ein großer Teil des handschriftlichen Nachlasses Kolpings, wie er im Archiv der Deutschen Kolpingsfamilie aufbewahrt wird, der Öffentlichkeit zugänglich.

Doch wie sollte mit den Textmassen verfahren werden, die Kolping zu seiner Zeit schon einmal veröffentlicht hatte? Als ich im Jahre 1981 die Leitung des genannten Archivs übernahm, war eine Antwort auf diese Frage nirgendwo zu finden. Auf meine Anregung hin setzte sich ein neues Herausgebergremium zusammen, um die weitere Arbeit in Gang zu setzen. Der Entschluß, die Schriften Kolpings über den Gesellenverein als nächstes zu publizieren, war schnell gefaßt. Eine Reihe von bis dahin unbekannten Texten konnte ich an verschiedenen Stellen für diese Publikation ausfindig machen. Die Textbearbeitung war in der Hauptsache meine Arbeit und die Kommentierung die Aufgabe von Frau Rosa Copelovici. Dr. Josef Anton Stüttler und Dr. Michael Hanke haben an den übrigen Arbeiten tatkräftig mitgewirkt. Das Ergebnis waren die Bände 3, 4 und 5 unter dem Titel „Soziale Frage und Gesellenverein", erschienen in den Jahren 1985, 1986 und 1987.

In der Zwischenzeit hatte ich eine Gesamtkonzeption für die restlichen Bände entworfen, und darin waren alle Reiseberichte Kolpings in chronologischer Reihenfolge zusammengefaßt worden. Herr Dr. Kracht, der nicht mehr beim Kolpingwerk beschäftigt war, wandte sich an die Verbandsleitung mit dem Angebot, die „Bilder aus Rom" vom Jahre 1862/1863 zum Zwecke der Sympathiewerbung für die Seligsprechung Kolpings gesondert zu publizieren. Das wurde genehmigt, und so erschien 1987 – im Band steht 1986 – dieses Buch als Band 6 der Reihe. Die übrigen Reiseberichte haben dann Frau Copelovici und ich als Bände 7 und 8, 1992 und 1995 erschienen, herausgebracht.

In der Zwischenzeit waren die ersten beiden Bände vergriffen. Im Jahre 1981 erschien eine unverbesserte und mit einigen zusätzlichen Texten versehene zweite Auflage des ersten Bandes. Für den zweiten

Band hatten wir eine ganze Reihe zusätzlicher Briefe – eine reiche Ausbeute hatte ich 1987 in Wien gemacht – und viele neue Erkenntnisse gewonnen, und so erarbeitete Frau Copelovici in jahrelanger Detailarbeit die zweite Auflage des zweiten Bandes. Schon im Jahre 1988 hatte ich einen Band mit den Predigten und religiösen Schriften Kolpings erarbeitet. Aus internen Gründen erschien dieser Band erst im Jahre 1994 als Band 9 der Reihe.

Am 20. Dezember 1993 starb Frau Copelovici, die langjährige Leiterin des Archivs der Deutschen Kolpingsfamilie und seit ihrer Pensionierung ehrenamtliche Mitarbeiterin an der Herausgabe der Adolph-Kolping-Schriften. Im wörtlichen Sinne bis zuletzt hat sie sich für diese Aufgabe eingesetzt.

Nach diesen neun Bänden, zusammen ein Werk von etwa 3000 Seiten, erschienen als Band 10 im Jahre 1996 „Erzählungen um Doktor Fliederstrauch", von mir herausgegeben. Ein elfter Band, „Erzählungen aus Volksbüchern und den 'Rheinischen Volksblättern'", ist in Vorbereitung, ebenso Band 12, „Katholischer Volkskalender 1850 bis 1853". Die Bände 13 bis 15 werden die „Kalender für das katholische Volk" 1854 bis 1866 umfassen. In diesen vier Kalenderbänden werden die Kalender komplett mit den Holz- und Kupferstichen, allerdings ohne Kalendarium, nachgedruckt, also nicht nur die sogenannten Kalendergeschichten. Alle diese Bände habe ich für den Satz fertiggestellt.

In Band 16 sollen alle Texte veröffentlicht werden, die das Leben des Kölner Gesellenvereins, der im Jahre 1999 sein 150jähriges Bestehen feiert, von 1849 bis zu Kolpings Tode dokumentieren. Die Autorschaft Kolpings ist hier in einem weiteren Sinne gefaßt, so daß beispielsweise auch Statuten und Rechenschaftsberichte des Vorstandes und Eingaben an die Behörden darunter fallen. Diese Texte habe ich aus den unterschiedlichsten Archiven zusammengetragen.

Das „politische Tagebuch", das Kolping fast regelmäßig wöchentlich im Laufe von mehr als elf Jahren in den „Rheinischen Volksblättern" geschrieben und auf die er viel Arbeit verwandt hat, wird sich auf fünf Bände belaufen, wobei die politischen Ausführungen des damaligen stellvertretenden Redakteurs, Prof. Anton Heuser, ausgespart sind. Die Arbeit an diesem Text ist zwar schon begonnen; die Kommentierung wird aber den „Herausgeber", wer es auch sei, wegen der Fülle der von Kolping kommentierten damaligen Zeitereignisse vor ganz neue Fragen stellen, um den notwendigen Anmerkungsapparat in überschaubarer Zeit erstellen zu können.

Als letzter und 22. Band ist ein Gesamtregister vorgesehen. Das setzt voraus, daß alle Texte der Adolph-Kolping-Schriften auf EDV erfaßt und abrufbar sind.

5. Kriterien für die Beurteilung von Biographien

Aus dem Vorhergehenden kann man leicht folgern, daß eine Biographie Kolpings, die wissenschaftlichen Ansprüchen genügt, so lange fehlen wird, als die entsprechenden Grundlagen dazu noch nicht geschaffen sind. Die wichtigste Grundlage dafür sind aber Kolpings eigene Schriften. So ist Kolpings politisches Engagement im einzelnen bisher noch kaum untersucht worden: Wenn die fünf Bände der Adolph-Kolping-Schriften, „politisches Tagebuch", erschienen sein sollten, können solche Spezialuntersuchungen, die neues Licht auf Kolping werfen, leichter angegangen werden. Andere Seiten Kolpings sind um so intensiver ausgeleuchtet worden wie sein religiöses Leben im Zusammenhang mit dem Seligsprechungsprozeß. Das Interesse an Kolpings Biographie ist dabei seit anderthalb Jahrhunderten ungebrochen. Das liegt darin begründet, daß er als „Gründer" einer großen Organisation, die sich „Kolpingwerk" nennt, für die Mitglieder eine Leitbildfunktion ausübt.[11] Dieses Leitbild, d. h. das Bild, das man den Mitgliedern vorstellt,[12] geht auf die ersten autobiographischen Äußerungen Kolpings selbst zurück und wurde im Laufe vieler Jahrzehnte immer wieder weiter ausgemalt.[13] Das soll nicht heißen, diejenigen, die das Bild ausgemalt haben, hätten nicht auch viele Anleihen aus historischen Dokumenten genommen. Eine andere Frage ist aber, ob den Biographen das Ziel historischer Exaktheit immer oberstes Gebot war. Daraus die Folgerung zu ziehen, die Schriften, die Legenden über Kolping enthalten, seien wenig wert, ist aber auch nicht gerechtfertigt. Unter einem weiteren historischen Gesichtspunkt haben sie sehr wohl einen hohen Erkenntniswert; denn auch Legenden haben ihre Geschichte, und deren Erhellung ist ein wertvoller Beitrag zur Mentalitätsgeschichte.[14]

Unter diesem historisch-kritischen Gesichtspunkt soll im folgenden ein Überblick über wichtige biographische Werke gegeben werden.

---

[11] Vgl.: Steinke.

[12] Vgl.: Heinrich Festing, Was Adolph Kolping für uns bedeutet, Freiburg 1985.

[13] „Eine alte Erfahrung aus der Geschichte besagt, daß herausragende Persönlichkeiten ... sich so zu eigen gemacht werden, daß die reale Geschichte hinter selbstverfertigten Bildern entschwindet. Die Gefahr solcher Enteignung von Geschichte wächst mit dem Grad der bewundernden Verehrung. Es ... wächst die Identifikation, es entstehen Bilder und Vorbilder, die zwar subjektiv bewegen, die aber nicht mehr in ihren historischen Kontext einzubringen sind." Roman Bleistein, Rupert Mayer, der verstummte Prophet, in: Stimmen der Zeit 120 (1995), S. 745-758, hier S. 745.

[14] Vgl. den Beitrag: „Zwei Kolpinglegenden aus Köln", in diesem Band.

6. Biographische Schilderungen bis zum Jahre 1879

Ein erster biographischer Abriß stammt von dem Abiturienten Kolping selbst, das gerne zitierte „Curriculum vitae" aus dem Jahre 1841.[15] Sein Zweck war, Verständnis und Wohlwollen bei den Lehrern zu schaffen. Von daher sind die Auslassungen und die Akzente zu deuten, beispielsweise der Bildungshunger des Schuhmachergesellen Kolping.

Im „Christlichen Stadt- und Landboten" 1849 ist ein Beitrag überschrieben: „Ein Abschied aus Elberfeld". Ursprünglicher Autor des Artikels war der Gründer des ersten katholischen Gesellenvereins, Johann Gregor Breuer; Kolping hat den Artikel aber überarbeitet und dabei sich als Vereinsgründer bezeichnet.[16] Dort heißt es über Kolpings Abschiedsrede:

„Dieser nun scheidende Priester, der mit Kraft, Umsicht und Sorgfalt das Werk im Vertrauen auf Gott begonnen und gepflanzt hatte, ihn hatte die Fügung des Herrn in seiner Jugend zehn Jahre lang auf den Handwerksstuhl gesetzt und dann fast wunderbar auf seinen Wegen zum Altare geführt, damit ihm nun sein Wirkungskreis wieder unter seinen ehemaligen Brüdern zuteil werde. ... Diesen seinen Arbeiter hat der Herr durch seine sonderbare Schule geführt, ehe er ihn tüchtig fand, um ihn in die reiche und doch so verwilderte und vernachlässigte Abteilung seines Weinberges zu weisen, die er nun im Handwerksstande bearbeiten soll."[17]

Man merkt diesen Zeilen noch die religiöse Rührung an, die Kolping beim Abschied empfunden hat. Für den kundigen Leser steht damit aber im Kontrast die im Artikel mehrfach wiederkehrende Falschaussage von der Vereinsgründung durch Kolping. Weiter werden Kolpings Gesellenjahre als providentielle Vorbereitung auf den Lebensberuf gedeutet. Für das Selbstverständnis Kolpings trifft das zweifellos zu, nicht aber für die Gründungsgeschichte des Gesellenvereins, wie sie hier auch behauptet wird, auf die in den ersten Monaten Kolping keinen Einfluß hatte. Hier ist der Grund gelegt für den jahrzehntelangen „Streit um die Gründung des Elberfelder Gesellenvereins".[18]

---

[15] KS, Bd. 1, S. 9-16.

[16] Vgl.: Breuer, S. 208.

[17] Christlicher Stadt- und Landbote 1849, Nr. 10 vom 18. 4., [S. 3]. Man kann diesen von mir wiedergefundenen Text auch bagatellisieren: „Der Artikel ..., der weder Breuer noch Kolping mit Sicherheit zugeschrieben werden kann, hilft bei der Lösung dieses Problems nicht weiter." Als „Problem" – im Textzusammenhang, auf den sich dieser Anmerkungstext bezieht, ist von einem „Problem" nicht die Rede, wohl aber im Nachsatz – wird hier offensichtlich die Frage gesehen, ob Kolping sich selbst „den Titel Gründer des Vereins zugelegt" habe. Kracht, S. 135 mit Anm. 147.

[18] Vgl. den gleichnamigen Aufsatz in diesem Band. Zur Weiterführung dieses „Streits" im Seligsprechungsverfahren Kolpings vgl.: Breuer, Einführung von Klaus Goebel, S. 13-14.

In dieser Selbstaussage Kolpings sind Fährten gewiesen, die bis in die jüngste Vergangenheit beschritten worden sind: In der Biographie des jungen Kolping wird nach Elementen gesucht, die im späteren „Kolpingwerk“, das als „sein“ Werk charakterisiert wird,[19] anzutreffen sind. Daß die Jugendbiographie Johann Gregor Breuers für eine solche Suche viel naheliegender ist, wird fast nirgendwo reflektiert. Es wird auch deutlich, daß diese Selbstaussage den Zweck hatte, speziell in Köln Kolpings Image zu begründen. Daß das auch voll geglückt ist, zeigen beispielsweise Äußerungen von August Reichensperger und Christian Hermann Vosen, für die die Elberfelder Vereinsgründung durch Kolping und seine providentielle Vorbereitung darauf in der Gesellenzeit Selbstverständlichkeiten waren.

Eine erste Biographie Kolpings und wohl die einzige einigermaßen ausführliche, die zu Kolpings Lebzeiten erschienen ist, stammt von dem publizistisch sehr regen Theodor Stumpf aus Koblenz, erschienen 1858 in der Leipziger „Illustrirten Zeitung“. Neben der Begeisterung Stumpfs für den Gesellenverein scheinen Kolpings persönliche Erzählungen die Quelle dieses Textes zu sein; deshalb eignet er sich auch für die Beantwortung der Frage, wie Kolping in der Öffentlichkeit gesehen werden wollte. Ein Beispiel:

„Als Knabe, Lehrling und Geselle las Kolping sehr viel; im ganzen Orte war kein Buch vor ihm sicher; doch es war nicht Neigung zu oberflächlicher, nur die Phantasie anregender Unterhaltung, sondern kräftige Lernbegierde, die ihn antrieb.“[20]

Das gilt ganz besonders für die geschichtsklitternden Aussagen über die Gründungsgeschichte des Elberfelder Vereins.[21] Kolpings persönliche Ausstrahlung kommt in folgenden Zeilen zum Ausdruck, wo schon von „seinem Werk“ die Rede ist:

„Man wird nicht leugnen können, daß Kolping in der Begründung seines Werkes einen bewunderungswürdigen Takt, eine gründliche, umfassende Kenntnis des Volkscharakters an den Tag gelegt hat. Unter seinen Gesellen lebt er denn auch wahrhaft wie ein Vater. Mit seinem unerschöpflichen Humor, mit seiner kernigen, zum Herzen dringenden Sprache ohne Phrasen und Floskeln weiß er sie gewaltig an sich zu ziehen, zu rühren, zu erheben und zu jubelnder Heiterkeit zu entzünden.“[22]

Nach Kolpings Tod erschienen verschiedene Nachrufe als Kurzbiographien. Diese haben den Vorteil, daß man dort Selbsterlebtes nachle-

[19] Vgl.: Festing.
[20] Illustrirte Zeitung, 1858, Nr. 801 vom 6. 11., S. 291-294, hier S. 291.
[21] Vgl. ebd.
[22] A. a. O., S. 292.

sen kann. So beschreibt Eduard Müller Kolpings letztes Krankenlager,[23] oder im Nachruf der „Rheinischen Volksblätter" ist Kolpings früheste Erinnerung aus der Zeit, als Kosaken in Kerpen stationiert waren, wiedergegeben.[24]

7. Schäffers Kolpingbiographie

Das für die Kolpingforschung unentbehrliche Standardwerk ist die Biographie aus der Feder Schäffers, zuerst 1879/1880 in den „Rheinischen Volksblättern" und dann, etwas gekürzt und auch ergänzt, 1880 als Buch erschienen.[25] Dieses Buch ist aus mehreren Gründen wichtig. Zunächst hat der Autor Kolping gut gekannt. Dann hat er sich bei einer ganzen Reihe von Zeugen Berichte erbeten, die er teilweise wörtlich übernommen hat. Des weiteren zitiert er eine Reihe von Kolpingtexten, die nur auf diese Weise erhalten geblieben sind. Es sind aber auch Vorbehalte anzumerken: Kolping war für Schäffer das große Vorbild, und dieses Bild hatte sich mit der Zeit zu einem Idealbild verklärt. Was nicht in dieses Bild paßte, fand wohl kaum Eingang in dieses Buch, und eine Reihe von Änderungen in Kolpingzitaten kann man in solchen Fällen nachweisen, wo einzelne Sätze nicht mit seinem Bild übereinstimmten. Auch kann man in Einzelfällen dem Autor eine nicht gründliche Recherche vorhalten. Dennoch handelt es sich um die erste ausführliche und dazu noch gut lesbare Kolpingbiographie.

In den folgenden Jahrzehnten sind in den verschiedensten Organen, z. B. in Sammlungen von Lebensbeschreibungen, immer wieder Kolpingbiographien erschienen, die sich zum größten Teil auf Schäffer stützten. Die Schäffersche Biographie bzw. Schäffer nachempfundene Beschreibungen erschienen auch in Französisch, Niederländisch und Ungarisch. In Büchern über und Briefsammlungen von Freunden Kolpings wie August Reichensperger oder Edward von Steinle erschienen auch weitere Informationen über ihn. Biographische Neuentdeckungen waren aber im ganzen spärlich.

---

23 Vgl.: [Eduard Müller], Adolph Kolping, Gründer der Gesellen-Vereine, in: Berliner Bonifacius-Kalender 5 (1867), Berlin 1866, S. 127-154, hier S. 149-151.

24 Vgl.: RV 12 (1865), Nr. 49 vom 9. 12., S. 770.

25 Vgl.: Schäffer. Zu Lebzeiten Schäffers wurde das Buch noch zweimal aufgelegt. Weitere Auflagen des Buches aus unserem Jahrhundert haben den Schäfferschen Text „erweitert", manchmal auch „verschlimmbessert".

8. Das erwachende historische Interesse an Kolping in der ersten Hälfte des 20. Jahrhunderts

Otto Pfülf hat 1913 eine Reihe von autobiographischen Äußerungen Kolpings publiziert.[26] In den 1920er Jahren kam durch den neuen Verbandsorganisator des Katholischen Gesellenvereins, Johannes Nattermann, erstmals neuer Schwung in das, was man als Vorstufe einer Kolpingforschung beschreiben kann. Auf seine Dissertation und die von ihm angeregten Nachdrucke von Kolpingtexten ist schon hingewiesen worden. Auch mehrten sich im „Kolpingsblatt" Beiträge über Kolpings Leben. Das steigerte sich noch, seitdem die Seligsprechung 1934 offiziell eingeleitet worden war. Als „Klassiker katholischer Sozialphilosophie" stellte Theodor Brauer Kolping 1923 vor, 1934 publizierte er eine größere Sammlung von Kolpingbriefen, und 1935 beschrieb er Kolping in der Reihe „Deutsche Priestergestalten".[27]

In der Zwischenzeit hatte sich aber der politische Wind gedreht, und das hatte weitreichende Folgen für den Verband. Zur Popularisierung Kolpings erschienen eine ganze Reihe von Beiträgen im „Kolpingsblatt", die laufend neue „Fakten" aus Kolpings Leben auftischten. Diese, auch als eigenes Büchlein erschienen,[28] können ganz selten einer historischen Kritik standhalten und müssen als bewußte Legendenbildung bezeichnet werden.[29] Ähnliches ist zu sagen zu einer Reihe von biographischen Artikeln über Kolping in der Zeitschrift „Deutsches Volk" aus den Jahren 1933 bis 1935, die bis dahin unbeachtet gebliebene politische Äußerungen Kolpings in die Gegenwart hineininterpretierten.[30] Wie wenig

[26] Otto Pfülf, Adolf Kolping nach der Selbstzeichnung, in: Stimmen aus Maria Laach 85 (1913), S. 117-135, 242-262, 364-392.

[27] Theodor Brauer, Adolf Kolping, Freiburg 1923; ders., Aus Kolpings Briefen. Eine Auslese, Köln 1934; ders., Adolf Kolping, Kevelaer 1935. Zu letzterem Buch gratulierte Theodor Hürth dem Autor: „Sie sind damit wohl der erste, der ein Leben vom 'kommenden heiligen Kolping' geschrieben." Zitiert nach einem Werbeblatt des Kolping-Verlags, Abt. Bücherstube, aus dem Jahre 1935.

[28] Der Volksmann von Köln. Erinnerungsblätter vom Kolpinggrab, Hrsg. August Winkler, Köln [1936].

[29] Vgl. den Beitrag: „Zwei Kolpinglegenden aus Köln", in diesem Band.

[30] Vgl.: Wilhelm Reinermann, Kolping, der katholische Deutsche – ein Wegweiser für die kirchliche Gegenwart, in: Deutsches Volk 1 (1933/1934), S. 327-336 (A. a. O., S. 336, heißt es: „Der Gesellenvater Adolf Kolping reicht dem Volkskanzler Adolf Hitler die Hand."); Robert Gaßner, Adolph Kolping über das sittliche Grundgesetz der staatlichen Gemeinschaft, in: a. a. O., 2 (1934/1935), S. 341-350; ders., Gläubige Zuversicht in Volk und Welt – ein Rezept nach Adolph Kolping für die deutsche Christenheit von heute, in: a. a. O., S. 407-414; ders., Adolph Kolpings Kampf gegen das Westlertum und die französische Außenpolitik, in: a. a. O., 3 (1935), S. 24-35; ders., Weltpolitik, Diplomatenkunst, internationales Faustrecht, Tagesgrößen und Völkerringen vor dem kritischen Auge des Chronisten Adolph Kolping, in: a. a. O., S. 63-73. Vgl. auch: Klaus Breuning, Die Vision des Reiches.

eine solche Instrumentalisierung der Person Kolpings vor historisch-kritischen Kriterien standhalten kann, so muß man in den Publikationen seit etwa 1920 doch einen Fortschritt gegenüber vorher sehen, weil hier wie nie zuvor auf Quellentexte Kolpings reflektiert worden ist. Entsprechend rühmte man sich „geschichtlichen Denkens".[31] Was in dieser ersten Zeit nach der „Machtergreifung" aber auch auffällt, ist die Verquikkung von tiefreligiösen Anliegen, hier konzentriert auf die Seligsprechung Kolpings, mit politischen Erklärungen.[32]

Franz Joseph Wothe hat dann im Jahre 1939 eine Kolpingbiographie publiziert, in der durchaus Neues, aber u. a. auch eine besondere Art der Glorifizierung des Münchener Studenten Kolpings zu finden ist.[33] Während des Zweiten Weltkriegs und in der ersten Nachkriegszeit konnte aus verständlichen Gründen das historische Interesse an Kolping kaum mit neuen Erkenntnissen befriedigt werden.

9. Kolping in historischen Untersuchungen in der zweiten Hälfte des 20. Jahrhunderts

Die beiden herausragenden Veröffentlichungen von Viktor Conzemius und Michael Schmolke aus den 1960er Jahren wurden schon erwähnt. Schmolkes Dissertation sei hier aber nochmals hervorgehoben, weil sie, obwohl sie ja „nur" einen bestimmten Zug im Leben Kolpings untersucht – „Adolph Kolping als Publizist" –, dennoch zum großen Teil eine neue Biographie darstellt. Der Wert des Buches ist oft im genauen Detail zu finden.

Deutscher Katholizismus zwischen Demokratie und Diktatur (1929-1934), München 1969, bes. S. 179-192.

[31] Wilhelm Reinermann, in: Deutsches Volk 3 (1935), S. 179.

[32] In einem Artikel des „Kolpingsblattes" unter dem Titel: „Mussolini ehrt Don Bosco", in dem eine Feier zur gerade erfolgten Heiligsprechung Don Boscos mit Papst und Duce beschrieben wurde, wurde in gesperrtem Druck der Wunsch geäußert: „Für unser deutsches Volk bitten wir zu Gott, dem Herrn, daß auch uns Deutschen einmal eine solche wahrhaft nationale Feierstunde für den deutschen Volksmann und Jugenderzieher Adolf Kolping beschieden sein möge." Kolpingsblatt 34 (1934), Nr. 9 vom 1. 5., S. 59.

[33] Franz Joseph Wothe, Adolf Kolping. Leben und Lehre eines großen Erziehers, Bonn [1939]. Derselbe Autor gab kurz vorher einen Teildruck seiner Dissertation heraus: Gegenwartsfragen der Familienerziehung. Kritische Würdigung der familienpädagogischen Tradition in Adolf Kolping, Speyer 1938. Hier geht es nicht mehr um eine historische Würdigung Kolpings, sondern um eine vordergründige Kritik aus damaliger „eugenischer" Sicht. § 4 lautet: „Die eugenisch-biologische Aufgabe. Rasse und Erziehung. Rasseinstinkt und Rassebewußtsein. Rassenpflege. Rassenaufartung. Rassenentfaltung." Später hat der Autor dann geschrieben: „In den Jahren der Verfolgung haben wir auf vielen Gebieten des Lebens Wesentliches vom Unwesentlichen schärfer zu unterscheiden gelernt." Ders., Adolf Kolping. Lehre und Leben eines großen Erziehers, Recklinghausen [3]1952, S. 10.

Im Jahre 1974 erschien von Michael Hanke eine Kolpingbiographie unter dem Titel: „Sozialer Wandel durch Veränderung des Menschen“.[34] Man merkt diesem Buch an, daß der Verfasser als „Herausgeber“ der Briefe in den Adolph-Kolping-Schriften aus der editorischen Arbeit heraus einen guten Blick für den Menschen Kolping entwickelt hat. Leider sagt schon der mißverständliche Titel aus, daß zugleich der Versuch gemacht wird, Kolping auf einen einzigen Nenner zu bringen, und das ist bei keinem Menschen, der sich weiterentwickelt, möglich. Die zentrale Behauptung, daß bei Kolping „die Gesinnungsreform im Vordergrund steht“,[35] läßt sich auf die sozialpolitischen Äußerungen Kolpings aus seinem letzten Lebensjahr, als er als einer der ersten im katholischen Raum staatliche Sozialgesetzgebung forderte, nicht anwenden.

Im Zusammenhang mit der Seligsprechung sind drei Biographien erschienen: eine journalistisch flott geschriebene von Christian Feldmann,[36] eine etwas trockene, aber in der Hauptsache solide erarbeitete von Paul Steinke[37] und eine umfangreiche von Hans-Joachim Kracht.[38] Dieses letztere Buch bedürfte einer gründlichen Besprechung, nicht nur, weil es im Untertitel einen wissenschaftlichen Anspruch erhebt, sondern auch, weil der Autor einerseits zwei Bände der Adolph-Kolping-Schriften „herausgegeben“ und andererseits als kirchlicher Beauftragter die „Positio causae“ des Seligsprechungsverfahrens erarbeitet hat. Dadurch sind eine ganze Reihe von neuen Erkenntnissen in das Buch eingeflossen. Die hagiographische Tendenz, die eine „Positio“ notgedrungen hat, leuchtet aber noch an sehr vielen Stellen durch. Viele Überhöhungen Kolpings aus der langjährigen biographischen Tradition sind ungefiltert übernommen worden. Der Mangel an historischer Kritik zeigt sich auch in der Einordnung von Schäffers Biographie: „An der Glaubwürdigkeit Schäffers bestehen keine Zweifel.“[39] Unsauberkeiten im Detail sind leider so viele nachzuweisen, daß man sich auf dieses Buch oft nicht verlassen kann. Dennoch: Als Nachschlagewerk ist es gut zu verwenden.

Hingewiesen sei noch darauf, daß auch ich seit langem bemüht bin, Bausteine zu einer wissenschaftlichen Kolpingbiographie zu liefern. Sie sind in diesem Band nachzulesen.

Freuen kann sich der interessierte Leser auf eine Ausarbeitung von P. Roman Kinast OFM (†):

„Das Leben Adolph Kolpings bis zu seiner Priesterweihe (1813 bis 1845). Seine Jugend aus den Quellen dargestellt“. Der Autor hat in einer

---

[34] Untertitel: Leben, Wirken und Werk des Sozialpädagogen Adolph Kolping, Mülheim 1974.

[35] A. a. O., S. 59.

[36] Feldmann.

[37] Steinke.

[38] Kracht.

[39] A. a. O., S. 2.

einmaligen Exaktheit alle verfügbaren Quellen über Kolpings Jugend analysiert und daraus eine gut lesbare Teilbiographie erarbeitet. Da er vor Vollendung der weiteren biographischen Bearbeitung verstorben ist, habe ich diesen Text druckfertig gemacht. Hoffentlich kann er bald erscheinen!

10. Ausblick

Zum Abschluß möchte ich folgende Empfehlung geben: Wer sich nicht nur oberflächlich über Kolping informieren möchte, dem sei dringend zu empfehlen, zuerst, und zwar eingehend, Kolping selbst zu lesen, statt „über" ihn in den gängigen Biographien möglicherweise gefilterte Informationen zu früh zu verinnerlichen. Zusätzlich sollten auch die vorhandenen Biographien immer wieder zu Rate gezogen werden, und zwar bei eher wissenschaftlichem Interesse zuerst Schmolke, sonst zuerst Schäffer in einer Fassung aus dem 19. Jahrhundert, dann, falls der Leser gelernt hat, kritisch zu hinterfragen, auch Kracht. Dieser Beitrag will dazu anregen, Überlegungen anzustellen, wie eine allen wissenschaftlichen Anforderungen gerecht werdende umfassende Kolpingbiographie einmal in Angriff genommen werden kann.

Adolph Kolping als Schustergeselle in Köln – autobiographische Elemente in seinen Volkskalendern[1]

1. Einleitung

Es soll hier darum gehen, anhand der von Kolping publizierten Volkskalender „neue", d. h. bisher als solche nicht oder kaum wahrgenommene biographische Details vorzustellen als Beitrag für eine künftige Kolpingbiographie.

Zunächst sind die von Kolping über 17 Jahre lang herausgegebenen Kalender kurz vorzustellen.[2] Der „Katholische Volkskalender für das Jahr des alten und neuen Heils 18xx" erschien im Verlag L. Schwann, Neuss, seit 1841, zusammengestellt von verschiedenen Geistlichen, und der zehnte Jahrgang 1850 erhielt die Ankündigung: „herausgegeben von ein paar katholischen Erzdemokraten", dann auf dem Titelblatt verbessert in: „... rheinischen Volksfreunden".[3] Der „neue Kalendermann" im Singular[4] war niemand anders als Kolping, und die Haupterzählungen in den ersten beiden Kalendern stehen zum großen Teil unter dem Eindruck der Volkserhebung vom Jahre 1848/1849. Die Kalender ab 1852 nennen dann auch im Titelblatt Kolping als Herausgeber.[5] Zum Jahre 1854 wechselte Kolping den Verlag und den Titel des Kalenders, nicht aber die Konzeption: „Kalender für das katholische Volk", erschienen bei DuMont-Schauberg in Köln.

Nach Schmolke spielen von den 52 Haupterzählungen in diesen Kalendern, von denen „mit Sicherheit 44", wahrscheinlich aber noch mehr, von Kolping selbst stammen, 27 auf dem Lande,[6] und zwar die meisten im Raum zwischen Köln und Düren, also in der Gegend, die Kolping aus seiner Jugend- und Gesellenzeit gut kannte. Sie bringen viele Milieuschilderungen, sind also eine mentalitätsgeschichtliche Quelle hervorragenden Ranges, und die Vermutung drängt sich auf, daß viele dieser

[1] Zuerst veröffentlicht in: Jahrbuch des Kölnischen Geschichtsvereins 64 (1993), S. 149-161.
[2] Vgl.: Schmolke, S. 142-153.
[3] Vgl. die verschiedenartigen Ankündigungen in: RK 6 (1849) Nr. 20 vom 22. 8., [S. 4], und Nr. 27 vom 14. 10., [S. 4].
[4] Kalender 1850, S. 1.
[5] Die Verfasserschaft Kolpings war bekannt geworden. Vgl.: RK 7 (1850), Nr. 51/52 vom 29. 12., [S. 7].
[6] Vgl.: Schmolke, S. 150.

Beschreibungen auf Kindheits- und Jugenderlebnisse Kolpings zurückgeführt werden können. Im Einzelfall kann man aber meist nur die Wahrscheinlichkeit dieser Vermutung herausarbeiten.

Auch die Namensgebung der in den Geschichten handelnden Personen scheint nicht immer zufällig zu sein. In der Geschichte „Handel und Wandel" spielt ein Lehrer als Ratgeber eine besondere Rolle, und die „Margret" erinnert an die Tochter des Kerpener Lehrers Statz, Kolpings Jugendliebe.[7]

Heimatliche Reminiszenzen häufen sich in der Erzählung „Das Lindenkreuz". Schon das Lindenkreuz selbst steht auf einer Anhöhe in der Nähe von Kerpen, und um dieses ranken sich angebliche Erinnerungen an den jugendlichen schafehütenden Kolping. Auch das „Marterkreuz"[8] läßt sich noch heute vor dem Vingerhof identifizieren.

„Wilhelm erhielt nun vom Vater das alte Leben Christi von Pater Martin von Cochem, damit er aus demselben das Kapitel, welches sich gerade für die Festzeit schicke, vorlese."[9]

Kolpings älterer Bruder hieß Wilhelm, und genau dieses Buch konnte kürzlich von Nachkommen Wilhelm Kolpings für das Kolping-Archiv erworben werden. Zufällig kann in dieser Geschichte auch der Name „Antonie" nicht sein. Von diesem Kinde heißt es: „... an dem heimlich sein Herz stärker hing, als er je äußerlich hatte zeigen mögen."[10] Im Brief vom 28. Mai 1861 an Antonie Mittweg spielt diese Erzählung eine Rolle,[11] und Kolping bekannte später von dieser Frau: „Außer meinen Eltern und Geschwistern hat mir sicher niemand so eigentümlich nahegestanden."[12]

Auch wie es im elterlichen Hause ausgesehen hat, kann man in den Kalendern nachlesen,[13] und in den „Rheinischen Volksblättern" ist von einer armen „Bauernfrau, die ich gut gekannt,"[14] die Rede, die mit ihren Kindern in der Pfingstzeit zu einer Annakapelle wanderte. „Der kleine Dores" erinnert an Kolpings Kerpener Rufnamen „Dolfes", und „Trinchen"[15] war wohl seine ältere Schwester.

Wie schon gesagt, hat Kolping die ersten beiden Kalender anonym veröffentlicht. Deshalb konnte der Leser im Kalender 1851 in der Ge-

---

[7] Vgl.: Kalender 1855, S. 102 und 113.

[8] Kalender 1856, S. 94.

[9] A. a. O., S. 50.

[10] A. a. O., S. 63-64.

[11] Vgl.: KS, Bd. 2, S. 405.

[12] Brief vom 22. 12. 1864, in: a. a. O., S. 539. Vgl. dazu auch die letzte Tagebucheintragung Kolpings und den Zusatz von Ernst Mittweg, in: KS, Bd. 1, S. 211.

[13] Vgl. z. B.: Kalender 1850, S. 121, und Kalender 1862, S. 2-5.

[14] Um Pfingsten. Etwas für Land- und Stadtmütter und Kinder, in: KS, Bd. 9, S. 307-312, hier S. 308.

[15] A. a. O., S. 308 und 310.

schichte „Klara“ nicht ohne weiteres bei dem „Geistlichen“[16] auf Kolping selbst schließen. Aber Kolping war es, der im Herbst 1849 im Kölner Bürgerhospital freiwillig aushalf. Entsprechend beruhen viele Details dieser Erzählung auf persönlicher Erfahrung.

2. Die „Stoffelgeschichte“

Das Hauptaugenmerk soll hier auf eine Erzählung gelegt werden, die teils im Kalender 1850, teils im Kalender 1851 veröffentlicht worden ist: „Aus dem Handwerksburschenleben“ und „Stoffels Schicksale“.[17] Welches Gewicht Kolping auf diese Erzählung gelegt hat, zeigen folgende Zeilen aus dem Kalender 1852:

„Der geneigte Leser des vorjährigen Kalenders erinnert sich gewiß noch der Geschichte des Stoffel. Nun ja, erbaulich war die Geschichte nicht sonderlich, aber wahr, so wahr, daß sie sich noch heutzutage tausendmal wiederholt, wovon gar mancher arme Bursch zu erzählen weiß. Stoffels letzte Werkstätte ist ein Konterfei von hundert anderen, und seine sauberen Kameraden finden ihresgleichen eben zu Tausenden. Und wie der Stoffel nahe daran war, ein Lump, ein recht gemeiner Lump zu werden trotz seiner frommen Erziehung in der Jugend, selbst trotz seinen guten Vorsätzen, die er anfänglich gefaßt hatte, war in seiner Umgebung so wenig zu verwundern, daß man viel mehr erstaunt sein sollte, wenn es anders gekommen wäre. Wenn es aber auf den Werkstätten der Handwerker durchweg so aussieht – ich meine natürlich in den Städten –, dann muß ja in einer solchen Atmosphäre notwendig jede edlere Blüte des menschlichen Herzens verwelken, jeder Keim des Guten endlich zugrunde gehen.“[18]

Mit diesem Text wird auf den Zweck der Stoffelerzählung hingewiesen: Stoffel ist ein Beispiel für viele, und den Lesern, denen das Handwerkermilieu nicht so vertraut ist, soll es mit dieser Geschichte erschlossen werden, allerdings nicht nur als abschreckendes Beispiel, sondern im Gegenteil: Stoffel ist ja kein Lump geworden, auch wenn er eine Zeitlang „in die Liederlichkeit“[19] geraten ist; und wie Stoffel, so sollen noch viele aus diesem „faulen Sumpfe“[20] errettet werden, und zwar mit Hilfe des Gesellenvereins.

---

[16] Kalender 1851, S. 96.
[17] Kalender 1850, S. 149-158; Kalender 1851, S. 107-153.
[18] Kalender 1852, S. 100.
[19] Kalender 1851, S. 137.
[20] Kalender 1852, S. 100.

Um wen handelt es sich aber bei Stoffel, und was an der Geschichte ist „so wahr"? Darüber schreibt Kolping am 5. Januar 1851 an Ignaz von Döllinger:

„Den Kalender habe ich verfaßt. ... Sollte Ihnen so viel Muße bleiben, denselben durchzublättern, werden Sie in ‚Stoffels Schicksalen' haarklein meine letzte Werkstätte beschrieben finden. Außer Stoffels etwas dem Zwecke angepaßter Persönlichkeit ist alles nur zu wahr. Und doch, wie gut sind mir alle jene bitteren Erfahrungen gewesen; wie hat Gott alles so schön zum Besten gelenkt! Jetzt kann ich auch mit um so größerem Erfolg für meine alten Leidensgefährten wirken."[21]

Es handelt sich also bei Stoffel um Kolping selbst. „Dem Zwecke angepaßt" war dabei in der Hauptsache das Alter des Stoffel: Dieser wird als 17jähriger vorgestellt, Kolping war etwa vier Jahre älter.

Die Betonung der „Wahrheit" der Geschichte ist einmalig. Aber diese Betonung steht auch in der Geschichte selbst. Dort heißt es: „Dazu erzähle ich lauter blanke Wahrheit; denn alle Personen, die ich dir [dem Leser] vorführe, habe ich ganz gut gekannt und, was sie treiben, zum guten Teil selbst zugeschaut. Es geht da oft so kurios und bunt zu, daß man nicht notwendig hat, etwas dazuzudichten."[22] „Unsere aus dem Leben Zug um Zug aus der Wirklichkeit geschöpfte Erzählung."[23] „Ob das Bild schön ist, weiß ich nicht; aber treu ist es, das kann ich dir, lieber Leser, versichern."[24] „Der Erzähler hat's darum hingeschrieben, damit es nutze. Den Schaden hat er lang genug angesehen."[25]

Diese Zitate bestätigen eindrucksvoll, was Kolping unter „wahr" versteht: Er selbst ist der Stoffel, und viele Details seiner Erzählung geben „haarklein" seine letzte Gesellentätigkeit in Köln wieder.

Was war denn bisher aus den Biographien Kolpings über seinen Gesellenaufenthalt in Köln zu entnehmen? Aus dem, was Schäffer schreibt, kann man noch die mündlichen Berichte Kolpings heraushören:

„Nachdem Kolping einige Jahre in ländlichen Werkstätten seinem Handwerk obgelegen, trieb ihn ein zweifacher Beweggrund in die Stadt. Erstens wollte er sich in seinem Handwerk vervollkommnen; zweitens aber und vor allem zog ihn sein Bildungsdurst dorthin. Er fand nun größere Werkstuben und viele Arbeitsgenossen aus aller Herren Ländern. Aber er stieß auch auf den ganzen Jammer des damaligen Gesellentums. ... Sonntags schafften die meisten darauflos, um am Montag zu feiern, zechend und spielend auf den Herbergen zu liegen und dort zu treiben, was Gott verboten hat. ... Sosehr unseren jungen Schustergesellen das Leben und Treiben der meisten seiner Standesgenossen schmerz-

---

[21] KS, Bd. 2, S. 141.
[22] Kalender 1851, S. 107-108.
[23] A. a. O., S. 122.
[24] A. a. O., S. 132.
[25] A. a. O., S. 134.

te, so klar erkannte er auch damals schon, was ihnen zum Heile dienen könnte. ... Wir wissen nur, daß die Lust immer mächtiger in ihm wurde, ein Priester, ein Lehrer des Volkes zu werden."[26]

Was Schäffer nicht wußte, aber aus dem „Curriculum vitae" teilweise hätte entnehmen können, erläutert die Stoffelgeschichte.

Die neuesten Kolpingbiographien seien darauf hin durchgeschaut. Festing schreibt, daß Kolping in Köln „in den führendsten Handwerksbetrieben arbeiten konnte. Hier in Köln lernte Kolping am eigenen Leibe das soziale Elend der Handwerksgesellen kennen."[27] Dann folgen zur Bekräftigung des Gesagten Zitate aus dem „Curriculum vitae", allerdings nicht solche, die auf die Stoffelerzählung anspielen. Wie die „führendsten Handwerksbetriebe" aussahen, wird nicht gefragt.

Feldmann versucht in seiner journalistischen Art, auch die seelischen Befindlichkeiten des Gesellen Kolping zu veranschaulichen. Leider scheint er dabei wenig Kolpings Texte selbst als eigentliche Quelle studiert zu haben. Es paßt kaum zu Kolping, daß er „manchmal so wütend losschlug".[28] Begriffe wie „verflucht" und „Anflug von Menschenverachtung"[29] passen nicht zu dem Gesellen Kolping. Immerhin: „So geradlinig, wie es die fromme Legende will, ist Kolpings Leben weiß Gott nicht verlaufen".[30] Auch hier werden Teile des „Curriculum vitae" vorgestellt mit der bezeichnenden Einleitung: „Es berührt uns unangenehm, wenn wir ihn [Kolping] in dem schon zitierten Lebensabriß so um das eigene Ich kreisen sehen."[31] Texte, die sich auf die Stoffelgeschichte beziehen, übersieht auch er.

Steinke will sich im Unterschied dazu „korrekt an Primärquellen" halten. Entsprechend stehen auch hier Anzüge aus dem „Curriculum vitae" im Vordergrund. Die „düstere Lage des Gesellenstandes" hat demnach Kolping „ganz persönlich mehr erleidet [!] als erlebt".[32] Aber auch Steinke überliest die Texte, die mit der Stoffelgeschichte zusammenhängen.

Nach Kracht war der Geselle Kolping „so befähigt, daß er sogar in einer sehr bekannten Werkstatt in Köln eine Anstellung fand. ... Die Übersiedlung ... in die Stadt Köln bereitete Kolping keine größeren Schwierigkeiten."[33] Immerhin heißt es weiter: „Seine Unausgeglichenheit und Unzufriedenheit mit seiner Lage teilte er mit vielen Standesgenos-

---

[26] RV 26 (1879), Nr. 4 vom 25. 1., S. 54.
[27] Festing, S. 20.
[28] Feldmann, S. 18-19. Vgl. dazu die Kritik von: Steinke, S. 30.
[29] Feldmann, S. 18 und 21.
[30] A. a. O., S. 22.
[31] A. a. O., S. 23.
[32] Steinke, S. 30 und 32.
[33] Kracht, S. 22. Nach a. a. O., S. 544, ist Kolping schon 1832 „Geselle in Köln" gewesen, was aller Chronologie zuwiderläuft.

Abb. 2: Stoffel kommt in die große Stadt und wird von Gesellen „ausgenommen" (Quelle: Katholischer Volkskalender für das Jahr des alten und neuen Heils 1850, S. 149)

sen."[34] „In seinen Gesellenjahren als Schuster erlebte er nun das moralische und soziale Elend seiner Altersgenossen, und der Wunsch nach weiteren Studien wurde immer mächtiger."[35] Es sollte doch zu denken geben, daß wir die „sehr bekannte Werkstatt" nicht kennen. Allerdings kennt Kracht die Stoffelgeschichte und gemäß dem Brief an Döllinger deren autobiographischen Charakter, ja, er zitiert einen ganzen Passus aus dieser Geschichte.[36] Ob er aber die ganze Geschichte für die Biographie ausgewertet hat, ist eine andere Frage. So gibt er als sicher an, vorher habe Kolping bei Heinrich Beck in der Glockengasse gewohnt und sein letzter Lehrherr sei Matthias Burger in der St.-Apern-Straße gewesen, bei dem er noch Ende 1840, also als Gymnasiast, gewohnt habe.[37] Daß Burger nicht identisch sein kann mit dem „Meister Schlick" der Erzählung, ergibt sich aber aus dieser Geschichte, wonach „Stoffel" endgültig diese seine letzte Kölner Werkstätte verlassen hat. Trotz der zusätzlichen vielen Einzelinformationen, die sich in dem Buch von Kracht finden, vermißt man die exakte Auswertung der biographischen Quellen, und die Abhängigkeit von traditionellen Klischees kommt immer wieder zum Vorschein.

Die Geschichte spielt in der Werkstätte des „Stiefelfabrikanten Herrn Schlick".[38] Kann diese Werkstätte lokalisiert werden? Der Hinweis auf den angeblichen Schuhmacher Heinrich Beck in der Glockengasse setzt eine andere Werkstätte, einen Kleinbetrieb, voraus, in dem die Romanze „Schuhmachers Töchterlein" spielte.[39] Kolping erzählte einmal in der Hohestraße: „'Siehst du, da droben habe ich manchen Monat gesessen und schusteriert', indem er auf ein Fenster im vierten Stock hinzeigte."[40] Ob dieser Hinweis zum Ziel führt?

Wegen des textlichen Umfangs der Stoffelgeschichte kann sie hier nicht nachgedruckt werden. Innerhalb der Adolph-Kolping-Schriften wird sie aber neu erscheinen. Im folgenden soll der äußere Ablauf der Geschichte geschildert werden, und wo die Selbstzeichnung Stoffels markant hervortritt, werden wörtliche Zitate gebracht.

Stoffel ist in eine „große Stadt", die „K."[41] genannt wird, aus einem „ehrsamen Landstädtchen ... kaum vier Meilen",[42] also weniger als 29 km, gewandert, um als Schustergeselle „bei einem ‚großen Meister'"[43] in Arbeit zu treten. Für verhältnismäßig wenig Lohn wurde er in einem

---

[34] A. a. O., S. 23.
[35] A. a. O., S. 21.
[36] A. a. O., S. 24-25.
[37] A. a. O., S. 22.
[38] Kalender 1851, S. 108. Der Name ist wohl nicht ohne Absicht gewählt.
[39] Vgl.: Schäffer, S. 9-10; KB 38 (1938), Nr. 5, S. 78-80.
[40] Heinrich Grus, in: Archiv der Deutschen Kolpingsfamilie, Köln, A 384, S. 11.
[41] Kalender 1850, S. 150 und 151.
[42] A. a. O., S. 150.
[43] A. a. O., S. 152.

Abb. 3: Stoffel im Gefängnis (Quelle: Katholischer Volkskalender für das Jahr des alten und neuen Heils 1851, S. 144)

Dachverschlag der Schusterwerkstätte „Schlick" einlogiert. Auf der Werkstätte in einem Hintergebäude mußte er mit vier anderen Gesellen, einem Sachsen oder Schweizer, einem Frankfurter, einem Bayern, einem Hamburger, und einem „Lehrbursch[en] ... von ungefähr 17 Jahren"[44] zusammenarbeiten. Auf vielen Seiten wird das Arbeitsverhalten, aber noch mehr das Verhalten dieser Gesellen in Wirtshäusern und anderswo beschrieben, und Stoffel, der von dem Bayern viele Handgriffe lernen konnte, mußte, um nicht verloren zu gehen, mit den Wölfen heulen. Sein Hemd und sein Handwerkszeug wurden ihm gestohlen und ohne sein Wissen sein Rock in die Pfandstube gebracht, so daß er sonntags sich nicht in die Kirche traute. Später hat er dann selber den Rock verpfändet. Das verdiente Geld wurde am „blauen Montag" schnell verzecht, so daß den Rest der Woche über regelmäßig gehungert wurde. Meister und Gesellen sahen sich die ganze Woche nicht.

Eine Gastwirtschaft in der Straße „Auf dem Rotherberg" war der regelmäßige Aufenthaltsort des Bayern. Stoffel fühlte sich verpflichtet, ihn dorthin zu begleiten; denn die „Gesellen müssen, ist die Feierstunde da, auf die Straße oder ins Wirtshaus".[45]

Nach einem Jahr hat sich Stoffel „im Äußeren, leider auch im Inneren sehr geändert." Er rutscht „ein paar Tage in der Woche auf der Bierbank" herum. Seine Backen sind „eingesunken und verblaßt, die Stirn meist umwölkt, seine Augen haben den frischen Glanz und ihre Stetigkeit verloren". „Eine bestimmte Stufe der Verkommenheit"[46] läßt sich nicht verdecken.

„Ja, das war wirklich Stoffels Unglück und sein Elend, daß er sich in den Freistunden nicht zu lassen wußte und diese Verlassenheit so leicht Anlaß wurde, sich an seine Kameraden zu hängen oder vielmehr in ihrer

---

[44] Ebd. Der spätere Schuhmachermeister Nikolaus Kemp aus Kamp, geb. 1823, hatte zwei Jahre lang „in Köln gearbeitet. Als er später den Namen Kolping in der Zeitung las, sagte er: ‚Das war ein Nebengesell von mir in Köln, wo ich gearbeitet habe.' Kemp hat sich geäußert: Wenn andere ins Theater gegangen, dann seien sie zu Hause geblieben. Dafür hätten sie kein Geld verausgabt. ... In den Kirchen seien sie sehr bekannt gewesen." Sibylla Kemp, Tochter von Nikolaus, am 30. 5. 1932, in: Archiv der Deutschen Kolpingsfamilie, Köln, Zeugenaussagen. Von seinem Alter her kann Nikolaus erst ab 1835 mit Kolping auf dessen letzter Werkstätte, also bei „Schlick", zusammengearbeitet haben. Diese Aussage, auch wenn sie sekundär ist, d. h. vor langer Zeit Gehörtes wiedergibt, könnte die „Stoffelgeschichte" ein wenig relativieren. Dasselbe gilt von der Aussage von Heinrich Rick in: 100 Jahre Kolpingsfamilie Euskirchen 1854-1954, Euskirchen 1954, S. 50, wonach „auf der betreffenden Werkstätte in Köln" „sieben Gesellen" beschäftigt waren. „Eines Sonntags mahnte er einen seiner Mitgesellen, zur hl. Messe zu gehen. Der Geselle entschuldigte sich damit, daß er keinen Sonntagsrock habe. Darauf erbot sich Kolping, der schon vom Kirchgang zurück war, ihm einen Sonntagsrock zu leihen. Der Rock paßte dem Gesellen, und er ging zur hl. Messe, kehrte aber mit Kolpings Sonntagsrock erst am Montag zurück; und so mußte Kolping den Sonntagnachmittag im Hause verbringen."

[45] Kalender 1851, 133.

[46] A. a. O., S. 135.

Gesellschaft irgendwelchen Zeitvertreib zu suchen. ... So geriet Stoffel allmählich in das wüste Leben hinein."[47]

„Als der Winter zu Ende war, hatte sich Stoffel schon so ziemlich an seine Umgebung gewöhnt. ... Er geht allmählich seinem Gott immer weiter und weiter aus dem Weg."[48] „Der Ehrgeiz hatte ihn in das Elend gebracht, hatte ihn auf den Weg des Verderbens gestoßen; nun konnte er nicht füglich mehr zurück, und die falsche Scham zog ihn immer tiefer hinein. ... Wer wird ihm das ‚Halt!' zurufen?"[49]

Stoffel wurde in die ausgebrochene Feindschaft zwischen dem Bayern und dem Frankfurter, die sich in Wirtshausschlägereien austobte, mit hineingezogen. Eines Abends berichtet er seinem „Freunde", dem Bayern, den er „auf allen seinen abendlichen Ausgängen" zu begleiten pflegte, wobei er aussah „wie Bruder Liederlich",[50] daß er den Frankfurter in einem bestimmten Wirtshaus aufgespürt habe. An einer Straßenkreuzung in der Nähe dieser Wirtschaft wurde diesem aufgelauert, und in die dort durchgeführte Schlägerei ließ sich auch Stoffel verwickeln. Durch den Lärm angelockt, erschien die Nachtwache und erwischte als einzigen Stoffel. Dieser fand sich in einen „polizeilichen Verwahrungsort"[51] befördert und mußte dort den Rest der Nacht verbringen.

Als der „helle Morgen strahlte", kam er zur Besinnung: „Also, das ist alles wahr, was er geträumt; er sitzt im Gefängnisse! ... Und sein ganzes Ehrgefühl erwachte in lange nicht mehr gekannter Schärfe. ... Er fühlte es tief, daß er im Grunde mit seiner 'Gefangenschaft' nicht prahlen konnte, wie wenn man sich einen kleinen Rausch trinkt oder sonst eine tolle - keine schlechte - Fahrt mitmacht, und dies Gefühl machte ihn zaghaft."[52]

Von „weit her, als ob es von entlegener Ferne komme," hörte er den „Ton der Morgenglocke. ... Nicht lange, da begann sein Gesicht zu zittern, seine Augen wurden feucht, plötzlich stürzte ein Strom von Tränen über seine Wangen."[53]

„Es war ihm, als wäre ein dichter Nebel vor ihm zerronnen. ... Seit einem Jahr war er nicht mehr rechtschaffen allein gewesen. ... Nun fing es an, in seiner Brust zu reden, ernst, streng. ... Draußen läutete es nämlich zum Gottesdienst, und der Ton der Glocke hatte den Prediger im Herzen geweckt. ... Und es läutete an dem Morgen wieder so hell, so klar und fromm, aber weit, sehr weit von einer der entfernteren Kirchen. Stoffel meinte, von weitem rief' eine bessere Vergangenheit nach ihm,

---

[47] A. a. O., S. 137.
[48] Ebd.
[49] A. a. O., S. 138.
[50] A. a. O., S. 141. Vgl. das gleichnamige Theaterstück.
[51] A. a. O., S. 143.
[52] A. a. O., S. 144-145
[53] A. a. O., S. 145.

und deshalb weinte er auch aus Herzensgrund. ... Stoffel begann recht ordentlich vor seiner Verwandlung zu erschrecken und schämte sich bereits vor sich selber. ... Er sah jetzt alles so deutlich und klar ein, wie er es wahrhaftig nie getan. ... 'Mein Gott', rief Stoffel, ... 'ich habe dich wahrhaftig vergessen, bin auf Irrwege gekommen aus leidigem Hochmut und falscher Scham. Doch jetzt will ich es ändern, und sollte ich alles darum verlassen müssen!'"[54]

Stoffel wurde gegen Mittag verhört und entlassen. Er ging zu „Herrn Schlick", löste sein Arbeitsverhältnis auf und fand zunächst Unterkunft bei einem „Schuhflicker am Wall".[55] Vor Gericht wurde er freigesprochen. Darauf zog er wieder in sein Heimatdorf.

„Jetzt dankt Stoffel täglich Gott, daß er ihn noch beizeiten aus den Klauen des Löwen gerissen und ihn eine Weile in die 'Brummanstalt' gesetzt."[56]

3. Zusammenfassung

Diese autobiographische Erzählung ist einzigartig innerhalb der von Kolping geschriebenen Volkskalender. Sie ist im Unterschied zu vielen anderen auch bisher nie nachgedruckt worden. Von daher mag es rühren, daß sie noch nicht ausführlich unter biographischem Gesichtspunkt gelesen worden ist. Der Stoffel in der Geschichte erscheint als ein sehr unglücklicher junger Mann. Es wäre zu untersuchen, ob und inwiefern sich diese seelische Grundstimmung bei dem erwachsenen Kolping geändert hat.[57]

Wenn man diese Geschichte vor Augen hat, dann werden plötzlich bestimmte Aussagen im „Curriculum vitae" sprechend, die bisher fast nirgendwo in den vielen Biographien aufgegriffen worden sind:

„Acht Jahre bin ich von einer Stadt zur anderen gewandert, habe in mancher Werkstätte gearbeitet, viele Menschen kennengelernt, das Leben von guten und bösen Seiten angeschaut; und am Ende, als ich über alles mir genaue Kunde verschafft hatte, fand ich mich selbst tief in ein Verhältnis verwickelt, das mir nur zu deutlich zeigte, wie unglücklich ich geworden war. ... Gebildete Menschen hatte ich gesucht, rohe Gemüter, meist schon in ihrem tiefsten Inneren verdorben, die sich der größten Entsittlichung nicht schämten, hatte ich gefunden. ... Elend war ich, wenn ich mich an meine Umgebung anschloß, mit ihr lebte und mit

---

54 A. a. O., S. 146-149.
55 A. a. O., S. 151.
56 A. a. O., S. 153.
57 Die Begriffe „Glück" und „unglücklich" kommen oft bei Kolping vor. Vgl.: KS, Bd. 3, S. 266-267 u. a.; den Beitrag: „Adolph Kolping im Revolutionsjahre 1848", in diesem Band.

gleichem Leichtsinn des Schöpfers kostbarste Gaben verschleuderte, unglücklich, wenn ich es versuchte, mich von ihnen loszumachen, um meinen eigenen Weg zu gehen. Das letztere war fast nicht möglich, da das genannte Geschäft durchaus ein enges Zusammenleben bedingte. ... Ich fand mich vereinsamt mitten unter meinen Standesgenossen, an eine Lebensweise gebunden, die mir allmählich Grauen einflößte, und [sah] doch keinen Ausweg vor mir, aus diesem Labyrinthe zu entkommen. ... Kölns erste Werkstatt hatte ich erreicht, saß in einem Kreise, nach dem sich so viele vergeblich bewarben; aber noch erbebt mein Inneres, wenn ich an die schrecklichen Tage gedenke, die ich dort mitten unter der Liederlichkeit und Versunkenheit von Deutschlands Handwerksgesellen zugebracht habe."[58]

Auch sonst kam Kolping auf diese seine Erfahrungen immer wieder zu sprechen, so im Jahre 1848: „[Ich] habe ja selbst tief in den Abgrund gesehen, dem ein guter Teil dieser jungen Leute in unverzeihlicher Torheit zustürzt, habe mehr gesehen und erfahren, als ich dir erzählen mag."[59]

Die Erlebnisse im Hause „Schlick" haben ganz offensichtlich Kolping stark geprägt, und ohne sie wäre er vielleicht kein „Gesellenvater" geworden. Er selbst hat das einmal so formuliert:

„Darum stehen wir später im Leben so oft erstaunt stille, indem wir die wunderbaren Anordnungen Gottes in unseren eigenen Lebensschicksalen erwägen, wenn es uns selbst deutlicher und immer deutlicher wird, daß gerade jene Leiden, über die wir zurzeit wie verzagt zusammenzuckten, die gesegnetsten Wendepunkte unseres Lebens gewesen."[60]

---

[58] RV 13 (1866), Nr. 18 vom 5. 5., S. 277-279.

[59] KS, Bd. 3, S. 47.

[60] Zitiert nach: [Eduard Müller], Adolph Kolping, Gründer der Gesellen-Vereine, in: Berliner Bonifacius-Kalender 5 (1867), Berlin 1866, S. 127-154, hier S. 130.

Der katholische Gesellenverein Elberfeld von 1846 bis 1849[1]

1. Vorbemerkung

Im Jahre 1996 feierte die Kolpingsfamilie Wuppertal-Mitte ihr 150jähriges Bestehen. Da dieser Verein der erste überhaupt in der langen Geschichte der katholischen Gesellenvereine bzw. des Kolpingwerkes ist, kommt dieser Gründung für den Verband elementare Bedeutung zu. Elementare Bedeutung kommt ebenso denjenigen Personen zu, die federführend an dieser Gründung beteiligt waren.

Im folgenden soll die erste Geschichte des Elberfelder Gesellenvereins möglichst durch originale Quellen vorgeführt werden. Der Leser wird dabei vielleicht den Eindruck gewinnen, als seien diese knapp drei Jahre Vereinsgeschichte fast natürlich so und nicht anders verlaufen. Dennoch: Dieser Verlauf ist bis in die jüngste Vergangenheit hinein in immer wieder anderen Variationen ge- und verzeichnet worden. Diese Zusammenstellung der Quellen ist in dieser Art neu und führt erstens das fort, was Fritz Jorde genau ein Jahrhundert vorher aufgrund einer größeren Anzahl mündlicher, aber einer kleineren Zahl schriftlicher Quellen in der ersten Vereinsfestschrift geleistet, und zweitens, was Rudolf Vitus vor mehr als 60 Jahren an zusätzlichen Details zutage gefördert hat.[2] Dabei sei gerne zugegeben, daß, wie jede Auswahl, so auch diese nicht frei von Subjektivität ist. Verzichtet werden mußte dabei auf eine historische und soziologische Einordnung der Vereinsgeschichte in ihr Umfeld.

2. Die Vorgeschichte

Wie der Name „Kolpingwerk" andeutet, wurde früher nicht nur die Ausbreitung, sondern auch die erste Gründung des Katholischen Gesellenvereins auf den Priester Adolph Kolping zurückgeführt. Mittlerweile weiß man im allgemeinen, daß Kolping nicht der Gründer des Elberfelder Gesellenvereins gewesen ist. Dennoch stellt sich die Frage, wie ein so

[1] Zuerst erschienen in: Gesellenverein 1846 – Kolpingsfamilie 1996. Von Elberfeld in die Welt. 150 Jahre Kolpingfamilie Elberfeld-Mitte, Wuppertal 1996, S. 13-31; dort ohne genaue Quellenverweise.
[2] Vgl.: Jorde; Vitus.

weit verbreiteter Irrtum jahrzehntelang geglaubt werden konnte. Der Grund liegt zunächst darin, daß Kolping selbst diesen Irrtum aufgebracht hat. Er schrieb im Frühjahr 1849, er sei der „Gründer des Vereins“ gewesen und habe „nach vieljähriger Kenntnis dieser Klasse [der Gesellen] und nach reichen Erfahrungen“ die „einzelnen Einrichtungen“ des Vereins organisiert.[3] Die Folge davon war, daß alle Kolpingbiographen von 1858 bis in die Gegenwart hinein in Kolpings Jugend- und Gesellenzeit nach Spuren für sein späteres Wirken als „Gesellenvater“ gesucht haben.

Johann Gregor Breuer ist, wie mittlerweile allgemein anerkannt wird, der Gründer des ersten Gesellenvereins. Deshalb stellt sich die Frage nach der Vorgeschichte in erster Linie so, ob in dem, was dieser Lehrer der katholischen Mädchenschule in Elberfeld bis dahin erlebt und gewirkt hatte, Spuren für den späteren Gesellenverein zu finden sind.

Seit kurzem sind wir in der glücklichen Lage, Breuers Autobiographie als Buch zur Hand zu haben. Daraus ergibt sich, daß die Gründung des Gesellenvereins keine einmalige Sache war, sondern in ein pädagogisches Gesamtkonzept zu stellen ist, das sich bei Breuer nach und nach entwickelt hat. Dieses Konzept ist für das Verständnis des Gesellenvereins entscheidend, speziell das Vorbild des ein Jahr zuvor gegründeten Mädchenvereins.

Zu erwähnen ist hier zunächst der Armen-Kranken-Verein, dem Breuer schon während seiner ersten Lehrertätigkeit in Elberfeld angehört hatte. Als er im April 1844 nach Elberfeld zurückkehrte, schloß er sich ihm wieder an. Er erzählt:

„Die Brüder und Schwestern nahmen mich [mit] Freude auf. Die hervorragendsten Mitglieder des Vereins, Jakob Ermekeil, August Fuhr, Jos[eph] Thiel und Bernh[ard] Rüter – später auch die ersten Mitglieder des Gesellenvereins –, gehörten gleichzeitig zur Zahl meiner Privatschüler. ... Ich opferte ihnen meinen Sonntagnachmittag und zwei Abende in der Woche, und sie ließen es sich mit anerkennenswertem Fleiße angelegen sein, ihre mangelhafte Elementarbildung bestmöglich zu ergänzen.“[4]

Über den Mädchenverein berichtet Breuer: „In meiner Eigenschaft als Hauptlehrer einer mehrklassigen Volksmädchenschule, derselben Schule, aus welcher der Elberfelder Mädchenverein im Jahre 1845 hervorgegangen ist, habe ich es von vornherein als meine Pflicht erkannt, meine Schülerinnen mit besonderer Rücksichtnahme auf ihre mutmaßliche, weil natürliche spätere Lebensstellung zu unterrichten und zu erziehen. Da dies aber während der Schulzeit und im Rahmen des schulplanmäßigen Lehrstoffes sowie auch wegen der Unreife der meisten Mädchen an

[3] Ein Abschied von Elberfeld, in: Christlicher Stadt- und Landbote 1849, Nr. 10 vom 18. 4., [S. 2]. Zur Autorschaft dieses Textes vgl.: Breuer, S. 208-209.

[4] Breuer, S. 138.

Alter und Verstand nur in sehr beschränktem Maße geschehen konnte – damals galt noch ziemlich allgemein das vollendete 12. Lebensjahr als Grenze des schulpflichtigen Alters –, so veranlaßte ich die gereifteren Schülerinnen, welche ihrer Entlassung aus der Schule entgegensahen, sich an jedem Sonntagnachmittag zu einer festgesetzten Stunde bei mir zu versammeln. Sie kamen gern. Die erstmalige Versammlung dieser Art fand am Feste der hl. Schutzengel 1845 statt."[5]

Breuer erzählt, wie der Mädchenverein zuerst als Chor sich gefunden und auch in der Öffentlichkeit in Erscheinung getreten ist.

„Hiernach scheint der Mädchenverein eigentlich nur ein Gesangchor gewesen zu sein, wofür er auch in der ersten Zeit tatsächlich gehalten wurde. Aber in Wirklichkeit verfolgte er einen weit höheren Zweck, dem der Gesang nur als Nebensache, als Mittel und quasi Lockvogel diente. Die Erwägung, daß ... die Kinder meist gerade zu einer Zeit ... die Schule verlassen, da eben erst ihr Verstand aufgewacht und sie den Wert und Nutzen des Lernens einzusehen beginnen, zu einer Zeit auch, da es in den jungen Herzen brütet und quillt, stürmt und braust und, von unbestimmtem Drang erfüllt, das unruhige Blut den Lebensnachen gar zu gern vom Ufer abstoßen und – ohne Steuermann und Kompaß – sich hinauswagen möchte ins offene Meer; die Erwägung, daß ... die Kinder einer fernerweiten Beaufsichtigung, Leitung und Unterweisung mehr benötigt sind denn zuvor: Diese Erwägungen führten zur Begründung des Mädchenvereines."[6]

„Lehrmittel stellte die Schulbibliothek, und für weitere Bedürfnisse – Feuerung im Winter, etc. – kam ich selber auf. Nicht einmal einen offiziellen Namen führte anfänglich der Verein. ... In der Tat hatte der Mädchenchor durch seine Leistungen im Kirchengesange ... die Aufmerksamkeit nicht nur des hochwürdigen Pfarrklerus, sondern auch der ganzen ... Gemeinde auf sich gezogen und sich vielstimmiges Lob erworben. Dies war begreiflicherweise ein Ansporn für die Mädchen und für mich, den Gesang auch ferner und mit erhöhtem Eifer zu kultivieren, so zwar, daß dadurch der eigentliche Hauptzweck der sonntäglichen Fortbildungsstunden scheinbar in den Hintergrund trat.

Aber auch nur scheinbar; denn beim Einüben von Kirchenliedern hatte und nahm ich vielfach Gelegenheit und Veranlassung, meinen Mädchen ihre religiösen und kirchlichen Pflichten vorzuhalten, sie mit dem Charakter der kirchlichen Festzeiten, mit dem Kern und Geist der sonntäglichen Perikopen näher vertraut zu machen, ihre Religionskenntnisse dadurch zu erweitern, ihre religiöse Gesinnung zu vertiefen,

---

[5] A. a. O., S. 243.
[6] A. a. O., S. 162.

Abb. 4: „Breuers Schule“ in Elberfeld, Grünstraße 25, erbaut 1823 (Quelle: Klaus Peter Huttel, Wuppertaler Bilddokumente, Bd. 2, Wuppertal 1985, S. 689)

etc. Und ist die Unterweisung im Singen nicht an sich schon ein probates Erziehungs- und Bildungsmittel?"[7]

3. Der Junggesellenchor

Die Einladungen an die Mädchen zum Singen führten dazu, daß seit dem Fronleichnamstage 1846 einige Gesellen ebenfalls einen solchen Chor konstituieren wollten. Breuer erzählt:

„Indessen hatte auch das 'Nachaußentreten' des Vereines in seinen gelegentlichen Gesangleistungen einen höchst bedeutsamen Erfolg. Als nämlich bekannt wurde, daß der Mädchenchor sich mit besonderem Eifer für die Laurentiusprozession (1846) vorbereite und dabei zum ersten Mal korporativ auftreten wolle, hegte eine Anzahl katholischer, kirchlich gesinnter Jünglinge, vornehmlich Handwerksgesellen, den Wunsch, sich zu gleichem Zweck zu verbinden. Anregung hierzu hatte der mehrerwähnte Krankenbruder Jos[eph] Thiel gegeben. ... Er war am Fronleichnamsfeste (11. Juni) 1846 Zeuge davon, wie ich die Neukommunikanten-Mädchen in meiner Schule, von wo sie sowie auch die Knaben zur Feier ihrer ersten h[eiligen] Kommunion durch die hochw[ürdige] Pfarrgeistlichkeit abgeholt und zur Kirche geführt wurden, zum Festzug ordnete und dabei ihnen dringend anempfahl, den sonntäglichen Gesangübungen im Mädchenverein für die demnächstige große Laurentiusprozession regelmäßig beizuwohnen. Dies hatte ihn, wie er mir später mitteilte, zu dem Entschluß gebracht, auch seinerseits etwas zur Verherrlichung der Laurentiusfeier zu tun. Er besprach sich mit mehreren gleichgesinnten Kameraden, und es wurde nun zuerst die Beschaffung einer Prozessionsfahne ins Auge gefaßt und zu diesem Behuf eine Sammlung von Geldmitteln ins Werk gesetzt."[8]

„Von der Geistlichkeit wurde dies Vorhaben gutgeheißen und belobigt und der Ansammlung von Geldmitteln zur Beschaffung der Fahne durch Herrn Kaplan Steenaerts ... der bestmögliche Vorschub gegeben."[9]

Der Besuch von Thiel und seinen Mitgesellen bei den Pfarrgeistlichen hatte zur Folge, daß auch der zweite Kaplan, Adolph Kolping, von dem Vorhaben Wind bekam. Nur wenige Jahre später, 1850, schrieb er über diese Anfänge folgendes:

„Es war um die Herbstzeit des Jahres 1845, als sich in Elberfeld einige dreißig junge Männer mit der Bitte an ihre Geistlichkeit wendeten, für

[7] A. a. O., S. 244. Vgl. zur weiteren Geschichte dieses Vereins: Franz Lüttgen, Johann Gregor Breuers Beitrag zur Entstehung der Jugendsozialarbeit, in: Jahrbuch für Jugendsozialarbeit 15 (1994), S. 97-116.

[8] A. a. O., S. 164-165.

[9] A. a. O., S. 179-180.

die ledigen jungen Männer der Gemeinde doch eine Bruderschaft zu errichten. ... Wie sehr eine solche Aufforderung auch freuen mußte, wich dies Vorhaben doch einem anderen Vorschlage ..., welcher die Idee des Gesellenvereins wie im Keime einschloß. Wer den Vorschlag machte, weiß ich nicht mehr; kurz, er lautete dahin, ein gesellschaftliches Leben unter gleichgesinnten jungen Leuten anzubahnen."[10]

Die falsche zeitliche Einordnung, die eher vagen Formulierungen und die angebliche Unkenntnis über Breuer in diesem Text sprechen für sich. Wenn immer wieder die Elberfelder Gründungsgeschichte in ihrem faktischen Ablauf nicht exakt oder auch falsch dargestellt worden ist, so liegt das daran, daß man solche Erzählungen nicht kritisch hinterfragt hat.

Über den Bruderschaftsplan schrieb Breuer: „Der Wunsch nach Gründung einer Marianischen Sodalität für Jünglinge oder eines anderen ähnlichen Vereines ist damals unter den bei mir versammelten Jünglingen niemals laut geworden."[11] Diese Überlegung scheint also sehr schnell fallengelassen worden zu sein.

Sowohl Joseph Thiel in seinen leider nicht erhaltenen Erinnerungen als auch Fritz Kamp in seinem Gedicht über die erste Vereinsgeschichte bekunden, daß der Maler Wilhelm Asselborn, ein Freund Kolpings, die Fahne in Thiels Werkstatt noch vor der Laurentiusprozession 1846 hergestellt habe.[12] Diese sogenannte Kolpingfahne ist heute noch in Elberfeld vorhanden. Breuer aber bestreitet dies: „Die erste Vereinsfahne mit päpstlichem Wappen, bischöflichen und anderen Insignien wurde auf meine Veranlassung von ... Dekorationsmaler Rob[ert] Nolden gemalt."[13] Danach soll die „Kolpingfahne" aus der Zeit stammen, als Kolping bereits Präses war. Thiel spricht dagegen von einer zweiten, sogenannten Reisefahne, die unter Präses Steenaerts auf Breuers Anregung hin angefertigt wurde. Sie soll Handwerkssymbole bzw. die Symbole für die Leitgedanken „Religion und Tugend", „Eintracht und Liebe", „Arbeitsamkeit und Fleiß" sowie „Frohsinn und Scherz" enthalten haben. Schon im April 1847 wurde sie bei einem Vereinsausflug getragen.[14] Diese verschiedenen Aussagen lassen sich nicht auf einen Nenner bringen: Es liegt nahe, daß die jungen Männer schon bei der Laurentiusprozession 1846 eine Fahne getragen haben; aber welche, ist nicht eindeutig zu klären.

Breuer erzählt weiter: „Sodann wurde auch an die Einübung passender Lieder gedacht. Thiel will einen Anfang damit in seiner Werkstube

[10] KS, Bd. 3, S. 102-103.

[11] Breuer, S. 179.

[12] Vgl.: Vitus, S. 49; Fritz Kamp, Gedicht über die erste Geschichte des Elberfelder Gesellenvereins, in: RV 26 (1879), Nr. 23 vom 7. 6., S. 358-360, hier S. 359.

[13] Breuer, S. 196.

[14] Vgl.: Jorde, S. 27; Vitus, S. 55-56.

gemacht haben. Jedenfalls erwies sich dieser Raum dazu als ungeeignet und zu beschränkt. Ohne Zweifel hatte aber auch Thiel zu wenig Kenntnis von den Melodien des Elberfelder Gesangbuches und wohl auch nicht ausreichende Befähigung, um die Übung mit Nutzen und Erfolg zu leiten; deswegen wandte er sich an mich mit der Bitte um Übernahme der Dirigentschaft.

Am 17. Juli 1846 fand ich ihn und seine sangeslustige Schar, etwa 12 bis 15 Jünglinge, in meiner Schule versammelt. Ich belobigte die Absicht der jungen Leute und den schönen Zweck, zu dem sie sich zusammengetan, und übernahm gern die mir angetragene Leitung des Chors, hatte auch die Genugtuung, daß sich schon zur nächsten Übungsstunde die kleine Schar um das Doppelte vermehrte und alle Aussicht vorhanden war, wenn auch nichts Vollkommenes, so doch immer Befriedigendes und das eben Mögliche für den gedachten Zweck zu erreichen.

In der letzten Gesangstunde vor dem Feste, 7. August, wies ich die jungen Leute, etwa 30 an Zahl, darauf hin, was sie bei der nächsten Laurentiusfeier würden leisten können, wenn sie ihre bisherigen Übungen ein ganzes Jahr lang regelmäßig fortsetzen würden; ich bat sie, schon in der folgenden Woche – Freitag, den 14. August – wiederzukommen. Sie kamen, wenn nicht alle, so doch die meisten, und jetzt erst konstituierte sich definitiv ein Gesangverein für Jünglinge, vornehmlich Söhne des Handwerks. Der Verein wuchs um so rascher an, als er den Teilnehmern keinerlei Kosten und Lasten auferlegte.“[15]

Die später so genannte „alte Garde“, also die ersten Mitglieder des Gesellenvereins, beschrieb die Ereignisse mit ganz ähnlichen Worten.[16]

4. Die Gründung des „Junggesellenvereins“ durch Lehrer Breuer

Breuer fährt in seiner Erzählung fort:

„Sie kamen gern, die lieben Sänger, und in immer größerer Zahl, brachten auch hin und wieder Freunde als Hospitanten mit, und bald waren die Versammlungsabende nicht mehr ausschließlich dem Gesange gewidmet, sondern kleine Vorlesungen und ungezwungene gemütliche Unterhaltung brachten eine angenehme Abwechslung. Den Stoff zur Unterhaltung boten vielfach von Anekdoten durchwürzte Mitteilungen aus dem Handwerks- und Gesellenleben, interessante Erlebnisse auf der Wanderschaft, gute und böse, und es waren diese Licht- und Schattenbilder gleichsam Fingerzeige auf jenes hohe Ziel hin, das die göttliche Vor-

[15] Breuer, S. 165.

[16] Abgedruckt in dem Betrag: „Der Streit um die Gründung des Elberfelder Gesellenvereins“, in diesem Band.

sehung dem unscheinbaren, dem so bescheidenen Vereine vorgesteckt zu haben schien.

Zweierlei wurde mir alsbald klar: erstens die mangelhafte Schul- und Lebensbildung der meisten jungen Handwerker – denn auch dessen, daß sie einen höchst ungenügenden Jugendunterricht genossen, hatten die Jünglinge kein Hehl – und zweitens die überaus großen Gefahren für Religion und Tugend, denen der Handwerksbursche zumal auf der Wanderschaft, fern der Heimat und dem überwachenden, sorgsamen Auge der Eltern, ohne Halt, Stütze und Leitung preisgegeben ist. Ich behielt diese Erwägungen keineswegs für mich, sondern besprach dieselben gelegentlich mit den jungen Leuten selber und mit meinen vertrautesten Freunden, namentlich mit Jakob Ermekeil, der, obwohl an Jahren älter denn ich, ... mein Schüler (Privatschüler) war.“[17]

Und an anderer Stelle schreibt Breuer: Er „erbot sich, den Bedürftigen einen Nachhilfeunterricht im Schreiben und Rechnen zu geben, und deutete wiederholt auf die Notwendigkeit und die Mittel hin, daß und wie dem beklagten Notstande zu begegnen sei.“[18]

Schon in die erste Zeit dieser wöchentlichen Versammlungen wurde im Jahre 1850 die Vereinsgründung gelegt: „Der katholische Gesellenverein zu Elberfeld wurde gegründet am 30. August 1846.“[19] Später hieß es: „Der Verein wurde gegründet am 26. August 1846, wo 46 Gesellen, die schon einige Zeit vordem zusammengetreten waren, sich zuerst unter die feste Leitung der Pfarrgeistlichen stellten.“[20] Die beiden genannten Daten fallen auf einen Sonntag bzw. Mittwoch, aber nicht auf einen Freitag. Das eigentliche Gründungsdatum ist frühestens zwei Monate später anzusetzen.

Die sogenannte alte Garde berichtet: „Breuer wußte es so einzurichten, daß unsere Versammlungen bei ihm je länger, je mehr höchst gemütlich, unterhaltend und lehrreich für uns wurden. Daher mehrte sich unsere Zahl auffällig schnell. Der Gesang ward nach und nach mehr Nebensache, und belehrende Unterhaltung nahm die erste Stelle ein. Nach wenigen Monaten machte uns Breuer mit seiner Absicht bekannt, uns zu einem förmlichen Verein zu organisieren. Angeregt durch verschiedene Mitteilungen aus dem Wander- und Herbergsleben der Gesellen, hatte er die Notwendigkeit eines solchen Vereins zur Fortbildung für einheimische und auswärtige Handwerksgesellen, besonders auch zum Schutze für jene, die, fern vom Elternhaus und von der Heimat, vielfachen Gefahren ausgesetzt sind, in einer Art Denkschrift begründet und zugleich ein vollständiges Statut entworfen, das die Überschrift trug: ‘Statut des kath[olischen] Gesellenvereins zu Elberfeld’. Dies Statut samt

[17] Breuer, S. 165-166.
[18] A. a. O., S. 182.
[19] Zitiert nach: Vitus, S. 75.
[20] Mitteilungen 1,1 (1863-1871), Sp. 26.

der Denkschrift wurde im Entwurf uns vorgelesen und dankbar von uns angenommen."[21]

Auf diese sogenannte Denkschrift, die im Entwurf vom 23. Oktober 1846 datiert, muß nun näher eingegangen werden. Sie ist das pädagogische Lebensprogramm Johann Gregor Breuers und zugleich die Gründungsurkunde dessen, was heute Kolpingwerk heißt. Sie ist adressiert an die Geistlichen und den Schulvorstand in Elberfeld.

Breuer beschrieb später diese Schrift folgendermaßen: Sie „beklagt eingangs den Mangel einer so nötigen geeigneten Fort- und Ausbildung der aus der Schule entlassenen Knaben und Mädchen mit dem ausdrücklichen Hinweis darauf, wie unerläßlich es sei, die heranreifende Jugend, und nicht am wenigsten die weibliche, in den unleugbar gefährlichsten Jahren ihrer Entwicklung zu beaufsichtigen, zu leiten und für ihren späteren Beruf vorzubereiten."[22]

Der Priester am Erstkommuniontag und der Lehrer am Schulentlaßtag werden miteinander verglichen in bezug auf die „anvertraute Jugend". Beide befällt „Wehmut" und „bitterer Schmerz", wenn sie an die Zukunft dieser Kinder denken.[23]

Breuer unterstreicht dieses Gefühl durch einen Vergleich, der dann biblisch ausgewertet wird: „Ist doch der wackere Landmann, wenn er den Samen in die Furchen gestreut hat und am Feierabende den gut gesäten Acker betrachtet, der ihm manchen Schweißtropfen gekostet, voll Bedrängnis, ob auch der Same aufkommen und die erwünschte Frucht bringen werde, ob nicht Hitze oder Kälte oder Sturm oder Ungewitter oder Ungeziefer oder Nachtfröste die Saat verderben werden, ob nicht Unkraut wuchern werde zwischen der Frucht und diese ersticke."[24]

Im folgenden wird auf das Alter dieser Jugendlichen hingewiesen, wo „die Stürme des Lebens" toben und „der Einfluß des Bösen auf die heranwachsende Jugend" wirkt, und es wird gefragt, wo „Hilfe" in dieser Not zu erwarten ist. Die lapidare Antwort lautet: „Man bringe nur einen guten Willen und scheue ein wenig Mühe nicht." Dann heißt es genauer:

„Man halte die heranwachsende Jugend, den Jüngling, die Jungfrau von der Zeit ab, da sie [aus] dem Unterricht in Schule und Christenlehre entlassen worden, mehr im Auge, man schütze mehr den guten Samen gegen die bösen Einflüsse von außen, man pflege mehr die emporschießende Pflanze – die guten Gesinnungen und frommen Vorsätze –, man begieße sie zur Zeit der Dürre, richte sie auf, wenn Stürme sie wieder beugen. Mit anderen Worten: Man rufe Fortbildungsanstalten, christli-

[21] Jorde, S. 22.
[22] Breuer, S. 246.
[23] Vgl.: Johann Gregor Breuer, Denkschrift über den Katholischen Gesellenverein, Elberfeld 23. 10. 1846, in: KS, Bd. 3, S. 1-8, hier S. 1.
[24] Ebd.

che Vereine resp[ektive] Schulen für Jünglinge und Jungfrauen ins Leben, die da weiter bauen, wo Pfarrer und Lehrer aufhörten!"[25]

Das vorgestellte Programm ist zunächst noch recht allgemein und schwankt zwischen Schule und Verein. Der Begriff „Fortbildungsanstalt" wird dann näher umschrieben durch „Bildung" und „Tüchtigkeit", Begriffe, die später bei Adolph Kolping eine zentrale Rolle spielen sollten:

„Durch diese Bildung soll der Jüngling, die Jungfrau, welchem Stande sie immerhin angehören mögen, die Arbeit erst recht liebgewinnen lernen, statt sie zu hassen. ... Diese Bildung, die den Menschen zufrieden macht mit sich und seinem Stande, die ihn in seinem Stande vervollkommnet, die ihn zum vollen Bewußtsein seiner Bestimmung, seiner Rechte und Pflichten, zum würdigen Gebrauche seiner geistigen und leiblichen Kräfte führen soll, die ... die Rechte des sinnlichen und geistigen Menschen ausgleicht und der Seele das innere schöne Gleichgewicht gibt in Handel und Wandel, die endlich – und das soll sie hauptsächlich – den Menschen feststehen macht auf religiösem Boden, die ihn die Tugend lieben lehrt: Diese Bildung tut not."[26]

Um dieser nachzukommen, müßten „Geistliche und Lehrer" trotz ihrer anderweitigen Inanspruchnahme „ein freiwilliges Opfer darbringen. ... Und in wenigen Stunden, wenn sie gehörig benutzt würden, könnte viel geschehen, um nicht nur dem völligen Vergessen des in der Schule Erlernten vorzubeugen, sondern auch manche neue Vorstellung zu geben, für das Leben fruchtbare Ideen zu wecken und durch belehrendes Gespräch zum vernünftigen Nachdenken und verständigen Urteilen anzuleiten."[27]

Als praktischen Vorschlag zu einer ersten – in Wirklichkeit zweiten – Verwirklichung dieser Idee schlägt Breuer „zunächst" eine Einrichtung vor, die „nach dem Vorhergehenden nicht die ganz richtige sein" werde, die aber „für unsere Gemeinde zunächst die vorliegenden Verhältnisse berücksichtige".[28] Nicht die über 13jährigen Jugendlichen sollen vorerst bedacht werden, sondern:

„Ich möchte vielmehr in unserer Gemeinde zunächst einen Gesellenverein eingerichtet sehen, einen Verein, der die Aufgabe habe, einheimischen und fremden Jünglingen und namentlich Handwerksgesellen in einem Alter von 18 bis 25 Jahren und darüber durch Vortrag und passende Lektüre Belehrung, Erbauung, Fortbildung und angenehme Unterhaltung und Erheiterung zu verschaffen."[29]

Des weiteren werden Details zur Konstituierung eines solchen Vereins und ein Statut mit 15 Paragraphen vorgeschlagen, die schon sehr ins

[25] A. a. O., S. 2.
[26] Ebd.
[27] A. a. O., S. 3.
[28] Ebd.
[29] A. a. O., S. 3-4.

einzelne gehen und auf eine mehrmonatige Erfahrung Breuers mit den Gesellen zurückzuführen sind. Besondere Vorschläge zur religiösen Bildung der Gesellen schließen sich an.[30] Zum Schluß heißt es: „Das Nützliche und Schöne solcher Anstalten wird man nicht in Zweifel ziehen, und Wünsche für dieselben sind schon längst in unserer Gemeinde laut geworden"; zudem sei der Verein „von einem der Herren Geistlichen",[31] Kaplan Steenaerts, schon beraten worden.

Im Rückblick schrieb Breuer: „Ich fand die mir anno 1846 gebotene Gelegenheit, jenen Erwägungen Ausdruck zu geben, um so günstiger, als ich mich mit der Absicht trug, meinem Mädchenverein in Rücksicht mancher meiner früheren Schülerinnen aus den Jahren 1838 bis 1841 auch einen Jungfrauenverein anzuschließen. Die Gesellen aber, die mir so unversehens zugeführt wurden, gleichsam ins Haus geschneit waren, hatten mir's durch ihre gelegentlich gar drastisch geschilderten Erlebnisse und durch grausige Bilder aus dem Wander- und Herbergsleben angetan, daß ich's für meine Pflicht halten mußte, mich ihrer zunächst anzunehmen."[32]

„Meine Ausführungen über den Gesellenverein und das Statut dieses Vereins bilden gleichsam nur einen Anhang zu jener Denkschrift, die ich am 1. November 1846 an die katholische Pfarrgeistlichkeit und an den Vorstand der katholischen Mädchenschule in Elberfeld persönlich zu Händen des Herrn Pfarrers Friderici abgegeben habe."[33]

Später paraphrasierte Breuer immer wieder die Inhalte dieser Denkschrift, ein Zeichen, wie sehr sie sein persönliches pädagogisches Lebensprogramm geworden waren. Diese Inhalte sind aber ebensogut, bezogen auf den Gesellenverein, Kolpings Lebensprogramm geworden.[34]

Breuer berichtet über Kaplan Steenaerts: Er selbst „hatte mit ihm als seinem Freunde und geistlichen Ratgeber die Angelegenheit wiederholt besprochen, ihm auch den Entwurf der Denkschrift zur Einsicht und Prüfung vorgelegt und von ihm stets die freundlichste Aufmunterung in seinem Streben erhalten. Nur eine einzige Änderung im Statut hatte Steenaerts beliebt, nämlich den Namen Junggesellenverein statt Gesellenverein. Diese Änderung war von ihm beliebt worden mit Rücksicht auf einige Mitglieder des mehrerwähnten Gesangvereines, welche entweder dem Handwerkerstande gar nicht od[er] nicht in der Eigenschaft als Gesellen angehörten."[35] „Ich habe diese Änderung bekämpft und mich

---

[30] Vgl.: a. a. O., S. 4-8.
[31] A. a. O., S. 8.
[32] Breuer, S. 171-172.
[33] A. a. O., S. 258.
[34] Vgl. u. a.: KS, Bd. 3, S. 13-17, 52-54, 117-118; KS, Bd. 5, S. 313-318.
[35] Breuer, S. 185-186.

nur mit Widerstreben gefügt, da mein Statut bereits von den Mitgliedern angenommen war."[36]

Vor der Übergabe der Denkschrift am Feste Allerheiligen ist eine Überarbeitung des Textes durch Breuer anzunehmen. Bisher kannten wir nur den Entwurf, in dem die Statuten das Datum vom 1. November tragen. Neuerdings sind uns auch die überarbeiteten Statuten bekannt, die Breuer am gleichen Tage an Pfarrer Friderici übergeben hat. Sie befinden sich im Pfarrarchiv St. Laurentius. Neu in diesem Text ist, verglichen mit dem Entwurf, daß auch Jünglinge als Mitglieder aufgenommen werden können, wenn sie keine Handwerksgesellen sind, was wohl auf die Unterredung mit Steenaerts zurückzuführen ist. Die übrigen Änderungen im Text sind eher redaktioneller Art.[37]

Breuer berichtet weiter: „Was sollte denn nun die Denkschrift in der Hand der Pfarrgeistlichkeit und des Schulvorstandes? Sie sollte dem Vereine Mitarbeiter gewinnen und zuführen, ihm vor allem die geistliche Spitze und seinem Zweck und Streben Zustimmung und Sanktion geben."[38] „Ich wartete daraufhin eine Erwiderung meiner Eingabe nicht weiter ab, sondern ordnete alsbald die offizielle Präseswahl im Verein an."[39] „Als Freund des Gesanges hatte Steenaerts schon früher den wakkeren Sängern seine Aufmerksamkeit geschenkt und mit herzlichen Worten sie belobigt. Dies war denn auch wohl die nächste Veranlassung, daß er bei der Umwandlung des Gesangvereines resp[ektive] bei der definitiven Konstituierung des Gesellen- bzw. Junggesellenvereines von den Beteiligten zum Präses erwählt wurde. Diese Wahl fand unter Breuers Leitung Sonntag, den 8. November 1846, statt. Dann folgte unter dem Vorsitz Steenaerts' aufgrund des angenommenen Statuts die Wahl der Vorsteher und der Assistenten."[40]

Damit war der Verein in aller Form konstituiert.

5. Der „Jünglingsverein" unter Präses Steenaerts

Der offizielle Name des Vereins blieb in den nächsten Jahren „Junggesellenverein", wie das Ein- und Ausgabenbuch dieses Vereins zeigt.[41] Dennoch bürgerte sich nicht dieser Name ein, sondern „Jünglingsverein". Das hat seinen Grund in einem Liedrefrain. Breuers

---

[36] A. a. O., S. 186.
[37] Vgl.: Herbert Weiland, Die ersten gültigen Statuten des katholischen Gesellenvereins zu Elberfeld entdeckt!, in: KB 96 (1996), Nr. 2, S. 15.
[38] Breuer, S. 185.
[39] A. a. O., S. 173.
[40] A. a. O., S. 186. In der Vorlage steht: 6. November.
[41] Vgl.: Einnahmen u[nd] Ausgaben des kath[olischen] Junggesellenvereines, teilweise in: KS, Bd. 1, S. 26-34.

erstes von vielen dem Verein gewidmeten Gedichten, das zum Vereinslied wurde, lautete am Schluß:

„Redlichem Streben folgt herrlich' Gedeih'n;
Hoch soll er leben, der Jünglingsverein!"[42]

Breuer erzählt: Dieser Name „erlangte bald unter den Mitgliedern u[nd] nach außen Beliebtheit u[nd] ein gewisses Vorrecht. Die Sache blieb natürlich dieselbe. Liebe Kinder haben viele Namen."[43]

In und um Elberfeld gab es damals evangelische Jünglingsvereine, die ähnliche Ziele verfolgten wie dieser katholische Verein. Von daher ist die Namensgebung sicher nicht zufällig, zumal Breuer das Wirken dieser Vereine mit zum Anlaß für seine Gründung genommen hat: „Es ist hier u. a. an die Bibelstunde eines protest[antischen] Predigers gedacht, der einer Schar von Jünglingen Vortrag hielt über den 'angebeteten', 'wundertätigen' h[eiligen] Rock zu Trier, etc. Auch katholische Jünglinge besuchten in Begleitung ihrer evang[elischen] Mitgesellen diese Bibelstunden."[44]

Über das Vereinsleben berichtet Fritz Jorde:

„Steenaerts und Breuer hatten Unterrichtsstoff und Unterrichtszeit unter sich verteilt. Jeden Sonntagabend von 6 bis 8 Uhr gab Breuer Unterweisungen über das Kirchenjahr, erklärte die Epistel u. dgl.; Präses Steenaerts hielt um 8 Uhr Vortrag über meist geschichtliche Stoffe. Von besonderem Interesse waren seine Vorträge über den Jesuitenorden. An den Freitagabenden war vor wie nach Gesangstunde. Zu damaliger Zeit erteilte Herr [Eduard] Liesegang, ein Schwager Breuers, in der Schule an der Grünstraße sonntags vormittags von 10 bis 12 Uhr Zeichenunterricht im 'Gewerbeverein'. ... Die Mitglieder des Junggesellenvereins konnten an diesem Unterricht unentgeltlich teilnehmen, und viele machten von dieser Vergünstigung einen recht nutzbringenden Gebrauch.

Es war ein einfaches, herzliches Zusammenleben im Verein. Außer anderem wurden die Mitglieder zur Sparsamkeit angehalten. Und das war gut! Viele fremde Gesellen kamen, entblößt von allen Mitteln, mit niedergetretenen Stiefeln und abgetragenen Kleidern in Elberfeld an, und ihre erste Sorge war auf die Beschaffung neuer Kleidung gerichtet. Durch den Aufenthalt im Verein wurden ihnen derartige Anschaffungen erleichtert; denn außer dem monatlichen Beitrag von zwei S[ilber]gr[oschen] wurden sie dort zu keinerlei Ausgaben veranlaßt. Den Gesellen wurde der Verein eine Schule der Sparsamkeit. Es ist mancher unter

[42] Breuer, S. 188.
[43] Ebd.
[44] A. a. O., S. 183. Vgl. den Beitrag: „Evangelische Jünglingsvereine und katholische Gesellenvereine", in diesem Band.

ihnen gewesen, der dort das Sparen wirklich gelernt und es dadurch zum wohlhabenden Meister gebracht hat.

Zwei besondere Freunde des Vereins aus jener Zeit waren der alte Schreiner J. Keimer, der, stets mit dem Lesen der Zeitungen beschäftigt, eine Art Großvaterrolle im Verein spielt[e], und der allgemein geachtete Friseur August Sandkuhl. Dieser, ein wohlsituierter, an sich ernster und äußerst nüchterner Mann, war gern dabei, wenn die Gesellen ein kleines Fest unter sich veranstalteten. Um den Mitgliedern die Auslagen zu ersparen, war er stets bereit, die Kosten solcher Veranstaltungen ganz oder zum Teil auf seine eigene Rechnung zu nehmen. ...

Karnevalsfestlichkeiten, die in unserer Stadt überhaupt vielleicht kaum dem Namen nach bekannt waren, wurden im Elberfelder Verein damals eingeführt durch Franz Gumpertz, ein echt Kölner Kind, und durch andere Gesellen, die aus katholischen Gegenden hierhin gewandert waren. ... Gesang und Deklamationen spielten die Hauptrolle bei Festlichkeiten im Verein, und zwar letztere in solch hervorragender Weise, daß später von seiten des Vorstandes sogar wertvollere Prämien für die besten deklamatorischen Leistungen ausgesetzt wurden. Die Hauptstützen der Gesellenfeste waren Franz Gumpertz und Anton Balzer, von denen der erste durch kölnischen Frohsinn und der andere durch trokkenen Humor sich auszeichnete.

Präses Steenaerts, ein frommer, freundlicher Herr, freute sich, wenn seine Gesellen sich freuten, und sah es gerne, wenn sie nach sauren Wochen frohe Feste feierten. So zog er mit ihnen an einem Sonntage im April 1847, als der Frühling gekommen, hinaus nach Sonnborn. ...

Einige Wochen später traf Steenaerts' Abberufung von Elberfeld und seine Ernennung zum Pfarrer von Wermelskirchen ein. Er wollte jedoch nicht von Elberfeld scheiden, ohne seinen Gesellen nochmals eine ähnliche Freude gemacht zu haben. Wieder zog er mit ihnen durch den Ottenbruch durch Berg und Tal, durch Wies' und Feld hinaus, und zwar diesmal zum 'Schloß Aprath'. ... In Aprath wurden bei einem guten Trunk Lieder gemeinschaftlich gesungen, die Breuer eigens dafür gedichtet hatte. Besonderes Vergnügen gewährte den jungen Männern ein sogenannter Schlangenlauf (Gänsemarsch), den Präses Steenaerts selbst eröffnete. Von seinem Hintermann an den Rockschößen gehalten und so einer hinter dem anderen, ging's in lustigem Trab um die Schloßgebäude, den Fischteich herum zum Ausgangspunkt wieder zurück. Frisch und fröhlich, wie sie gekommen, zogen die Gesellen mit Sing und Sang am Abend wieder heimwärts. Am Rande der Stadt, am 'Schinkenbrill', machte der Zug halt, und der Gesang verstummte. Kaplan Steenaerts bestieg die steinerne Einfassung des Baches, der dort von den Bergen fließt, und nahm herzlichen Abschied von seinen Gesellen. Mit einem brausenden Hochruf dankten diese ihrem scheidenden geliebten Präses."[45]

Breuer beschreibt das Vereinsleben so: „Breuer waltete seines Amtes als Vorsteher und besorgte mit seinem Freunde, dem zweiten Vorsteher J[akob] Ermekeil, und den Assistenten vornehmlich die äußeren Angelegenheiten, war aber auch zum Vortrag und Unterricht stets bei der Hand, wenn und solange keiner der geistlichen Herren anwesend war. Die Unterweisung der jungen Leute im Gesange, im Rechnen, Schreiben war und blieb ausschließlich sein Gebiet. Insbesondere liebte er die freie mündliche Unterhaltung mit dem ganzen Verein, u[nd] es boten solche Konversationsstunden den durch die verschiedenen Dialekte und die mannigfachen Anschauungen und Lebenserfahrungen der sogenannten gereisten Gesellen reichen Stoff, wie zur Erheiterung, so auch zur Belehrung."[46]

Steenaerts bestätigt dies: „Die Seele des Ganzen war indes der genannte Lehrer Breuer; er hielt die Sache meisterhaft zusammen."[47]

Breuer berichtet weiter: „Alle Mitglieder waren im rechten Sinn des Wortes ein Herz und eine Seele. Kein Mißton, die Gesangstunden vielleicht abgerechnet, störte die Eintracht. Freudiger als je zuvor gingen die wackeren Gesellen ihrer Arbeit nach; freudig und immer größer an Zahl eilten sie zumal sonntags und montags zum Vereinslokale. Und ob dieser zwar als einfacher Schulsaal manche Unbequemlichkeiten bot, so wollen doch jene Gardisten behaupten, daß gerade diese erste Heimstätte des Vereins die beste, wenigstens die vergnüglichste gewesen sei.

Auch für das religiös-kirchliche Leben seiner Mitglieder war der Verein ein ausgezeichnetes Förderungsmittel. Die gemeinsame Feier der sonn- und festtäglichen Frühmesse durch eigens dazu geübte Gesänge wie durch gemeinschaftliches Gebet, die öftere gemeinsame hl. Kommunion, das korporative Auftreten bei kirchlichen Feierlichkeiten, ferner die Anregung zum Besuche kranker Mitglieder u[nd] zu anderen Werken der Bruderliebe konnten nicht verfehlen, den Sinn für Religion und christliche Tugend bei den Vereinsgenossen zu wecken, zu beleben und zu vertiefen. Und reicher Segen ist jener frommen Saat entsprossen, nicht nur für das innere Jugendleben der Beteiligten, sondern auch für ihre geschäftliche Stellung und ihr materielles Fortkommen."[48]

Schon zum 1. Januar 1847 wurden die Vereinsstatuten den geänderten Verhältnissen angepaßt. Daraus geht u. a. hervor, daß die Gesangsver-

[45] Jorde, S. 25-28.
[46] Breuer, S. 187.
[47] Ebd.
[48] A. a. O., S. 188.

sammlungen nicht mehr freitags stattfanden, sondern der Gesangunterricht an den Sonntag- und Montagabenden abgehalten wurde.[49]

In der dritten Person berichtet Breuer, wie auch Kaplan Kolping den Verein kennenlernte:

„Breuer erzählt, daß, als er eines Tages in amtlicher Beziehung zu Kolping gekommen – Kolping gehörte nämlich dem Vorstande der Breuerschen Schule an –, dieser ihm, die Denkschrift in der Hand, freundschaftlich derb auf die Schulter geschlagen mit den Worten: 'Da haben Sie aber ein Ding gemacht; daran habe ich all mein Lebtag' gefreit.' Sehr bezeichnend für Kolping und Beweis für das lebhafte Interesse, das er dem Handwerkerstande in tiefstem Herzen verwahrt hatte.

Dies zeigte sich noch deutlicher, als er an einem Montagabend,[50] von Präses Steenaerts eingeführt, dem Vereine seinen ersten Besuch machte, den Gesellen sich als einen der Ihrigen, d. h., als einen ehemaligen Standesgenossen, als Sohn des ehrbaren Schusterhandwerks, präsentierte u[nd] in begeisterten u[nd] begeisternden Worten über 'Handwerkerfreud' und Handwerkerleid' sich aussprach. Die originelle Weise, in der er zu den jungen Leuten redete, noch mehr aber das tiefe Verständnis für die Leiden des Handwerksburschen in der Fremde und der herzliche Biederton, womit er seiner Teilnahme Ausdruck gab, zündeten alsbald und nahmen ihm aller Herzen ein. Von da ab kam Kolping – eine Stelle im Vorstande hatte er nicht – jeden Montag, und viele Gesellen freuten sich die ganze Woche hindurch auf seinen Vortrag und konnten den Abend kaum erwarten. Die Seele des Vereines blieb indes nach wie vor Präses Steenaerts.“[51]

Fritz Kamp, einer der ersten des Gesellenvereins, hat die Geschichte in einem Gedicht wiedergegeben, aus dem folgende Strophen zitiert seien:

„Herr Breuer stand mit seinem Rat
Uns hilfreich stets zur Seite;
Und was er konnte, er auch tat
Für seine jungen Leute.
Gesang, so hieß es, werd' gehegt
Und Bildung werde nun gepflegt
Im schönen Bruderbunde. ...

---

[49] Vgl.: Katholischer Jünglingsverein zu Elberfeld. Statuten vom 1. 1. 1847, in: KS, Bd. 3, S. 9-11.

[50] Breuer, S. 174: „... es war im Dezember 1846.“

[51] A. a. O., S. 186-187.

Herr Kolping auch beteiligt' sich
Sehr eifrig an der Sache.
Er fehlte im Lokale nicht,
Er war ein Mann vom Fache,
Besuchte uns gar oft und viel;
Und montags war es stets sein Ziel,
Uns nützlich zu belehren."[52]

6. Der „Gesellenverein" unter Präses Kolping

Diese Überschrift ist deshalb gewählt, weil es u. a. Kolpings Verdienst ist, den ursprünglichen Namen „Gesellenverein" wieder zu Ehren geführt zu haben. Das ging nicht von heute auf morgen; denn der offizielle Namen „Junggesellenverein" dauerte fort, und Kolping hat den Elberfelder Verein zu seiner Zeit immer „Jünglingsverein" genannt. Seine Werbeschrift zur Errichtung ähnlicher Vereine vom Oktober 1848 trug aber die Überschrift „Der Gesellenverein",[53] und das war der Name für alle neuen Vereine. Auch der Elberfelder Verein bezeichnete sich so seit 1854: „der hiesige Gesellenverein, der eigentliche Mutterverein".[54]

Um das folgende verstehen zu können, muß hier die Persönlichkeit Kolpings so vorgestellt werden, wie sie in Elberfeld in Erscheinung trat. Nicht nur als Priester, sondern in seiner gesamten geistigen Ausbildung war Kolping ein „Spätberufener". Das hatte den Vorteil, daß er zu seiner ersten Kaplanstätigkeit eine wesentlich größere Lebenserfahrung mitbrachte als andere. Es hatte aber den Nachteil, daß Kolping ein Nachholbedürfnis besaß, das sich bis an sein Lebensende in einer fast unersättlichen Arbeitsamkeit äußerte. Die Standeserhöhung vom einfachen Handwerker zum Priester wirkte sich in der ersten Zeit nach der Priesterweihe auch in einem gewissen Standesdünkel aus, wie der Brief an Generalvikar Johann Anton Friedrich Baudri vom 9. Januar 1846 zeigt.[55] Zugleich hatte Kolping sich selbst und seine künftige Lebensaufgabe noch nicht gefunden, so daß ein priesterlicher Freund ihm schrieb:

„Ich sehe, daß noch viel von dem alten unruhigen und feurigen Kolping in Ihnen steckt, der ... bald begeistert ist von dem schönen Jünglingsverein, bald sich aus dem Wuppertale hinaussehnt."[56]

---

[52] Fritz Kamp, Gedicht über die erste Geschichte des Elberfelder Gesellenvereins, in: RV 26 (1879), Nr. 23 vom 7. 6., S. 358-360, hier S. 359.
[53] KS, Bd. 3, S. 44.
[54] RV 1 (1854), Nr. 24 vom 9. 9., S. 383.
[55] Vgl.: KS, Bd. 2, S. 113-120.
[56] Zitiert nach: Fritz Hemmersbach, Ein Brief von Theodor Wollersheim an seinen Freund Adolf Kolping vom 24. Januar 1848, in: Kerpener Heimatblätter 4 (1981-1985), S. 208-214, hier S. 211.

Breuer zeichnete ihn später so: „Während seine etwas herbe, fast abstoßende Außenseite manche Gemeindeglieder anfänglich gegen ihn einnahm, erwarb er sich gerade dadurch, daß er weniger gefallen als in seinem priesterlichen Berufe Gott in den Menschen dienen wollte, bei solchen, die in irgendwelchen engeren Verkehr mit ihm traten, tiefe Verehrung. ... Nach und nach gewann er sich bei allen, die ihn näher kennenlernten, trotz seiner Derbheit und wohl gerade wegen derselben Vertrauen und Zuneigung. Was ihn besonders zierte, war sein klarer Geist."[57]

Nachdem Präses Steenaerts Anfang Juni 1847 Elberfeld verlassen hatte, ging es um die Nachfolge. Breuer schreibt:

„Bei der durch Breuer geleiteten Wahl eines neuen Präses fiel, wie vorauszusehen war, Kolping dieses Amt zu. Aber nicht einstimmig wie sein Vorgänger Steenaerts ging er bzw. sein Name aus der Wahlurne hervor. Bei aller Beliebtheit, der sich seine kernigen Vorträge erfreuten, wollten oder konnten manche Gesellen doch keine rückhaltlose Zuneigung zu ihm fassen, wahrscheinlich, weil er im Vereine wie in der Gemeinde vielfach falsch beurteilt wurde. ...

Ob nun zwar eine andere Hand die Zügel lenkte, der Verein blieb in seinem Wesen und Streben ganz und unverändert derselbe. Kolping fühlte sich je länger, je mehr zu den braven Gesellen hingezogen; er nahm sich mit warmem Herzen und ganzer Seele ihrer an, opferte ihnen Zeit und Mühe, mehr, als eigentlich notwendig und gut war, da für andere, beispielsweise für Breuer, kaum noch etwas zu tun übrigblieb. ...

Immer mehr erkannte er, daß gerade im Handwerksstande sich noch ein gesunder Sinn für alles Edle und Gute, für Religion und sittliche Tüchtigkeit vorfinde, die der goldene Boden des Volkes sind, und daß die lieben jungen Handwerkssöhne mit außerordentlicher Dankbarkeit es lohnen, was man ihnen Liebes und Gutes biete; immer mehr erkannte er, wie vorteilhaft weckend und fördernd der Verein auf diejenigen Gesellen einwirkte, die in sich nicht sittlichen Halt genug haben, um der Macht der sinnlichen Natur, den Verirrungen der Zeit und den Verführungen irregeleiteter leichtlebiger Kameraden standhaft zu widerstehen. Er fand das Streben des Vereines groß genug, auch anderwärts bis in die weitesten Kreise nachgeahmt zu werden, und er faßte selbst den Entschluß, ihm eine größere, wenn möglich, die größte Ausdehnung zu geben."[58]

Die folgende Geschichte kennen wir nur aus den Erzählungen eines Mitglieds der sogenannten alten Garde, Joseph Kneib. Sie darf in allen Einzelheiten wie der zeitlichen Einordnung nicht zu wörtlich genommen werden:

---

[57] Breuer, S. 175.
[58] A. a. O, S. 190.

„Kolping war nun Gesellenpräses. Sechs Wochen darauf war der Verein zersplittert. Der junge Kolping kam nun zu Herrn Breuer und sagte zu ihm: Herr Breuer, sorgen Sie doch bitte dafür, daß die Jungens wieder zusammengetrommelt werden; ich habe mir das Ziel gesteckt, den Verein auszubreiten. Breuer sagte darauf: Ich hab's schon gehört, Herr Kaplan, daß der Verein auseinandergegangen ist. Sie machen das ganz verkehrt, Herr Kaplan: Sie müssen mehr Humor in die Sache lenken, Ausflüge machen und den Gesellen Unterricht erteilen, wie ich das gemacht habe. Darauf sagte Kolping: Wenn Sie dafür sorgen, daß ich die Jungens wieder zusammen bekomme, will ich die Sache auf einer ganz anderen Basis weiter lenken. Breuer gab sich daraufhin alle Mühe, um die Gesellen wieder zu vereinigen. Die Gesellen sagten: Wenn es aber nicht besser wird, treten wir wieder zurück. Breuer sagte: Ich sorge dafür, daß es besser wird, und ich werde dem neuen Präses auch noch die nötigen Anleitungen geben. Daraufhin wurde es anders. Der Verein wurde immer stärker und stärker."[59]

Jorde beschreibt die Vortragsabende Kolpings: „Ein alter Handwerksmeister, der damals Kolping gehört, äußerte sich in bezeichnender Weise: 'Wenn Kolping sprach, dann drang es bis an die Wurzeln!' ... Kolping hatte die Gewohnheit, während seines Vortrages, die Hände auf dem Rücken verschränkt, vor seinen Zuhörern auf- und abzugehen. War er ermüdet, saß er so zwischen ihnen, daß man ihn beim Eintritt ins Schulzimmer fast nicht sehen konnte. Kolping, der Mann der Begeisterung, wußte nicht nur seine, sondern auch andere, außerhalb des Vereins stehende Gesellen so anzuziehen, daß sich an manchen Abenden das Schulzimmer als zu eng erwies."[60]

Breuer erzählt: „Am 7. Juli 1847 beehrte der hochwürdige Herr Erzbischof Johannes von Geissel Elberfeld mit seinem Besuche und verweilte dort behufs Spendung der h[eiligen] Firmung und Einweihung der Kirche mehrere Tage. Bei den Vorbereitungen für einen würdigen Empfang des hohen Oberhirten war der Junggesellenverein nicht in letzter Reihe tätig, und im Festzuge nahm er sogar die erste Stelle ein; auch hatte er die Ehre, bei dem Pontifikalamte eine wohleingeübte Choralmesse vorzutragen. Gelegentlich einer Serenade ... nahm Kolping Veranlassung, über den Zweck des Vereines und seine seitherige Wirksamkeit in einer begeisterten Aussprache an den hochw[ürdigen] Herrn sich eingehend zu verbreiten. Der Erzbischof widmete dem Vereine und seinen Leitern Worte huldvollster Anerkennung und der Aufmunterung, in ihrem löblichen Streben zu beharren, und erteilte zum Zeugnis seiner hohen Befriedigung allen den oberhirtlichen Segen. Kolping war seinem

---

[59] Zitiert nach: Josef Anton Stüttler, Adolph Kolpings Beitrag zur Entstehung der Jugendsozialarbeit, in: Jahrbuch für Jugendsozialarbeit 11 (1990), S. 3-25, hier S. 13-14 (hier nach dem Original verbessert).
[60] Jorde, S. 30-31.

Lieblingswunsche, der Ausführung seines Planes, den Gesellenverein auszubreiten, einen guten Schritt nähergekommen."[61]

Doch hier empfand Breuer eine Kränkung: „Kolping stellte s[eine]r erzbischöflichen Gnaden den Verein vor, nur meine Wenigkeit nicht. Weder meines Namens noch meiner Stellung im Vorstande des Vereins wie im Verein selbst wurde gedacht, obwohl die Serenade meiner Initiative zu verdanken war und mir bei Einübung der Gesänge hierfür wie auch für den feierlichen Empfang des hochwürdigsten Herrn, für den Gottesdienst, etc., die größere Mühewaltung oblag."[62]

Breuer beklagte sich später über die Behandlung seiner Person durch Kolping: „Freilich hatte ich dazu auch den in seinen Augen vielleicht großen und unvergleichlichen Fehler begangen, den Gesellenverein ohne jegliche Rücksprache mit ihm ins Dasein zu rufen. Schon sehr bald nach seiner Erwählung zum Präses schien sein Wirken und Streben dahin abzuzielen, meine Rechte im Verein zu schmälern, meinen Einfluß auf die jungen Leute abzuschwächen, meine Tätigkeit ausschließlich auf den Unterricht im Gesange und anderen Elementarfächern zu beschränken und sich selbst die alleinige und unumschränkte Leitung und Herrschaft im Verein zuzueignen. Das mißstimmte mich zwar; aber ich hielt Fuß beim Mahl und unterzog mich willig, wenn auch weniger freudig denn früher, jeder von mir gewünschten Mühewaltung.

Im Winter 1848/49 verfaßte ich das Vereinsliederbuch. ... Ein Schwager von mir, Eduard Liesegang, unterstützte mich in meiner Arbeit durch Herstellung geeigneter Liedtexte, deren Inhalt dem Gesellenleben entnommen [war]. Das Liederbuch widmete ich dem Elberfelder Gesellenverein als Geschenk."[63] Es trug den Titel: „Kleiner Liederkranz, dem katholischen Jünglingsvereine gewidmet".[64]

Dieses Liederbuch wurde 1851 als Liederbuch des „Rheinischen Gesellenbundes" neu aufgelegt und erschien 1894 in 11. (eigentlich 12.) Auflage.[65] Es war das Liederbuch des Katholischen Gesellenvereins im 19. Jahrhundert. Kolping hat es als Werk des „hochverdienten Gesanglehrer[s] Breuer"[66] eingehend gewürdigt. Speziell die damals gedichteten Liedtexte, die auch zum großen Teil von Breuer selbst stammen, sind eine Fundgrube für die Mentalitätsgeschichte des Elberfelder Gesellenvereins in seiner ersten Phase. Als Beispiel sei ein Liedtext von Liesegang wiedergegeben:

---

[61] Breuer, S. 191.
[62] A. a. O., S. 202.
[63] A. a. O., S. 204.
[64] Ebd.
[65] Johann Gregor Breuer, Liederbuch, zunächst für den rheinischen Gesellenbund. Herausgegeben zum Vortheil des Elberfelder Jünglingsvereines von J. G. Breuer, Elberfeld 1851; Liederbuch für katholische Gesellen-Vereine, Hrsg. J. G. Breuer, Elberfeld [11]1894.
[66] KS, Bd. 3, S. 208-213, hier S. 212.

„Willkommen, Feierabend!
Willkommen, süße Rast!
Du nahst dich mir so labend
Nach langer Tageslast!
Du machst der Müh' ein Ende,
Die mein Beruf mir macht;
Nun ruhen meine Hände,
Das Tagwerk ist vollbracht.

Müht sich beim Tagsgeschäfte
Zumeist der Arm allein,
So woll'n des Geistes Kräfte
Doch auch beschäftigt sein.
Drum eil' ich zu den Brüdern
Nach dem Versammlungsort,
Erfreue mich an Liedern
Und trautem Freundeswort

Und lausche froh den Lehren,
die man mir liebreich beut,
Die meine Kenntnis mehren
Für Zeit und Ewigkeit.
So soll die Abendfeier
Mein Feierabend sein!
So werd' ich täglich treuer
und schlaf' in Frieden ein."[67]

Ein besonderes Ereignis im Vereinsleben stellte das Weihnachtsfest 1847 dar. Dabei trat Breuers jungvermählte Frau, die Kaplan Steenaerts schon vorher so betitelt hatte, als „Gesellenmutter" in Erscheinung. Breuer erzählt:

„Sie wollte den Mitgliedern, und zwar nicht nur denen, die sich bei den Gesangübungen stramm geplagt, um am hohen Festtage bei der Christmette mit ihrem Gesange paradieren zu können, sondern allen, die zum Frühgottesdienst erscheinen und auch ihrer Einladung folgen würden, unmittelbar nach der kirchlichen Feier – ½ 6 Uhr früh – den Kaffee regalieren. Sie wollte damit insbesondere den Gesellen aus der Fremde entgegenkommen, welche sich nach Schluß der Christmette in der Morgenfrühe nirgendwo genüglich zu lassen wußten. ...

Ein mächtiger, prächtiger Christbaum prangte in einer Ecke des Zimmers. Die Schülerpulte waren durch eine Überlage von Brettern in Tische umgewandelt. Das Kaffeegeschirr für z[irk]a hundert Gäste war

[67] Johann Gregor Breuer, Liederbuch 1851 (Anm. 65), S. 37.

gegen eine kleine Vergütung geliehen worden. ... Nach dem Kaffee oder auch als fernere Zugabe zu demselben erhielten die Raucher noch je eine Zigarre. Da war Jubel im Hause und helle Freude, und die meisten der Burschen wollten einen schöneren Christmorgen niemals zuvor erlebt haben. ... Nach der so mitsammen genossenen Frühstunde am h[eiligen] Morgen unterm oder vielmehr beim brennenden Christbaum zogen wir alle insgesamt wieder zur Kirche, zu unserer eigentlichen Vereinsmesse."[68]

Am 9. Oktober 1848 wurden die Vereinsstatuten „revidiert und vom ganzen Vereine angenommen", und sie wurden gedruckt.[69] Breuer berichtet: Bei der Beratung wollte Kolping die „religiös-kirchlichen Übungen" gestrichen haben, „weil der Verein in keiner Weise abhängig vom H[er]rn Pastor sein sollte. H[er]r Jakob Ermekeil ... wird noch wissen und gern bezeugen, wieviel Kampf er und ich mit Kolping hatten, obige Bestimmungen aufrecht zu erhalten."[70]

Vom Jahre 1848 an betrieb Kolping systematisch die öffentliche Bekanntmachung des Elberfelder Gesellenvereins durch Reisen, persönliche Kontakte, durch Aufsätze im „Rheinischen Kirchenblatt" und die Broschüre „Der Gesellenverein" einerseits[71] und seine Versetzung nach Köln, wo er für die Vereins- und Verbandsführung bessere Bedingungen zu haben hoffte, andererseits. Beides gelang, nachdem auch schon zweimal in Köln Gesellen für die Bildung eines dortigen Vereins zusammengetreten waren.[72] Für Kolping selbst handelte es sich dabei um die Frage seiner speziellen Lebensaufgabe. So bezeugt Schäffer, Kolping habe ihm einmal gesagt, „zwei volle Jahre hindurch" habe ihn die Idee des Gesellenvereins „in seinem Seelenleben Tag und Nacht so verfolgt, daß er ein Opfer seiner inneren Aufregung geworden wäre, wenn die Versetzung nach Köln ihm nicht die gewünschte Gelegenheit geboten hätte, für die Ausbreitung seiner Idee in weitere Kreise tätig sein zu können".[73]

Die Feier für den scheidenden Präses Kolping im Gesellenverein fand am 18. März 1849 statt.[74] Breuer erzählt:

Bei Kolpings „Scheiden aus dem Verein hatte ich ihm [eine] gebührende und dem Verein geziemende Abschiedsfeier vorbereit[et] und veranstaltet. Ein Vereins- und Vorstandsmitglied, Julius Martin, hatte sich in sehr anerkennenswerter Weise wochenlang bemüht, eine sinnige Ab-

---

[68] Breuer, S. 203.

[69] Statuten des katholischen Jünglingsvereins in Elberfeld, Elberfeld 1848, S. 12; KS, Bd. 3, S. 66.

[70] Breuer, S. 199.

[71] Vgl.: KS, Bd. 3, passim.

[72] Vgl.: Schäffer, S. 92.

[73] Der Gesellenfreund. Beilage zu den RV 43 (1896), Nr. 32 vom 9. 8., S. 249. Man beachte das Wort „seiner".

[74] „Am Lätaretag war diese Abschiedsfeier." In: Christlicher Stadt- und Landbote (1849), Nr. 10 vom 18. 4., [S. 2].

schiedsrede zu konzipieren, welche dann auf seinen Wunsch von mir durchgesehen, erweitert und stilistisch redigiert worden war."[75]

Aus dem Bericht über die Feier sei folgendes, erstmals ohne Veränderungen,[76] zitiert:

„Abends um 7 Uhr holten mehrere Vorstandsmitglieder den Herrn Kaplan Kolping mit den übrigen Pfarrgeistlichen in das Vereinslokal ab, wo sich mittlerweile fast sämtliche Mitglieder – zirka 150 an der Zahl – versammelt hatten. An die Stelle des Lehrstuhles, von dem aus manches ernste und heitere Wort die Zuhörer im Laufe dieser drei Jahre ergriffen und erfreut hatte, war heute aus Laubgewinde ein Thronhimmel gebaut. Unter ihm stand ein geschmackvoller Sessel mit einer Inschrift. Ein Mitglied des Vereines hatte ihn verfertigt, und der Verein wollte ihn dem Scheidenden heute zum freundlichen Andenken überreichen. Beim Eintritt ergriff einer der Vorsteher, Herr Lehrer Breuer, das Wort und sprach kurz und herzlich über den Zweck des heutigen Festes. Darauf trat einer aus den Gesellen des Vereines vor den Scheidenden hin und redete ihn mit folgenden Worten an, die wir ... möglichst genau hier mitzuteilen suchen:

'Hochgeehrter Herr Präses! Von nun an vielgeliebter Vater unser aller, Vater aller meiner Brüder, in deren Namen zu dir zu reden ich heute die sehr große Ehre habe! Mit dem schönen Namen ›Vater‹ begrüßen wir dich heute, begrüßen wir dich jetzt zu einer Stunde, zu einer Feier, die wir noch nicht so bald vermutet, womit wir alle so sehnlichst noch jahrelang gewartet hätten. Doch ach, es naht schon der Tag, daß du aus unserer Mitte scheiden mußt, und es drängt uns heute, vor dich hinzutreten, vor dir unsere Herzen auszuschütten, dir unsere innige kindliche Liebe zu bezeigen.

Siehe, wir stehen vor dir, mehr denn 140 junge Männer in der Blüte ihrer Jahre, die, obwohl aus den verschiedensten Gegenden, von verschiedenem Alter, von verschiedenen Geschäften, dennoch vereint zu einem schönen Bunde, die du zu Freunden, zu Brüdern gemacht hast. Heute gestehen wir dir aufrichtig: Alle unsere Herzen, sie schlagen in brüderlicher Liebe füreinander. Und weil du uns zu Brüdern gemacht hast, so bist du uns mehr als Bruder, mehr als Freund, so bist du uns Vater geworden.

---

[75] Breuer, S. 207-208.

[76] Die Ansprache von Julius Martin ist mehrfach veröffentlicht worden, zuletzt in: KS, Bd. 1, S. 307-308. Diese Textfassung ist entnommen aus: Vitus, S. 66, nicht aber, wie angegeben, aus der „Rheinischen Volkshalle, April 1849", wo der Text auch nicht zu finden ist (vgl.: Breuer, S. 208). Dazu habe ich in der „Deutschen Tagespost" vom 13. 2. 1990 bemerkt: „Wenn man den dort [im „Christlichen Stadt- und Landboten"] abgedruckten Text der Rede von Julius Martin mit dem von Kracht als Quelle (!) publizierten Text vergleicht, wird man feststellen müssen, daß jeder einzelne Satz verändert worden ist, in der Hauptsache von S. G. Schäffer, und man wird ausrufen: Wenn das am grünen Holz geschieht, nämlich bei der Edition von Primärtexten Kolpings, wie wird erst die Interpretation aussehen!"

Ja, du bist Vater geworden uns, die wir größtenteils, fern von der lieben Heimat, uns als Fremdlinge hier befinden. Du hast mit väterlicher Liebe uns hier aufgenommen, hast mit väterlicher Sorgfalt über uns gewacht. Wir haben hier deine Lehren, deine Ermahnungen gehört. Du hast uns aufrechterhalten in unserer heiligen Religion, hast uns die Schönheiten derselben gezeigt. Du hast uns die Tugenden gelehrt, die einen Christen, die einen Bürger zieren sollen, hast uns von der Bahn des Bösen zurückgehalten. Du bist mit uns hineingegangen in das bürgerliche Leben, hast uns dieses gezeigt und jenes, hast uns da- und dorthin geführt, hast uns auf die Gefahren aufmerksam gemacht, die uns bedrohen, hast alles getan, um aus uns tüchtige Christen, tüchtige Bürger und einst Bewohner des Himmels zu machen. Und nicht allein dieses: Wie manche fröhliche Stunde hast du uns bereitet! Du hast selbst mit teilgenommen an unseren Freuden und Vergnügungen; ja, darin bestand deine größte Freude, uns recht unschuldig fröhlich zu sehen. Wie könnten wir daher anders als mit der kindlichsten Liebe unsere innigste Dankbarkeit verbinden!

Doch, wo soll ich Worte finden, wo hernehmen, unseren Dank gebührend auszusprechen? O, meine Worte sind zu schwach, die Gefühle, die jetzt unser Innerstes bewegen, vor dir auszudrücken! Dein edles Wirken, dessen wir uns nun mehr wie zwei Jahre erfreuen, es lohnt sich in sich selber. Der Same, den du ausgestreut, er ist auf gutes Erdreich gefallen und wird, des sei versichert, hundert-, ja tausendfältige Früchte bringen.

Wir geloben es dir in dieser feierlichen Stunde, festzuhalten an dem, was du uns gelehrt, lebenslang in treuer Brust zu bewahren und im Werke zu üben die Lehren der Weisheit, die wir hier aus deinem Munde hörten. Ja, wir wollen uns als Brüder lieben, uns nie entzweien, festhalten an unserem Statut, so daß, sooft du in unsere Mitte kommst – o, möchte es doch recht oft geschehen! –, du nur Freude erlebest und den Segen deines Wirkens noch nach Jahren unter uns erblickst. Wir wollen als treue Söhne uns des Vaters würdig machen und im Leben zeigen, daß wir diesem schönen Vereine angehören. Wie könnten wir dir unsere Dankbarkeit würdiger bezeigen?

Als äußeres schwaches Zeichen unseres Dankes nimm freundlich entgegen diesen Sessel, diesen Ruhestuhl, den wir dir, unserem lieben Vater, heute verehren. O, wo du auch immer sein mögest, sooft du dich in diesen Sessel setzest, wirst du in unserer Mitte sitzen. Mögest du dich deiner Kinder liebevoll erinnern! Es ruhe nun dein Haupt darin, oder du sitzest in demselben, nachdenkend über unser Wohl und Wehe; im Geiste werden wir immer um dich sein.

Doch wir können dir auch nicht verhehlen unsere gemischten Gefühle von Schmerz und Freude bei deinem Abschiede. O, es ist schmerzlich für uns, dich von uns scheiden zu sehen, nachdem wir dich so liebgewonnen; denn nun können unsere bereitwilligen Herzen nicht mehr an deinen Lippen hängen, von dir Weisheit und Wahrheit zu hören. O, es ist schmerzlich für uns, eines Vaters uns beraubt zu sehen, der mit rastlosem Eifer für uns tätig war! Uns tröstet dein Versprechen: Du gehst von uns, aber verläßt uns nicht! Ja, du hörst zwar auf, unser Präses zu sein; doch bleibe uns Vater! Höre nicht auf, mit Rat und Tat auch in der Ferne für uns zu wirken, und gedenke unser besonders in deinem Gebete und beim heil[igen] Opfer. Das ist unsere Bitte.

Im Hinblicke auf deine neue Wirksamkeit freuen wir uns, müssen uns freuen; denn was du hier weniger für uns tun konntest, wirst du dort mehr für uns tun. Das Glück, das wir hier genießen, soll nun auch anderen zuteil werden. Neue Brüder sollen wir erhalten, Brüder nah und fern, die du alle mit uns einem Ziele zuführen willst. Wir wünschen dir von Herzen Glück zu deinem neuen Wirken! Gottes reichster Segen wolle dich begleiten bei all deinem Tun! Gott wolle dir die männliche Jugend allerorten zuführen, den Acker ihrer Herzen fruchtbar machen, auf daß die Saat, die du streuest, Wurzel fasse, kräftig wachse und dort und überall, wie hier, grüne und blühe und viele Früchte bringe für das zeitliche und ewige Leben. Dann wirst du einst im Himmel den Lohn erlangen, wovon Daniel der Prophet sagt: Die viele im Guten unterweisen, werden leuchten wie die Sterne des Himmels und wie der Glanz des Firmamentes.'

Ein anderes Mitglied sprach dann in einem passenden Gedichte den Schmerz und die Wehmut des Vereins über dieses Scheiden aus.[77] Der Sprecher war derart ergriffen, daß ihm beim Schlusse die Stimme versagte. In den Augen der jungen Männer glänzten helle Tränen.

Schwer ward es dem Scheidenden, seinen geliebten Söhnen auf diesen ergreifenden Beweis ihrer Dankbarkeit und Liebe zu antworten. ... Mit dem Danke gegen Gott, der des Menschen Schicksale immer zum Besten lenkt, wenn dieser sich nur leiten läßt, schloß Herr Kolping seine kurze Antwort."[78]

---

[77] Das Gedicht „So wirst Du denn aus unsrer Mitte scheiden ..." ist erhalten in: Archiv der Deutschen Kolpingsfamilie, Köln, A 403.

[78] Christlicher Stadt- und Landbote (1849), Nr. 10 vom 18. 4., [S. 2-3].

Evangelische Jünglingsvereine und katholische Gesellenvereine[1]

1. Einleitung

Vor einiger Zeit ist folgende Untersuchung von Jürgen Müller-Späth erschienen: „Die Anfänge des CVJM in Rheinland und Westfalen. Ein Beitrag zur Sozial- und Kirchengeschichte im 19. Jahrhundert". Das Buch gibt so detaillierte Auskunft über das evangelische Jünglingsvereinswesen, das im Wuppertal seinen Schwerpunkt besaß, daß es jedem zu empfehlen ist, der sich mit bergischer Geschichte im 19. Jahrhundert, mit evangelischer Kirchengeschichte, aber ganz besonders auch mit „Mentalitätsgeschichte" befaßt, weil neupietistisches Denken und Empfinden hier mit wissenschaftlicher Akribie erschlossen werden.

Einen relativ kurzen Exkurs in diesem Buch, in dem „katholische und evangelische Vereine im Wuppertal" gegenübergestellt werden,[2] soll zum Anlaß genommen werden, den dort angeregten Vergleich weiterzuführen, und zwar aus dem Grunde, weil der Autor die Quellen auf katholischer Seite nicht genügend ausgewertet hat. Außerdem ist bisher die Frage der Interdependenz von katholischem und evangelischem Vereinswesen, hier konzentriert auf das Verhältnis von evangelischem Jünglingsverein zu katholischem Gesellenverein in Elberfeld, nur ein einziges Mal wissenschaftlich, wenn auch unbefriedigend, angegangen worden von Rudolf Vitus.[3] Wenn man die vielen parallelen Erscheinungen in beiden Vereinen, die jeweils in ihren Bereichen Leitbildfunktion einnahmen, miteinander vergleicht, so muß man zumindest sagen: „Die Vorbildfunktion bereits bestehender Jünglingsvereine [für den katholischen Gesellenverein] kann nicht ausgeschlossen werden."[4]

Die beiden Personen, die das Gesicht des katholischen Gesellenvereinswesens entscheidend geprägt haben, waren Johann Gregor Breuer und Adolph Kolping. Breuer war seit 1838 mit einer studienbedingten

---

[1] Zuerst erschienen in: Zeitschrift des Bergischen Geschichtsvereins 93 (1987/1988), S. 187-196.

[2] Müller-Späth, S. 201-206.

[3] Vitus, S. 88-92. Müller-Späth stützt sich in seinem Exkurs neben evangelischen Quellen fast nur auf diese Untersuchung von katholischer Seite. Das Quellenmaterial zur Geschichte des katholischen Elberfelder und Kölner Gesellenvereins liegt zum großen Teil gedruckt vor in: Breuer; KS, Bd. 1-5 und 9.

[4] Michael Schmolke, Adolf Kolping (1813-1865), in: Zeitgeschichte in Lebensbildern, Bd. 3, Mainz 1979, S. 41.

Unterbrechung Lehrer an der katholischen Mädchenschule Elberfeld. Dieses Amt übte er bis zu seiner Pensionierung im Jahre 1884 aus. Bekannt geworden ist er durch eine Vielzahl von Vereinsgründungen innerhalb der katholischen Pfarrei St. Laurentius in Elberfeld, seit Ende der 1860er Jahre aber auch durch überregionale Zusammenschlüsse von christlich-sozialen Vereinen, Darlehensvereinen u. ä. Er ist der eigentliche Gründer des katholischen Gesellenvereins von Elberfeld, und Adolph Kolping hat von ihm zu einem großen Teil die pädagogische Konzeption übernommen.[5]

Kolping hat als neugeweihter Priester in Elberfeld seine erste Stelle als Kaplan angetreten.[6] Er war ein „Spätberufener", der zehn Jahre lang als Schusterlehrling und -geselle verschiedene Seiten des Arbeitslebens kennengelernt hatte. Die Kaplanszeit war für ihn eine harte Lehrzeit, weil er einerseits Schwierigkeiten mit seinem Pfarrer hatte,[7] andererseits von einer Reihe von Gemeindemitgliedern nicht verstanden wurde[8] und mit mehreren Projekten nicht zum Zuge kam, so mit der Gründung eines Piusvereins und einer katholischen Zeitschrift.[9]

Wenn man den Kaplan Kolping in seinem Denken und Wollen verstehen will, so muß man sich mit dem vormärzlichen Ultramontanismus im Rheinland und in Bayern beschäftigen. Schon als Schüler hatte Kolping Kontakt zu belgischen Kreisen um Johann Theodor Laurent und Johannes Möller.[10] In diesen Kreisen herrschte der Kampf gegen den Bonner Professor Georg Hermes und seine Schüler vor. In München, wo Kolping im Sommersemester 1841 sein Theologiestudium begann, wandte er sich sofort an Personen, die mit den rheinischen Ultramontanen in engen Beziehungen standen, George Phillips und Friedrich Windischmann, und wurde „Mitglied" des sogenannten Görreskreises.[11] In den drei ersten Semestern hörte er in München u. a. Daniel Haneberg,

---

[5] Vgl.: Heinrich Festing, Grundsätzliche pädagogische Gedanken von Adolph Kolping. Referat, gehalten am 1. 10. 1988 in Innsbruck, Maschinenschrift.

[6] Die Ernennungsurkunde ist nicht erhalten. Nach dem „Täglichen Anzeiger für Berg und Mark" 20 (1845), Nr. 134 vom 7. 6., S. 3, hat er am 8. 6. zum ersten Mal den Sonntagsgottesdienst an St. Laurentius mitgestaltet. Vgl. auch den Brief vom 4. 6. 1845, in: KS, Bd. 2, S. 104.

[7] Vgl.: KS, Bd. 2, S. 113-120, bes. S. 119, Anm. 10.

[8] Vgl. die Pressepolemik in der „Elberfelder Zeitung" 1848, Nr. 210 vom 31. 7., Nr. 212 vom 2. 8. und Nr. 216 vom 6. 8.

[9] Vgl.: Breuer, S. 177.

[10] Vgl.: KS, Bd. 2, S. 29-30. Zu dem belgischen Ultramontanenkreis vgl. u. a. Heinrich Schrörs, Neue Quellen zur kölnischen Kirchengeschichte in der ersten Hälfte des 19. Jahrhunderts (1835-1850), in: Annalen des Historischen Vereins für den Niederrhein 104 (1920), S. 1-85.

[11] Vgl.: KS, Bd. 2, S. 46. Phillips war Konvertit. Sowohl Windischmanns Vater, Karl Joseph H. Windischmann, als auch Joseph Görres, ersterer als Kämpfer gegen Georg Hermes und beide Mystiker im negativen Sinne, sind als Konvertiten anzusehen. Vgl. dazu: Christoph Weber, Aufklärung und Orthodoxie am Mittelrhein 1820-1850, Paderborn 1973, S. 46-51.

Ignaz von Döllinger und Joseph Görres, wobei ihm offensichtlich eine neue Welt erschlossen worden ist; die drei weiteren Semester studierte er in Bonn, u. a. bei Franz Xaver Dieringer, Ferdinand Walter, Franz Joseph Jakob Clemens und Christian August Brandis.[12] Dort stand er in enger Beziehung zu dem Oberpfarrer Gerhard von Wahnem und trat als ultramontaner Studentenführer hervor.[13]

Verglichen damit, ist eine theologische bzw. kirchenpolitische Ausrichtung des jungen Lehrers Breuer zunächst nicht auszumachen. Zumindest seit der Gründung der Zeitschrift „Christlich-sociale Blätter“ am 19. März 1868 ist dieser aber dann im „katholischen Deutschland“ als exponierter Vertreter des sozialen Katholizismus hervorgetreten, ja während der Wahl zum deutschen Reichstag 1871 als Vertreter der „christlich-sozialen Partei“, einer Ausformung des „politischen Katholizismus“, die in der Sozialpolitik der Zentrumspartei ihre Fortführung erhalten hat.[14]

Als Kaplan hat sich Kolping intensiv mit dem Protestantismus des Wuppertals auseinandergesetzt, am ausführlichsten in seinem Aufsatz: „Ein Wort über Volksvereine und der ‘katholische Jünglingsverein zu Elberfeld’“,[15] wobei er den „schlechten Pietismus“ hervorhob und diesem „seinen“ Verein, den katholischen Gesellenverein, gegenüberstellte. Darin beschrieb er mehrere protestantische Vereine, erwähnte aber nicht den mitgliederstarken evangelischen Jünglingsverein. Daß er diesen aber sehr wohl gekannt hat, geht aus einer Äußerung aus dem Jahre 1856 hervor: „Gelernt haben wir von jenen höchstens nur, wie man die Sache nicht machen muß.“[16] Offensichtlich spielte er damit auf das in den bergischen evangelischen Jünglingsvereinen verbreitete Konventikelwesen an.

2. Ähnlichkeiten zwischen den beiden Vereinstypen

Die Annahme, daß der evangelische Jünglingsverein auf die Organisatoren des katholischen Gesellenvereins eine Vorbildfunktion ausgeübt hat, kann wegen der vielen parallelen Erscheinungen in beiden Vereinen

---

[12] Vgl.: KS, Bd. 1, S. 19-20 und 22-23. In: KS, Bd. 2, S, 79, nennt er München das „Heiligtum katholischer Wissenschaft“.

[13] Vgl.: KS, Bd. 2, S. 45, 83, 84; KS, Bd.1, S. 308-315.

[14] Vgl.: Christlich-sociale Blätter. Organ der christlich-socialen Partei 4 (1871), Nr. 4 vom 3. 4., S. 54-56. In der Literatur über die katholisch-soziale Bewegung ist der Sieg der Christlich-Sozialen im Wahlkreis Elberfeld bisher kaum berücksichtigt worden, wo der Ultramontane Ernst Lieber gewählt worden ist. Organisator des Wahlkampfes war Breuer.

[15] KS, Bd. 3, S. 19-31. Vgl. auch Kolpings Briefe an Döllinger, in: KS, Bd. 2, S. 105-107, 123-136.

[16] KS, Bd. 4, S. 289.

nicht bezweifelt werden. In dem Buch von Müller-Späth wird eine ganze Reihe von Merkmalen erwähnt, die Entsprechungen auf katholischer Seite erfahren haben. Im Einzelfall läßt sich eine Entlehnung nicht nachweisen, weil dafür die Dokumente fehlen. Kolping stellt solche Entlehnungen auch nicht in Abrede, bestreitet jedoch, „daß die katholischen Gesellenvereine ihre erste Anregung den bereits bestehenden evangelischen Jünglingsvereinen verdanken“.[17] Im folgenden sollen einige wichtige parallele Erscheinungen ohne Anspruch auf Vollständigkeit aufgelistet werden:

1.) Der Gesang nahm in den evangelischen Jünglingsvereinen einen „äußerst wichtigen Stellenwert“ ein, besonders für den Auftritt in öffentlichen Gottesdiensten.[18] Die erste Anregung zu der Vereinigung katholischer Jünglinge ging von dem Wunsch aus, zur Laurentiusprozession in Elberfeld Kirchenlieder einzuüben.[19] Die Bedeutung des Gesanges läßt sich aus Breuers „Liederbuch, zunächst für den rheinischen Gesellenbund“ erschließen, in dem eine ganze Anzahl von Gedichten und Liedern veröffentlicht ist, die in Elberfeld in den Jahren 1846 bis 1851 entstanden sind. Sie fordern geradezu dazu heraus, einmal mentalitätsgeschichtlich dieses Liedgut zu untersuchen.

2.) Der als Gründungsmotivation herausgestellte „protektorale Patriarchalismus“[20] gilt in verstärktem Maße für den katholischen Jünglingsverein.[21]

3.) Man wollte durch den Verein die Jünglinge „vom Trink- und Spieltische“ wegholen.[22] Kolping schrieb 1848: „Es fehlt dem jungen Arbeiter ein Zufluchtsort außer der Herberge und dem Wirtshause, wo er recht eigentlich eine Weile rasten und Nahrung für seinen Geist erhalten könnte, die, auf ihn berechnet, ihm zusagen müßte.“[23] Ganz ähnlich wird der Zweck des „Sonntags-Vereins für Handwerker und Fabrikarbeiter“ vom Jahre 1836 beschrieben.[24]

4.) Man will nicht „Vielwisserei“ fördern, sondern „für das Leben“ bilden.[25] Auch bei Kolping begegnet dieser Gedanke immer wieder.[26]

---

[17] Ebd. Es stellt sich allerdings die Frage, ob Kolping genau über die „erste Anregung“ informiert war. Bei Breuer, S. 183, steht im Zusammenhang mit seiner „Denkschrift“ ein Hinweis auf solche Vereine. Vgl.: Bernhard Ridder, Männer des Kolpingwerkes. Lebensbilder aus der hundertjährigen Geschichte des Kolpingwerkes, Köln 1955, S. 24.
[18] Müller-Späth, S. 257.
[19] Vgl.: Schäffer, S. 70-71.
[20] Müller-Späth, S. 82.
[21] Vgl. u. a. den Anfang von Breuers „Denkschrift“, in: KS, Bd. 3, S. 1-2.
[22] Müller-Späth, S. 77, ähnlich: a. a. O., S. 155.
[23] KS, Bd. 3, S. 53.
[24] Vgl.: Müller-Späth, S. 81.
[25] A. a. O., S. 255.
[26] Vgl. u. a.: KS, Bd. 3, S. 123.

Der „Fortbildungsunterricht“[27] wurde in beiden Vereinen ähnlich organisiert.[28]

5.) Die Vereinsmitglieder trafen sich sonntag- und montagsabends. Sonntags fanden in den evangelischen Vereinen Missionsversammlungen, in den katholischen Religionsvorträge statt; die Montagsversammlung sollte den „blauen Montag“ einschränken.[29]

6.) Die Vereine sollten eine „Leih- und Lesebibliothek“ haben, ebenso bei Kolping.[30]

7.) Der „Rheinisch-Westfälsche Jünglingsbund“ wurde am 8. Oktober 1848 gegründet.[31] Die ersten gedruckten Statuten des katholischen Gesellenvereins datieren vom 9. Oktober 1848.[32] Kolpings Zusammenschluß von Gesellenvereinen war konzipiert unter dem Titel „Rheinisch-Westfälischer Gesellenbund“, und beide Zusammenschlüsse besaßen einen „Zentralvorstand“,[33] jährliche Generalversammlungen[34] und ein jährliches Bundesfest.[35]

8.) Seit etwa 1850 gab es in den evangelischen Vereinen Wanderbücher „zur Kontrolle der Wandergesellen“.[36] Die Einführung von Wanderbüchern in den katholischen Gesellenvereinen wurde 1853 beschlossen.[37]

9.) Beide Organisationen stellten heraus, daß sie in der Revolution 1848/1849 „fest“ geblieben seien.[38]

10.) Friedrich Meyeringh nennt im Jahre 1856 die evangelischen Jünglingsvereine „Pflegestätten für den Familiensinn des christlichen Hauses und des christlichen Standes, Bildungs- und Erziehungsanstalten für handwerkliche Genossenschaften“.[39] Diese Formulierung erinnert so

---

27 Müller-Späth, S. 256.

28 Vgl. den Stundenplan des Kölner Gesellenvereins, in: Protokollbuch, S. 5, Sitzung vom 3. 4. 1850.

29 Vgl.: Vitus, S. 89; KS, Bd. 3, S. 17.

30 Müller-Späth, S. 132, 254. Die erste Veröffentlichung über den am 6. 5. 1849 in Köln gegründeten Gesellenverein findet sich in: RK 6 (1849), Nr. 30 vom 4. 11., [S. 2]. Hingewiesen wird dort zunächst auf den „durch Herrn Kaplan Kolping in Elberfeld gegründeten Gesellenverein“, ein früher Hinweis auf den später heftig geführten „Streit um die Gründung“. Nachdem über den Zweck der Gründung berichtet worden ist, gipfelt der Beitrag in dem Aufruf, Bücher für die Vereinsbibliothek zu spenden. Zum Schluß heißt es: „Bisher wurde absichtlich das Unternehmen nicht vor die Öffentlichkeit herausgezogen. Es sollte im stillen erstarken. Dies Bedürfnis nach Büchern zwingt nun zu einer Ausnahme von der Regel und zu dieser öffentlichen Bitte.“

31 Vgl.: Müller-Späth, S. 137.

32 Vgl.: KS, Bd. 3, S. 66.

33 A. a. O., S. 79.

34 Vgl.: Müller-Späth, S. 133-134.

35 Vgl.: a. a. O., S. 249; KS, Bd. 3, S. 101.

36 Müller-Späth, S. 162.

37 Vgl.: KS, Bd. 4, S. 85-86.

38 Müller-Späth, S. 300; KS, Bd. 3, S. 313.

39 Müller-Späth, S. 187.

sehr an Kolpings Konzeption, daß zu vermuten ist, daß Meyeringh es war, der im Auftrag Johann Hinrich Wicherns Kolping einmal besucht und ihn eingeladen hat, Mitarbeiter am „Rauhen Haus“ bei Hamburg zu werden.[40] Überhaupt haben nach Müller-Späth die Erfolge der katholischen Gesellenvereine Wichern und die Professoren, die den Bonner evangelischen „Gesellenverein“ leiteten, stark beeindruckt.

3. Unterschiede zwischen den beiden Vereinstypen

Neben diesen parallelen Erscheinungen sollten aber auch die gravierenden Unterschiede zwischen den beiden Vereinstypen beachtet werden. Hierzu ist es hilfreich, in beiden „Lagern“ Differenzierungen vorzunehmen. Müller-Späth hat detailliert die Differenzen herausgearbeitet, die innerhalb der evangelischen Jünglingsvereinsbewegung zwischen dem Wuppertaler Organisationszentrum – Gerhard Dürselen - einerseits und den Bonner Professoren Brandis und Clemens Theodor Perthes sowie Wichern andererseits zutage traten und die innerverbandliche Diskussion der 1850er Jahre beherrschten. Wichern und die Bonner Professoren hatten Vorbehalte gegenüber dem im Elberfelder „Jünglingsverein“ geübten Pietismus und sprachen sich für „Gesellenvereine“ aus. Auf katholischer Seite sind die Differenzen zwischen Breuers Konzeption[41] und der Art, wie Kolping „seinen“ Kölner Verein seit dem 6. Mai 1849 organisierte, zu beachten. Gemeinsamkeiten zwischen Dürselen und Breuer einerseits und Wichern und Kolping andererseits treten dann stärker hervor. Einige auffallende Unterschiede waren:

1.) Wichern wollte schon 1844 „langfristig über eine Reform des Herbergswesens ... den Handwerkerstand im ganzen reformieren“, während auf katholischer Seite „der Vorstand des Elberfelder Vereins mehr die beiden Gruppen der Handwerker und Fabrikarbeiter“[42] im Auge hatte. Auch wenn man bedenkt, daß „im frühindustrialisierten Wuppertal ... Handwerksgesellen und Fabrikarbeiter kaum noch zu trennen waren“,[43] ist es doch bemerkenswert, daß im katholischen Gesellenverein von Elberfeld beide Gruppen vertreten waren, ja Kolping in seinen Elberfelder Veröffentlichungen über den Verein diesen Punkt immer

---

[40] Vgl.: KS, Bd. 3, S. 80. Vgl. auch: Johann Hinrich Wichern, Ausgewählte Werke, Bd. 3, Gütersloh 1962, S. 225-261, wo Wicherns und damit auch Meyeringhs Grundgedanken über Familie, Soziale Frage und Handwerksgesellen zusammengefaßt sind. Auf die Verwandtschaft mit Kolpings Gedanken sei nur verwiesen.
[41] Vgl.: KS, Bd. 3, S. 1-8.
[42] Müller-Späth, S. 153.
[43] A. a. O., S. 188.

wieder hervorhob.[44] Im Kölner „Gesellenverein" dagegen hat er die Fabrikarbeiter nur ausnahmsweise zugelassen.[45] Der Grund ist wohl darin zu suchen, daß Breuer eine mehr geschlechts- und altersspezifische Konzeption hatte, wie ein Vergleich mit seinen vielfältigen Vereinsgründungen zeigt, während Kolping berufsständische Gesellschaftsvorstellungen[46] hervorgekehrt hat. So setzte sich Dürselen gegen Wichern und umgekehrt Kolping gegen Breuer durch. Müller-Späth resümiert:

„Kolping setzte ... das in die Tat um, was Wichern schon 1844 konzeptionell gefordert hatte: Gesellenvereine auf ständischer Grundlage in Verbindung mit einer Reform des Herbergswesens".[47]

2.) Im evangelischen Jünglingsverein Elberfeld herrschte die Meinung vor, nur mit Elementarlehrern sei das Vereinsziel „eines ordentlichen, fleißigen, sittlichen und religiösen Lebens"[48] zu erreichen. Ein Laie war auch Präses dieses Vereins.[49] Weiter lesen wir, als Präsides eigneten sich „der Stand der Schullehrer", „weniger der Stand der Kaufleute"; dagegen sei der „Stand der Prediger in den meisten Fällen nicht geeignet".[50] Der Vereinsgründer und Lehrer Breuer hatte dagegen schon in seiner „Denkschrift" formuliert: „Der Präses ist ein Geistlicher",[51] und damit eine Voraussetzung dafür geschaffen, daß Kaplan Kolping als Präses die ganze Vereinssache an sich ziehen konnte. Zwar haben Lehrer in den von Priestern geleiteten katholischen Gesellenvereinen große Bedeutung für den Unterricht gewonnen und in Einzelfällen auch den Verein geführt;[52] die Kolpingsche Betonung des klerikalen Führungsanspruchs hat sich aber, aufs Ganze gesehen, durchgesetzt.

3.) Ein weiterer Unterschied liegt in der Organisationsstruktur. Von den pietistisch „Erweckten" wurden „Hierarchismus" und ein Bauen „von oben nach unten" als „katholisches Prinzip" verworfen und diesem

---

44 Vgl. u. a.: KS, Bd. 3, S. 15. Im Elberfelder Verein herrschte, was die Nomenklatur betrifft, eine Vielfalt vor: Breuers „Denkschrift" sieht einen „Gesellenverein" vor. In dem uns vorliegenden Entwurf ist dieser Begriff wohl von Steenaerts geändert in: „Junggesellenverein" (Vgl.: a. a. O., S. 4, Anm. 3). Entsprechend steht in dem Ein- und Ausgabenbuch dieses Vereins vom November 1846: „kath[olischer] Junggesellen-Verein" (KS, Bd. 1, S. 26). Neben dieser offiziellen Bezeichnung bürgerte sich „katholischer Jünglingsverein" ein, auch in die Statuten vom 1. 1. 1847 und 9. 10. 1848 (vgl.: KS, Bd. 3, S. 9, 61 u. a.). Kolping betitelt seine Broschüre vom Jahre 1848 mit „Der Gesellenverein", ohne dabei schon inhaltlich vom Konzept des Elberfelder Vereins abzuweichen. Erst seit 1854 war auch in Elberfeld der Name „Gesellenverein" üblich.

45 Vgl.: KS, Bd. 3, S. 87.

46 Vgl.: Müller-Späth, S. 58.

47 A. a. O., S. 208.

48 A. a. O., S. 89.

49 Vgl.: a. a. O., S. 123.

50 A. a. O., S. 165.

51 KS, Bd. 3, S. 4.

52 Vgl.: Chronik der Kolpingfamilie Linz/Rh. zur 125-Jahrfeier, Linz 1987, S. 52.

die „Selbstverwaltung“[53] gegenübergestellt. Eine entsprechende demokratische Struktur herrschte im evangelischen Jünglingsverein Elberfeld: An der Spitze standen „zwölf von ihnen [den Jünglingen] selbst gewählte Mitglieder als Vorsteher“,[54] während ein Komitee mit Präses, Kassierer und Sekretär „als Paten“[55] daneben fungierte. Diese Verfassung war für alle Vereine konstitutiv. Entsprechend wurde in den Vereinen weniger das Lehrer-Schüler-Verhältnis als das Voneinander-Lernen der Mitglieder betont.[56] Verglichen damit, herrschte auf katholischer Seite das hierarchische Prinzip deutlich vor, wie ein Blick auf die ersten Vereinsstatuten zeigt, allerdings mit einer gewichtigen Variation: Wurde im Elberfelder katholischen Gesellenverein die Leitung - Präses und Vorsteher, die zu ihrer Hilfe Assistenten bestimmten - auf begrenzte Zeit von den Mitgliedern gewählt,[57] so lautet der entsprechende Paragraph für den Kölner Verein: „Der Präses verwaltet sein Amt auf unbestimmte Zeit.“[58] Die in diesem Statut vorgenommene Differenzierung in „engeren Vorstand“ und „Schutzvorstand“[59] erinnert allerdings entfernt an die ähnliche Struktur im evangelischen Jünglingsverein von Elberfeld.

4.) Ein weiterer Unterschied ist in der Zielsetzung der Vereine zu sehen. Während Dürselen die evangelischen Jünglingsvereine fast nur unter innerkirchlichem Aspekt sehen konnte, hat Kolping die „soziale“ oder „bürgerliche“ Eigenständigkeit der katholischen Gesellenvereine besonders hervorgehoben.[60]

5.) Nicht zuletzt sind auch die konfessionellen Gegensätze im Elberfeld der 1840er Jahre besonders hervorzuheben. Durch die Gründung einer deutschkatholischen Gemeinde oder, wie es Kolping formuliert hat, durch „die im Wuppertal zurzeit von vielen Protestanten gehätschelte ‘Rongerei’“[61] wurde der katholische Selbstbehauptungswille herausgefordert und damit - darin ist Kolping zuzustimmen - die Gründung verschiedener Vereine indirekt angeregt.[62] Der konfessionelle Gegensatz muß damals so scharf gewesen sein, daß noch Jahre später Kolping auf einen dem katholischen Gesellenvereinswesen sehr wohlwollenden Artikel in den „Fliegenden Blättern aus dem Rauhen Hause“ nur polemisch antworten konnte.[63] Dabei war er dem im vorigen Jahrhun-

[53] Müller-Späth, S. 189.
[54] A. a. O., S. 156.
[55] A. a. O., S. 157.
[56] Vgl.: a. a. O., S. 236.
[57] Vgl.: KS, Bd. 3, S. 4-5, 9.
[58] A. a. O., S. 83.
[59] Vgl.: a. a. O., S. 84-87.
[60] Vgl.: a. a. O., S. 285-300.
[61] KS, Bd. 4, S. 289.
[62] Vitus, S. 89, behauptet das Gegenteil.
[63] Vgl.: KS, Bd. 4, S. 285-291.

dert aufkommenden ökumenischen Gespräch gegenüber durchaus positiv eingestellt.[64]

Nach diesen Hinweisen auf Gemeinsames und Verschiedenes kann jetzt erneut gefragt werden: Waren die evangelischen Jünglingsvereine Vorbild für die katholischen Gesellenvereine? Dazu stellt Vitus fest: „Ohne Zweifel war den Vätern des Gesellenvereins der ev[an]g[e]l[ische] Jünglingsverein sehr gut bekannt. Breuers Schule und [Karl August] Dörings Katechiersaal lagen beide an der Grünstraße."[65] Und Müller-Späth spricht von dem „die evangelische Jünglingsvereinsarbeit des Wuppertals – zumindest in einigen Punkten – zum Vorbild nehmenden katholischen Kaplan Kolping".[66] Diese Aussage kommt wohl der Wirklichkeit am nächsten. Wenn dagegen Vitus schreibt, der katholische Gesellenverein sei „unabhängig von jedem direkten oder indirekten protestantischen Einfluß gewachsen",[67] so bleibt er für diese Behauptung den Beweis schuldig, und man kann vermuten, daß ihm das Interesse, Breuers Unabhängigkeit zu betonen, die Feder geführt hat. Es ist zu einfach, die „weitgehenden sachlichen Übereinstimmungen der beiden Vereine", die uns neuerdings erst durch die Arbeit von Müller-Späth ganz bewußt geworden sind, dadurch begründen zu wollen, sie seien nur „durch die gleiche Aufgabe bedingt" gewesen.[68] Daß spätere Lobredner alle Gesellenvereinselemente auf Kolping persönlich zurückgeführt haben, tut nichts zur Sache: Die „Größe" von Persönlichkeiten ist viel eher in der Synthese von zueinander passenden Elementen zu suchen und in der Hartnäckigkeit, mit der an dem einmal erkannten Ziel festgehalten worden ist.

---

[64] Vgl.: Manfred P. Fleischer, Katholische und lutherische Ireniker unter besonderer Berücksichtigung des 19. Jahrhunderts, Göttingen 1968, S. 154; KS, Bd. 5, S. 207-211.

[65] Vitus, S. 92. Ein Hinweis darauf, daß Kolping sehr genau das evangelische Vereinswesen studiert hat, findet sich in: Feierstunde. Beilage zum RK 4 (1854), Nr. 10 vom 5. 3., S. 40. Diese Notiz sei hier abgedruckt, weil sie zugleich zeigt, welches Gewicht Kolping auf das Unterrichtswesen gelegt hat: „Aus Breslau erhalten wir Nachricht von der Gründung eines 'evangelischen Gesellenvereins' zum Unterschiede von den bereits viel[er]orts bestehenden Jünglingsvereinen, die mehr das religiöse Element pflegen. Jener Breslauer ist von der Oberbehörde des Landes angeregt und unterstützt worden, und sehen sein Emporkommen die reichen Breslauer als eine Ehrensache an. Zugleich ist uns das Statut dieses 'evangelischen Gesellenvereines' übermacht worden. Wir müssen gestehen, daß wir uns baß verwundert haben über dasselbe. Wenn das Gebäu[de] hält, nun, dann haben wir die Fundamente viel zu tief gelegt. Wir sind nicht da, um andere Leute in ihrem eigenen Hause zu kritisieren, auch, wenn sie uns zu Gaste laden. Wenn aber der Prediger etc. Krause in der Einführungsrede des neuen Vereines des Dafürhaltens war, die evangelischen Gesellen brauchten nicht soviel Unterricht – der ganze Verein dauert nur wöchentlich zwei Stunden, montags von ½ 8 Uhr bis 9 ½ – wie die katholischen Gesellen, dann dürfen wir glauben, daß selbiger etc. Krause um desto mehr Unterricht bedarf, um das zu sein, was er gerne wäre."

[66] Müller-Späth, S. 184.

[67] Vitus, S. 92.

[68] A. a. O., S. 91.

4. Ideologische Elemente in beiden Vereinstypen

Zum Schluß soll ein Gedankengang fortgeführt werden, der bei Müller-Späth vorgezeichnet, aber nur an einer Stelle direkt angesprochen wird. Er spricht im Zusammenhang mit dem Neupietismus und seiner konkreten Ausformung in den Jünglingsvereinen von der „ideologischen Ausformung dieser Auffassung".[69] Ein klassisches Beispiel dafür ist die Tatsache, daß in diesen evangelischen Vereinen „ungeschichtliche Identifizierungen" mit Bibelstellen üblich waren, weil man vom „eigenen Ideenkreis" ausging statt „vom biblischen Befund".[70] Die Ideologisierung der Vereine führte zu „Selbstüberschätzung",[71] zu „Gruppenabsolutismus",[72] und Pastor Dürselen war davon überzeugt, daß er den jugendlichen Trieb zur Gemeinschaft „richtig"[73] leite. So wollten die Vereine den „Hunger nach Ganzheit"[74] stillen. Durch „harmonisierende Konstruktion der Wirklichkeit"[75] wurde den Jugendlichen eine bestimmte Weltanschauung vermittelt. Man glaubte, das Ziel genau zu kennen, auf das das pädagogische Objekt ausgerichtet werden sollte: „Weltveränderung durch Menschenveränderung".[76] Insofern ist es leicht, daran „Kriterien einer Ideologiekritik"[77] anzulegen. Der mentalitätsgeschichtliche Ansatz führt dann folgerichtig zur Ideologiekritik, wenn dargestellt wird, wie das Religiöse mit Tendenzen vermischt wird, die aus ganz anderen Bereichen stammen. Das soll auch im folgenden kurz anhand des Ultramontanismus aufgewiesen werden.

Christoph Weber macht darauf aufmerksam, „daß der Ultramontanismus des Vormärz ursprünglich ein katholischer Zweig einer überkonfessionellen Bewegung ist. ... Die Erweckung und der Neupietismus sind auf protestantischer Seite dasselbe wie der Ultramontanismus auf katholischer."[78] An vielen Beispielen zeigt Weber, daß gerade aus dem Pietismus gekommene Konvertiten ihre Konversion als Erweckung ansahen; diese Optik mit ihrem missionarischen Elan und aggressiven Charakter

---

[69] Müller-Späth, S. 332.

[70] A. a. O., S. 243.

[71] A. a. O., S. 126.

[72] A. a. O., S. 259.

[73] A. a. O., S. 246.

[74] A. a. O., S. 337.

[75] A. a. O., S. 333.

[76] A. a. O., S. 334. Vgl.: Michael Hanke, Sozialer Wandel durch Veränderung des Menschen. Leben, Werk und Wirken des Sozialpädagogen Adolph Kolping, Mülheim 1974.

[77] Vgl. u. a.: Albert Stüttgen, Kriterien einer Ideologiekritik. Ihre Anwendung auf Christentum und Marxismus, Mainz 1972. Dort werden S. 37-66 folgende Kriterien namhaft gemacht: Totalitätsanspruch, Erfahrungsfremdheit, überlebter Erkenntnishorizont, Undurchsichtigkeit der Denkvoraussetzungen sowie Vorurteil und Klischee.

[78] Weber (Anm. 11), S. 179. Vgl.: Josef Mooser, Katholische Volksreligion und Bürgertum in der zweiten Hälfte des 19. Jahrhunderts. Thesen, in: Religion und Gesellschaft im 19. Jahrhundert, Hrsg. Wolfgang Schieder, Stuttgart 1993, S. 144-156, hier S. 148-149.

hat entscheidend den frühen Ultramontanismus geprägt. Es wurde schon darauf hingewiesen, daß Kolping in seiner geistigen Entwicklung von Vertretern dieser Richtung stark beeinflußt worden ist.

Die Interdependenz von katholischen und evangelischen Zeitströmungen zu Beginn des vergangenen Jahrhunderts kommt auch bei Müller-Späth zum Ausdruck. Karl August Döring hat mit dem katholischen Kreis um die Fürstin Amalie von Gallitzin in Verbindung gestanden.[79] Schon Kolpings Freund, der Konvertit Friedrich Pilgram, hatte darauf hingewiesen, daß die im Wuppertaler Pietismus einflußreichen Persönlichkeiten Gerhard Tersteegen und Johann Heinrich Jung-Stilling von katholischer Mystik beeinflußt gewesen waren.[80] Der Frage, inwieweit ideologische Züge auch am Ultramontanismus und innerhalb dessen bei Kolping und dem katholischen Gesellenvereinswesen anzutreffen sind, soll im folgenden anhand von drei typischen ultramontanen Erscheinungsformen nachgegangen werden.

Die erste Erscheinungsform war der „Mystizismus magisch-magnetischer Prägung".[81] Genannt seien nur der Bonner Professor Karl Joseph Hieronymus Windischmann, der „vollständig der Zauberei und der Magie ergeben" war, und Joseph Görres, „der ungefähr zwanzig Jahre seines Lebens in erster Linie damit zubrachte, die 'Christliche Mystik' zu schreiben, jenes gewaltige Opus, in dem er die gewagtesten naturphilosophischen Spekulationen und den ältesten Aberglauben auf eine gefährliche Weise mit der Theologie verbindet".[82] Kolping hat nicht nur dieses Werk, dessen letzter und umfangreichster Band gerade während seiner Münchener Studienzeit erschien, gelesen, sondern auch weiterverliehen.[83] Wie viele andere machte auch er eine „Wallfahrt" nach Kaltern in Südtirol zu der Seherin Maria von Mörl.[84] Zu welchen tragischen Verwicklungen diese Art von Mystik führen konnte, hat Otto Weiß u. a. an der Biographie des Sohnes von Karl Joseph Hieronymus Windischmann, Friedrich, aufgezeigt, dem sich Kolping in München als Seelenführer angeschlossen hatte.[85] Allerdings muß man sagen, daß Kolping in späteren Jahren keine erkennbaren Beziehungen zu dieser Strömung mehr hatte. Die harte soziale Realität Elberfelds hat ihm wohl diese Flausen ausgetrieben. Eine Auswirkung auf den Gesellenverein läßt sich nicht feststellen.

---

[79] Vgl.: Müller-Späth, S. 55.
[80] Vgl.: Historisch-politische Blätter 32 (1853), S. 321 ff.
[81] Weber (Anm. 11), S. 47.
[82] A. a. O., S. 48.
[83] Vgl.: KS, Bd. 1, S. 108; Bd. 2, S. 74.
[84] Vgl.: KS, Bd. 1, S. 187-190, 206-208.
[85] Vgl.: Otto Weiß, Die Redemptoristen in Bayern (1790-1909). Ein Beitrag zur Geschichte des Ultramontanismus, St. Ottilien 1983, S. 822-833: Windischmann und Reisach unter der „Höheren Leitung"; S. 858-871: Die letzten Tage Windischmanns.

Als zweite typische ultramontane Erscheinungsform soll die Verquickung von Religion und Politik genannt werden. Der Student Kolping las mit Begeisterung das damalige Hauptblatt des „politischen Katholizismus", die „Historisch-politischen Blätter". Bis zu seinem Tode war diese Zeitschrift Kolpings wichtigste Lektüre, was aus vielen brieflichen Äußerungen, aber auch aus einer ganzen Reihe von Nachdrucken von Beiträgen dieser Zeitschrift, die der Redakteur Kolping veranlaßt hat, hervorgeht. Gegründet wurde sie im Jahre 1838 u. a. von den Konvertiten Phillips und Karl Ernst Jarcke. Nach Joseph Görres hatte die Zeitschrift zunächst einen primär kirchlichen Zweck: „Der Zweck der Zeitschrift ist schlechthin Verteidigung der Kirche; Geschichte und Politik werden nur subsidiarisch zugezogen."[86] Seit 1852 leitete Joseph Edmund Jörg diese Zeitschrift, und er hat sie zu einem primär politischen Organ umgestaltet. Aus diesem Grunde hat er sich später mit seinem Lehrer Ignaz von Döllinger, der theologischen Überlegungen den Vorrang gab, überworfen.[87] Als Publizist hat Kolping seit der Gründung seiner „Rheinischen Volksblätter für Haus, Familie und Handwerk" im Jahre 1854 durch das wöchentliche „politische Tagebuch" Politik getrieben, u. a. im Sinne der katholischen Fraktion im preußischen Landtag. Als dann im Italienischen Krieg ab 1859 die Existenz des Kirchenstaates bedroht war, hat er sein „Blättchen" in ein politisches Organ umgewandelt.[88] Die Identifizierung von ultramontaner (Kirchen-)Politik mit dem Katholizismus ging bei Kolping so weit, daß er meinte, diese von der „Kölnischen Zeitung" herausgestellte Unterscheidung sei lächerlich.[89] Der Wirkung der Kolpingschen politischen Publizistik müßte noch im

---

[86] Historisch-politische Blätter 18 (1846), S. 574.

[87] Vgl.: Joseph Edmund Jörg, Briefwechsel 1846-1901, bearbeitet von Dieter Albrecht, Mainz 1988. Auch wenn Jörg zeitweise eine gewisse politische Toleranz erkennen ließ, z. B. in Bd. 53 (1864), S. 21-22, so hat er doch einmal in Erregung geschrieben: „Jeder treue Katholik mußte seit dem Beginn einer gewissen Periode der neuesten Geschichte Bayerns mit der Kirche unter dem Kreuze liegen" (Bd. 67, 1871, S. 693). Seine persönliche Ansicht über die Politik König Maximilians II. sollte also die „jedes treuen Katholiken" sein.

[88] Vgl.: Schmolke, S. 179-180. An der österreichischen Politik während des Italienischen Krieges hätte Kolping mehrmals verzweifeln können. Vgl. u. a.: KS, Bd. 2, S. 321-322. Vgl. auch den Beitrag: „Adolph Kolping und der politische Katholizismus", in diesem Band.

[89] Vgl.: KS, Bd. 9, S. 430-431. Franz Xaver Kraus schrieb kurz vor seinem Tod über die politische Seite des Ultramontanismus in: Liberaler Katholizismus. Biographische und kirchengeschichtliche Essays von Franz Xaver Kraus, Hrsg. Christoph Weber, Tübingen 1983, S. 145-146: „Der Ultramontanismus ... ist in seinen Keimen so alt wie das Christentum selbst. Freilich gibt es Leute, welche ihn mit dem Katholizismus identisch setzen; ich werde mich nicht so tief bücken, um mit diesem Standpunkt zu verhandeln. Der Ultramontanismus ist jene Gesinnung, die es nie verstehen kann, daß das Reich Christi nicht von dieser Welt ist. ... Sie hält der christlichen Gesellschaft die Fata Morgana einer irdischen Herrschaft vor, macht den Papst nicht nur zum einzigen, unbeschränkten Herrn der Kirche, sondern auch zum obersten Gebieter über Fürsten und Völker. Diese Gesinnung muß, um sich mit der Geschichte abzufinden, diese ignorieren oder fälschen."

einzelnen nachgegangen werden.[90] Im Gesellenverein hat sich der politische Katholizismus auf die Dauer so ausgewirkt, daß die Kontakte zu Politikern der späteren Zentrumspartei zur Selbstverständlichkeit gehörten. In ähnlicher Weise haben auch die evangelischen Jünglingsvereine den „politischen Protestantismus“[91] gefördert.

Als dritte ultramontane Erscheinungsform möge das Unfehlbarkeitsdenken erwähnt werden. „Dogmatisierung und Durchsetzung einer Ideologie“ lautet der Untertitel einer Studie über die Ereignisse des ersten Vatikanischen Konzils.[92] Zu diesem Versuch einer Entideologisierung wurde vor wenigen Jahren angemerkt: „In allen Kernfragen, ... besonders ... der Frage nach dem Ideologiecharakter des Unfehlbarkeitsdogmas, wurde m. E. Hasler nirgendwo widerlegt, ja seine Argumentation nicht einmal angekratzt.“[93] Kolping selbst ist vor der Unfehlbarkeitsdiskussion gestorben. Wegen seiner „extrem ‘ultramontanen’ Position“[94] und seiner überschwenglichen Verehrung für den damaligen Papst[95] ist jedoch nicht daran zu zweifeln, daß er Infallibilist geworden wäre. Der Kampf um die neuen Dogmen spielte dann auch im katholischen Gesellenverein kaum eine größere Rolle, wenn auch eine ganze Reihe von Präsides persönliche Schwierigkeiten zu überwinden hatten.

Insgesamt zeigen die Erscheinungsformen des politischen Katholizismus und des Unfehlbarkeitsdenkens, daß auch das katholische Gesellenvereinswesen „ideologische Ausformungen“ zu verzeichnen hatte.

---

[90] Vgl. u. a. die Äußerung des Kölner Zentrumspolitikers Hermann Cardauns, in: Ders., Aus dem alten Köln. Vor 60 und 120 Jahren, Köln 1920, S. 47, über das „Kolpingblättchen“: „... zu dessen eifrigen Lesern ich gehört habe“.

[91] Müller-Späth, S. 328ff.

[92] August Bernhard Hasler, Pius IX. (1846-1878), päpstliche Unfehlbarkeit und 1. Vatikanisches Konzil. Dogmatisierung und Durchsetzung einer Ideologie, 2 Halbbände, Stuttgart 1977. Vgl. bes.: S. 530-537.

[93] Christoph Weber, in: Liberaler Katholizismus (Anm. 89), S. XXVI.

[94] KS, Bd. 2, S. 66, Anm. 14. Je nach Zeit und Situation ist dieses Extreme verschieden zu deuten, ja, es zeigt auch gewisse liberale Tendenzen.

[95] Vgl.: KS, Bd. 6, passim.

Adolph Kolping im Revolutionsjahre 1848[1]

1. Einleitung

Von Juni 1845 bis März 1849 war Adolph Kolping Kaplan an der Kirche St. Laurentius in Elberfeld. Diese Zeit war für ihn selbst, für die katholische Pfarrgemeinde, aber ebenso für die anderen Konfessionen im Wuppertal und auch für die Geschichte der Stadt Elberfeld von entscheidender Bedeutung. Einige Hinweise sollen dies verdeutlichen.

In den Jahren 1845 und 1846 erschien in Elberfeld der „Gesellschaftsspiegel" von Moses Heß,[2] in dem man die Motivationen jener Personen nachlesen kann, die später mit dem „Kommunistischen Manifest" Weltgeschichte machen sollten. Mißernten und Teuerung brachten in dieser Zeit ernste wirtschaftliche Rückschläge, und in Elberfeld entstand 1844/1845 die erste deutschkatholische Gemeinde Westdeutschlands, eine von dem ehemaligen Priester Johannes Ronge ausgehende Bewegung. Die „Elberfelder Zeitung" setzte sich so massiv für diese Gemeindebildung ein, daß die katholische Gemeinde unter dem seit 1843 amtierenden Pfarrer Hubert Friedrich Friderici[3] sich in einer Eingabe an den Koblenzer Oberpräsidenten darüber beschwerte.[4] Die katholische Gemeinde zählte etwa 9.000 Mitglieder unter den zirka 40.000 Einwohnern der Stadt und bestand in der Mehrheit aus ärmeren Schichten. Als Gegenbewegung gegen die „Rongeaner" wurde im Frühjahr 1845 die „Gesellschaft Parlament" ins Leben gerufen. Schon bei dieser Gründung spielte der Junglehrer Johann Gregor Breuer eine entscheidende Rolle.[5] Diese beiden Persönlichkeiten, Friderici und Breuer, sollten das Gesicht der katholischen Gemeinde Elberfeld in den nächsten Jahrzehnten entscheidend prägen. Auch in den verschiedenen protestantischen Gemeinden Elberfelds gab es in diesen Jahren neue Entwicklungen. Hingewiesen sei hier besonders auf den evangelischen Jünglingsverein, der eine gewisse Vorbildfunktion für den späteren katholischen Gesellenverein ausge-

---

[1] Zuerst erschienen in: Geschichte im Wuppertal 2 (1993), S. 8-19.

[2] Gesellschaftsspiegel. Organ zur Vertretung der besitzlosen Volksklassen und zur Beleuchtung der gesellschaftlichen Zustände der Gegenwart, Elberfeld 1845-1846.

[3] Vgl.: Heinrich Schrörs, Hermesianische Pfarrer, in: Annalen des historischen Vereins für den Niederrhein 103 (1919), S. 157-158.

[4] Vgl.: Alexander Stollenwerk, Der Deutschkatholizismus in den preußischen Rheinlanden, Mainz 1971, S. 30-51.

[5] Vgl.: Breuer, S. 142-146; Fritz Jorde, Johann Gregor Breuer. Ein Lebensbild, Elberfeld 1897, S. 23.

übt hat.[6] Insgesamt haben die Umwälzungen der Jahre 1848 und 1849 die Gesellschaft in der Industriestadt Elberfeld stark erschüttert.[7]

In diese unter verschiedenen Gesichtspunkten schwierige Situation trat im Jahre 1845 der gerade zum Priester geweihte Kolping ein. Wenn schon bei jedem normalen Berufsanfänger nach dem Studium der „Realitätsschock" stark und in gewissem Sinne heilsam ist, so muß das besonders für diesen Neupriester gegolten haben, auch wenn man bedenkt, daß er als Spätberufener schon zehn Jahre lang als Schusterlehrling und -geselle eine gewisse Lebenserfahrung sein eigen nennen konnte. Hinweise auf die Anpassungsprobleme dieses jungen Mannes, der aus kleinbürgerlichen Verhältnissen stammte und durch die Priesterweihe in einen höheren Stand eingetreten war,[8] ist sein Beschwerdebrief über eine Reihe von Unannehmlichkeiten, speziell über seinen Pfarrer, vom Januar 1846.[9]

Verglichen mit anderen, ist das Wirken Kolpings als Priester in Elberfeld relativ gut dokumentiert. Um die Übersicht zu bewahren, soll hier nur das Jahr 1848 betrachtet werden. Damit soll zugleich ein Beispiel gegeben werden, wie eine bisher nicht vorhandene wissenschaftliche Kolpingbiographie gestaltet sein könnte, die einzig auf Primärquellen, und zwar auf allen erreichbaren, beruhen soll.

Der Schwerpunkt der Untersuchung liegt in den Texten und Informationen, die bisher noch nicht Eingang in die Forschung gefunden haben, während die bekannteren Texte eher summarisch behandelt werden sollen.

Es stellt sich zunächst die Frage, welche Dokumente erhalten geblieben sind. Veröffentlicht sind zwei Briefe Kolpings an seinen Münchener Lehrer Ignaz von Döllinger, ein Brief von Theodor Wollersheim, Kolpings Förderer in Kerpen, und drei Aufsätze im „Rheinischen Kirchenblatt". Die erste selbständige Veröffentlichung fällt auch in diesen Zeitraum, die programmatische Schrift „Der Gesellenverein. Zur Beherzigung für alle, die es mit dem wahren Volkswohl gut meinen". An Predigtmanuskripten ist für das Jahr 1848 nur eines mit Sicherheit erhalten geblieben, das vom Sonntag Septuagesima. Dabei hat Kolping nach den Angaben im „Täglichen Anzeiger für Berg und Mark" im Jahre 1848 insgesamt 22mal gepredigt.[10] In gedruckter Form liegen daneben folgen-

---

[6] Vgl. den Beitrag „Evangelische Jünglingsvereine und katholische Gesellenvereine", in diesem Band.

[7] Vgl. zum Ganzen: Hermann Herberts, Alles ist Kirche und Handel ... Wirtschaft und Gesellschaft des Wuppertals im Vormärz und in der Revolution 1848/49, Neustadt/Aisch 1980.

[8] Vgl.: Abituraufsatz „Curriculum vitae", in: KS, Bd. 1, S. 6-16, bes. S. 12-13.

[9] Vgl.: KS, Bd. 2, S. 113-120.

[10] Die Gottesdienstzeiten mit den Namen der Zelebranten und Prediger wurden fast regelmäßig am Tage vorher veröffentlicht. Die meisten der erhaltenen Predigtmanuskripte Kolpings konnten dadurch zeitlich eingeordnet werden. Vgl. KS, Bd. 9, passim.

de Quellen vor: Berichte über Kolpings Ansprache vom 28. März 1848, ein polemischer Briefwechsel über einen Streitfall sowie der spätere Bericht eines damals elfjährigen Mädchens über einen Auftritt Kolpings in Hückeswagen. Eine vor kurzem veröffentlichte Quelle sind die Lebenserinnerungen Breuers, in denen das Wirken Kolpings aus der Sicht eines Mit-, in gewissem Sinne auch eines Gegenspielers, dargestellt wird. Zusätzlich wurden u. a. Zeugenaussagen aus der Vorbereitungsphase des Seligsprechungsprozesses Kolpings zu Rate gezogen.

Bereits an dieser Übersicht fällt auf, daß Texte über den katholischen Gesellenverein in Elberfeld überwiegen. Auch in den gängigen Kolpingbiographien ist das Wirken Kolpings in Elberfeld so beschrieben, als wenn die Präsesfunktion in diesem Verein seine Hauptaufgabe gewesen sei.[11] In Wirklichkeit muß er aber als Kaplan intensiv in die üblichen Tätigkeiten wie Gottesdienst, Predigen, Religionsunterricht, Taufen, Beerdigen u. a. eingespannt gewesen sein, so daß die abendlichen Treffen im Gesellenverein zumindest anfangs der Entspannung dienten. Andererseits lernte Kolping dabei seine eigentliche Lebensaufgabe kennen.

2. Ein Brief von Theodor Wollersheim

Ein erster Hinweis auf die damalige Stimmungslage Kolpings ist dem Brief von Theodor Wollersheim zu entnehmen, der als Kaplan von Kerpen dem nicht mehr gerade jungen Kolping Lateinunterricht erteilt hatte. Als er im Januar 1848 den Brief verfaßte, war er Pfarrer in Jüchen. Er schrieb u. a.:

„Ich sehe, daß noch viel von dem alten unruhigen und feurigen Kolping in Ihnen steckt, der bald zu hoch fliegen will und dann wieder sich zu tief herabsinken läßt, bald die Welt aus den Fugen reißen will, bald wieder glaubt, für nichts zu taugen als für ein Hüttchen in der Eifel, bald es mit Tausenden aufnehmen will, bald mit einem nicht fertigwerden kann, bald begeistert ist von dem schönen Jünglingsverein, bald sich aus dem Wuppertal hinaussehnt. Wo liegt die Mitte? Lieber Freund, da, wohin Sie der Gute Hirt gesetzt hat, zu Elberfeld im Tale.“[12]

Schon dieses Stimmungsbild zeigt, daß Kolping am Beginn seines priesterlichen Wirkens vereinsamt und unglücklich war. Die Gründe

---

[11] Praktisch alle Biographien gehen zurück auf: Schäffer. Von den üblichen seelsorglichen Tätigkeiten Kolpings, von den Predigten einmal abgesehen (a. a. O., S. 66), verlautet in ihnen praktisch nichts, mit einer Ausnahme: Steinke, S. 79-83.

[12] Fritz Hemmersbach, Ein Brief von Theodor Wollersheim an seinen Freund Adolf Kolping vom 24. Januar 1848, in: Kerpener Heimatblätter 4 (1981-1985), S. 208-214, hier S. 211. Vgl.: Franz Lüttgen, Ein Neujahrsgeschenk Pfarrer Wollersheims an Kaplan Adolph Kolping aus dem Jahre 1848, in: a. a. O. 5 (1986-1990), S. 2-6; KS, Bd. 1, S. 14.

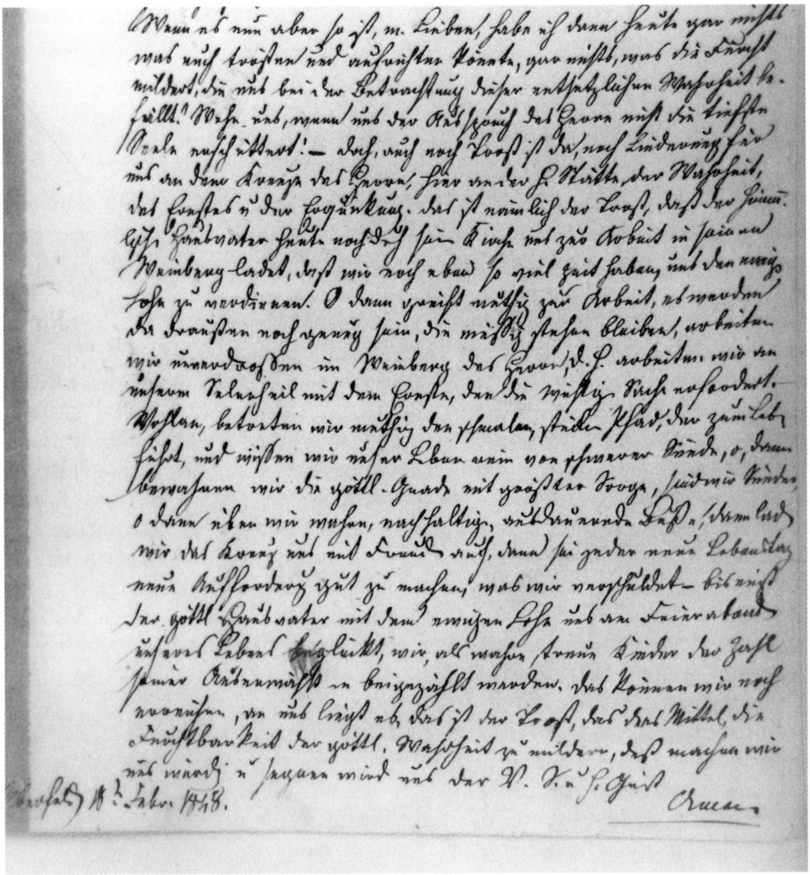

Abb. 5: Schluß des Predigtmanuskriptes vom Sonntag Septuagesima aus der Feder Kolpings (Quelle: Archiv der Deutschen Kolpingsfamilie, Köln, A 75)

liegen nach diesen Sätzen nicht nur in den äußeren Bedingungen seiner Arbeit, sondern mehr noch in ihm selber und in seiner Entwicklung.

3. Die Predigt vom Sonntag Septuagesima

Gehalten wurde diese Predigt von Kolping am 20. Februar 1848. Sie geht ein auf das früher übliche Sonntagsevangelium, das Gleichnis von den Arbeitern im Weinberg (Mt 20,1-6), näherhin auf den Schlußsatz: „Viele sind berufen, aber wenige auserwählt." Mit diesem Satz hat es aber eine spezielle Bewandtnis, die Kolping noch nicht kennen konnte. Er stammt aus dem Gleichnis vom königlichen Hochzeitsmahl (Mt 22,1-14), von wo er in der Vulgata in das andere Gleichnis übertragen worden ist. Er paßt keineswegs zu der in diesem Gleichnis anklingenden Güte Gottes. Heute sind die Theologen vorsichtig, aus solchen Sätzen dogmatische Schlüsse zu ziehen, wie in diesem Falle über die Zahl der „Verworfenen". So schrieb Hans Urs von Balthasar, es sei zwar erwiesen, daß es eine Hölle gebe, aber nicht, ob darin überhaupt eine Seele schmachte.[13]

Bis in unser Jahrhundert hinein hat man aus solchen Bibelsprüchen dogmatische Folgerungen abgeleitet, und entsprechend düster fällt Kolpings Predigt aus. Von heute aus gesehen, muß man geradezu Mitleid mit dem Prediger und seinen Zuhörern haben, die dieser „schrecklichen Wahrheit" gegenüberstehen:

Sie „erbangt die Seele und drückt sie seufzend in den Staub".[14] „Und wenn die Betrachtung dieses entsetzlichen Wortes dir die Welt zur Wüste machte, ... wäre das dann im Hinblick auf die ewige Seligkeit so töricht, so sehr zu verachten?"[15]

Nachdem in der Predigt erklärt worden ist, wie gering die Zahl der Unschuldigen und Bußfertigen sei, heißt es weiter:

„O ihr kalten, lauen Christen, nein, ihr vermehrt nicht die kleine Zahl der Auserwählten! ... Sind wir Sünder, o, dann üben wir wahre, nachhaltige, ausdauernde Buße! Dann laden wir das Kreuz uns mit Freuden auf, dann sei jeder neue Lebenstag neue Aufforderung gutzumachen, was wir verschuldet, bis einst uns der göttliche Hausvater mit dem ewigen Lohn uns am Feierabend des Lebens beglückt, wir als wahre, treue Kinder der Zahl der Auserwählten beigefügt werden."[16]

---

[13] Vgl.: Jan Ambaum, Hoffnung auf eine leere Hölle – Wiederherstellung aller Dinge? H. U. von Balthasars Konzept der Hoffnung auf das Heil, in: Internationale katholische Zeitschrift 20 (1991), S. 33-46.

[14] KS, Bd. 9, S. 130-138, hier S. 131.

[15] A. a. O., S. 134.

[16] A. a. O., S. 136-138.

Wenn man von der Aufklärung sagen kann, daß sie den Glauben aus einer Religiosität befreit hat, die mehr von außen aufgezwungen gewesen ist und die Menschen in Angst und Verwirrung gestoßen hat, so ist dieser Einfluß der Aufklärung hier noch nicht spürbar.

4. Eine Ansprache für die Märzgefallenen

Als Höhepunkt des öffentlichen Wirkens von Kolping in Elberfeld kann man sein Auftreten am 28. März 1848 bezeichnen.

Was war geschehen? Von Paris über Wien bis nach Berlin hatten sich in den ersten Monaten des Jahres 1848 die revolutionären Ereignisse überstürzt. Das im Wiener Kongreß von 1815 künstlich geknüpfte Netz der Restauration riß an allen Enden. In Preußen wurden wichtige Grundrechte bewilligt und ein liberales Ministerium eingesetzt. Dennoch kam es in Berlin zu einer Schießerei zwischen Truppe und Bürgern, und zwar aufgrund von Nervosität und Mißverständnissen, bei der eine Reihe von Menschen ums Leben kamen. Die Kunde von den Berliner „Märzgefallenen" erweckte in vielen Teilen der Bevölkerung Mitgefühl und Nationalbewußtsein, ähnlich wie 1813.

In Elberfeld kam es daraufhin am 25. März zu einer Bürgerversammlung, in der eine Adresse „An die Berliner" angenommen wurde.[17] Die Bevölkerung wurde aufgefordert, am 28. März in der katholischen Kirche „durch zahlreiches Erscheinen ihre Sympathie für die Gefallenen an den Tag zu legen".[18]

Über diese Feier sind wir durch drei verschiedene Berichte unterrichtet. Einer erschien im „Rheinischen Kirchenblatt" und stammt aus der Feder von Kolping. Die beiden anderen sind im „Täglichen Anzeiger" und in der „Elberfelder Zeitung" zu finden.

Im „Täglichen Anzeiger" heißt es zu der Ansprache: „Der von Herrn Kaplan Kolping gehaltene Kanzelvortrag war nicht minder ergreifend, als er sich den gegenwärtigen großen Zeitereignissen passend anschloß."[19]

Die „Elberfelder Zeitung" geht näher auf die Ansprache ein: „In der darauf folgenden Predigt wies der Redner, H[er]r Kaplan Kolping, in einem mit Wärme und Begeisterung gehaltenen Vortrage auf die Erhabenheit des Heldentodes für das Vaterland und die Freiheit hin und ging, nachdem er zum Danke für die Hochherzigkeit der Gefallenen aufgefordert hatte, dahin über, daß es jetzt an uns sei, die großen Errungenschaften auf dem gesetzlichen Wege zu bewahren und zu vermehren, mit dem

---

[17] Text in: Elberfelder Zeitung vom 27. 3. 1848.
[18] Elberfelder Zeitung vom 28. 3. 1848.
[19] Täglicher Anzeiger vom 30. 3. 1848.

Wunsche schließend, daß die noch gärenden Elemente in friedlicher Gestaltung sich vereinigen und dadurch eine neue Ära für unser teures Vaterland, für die ganze Menschheit gründen möchten."[20]

Der Bericht schließt dann mit einem besonderen Dank an die katholische Gemeinde im Unterschied zu den protestantischen Gemeinden, die der Aufforderung des Oberbürgermeisters zum Glockenläuten nicht nachgekommen waren,[21] daß sie, „den Geist der Zeit fassend, dem allgemein gefühlten Bedürfnis einer kirchlichen Feier entsprach".[22]

Wichtig ist Kolpings Hinweis auf den „gesetzlichen Weg". Leider hat sich sein Wunsch, daß die „gärenden Elemente" sich vereinigen würden und eine „neue Ära" für Deutschland beginnen werde, nur zum Teil erfüllt; trat doch nach den revolutionären Ereignissen vom Mai 1849 die Reaktion um so stärker in Erscheinung. Bemerkenswert ist jedenfalls der versöhnliche Ton der „Elberfelder Zeitung", verglichen mit den konfessionell problematischen Beiträgen in den vorherigen Jahren.

Im „Rheinischen Kirchenblatt" schreibt Kolping: „Die Feier selbst gab wiederum ... Zeugnis, daß im hiesigen Volke noch viele gute, versöhnliche Elemente sich vorfinden, überhaupt das Publikum nicht so schwarz ist, als es von anderer Seite gern gemalt wird."[23] Die Ansprache wird so beschrieben: „Als der Redner, nachdem er die gegenwärtigen deutschen Männer aufgefordert, auf friedlichem, gesetzlichem Wege die angebahnte Freiheit und Einigkeit des deutschen Vaterlandes nach Kräften zu fördern – eine Dankespflicht gegen die Gefallenen –, dann einen Blick auf den Segen der Freiheit und Einheit warf, der dann das Vaterland beglücken werde, darauf die Hoffnung aussprach, daß dann vielleicht auch bald der Tag anbrechen werde, wo eine andere, noch bessere Freiheit und Einheit die gesamten deutschen Brüder an einen Altar führen werde, erglänzten die Tränen in vielen Augen."[24]

Kolping fügte also an die freiheitliche Vereinigung der deutschen Völker den Wunsch an, daß in ähnlicher Weise auch die konfessionelle Trennung in den christlichen Kirchen überwunden werden könnte, ein nicht alltäglicher Gedanke für die damalige Zeit.

---

[20] Elberfelder Zeitung vom 30. 3. 1848.

[21] Vgl.: Hermann Herberts (Anm. 7), S. 99-101. Kracht, S. 116, kennt diese Sekundärquelle und ordnet diese „Predigt" in das Unterkapitel „Kaplan" ein. Im Unterkapitel „Revolution 1848" werden dagegen nur Zitate aus der Reaktionszeit gebracht, die Kolpings Abscheu vor der „Revolution" dokumentieren sollen. Vgl.: a. a. O., S. 122-124. Ähnlich: Steinke, S. 95-96.

[22] Elberfelder Zeitung vom 30. 3. 1848.

[23] KS, Bd. 9, S. 138.

[24] A. a. O., S. 139.

5. Ein öffentlich geführter Streit

Man muß sich den Kaplan Kolping in einer rauhen Schale vorstellen, die andere Menschen abstoßen konnte. Jedenfalls geht dies aus einem im Sommer 1848 in der „Elberfelder Zeitung" öffentlich geführten Briefwechsel hervor. Dabei soll man sich vor Augen halten, daß es im vergangenen Jahrhundert an der Tagesordnung war, persönliche Fehden öffentlich auszutragen; in diesem Sinne war die gesamte Kirchengeschichte Deutschlands im 19. Jahrhundert von peinliches Diffamierungen begleitet.

Leider haben wir über den historischen Vorgang keine andere Quelle als die drei polemisch gefärbten Briefe. Folgendes läßt sich daraus entnehmen: Anlaß war die Beerdigung der ältesten Tochter des Gerichtsvollziehers Blum am 28. Juli 1848. Offensichtlich hatten sich mehrere junge Männer bereit erklärt, die Leiche zum Grabe zu tragen. Als Kolping davon erfuhr – es waren Mitglieder des katholischen Gesellenvereins darunter, dessen Präses er war –, sprach er sich dagegen aus, „vorgebend, die Junggesellen seien keine Totengräber", wie es in der Zeitung hieß. Er selbst ist dann bei der Totenfeier nicht zugegen gewesen.

„Mehrere Gemeindeglieder" von St. Laurentius nahmen sein Verhalten zum Anlaß, ihren gesamten Unmut über die Art des Kaplans, den sie „Kolpin" schrieben, in einem Leserbrief zum Ausdruck zu bringen. Dort heißt es:

„Wie rechtfertigt sich eine solche in blindem Eifer von Hochmut und Neid herbeigeführte Handlung eines Geistlichen? ... [Es] würde ... gut sein, wenn er sich befliß', seine allgemein bekannte Arroganz beiseite zu lassen; denn sonst, o weh der armen Gemeinde, wo er als Pastor einmal hinkommt!"[25]

Kolping schrieb darauf eine Erwiderung, die hier ausführlich zitiert sei, weil sie eine typische Reaktionsweise zeigt:

„Es ist unwahr, daß mehrere Mitglieder des katholischen Jünglingsvereins – er ist keine Bruderschaft – sich freiwillig erboten haben, das verstorbene Kind des Gerichtsvollziehers, H[errn] Blum, zu tragen. Herr Pfarrer Friderici stellt ebenfalls in Abrede, darauf eingewirkt zu haben, daß das fragliche Kind von genannten Junggesellen sollte getragen werden. Ich bin wirklich Präses des berührten Vereins und habe als solcher allerdings mit Entschiedenheit verweigert, daß von seiten des Vereins bei dem Begräbnisse des Kindes mitgewirkt werde. Die Gründe dazu, die jeder vernünftige Mensch leicht wird finden können, bin ich nur dem Verein gegenüber, dessen Interessen ich zu wahren habe, anzugeben schuldig. ...

---

[25] Elberfelder Zeitung Nr. 210 vom 31. 7. 1848.

Daß mein Eifer blind sei, wollen nun andere Leute gar nicht finden; [ich] kann aber nichts dafür, wenn das Feuer, das leuchten soll und wärmen, kommt man ihm allzu nah, brennt. Hochmut und Neid – worüber? – wird mir hier zum ersten Male vorgeworfen; [ich] weiß nicht, wie das eigentlich mit meiner Weigerung zusammenhängt. ... Ist nun meine Arroganz so allgemein bekannt, wie 'mehrere Gemeindeglieder' behaupten, fordere ich hiermit sie selbst wie alle, welche durch meine angebliche Arroganz Unrecht gelitten, auf, öffentlich zu sagen, wo ich mich derselben schuldig gemacht. Ich scheue das öffentliche Urteil nicht, wenn das auf vernünftigen Gründen ruht, bin ein Freund der offenen, unverhohlenen Wahrheit, wie alle wissen, die mit mir zu tun haben.[26] Was nun zum Schluß die künftige Gemeinde betrifft, kann es leicht möglich sein, daß solche Gemeindeglieder wie diejenigen, die mir die Ehre angetan haben, in der Elberfelder Zeitung zu figurieren – und wie! –, schwerlich mit mir nach Wunsch auskommen werden. Von mir kein Wort mehr!"[27]

Damit waren aber die angesprochenen „Gemeindeglieder" nicht zufrieden, und sie schrieben eine Replik, in der die Unversöhnlichkeit der Standpunkte deutlich zum Ausdruck kommt. Zur Frage der Freiwilligkeit des Angebots mehrerer Mitglieder des Gesellenvereins, die Leiche zu tragen, heißt es: „Die entgegenstehende Behauptung des Herrn Kaplans beruht auf Unwahrheit." Weiter wird behauptet, Kolping habe deswegen die Mitwirkung verweigert, „weil der Herr Pastor und nicht er zuerst hierum gefragt, ihm also nicht die Ehre gegeben wurde (Hochmut und Neid!!). ... Daß das Feuer des Herrn Kaplans, welches Licht und Wärme verbreiten soll, nur Verwüstungen anrichtet, ist gewiß traurig genug und bloße Schuld des Herrn Kaplans." Zum Schluß ist sogar von Kolping als einem Geistlichen die Rede, „dessen Seligkeit in seinem Eigensinn und der Durchführung seiner auf Starrsinn gegründeten Pläne liegt".[28]

Leider sind die Ankläger uns nicht bekannt, und wir wissen auch nichts über das Verhältnis Kolpings zu Herrn Blum, so daß ein „objektives" Urteil über diesen Streit nicht gefällt werden kann.[29] Klar wird aber, daß Kolping als Kaplan wegen seiner Eigenart umstritten war und daß er nicht bereit war, Konflikten aus dem Weg zu gehen.

---

[26] Kracht, S. 116, zitiert den Brief von „Ist nun meine Arroganz" an bis hierher mit folgender Einleitung: „Auf polemische Leserzuschriften [im Plural!] in der Elberfelder Zeitung reagierte Kolping mit einer einmaligen Stellungnahme:" Offensichtlich soll der Leser bewußt im unklaren gelassen werden über die Materie des Streites, bes. über Kolpings Verhältnis zur Wahrheit. Das angeführte Buch enthält eine ganze Reihe solcher Geschichtsklitterungen.

[27] Elberfelder Zeitung Nr. 212 vom 2. 8. 1848.

[28] Elberfelder Zeitung Nr. 216 vom 6. 8. 1848.

[29] Aus: Johann Gregor Breuer, Lebenserinnerungen. Manuskript im Besitz von August Schmitz-Teske, Wuppertal, S. 376-377, u. a., geht jedoch hervor, daß Kolping den katholischen Gesellenverein als sein persönliches Hoheitsgebiet ansah, in das der Pfarrer nicht hineinzuregieren hatte. Vgl.: Breuer, S. 204.

6. Zwei Briefe an Ignaz von Döllinger

Diese beiden Briefe wenden sich an Kolpings ehemaligen Lehrer für Kirchengeschichte in München und damaligen Paulskirchenabgeordneten. Der erste ist mehr ein Gelegenheitsbrief, der einem nach Frankfurt reisenden Kaufmann mitgegeben wurde. Er beweist die Hoffnungen, die man von katholischer Seite an das Frankfurter Parlament richtete. Der zweite Brief ist von beträchtlichem Umfang. Im ersten Teil schildert Kolping die Entstehungsgeschichte der beigefügten Broschüre „Der Gesellenverein"; nachfolgend beschreibt er ausführlich seinen Eindruck von den verschiedenen protestantischen Gemeinden in Elberfeld. Dies war gedacht als Freundschaftsdienst für seinen Lehrer, der solche Informationen gerne benutzte.[30]

7. Die Aufsätze im „Rheinischen Kirchenblatt"

Der erste Aufsatz Kolpings im „Rheinischen Kirchenblatt", „Ein Wort über Volksvereine und der 'katholische Jünglingsverein zu Elberfeld'", erschien im Januarheft 1848. Auch er ist relativ lang. Zu zwei Dritteln handelt er von dem protestantischen Vereinswesen im Wuppertal – interessanterweise wird dabei der evangelische Jünglingsverein nicht erwähnt –, und der letzte Teil ist die erste gedruckte Beschreibung des katholischen Gesellenvereins, der schon damals Kolping so sehr ans Herz gewachsen war, daß er mehr und mehr in dieser Gründung Breuers seine Lebensaufgabe erkannte.[31]

Die „Briefe von der Wupper" – es handelt sich nur um einen einzigen Brief – wurden im April 1848 geschrieben und haben mit höchster Wahrscheinlichkeit Kolping zum Autor. Dieses Dokument stellt eine ausführliche Schilderung der gesellschaftlichen Veränderungen im Wuppertal mit ihren teilweise katastrophalen sozialen Folgen dar. Vergleichbar ist es mit Teilen des „Gesellschaftsspiegels" von Moses Heß.[32]

Die dritte Veröffentlichung mit dem Titel „Der kath[olische] Jünglingsverein zu Elberfeld" trägt das Datum vom 9. Oktober 1848, sicher nicht zufällig derselbe Tag, an dem die revidierten und erstmals gedruckten Vereinsstatuten unterzeichnet worden sind.[33] Zweck des Aufsatzes ist es hauptsächlich, die Gründung von Gesellenvereinen auch an ande-

[30] Vgl.: KS, Bd. 2, S. 128-136. Vgl. auch: Ignaz von Döllinger, Die Kirche und die Kirchen, in: Historisch-politische Blätter 12 (1843) und 13 (1844); ders., Kirche und Kirchen, Papstthum und Kirchenstaat. Historisch-politische Betrachtungen, München 1861.
[31] Vgl.: KS, Bd. 3, S. 19-31.
[32] Vgl.: a. a. O., S. 32-41.
[33] Vgl.: a. a. O., S, 61, Anm. 10.

ren Orten, besonders in Köln, vorzubereiten. Deshalb werden die wichtigsten Einrichtungen des Vereins ausführlich beschrieben.[34]

8. Die Broschüre „Der Gesellenverein“

Die wichtigste Schrift Kolpings aus dem Jahre 1848 ist die Broschüre „Der Gesellenverein“. Diese Schrift gliedert sich in fünf Teile. Der erste, ausführlichste, schildert das Handwerksgesellenleben und das Leben junger Arbeiter, das ja Kolping aus eigenem Erleben bestens kannte. Den Gründen für die Verwahrlosung wird nachgegangen. Im zweiten Teil wird überlegt, wie man jungen Arbeitern einen „kräftigen moralischen Halt“, einen „Zufluchtsort“ bieten könne. Die Antwort lautet: Man richte an vielen Orten Gesellenvereine ein; dort solle mit den Gesellen Freud' und Leid geteilt werden. Derartige Vereine, bei denen die Fortbildung eine große Rolle zu spielen habe, sollen als „Volksakademie im Volkston“ wirken, und zwar unter der Leitung eines Geistlichen. Der dritte Teil zeigt anhand des Elberfelder katholischen Gesellenvereins, daß diese Idee nicht nur löblich, sondern seit zwei Jahren schon praktisch erprobt ist. Verschiedene Vereinsmerkmale werden hervorgehoben, und wieder wird die Gründung in anderen Städten angeregt. Der vierte Teil enthält die revidierten Statuten des Vereins, und der fünfte ist ein Aufruf Kolpings an die Vereinsmitglieder zu Tüchtigkeit, Brüderlichkeit und zu einem „kräftigen, lebendigen Christentum“.[35]

9. Ein Gutachten von Johann Gregor Breuer

Über Kolpings Wirken in Elberfeld ist noch eine spätere Quelle erhalten, die Lebenserinnerungen Breuers, die dieser im Alter von fast siebzig Jahren im Jahre 1889 zu schreiben begonnen hat. Einen breiten Raum nehmen dabei die Umstände ein, die zur Gründung des katholischen Gesellenvereins geführt haben. Kolpings Verhalten als Vereinspräses spielt dabei eine große Rolle. Innerhalb des Textes finden sich auch einige Aktenstücke aus früherer Zeit. Ein solcher Text soll nachfolgend teilweise im Wortlaut wiedergegeben werden. Es handelt sich um ein Gutachten, das Breuer im Februar 1879 für den Nachfolger Kolpings, Generalpräses Schäffer, auf dessen Anfrage hin verfaßt hat. Es ist eine sorgfältig ausgeführte Charakterschilderung zu Händen des ersten ausführlichen Kolpingbiographen.

---

[34] Vgl.: a. a. O., S. 41-44.
[35] A. a. O., S. 44-68, hier S. 52, 53, 56, 67.

„Während seine [Kolpings] etwas herbe, fast abstoßende Außenseite manche Gemeindeglieder anfänglich gegen ihn einnahm, erwarb er sich gerade dadurch, daß er weniger gefallen als in seinem priesterlichen Berufe Gott und den Menschen dienen wollte, bei solchen, die in irgendwelchen engeren Verkehr mit ihm traten, tiefe Verehrung. Es entsprach dem Ernst seines Gemütes, der ruhigen Besonnenheit und der Geradheit seines Charakters, in Annäherung und traulicher Herablassung vorsichtig zu sein und anderen nicht zu leicht und zuviel zu vertrauen.

Ein feiner gesellschaftlicher Ton, die sogenannte Turnüre, ging ihm ab, und man durfte ihn sogar in gewissen Beziehungen, namentlich Damen gegenüber, der Rücksichtslosigkeit zeihen. Aber unter der rauhen Schale lag ein edler Kern echter Religiosität und frommen Mitgefühles für die Leiden und Freuden anderer. Nach und nach gewann er sich bei allen, die ihn näher kennenlernten, trotz seiner Derbheit und wohl gerade wegen derselben Vertrauen und Zuneigung. Was ihn besonders zierte, war sein klarer Geist und seine gediegene wissenschaftliche Bildung. In seiner Eigenschaft als Religionslehrer am städtischen Gymnasium und besonders in seinen vortrefflichen Predigten gab er Zeugnis dafür. Wenn er unter den Aposteln ein besonderes Vorbild sich gewählt [haben würde], so wär' es ganz besonders der hl. Paulus.[36]

In Kolpings natürlicher Beanlagung [!] fanden sich alle die Eigenschaften glücklich vereint, die ihn befähigten zu dem großen Apostolate, wozu die Vorsehung ihn auserwählt zu haben scheint, zum Apostel der Handwerker, als welcher er mit Recht gerühmt und verehrt wird.

Wenn oben angedeutet wurde, daß er für die Geselligkeit und freundschaftliche Annäherung wenig Sinn zeigte, so darf daraus keineswegs gefolgert werden, als ob er sich grundsätzlich und mit Vorliebe zurückgezogen, vom öffentlichen und gesellschaftlichen Leben ferngehalten habe. Im Gegenteil: Wo immer sich ein Feld für seelsorgliche und gemeinnützige Tätigkeit ihm eröffnete, da war er mit ganzer Seele dabei. Die Elberfelder Gemeinde, die zweitgrößte der Erzdiözese Köln und damals von dem Gifte des Rongeanismus wenn nicht angesteckt, so doch bedroht, war trotz der höchst musterhaften Leitung durch den Pfarrer Friderici ein ebenso schwieriges wie ergiebiges Ackerfeld für ihre Priester.

Kolping erkannte manche Mängel, zu deren Beseitigung er mit Wort und Tat eintrat. Er liebte beispielsweise den Schmuck des Gotteshauses, und ihm verdankt die Gemeinde drei kostbare Ölgemälde als Altarbilder. Wenn sich seine Zwecke nicht immer oder nicht so, wie er es wünschte, realisierten, so lag die Schuld zumeist daran, daß er bei Er-

---

[36] Vgl. das von Breuer gedichtete „Kolpings-Lied", in: J. G. Breuer, Liederbuch für katholische Gesellen-Vereine, Elberfeld [11]1894, S. 41, 4. Strophe, wo ebenfalls Kolping mit Paulus verglichen wird.

strebung seiner Ziele mit zu wenig Rücksichtnahme auf Personen und tatsächliche Verhältnisse vorging und zu kategorisch verlangte, daß das, was er als gut und zweckmäßig erkannte, auch von anderen erkannt und ins Werk gesetzt werde. Mit besonderer Vorliebe hatte er die Herausgabe einer katholischen Wochenschrift unter dem Titel 'Sonntagsglocke' in Aussicht genommen, den Prospectus dazu geschrieben, Material gesammelt, etc., als verschiedene Erwägungen an maßgeblicher Stelle den Plan zu seinem größten Verdrusse scheitern machten.

Gleicherweise mißlang ihm die Gründung eines Vinzenz- und eines Piusvereines, obschon er durch wiederholte kernige Vorträge über die Not der Zeit und die Zweckmäßigkeit und Notwendigkeit jener Vereine die Beteiligten – in der 'Gesellschaft Parlament' – zur größten Begeisterung hingerissen hatte."[37]

Im folgenden Teil des Gutachtens geht Breuer – zum ersten Mal von seiner Seite – die Frage an, wie es zur Gründung des katholischen Gesellenvereins in Elberfeld kam und welche Rolle er bzw. Kolping dabei gespielt haben. Diese Ereignisse liegen in den Jahren 1846 und 1847. Über Kolping, der seit Juni 1847 Vereinspräses war, schreibt er:

„Ob nun zwar eine andere Hand die Zügel lenkte, der Verein blieb in seinem Wesen und Streben ganz und unverändert derselbe. Kolping fühlte sich je länger, je mehr zu den braven Gesellen hingezogen."[38]

In dem Begleitbrief zu dem Gutachten, den Breuer am 28. Februar 1879 an Schäffer richtete, hieß es darüber hinaus:

„Eine kurze Charakterzeichnung über Kolping, wie ich sie mir zur Klarstellung und richtigen Würdigung gewisser Tatsachen gestattet habe, ist zwar subjektiv, entspricht aber durchaus dem allgemeinen Urteil derer hier in Elberfeld, die Kolping gekannt und ihm nähergestanden haben. Vielleicht ist beim Retuschieren etwas zuviel geschehen; es war unverkennbar meine Absicht, das Bild zugleich wahr u[nd] schön auszuführen. Die Wahrheit steht mir obenan."[39]

Daß das Bild aus der Sicht Breuers wirklich geschönt ist, kann man anhand vieler Stellen in den später geschriebenen Lebenserinnerungen nachlesen. Verbitterung über die Hintansetzung durch Kolping ist immer wieder zu spüren, beispielsweise in dem folgenden Satz:

„Freilich hatte ich dazu auch den ... Fehler begangen, den Gesellenverein ohne jede Rücksprache mit ihm ins Dasein zu rufen."[40]

---

[37] Breuer, S. 175-177. Ein Hinweis auf die Bemühungen um die Bildung eines Piusvereins in Elberfeld hat sich erhalten in: RK 5 (1848), Nr. 28 vom 17. 9., [Sp. 6].

[38] A. a. O., S. 190.

[39] A. a. O., S. 214.

[40] A. a. O., S. 204. Tatsächlich hat sich Kolping als Gründer des Elberfelder Jünglingsvereins bezeichnet, so schon in einem Bericht über seinen Abschied in Elberfeld, in: Christlicher Stadt- und Landbote, Nr. 10 vom 18. 4. 1949, [S.2]: „Dieser Verein wurde durch Herrn Kaplan Kolping vor nicht ganz drei Jahren ins Leben gerufen." A. a. O., S. 208. Bis zu dem erwähnten Briefwechsel Schäffer – Breuer im Jahre 1879 war dann die Meinung fest veran-

10. Zusätzliche kleinere Informationsquellen

Vom Jahresbeginn 1848 sind zusätzlich noch zwei Dokumente erhalten, und zwar erstens das Gedicht „Tretet in die Fußstapfen der Heiligen“, zweitens das Zeugnis für das Mitglied des katholischen Gesellenvereins Martin Kohaupt, der zur sogenannten alten Garde zählte.[41]

Das Gedicht, offensichtlich eine Widmung, zeigt das gängige Heiligenbild, dem nachzueifern Kolping sich und die Person, der das Gedicht gewidmet ist, ermahnt:

> *„Wie Heilige müssen wir beten und leiden,*
> *Nicht feige den Kampf mit dem Bösen vermeiden,*
> *In Demut bewahren die Seele rein.“*[42]

Das Zeugnis für das Mitglied des Gesellenvereins ist eine Vorstufe für das spätere Vereinswanderbuch.[43] Es rühmt den Fleiß und die Hingabe des Mitglieds und wünscht ihm Gottes Segen.[44]

Das Protokoll der 7. Vorstandssitzung des Borromäusvereins in Bonn vom 11. April 1848 enthält u. a. die Unterschriften von Friderici und Kolping.[45] Bei dieser Sitzung ging es um die Gründung einer katholischen Tageszeitung.[46] In Elberfeld bestand seit dem 26. November 1847 ein „Hilfsverein“ vom hl. Karl Borromäus,[47] und den Abgeordneten der Hilfsvereine war eine entscheidende Stimme bei den Vorstandssitzungen zuerkannt.[48] Ob nun dem Pfarrer oder seinem Kaplan das Verdienst zukommt, in Elberfeld den Borromäusverein ins Leben gerufen zu haben, ist nicht mehr festzustellen, aber auch insofern weniger von Belang, weil in diesem Punkte sich die Interessen beider trafen.[49]

---

kert, Kolping habe den Elberfelder Jünglingsverein gegründet. Vgl. den Beitrag: „Der Streit um die Gründung des Elberfelder Gesellenvereins“, in diesem Band.

41 Vgl.: Jorde, S. 24.

42 KS, Bd. 1, S. 300. Das Original befindet oder befand sich im Pfarramt Bad Honnef.

43 Vgl.: KS, Bd. 4, S. 266-276.

44 Archiv der Deutschen Kolpingsfamilie, Köln, B 16.

45 Vgl.: Wilhelm Spael, Das Buch im Geisteskampf. 100 Jahre Borromäusverein, Bonn 1950, S. 365.

46 Vgl.: a. a. O., S. 80-82.

47 Die erste Sitzung protokollierte Kolping in seinem Tagebuch. Vgl.: KS, Bd. 1, S. 104-105.

48 Vgl.: Die Gründung und Thätigkeit des Vereines vom hl. Borromäus. Festschrift zum fünfzigjährigen Jubelfeste des Vereins am 30. Mai 1895, Bonn 1895, S. 143.

49 Vgl.: Wilhelm Spael (Anm. 45), S. 81. Danach haben sich besonders „hermesianische“ Pfarrer, zu denen Friderici zu rechnen ist, um diesen Verein verdient gemacht. Kolpings priesterlicher Freund Franz Xaver Dieringer war Vorsitzender des Vereins, und Kolpings Vorgänger in Elberfeld, Peter Kaspar Frings, hatte die Vereinsgeschäfte ein Jahr lang geführt. Vgl.: Jürgen Herres, Städtische Gesellschaft und katholische Vereine im Rheinland 1840-1870, Essen 1996, S. 150.

In das Jahr 1848 fällt noch eine weitere Begebenheit, von der Kolping möglicherweise gar nichts erfahren hat. Sie ist aus einem Bericht bekannt, in dem keine Quelle angegeben und dessen Autor verstorben ist.[50] Dennoch ist anzunehmen, daß der Autor die entsprechende Quelle in der Hand gehalten hat. Der Münchener Generalvikar Friedrich Windischmann, der Kolping von dessen Studienzeit her gut kannte,[51] hat demnach dem Limburger Bischof Peter Joseph Blum den Vorschlag gemacht, den Elberfelder Kaplan als Lehrer im Limburger Priesterseminar anzustellen. Anläßlich der Würzburger Bischofsversammlung im Herbst 1848 unterbreitete der Bischof diesen Vorschlag dem Kölner Erzbischof Johannes von Geissel, der ihn aber entschieden abgelehnt haben soll.

Im Zusammenhang mit der Verbreitung der Gesellenvereinsidee ist auch ein Besuch Kolpings in Hückeswagen zu sehen, der wohl in den Winter 1848/1849 fällt. Auf die damals elfjährige Kunigunde von Zuccamaglio hat Kolping solch „einen gewaltigen Eindruck" gemacht, daß sie später als verheiratete Frau Kampe darüber einen Bericht angefertigt hat.[52]

Unter den Zeugenaussagen, die in den zwanziger Jahren unseres Jahrhunderts zur Seligsprechung Kolpings erstellt worden sind, befindet sich die handschriftliche Aussage von Karl Kneib, damals Wirt in Köln-Longerich. Er gibt in der Hauptsache Erzählungen seines Vaters in einer so unkomplizierten Sprache wieder, daß an seiner Wahrhaftigkeit nicht gezweifelt werden kann. Sein Vater war Joseph Kneib aus Elberfeld, ein Mitglied der „alten Garde" des Elberfelder Gesellenvereins.[53] Über die uns interessierende Zeit heißt es:

„Der Verein wurde immer stärker und stärker, bis eines Tages der neue Präses zu den Gesellen sagte: Jetzt wollen wir mal einige Gesellen nach Köln schicken, ob die Kölner Gesellen nicht auch Lust und Liebe zu solch einem Verein hätten. Es wurden einige Gesellen gewählt, die das schwere Werk in Gang bringen sollten. Die Kölner kamen zusammen; es wurde ihnen erzählt, wie schön es in dem Elberfelder Gesellenverein sei, usw. Aber die Kölner hatten keinen Sinn dafür. Sie sagten: Wir werden ohne Verein fertig. Die Elberfelder Gesellen kamen zurück und sagten: Es ist nichts zu machen in Köln! ...

---

[50] Adolf Paulus, Berufung, Besoldung und Abgang der Lehr- und Verwaltungskräfte des Limburger Priesterseminars in der ersten preußischen Zeit (1866-1887), in: Archiv für mittelrheinische Kirchengeschichte 14 (1962), S. 239-257, hier S. 242.

[51] Vgl. u. a.: KS, Bd. 1, S. 87 und 100-101.

[52] Vgl.: Arno Paffrath, Montanus und Kolping in Hückeswagen, in: Romerike Berge 15 (1966), S. 137-141, hier S. 140. Vgl. auch: Kölnische Volkszeitung vom 27. 7. 1919.

[53] Vgl.: Jorde, S. 24. Joseph Kneib unterzeichnete auch am 14. 10. 1890 die gemeinsame Ehrenerklärung der „alten Garde" für Breuer. Siehe: a. a. O., S. 23.

Nach Monaten schickte Präses Kolping andere Gesellen nach Köln. Es wurde vorher tüchtig Propaganda gemacht; die Kölner kamen zahlreich. Die Elberfelder Gesellen berichteten den Kölnern, wie schön der Verein in Elberfeld jetzt sei, und sie legten den Kölnern warm ans Herz, doch auch solch ein [!] schöner Verein in Köln zu gründen. Die Kölner sagten: Wenn das so ist, wie ihr erzählt, dann laß[t] doch mal euren Präses hierher kommen. Freudestrahlend berichteten die El[berfelder] Gesellen ihrem Präses: Herr Präses, Sie müßten mal nach Köln kommen! Daraufhin ging Präses Kolping nach Köln."[54]

Diese Erzählung, deren erster Teil sicher in das Jahr 1848 fällt, der zweite in den Winter 1848/1849, macht anschaulich, was Schäffer schreibt: „Zweimal schickte Kolping Gesellen von Elberfeld aus nach Köln, damit sie dort als eine Art Éclaireurs wirkten."[55] Dort wird außerdem berichtet, daß Kolping sich an den Kölner Religionslehrer Christian Hermann Vosen um Vermittlung gewandt habe, der ja zugleich Redakteur des „Rheinischen Kirchenblatts" war.[56]

11. Folgerungen

Wenn man alles zusammennimmt, was über Kolping im Jahre 1848 dokumentiert ist, so läßt sich trotz der Zufälligkeit des überlieferten Materials ein recht gutes Bild über seine persönliche Situation erstellen: Das konfessionelle und soziale Umfeld beschreibt er selbst; man erhält Einblick in seine Tätigkeit als Prediger und erfährt, wie er in einer denkwürdigen Stunde der deutschen Geschichte eine verantwortungsvolle Ansprache hält. Darüber hinaus erleben wir ihn in einem Streit, der ihm sicher „unter die Haut gegangen" ist, und wir erhalten Zeugnis von seinen ersten größeren publizistischen Aktivitäten. Als wichtigstes Faktum erleben wir mit, wie er in dieser Zeit im Gesellenverein sich möglicherweise zum ersten Mal als Mensch und Priester voll bestätigt findet und darin seine Lebensaufgabe entdeckt.

Pfarrer Wollersheim hatte ihn zu Beginn des Jahres 1848 eindringlich ermahnt, in Elberfeld zu bleiben. Doch schon im zweiten Brief an Döllinger von Ende November erfährt man, daß er in Köln vorstellig geworden war, um dort eine Anstellung zu erhalten, in der er sich dieser

---

[54] Karl Kneib, in: Archiv der Deutschen Kolpingsfamilie, Köln, Zeugenaussagen.

[55] Schäffer, S. 92.

[56] Vgl.: a. a. O., S. 90-91. Breuer teilt dazu ergänzend mit, Dr. Vosen habe „kurz vor Kolpings Übersiedlung" nach Köln dort einen Gesellenverein gegründet, was diesen aber gar nicht erfreut habe; wollte er doch „eigentlich selber in Köln das erste Reis in den Boden" pflanzen. Vgl. den Beitrag: „Der Streit um die Gründung des Elberfelder Gesellenvereins", Anhang, in diesem Band. Vgl. auch: KS, Bd. 5, S. 391; Pius IX. 1 (1848), Nr. 19 vom 8. 11., [S. 1].

seiner Lebensaufgabe besser widmen könne.[57] Es müssen gewichtige Gründe gewesen sein, die ihn bewogen haben, den Rat des verehrten priesterlichen Freundes nicht zu befolgen.[58]

In der Kolpingbiographie von Schäffer liest man dazu: „[Es] tönte ihm dagegen der Ruf der Vorsehung in Ohr und Herz: Gehe hinaus aus der Stadt Elberfeld und schreite mutig, gottvertrauend und opfertätig wie ein Apostel durch das Land und lasse dein Wort, dein im edelsten Sinne agitatorisches Wort überallhin erschallen!"[59]

Möglicherweise schöpfte Schäffer bei seinen Ausführungen aus mündlichen Berichten Kolpings selbst. In diesem Sinne ist es durchaus möglich, daß Begriffe wie Vorsehung und Berufung sehr ernst gemeint sind, daß aber faktisch hierdurch andere Handlungsmotivationen Kolpings bewußt oder unbewußt verdeckt werden. So erscheint auch die Begründung, daß er „seine Wohnstätte nach einem der bedeutenden Zentren des Verkehrs verlegen müsse",[60] nur vorgeschoben zu sein; denn Elberfeld war als erste westdeutsche Stadt durch die Eisenbahn mit einer anderen großen Stadt, Düsseldorf, verbunden und seit 1845 auch mit Köln.[61]

Die eigentlichen Motive sind aber in Elberfeld zu suchen. Das kommt eindeutig aus folgendem im rheinischen Dialekt überlieferten Wort zum Ausdruck, das Kolping gegenüber Generalvikar Johann Anton Friedrich Baudri gesagt haben soll: „Hochwürdiger Herr, se müsse mich versetze, dat ess nix für mich, ich muß no Kölle!"[62] Die tägliche Seelsorgsarbeit ließ natürlich keine andere Tätigkeit in großem Stile zu. Das Verhältnis zu Friderici und zu Breuer spielte sicher auch eine Rol-

---

[57] Vgl.: KS, Bd. 2, S. 130-131.

[58] Vgl. die Widmung eines Gedichtbandes für Theodor Wollersheim, in: KS, Bd. 1, S. 212.

[59] Schäffer, S. 89. Schäffer bezeugt an anderer Stelle, Kolping habe ihm einmal gesagt, „zwei volle Jahre hindurch" habe ihn die Idee des Gesellenvereins „in seinem Seelenleben Tag und Nacht so verfolgt". In: Der Gesellenfreund. Beilage zu den RV 1896, Nr. 32 vom 9. 8., S. 249. Dieses indirekte Selbstzeugnis belegt die persönlichen Spannungen, in denen Kolping damals lebte.

[60] A. a. O., S. 90. Überhaupt wäre einmal systematisch den Ursprüngen von sog. Kolpinglegenden nachzuspüren, die oft, wie in diesem Falle, schon von Schäffer tradiert worden sind. Vgl. den Beitrag: „Zwei Kolpinglegenden aus Köln", in diesem Band. Hier gilt folgender Satz: „Ausschlaggebend ist letzten Endes die tatsächliche Bereitschaft, tiefverwurzelte Überzeugungen darüber, wie etwas in der Vergangenheit gewesen sein müßte, aufzugeben und diesen von jedem einzelnen Forscher stets neu zu leistenden Schritt auch als existentielle Herausforderung, der zu entsprechen keineswegs leicht ist, anzuerkennen." Christoph Weber, Familienkanonikate und Patronatsbistümer, Berlin 1988, S. 298.

[61] Vgl.: Wolfgang Hoth, Die Industrialisierung einer rheinischen Gewerbestadt, dargestellt am Beispiel Wuppertal, Köln 1975, S. 36.

[62] Frau Elisabeth Rudolphi, geb. Wirtzfeld, Köln, eine Nichte des damaligen Generalvikars Baudri, die seit 1857 bei diesem als Haushälterin beschäftigt war, schrieb diesen Satz im hohen Alter nieder. In: Archiv der Deutschen Kolpingsfamilie, Köln, Zeugenaussagen.

le.[63] Kolping sollte das „Glück“ haben, in der Zukunft nicht mehr so direkt einem Vorgesetzten unterstellt zu sein. Nicht zuletzt dürfte der Wunsch nach einer kirchlichen „Karriere“ ein Antrieb gewesen sein, der im normalen Seelsorgsalltag so nicht zu verwirklichen war.

Wenn schon für die meisten Berufsanfänger die erste Stelle mit Problemen und unvermeidlichen Mißerfolgen verbunden ist, so gilt dies sicher in besonderem Maße auch für Kolping. Er mußte erst als Elberfelder Kaplan in eine sicher oft nicht leichte Schule gehen, und ohne die dort gemachten Erfahrungen hätte es den Adolph Kolping, wie er in die Geschichte eingegangen ist, sicher nicht gegeben.

[63] Breuer bestätigt dies ausdrücklich: „Denen aber, die Kolping in jener Zeit nähergestanden haben, dürfte erinnerlich sein, daß er zunächst aus persönlichen Gründen von Elberfeld wegzukommen wünschte, weil durch eine offensichtliche Opposition, in welche er sich gegen seinen Pfarrer gesetzt hatte, seine Stellung als Kaplan dortselbst erschüttert war.“ Zitat aus dem Beitrag: „Der Streit um die Gründung des Elberfelder Gesellenvereins“, Anhang, in diesem Band. Kracht, S. 137, bagatellisiert die Spannungen zwischen Kaplan und Pfarrer, wenn er von letzterem sagt: „... zu dem Kolping aber keine persönliche Beziehung finden mußte, weil seine Stellung in Elberfeld ohnehin zeitlich begrenzt war“.

Der Streit um die Gründung des Elberfelder Gesellenvereins[1]

1. Einleitung

Seit über einem Jahrhundert hält eine auf den ersten Blick rein historisch anmutende Frage immer wieder viele Gemüter in Bewegung: „Wer ist der Gründer des Gesellenvereins zu Elberfeld?"[2] Aus den kleinen Anfängen dieses Elberfelder Vereins ist die größte katholische Standesorganisation in der zweiten Hälfte des 19. Jahrhunderts in Deutschland und in mehreren anderen Ländern erwachsen, der „Katholische Gesellenverein", der sich 1933 in „Kolpingsfamilie" und dann 1935 in „Kolpingwerk" umbenannt hat.

Anhand der uns überlieferten Dokumente aus der Zeit der Gründung in Elberfeld im Jahre 1846 und der Zeugenaussagen derjenigen, die diesen Vorgang mitgestaltet und miterlebt haben, kann die gestellte Frage mit völliger Eindeutigkeit beantwortet werden: Johann Gregor Breuer ist der Gründer des Vereins, und seine „Denkschrift"[3] ist die Gründungsurkunde des Verbandes.

Thema dieses Aufsatzes ist die komplizierte Rezeptionsgeschichte dieses historischen Faktums in der Öffentlichkeit, vor allem im Katholischen Gesellenverein/Kolpingwerk, die bis in die jüngste Zeit ihre Blüten getrieben hat. Aus der Zahl der Dokumente über den Gründungsvorgang sei eines hier vollständig zitiert, eine „Erklärung" der im Jahre 1890 noch lebenden ehemaligen Gesellen der ersten Stunde, die sich „alte Garde" zu nennen pflegten. Anhand dieses Textes können die Aussagen über die Vereinsgründung vor und nach 1890 ziemlich vorurteilsfrei begutachtet werden.

„Trotzdem der Herr Generalpräses Rektor Schäffer zu Köln in seiner Wochenschrift ‚Rheinische Volksblätter' (1879, Nr. 20 und 21) wie auch in seinem Werke über Adolph Kolping (Münster 1882) die fast allgemein adoptierte Meinung, Kolping sei der Stifter des Katholischen Gesellenvereins, als einen Irrtum bezeichnet und nachgewiesen hat, wird diese

[1] Zuerst erschienen in: Zeitschrift des Bergischen Geschichtsvereins 94 (1989/1990), S. 97-123. Vgl. dazu die Besprechung von K[laus] G[oebel], Deutsche Sozialgeschichte. Der echte Kolping, in: Frankfurter Allgemeine Zeitung, Nr. 60 vom 11. 3. 1992.

[2] Jorde, S. 16.

[3] KS, Bd. 3, S. 1-8.

irrige Meinung doch nach wie vor festgehalten und in unerklärlicher Weise vertreten.

Veranlaßt durch eine neuerlich in amerikanischen Zeitungen gepflogene gehässige Polemik, die Stifterfrage des Gesellenvereins betreffend, geben hiermit die Unterzeichneten, welche der sogen[annten] alten Garde angehören - wie Herr Generalpräses Schäffer die ersten und ältesten Mitglieder des Elberfelder Gesellenvereins zu nennen beliebt -, der Wahrheit gemäß die Erklärung ab, daß es wirklich ein Irrtum ist, den sel[igen] Vater Kolping, der sich um die Ausbreitung des Vereins allerdings unsterbliche Verdienste erworben hat, zugleich auch für den Stifter desselben zu halten. Bei der Begründung des ersten, des hiesigen katholischen Gesellenvereins hat Kolping unseres Wissens in keiner Weise mitgewirkt.

Der unterzeichnete Joseph Thiel sammelte im Sommer 1846, veranlaßt durch das Vorgehen der katholischen 'Gesellschaft Parlament' und eines Mädchen-Gesangchores (Mädchenverein), eine Anzahl Jünglinge, meist Handwerksgesellen, die er für eine gemeinsame Beteiligung an der Laurentiusprozession willig machte. Mit diesen jungen Leuten fand er sich zur Einübung der Prozessionsgesänge Mitte Juli 1846 in der Schule des Herrn Hauptlehrers Breuer ein. Dieser hieß uns willkommen, übernahm auch auf Thiels Wunsch die Leitung der Übungen und lud uns in der letzten Gesangstunde vor dem Feste freundlich ein, uns auch fernerweitig zur Ausbildung im Gesange regelmäßig jeden Freitagabend bei ihm einzufinden. Breuer wußte es so einzurichten, daß unsere Versammlungen bei ihm je länger, je mehr höchst gemütlich, unterhaltend und lehrreich für uns wurden. Daher mehrte sich unsere Zahl auffällig schnell. Der Gesang ward nach und nach mehr Nebensache, und belehrende Unterhaltung nahm die erste Stelle ein.

Nach wenigen Monaten machte uns Breuer mit seiner Absicht bekannt, uns zu einem förmlichen Verein zu organisieren. Angeregt durch verschiedene Mitteilungen aus dem Wander- und Herbergsleben der Gesellen, hatte er die Notwendigkeit eines solchen Vereins zur Fortbildung für einheimische und auswärtige Handwerksgesellen, besonders auch zum Schutze für jene, die, fern vom Elternhaus und von der Heimat, vielfachen Gefahren ausgesetzt sind, in einer Art Denkschrift begründet und zugleich ein vollständiges Statut entworfen, das die Überschrift trug: 'Statut des kath[olischen] Gesellenvereins zu Elberfeld'. Dies Statut samt der Denkschrift wurde im Entwurf uns vorgelesen und dankbar von uns angenommen.

Breuer legte besonderen Wert darauf und hat dies auch im Statut vorgesehen, daß mit der obersten Leitung des Vereins ein Geistlicher betraut werde, und so wählte der junge Verein aufgrund seines Statuts und auf Vorschlag von Herrn Breuer im November 1846 den Herrn Kaplan Steenaerts zu seinem Präses. Einige Wochen später, nachdem unser Verein auch in seinem Vorstande vollständig konstituiert war, erschien Herr Kaplan Kolping unter uns als Gast, und in dieser Eigenschaft wiederholte er öfter, in der Regel montags, seinen Besuch und erfreute uns mit höchst fesselnden, dankenswerten Vorträgen. Erst im Juni 1847, nachdem Steenaerts zum Pfarramt berufen [war] und Elberfeld verlassen hatte, trat Kolping durch Wahl des Vereins in den Vorstand und an die Spitze desselben.

Wir erklären der Wahrheit gemäß, daß von uns und von allen verstorbenen Mitgliedern der 'alten Garde' wie überhaupt von allen, die den hiesigen Gesellenverein in seiner ersten Entwicklungsperiode gekannt haben, stets Herr Hauptlehrer Breuer als eigentlicher Stifter des Vereins ist anerkannt worden.

Die in der ersten Zeit beliebte Änderung des Namens 'Gesellenverein' in 'Junggesellenverein' - auch Jünglingsverein - hatte in örtlichen, äußeren Verhältnissen ihren Grund und rührt nicht von Breuer, sondern vom ersten Präses Steenaerts her. Diese Namensänderung war und blieb indes auch ohne Einfluß auf das Wesen, Leben und Streben des Vereins.

Jedem das Seine: Lehrer Breuer die Ehre, aus eigener Initiative den Verein gestiftet und ihm in uneigennützigster Mühewaltung die erste Pflege und Förderung gegeben, Vater Kolping das Verdienst und den Ruhm, die Ausbreitung und Sicherstellung des von ihm erkannten Gotteswerkes zu seiner Lebensaufgabe gemacht zu haben!

Elberfeld, den 14. Oktober 1890"[4]

2. Erste Hinweise aus Kolpings Elberfelder Zeit

a.) Die erste Erwähnung über die Frage des „Gründers" ist die Vorankündigung von Kolpings Schrift „Der Gesellenverein. Zur Beherzigung für alle, die es mit dem wahren Volkswohl gut meinen",[5] im „Rheinischen Kirchenblatt", wo es heißt: „Der Gründer und Präses des Jünglingsvereins in Elberfeld, Herr Kaplan und Religionslehrer Kolping."[6]

---

[4] Jorde, S. 21-23. Es folgen zehn Unterschriften. Eine Abschrift des Textes ist ebenfalls erhalten in: Johann Gregor Breuer, Lebenserinnerungen. Manuskript im Besitz von August Schmitz-Teske, Wuppertal, S. 419-424. Darin sind mehrere Worte zusätzlich unterstrichen, und an einigen Stellen sind Abweichungen festzustellen, die wohl vom Abschreiben herrühren, aber den Sinn nicht ändern. Zusätzlich ist dort eine Bescheinigung über die Richtigkeit der Unterschriften durch den Elberfelder Beigeordneten Boodstein vom 7. 6. 1892 beigefügt. Zur Veranlassung der „Erklärung" vgl.: Vitus, S. 80-81, und unten, unter Nr. 7.

[5] KS, Bd. 3, S. 44-68.

[6] RK 5 (1848), Nr. 36 vom 12. 11., [Sp. 8].

b.) Eine erste, mehr ins Detail gehende Schilderung der Gründungsgeschichte liegt in dieser Broschüre „Der Gesellenverein" aus dem Spätherbst 1848 vor. Damals war Breuer einer der „Vorsteher" des Vereins.[7] Dort heißt es:

„Schon vor zwei Jahren nämlich traten hier in Elberfeld ein paar Geistliche, ein Lehrer mit einigen Arbeitern und Gesellen zusammen, berieten den in diesen Blättern angegebenen Plan, und die Ausführung ließ nicht lange auf sich warten. Da kein anderes Lokal zu haben war – besondere Mittel haben uns nie zu Gebote gestanden –, wurde um Benutzung eines Schulsaales gebeten, den man uns bereitwillig einräumte. ... Die Geistlichen befaßten sich zumeist mit den Vorträgen, den religiösen Stoff sonntags, den bürgerlichen montags behandelnd, wie ihn die Umstände nahelegten, wie er den Mitgliedern anzupassen schien. Der beteiligte Lehrer übernahm die Leitung des Gesanges, wobei ihm sonst noch vieles zu tun übrigblieb."[8]

Es würde sich lohnen, den auf den Seiten vorher in der Broschüre „angegebenen Plan" bis in die Wortwahl hinein mit Breuers „Denkschrift" zu vergleichen.

c.) Die nächste Erwähnung der „Gründerfrage" ist zu finden im „Christlichen Stadt- und Landboten": „Ein Abschied aus Elberfeld" berichtet über Kolpings Verabschiedung am 18. März 1849. Darin heißt es über den Elberfelder Gesellenverein u. a.: „Dieser Verein wurde durch Herrn Kaplan Kolping vor nicht ganz drei Jahren ins Leben gerufen."[9]

Dieser Satz hat zweimal ein literarisches Nachspiel gehabt. Das erste Dokument dazu ist ein Schreiben von acht Seiten, das in der Mitte der 1870er Jahre verfaßt worden ist. Die ungenannten Verfasser sind möglicherweise identisch mit den Unterzeichnern der „Erklärung" von 1890. Dort steht nämlich, um ein Beispiel für einen fast gleichlautenden Text zu bringen: „Lehrer Breuer die Ehre der Gründung und Vater Kolping die Ehre der Ausbreitung. Also jedem das Seine!"[10] Zu der hier interessierenden Frage heißt es:

„Die von einem Vereinsmitglied – Julius Martin - gehaltene Abschiedsrede, in welcher Kolping wiederholt als Vater des Vereins angeredet und begrüßt wurde, als Vater, der seine Handwerkssöhne als Waisen zurücklasse, machte einen unverkennbar tiefen Eindruck auf sein Herz, und weil sie sehr geeignet war, seinem Wirken in Köln Vorschub zu leisten, so wünschte er deren Veröffentlichung in der damaligen

---

[7] Vgl.: KS, Bd.3, S. 66, Anm. 13. Vgl. auch: Breuer, S. 174: Bei der Vereinskonstituierung wurde „mir der Titel 'Vorsteher' beigelegt, als welcher ich lebenslänglich im Verein fungieren sollte".

[8] A. a. O., S. 57. Die ersten Treffen fanden freitags statt.

[9] Nr. 10 vom 18. 4. 1849, [Sp. 2].

[10] Archiv der Deutschen Kolpingsfamilie, Köln, Manuskript „Es war Mitte Juli 1846 ..." [S. 7].

'Rheinischen Volkshalle'. Breuer vermittelte dies. Als er aber wenige Tage später den Artikel in veränderter Form und mit dem unwahren Zusatz, der Kolping die Gründung des Elberfelder Vereins zueignete, abgedruckt sah, wandte er sich an die Redaktion um Aufklärung und erhielt zurück, daß besagter Artikel, weil er zu lang gewesen, an Kolping zur Kürzung übergeben worden sei. Kolping behauptete, das Wort 'Gründer' sei irrtümlich hineingekommen, übrigens sei auch wenig daran gelegen.«[11]

Daß dieser Text neben eigenen Erfahrungen auch auf Erzählungen von Breuer beruht, zeigt ein Vergleich mit den entsprechenden Stellen aus dessen Lebenserinnerungen, wo der gleiche, auf einen Erinnerungsfehler zurückzuführende Zeitschriftentitel genannt wird. Dort heißt es ergänzend bzw. berichtigend:

„Bei nächster Gelegenheit interpellierte ich Kolping mündlich wegen des eingeschobenen Wortes 'Stifter', worauf er mir zurückgab: 'Sie legen ja doch keinen Wert darauf, und es ist Ihnen ja auch einerlei; aber mir kann es sehr nützlich sein.' Dabei blieb's. Später, es war bei einem Ausflug nach Heisterbach, kam Kolping, der mich an den Arm genommen, noch einmal auf jene ‚Stifterangelegenheit' zurück, gleichsam, als wolle er sich entschuldigen, daß er mir unrecht getan.«[12]

3. Kolpings weitere Äußerungen über die Elberfelder Gründungszeit

a.) Über die Gründung des Elberfelder Gesellenvereins hat dann Kolping Ende 1850 sich wieder geäußert. Dort heißt es:

„Es war um die Herbstzeit des Jahres 1845, als sich in Elberfeld einige dreißig junge Männer mit der Bitte an die Geistlichkeit wendeten, für die ledigen jungen Männer der Gemeinde doch eine Bruderschaft zu errichten, der sie selbst dann sofort beizutreten wünschten. Es waren meist Handwerksgesellen. Wie sehr eine solche Aufforderung auch freuen mußte, wich dies Vorhaben doch einem anderen Vorschlage, der bei einer freundlichen Besprechung über den Bruderschaftsplan gemacht wurde, ein Vorschlag, welcher die Idee des Gesellenvereins wie im Keime einschloß. Wer den Vorschlag machte, weiß ich nicht mehr; kurz, er lautete dahin, ein gesellschaftliches Leben unter gleichgesinnten jungen

[11] A. a. O., [S. 6-7].

[12] Breuer, S. 208. Zu dem Gedenken an die Gründungszeit in Heisterbach vgl.: RV 3 (1856), Nr. 28 vom 12. 7., S. 444; Jorde, S. 40.

Leuten anzubahnen, was so recht eigentlich unter ihnen fehle und doch so sehr nottäte."[13]

An diesem Text fällt zunächst eine für Kolping untypische, undifferenzierte Ausdrucksweise auf; berichtet er doch über Dinge, die er möglicherweise nur am Rande mitbekommen hatte. Die Vorstufe des Vereins, den Gesellenchor, nennt er gar nicht. Mit dem Plan einer Bruderschaft scheinen sich anfangs einzelne Gesellen an die Geistlichen gewandt zu haben; er ist aber sofort fallengelassen worden, so daß Breuer damals diese Episode gar nicht zur Kenntnis gekommen ist.[14] Bei dem „anderen Vorschlage" kann es sich nur um die Denkschrift Breuers handeln. An eine diesbezügliche „freundliche Besprechung" mit Kolping kann sich aber dieser nicht erinnern. Von der ersten Zeit nach der Überreichung der Schrift an den Schutzvorstand sagt er nämlich: „Meine Denkschrift war und blieb gleichsam eine Stimme des Rufenden in der Wüste."[15]

b.) Ein Jahr später, am 6. Oktober 1851, sprach Kolping auf der Generalversammlung des Katholischen Vereins Deutschlands in Mainz. Auch hier ist zuerst von dem Bruderschaftsplan die Rede, und von einem Gespräch zwischen Kaplänen und Gesellen heißt es:

„Denkt euch einmal, sagten wir zu ihnen: Die Bürger haben sich ein Kasino gemacht; wie wär's, wenn wir unter uns auch ein Kasino machten? Ich bin auch ein Handwerker gewesen, habe zehn Jahre in dem Kram gewirtschaftet und weiß schon, wo euch der Schuh drückt. Darnach griffen sie mit beiden Händen. Am Sonntagabend darauf kamen einige dreißig junge Leute in einem Schulzimmer zusammen. Auch ich kam mit meinem Freunde dazu, und nun besprachen wir uns gegenseitig, wie wir unsere Sache wohl einrichten möchten."

Kolping erzählte dann von den abendlichen Treffen mit den Gesellen und von einem Ausflug: Ein junger Bursche „meinte, ob's nicht schön wäre, wenn alle untereinander Bruderschaft machten. Ich hatte begreiflich nichts dagegen. ... Und weiter dachte ich mir – das war aber eigentlich damals nur ein Traum: Wie wär's, wenn man diese jungen Männer, die Mut hätten, brav zu sein ..., wenn man die zusammentäte in einen Verein?"[16]

Zu berücksichtigen ist, daß Kolping eine Werberede gehalten hat, die übrigens einen durchschlagenden Erfolg hatte, und deshalb können die

[13] KS, Bd. 3, S. 102-103. Karl-Heinz Vogt, Katholische Arbeiterbildung und Kirchlichkeit der katholischen Arbeiterschaft Deutschlands im 19. Jahrhundert. Ein Beitrag zur Genese der kirchlichen Erwachsenenbildung, phil. Diss. Bonn 1978, S. 153, fiel auf, daß dieses Zitat Kolpings „eine ganz andere Entstehungsgeschichte" des Elberfelder Gesellenvereins beinhaltet.

[14] Vgl.: Breuer, S. 179.

[15] A. a. O., S. 173.

[16] KS, Bd. 3, S. 257-258. Hingewiesen sei hier auf: a. a. O., S. 256, Anm. 2, wonach zwei offensichtlich voneinander unabhängige Mitschriften das von Kolping gesprochene Wort in diesem Falle gleichlautend wiedergeben.

hier angeführten Sätze kaum zur historischen Klärung der Gründungsgeschichte beitragen. Die Tendenz Kolpings, sich selbst die Idee zur Gründung des Vereins zuzuschreiben, ist aber unverkennbar.

c.) Am 29. April 1852 sagte Kolping in ganz ähnlicher Weise: „Im Jahre 1845 und 1846, bevor noch die eigentlichen Geschwüre der Menschheit zum Aufbruch gediehen, da kamen Gesellen und sagten: 'Hört, so, wie es jetzt geht und steht, taugt's nichts; wir müssen uns zusammentun.' Und wer noch einen Funken Gefühl hatte, der mußte mitschaffen. Diese Leute sind zu mir gekommen, und ich habe ihnen zugerufen: 'Laßt uns tun, was wir können!' Und wir haben ein Kasino, eine Gesellschaft zusammengebracht."[17]

d.) Die Erzählung, daß sich die Gesellen an den Pfarrklerus gewandt haben, findet sich auch in einem Aufsatz Kolpings vom Jahre 1854. Dort heißt es:

„In einem Schulzimmer wurden die Zusammenkünfte an den Sonn[tag]- und Montagabenden gehalten, die um so lieber besucht wurden und um so segensreicher wirkten, als die äußere Form jeden unnötigen Zwang ausschloß und die Gegenstände der Unterhaltung und Belehrung aus dem wirklichen, praktischen Leben genommen und auf die gegebenen Verhältnisse angewendet wurden."[18]

e.) Aus dem Jahre 1858 ist der Bericht über eine Rede Kolpings in Breslau überliefert, in dem es heißt:

„Nachdem ... er weiter jede Zumutung, als wäre der Verein sein Werk, demütig abgewiesen, indem er nur umhergegangen und zugesehen, wie unter dem Segen Gottes das Werk gewachsen sei, fuhr er fort: 'Ich habe den Verein klein und unscheinbar entstehen sehen.'"[19]

f.) Im Jahre 1863 veröffentlichte Kolping die „Statistik des Gesellenvereins zu Elberfeld", geschrieben wohl vom damaligen Präses Heinrich Klösgen. Dort heißt es:

„Der Verein wurde gegründet am 26. August 1846, wo 46 Gesellen, die schon einige Zeit vordem zusammengetreten waren, sich zuerst unter die feste Leitung der Pfarrgeistlichen stellten. Erster Präses desselben wurde der damals erste Kaplan hierselbst, J[oseph] Steenaerts; ihm folgte Mitte des Jahres '47 Kaplan Ad[olph] Kolping, der sich bis dahin schon als Vizepräses des Vereines mit besonderer Vorliebe angenommen hatte."[20]

---

[17] A. a. O., S. 318. Das Datum der Rede ist a. a. O., S. 317, falsch angegeben.
[18] KS, Bd. 4, S. 107.
[19] A. a. O., S. 335. Vgl.: Breuer, S. 194-195, wo diese vermeintliche Demutshaltung gekennzeichnet wird.
[20] Mitteilungen 1,1 (1863-1871), Sp. 26.

Das hier angegebene Gründungsdatum ist zu früh angesetzt. Einen Vizepräses gab es nicht; wohl hat Kolping „zu Steenaerts's Zeiten ... kernige Vorträge aus dem Handwerkerleben"[21] im Verein gehalten.

4. Berichte von Freunden Kolpings

a.) Ein publizistisch sehr reger Freund Kolpings, Theodor Stumpf aus Koblenz, schrieb 1858 in der Leipziger „Illustrirten Zeitung" nieder, was er von der Elberfelder Gründungszeit wußte:

In Elberfeld „war es, wo im Winter 1845/46 einige katholische Handwerksgesellen, die in der religiös aufgeregten Zeit – Joh[annes] Ronge war aufgetreten – das Bedürfnis fühlten, sich enger aneinander zu schließen, auf ihrem Wege zum ersten Kaplan, mit dem sie sich über die Gründung einer religiösen Bruderschaft beraten wollten, zufällig zu Kolping gerieten. Mit richtigem Blicke erkannte er alsbald, was denen nottue, und schlug ihnen vor, eine Art Gesellenkasino zu errichten, wo sie abends Unterkommen, gemeinsame Unterhaltung und Belehrung finden könnten. Man besprach die Sache dann auch mit dem hinzugekommenen ersten Kaplan, und die einigermaßen überraschten Gesellen erklärten, sich alles überlegen zu wollen. In der Tat erschienen sie nach einiger Zeit wieder und zeigten sich entschlossen, den Vorschlag auszuführen. Es waren 40 bis 50, mit denen der Anfang gemacht wurde. Das Präsidium übernahm vorläufig der erste Kaplan, da Kolping glaubte, sein Aufenthalt in Elberfeld werde nicht von langer Dauer sein. Doch kam es anders: Jener wurde versetzt, und Kolping rückte in seine Stelle ein, auch bei den Gesellen. Der Verein gestaltete sich nun rasch. Es war ihm ein Schullokal überlassen worden. Dort sorgten die Geistlichen für Unterhaltung und Belehrung durch angemessene Vorträge, Lehrer unterrichteten im Gesang."[22]

Wie andere biographische Details in dem Beitrag von Theodor Stumpf, so scheint auch diese Erzählung auf Kolpings eigenen Äußerungen zu beruhen, zumal sie sich in vielen Einzelheiten mit dessen oben angeführten Texten deckt. Jedenfalls schildert die „Erklärung" der „alten Garde" und alles, was Breuer darüber niedergeschrieben hat, einen völlig anderen Verlauf der Ereignisse. Hingewiesen sei hier nur darauf, daß die eigentliche Gründungsphase viel kürzer war, als sie hier und sonst immer wieder angegeben wird: von Fronleichnam, dem 11. Juni, bis zum 8. November 1846, als Kaplan Steenaerts zum Präses gewählt worden ist.[23] Die eigenartige Begründung dafür, daß Kolping nicht erster Ver-

---

[21] Jorde, S. 29-30. Vgl. Breuer, S. 201.

[22] Illustrirte Zeitung, 1858, Nr. 801 vom 6. 11., S. 291. Man beachte den Plural bei „Lehrer".

[23] Vgl.: Jorde, S. 9-10 (Fronleichnam) und S. 15, wo der 8. 11. 1846 angegeben wird.

einspräses geworden ist, stimmt mit dem Bericht Breuers nicht überein, daß erst nach der Wahl von Kaplan Steenaerts Kolping die Vereinsidee in der Form der „Denkschrift“ kennengelernt habe.[24]

b.) Wenn man die ausführlicheren Nachrufe auf Kolping nach dessen Tode auf die uns interessierende Fragestellung hin durchschaut, so kehren darin die Erzählungen, die wir von ihm und von Theodor Stumpf kennen, immer wieder. Immerhin wird dabei an einer Stelle auch Breuer erwähnt:

„Kolping griff mit seiner ganzen Lebendigkeit bei dieser Sache mit an, während er an seinem Konfrater und an einem tüchtigen Schullehrer eifrige und geschickte Hilfe fand.“[25]

c.) Der Berliner Bonifacius-Kalender, geschrieben von Kolpings Freund Eduard Müller, bringt noch zusätzliche, bisher „unbekannte“ Details aus der Gründungsgeschichte:

„So mochte er [Kolping] etwa sechs Monate segensreich gewirkt haben, als einige junge Leute der Pfarre, meist Handwerksgesellen, vom Rongespektakel bitter verletzt, den Wunsch äußerten, daß für die ledigen jungen Männer der Gemeinde eine besondere Bruderschaft gegründet würde. Indem nun Kolping nachdachte, wie jenem Antrage entsprochen und ein solcher Verein am zweckmäßigsten eingerichtet werden könnte, trat ihm wieder das ganze Elend und [die] Verderbnis, was er früher im Handwerkerstande kennengelernt, recht lebhaft vor die Seele. Er ließ diese jungen Leute mit ihren Freunden nun fleißig sonntags auf seiner Stube zu freundschaftlicher Besprechung sich einfinden. Bei solcher Unterhaltung stellte es sich heraus, wie es vorläufig besser sei, nicht eine eigentliche Bruderschaft zu bilden, sondern zunächst ‘ein gesellschaftliches Leben unter gleichgesinnten jungen Leuten anzubahnen; denn was so recht eigentlich unter ihnen fehle, das sei die Gelegenheit, daß die Guten sich in Freundschaft zusammenfinden, wobei das gemeinsam Kirchliche nicht ausgeschlossen sei’.

Man nahm seinen Vorschlag an, und so entstand in der Kaplanswohnung zunächst der ‘katholische Jünglingsverein von Elberfeld’, der aber, wie Kolping selbst sagt, ‘die Idee des Gesellenvereines wie im Keime einschloß’, der bald in die Schulstube u[nd] dann in ein besonderes Lokal übersiedelte. Statuten wurden vorerst keine entworfen, da Kolping mit Recht der Ansicht war, daß nur das als Statut und Regel aufgestellt werden dürfe, was sich zuvor durch Erfahrung als praktisch erwiesen

[24] Vgl.: Breuer, S. 174.

[25] Kalender für das katholische Volk 1867, Köln 1866, S. 18. Nach: Franz Josef Wothe, Adolf Kolping als Seelsorger, Köln 1948, S. 22, war Ch. H. Vosen Autor dieser Kurzbiographie.

habe. Erst am 9. Oktober 1848, nachdem der Verein bereits drei Jahre bestanden hatte, wurden dieselben festgestellt u[nd] angenommen.“[26]

Breuer hat diesen Text gekannt: Der Text ist „in bezug auf den Gesellenverein im grellsten Widerspruch zur Wahrheit ... und von A bis Z erfunden, erdichtet, um nicht zu sagen, erlogen. ... Ich aber sage: So viele Sätze hier im Kalenderbericht, so viele Unwahrheiten! Und gottlob! Manche leben noch, die den wahren Sachverhalt kennen, weil sie von Anfang an dabei waren: Alle müssen und werden mein Zeugnis und Urteil bestätigen.“[27]

Daß Kolping „auf seiner ersten Station in Elberfeld 1846 den ersten Gesellenverein gründete“[28] bzw. daß er der „Gründer der katholischen Gesellenvereine“[29] war, war demnach im allgemeinen Bewußtsein so selbstverständlich, daß der später ausbrechende „Streit um die Gründung“ erst dadurch erklärbar ist, weil diese angebliche Selbstverständlichkeit angezweifelt, ja negiert worden ist.[30]

5. Erste Gegendarstellungen über das Gründungsgeschehen

Die mannigfaltigen Wiederholungen, Kolping habe den Elberfelder Gesellenverein gegründet, sollen hier nicht im einzelnen aufgeführt werden, sondern nur solche Dokumente, in denen der „Streit um die Gründung“ erstmalig aufleuchtet.

a.) Von einem ersten Dokument dieser Art aus dem Jahre 1867 berichtet Breuer: Der damalige Elberfelder Präses Klösgen habe in einer Eingabe an die königliche Regierung zu Düsseldorf vom 28. Februar 1867 geschrieben: „A[dolph] Kolping war es, der den Gedanken, zur Aufbesserung der sozialen Zustände in dieser Weise zu wirken, zuerst gehabt“, und in einem weiteren Schreiben habe er formuliert: „Der hiesige Gesellenverein, von Kolping, welcher damals als Kaplan an der hie-

---

[26] Berliner Bonifacius-Kalender 5 (1867) von Eduard Müller, Berlin 1866, S. 137-138. Die nicht ganz wörtlich wiedergegebenen Kolpingzitate stammen aus dem Jahre 1850 und wurden oben besprochen.

[27] Johann Gregor Breuer, Lebenserinnerungen (Anm. 4), S. 391 und 393.

[28] Der Katholik 45 (1865), Bd. 2, S. 758.

[29] Medailleninschrift in: Bernhard Höhner, Eine Kolping-Medaille aus dem Jahre 1855, in: Kerpener Heimatblätter 4 (1981-1985), S. 143-148.

[30] Breuer, S. 195: „Den Irrtum in der quäst[ionierten] Stifterfrage hat unzweifelhaft an erster Stelle Kolping selbst veranlaßt, und zwar dadurch, daß er sich nie über den wirklichen Hergang ausgesprochen, vielmehr die Welt in dem Glauben belassen hat, der Gesellenverein sei von Haus aus sein eigenstes Werk. ... Daß Kolping Wert darauf legte, als Stifter des Vereins zu gelten, ist gewiß.“ Johann Gregor Breuer, Lebenserinnerungen (Anm. 4), S. 385: „Ebensowenig ist mir bekannt geworden, daß Kolping jemals meiner Erwähnung getan und in bezug auf die Stiftung etc. meinen Namen genannt habe. ... Kolping ... wußte, was ich von Anfang an dem Vereine war und für denselben getan.“

sigen Pfarrkirche angestellt war, im Jahre 1846 gegründet, ist der erste von allen gewesen." Der Schutzvorstand, der diese Schreiben zu unterzeichnen hatte und der „zum Teil aus Mitgliedern der 'alten Garde'" bestand, habe in dem ersten Schreiben das Wort „gehabt" durch „aufgegriffen" ersetzt und in dem zweiten Schreiben die Stelle von „von Kolping" bis „gegründet" gestrichen, „weil an beiden Stellen eine Unwahrheit behauptet sei".[31]

b.) Aus dem Jahre 1871 ist ein Gedicht von Wilhelm Herchenbach aus Düsseldorf zu Breuers 25jährigem Hauptlehrerjubiläum vom 6. Juni erhalten, das auf die „Stifterfrage" Bezug nimmt. Daraus sei zitiert:

„Wir armen Handwerksburschen zogen
Die Straßen kreuz und quer.
Am Körper und am Geist betrogen,
Ward uns das Dasein schwer. ...

Da hast du freundlich uns umschlungen;
Wir blieben nicht allein.
Du riefst, wir kamen ungezwungen,
Zu stiften den Verein,

Der jetzt als Baum mit vielen Zweigen
Sich strecket übers Land.
Daß du der erste warst im Reigen,
Ist wenig noch bekannt.

Doch schmälert dein Verdienst ja nimmer,
Daß dies die Welt nicht weiß."[32]

c.) Aus dem Jahre 1871 datieren weitere Dokumente aus Elberfeld. Aus Anlaß des 25jährigen Bestehens des Elberfelder Gesellenvereins hat Breuer einen Aufruf „an die katholischen Gesellenvereine in und außer Deutschland" erlassen, in dem er um Spenden für das Fest in Elberfeld und für das neu zu bauende „Mutterhaus" bat. Darin schrieb er: „Der Unterzeichnete hat ganz besondere Ursache, sich darüber zu freuen, und

---

[31] Breuer, S. 211.

[32] Fritz Jorde, Johann Gregor Breuer. Ein Lebensbild, Elberfeld 1897, S. 40. Vgl. auch das am gleichen Tag von Eduard Liesegang vorgetragene Gedicht, wo von Breuer und Gesellenverein gesagt ist: „Doch er ist's, der ihn schuf, er ganz allein!" In: Gesellschaft Parlament. Mittwoch, den 30. September 1896: Abschieds-Feier zu Ehren unseres aus Elberfeld scheidenden Ehrenpräses Herrn Hauptlehrer a. D. Johann Gregor Breuer, [S. 3]. Liesegang war mit Breuer verwandt und in der ersten Zeit Lehrer im Elberfelder Gesellenverein.

Abb. 6: Die „Stifter" des Elberfelder Gesellenvereins in einem Bild vom 14. September 1873 (Quelle: Archiv der Deutschen Kolpingsfamilie, Köln)

zwar wegen alter Verwandtschaft und herzlicher Zuneigung zum Vereine."[33]

Die Urkunde zur Grundsteinlegung des neuen Gesellenhauses vom 18. September 1871, in der u. a. die Herren Pfarrer Friderici, Pfarrer Steenaerts, Generalpräses Schäffer und der Schutzvorstand des Elberfelder Gesellenvereins als anwesend bezeichnet werden, lautet an der uns interessierenden Stelle:

„Nachdem im Jahre 1846 auf Wunsch einiger katholischer Handwerksgesellen, welche in Anbetracht der Gefahren, die zumal hier in Elberfeld die unerfahrene Jugend bedrohen, das Bedürfnis einer Vereinigung zum Zwecke der Abwehr von Verführung und der gegenseitigem Aneiferung im Guten erkannt, durch die Initiative des Herrn Lehrers Johann Gregor Breuer und in dessen Schullokal Grünstraße dahier der katholische Gesellenverein sowohl zu dem vorgenannten Zwecke als auch, und zwar hauptsächlich, zur religiös-sittlichen wie technischen Ausbildung und Vervollkommnung seiner Mitglieder ist gegründet worden, ..."[34]

Diese Stelle ist die erste schriftliche, in der öffentlich, nach einem Vierteljahrhundert, Breuer als Gründer anerkannt worden ist.

d.) Der Präses des Wiener Gesellenvereins, Anton Joseph Gruscha, berichtet drei Jahre später von seinem Besuch in Elberfeld: „Der liebe, treue Freund Kolpings, Herr Lehrer Breuer, der mit ihm den Verein gegründet, lehrt noch in jenem Schulzimmer. Von ihm erbat ich mir als Schüler Kolpings - das sind doch die Gesellenpräsides alle, ob unmittelbar oder mittelbar, unter ihrem Meister - Papier und Feder und schrieb auf der Schulbank einen warmen, eiligen Gruß nach Wien."[35]

e.) In einem der nächsten Jahre ist auch ein achtseitiges Schriftstück verfaßt worden, das aus dem Kreis der Elberfelder „alten Garde" stammt und zum ersten Mal schriftlich Details des wirklichen historischen Ablaufs festhält.[36]

6. Schäffers Auseinandersetzungen mit der Gründerfrage

a.) Kann man alles, was bis etwa 1878 über die „Stifterfrage" veröffentlicht worden ist, unter den Stichworten „Behauptung" und „Gegenbehauptung" subsumieren, so änderte sich diese Situation im Frühjahr 1879. Schäffer, Kolpings Nachfolger als Generalpräses, hatte sich darangemacht, eine Biographie Kolpings in den „Rheinischen Volksblättern"

---

[33] RV 18 (1871), Nr. 33 vom 19. 8., S. 526-528, hier S. 526.
[34] A. a. O., Nr. 40 vom 7. 10., S. 626-627, hier S. 626.
[35] RV 21 (1874), Nr. 29 vom 18. 7., S. 454.
[36] Siehe Anm. 10.

zu veröffentlichen, und erbat sich von ehemaligen Zeugen Dokumente und Erinnerungen. So berichtet Breuer:

„Im Februar 1879 schrieb mir Herr Generalpräses Rektor Schäffer aus Köln, daß er ein wahrheitsgetreues Lebensbild über Kolping und sein Wirken herzustellen beabsichtige, und er bat mich, ihn durch Gestellung geeigneten Materials, namentlich aus Kolpings Elberfelder Zeit, zu unterstützen."[37]

Am 28. Februar und am 10. März 1879 sandte Breuer den ersten Teil seines Elaborats an Schäffer.[38] Gutachten und Begleitbriefe stellen zum ersten Mal detailliert aus der Sicht des damaligen Hauptbeteiligten die Gründungsgeschichte dar, und Breuer bekräftigt: „... und ich besiegele die Wahrheit desselben mit meinem Tode."[39]

Am 4. März 1879 schrieb Schäffer an Breuer: „Pastor Steenaerts hat mir auch seine Reminiszenzen zugehen lassen."[40] Dieser hatte sich vorher auch an Breuer gewandt, und der hatte ihm am 14. Februar 1879 geantwortet.[41] Von diesen „Reminiszenzen" hat sich nur ein Passus als Zitat bei Breuer über das harmonische Leben und Treiben in der Anfangszeit erhalten, den Schäffer inhaltlich übernommen hat.[42]

Schäffer hat ebenfalls einen Bericht von Joseph Thiel erhalten.[43] Diesen Bericht nennt Breuer zweimal, einmal bestätigend und einmal verbessernd.[44] Darin wird gesagt, „weder Breuer noch Steenaerts noch Kolping dürfe man Gründer nennen; der Ges[ellen]v[erein] sei von selber entstanden"; aber auch: „Breuer war unser erster und größter Wohltäter."[45]

Eine vierte Beschreibung, die Schäffer zugegangen ist, ist ein langes Gedicht von Fritz Kamp.[46]

Offenbar dauerte es eine geraume Zeit, bis alle diese Berichte in Köln eingetroffen waren und bis Schäffer sie in seiner Biographie verarbeiten konnte; denn vier Wochen lang, von Mitte April bis Mitte Mai 1879, erschien kein weiterer Abschnitt der Kolpingbiographie.

---

[37] Breuer, S. 174.

[38] A. a. O., S. 213-221. Der Text des Gutachtens findet sich: a. a. O., S. 174-193, teilweise abgedruckt in: Mitteilungen 3 (1896-1907), Sp. 106-110, 119-122.

[39] A. a. O., S. 215.

[40] A. a. O., S. 216.

[41] Breuer an Pfarrer Steenaerts, Abschrift in: Archiv der Deutschen Kolpingsfamilie, Köln, C 32.

[42] Im Anhang unten abgedruckt unter Nr. 4. Vgl. RV 26 (1879), Nr. 22 vom 31. 5., S. 339.

[43] RV, a. a. O., Nr. 20 vom 17. 5., S. 310. Vitus, S. 48, der eine Abschrift von Thiels Bericht vom 14. 2. 1879 in Händen hatte, sagt dazu: „Thiels Bericht ist nicht frei von schweren Irrtümern; so behauptet er z. B., Kolping sei der erste Präses gewesen."

[44] Vgl.: Breuer, S. 196.

[45] Johann Gregor Breuer, Lebenserinnerungen (Anm. 4). S. 375; Archiv der Deutschen Kolpingsfamilie, Köln, C 7, S. 305.

[46] RV 26 (1879), Nr. 23 vom 7. 6., S. 358-360.

Das Aha-Erlebnis, das diese vier Berichte bei Schäffer ausgelöst haben, kann man in folgenden Zeilen noch nachlesen:

„Vorerst und vor allem gilt es jetzt, einen weitverbreiteten Irrtum, dem fast alle bisherigen Biographen Kolpings unterlagen, zu berichtigen. Die bisher fast allgemein adoptierte Meinung ist die, Kolping habe in Elberfeld den Jünglingsverein gestiftet und aus diesem sei der Junggesellen- und in weiterer Folge der Gesellenverein entstanden. Es machte sich das so natürlich, und es verstand sich gewissermaßen so von selbst, daß man fest annahm, Kolping sei nach Elberfeld gegangen mit dem in seinem Geist nach allen Seiten hin erwogenen, längst gereiften Entschluß, einen Gesellenverein dort zu stiften; letzterer sei, wenn wir so sagen dürfen, wie nach antiker Sage Pallas, vollständig gewappnet und ausgerüstet, aus Jupiters Haupt entsprang, fix und fertig aus Kolpings Geist geboren worden. Die Tatsachen belehren uns freilich eines anderen. Ist es eine der ersten Anforderungen, welche die Welt an einen Geschichtsschreiber stellt, daß er erstens nichts Falsches sage und zweitens nichts Wahres verschweige, so müssen auch wir, wie überall, so auch hier der Wahrheit die Ehre geben.“[47]

Inwiefern Schäffer diesem Anspruch hier und in der Folgezeit gerecht geworden ist, wird sich zeigen.

„Die ersten Fäden des Vereins jedoch liegen nicht in seinen [Kolpings], sondern in anderen Händen. Wir werden, wenn wir dies jetzt zu zeigen uns anschicken, einen falschen Stein, den andere ihm in seine Ehrenkrone gefügt, ausbrechen, damit die wahren und echten Steine um so glänzender erstrahlen. Gott hat es so gewollt, daß Kolping, ehe er der ‘Vater’ des unter seiner Leitung sich in so erstaunlicher Weise verbreitenden Vereins wurde, erst in fast untergeordneter Stellung an einer Verbrüderung sich beteiligte, die weder von ihm noch eigentlich von anderen, sondern durch eine – wir dürfen es kühn aussprechen – wunderbare Verkettung von Umständen in der Hauptstadt des Wuppertals sich gestaltete. Man wird deshalb auch keinen Augenblick anstehen, wie die Ausbreitung, so auch die erste Grundlegung des Gesellenvereins auf nichts mehr und nichts weniger als auf die göttliche Providenz selber zurückzuführen.“[48]

Anklänge an die Schreiben von Breuer finden sich in diesem Text wieder,[49] nicht aber dessen unzweideutiger Hinweis:

---

[47] A. a. O., Nr. 20 vom 17. 5., S. 309. Theodor Stumpf hat aber schon 1858 betont: „Der Gedanke, als Geistlicher für den verkommenen Gesellenstand vielleicht dereinst tätig sein zu können“, spielte bei Kolpings Berufsentscheidung keine Rolle. In: Illustrirte Zeitung vom 6. 11. 1858, S. 291.

[48] A. a. O., S. 309-310.

[49] Falscher Stein in der Ehrenkrone: Breuer, S. 178, und göttliche Providenz: a. a. O., S. 214, wo auf ein gemeinsames Erlebnis von Breuer und Schäffer verwiesen wird, was letzterer auch in einer Anmerkung notierte. Vgl.: RV, a. a. O., S. 310.

„Insofern nun dennoch Menschenhand an dem Gotteswerk mitgewirkt, nehme ich nicht Anstand, die Wahrheit zu sagen u[nd] mit Dank gegen Gott, der auch im Schwachen stark ist u[nd] oft das Kleine erwählt, um das Große zu beschämen, zu bekennen, daß die Initiative zur Gründung des Gesellenvereins von mir ausgegangen, daß die ganze Idee nebst dem Plan der Ausführung ohne Zutun anderer Leute in meinem Geiste gereift, daß die ersten Statuten, die heute noch im wesentlichen dieselben sind, von mir verfaßt, daß aufgrund dieser Statuten der Verein sich konstituierte u[nd] darauf unter meiner Leitung den ersten Präses, Herrn Kaplan Steenaerts, wählte, daß ich zu den Versammlungen mein Schullokal uneigennützig zur Verfügung stellte, etc. Damit soll selbstverständlich den braven Gesellen, die damals in ganz anderen Angelegenheiten mit Wünschen zu mir kamen u[nd] deren Notstand allerdings für mein Vorgehen den äußeren Anlaß bot, ihr Verdienst um die Gründung des Vereins nicht im mindesten gekürzt werden."[50]

Die Kolpingbiographie von Schäffer ist bis heute die grundlegende Biographie geblieben, weil seither fast alle Bücher und Aufsätze sich darauf beziehen. Wenn demnach Schäffer Unkorrektheiten in der Gründungsgeschichte unterlaufen sind, so werden diese deshalb teilweise bis in die jüngste Vergangenheit weiter kolportiert.

Die erste Unkorrektheit besteht in dem viel zu langen Gründungszeitraum, den Schäffer annimmt: Nicht an Fronleichnam 1844, sondern 1846, am 11. Juni, kam den Gesellen Georg Gerlach und Fritz Kamp die Idee, in der nächsten Laurentiusprozession Lieder vorzutragen.[51] Ein fragliches Datum ist das der Segnung der Vereinsfahne, die heute noch als „Kolpingsfahne" in Wuppertal zu sehen ist. Dazu schreibt Breuer: „Die Fertigstellung und Weihe der Fahne, von Gerlach und Kamp ins Jahr 1845, von Thiel ins Jahr 1846 verlegt, gehört tatsächlich ins Jahr 1847",[52] als Kolping schon Präses war. Die Behauptung, daß der Verein „ohne geschriebene Statuten" zunächst ausgekommen sei und daß die Verantwortlichkeiten im Verein in der Reihenfolge Steenaerts – Kolping – Breuer gestaffelt gewesen seien,[53] hätte Schäffer anhand seiner Unterlagen selbst als unkorrekt erkennen können. Wohl wird die Breuersche Denkschrift hier zum ersten Mal gewürdigt[54] und daraus der Satz zitiert: „Die Jünglinge unseres Gesangvereines sind schon von einem der Herren Geistlichen auf eine solche Einrichtung aufmerksam gemacht worden."[55]

---

[50] Breuer, S. 214-215.

[51] Vgl.: RV, a. a. O., Nr. 21 vom 24. 5., S. 321-322.

[52] Breuer, S. 196: Noch im Juli 1847 sei eine andere Fahne getragen worden. Vgl.: Johann Gregor Breuer, Lebenserinnerungen (Anm. 4), S. 368.

[53] Vgl.: RV, a. a. O., S. 324.

[54] Vgl.: a. a. O., S. 324-325.

[55] KS, Bd. 3, S. 8. Dort ist eine spätere Anmerkung Breuers in den Text geraten: „... mit welchem ich die vorstehenden Statuten besprochen, der als Freund des Gesanges den Verein besucht und dem neuen Projekte freundliche Worte der Anerkennung zollte ..."

Aus diesem einen Geistlichen, Kaplan Steenaerts, hat Schäffer zwei gemacht und verlegt eine „gründliche Beratung des Statuts durch Breuer, Kolping und Steenaerts“[56] in das Jahr 1846.

Die Biographie Kolpings ist dann im Jahre 1880 auch als Buch erschienen, ohne daß die historischen Irrtümer dort oder in den nächsten Auflagen verbessert worden wären.[57] Lediglich in der dritten Auflage von 1894 ist zum Namen Breuer ergänzt: „dessen große Verdienste um den Elberfelder Verein nicht gebührend genug anerkannt werden können“.[58]

b.) Auch wenn Schäffer die Elberfelder Gründungsgeschichte als erster differenzierter in der Öffentlichkeit dargestellt hat, konnte er sich doch nicht dazu durchringen, die Ehre der Gründung Breuer zu geben. Im Gegenteil, in einem Lexikonartikel vom Jahre 1888 schrieb er: Der katholische Gesellenverein „hat seine Wiege in der großen Arbeiterstadt Elberfeld und nennt als seinen Stifter den Priester Adolf Kolping“.[59]

c.) Drei Jahre später geht Schäffer direkt auf die Stifterfrage aus seiner Sicht ein:

„In der letzten Zeit ist mehrfach das Bestreben hervorgetreten, unserem seligen Kolping die Autorschaft des Gesellenvereins streitig zu machen, und es sind nach dieser Richtung hin vielerlei Anfragen an den Schreiber dieses ergangen. Namentlich haben amerikanische Sonntagsblätter sich dieses Stoffes bemächtigt und in längeren Artikeln auszuführen gesucht, daß nicht Kolping, sondern ein hochverdienter Elberfelder Lehrer die Fundamente des Gesellenvereins gelegt habe. Wir haben über diesen Punkt in unserer Biographie Kolpings das Nötige gesagt, und bitten wir, jenen Passus nachlesen zu wollen.

Es ist vollständig wahr, daß Kolping in der Stadt Elberfeld, wohin er als Kaplan geschickt wurde, bereits einen ‘Junggesellenverein’ mit der Hauptsache nach den unserigen ähnlichen Statuten vorfand. Es wird aber auch nicht behauptet, daß Kolping, der später Präses jenes Vereins wurde, den Elberfelder Verein geschaffen habe; er gab dem örtlichen Verein Elberfeld erst das eigentliche Gesellenvereinsgepräge, und, was die Hauptsache ist, er trug das Samenkorn weiter und machte das, was in einer Stadt gegründet war, zu einem Gemeingut vieler Städte. Indem wir das große Verdienst des verstorbenen Pfarrers Steenaerts, des ersten Präses des Elberfelder Junggesellenvereins, und des Herrn Lehrers Breuer durchaus nicht schmälern wollen, bleibt Kolping unser Vater und Stifter, und sind es keine falschen Edelsteine in der Krone Kolpings, wenn

56 RV, a. a. O., S. 325. Vgl. dazu: Breuer, S. 199-200. Schon Domkapitular Georg Hilpisch, Limburg, hatte geschrieben: „Aus der Schäfferschen Biographie des sel[igen] Kolping wird die Sache nicht recht klar.“ Brief an Breuer vom 24. 6. 1896. In: C 7 (Anm. 45), S. 314.

57 Schäffer; Münster ²1882; Paderborn ³1894.

58 Paderborn ³1894, S. 66.

59 Wetzer und Welte's Kirchenlexikon, Bd. 5, Freiburg ²1888, Sp. 500.

wir den letzteren als den Vater des großen Katholischen Gesellenvereins bezeichnen. Es drängte uns, dies hier zu sagen, auch, damit die ewigen Empfindlichkeiten und Rekriminationen endlich einmal aufhören."[60]

Eine unverkennbare Gereiztheit spricht aus diesen Zeilen. Leider sagt Schäffer nicht, worin er „das eigentliche Gesellenvereinsgepräge" sieht, und an diesem Haar hängt seine ganze Beweislast. Auf den ersten öffentlichen „Streit um die Gründung", der in den Jahren 1889 bis 1890 geführt worden ist und auf den im folgenden näher eingegangen wird, ist dies eine leider nicht überzeugende Erwiderung.

d.) Zum 50. Jubiläum des Elberfelder Gesellenvereins sprach Schäffer: „Vor 25 Jahren hatte ich die Ehre, zum Jubiläum des Elberfelder Vereins die Festrede zu halten. ... Damals schon spukte die Frage herum, ob Kolping oder Steenaerts den Elberfelder Verein gegründet habe. Ich behaupte, daß Gottes Vorsehung es gewesen ist, welche den Verein ins Leben gerufen. Wenn ich einen Menschen nennen sollte, der den Verein gegründet, dann ist es der Meister Thiel. ... Einer, dem der Elberfelder Verein so außerordentlich viel verdankt, ist Herr Hauptlehrer Breuer. Ich vermisse ihn hier auf dem Feste."[61]

e.) Schäffer hat noch einmal im Jahre 1897 zu der „Stifterfrage" versucht, Stellung zu nehmen, und zwar in einem unvollendeten Aufsatz der „Mitteilungen" mit dem Titel: „Wer ist der Stifter des Katholischen Gesellenvereins?" Der Aufsatz beginnt so: „Diese Frage ist in der letzten Zeit wieder in den Vordergrund gestellt worden. Schon seit Jahren hat man, namentlich in Elberfeld, die Behauptung aufgestellt, nicht Kolping, sondern der kürzlich verstorbene Hauptlehrer Johann Gregor Breuer sei der Gründer des Katholischen Gesellenvereins. Würde diese Frage im letzteren Sinne entschieden, so würde dies zu einiger Verwirrung in der Familie des Katholischen Gesellenvereins führen."[62]

Zur Klärung dieser Frage legt nun Schäffer Breuers Elaborat aus dem Jahre 1879 teilweise vor und bemerkt dazu im nächsten Heft: „Die Präsides werden ... den Anfang dieses Aufsatzes nach einer Denkschrift des Herrn Lehrers Breuer in Elberfeld nicht uninteressant gefunden haben, und es wird ihnen nicht unerwünscht gewesen sein zu vernehmen, wie

---

[60] Mitteilungen 2 (1880-1896), Sp. 578-579.

[61] Wupperthaler Volksblatt, Nr. 195 vom 25. 8. 1896, [S. 2]. Herr August Schmitz-Teske, Wuppertal, erzählt aus der Familientradition, daß Breuer in Erwartung einer Einladung zu diesem Fest schon von Höchst aus nach Köln gefahren sei und dort erfahren habe, daß er nicht eingeladen sei. Daraufhin sei er verbittert wieder nach Höchst gereist. Ein Geselle, der Breuer kannte, schrieb später: „So ging ich als Mitarbeiter im Gesellenverein in Mettmann, Vizepräses und Dirigent, nach Elberfeld zum 50. Jubelfeste. Als ich den Breuer nicht sah, machte ich sofort kehrt trotz der Mettmanner, die blieben, und verließ den Saal. Es ist unglaublich, wie sehr Lehrer die Rücksetzung ihres verdienstvollen Kollegen verurteilt haben!" Brief von Peter Mertes, Hof/Saale, vom 12. 8. 1947 an Johannes Dahl, in: Archiv der Deutschen Kolpingsfamilie, Köln.

[62] Mitteilungen 3 (1896-1907), Sp. 105.

nach Ansicht des Herrn Lehrers Breuer der Gesellen- resp[ektive] Jünglingsverein in Elberfeld entstanden ist. Desgleichen wird es ihnen nicht entgangen sein, wie die Aufzeichnungen des genannten Herrn stark zu dessen Gunsten sprechen. Wir werden unsere Ansicht über diese wichtige Frage in einem Schlußwort auseinanderzulegen suchen."[63]

Dieses Schlußwort ist nie erschienen. In „diese[r] wichtige[n] Frage" konnte Schäffer bei seinem Alter wohl nicht mehr umdenken; stand für ihn doch fest, wie er dann 1898 formuliert hat: Der Elberfelder Mutterverein „ist im Jahre 1845 aus eigener Initiative von Handwerksgesellen entstanden und durch die Pfarrgeistlichkeit und namentlich auch durch den jüngst verstorbenen Lehrer J[ohann] G[regor] Breuer mit großem Verständnis und warmer Liebe gepflegt worden".[64]

7. Der erstmals öffentlich ausgetragene „Streit um die Gründung"

a.) Am 14. März 1887 hatte Breuer in einem Privatbrief zur „Stifterfrage" Stellung genommen. Zwei Jahre später wurde dieser Brief in einem Artikel der „Rheinisch-Westfälischen Schulzeitung" als Beweisstück zu der Frage „Wer ist der Stifter des katholischen Gesellenvereins?" ohne Wissen des Autors publiziert,[65] und ein Jahr vorher schon hatten die „Wupperthaler Volksblätter" aus einem Vortrag von Karl Trimborn zitiert: „Ist H[er]r Breuer als der Gründer der Gesellenvereine zu bezeichnen, so wurde Kolping der berufene Führer, der Apostel des Handwerks."[66] Breuer schrieb dazu: „Daß mein mehrerwähntes Schreiben vom 14. März 1887 nach Jahr und Tag in die Öffentlichkeit treten und den Streit von neuem anfachen würde, habe ich nimmer geahnt."[67]

b.) In katholischen Wochenblättern wurde die Diskussion weitergeführt, besonders von Franz Xaver Steffens unter dem Titel „Auch ein 'schüchternes' Wort zur Stifterfrage des Katholischen Gesellenvereines", im „Katholischen Volksblatt" von New York.[68] Dort heißt es: „Zunächst sei festgenagelt, daß, als Kolping im Jahre 1845 in Elberfeld als Kaplan tätig war, eine Anzahl junger Leute während der Rongeanischen Wühlereien zu ihm beziehungsweise zu seinem geistlichen Konfrater Steenaerts kamen und um die Gründung eines Vereins oder einer Bru-

---

[63] A. a. O., Sp. 119.
[64] A. a. O., Sp. 222.
[65] Rheinisch-westfälische Schulzeitung 13 (1889), Nr. 6 vom 22. 11. Der Brief ist gekürzt zitiert in: Vitus, S. 80.
[66] Wupperthaler Volksblätter 1888, Nr. 270.
[67] Johann Gregor Breuer, Lebenserinnerungen (Anm. 4), S. 368.
[68] Katholisches Volksblatt, New York, Nr. 32 vom 27. 3. 1890. Den entsprechenden Zeitungsausschnitt hat Breuer in seinen Lebenserinnerungen (Anm. 4), S. 370-371, aufbewahrt.

derschaft baten. Wäre also eine solche Bruderschaft oder ein solcher Verein schon dagewesen, wozu denn das Gesuch, noch einen neuen zu gründen?"[69]

Breuer notierte dazu: „Herr Steffens will etwas festnageln, was gar nicht existiert." Weiter behauptete Steffens, Vereinsstatuten habe es vor 1848 nicht gegeben; also sei Kolping Stifter. Zum Schluß geißelte er den „Größenwahn" gewisser „preußische[r] Schulmeister".[70] Breuer sagte dazu: „Steffens läßt allzu deutlich durchblicken, daß er einen preußischen Schulmeister nicht [für] fähig hält, einen großen Gedanken zu denken und an ein großes Werk seine Hand zu legen."[71]

c.) Breuer empfand, daß diesmal nicht nur seine persönliche Ehre angegriffen worden sei, sondern auch die Ehre des Lehrerstandes. Deshalb schrieb er: „Seit 40 Jahren habe ich Zurückhaltung und Schweigen beobachtet, habe mich höchstens dann zur Sache geäußert, wenn ich dazu provoziert wurde, aber auch dann niemals öffentlich."[72]

Jetzt ließ er sich aber von mehreren Seiten drängen, selbst zu antworten. „Nur schwer konnte ich mich dazu entschließen."[73] Das Ergebnis war: „Ein freimütiges Wort zur Frage: Wer ist der Stifter des Kath[olischen] Gesellenvereins?" Es handelt sich um einen umfangreichen Text, der bisher praktisch unbekannt geblieben ist, auch wenn er in zwei amerikanischen Zeitschriften vor einem Jahrhundert einmal publiziert worden ist.[74] Deshalb soll er als Anhang diesem Beitrag beigefügt werden. Daß Herr Steffens darauf nur mit Floskeln wie „leeres Geschwätz" zu antworten wußte, sei am Rande vermerkt.[75]

d.) Die New Yorker Polemik hat auch die „Erklärung" der „alten Garde" vom 14. Oktober 1890 provoziert, die oben abgedruckt ist.

8. Die erste wissenschaftliche Klärung des Streitfalles

Blieb Breuers „freimütiges Wort" für deutsche Leser praktisch unzugänglich, so änderte sich diese Lage teilweise im Jahre 1896, als das goldene Vereinsjubiläum in Elberfeld gefeiert werden sollte. Schon Schäffer machte im Februar darauf aufmerksam mit dem Zusatz über diesen Ver-

[69] Johann Gregor Breuer, Lebenserinnerungen (Anm. 4), S. 370.
[70] A. a. O., S. 371.
[71] A. a. O., S. 396.
[72] A. a. O., S. 400.
[73] A. a. O., S. 401.
[74] Die Suche nach den Zeitschriften „Katholisches Volksblatt", New York, und „Nordamerika", Philadelphia, war bisher ohne Ergebnis. Eine Abschrift des Textes findet sich in: Johann Gregor Breuer, Lebenserinnerungen (Anm. 4), S. 408-415. Schäffer kannte den Text.
[75] Vgl.: a. a. O., S. 417.

ein: „Wer ihn eigentlich gegründet hat, darüber gehen die Ansichten auseinander."[76] Im Vorfeld des Festes erging sich Schäffer noch einmal in seiner Meinung über das Gründungsgeschehen. Er nannte Elberfeld das „Embryo des Katholischen Gesellenvereins" und glaubte konstatieren zu können: „Also, es ist wahr: Nicht Kolping hat den Verein in Elberfeld gegründet. Aber ebenso wahr ist, daß die Idee des Gesellenvereins in seiner gegenwärtigen Form und Gestalt ausschließlich das Eigentum Kolpings ist."[77]

Große Verdienste um die Aufklärung der Gründungsgeschichte hat sich Breuers „Amtsgenosse und letzter Freund Fritz Jorde" gemacht, der auch sonst vieles zur Erhellung der Elberfelder Geschichte geschrieben hat. Rudolf Vitus hat ihn persönlich kennengelernt und konnte deshalb schreiben:

Anhand von detaillierten Quellen „und aufgrund von Besprechungen mit Breuer und den anderen damals noch lebenden Zeugen der Erstlingszeit hatte Jorde aus Anlaß des 50. Stiftungsfestes des Elberfelder Gesellenvereins ein Schriftchen verfaßt: 'Der katholische Gesellenverein zu Elberfeld. Seine Gründung und weitere Geschichte', Elberfeld 1896. Der das Fest vorbereitende Ausschuß gab dem Verfasser zwar die Richtigkeit seiner Angaben zu, lehnte sein Werk aber als offizielle Festschrift ab aus Besorgnis, damit bei der Zentrale des Gesellenvereins in Köln Anstoß zu erregen. Jorde hatte nämlich der Wahrheit gemäß Breuer als Gründer des Gesellenvereins nachgewiesen."[78]

Diese Schrift Jordes, die leider kaum eine weitere Verbreitung erfahren hat, kann als die erste wissenschaftliche und damit endgültige Klärung der „Stifterfrage" angesehen werden. Auch in „Köln" wurde sie registriert, wie die folgende Anzeige „Vom Büchertische" zeigt: „Diese soeben erschienene Broschüre behandelt aufgrund von Quellenstudien und Befragung noch lebender Mitglieder aus der Gründungszeit die schon mehrfach angeregte Frage: Wer ist der Gründer des (bekanntlich ältesten) kath[olischen] Gesellenvereins zu Elberfeld? in erschöpfender Weise. Das Schriftchen ist recht sachlich abgefaßt und läßt allen Beteiligten Gerechtigkeit widerfahren."[79]

Wie wenig aber diese endgültige Klärung die vorgefaßten Meinungen eines Herrn Schäffer tangieren konnte, zeigt ein Zitat von Heinrich Grus, einem Mitglied der „alten Garde", das er im „Gesellenfreund" 1897 wiedergibt: „Herr Lehrer Johann Gregor Breuer ist der Johannes Bapti-

[76] Der Gesellenfreund. Beilage zu den RV 1896, Nr. 8 vom 23. 2., S. 58.
[77] A. a. O., Nr. 32 vom 9. 8., S. 249.
[78] Vitus, S. 7. Vgl. dazu den Briefwechsel Breuers mit Jakob Ermekeil und Fritz Jorde aus den Jahren 1894 bis 1896 in: C 7 (Anm. 45), der im Original verloren zu sein scheint. Vgl. auch: Festrede Jakob Ermekeils vom 23. 8. 1896 in Elberfeld, in: a. a. O., S. 281-284; Jorde, S. 16-23.
[79] Der Gesellenfreund. Beilage zu den RV 1896, Nr. 35 vom 30. 8., S. 279.

sta, nämlich der 'praecursor',[80] im Gesellenverein, und der selige Gesellenvater Kolping ist der 'redemptor'[81] des Gesellen- resp[ektive] des Handwerksstandes mittels der Gesellenvereine im weiten Lande."[82]

9. Überblick über Äußerungen zur Stifterfrage 1900 bis 1933

Mit dem Amtsantritt des dritten Generalpräses Hubert Franz Schweitzer im Jahre 1902 nahm der Gesellenverein einen organisatorischen Aufschwung. Entsprechend ist die Zahl der Publikationen über dieses Werk und über Kolping seit dieser Zeit gewachsen. Einige markante Äußerungen zur „Stifterfrage" sollen im folgenden benannt werden. Dabei zeigt sich, daß Jordes Festschrift fast unbekannt geblieben ist.

a.) In dem Buch „Der katholische Gesellenverein. Handbuch für Vereinsvorsteher" aus dem Jahre 1905 stellt Schweitzer seine Sicht der Elberfelder Geschehnisse dar. In Anlehnung an Jorde reduziert er das Gründungsgeschehen auf das Jahr 1846. Die Weihe der Vereinsfahne wird in das Jahr 1846 verlegt. Ansonsten sind die „Anfänge des katholischen Gesellenvereins" exakt wiedergegeben.[83]

Es folgt aber dann die Behauptung, Kolping könne „als der eigentliche Stifter des katholischen Gesellenvereins" betrachtet werden, weil schon die Erwählung des Priestertums in Hinsicht auf die spätere Arbeit mit Gesellen erfolgt sei.[84] Dazu habe Lehrer Breuer „nur die Vorbedingungen" geschaffen.

„Unbestritten bleibt dabei das Verdienst Breuers, der durch seine kräftige Initiative Großes eingeleitet, Kolping den Weg geebnet und sich einen Ehrenplatz in der Geschichte der katholischen Gesellenvereine für immer gesichert hat."[85]

b.) In zwei Lexikonartikeln vom Jahre 1907 und 1912 kann man dagegen lesen: „Seine Anfänge hat er [der Gesellenverein] um 1846 in Elberfeld, wo ihn Volksschullehrer J[ohann] G[regor] Breuer († 2. 4. 1897)

---

[80] Vorläufer.

[81] Erlöser.

[82] Der Gesellenfreund. Beilage zu den RV 1897, Nr. 8 vom 21. 2., S. 58. Die Schrift von Heinrich Grus befindet sich in: Archiv der Deutschen Kolpingsfamilie, Köln, A 384, das Zitat: a. a. O., S. 65-66.

[83] Köln 1905, S. 1-2.

[84] A. a. O., S. 4-5. Vgl. Anm. 47. Schweitzer begründet diese Meinung mit dem Hinweis darauf, Wilhelm Emmanuel von Ketteler und Kolping hätten als Münchener Theologiestudenten schon darüber eingehende Pläne gemacht. Zu dieser Kolpinglegende vgl.: Franz Joseph Wothe, Ketteler und Kolping. Die Frage ihrer gegenseitigem Begegnung und Beeinflussung, in: Mitteilungen 1937, S. 98-102.

[85] A. a. O., S. 6.

begründete."[86] Kolping wird im gleichen Werk charakterisiert als der „Organisator des Kath[olischen] Gesellenvereins."[87]

c.) Daß auch selbst in Elberfeld die Erinnerung an das Gründungsgeschehen verblaßte, zeigt eine Festschrift aus dem Jahre 1910, worin behauptet wird, der Elberfelder Gesellenverein sei „von Kaplan Steenaerts und dem 'Gesellenvater Kolping' 1846 gegründet"[88] worden.

d.) Im Jahre 1914 wird eine neue Legende geboren, die schon bei Schäffer und Schweitzer angelegt war. Albert Franz berichtet darüber, daß Kolping 1847 Vereinspräses geworden ist. Weiter heißt es über ihn: „Die Organisation als Jünglingsverein im allgemeinen konnte ihm, dem es ausgesprochenermaßen um Hebung der Gesellschaft zu tun war, nicht genügen; er bog die Organisation um, machte sie zu einer Standesorganisation und betonte mehr die sozialen Aufgaben."[89]

Ähnlich heißt es im „Kolpingsblatt" 1921: Einer in Elberfeld „unter Führung des um das katholische Vereinsleben dieser Stadt hochverdienten Lehrers Breuer stehenden Gruppe junger Handwerker ... hauchte Kolping seinen Geist ein."[90]

e.) Ganz einfach machte es sich Johannes Nattermann, nachdem er die Erziehungsgedanken Kolpings ausführlich beschrieben hatte: „Der Gesellenverein ist ein Werk der Gemeinschaft, nicht ein ausschließliches Produkt des Geistes Adolf Kolping. Der Streit, ob nicht vielmehr ein Lehrer Breuer in Elberfeld, der sich schon vorher der Gesellen angenommen hatte, oder gar der Tischlermeister Thiel, in dessen Werkstatt sich die Gesellen zunächst getroffen hatten, aber nicht Adolf Kolping, welcher noch nicht einmal der erste Präses des Vereins war, als der ein Kaplan Steenaerts gewählt worden war, als Gründer des Gesellenvereins bezeichnet werden müsse, ist damit hinfällig."[91]

Nattermann, der damals die „Denkschrift" Breuers noch nicht kannte,[92] kommt es gar nicht in den Sinn zu fragen, ob Kolpings Ideen nicht

---

[86] Melchior Weiß, in: Kirchliches Handlexikon, Bd. 1, Freiburg 1907, Sp. 1674.

[87] Karl Hilgenreiner, in: Kirchliches Handlexikon, Bd. 2, Freiburg 1912, Sp. 433.

[88] Jubelfeier der katholischen Gemeinde zu Elberfeld zur Erinnerung an die Einweihung der Mutter-Pfarrkirche zum heil[igen] Laurentius vor 75 Jahren, Elberfeld 1910, S. 21.

[89] Albert Franz, Der sociale Katholizismus in Deutschland bis zum Tode Kettelers, Mönchengladbach 1914, S. 123.

[90] KB 21 (1921), Nr. 9 vom 5. 6., S. 85. Ähnlich: Theodor Brauer, Adolf Kolping, Freiburg 1923, S. 4. Noch einfacher heißt es in: KB 24 (1924), Nr. 9/10 vom 1. und 15. 5., S. 177: „In Elberfeld hat Kolping den Gesellenverein als 'Kind' geboren werden lassen und getauft."

[91] Johannes Nattermann, Adolf Kolping als Sozialpädagoge und seine Bedeutung für die Gegenwart, Leipzig 1925, S. 112. Vgl. dazu: Un precursore dell' azione sociale cattolica Adolfo Kolping, in: Osservatore Romano 1928, Nr. 77 vom 1. 4.

[92] Dieser Text wurde 1928 wieder aufgefunden und von Nattermann erstmals veröffentlicht in: Mitteilungen 1928, S. 59-64. Karl Zimmermann schrieb dazu in: Kölnische Rundschau vom 9. 8. 1946: „Lesen wir heute diese Denkschrift, dann wissen wir, daß es Breuer gewesen ist, der Idee und Programm des Gesellenvereins zuerst erfaßte und in klaren Sätzen formu-

anderswo als in dessen persönlichem Werdegang grundgelegt gewesen sein könnten. Dementsprechend wird im „Handbuch des Katholischen Gesellenvereins" vom Jahre 1929 Kolping von Nattermann „unser Gründer" genannt, und von Breuer wird nur gesagt, daß er „zunächst" einen „Junggesellen- und Jünglingsverein" organisiert habe.[93]

f.) Unter solchen Voraussetzungen ist es verständlich, daß die Verantwortlichen des Gesellenvereins in Köln das sogenannte Kolpinglied im Jahre 1930 an die Decke im großen Sitzungssaal im neuerbauten „Haus des Gesellenvereins" anbringen ließen.[94] Dieses Lied wurde noch zu Lebzeiten Kolpings 1865 gedichtet, und von Kolping heißt es da: „Hört, welch ein Werk er da ersann!"[95] Der Dichter Kaspar Berens wußte es natürlich nicht besser, als daß der Gesellenverein das geistige Eigentum von Kolping sei.

10. Die zweite wissenschaftliche Klärung des Streitfalles

Die Festschrift Jordes vom Jahre 1896 hatte im öffentlichen Bewußtsein kaum eine erkennbare Resonanz zurückgelassen. Das veranlaßte den Präses des Gesellenvereins Wuppertal-Elberfeld, Rudolf Vitus, zu einer erneuten gründlichen Untersuchung über „die Anfänge des katholischen Gesellenvereins zum Elberfeld".[96] Diesmal wurde das Elberfelder Gründungsgeschehen im Rahmen der Sozialgeschichte und der Biographien Breuers und Kolpings gezeichnet, und der „Streit um die Gründung" erhielt ein eigenes Kapitel. Kleinere Unstimmigkeiten kommen allerdings auch in dieser Arbeit vor. So spricht Vitus von der „Fronleichnamsprozession im August 1845".[97] An dieser Schrift konnte nun niemand mehr vorübergehen, der über die Geschichte des Gesellenvereins schreiben wollte, der kurz vorher, im Jahre 1933, in „Kolpingsfamilie" umbenannt worden war.

---

lierte. Das Grundprogramm des Gesellenvereins ist heute noch kein anderes als das, was Breuer ihm gegeben."

[93] Handbuch des Katholischen Gesellenvereins, Köln 1929, S. 7.

[94] Vgl.: KB 30 (1930), Nr. 17 vom 1. 9., S. 129.

[95] Vgl.: Handbuch des Kolpingwerkes, Köln 1980, S. B 90.

[96] Vitus. Vgl. die positive Rezension über dieses Buch in: KB 34 (1934), Nr. 3 vom 1. 2., S. 19-20.

[97] A. a. O., S. 49.

11. Abflauen des „Streites um die Gründung“ in der Zeit nach dem Zweiten Weltkrieg

a.) „Die Frage: wer ist der Gründer des Gesellenvereins? hat im Laufe der Jahrzehnte die Gemüter oft erhitzt. Heute dürfte sie vollständig geklärt sein“,[98] schrieb Johannes Dahl mit Berufung auf Vitus im Jahre 1947. Leider sind aber auch in der von ihm besorgten Neuauflage der Schäfferschen Kolpingbiographie einige historische Unkorrektheiten stehengeblieben.

b.) Trotz der Vorlage der Arbeit von Vitus sind in der Folgezeit zusätzliche historische Mängel in die Kolpingliteratur hineingeraten. Als Beispiel sei hier die Schrift „Kolping. Ein Mann von gestern mit Ideen für morgen“ von Hans-Joachim Kracht[99] angeführt. Dort ist zu lesen: „Es geht bei diesem Streit in Wirklichkeit nicht um den Elberfelder Verein, sondern um das spätere Internationale Kolpingwerk. Eine Streitfrage um die Entstehung des Elberfelder Vereins existiert in den ersten Jahrzehnten nicht. ... Möglicherweise war er [Breuer] sogar der Gründer des ersten katholischen Gesellenvereins.“[100]

Derselbe Autor nennt an einer anderen Stelle den Kölner Gesellenverein „Mutterverein“.[101]

c.) Generalpräses Heinrich Fischer sagte zur Feier des 125jährigen Jubiläums des Elberfelder Gesellenvereins: „Der sechste Nachfolger Adolph Kolpings hat sich längst damit abgefunden, daß Gesellenverein und Kolpingwerk nicht klerikalen Geblüts sind.“[102]

d.) Generalpräses Heinrich Festing sieht die Gründerfrage folgendermaßen: „Es ist müßig, sich darüber zu streiten, wer nun der wirkliche Gründer des früheren Katholischen Gesellenvereins ... ist: der Lehrer Johann Gregor Breuer oder der Priester Adolph Kolping. Breuer ist der Gründer des ersten katholischen Gesellenvereins in Elberfeld. Diesen Ansatz von Breuer griff Adolph Kolping auf und gab dem Verein eine überregionale Bedeutung in der Zielsetzung und in den Grundsatzfragen

---

[98] Adolf Kolping. Sein Leben und sein Werk, von S. G. Schäffer, umgearbeitet und ergänzt von Johannes Dahl, Köln 1947, S. 77.

[99] Essen 1970. Hier sei nur hingewiesen auf S. 34, wo die Gründung schon 1844 begonnen haben soll, auf S. 37, wo wieder einmal „eine gründliche Beratung“ zwischen den beiden Kaplänen und Breuer genannt wird, und auf die Gegenüberstellung von zwei jeweils unkorrekten Gründungsgeschichten, S. 40 und 41. Gravierende Setzfehler sind auch in der zweiten Auflage von 1972 stehengeblieben.

[100] A. a. O., S. 41.

[101] Kracht, S. 169; Hans Joachim Kracht, Erwachsenenbildung und Sozialarbeit im Kölner Gesellenverein (1849-1865), in: Annalen des historischen Vereins für den Niederrhein 177 (1975), S, 194-216, hier S. 194. Allerdings hat Kolping den Kölner Verein „Mutterverein“ genannt. Vgl. RV 7 (1860), Nr. 19 vom 12. 5., S. 296.

[102] Kirchenzeitung Köln, Ausgabe Wuppertal, Nr. 23 vom 4. 6. 1971. Ähnlich: General-Anzeiger der Stadt Wuppertal vom 24. 5. 1971, S. 10.

und breitete ihn durch sein Organisationstalent aus. Kolping ist daher der Gründer des Katholischen Gesellenvereins."[103]

Leider steht und fällt diese Argumentation mit der Behauptung, Breuers „Ansatz“ sei „in der Zielrichtung und in den Grundsatzfragen“ von Kolping wesentlich, nicht nur organisatorisch ausgebaut worden.

e.) Im Jahre 1986 wurde in der Nähe der Laurentiuskirche in Wuppertal eine Gedenktafel zu Ehren Johann Gregor Breuers enthüllt mit folgendem Text: „Aus christlicher Verantwortung Gründer vieler beispielhafter Vereine und Einrichtungen in Elberfeld, einem sozialen Brennpunkt des 19. Jahrhunderts, geistiger Vater des Katholischen Gesellenvereins, der heute als Kolpingwerk weltweit verbreitet ist.“

Dementsprechend hat Heinrich Festing Breuers „Denkschrift“ 1990 als „Gründungsmanifest des Gesellenvereins“ bezeichnet.[104]

f.) Wie ein Nachruf auf den „Streit um die Gründung“ lesen sich folgende Zeilen von Michael Hanke: „Die Frage nach dem Verdienst an der Gründung des Gesellenvereins hat seit dem Tode Kolpings zu einer langandauernden und zum Teil recht erbitterten Kontroverse geführt, vor allem von seiten Breuers und seiner Nachkommen, die - zum Teil gewiß mit Recht - das Verdienst dieses Mannes zu gering geachtet bzw. sogar unterschlagen sahen. Vom heutigen Kenntnisstand wird man zu dieser Frage sagen müssen, daß das Verdienst der Gründung des ersten Gesellenvereins zweifellos Breuer zukommt.“[105]

12. Erneutes Aufflackern des „Streits um die Gründung“ im letzten Jahrzehnt

a.) Im Jahre 1986 wurde im Seligsprechungsverfahren Adolph Kolpings die „Positio causae“ gedruckt, und darin spielte der „Streit um die Gründung“ unter dem Gesichtspunkt, ob die Lebenserinnerungen Breuers dem heroischen Tugendgrad Kolpings entgegenstehen, eine Rolle. Nachdem sich dazu zwei Zeugen geäußert hatten, ging ein relativ kurzes Kapitel dieser Frage nach.[106] Ein „Votum“, erschienen in einem Band, der Kolping als „Gründer“ bezeichnet, nahm dazu Stellung: „Die Positio hat

---

103 Festing, S. 34. Diese Gedankenführung erinnert an Schäffer.

104 Heinrich Festing, Ziele und Aufgaben der Kolpinghäuser, in: Das Kolpinghaus. Ziele, Aufgaben, Strukturen, Hrsg. Verband der Kolpinghäuser, Köln 1990, S. 13-20, hier S. 14. Im Gegensatz dazu hatte Ernst Michel geschrieben: „Es läßt sich kaum mit Sicherheit feststellen, welches Maß an Anregungen Kolping von Breuer empfing.“ In: Adolf Kolping, der Diakon des Volkes, und unsere Zeit, Graz [1935], S. 14.

105 Michael Hanke, Sozialer Wandel durch Veränderung des Menschen. Leben, Wirken und Werk des Sozialpädagogen Adolph Kolping, Mülheim 1974, S. 23.

106 Positio super vita et virtutibus servi Dei Adolfi Kolping doecesani († 1865), Roma 1986, S. 522-527, 535-540 und 150-156.

diese Schwierigkeiten eingehend untersucht, welche, für sich gesehen, sollten sie nicht beseitigt werden, die Anerkennung der hervorragenden Tugenden des Dieners Gottes unmöglich machen würden."[107]

Die Glaubwürdigkeit der Lebenserinnerungen wird anschließend in Frage gestellt[108] und die Folgerung gezogen: „Meiner Ansicht nach fehlt also den Anklagen, welche sich auf die Behauptungen des Lehrers Breuer gründen, das unerläßliche Fundament, der Beweis ihrer objektiven Richtigkeit. Ich bezweifle nicht, daß Breuer, als er sie niederschrieb, von ihrer Richtigkeit überzeugt war; doch damit ist die objektive Wahrheit jener Behauptungen nicht bewiesen, zumal sie so sehr im Gegensatz zu allem stehen, was wir sonst über das menschliche und moralische Verhalten des Dieners Gottes wissen."[109]

b.) Im Zusammenhang mit dem 1988 erwarteten und dann am 13. Mai 1989 erlassenen Dekret über den heroischen Tugendgrad Kolpings[110] erschienen in der „Deutschen Tagespost" eine Reihe von Leserbriefen, die u. a. den „Streit um die Gründung" wieder entfachten[111] und eine eingehende Würdigung Johann Gregor Breuers in dieser Zeitung provozierten.[112]

Als Kuriosum sei ein Text aus diesen sehr unterschiedlichen Leserbriefen angeführt, der zeigt, wie noch im Jahre 1990 der „Streit und die Gründung" weitergeführt werden konnte. Alois Mandrella, dem es um die Glorifizierung Kolpings und die Abwertung Breuers ging, schrieb:

---

107 Relatio et vota congressus peculiaris super virtutibus die 19 iulii an[ni] 1988 habiti canonizationis servi Dei Adolfi Kolping, sacerdotis dioecesani, conditoris [!] consociationis universalis vulgo dictae „Kolpingwerk" (1813-1865), Roma 1988, S. 61.

108 A. a. O., S. 61-62. Übersetzung in: Breuer, S. 13-14.

109 A. a. O., S. 62. Vgl. zu den Selig- und Heiligsprechungsverfahren: Kenneth L. Woodward, Die Helfer Gottes. Wie die katholische Kirche ihre Heiligen macht, München 1990.

110 Text in: KB 89 (1989), Nr. 9, S. 10.

111 August Schmitz-Teske (im folgenden: „S.-T."), „Gesellenverein", 16. 4. 1988; Alois Mandrella (im folgenden: „A. M."), Geistiger Vater, 7. 5. 1988; Franz Lüttgen, Streit um Gründer, 31. 5. 1988; A. M., Autobiographie, 9. 6. 1988; S.-T., Kolping, 3. 10. 1989; A. M., Gregor Breuer, 24. 10. 1989; Anselm Kraus, Seligsprechung, 19. 10. 1989; Robert Henrich, Kolpingwerk, 19. 10. 1989; S.-T., Initiator, 18. 11. 1989; Thomas Leister, Heroisch, 5. 12. 1989; A. M., Denkschrift, 7. 12. 1989; S.-T., Nebengleis, 23. 12. 1989; Egon Bertele, Wie Herkules?, 30. 12. 1989; Hans Joachim Kracht, Quellen, 23. 1. 1990; Franz Lüttgen, Texte, 13. 2. 1990; Günther Werner, Legendenbildung, 15. 2. 1990; A. M., Gesellenvater, 27. 2. 1990 (mit Berichtigung am 8. 3. 1990); A. M., Priester, 6. 3. 1990; A. M., Im Traum, 13. 3. 1990; Eugen Hahner, Ein Wunder, 13. 3. 1990; Günther Werner, Ablenkung, 5. 4. 1990; A. M., Bumerang, 26. 4. 1990; S.-T., Im Widerspruch, 26. 5. 1990; A. M., Grundsatztreue, 14. 6. 1990. Vgl. auch, allerdings mit historischen Fehlern: Susanne Glasmacher, Der Neusser Johann Gregor Breuer gründete den Elberfelder Gesellenverein. Ließ sich Adolf Kolping völlig zu Unrecht als „Gesellenvater" feiern?, in: Neuß-Grevenbroicher Zeitung vom 29. 5. 1993, S. 29, auch in: Der Schützenbruder 54 (1994), Nr. 2, S. 7-9.

112 Franz Lüttgen, Ein Lehrer kämpfte um die Belange der Arbeiter. Die Bedeutung von Johann Gregor Breuer für die christlich-soziale Bewegung, in: Deutsche Tagespost vom 4. 11. 1989, S. 5.

„[Kolping] übernahm zwar ... erst 1847 das Amt des Vereinspräses; aber sein existentieller Einfluß auf das Gründungsgeschehen begann bereits am 22. Mai 1845, als während der Fronleichnamsprozession in den Herzen der Gesellen Gerlach und Kamp der Wunsch aufbrach, eine Gesellenbruderschaft zu gründen. Er verstärkte sich durch die intensiven Kontakte mit den Gesellen während des Jahres 1845 und durch die Beschaffung der Bilder für die Bruderschaftsfahne, die am 2. 8. 1846 geweiht wurde. Demgegenüber wurde Gregor Breuer erst im Juli 1846 angesprochen, weil man den Schulsaal als Versammlungssaal benötigte."[113]

Zunächst ist dazu zu sagen, daß alle Daten aus dem Jahre 1845 und das vom August 1846 falsch sind, ja Kolping am 22. Mai 1845 noch nicht in Elberfeld eingetroffen war. Für die „intensiven Kontakte mit den Gesellen" gibt es bis zum Dezember 1846 keinen Beleg, und eine „Bruderschaftsfahne" hat es nie gegeben.

c.) Im Jahre 1993 erschien die Kolpingbiographie von Hans-Joachim Kracht. Das 7. Kapitel in diesem Buch, „Kaplan in Elberfeld (1845-1849)",[114] bedürfte unter dem Gesichtspunkt des „Streites um die Gründung" einer gründlichen Untersuchung. Zur Charakterisierung der Tendenz dieses Kapitels möge erstens genügen, daß der Autor Breuers Lebenserinnerungen als „von Apologetik und Resignation geprägt"[115] charakterisiert, und zweitens, daß er der Hauptverfasser der „Positio causae" im Seligsprechungsverfahren Kolpings war. Leider können nur wenige Teile dieses Kapitels einer vorurteilslosen Kritik standhalten. Da die dort vorgetragenen angeblichen Geschehensabläufe und Argumente kaum neu sind und hier viele Wiederholungen hervorrufen würden, sei auf eine Rezension zu diesem Buch verwiesen, die sich vornehmlich mit diesem Kapitel beschäftigt.[116]

„Es wäre schön, wenn dieser Ausläufer des 'Streits um die Gründung' anläßlich des Seligsprechungsprozesses die letzte Mißdeutung darstellt."[117]

d.) Breuers Lebenserinnerungen erschienen im Jahre 1995 als Buch. Diese Veröffentlichung, zu der ich nach Kräften beigetragen habe,[118] hat nicht das Ziel, den „Streit um die Gründung" zu perpetuieren, sondern im Gegenteil: Diese „Quelle, die einzelne Spezialisten schon immer angezapft haben," ist jetzt allgemein zugänglich.

---

113 Leserbrief, in: Deutsche Tagespost vom 26. 4. 1990.
114 Kracht, S. 112-149.
115 A. a. O., S. 144.
116 Vgl.: Franz Lüttgen, Rezension zu Kracht, in: Jahrbuch für Jugendsozialarbeit 14 (1993), S. 338-343.
117 Breuer, S. 14.
118 Vgl.: Breuer, S. 17.

„Die Frage, unter der diese Schrift bisher immer wieder betrachtet worden ist, ob darin Positives oder Negatives über Kolping zu finden sei, wird dann zweitrangig, wenn man durch die Lektüre zu der Erkenntnis gelangt ist, daß eine zentrale Gründerpersönlichkeit des später so genannten Kolpingwerkes aus dem Dunkel der Geschichte wieder lebendig wird, und zwar pünktlich zur 150-Jahr-Feier der Elberfelder Vereinsgründung und zu seinem hundertsten Todestag."[119]

e.) Nicht einer Alternative „Breuer oder Kolping", sondern einer Synthese „Johann Gregor Breuer und Adolph Kolping" dient auch die hier vorgelegte Sammlung von Spezialstudien; denn die Zeit des Streitens sollte eigentlich seit hundert Jahren vorbei sein. Heinrich Festing hat bei einer Festfeier zum 150jährigen Jubiläum der Kolpingsfamilie Elberfeld-Mitte am 15. September 1996 in Wuppertal erklärt, der Streit sei beendet.[120] Bei der gleichen Veranstaltung nannte Peter Hintze Breuer und Kolping in einem Atemzug und sprach von „ihrem Werk".

13. Ausblick

Die hier vorgestellten Texte über den „Streit um die Gründung" ließen sich beliebig vermehren, weil über Kolping und Gesellenverein in sehr vielen Geschichtsbüchern, Lexika und in der übrigen Kolpingliteratur immer wieder wahre und weniger wahre Notizen zu finden sind. Auf dem Hintergrund der vorgestellten Texte wird man im Einzelfall aber leicht feststellen können, auf welche schriftliche Überlieferung sich der Autor jeweils stützt.

In diesem Beitrag ging es zunächst um ein historisches Geschehen, hauptsächlich aber um die Rezeptionsgeschichte dieses Vorgangs. Dabei zeigte sich, wie eine historische Legende entstanden ist und wie diese trotz eindeutiger Klärung des Sachverhaltes weiter ihre Blüten getrieben hat. Und es zeigt sich wieder einmal, wie schwer, ja fast unmöglich es ist, die Geschichtsschreibung von der Last der Legenden zu befreien, d. h., fest eingewurzelte, aber nachweislich falsche Überzeugungen darüber, wie etwas gewesen sei, zu revidieren.[121] Es stellt sich also die Frage, ob man so pessimistisch sein muß wie Günther Werner:

---

119 Franz Lüttgen, Quellenwerk über die Gründungsgeschichte des Katholischen Gesellenvereins erschienen, in: KB 96 (1996), Nr. 1, S. 17. Vgl.: Susanne Niemöhlmann, Johann Gregor Breuers Autobiographie unter dem Titel „Was für Jahre!" erschienen. Gründer des ersten Gesellenvereins: „Für meine Person suche ich keine Ehre", in: Heimatland. Unser Kreis Neuss, Nr. 50, Februar 1996, S. 14-15.

120 Nach: KNA vom 17. 9. 1996 sagte er dort allerdings auch: „Der Streit um die Geschichte der Gründung des ersten Gesellenvereins ist so überflüssig wie ein Kropf."

121 Kolpings Lehrer Ignaz von Döllinger hat das so formuliert: „Also tiefer graben, emsiger, rastloser prüfen und nicht etwa furchtsam zurückweichen, wo die Forschung zu unwill-

„Kolping hat demnach selbst in eindeutiger Weise zu der Legendenbildung beigetragen, wonach er der Gründer des Elberfelder Gesellenvereins gewesen sei. Diese Ansicht ist inzwischen so populär geworden, daß sie wohl nie ganz aus der Welt gebracht werden kann."[122]

Eine Frage, die im Rahmen dieser Überlegungen leider nur gestreift werden konnte, ist folgende: Ist Johann Gregor Breuer nicht nur formaliter, sondern auch materialiter der Gründer des Gesellenvereins? Anders ausgedrückt: Welche Elemente des Gesellenvereins hat Kolping von Breuer übernommen? Was die Elberfelder Gründung vom Jahre 1846 betrifft, so ist die Antwort nach dem hier Vorgetragenen einfach. Dabei ist aber zu betonen, daß Breuer in seiner „Denkschrift" „zunächst"[123] einen Gesellenverein konzipiert hat, nachdem er schon vorher einen Mädchenverein gegründet hatte. Seine Planungen gingen weit über den Gesellenverein hinaus, und entsprechend hat er im Laufe von Jahrzehnten einen ganzen Kosmos von Vereinen gegründet, deren Ausstrahlung weit über Elberfeld hinausgegangen ist.[124] Kolping hat daraus den Gesellenverein zu seiner Lebensaufgabe gemacht und zu einer bewundernswerten organisatorischen Struktur ausgebaut.

14. Anhang: Johann Gregor Breuer, Ein freimütiges Wort zur Frage: Wer ist der Stifter des Katholischen Gesellenvereins?

Durch einen Anonymus sind mir auf Umwegen die Nummern 31 und 32 des New Yorker „Katholischen Volksblatts" vom 20. und 27. März sowie Nr. 29 des in Philadelphia unter dem Titel „Nordamerika" erscheinenden Wochenblattes für den Staat Pennsilvania vom 2. April a[nni] c[urrentis][125] zugegangen, und ersehe ich aus diesen Blättern zu meinem größten Erstaunen, wie man sich jenseits des Ozeans mit meiner geringen Person zu schaffen macht und meinen Namen und Stand vor der Öffentlichkeit verunglimpft.

Dies gibt mir zwingende Veranlassung, aus meiner Reserve, darin ich länger denn 40 Jahre grundsätzlich verharrt habe, herauszutreten und bezüglich der aufgeworfenen Streitfrage ein freimütiges Wort als Zeugnis

kommenen, mit vorgefaßten Urteilen und Lieblingsmeinungen nicht vereinbaren Ergebnissen führen möchte, das ist die Signatur des echten Theologen." Zitiert nach: Verhandlungen der Versammlung katholischer Gelehrten in München vom 28. September bis 1. Oktober 1863, Regensburg 1863, S. 50.

122 Günther Werner, Leserbrief, in: „Deutsche Tagespost" vom 15. 2. 1990.

123 KS, Bd. 3, S. 3.

124 Vgl.: Jorde; Franz Lüttgen (Anm. 112).

125 Des laufenden Jahres.

der Wahrheit zur Verteidigung meiner selbst wie zur Ehre meines Standes öffentlich auszusprechen.

Ich darf mich wohl versichert halten, daß die verehrlichen Redaktionen des New Yorker Wochenblattes und des Nordamerika, nachdem sie jene mehr oder minder gegen mich gerichteten Artikel in ihre resp[ektive] Wochenschrift aufgenommen haben, nunmehr mir die Gerechtigkeit nicht versagen werden, an selber Stelle meiner Rechtfertigung den benötigten Raum zu gönnen. Ich bitte hiermit höflichst darum!

Zunächst sei bemerkt, daß ich jeder Zeitungspolemik in der besagten Angelegenheit seither mit Absicht ausgewichen bin, ferner, daß ich zu dem ersten Artikel in der „Rheinisch-westfälischen Schulzeitung" in keiner Beziehung stehe, daß die Veröffentlichung meines darin abgedruckten und in das vorgedachte New Yorker Blatt übergegangenen Privatbriefes vom 14. März 1887 ohne mein Vorwissen geschehen ist, und endlich, daß es mir durchaus unbekannt ist, wer diese Veröffentlichung hüben und drüben veranlaßt hat.

Der vorhin erwähnte Brief war nur eine kurze Erwiderung auf ein an mich gerichtetes dringendes Ersuchen, in einer Streitfrage zu entscheiden, welche in einem geselligen Kreise zu Elberfeld dadurch herbeigeführt worden war, daß ein Geistlicher den dortigen Jungfrauenverein durch öffentliche Annoncen - in Nr. 58 der „Wupperthaler Volksblätter" vom 12. März 1887 - einlud, sich zu einer Gedächtnisfeier recht zahlreich am Grabe seines Stifters zu versammeln. Der Wortstreit, so schrieb mir ein Freund und Kollege, habe sich um die Frage gedreht: Wer ist denn eigentlich Stifter des Jungfrauenvereines?, und habe dann die weitere Frage im Gefolge gehabt: „Wer hat den Gesellenverein gegründet?" Er, mein Kollege, sei ersucht und beauftragt worden, mich um eine wahrheitsgetreue Erklärung über beide Fragen zu bitten. Diese Erklärung habe ich in jenem Briefe nach Pflicht und Gewissen und ohne Überhebung meiner Wenigkeit gegeben.

In betreff des jetzt [unleserlich] für Unkundige umstrittenen Teiles jener Aussage erkläre ich frank und frei der Wahrheit gemäß:

Vater Kolping, den ich in dankbarer Anerkennung seiner nicht hoch genug zu schätzenden Verdienste um die Ausbreitung des Katholischen Gesellenvereines mit Stolz den von Gott berufenen Apostel des Handwerks nenne, „Vater" Kolping, der unter diesem Ehrentitel, den er von mir erhalten hat, in die Geschichte des Handwerks und namentlich im Gesellenverein dauernd fortleben wird, hat gleichwohl an „der Stiftung" dieses Vereines absolut keinen Anteil.

Ich sage dies höchst ungern, und ich möchte fast wünschen, daß alle jene, welche Kolping für den eigentlichen Gründer des Gesellenvereins halten, recht hätten; aber es handelt sich ja doch um Wahrheit, und diese vertrete und beweise ich gegenüber den Irrtümern, die sich in bezug auf die Herkunft des Vereines allerwärts verbreitet haben, Irrtümer, die ich, falls sie wider besseres Wissen festgehalten würden, einfach als Geschichtslügen bezeichnen müßte. Die species facti[126] ist, daß weder Kolping noch überhaupt einem Geistlichen das Verdienst der Initiative zur Gründung des Katholischen Gesellenvereines zugesprochen werden darf. Wenn und sooft Vater Kolping in seiner und meiner Gegenwart als „Stifter" des Vereines genannt und gefeiert wurde, wies er solche Ehre unwirsch mit der Bemerkung zurück: Diese Stiftung ist nicht Menschenwerk, sondern Gotteswerk. (So ist's beispielsweise geschehen anno 1860, 24. Juni, beim Gesellenkongreß in Elberfeld und 1865, 12. September, bei Gelegenheit einer Festversammlung im Gesellenverein zu Trier.) Damit schrieb er also der Stiftung des Vereines einen providentiellen Charakter, zugleich aber auch demjenigen, der in der Hand der Vorsehung ein Werkzeug zur Ausführung des göttlichen Willens sein durfte, eine Ehre zu, gegen welche alles weitere Lob von Menschen gleich Null erscheint.

Wer konnte und könnte solcher Auffassung entgegen sein? In meiner Seele aber hat sie ein demütiges Dankgefühl und die Zuversicht erweckt und vertieft, daß mir mein bescheidenes Verdienst um die quäst[ionierte] Stiftung droben gutgeschrieben werde. Hierin mag, wer guten Willens ist, die Hauptursache erkennen, warum ich mich gegenüber den vielen und vielfach irrtümlichen, um nicht zu sagen, unwahren Auslassungen der Presse über die Gründung des Gesellenvereins bis in meine alten Tage hinein schweigsam verhalten habe. Ich würde auch heute noch schweigen, wenn man nicht gleichzeitig mit meiner Person auch meinen Stand, den preußischen Lehrerstand, dem ich mit Stolz angehöre, in so ungebührlicher Weise zu diskreditieren versucht hätte. Ein weiterer insonderheit bestimmender Grund für mein jetziges Vorgehen ist der Gedanke, daß vielleicht Vater Kolping selber den Wunsch haben und mich gemahnen könnte, ihm zulieb' und der Wahrheit zur Ehre den obwaltenden Irrtum zu berichtigen und den Sachverhalt klarzustellen.

Und so bezeuge ich hiermit freimütig und wahrheitsgemäß:

1.) Idee und Plan zur Gründung des Gesellenvereins sind ohne Beihilfe und Zutun anderer in meinem Geiste gereift. Anregung dazu gab mir mein vielfacher Umgang mit Handwerksgesellen, die bei mir Privatunterricht suchten und erhielten.

Mitte Juli 1846 sammelten sich mehrere solcher jungen Handwerker mit Gesinnungsgenossen in meiner Schule, und zwar einzig [und] allein zum Zweck der Vorbereitung auf die bevorstehende St. Laurentii-Prozession, bei welcher sie nach dem Vorgange anderer katholischer Vereinigungen – Gesellschaft Parlament, Mädchenverein, etc. – ihre katholische Farbe bekennen wollten. Irgendeine organische Verbindung unter diesen oder anderen katholischen Jünglingen – Bruderschaft, Kon-

[126] Tatsache.

gregation etc. – bestand derzeit in Elberfeld nicht. Wenn es wahr wäre, was die Fama sagt, daß Handwerksgesellen bereits 1845 bei den geistlichen Herren Steenaerts und Kolping die Bildung eines Vereines gewünscht und nachgesucht hätten, so würde es ebenso wahr sein, daß solchem Wunsch und Ansuchen keinerlei Folge gegeben worden ist. Das eine nur ist wahr: daß im Juli 1846 zwei jener jungen Leute, die Schreinergesellen Fritz Kamp und Georg Gerlach, bei der hochw[ürdigen] Pfarrgeistlichkeit um Genehmigung und Empfehlung einer Kollekte zur Beschaffung einer Prozessionsfahne vorstellig geworden sind und nach ihrem Bericht bei Kaplan Steenaerts besonders freundliches Entgegenkommen gefunden haben.

Die Initiative zur Konstituierung eines Gesellenvereines ging von mir aus und datiert vom 7. August 1846, an welchem Tage ich den bei mir – zur letzten Gesangprobe für die Prozession – versammelten jungen Leuten meine Absicht kundgab und sie zu ferneren regelmäßigen Versammlungen bei mir einlud.

2.) In einem von mir verfaßten und mit meiner alleinigen Unterschrift an den Vorstand meiner Schule gerichteten Memorandum habe ich sodann die Motive und den Ausführungsplan zur Gründung besagten Vereines unter Beifügung eines vollständigen Statuts niedergelegt. In den Motiven war u. a. auch der wünschenswerten Ausbreitung des Vereines gedacht, indem ich die Hoffnung aussprach, daß bei so vielen Anstalten und Einrichtungen, welche Kirche, Staat und gemeinnützige Korporationen für das Wohl des Volkes ins Leben rufen, auch dem Schutze der der Schule entwachsenen Jugend und zumal der Handwerksgesellen, die, fern von der Heimat, unter fremden Leuten vielfältigen Gefahren ausgesetzt und in ihrer Mußezeit meist auf die staubige Werkstatt, auf Herbergsstuben und andere Wirtshäuser angewiesen seien, menschenfreundliche Aufmerksamkeit zugewandt werde.

Meine Denkschrift hatte zunächst den Zweck, bei meinem Schulvorstande Freunde und Gönner für den Verein zu werben und mir die Genehmigung zu erwirken, die Vereinsversammlungen in einem meiner Schulsäle abhalten zu dürfen.

3.) Die Statuten waren zuvor in einer dazu anberaumten Versammlung jener jungen Leute verlesen, erläutert und ohne irgendwelche Abänderung einstimmig angenommen worden. Damit war also der Verein förmlich konstituiert. De facto bestand er unter meiner Leitung bereits drei Monate lang, ehe sich einer der Herren Geistlichen um ihn kümmerte.

4.) Um dem Verein für alle Zeit seine Katholizität und eine enge Beziehung zur Kirche zu sichern, hatte ich in § 3 der Statuten bestimmt, daß der Präses allemal ein Geistlicher sein müsse.[127]

---

[127] Vgl.: KS, Bd. 3, S. 4.

Kaplan Steenaerts, zu dem ich in freundschaftlichem Verhältnis stand, hatte ich den Entwurf meiner Denkschrift und der Statuten zur Beurteilung vorgelegt. Er fand die Sache „sehr schön" und erbot sich auf meinen Wunsch sowohl zu einem vorläufigen Besuche des Vereines als auch evtl. zur Übernahme des Präsesamtes.

Die Vorstandswahl fand am 8. November 1846[128] unter meiner Leitung statutgemäß statt, und ward Kaplan Steenaerts einstimmig zum Präses erwählt. Kolping kam bei der Wahl gar nicht in Frage; sein Name wurde nicht einmal genannt.

5.) Mehrere Wochen später beehrte indes auch er, Kolping, von mir eingeladen und vom Präses eingeführt, den Verein zum ersten Mal mit seinem Besuche, bei welcher Gelegenheit er in einer Ansprache seiner Sympathie für das Handwerk und den sehr zeitgemäßen Handwerksgesellenverein kernigen Ausdruck gab. Von da ab kam Kolping öfter, fast jeden Montagabend, und seine trefflichen Vorträge kennzeichneten ihn sehr bald als den „rechten Mann" für die Sache des Vereines.

Trotzdem wurde er, nachdem Steenaerts, zur Pfarrstelle in Wermelskirchen berufen, am 7. Juni 1847 Elberfeld verlassen hatte, mit auffällig knapper Majorität zum Vereinspräses gewählt, was wohl in dem Umstande seinen Grund hatte, daß sein - Kolpings - strammes, anscheinend herrisches Auftreten von manchen Gesellen mißverstanden und mißdeutet worden war.

Anfangs Juli 1847 weilte der Erzbischof, nachmals Kardinal Johannes von Geissel, längere Tage in Elberfeld. Der Gesellenverein, der beim Einzuge des hochwürdigsten Herrn an der Spitze des Festzuges vorausschritt und dem Oberhirten den ersten Gruß im Festgesang widmete, hatte auch die Ehre, durch ein Abendständchen hochdenselben noch besonders begrüßen zu dürfen, darnach seiner Gnaden durch Präses Kolping vorgestellt zu werden und nebst freundlichen Worten höchster Anerkennung und Belobigung seines edlen Strebens den erzbischöflichen Segen zu empfangen.[129]

Wenn Herr Franz Xaver Steffens drüben in Amerika mich Kolpings „Pionier" nennt, so hat er darin ganz recht; denn mit der ob[en]besagten, durch mich veranlaßten und von mir vorbereiteten und geleiteten Serenade baute ich Vater Kolping in Wirklichkeit die erste Brücke zu seiner späteren Ehrenstellung.

Nach dem bisher Gesagten kann es keinem, der rechtlich denkt und urteilt, zweifelhaft sein, daß der Elberfelder katholische Gesellenverein, der in aller Welt als „erster", für alle Vereine gleichen Namens als „Mutterverein" gilt, mein Kind ist. Aus meinem Geiste und in meinem Haus ward er geboren; unter meinem Dache im alten Schulhause

---

[128] In der Vorlage steht: 6. 11. 1846.

[129] Vgl. Breuers und Kolpings Berichte darüber in: KS, Bd. 9, S. 114-123.

– Grünstraße Nr. 25 – hat er seine Heimat; hier stand seine Wiege; hier genoß er jahrelang von mir und denen, die ich um freundliche Beihilfe angesprochen bzw. ihm als Führer bestellt hatte, die erste und sorgsamste Pflege. Daß ich, solange er gleichsam in den Windeln lag, für alle seine Bedürfnisse treulich sorgte und diese zumeist freigiebig aus eigenen Mitteln bestritt, werden mir die noch lebenden Mitglieder der sogenannten alten Garde – Erstlingsgesellen des Vereins – gerne und einstimmig bezeugen. Pfarrer Steenaerts berichtete seinerzeit über die Urgeschichte des Vereines an Generalpräses Schäffer in Köln: „Lehrer Breuer war die Seele des Ganzen. Es war ein herzerhebendes Leben in der kleinen Herde. Noch jetzt, wo der Elberfelder Mutterverein das stattliche Gesellenhaus besitzt, behaupten die Alten, die heute noch zwischen unzähligen jungen Leuten da aus- und eingehen, daß die erste Heimstätte, so eng und arm sie war, doch die vergnüglichste und traulichste für sie gewesen sei."

Liebe Kinder haben bekanntlich viele Namen. Meinen „Gesellenverein" taufte weiland Präses Steenaerts in höflicher Rücksicht auf mehrere Mitglieder, die nicht in einem direkten Gesellenverhältnis standen, in „Junggesellenverein" um, und ich selbst vertauschte in einem zur Zeit Steenaerts's verfaßten Liede, das sich bald [als] erstes Vereins- und Lieblingslied einbürgerte, jenen Namen, der in den Rhythmus nicht passen wollte, mit dem gleichbedeutenden Namen „Jünglingsverein". Wenn auch dieser letztere Name sich unter Kolping noch längere Zeit erhielt, so war damit an der Sache doch gar nichts geändert; diese blieb nach wie vor voll und ganz dieselbe.

Das im Oktober 1848 zuerst gedruckte, von Kolping unterzeichnete Statut des Elberfelder Vereines ist kein anderes als mein ursprüngliches, bloß geschriebenes Statut, nur mit einigen redaktionellen Änderungen aus meiner Feder.

Aufgrund dieses selben Statuts wurde in der rheinischen Metropole Köln anno 1849, kurz vor Kolpings Übersiedlung dorthin, der erste Zweigverein durch Religionslehrer Dr. Vosen gegründet. Dieser hatte nämlich geglaubt, seinem Freunde Kolping einen angenehmen Dienst zu erweisen, wenn er ihm einen zwar kleinen, aber in aller Form fertigen Verein entgegenführe. Indes zeigte sich Kolping nicht sonderlich darob erfreut. Er gestand mir, daß er eigentlich selber in Köln das erste Reis in den Boden habe pflanzen wollen; nun sei ihm aber sein „guter Vosen" zuvorgekommen, und den habe er nötig, und [er] dürfe ihn nicht beleidigen.

Ich will gern glauben, daß Vater Kolping, wenn nicht gerade ausschließlich, so doch hauptsächlich im Interesse des Gesellenvereins bei der erzbischöflichen Behörde in Köln [um] seine Versetzung in eine Stellung nachgesucht und quasi erfleht hat, in welcher es ihm möglich wurde, sich der Ausbreitung des Vereines und der Organisation eines größeren Gesellenverbandes mit der dazu nötigen Zeit und Kraft widmen zu können. Denen aber, die Kolping in jener Zeit nähergestanden haben, dürfte erinnerlich sein, daß er zunächst aus persönlichen Gründen von Elberfeld wegzukommen wünschte, weil durch eine offensichtliche Opposition, in welche er sich gegen seinen Pfarrer gesetzt hatte, seine Stellung als Kaplan dortselbst erschüttert war. Ich lasse dahingestellt sein, ob und inwieweit vielleicht diese seine Opposition gerechtfertigt sein mochte; er selbst hielt sie natürlich dafür und machte kein Hehl daraus. Er duldete durchaus nicht, daß der Herr Pastor dem Vereine nähertrat. Er brachte durch sein oppositionelles Verhalten gegen meinen nächsten Vorgesetzten auch mich in eine schiefe Stellung diesem gegenüber und legte dadurch wie durch seinen entschiedenen Willen, die absolute Alleinherrschaft im Verein zu üben, meine Tätigkeit für denselben lahm.

Gleichwohl vermochte alles dies und anderes mein lebhaftes Interesse für die Sache des Gesellenvereins nicht im mindesten zu alterieren, wie ich dies bei jeder Gelegenheit, die es mir vergönnte, dem Verein meine Dienste zu widmen, tatsächlich bekundet habe. Mit freudiger Genugtuung begrüßte und begleitete ich Kolpings eifriges Bemühen, mein Kind großzuziehen, allerorts zu empfehlen und in die weite Welt einzuführen. Es war mir sogar recht lieb, daß der Gesellenverein, in welchem Kolping die Autokratie auf seine Nachfolger im Präsesamte vererbt hatte, meiner nicht mehr bedurfte; denn dadurch ward es mir möglich, meinen anderen Kindern – Mädchenverein, Jungfrauenverein, Frauenverein, etc. – um so größere Fürsorge zuwenden zu können. In diesen letztgenannten Vereinen habe ich's mehr denn hundertmal beklagt, daß auch zu ihrer weiteren Verbreitung [k]ein „Kolping" da sei.

Ich könnte meine bisherigen Ausführungen noch durch mehrere Aktenstücke und andere Zeugnisse ergänzen und erhärten; aber es ist genug. Es will mich sogar bedünken, daß ich mehr gesagt habe, als eigentlich nötig war, mehr, als, um mit Herrn Steffens zu reden, einer Spezies gewisser Leute angenehm sein mag. Was ich aber gesagt, ist und bleibt pure Wahrheit, und alle dem entgegenstehenden Urteile und Mitteilungen, wie solche bisher von verschiedenen Biographen Kolpings sind behauptet worden, beruhen auf Unkenntnis, auf irrtümlicher oder absichtlicher Verkehrung der tatsächlichen Verhältnisse und Vorgänge bei [der] Gründung des Gesellenvereines.

Diejenigen meiner liebenswerten Kollegen, die eine Ehre für den Lehrerstand darin finden wollen, daß einer der unseren den Verein gestiftet hat, werden es Herrn Steffens in New York Dank wissen, daß er meine Erklärung provoziert, und sie werden ihm um deswillen die Ungebühr, mit welcher er den preußischen Schulmeister zu verdächtigen versucht hat, gern nachsehen und verzeihen.

Ich leiste für meine Person gern Verzicht auf eitlen Ruhm der Welt, getröste mich aber nach wie vor der frohen Zuversicht, daß Gott, der meine Wenigkeit gewürdigt und mir Gelegenheit und Antrieb gegeben, die erste Hand ans schöne Werk zu legen, von dem Wert der frommen Gebete, die auf Kolpings letzten Wunsch an seinem Grabe „als Almosen" für ihn, den größten Wohltäter und vermeintlichen Stifter des Vereines, niedergelegt und zum Himmel gesandt werden, auch mir mein bescheiden' Teil in Anrechnung bringen werde.

Bad Soden im Taunus, den 30. April 1890.

J[ohann] G[regor] Breuer, pens[ionierter] Hauptlehrer.[130]

---

[130] Johann Gregor Breuer, Lebenserinnerungen (Anm. 4), S. 408-415.

Adolph Kolpings Wirken im Kölner Gesellenverein[1]

1. Vorbemerkung

Adolph Kolpings Wirken im Kölner katholischen Gesellenverein umfaßt die Zeit vom April 1849 bis zu seinem Tode im Dezember 1865. Erst seit etwa 1851 wurde er überregional bekannt, und insofern umfaßt diese Zeit auch sein ganzes öffentliches Wirken. Dieses öffentliche Wirken ist naturgemäß besser bekannt als sein pastorales Wirken an den Gesellen und in seiner Eigenschaft als Domvikar und später als Rektor der Minoritenkirche. Diese letztere Seite will immer beachtet werden, auch wenn naturgemäß das Wirken in der Öffentlichkeit stärker zur Sprache kommen wird.

Im folgenden geht es darum, Kolpings Wirken in diesem Verein mehr chronologisch und zugleich thematisch in sechs Schwerpunkten vorzustellen: erstens die Gründungsgeschichte, zweitens das Vereinsleben nach einer Schilderung Kolpings und nach den Vereinsstatuten, drittens der Kölner Verein als Zentralverein des Verbandes, viertens der Einzug in das eigene Haus und Kolpings langjähriger Kampf um die Korporationsrechte des Gesellenhospitiums, fünftens Kolpings schriftstellerische Tätigkeit zugunsten des Kölner Gesellenvereins und sechstens seine Bemühungen um die Erweiterung des Gesellenhauses.

Es wird hier mehr um eine überblicksartige Skizze gehen, um das ganze Spektrum von Kolpings Wirken aufscheinen zu lassen. Dennoch kommen dabei viele Dinge zur Sprache, die bisher noch unbekannt waren. Diese Neuheiten beruhen auf einer systematischen Suche nach Dokumenten zur Geschichte des Kölner Gesellenvereins, die als eigener Band in der Reihe der Adolph-Kolping-Schriften veröffentlicht werden sollen. Ideal wäre es, wenn dieser Band zum 150jährigen Jubiläum des Kölner Vereins erscheinen würde.

Es soll hier zugleich darauf hingewiesen werden, daß einige Fragen, die auch zum Thema gehört hätten, hier höchstens gestreift werden können. Genannt sei z. B. der Unterricht im Verein, das gesellige Leben, also Lieder, Karneval und Ausflüge, öffentliche Konzerte und Feiern des Vereins und, ganz wichtig, Kolpings Vorträge vor den Kölner Gesellen; denn viele Kolpingtexte kann man mit Sicherheit oder mit hoher Wahrscheinlichkeit als solche Vorträge identifizieren. Andere Themen, die

---

[1] Vortrag vor der Kolpingsfamilie Köln-Zentral vom 3. 12. 1995.

erst Kolpings Engagement verständlich machen, wie sein Welt- und Kirchenbild sowie seine Stellung zum Handwerk, können hier gar nicht angesprochen werden.

2. Die Gründungsgeschichte des Kölner Gesellenvereins

Bewußt ist das Wort „Gründungsgeschichte" gewählt, weil jede Gründung ein Vorgang ist, der sich über einen gewissen Zeitraum erstreckt und in dem verschiedene Personen agieren. Seit 1848 drängte Kolping von Elberfeld weg nach Köln, um seine in Elberfeld erkannte Lebensaufgabe erfüllen zu können, den von Johann Gregor Breuer gegründeten Gesellenverein in Köln und von Köln aus überregional zu organisieren. Lehrer Breuer hat damals für ihn insofern die Wege geebnet, als er Kolpings Abschiedsfeier aus Elberfeld am 18. März 1849 im „Christlichen Stadt- und Landboten" beschrieben hat.[2] Gegenüber Weihbischof Baudri sagte Kolping damals: „Hochwürdiger Herr, se müsse mich versetze, dat ess nix für mich, ich muß no Kölle!"[3]

Hören wir, wie ein Elberfelder Geselle später diese Geschichte erzählt hat:

„Der [Elberfelder] Verein wurde immer stärker und stärker, bis eines Tages der neue Präses zu den Gesellen sagte: Jetzt wollen wir mal einige Gesellen nach Köln schicken, ob die Kölner Gesellen nicht auch Lust und Liebe zu solch einem Verein hätten. ... Die Elberfelder Gesellen kamen zurück und sagten: Es ist nichts zu machen in Köln! Darauf sagte Präses Kolping: Dann warten wir noch etwas!

Nach Monaten schickte Präses Kolping andere Gesellen nach Köln. Es wurde vorher tüchtig Propaganda gemacht; die Kölner kamen reichlich. Die Elberfelder Gesellen berichteten den Kölnern, wie schön der Verein in Elberfeld jetzt sei, und sie legten den Kölnern warm ans Herz, doch auch solch ein [!] schöner Verein in Köln zu gründen. Die Kölner sagten: Wenn das so ist, wie ihr erzählt, dann laßt doch mal den Präses hierher kommen. Freudestrahlend berichteten die E[lberfelder] Gesellen ihrem Präses: Herr Präses, Sie müßten mal nach Köln kommen! Daraufhin ging Präses Kolping nach Köln, und es ist ihm alsdann gelungen, den Kölner Gesellenverein zu gründen."[4]

---

[2] Ein Abschied aus Elberfeld, in: Christlicher Stadt- und Landbote (1849), Nr. 10 vom 18. 4., [Sp. 2-3].

[3] Frau Dr. Rudolphi 1929, in: Archiv der Deutschen Kolpingsfamilie, Köln, Zeugenaussagen.

[4] Karl Kneib, Zeugenaussage im Seligsprechungsprozeß Kolpings nach den Erzählungen seines Vaters Joseph Kneib, um 1929, in: ebd.

Kolping selbst nahm im Herbst 1848 Verbindungen zum Kölner Piusverein auf. Die Reaktion darauf ist im Protokoll der Vorstandssitzung vom 6. November wiedergegeben, wo Pastor Damian Siebold „die Gründung eines Aufenthaltsortes für die Arbeiter und Gesellen“ nach dem Vorbild des Elberfelder Jünglingsvereins vorschlug.[5]

In den Erinnerungen von Johann Gregor Breuer sieht die erste Gründungsgeschichte in Köln folgendermaßen aus: Es „wurde in der rheinischen Metropole Köln anno 1849, kurz vor Kolpings Übersiedlung dorthin, der erste Zweigverein durch Religionslehrer Dr. Vosen gegründet.“[6]

Kolping begann seine Tätigkeit als Kölner Domvikar Anfang April 1849. In diesen Monat muß eine erste Versammlung Kolpings mit sieben oder zwölf[7] Gesellen fallen, über die Vosen später folgendes berichtete: „In einem schlecht beleuchteten Schulzimmer fanden sich zu dieser Versammlung zuerst nur sieben Gesellen ein, von denen nur zwei oder drei von Elberfeld her den Gesellenverein und seinen Stifter [!] kannten; die anderen begriffen anfangs die Sache wenig. Allein, bald gelang es dem Stifter in seiner Begeisterung für das Wohl seiner früheren Standesgenossen und bei seiner echt populären Beredsamkeit, Verstand und Herz der jungen Leute für seine Vorschläge zu gewinnen.“[8]

Das offizielle Gründungsdatum des Vereins ist der 6. Mai 1849, wie die 1850 gedruckten ersten Kölner Vereinsstatuten belegen.[9] An diesem Tage wurden, wie das „Hauptbuch 1855-1857“ des Kölner Gesellenvereins kundtut, mindestens 50 Mitglieder erstmals in den Verein aufgenommen.[10] Schon allein deswegen ist die gern kolportierte Geschichte, Kolping habe damals mit nur sieben Gesellen in der Kolumbaschule zur gleichen Zeit den Verein gegründet, als Karl Marx im Gürzenich vor Tausenden seine Revolutionsrede hielt, fraglich. Diese ganze Geschichte ist eine nachträgliche, aufgrund einer Fehlmeldung um das Jahr 1933 erfundene Legende. Es ließ sich leicht feststellen, daß Karl Marx zu dem angegebenen Zeitpunkt weder in Köln war noch eine Rede gehalten hat.[11]

---

[5] Pius IX. 1 (1848), Nr. 19 vom 8. 11., [S. 1].

[6] Zitiert nach dem Beitrag: „Der Streit um die Gründung des Elberfelder Gesellenvereins“, Anhang, in diesem Band.

[7] Vgl.: Deutsche Volkshalle 5 (1853), Nr. 105 vom 11. 5., [S. 4].

[8] KS, Bd. 5, S. 390. Sowohl Kolping als auch Vosen geben dafür als Datum an: „um Ostern“ bzw. „gegen Ostern“, das 1849 auf den 8. 4. fiel. Vgl. Das Immediatgesuch vom 15. 11. 1855, im Beitrag: „Die Auseinandersetzungen um die Korporationsrechte des katholischen Gesellenhospitiums in Köln 1853 bis 1859“ in diesem Band, und KS, Bd. 5, S. 391.

[9] Vgl.: KS, Bd. 3, S. 82.

[10] Vgl.: Hauptbuch 1855-1857, S. 1-2, in: Archiv der Deutschen Kolpingsfamilie, Köln, A 400.

[11] Vgl. den Beitrag: „Zwei Kolpinglegenden aus Köln“, in diesem Band.

Der Gründungsvorgang war mit dieser konstituierenden Versammlung noch lange nicht abgeschlossen. Ein ganzes Jahr lang arbeitete Kolping im stillen, um dann am Ende zu sehen, ob das junge Pflänzchen auch gewachsen sei und der Kölner Verein das Zentrum einer großen Vereinsorganisation werden könne.

Aus der ersten Zeit, vom Juni bis August 1849, sind Briefe der Stadtkölnischen Schulkommission an Kolping erhalten. Sie bemängeln das „laute Singen im Schulraum", daß dieser Raum „gebührend zu durchlüften ist", und man erfährt daraus, daß Dr. Vosen sozusagen als Protektor des Gesellenvereins der Schulkommission gegenüber aufgetreten ist und daß „die Handwerksgesellen anzuhalten" seien, „ihre Bedürfnisse nur auf dem großen Abtritt zu verrichten". Weiter heißt es: „Auch dürfen erwachsene Mädchen nicht mit in den Schulhof gebracht werden."[12]

Wir müssen uns vor Augen halten, daß Kolping damals in Köln ein noch gänzlich unbekannter junger Priester war. Wie schon vorher von Elberfeld aus betätigte er sich gelegentlich schriftstellerisch,[13] und von Ende August bis Anfang Oktober 1849 wirkte er freiwillig im Bürgerspital während der damaligen Choleraepidemie.[14]

Schon Anfang Oktober 1849 konnte Kolping an das Kölner Ordinariat schreiben, „daß sich auch in hiesiger Stadt ein Gesellenverein nach dem Muster des Elberfelder katholischen Jünglingsvereins gebildet hat und bereits gegen 130 Mitglieder zählt. Vorstand und Mitglieder des Vereins wünschen nun aber sehr, daß für sie ein besonderer sonn- und feiertäglicher Gottesdienst eingerichtet werde, und glauben, daß sich dazu die hiesige Minoritenkirche in jeder Beziehung eigne."[15]

Einen Monat später wandte Kolping sich zum ersten Mal mit einem kurzen Beitrag über den Kölner Gesellenverein im „Rheinischen Kirchenblatt" an die Öffentlichkeit. Dort heißt es:

„Im Kirchenblatte ist bereits ... die Rede gewesen von dem durch Herrn Kaplan Kolping in Elberfeld gegründeten [!] Gesellenvereine. Nun ist dieser Verein auch in Köln unter der Leitung seines ersten Urhebers eingerichtet. Nachdem im vorigen Sommer eine Anzahl junger Leute für das Unternehmen vorbereitet worden war, ist mit dem Eintreten des Herbstes und der langen Abende nun das Ganze völlig eingerichtet und zählt bereits nahe an 200 Mitglieder. ...

Diese beiden Abende des Sonntags und Montags nimmt nun der Gesellenverein in Anspruch, indem in ihm eine Art von Kasino für die Gesellen und ähnliche junge Leute sich bildet zur Erweiterung ihrer Kenntnisse, zum freundschaftlichen Verkehr mit ihresgleichen und zur heiteren gesellschaftlichen Unterhaltung. Religion und Tugend, Ar-

---

[12] Zitiert nach: KB 34 (1934), Nr. 9 vom 1. 5., S. 59.
[13] Vgl.: KS, Bd. 9, S. 156-171.
[14] Vgl.: KS, Bd. 2, S. 138.
[15] A. a. O., S. 137.

beitsamkeit und Fleiß, Brüderlichkeit und Eintracht, Heiterkeit und Scherz, das sind die vier Motti, die, im Saale an der Wand angeschrieben, den Geist des Vereines bezeichnen. Abends von 5 bis 10 Uhr ist den Mitgliedern das Lokal geöffnet. Geistlicher und weltlicher Gesang, Lektüre, Vorträge über nützliche Gegenstände, die den Gesellen zum guten Christen und tüchtigen Bürger machen, freundschaftliche Unterhaltung, bisweilen auch scherzhafte Deklamationen, Spiele oder Aufführungen, das bildet den Kreis der Abendunterhaltungen. Zugleich hat der Verein gemeinschaftlichen Gottesdienst und eine Krankenkasse. ...

Es ist nun mit namhaften Opfern ein schönes Lokal für den Verein gewonnen worden. Die Miete, die Einrichtungen der Gasanlage und die Anschaffung der nötigen Möbel war [!] nur durch die Geschenke wohlwollender Freunde des Unternehmens möglich. Nun fehlt noch viel, zunächst alles Unterrichtsmaterial und die Bibliothek."

Kolping bittet dann um Bücherspenden: „Schickt nur die alten Bände, ehe die Mäuse sie fressen." Zum Schluß heißt es von diesem Unternehmen: „Es sollte im stillen erstarken. Dieses Bedürfnis nach Büchern zwingt nun zu einer Ausnahme von der Regel und zu dieser öffentlichen Bitte."[16]

Vosen erzählte später den Hergang ganz ähnlich wie Kolping und sagte dann: „Es verbreitete sich in weiten Kreisen der Stadt die Kunde vom neuen Unternehmen."[17] Bei dem genannten „schönen Lokal" handelt es sich um das Bartmannsche Haus, Am Hof 20.[18]

Es dauerte nicht lange, dann war der „kleine Saal" zu klein, und es wurden Verhandlungen geführt über die Miete eines ganzen Hauses. Über diese Verhandlungen sind wir informiert durch das Protokollbuch über die Vorstandssitzungen des Kölner Gesellenvereins. Das Ergebnis war, daß Mitte September 1850 der Mietvertrag für das sogenannte Pallenbergsche Haus in der Marzellenstraße in Kraft trat. Um diese Zeit hatte der Verein schon „über 300 Mitglieder".[19] Bis zum Einzug in das eigene Haus in der Breitestraße im Mai 1853 verblieb der Verein in diesem gemieteten Hause.

3. Das Leben im Kölner Gesellenverein nach einer Schilderung Kolpings und nach den Vereinsstatuten

Kolping hat immer wieder das Kölner Vereinsleben geschildert. 1852 erzählte er in München folgendes:

---

[16] RK 6 (1849), Nr. 30 vom 4. 11., [S. 2].
[17] KS, Bd. 5, S. 391.
[18] Vgl. den Beitrag: „Zwei Kolpinglegenden aus Köln", in diesem Band.
[19] KS, Bd. 3, S. 113.

„Nun seht, bei uns am Rhein hat man damit angefangen, den Besseren und Guten eine freundliche Heimat, ein Haus einzuräumen ... Hier setzt man sich freundlich zusammen, diskutiert von dem, was jedem einzelnen Handwerker nottut, und diskutiert von den Mitteln der Abhilfe. Aber man diskutiert nicht bloß; man legt gleich selbst Hand ans Werk und sucht vor allem, sich selbst moralisch und geistig zu bessern; denn wird der Geselle zuerst besser und tüchtiger, dann gibt's auch mit der Zeit tüchtigere Meister, und damit muß denn natürlich das Besserwerden des Handwerks selbst Hand in Hand gehen.

Dann werden Vorträge über verschiedenes Nützliche und Lehrreiche gehalten, und da hat der Geselle wieder großen, bleibenden Nutzen. ... Es wird auch Unterricht erteilt im Lesen, Schreiben, Rechnen, in der Mathematik, in Chemie, Physik, natürlich für die nur, denen es nutzen kann oder die es wissen sollten oder die gerne Anteil nehmen. Auch gesungen wird; denn ein junger Mensch, der nicht singen mag oder daran nicht eine Freude hat, ist nicht sauber. Jugendlicher Frohsinn muß gepflegt werden; Kopfhängerei führt zu nichts Taugbarem.

An Sonntagen wird gemeinschaftlich zur Kirche und, wenn die hohe Osterzeit da ist, auch gemeinschaftlich zum Tische des Herrn gegangen; und das haben die Kölner Gesellen selber so beschlossen. ... Und da haben sie sich auch eine eigene Fahne – keine rote – [gemacht] und darauf die Inschrift gesetzt: 'Religion und Tugend', und unter dieser Fahne zogen nun die Gesellen in Köln im Tollheitsjahre 1849, fünf Mann hoch, Arm in Arm zur Kirche, und das vernünftige Volk blieb stehen und staunte und fragte, nicht etwa mit dem früheren verächtlichen Tone: 'Das sind so Handwerksburschen', nein, es sagte mit Stolz: 'Dies sind unsere Gesellen.'

Aber ein solches Schutzhaus und die Lehrmittel herzuschaffen, das kostet Geld; aber Geld hat der Geselle selten, und wir wollen ihm all das Gute geben. ... Aber wie kamen wir zu den notwendigen Mitteln? ... So haben wir anfangs gebettelt; aber jetzt braucht's dies nicht mehr: Der hohe Wert dieses Gesellenbundes ist so allgemein anerkannt, daß uns Mittel immer bereitwilligst zufließen und selbst unter Tränen von alten Mütterchen gebracht werden, unter Dankestränen; denn sie [!] hat ein Söhnlein, und der [!] ... ginge sicher verloren, wäre unser Bund und unser Schutzhaus nicht."[20]

Am 13. Februar 1850 erfolgte die Wahl und Konstituierung des Vereinsvorstandes. Natürlich wurde „Domvikar Kolping" zum Präses gewählt.[21] Die damals genehmigten Statuten wurden dann einen Monat später publiziert.[22] Diese Statuten wurden während Kolpings Tätigkeit

[20] A. a. O., S. 312-313.
[21] Protokollbuch, S. 1.
[22] Vgl.: KS, Bd. 3, S. 82-96.

in den Jahren 1852, 1853, 1858 und 1862 den veränderten Verhältnissen angepaßt. Hier soll nur anhand des ersten Statuts auf einige markante Punkte hingewiesen werden.

Als Vereinszweck wird angegeben: „Fortbildung und Unterhaltung der Gesellen Kölns zur Anregung und Pflege eines kräftigen religiösen und bürgerlichen Sinnes und Lebens, dadurch einen tüchtigen, ehrenwerten Meisterstand heranzubilden."[23]

Der Vereinsvorstand wird unterteilt in einen engeren und einen weiteren, wobei der letztere Förderer und Wohltäter umfaßt. Der engere Vereinsvorstand wird vom Präses geleitet. Von ihm heißt es: „Der Präses wird vom Gesamtvorstande gewählt. ... Der Präses verwaltet sein Amt auf unbestimmte Zeit. ... Der Präses ist Vater des Vereins. Als solcher hat er seine Stellung im Vorstande und unter den Vereinsmitgliedern. Er führt den Vorsitz in allen Sitzungen des Vorstandes."[24]

In den Elberfelder Statuten vom Jahre 1848 war diese Wahl „von sämtlichen Mitgliedern des Vereins" getätigt worden, und eine Wiederwahl war nach drei Jahren nötig.[25]

Im Elberfelder Vorstand waren die Gesellen in der Mehrzahl: vier Assistenten und ein Senior gegenüber dem Präses und zwei erwachsenen Vorstehern.[26] In die Kölner Statuten wurden diese Funktionen einem Vereinsältesten und mehreren Ordnern übertragen, die an den Vorstandssitzungen teilnehmen sollten;[27] im Protokollbuch des Vorstandes erscheinen ihre Namen aber fast nirgendwo,[28] und nach den Statuten von 1862 gehören sie zwar noch formell zum Vorstand; ihre Aufgabe aber wird so umschrieben: „Der Vereinsälteste und die Ordner bilden das ständige Komitee für die Feste des Vereins."[29] Das Ergebnis beschrieb Kolping 1855 in folgendem Nebensatz: daß „die Gesellen, wenn auch Mitglieder des Gesellenvereins, doch in der Führung und Leitung des Vereins ... durchaus nicht mitzureden haben, diese Tätigkeit ausschließlich dem Vorstande vorbehalten bleibt".[30]

---

[23] A. a. O., S. 82. Vgl. den Beitrag: „Adolph Kolping und das Handwerk", in diesem Band.

[24] A. a. O., S. 83. Die Paragraphen über die Wahl des Präses wurden von der 3. Auflage der Statuten an gestrichen. Vgl.: Statuten des katholischen Gesellen-Vereins zu Köln (gegründet am 6. Mai 1849), revidirt am 14. November 1853, Köln [3]1853, S. 6.

[25] Vgl.: a. a. O., S. 61.

[26] Vgl.: ebd.

[27] Vgl.: a. a. O., S. 84-85.

[28] Mit Ausnahme einer Reihe von Sitzungen, in denen der Stundenplan des Vereinsunterrichts besprochen wurde, zuerst am 18. 5. 1851, oder einer Sitzung über die Vereinskrankenkasse. Vgl.: Protokollbuch, S. 13, 71 u. a. Nach den Statuten in: KS, Bd. 3, S. 98, „müssen indes immer einige Gesellen ... beigezogen werden".

[29] Statuten des katholischen Gesellen-Vereins zu Köln (gegründet am 6. Mai 1849), (revidirt am 8. December 1862), Köln [5]1863, S. 5.

[30] Eingabe des Vorstandes des Kölner Gesellenvereins an König Friedrich Wilhelm IV. vom 15. 11. 1855, in: Mitteilungen 1,2 (1872-1879), Sp. 5-11, hier Sp. 9-10.

Man könnte so in der Analyse der Statuten fortfahren. Hier soll nur auf eine soziale Errungenschaft hingewiesen werden, die es in dieser Form in Elberfeld noch nicht gegeben hatte: auf die Krankenkasse des Kölner Gesellenvereins. Das Statut der Krankenkasse umfaßte allein 30 Paragraphen.[31] Jedes Vereinsmitglied hatte einen Krankenkassenbeitrag zu zahlen. Von diesem Geld wurde der Kranke, beginnend mit einer Woche der Krankheit, bis zu einer Dauer von einem Jahr und sechs Wochen unterhalten, auch im Kölner Bürgerspital. Die Stadt Köln wurde in vier Stadtbezirke eingeteilt, für die je ein Geselle als Krankenpfleger zuständig war, der sich um die Kranken zu kümmern hatte.

4. Der Kölner Gesellenverein als Zentralverein

Nach dem Kölner Gesellenverein war im gleichen Jahre 1849 in Düsseldorf ein dritter Verein entstanden. Das regte Kolping an, noch bevor es gedruckte Statuten für den Kölner Gesellenverein gab, ein „Allgemeines Vereinsstatut des Rheinisch-westfälischen Gesellenbundes (als Vorlage)" in der „Deutschen Volkshalle" zu veröffentlichen.[32] Darin heißt es: „Die einzelnen Gesellenvereine ... wählen als Mittelpunkt ihrer Einheit und Wirksamkeit einen Zentralverein mit besonderem Zentralvorstande. (Wir schlagen aus triftigen Gründen, und zwar bloß im Dienste der guten Sache, den Kölner Verein als Zentralverein vor.)"[33]

Dann werden die Aufgaben des Zentralvorstandes gegenüber den einzelnen Lokalvereinen umschrieben.

Die erste Generalversammlung des Gesellenbundes, der sich jetzt „Rheinischer" nannte, fand im Oktober 1850 in Düsseldorf statt. In den dort verabschiedeten Statuten heißt es: „Der Kölner Verein ist Zentralverein."[34]

Ein Jahr später, bei der zweiten Generalversammlung, nannte sich der Verband um in: „Katholischer Gesellenverein".[35] Dort sind auch die Namen der Mitglieder des Zentralvorstandes genannt.[36] Die Namensänderung war notwendig geworden, weil sich die Gesellenvereine seit dem Ende des Jahres 1851 weit über das Rheinland, ja, über Preußen hinaus auszubreiten begannen. Im Laufe dieses Jahres war in katholischen überregionalen Zeitschriften mehrfach über den Kölner Gesellenverein berichtet worden, und im Oktober hatte Kolping Vorträge bei der Gene-

[31] Vgl.: KS, Bd. 3, S. 91-94.
[32] Vgl.: a. a. O., S. 79-82.
[33] A. a. O., S. 81-82, hier S. 81.
[34] A. a. O., S. 100.
[35] A. a. O., S. 274.
[36] Vgl.: a. a. O., S. 272.

ralversammlung des Katholischen Vereines Deutschlands in Mainz gehalten. Dadurch war er mit einem Schlage ein bekannter Mann, und aus dem süddeutschen Raum, besonders aus Bayern und Österreich, kamen Nachrichten über beabsichtigte oder schon vollzogene Vereinsgründungen.

Die dritte und die vierte Generalversammlung der preußischen Gesellenvereine fanden 1853 und 1854 im neuen Kölner Gesellenhospitium statt. Es handelte sich um rein preußische Versammlungen, bei denen auch „Gäste befreundeter außerpreußischer Vereine"[37] anwesend waren. Erst die Generalversammlung des Jahres 1864 in Würzburg kann in gewissem Sinne als erste internationale Generalversammlung angesehen werden. Bei dem vierten Treffen wurden ausführlich Regeln behandelt, wie mit den Gesellen zu verfahren sei, die auf ihrer Wanderschaft von einem Verein zu einem anderen überwechseln.

Die fünfte Generalversammlung fand wiederum in Köln statt während der zehnten Generalversammlung der katholischen Vereine Deutschlands im September 1858. Da die Zahl der Vereine in der Zwischenzeit sehr gewachsen und entsprechend die Aufgabenfülle eines Zentralvereins - Köln für Preußen, München für Bayern, Wien für Österreich, usw. - gestiegen war, wurde auf Kolpings Vorschlag beschlossen, die kirchliche Gliederung nach Diözesen für den gesamten Katholischen Gesellenverein zu übernehmen und entsprechend Diözesanpräsides und Zentralvereine für die einzelnen Diözesen zu ernennen. Der Kölner Gesellenverein wurde damals Zentralverein für die Gesellenvereine im Kölner Erzbistum und Kolping Diözesanpräses. Weiterhin wurden wie auch schon vorher die Gesellenvereine eines Staates folgendermaßen zusammengefaßt: „Die Diözesanpräsides eines Landes finden im Zentralpräses diesen Mittelpunkt."[38]

Damit nicht genug, wurde zur Verklammerung aller Gesellenvereine in allen selbständigen Staaten ein neues Amt geschaffen: „Der Mittelpunkt sämtlicher Vereine ist Köln, und der Kölner Präses ist Generalpräses."[39] Weil juristisch Kolping als Generalpräses gegenüber den außerpreußischen Gesellenvereinen keine Machtbefugnisse besaß, ist dieser Titel zu seiner Zeit nur als Ehrentitel zu verstehen.

Hier fällt die Ämterhäufung bei Kolping auf, und von einem Zentralvorstand, Diözesanvorstand oder Generalvorstand, der aus mehreren Personen bestanden hätte und in dem auch Gesellen vertreten gewesen wären, ist nicht mehr die Rede. Hatte den ersten Verein mit allem, was dazugehört, ein Laie gegründet, so zeigt sich hier eine eindeutige Verschiebung hin zur geistlichen Leitung des Verbandes.

---

[37] KS, Bd. 4, S. 82.
[38] KS, Bd. 5, S. 342.
[39] Ebd.

Abb. 7: Häuserzeile „Am Hof 24-12“, in der Mitte der Brabanter Hof, Nr. 20-22; Zeichnung von H. Merlo, 1874 (Quelle: Rheinisches Bildarchiv, Köln, Nr. 166 842)

5. Der Einzug in das eigene Haus und der Kampf um die Korporationsrechte des Kölner Gesellenhospitiums

Erstmals Ende 1851 sprach Kolping von der „Errichtung eines Hospizes für wandernde Gesellen in Verbindung mit dem Vereine".[40] Anfang August 1852 schon hat Kolping das Haus Breitestraße 118 von einem Herrn Lenders aus Königsdorf für 14000 Taler gekauft.[41] Die Aufbringung dieser großen Summe aus Spenden war die nächste große Aufgabe für Kolping.[42] Zusätzlich mußte Mobiliar angeschafft werden.

Aus dem farbenfrohen Festbericht über den Einzug ins Hospitium am 8. Mai 1853 sei nur der Schlußsatz zitiert: „Daß wir nun erst recht eine 'Heimat' haben, wissen wir, und es tut das unermeßlich wohl."[43]

Auch Kolping selbst bezog in diesem Haus seine Wohnung. Wenn er darin später ungestört arbeiten wollte, sagte er seiner Haushälterin, sie solle den Besuchern sagen, er sei in Deutz; denn er hatte sein Arbeitszimmer „Deutz" genannt.

Gekauft hatte Kolping das Haus auf seinen Namen, weil der Verein noch keine juristische Person war. Um das Gesellenhospitium juristisch von seiner Person unabhängig zu machen und dadurch seinen Bestand auf die Dauer zu sichern, wurde im November 1853 ein Antrag zur Verleihung der Korporationsrechte mitsamt einem Vereinsstatut bei der Kölner Polizeidirektion gestellt. Der bürokratische Weg war dann zum Regierungspräsidium in Köln, an das Oberpräsidium in Koblenz, an das Innenministerium in Berlin und zuletzt an den preußischen König, der das Korporationsrecht „verlieh". Danach hatte der Oberpräsident die Statuten zu genehmigen. Antragsteller war der „Verein zu Schutz und Pflege lediger Handwerksgesellen", wie sich der Vorstand des Gesellenvereins zu diesem Zwecke umbenannte.

„Im Laufe des Jahres 1854 hat der Präses des Vereins zu verschiedenen Malen bei der hiesigen Polizeidirektion über dieses eingesandte Statut Erläuterungen und Erklärungen abgegeben. Da kein Bescheid erfolgte, wandte sich der Verein unterm 13. Januar 1855 an die hiesige königliche Regierung mit der Bitte, die Entscheidung beschleunigen zu wollen."[44]

In dieser Zeit liefen Verhandlungen und Gutachten zwischen dem Oberpräsidenten und dem Innenminister, und selbst das preußische Justizministerium wurde eingeschaltet.

---

[40] Protokollbuch, S. 14: Sitzung vom 3. 11. 1851.

[41] Vgl.: a. a. O., S. 20.

[42] Vgl. u. a. die Schriften: „Für ein Gesellenhospitium", in: KS, Bd. 4, S. 1-35.

[43] Das Einzugsfest ins Hospitium, zugleich das 4. Stiftungsfest des Gesellenvereins zu Köln, in: Feierstunde. Beilage zum RK 3 (1853), Nr. 20 vom 15. 5., S. 77-79, hier S. 79.

[44] Akte Koblenz, S. 510.

Auch Kolping wurde aktiv. Ende März 1855 hielt er vor dem Berliner Gesellenverein eine Ansprache, bei der Prinz Friedrich von Preußen, Fürst Boguslaw Radziwill, der Innen- und der Handelsminister, der Generaladjutant des Königs, der Generaldirektor der Polizei und andere Persönlichkeiten anwesend waren.[45] Noch Anfang Juni machte sich Kolping Hoffnungen, daß das Kölner Vorstandsmitglied Peter Michels in Berlin den Durchbruch erreichen werde.[46]

Es half aber nicht viel. Am 17. Juli 1855 erfolgte die Verfügung des Kultus- und des Innenministers, das Gesuch nicht zu unterstützen. Kolping brachte diese Entscheidung in den „Rheinischen Volksblättern" mit folgendem Kommentar: „Daß der Katholische Gesellenverein sich in Leid, Mühsal und Anfechtung mancherlei Art durchbringen muß, ist auch ein katholisches Zeichen, das nur unseren Mut und unsere freudige Tätigkeit erhöhen und anspornen soll."[47]

Über die Gründe der Ablehnung hat sich der Innenminister später so geäußert: „Geleitet und beeinflußt durch katholische Geistliche, kann in den Gesellenvereinen eine Macht erwachsen, die um so weniger unterschätzt werden darf, als sie aus Männern des kräftigsten Lebensalters bestehen, die, gewohnt an den Gehorsam gegen die Geistlichkeit, den Impulsen derselben zu folgen geneigt sind, und als endlich die an sich religiöse Sphäre sich deutlich genug als eine politische beweisen könnte." Weiter heißt es, „daß die Persönlichkeit des Kolping eben nicht geeignet sei, diese Bedenken zu beseitigen."[48]

Kolping sah die Dinge so: „Daß man uns die Korporationsrechte abgeschlagen, hat einzig seinen Grund in konfessioneller Abneigung."[49]

Kolping erreichte aber dennoch die Verleihung der Korporationsrechte wegen seiner guten Verbindungen zum königlichen Hof in Berlin. Die einzelnen Schritte sollen hier nicht nachgezeichnet werde; nur auf eines sei hingewiesen: wie Kolping den (vermeintlichen) Quertreiber, den Kölner Regierungspräsidenten Eduard von Moeller, matt setzte. Der Vorstand des Kölner Gesellenvereins sandte an den König im November 1855 eine Immediateingabe mit einer Spendenliste, auf der von Moeller mit einer Spende von hundert Talern für das Gesellenhospitium aufgeführt wurde. Der Innenminister meinte dazu: „... worin ich einen Beweis des [!] Anerkenntnisses der nützlichen Wirksamkeit des Vereins erblikke."[50]

---

[45] Ansprache vom 25. 3. 1855. Vgl. RV 2 (1855), Nr. 14 vom 7. 4., S. 222. Text in: KS, Bd. 4, S. 198-199.
[46] Vgl.: KS, Bd. 2, S. 217-218.
[47] RV 2 (1855), Nr. 36 vom 8. 9., S. 578.
[48] Gutachten des Innenministers „an des Königs Majestät" vom 23. 4. 1856, in: Geheimes Staatsarchiv Preußischer Kulturbesitz, Berlin, Rep. 77, Tit. 662, Nr. 20, Bd. 4, S. 84-85.
[49] Brief vom 26. 9. 1855, in: KS, Bd. 2, S. 228.
[50] Akte Koblenz , S. 214.

Am 29. April 1856 verlieh der König dem Gesellenhospitium Korporationsrechte,[51] und die Statuten wurden nach längeren Verhandlungen am 12. November 1856 genehmigt.[52] Kolping veranstaltete im Dezember 1856 eine Dankesfeier,[53] und im Februar 1857 bedankte er sich persönlich beim König in einer Audienz.[54] Somit schien alles in Ordnung zu sein.

Aber während man in Köln feierte, zog ein neues Gewitter auf, und zwar von Berlin aus. Der Innenminister beschwerte sich im Dezember 1856 beim Oberpräsidenten, der die Statuten genehmigt hatte, darüber, daß nach diesen Statuten ein Verein, und zwar der „Verein zu Schutz und Pflege lediger Handwerksgesellen", und nicht, wie es der König formuliert hatte, das Kölner Gesellenhospitium als Rechtsträger in Erscheinung trete, und er ordnete eine Umarbeitung der Statuten an.[55] Diese „Umarbeitung" hat dann wiederum über zwei Jahre in Anspruch genommen, und die Auseinandersetzungen der Behörden untereinander und die Eingaben und Anmerkungen Kolpings dazu geben nach der Aktenlage ein lebendiges Bild für die unterschiedlichen Anschauungsweisen der beteiligten Personen.

Die Kölner Regierung verfaßte im Februar 1857 einen Statutentwurf.[56] Dieser fand aber in den Augen des Innenministers keine Gnade, weil darin der „Verein zu Schutz und Pflege lediger Handwerksgesellen"[57] noch vorkam. Er ließ in Berlin Ende Mai 1857 einen eigenen Statutentwurf ausarbeiten.[58] Darin war konsequent das Gesellenhospitium Träger der Korporationsrechte. Allerdings ist den Verfassern möglicherweise aus Unkenntnis der örtlichen Verhältnisse ein schwerer Fehler unterlaufen: Nicht mehr Kolping und seine Mitstreiter sollten als Vorstand fungieren, sondern der Pfarrer von St. Gereon sowie je ein Vertreter des Kölner Erzbischofs und des Kölner Oberbürgermeisters, d. h. das Kuratorium, das nach den ursprünglichen Statuten im Falle der Auflösung des Hospitiums die Stiftungsverwaltung zu führen gehabt hätte.

Nun erst begann ein „Papierkrieg" zwischen den Behörden in Köln, Koblenz und Berlin mit dem Ergebnis, daß der Kölner Oberbürgermeister Vorsitzender des Vorstandes sein sollte. Der Innenminister schrieb im Oktober 1857: „Eine derartige Organisierung des Vorstandes wird sich, zumal sie den für kommunale Anstalten wohltätigen Zweckes in dortiger Provinz üblichen Verwaltungsformen analog sein würde, als die

[51] Geheimes Staatsarchiv (Anm. 48), S. 92.
[52] Vgl.: RV 3 (1856), Nr. 50 vom 13. 12., S. 794-798.
[53] Vgl.: RV 3 (1856), Nr. 52 vom 27. 12., S. 824-826.
[54] Audienz vom 26. 2. 1857. Vgl.: RV 4 (1857), Nr. 10 vom 7. 3., S. 158-159; Mitteilungen 1,2 (1872-1879), Sp. 547.
[55] Akte Koblenz , S. 328-330: Brief vom 11. 12. 1856.
[56] A. a. O., S. 372-375: Statutentwurf vom 21. 2. 1857.
[57] A. a. O., S. 400-401: Brief vom 31. 5. 1857.
[58] Vgl.: a. a. O., S. 402-404: Statutentwurf vom 31. 5. 1857.

korrekteste empfehlen und wird deshalb principaliter den Stiftern des Hospitiums vorzuschlagen sein."[59]

Es dauerte wieder einige Zeit, bis dieser Bescheid an den Vorstand des Gesellenvereins gelangte. Kolping schrieb dazu: „Man will uns die bereits genehmigten Statuten wegnehmen und die Korporationsrechte abhängig machen von einem Statut, das mich faktisch vor die Türe setzt, die ganze Anstalt ruiniert, usw. So etwas ist doch in der Tat noch nicht dagewesen! Nun heißt es also, sich wehren. Wie, muß ich sehen."[60]

Der Vorstand des Gesellenvereins beschloß nun, die genehmigten Statuten „materiell beizubehalten, dagegen auf eine Änderung der Form, wenn solche beliebt sein sollte, einzugehen, ... und es soll der Regierung ein Entwurf des Statuts für das Hosp[itium] nebst einem Promemoria eingereicht werden."[61]

In einem Brief schrieb Kolping am 9. März 1858 folgende drei Wörter: „In Berlin gutgegangen."[62] Was diese Worte bedeuten, wird im Verlauf der folgenden Verhandlungen deutlich: Kolping hat es offensichtlich wieder einmal über seine Berliner Mittelsmänner geschafft, Einfluß auf das Innenministerium auszuüben. Möglicherweise wurde dabei das folgende Vorgehen abgestimmt.

Es erfolgte am 26. März 1858 die beschlossene Eingabe des Vereins zu Schutz und Pflege lediger Handwerksgesellen an den königlichen Polizeidirektor in Köln.[63] Die Regierung zu Köln reagierte so darauf: „Unseres Erachtens ist der von dem Verein vorgelegte Statutentwurf zur Genehmigung nicht geeignet; denn nach diesem Entwurf soll der Vorstand des Hospitiums aus den seitherigen Mitgliedern des Vereins gebildet werden."[64]

Der Innenminister schrieb demgegenüber: „Die wesentlichsten Bedenken, welche gegen das frühere Statut bestanden haben, sind durch diese Umarbeitung erledigt."[65] Er schlug noch eine Reihe von Umformulierungen vor.

Die Kölner Regierung aber reagierte Anfang Juli 1858 folgendermaßen auf die Sinnesänderung des Innenministers: „Wenngleich der Verein nach dem Inhalt seiner Statuten nur löbliche Zwecke verfolgt und er seither auch durchaus in den Grenzen des Gesetzes sich gehalten hat, so läßt sich doch nicht verkennen, daß er in Zeiten der Aufregung gefährlich werden kann. Die Personen, die gegenwärtig an der Spitze stehen, werden alsdann beseitigt und durch feindlich gesinnte Lenker ersetzt

---

59 A. a. O., S. 424-425: Brief von 14. 10. 1857.
60 Brief vom 29. 12. 1857, in: KS, Bd. 2, S. 288.
61 Protokollbuch, S. 59: Sitzung vom 9. 2. 1858.
62 KS, Bd. 2, S. 289-290.
63 Akte Koblenz , S. 508-524.
64 A. a. O., S. 451-452: Brief vom 26. 4. 1858.
65 A. a. O., S. 462-463: Brief vom 12. 6. 1858.

werden, welche der Regierung um so größere Schwierigkeiten bereiten werden, als der aus einer großen Zahl von Handwerksgesellen bestehende Gesellenverein als blindes Werkzeug zu Demonstrationen etc. von ihnen mißbraucht werden wird. Es liegen viele Andeutungen darüber vor, daß der Gesellenverein eine Schöpfung derjenigen Partei in der katholischen Kirche ist, welche je eher, je lieber aufhören möchte, unter preußischem Zepter zu stehen. Diese Partei durch Nachgiebigkeit gegen ihre Forderungen zu stärken, liegt gewiß nicht im Interesse des preußischen Staates. Wir halten uns unter diesen Umständen für verpflichtet, uns aufs entschiedenste dagegen auszusprechen, daß bei der Aufstellung des Statuts für das Gesellenhospitium der von dem Vorstande des Vereins zu Schutz und Pflege lediger Handwerksgesellen vorgelegte Entwurf zum Grunde gelegt wird."[66]

Man merkt diesen Zeilen deutlich an, daß nicht formale Dinge der Grund für die Verzögerungen waren, sondern eine fast gespensterhaft erscheindende Furcht der Beamten vor einer katholischen Organisation, die große Erfolge aufzuweisen hatte.

Dieser Einwand stieß bei den höheren Behörden allerdings auf taube Ohren, und die Kölner Regierung mußte sich aus formalen Gründen einverstanden erklären.[67] Es folgte noch eine umfangreiche Korrespondenz über die Formulierung einzelner Paragraphen.

Das Ergebnis liest sich folgendermaßen im Protokollbuch des Vorstandes des Kölner Gesellenvereins, der sich neuerdings „Vorstand des Gesellenhospitiums" nannte, in der Sitzung vom 10. Dezember 1858: „Das vorgelegte Statut wird von dem Präses vorgelesen und von den anwesenden Mitgliedern vollzogen."[68]

Am 11. Februar 1859 erfolgte die Unterzeichnung der Statuten durch den Oberpräsidenten.[69]

Kolping veröffentlichte die Statuten mit folgender Bemerkung: „Bei näherer Vergleichung wird man finden, daß nur die Benennung des Vorstandes in Einklang mit der Benennung der mit Korporationsrechten versehenen Anstalt gebracht worden, wesentliche Veränderungen des Statutes gar nicht stattgefunden haben."[70]

Damit hat Kolping die Eigenständigkeit des katholischen Gesellenvereins und -hospitiums gegenüber dem Staat verteidigt. Aber auch gegenüber der kirchlichen Hierarchie ist diese Eigenständigkeit bewahrt worden; denn einerseits betonte man die Unabhängigkeit von den Pfarrgemeinden, und andererseits wurde in das Statut des Gesellenhospitiums die Bestätigung der Präseswahl durch den Bischof als ein rein innerkirch-

---

66 A. a. O., S. 477-478: Brief vom 7. 7. 1858.
67 Vgl.: a. a. O., S. 482-487: Brief vom 26. 7. 1858.
68 Protokollbuch, S. 70.
69 Vgl.: RV 6 (1859), Nr. 14 vom 2. 4., S. 217-222.
70 A. a. O., S. 218.

licher Vorgang, der das Korporationsrecht in keiner Weise tangiere, nicht aufgenommen.

6. Kolpings schriftstellerische Tätigkeit zugunsten des Kölner Gesellenvereins

Kolping war ein reicher Mann. Das viele Geld, das er einnahm, erwirtschaftete er hauptsächlich durch seine schriftstellerische Tätigkeit. Zum größten Teil kam das Geld aus der Redaktion der „Rheinischen Volksblätter" und zu einem geringeren aus den Volkskalendern. Gerade in der Zeit von 1859 bis 1862 stieg die Auflage der Zeitschrift auf die für damalige Verhältnisse hohe Zahl von über 6000 Abonnenten an. Kolping hat aus diesem Geld neben seinen Reisen zur Verbreitung des Gesellenvereins und zur eigenen Erholung die Projekte des Kölner Gesellenvereins und -hospitiums mit finanziert. Eine Schätzung über die Höhe dieser Gelder läßt sich kaum machen; aber eine Vorstellung von der Größenordnung gibt Kolpings Stiftung zugunsten seiner Nachfolger als Präsides des Kölner Gesellenvereins von 10000 Talern.[71]

Die Aufbringung so hoher Summen war nur möglich, weil Kolping intensiv gearbeitet hat. Diese Tätigkeit steigerte sich noch enorm seit Ende 1858, also, seitdem die Korporationsrechte unter Dach und Fach waren. In einem Artikel „Die 'Rheinischen Volksblätter' und ihr ferneres Programm" schrieb er über die Wünsche zur Gestaltung dieser Zeitschrift: „... alle aber wünschen noch mehr Politik."[72]

Kolping behauptet in dem Artikel, er bliebe „außer und über den eigentlichen Parteien", setzt aber sofort ein „Aber" hinzu: „Wir meinen aber, es täte heutzutage sehr not, daß man den offenen Kampf gegen alles ... Unchristliche im öffentlichen politischen Leben nur mutig und getrost übernehme. ... Wir haben ja, gottlob, einen sicheren Maßstab: Was nicht christlich ist ..., das ist falsch."[73]

Michael Schmolke schreibt: „Inhaltlich wurden die 'Rheinischen Volksblätter' ab 1859 ein vorwiegend politisches Blatt", und er spricht vom „Politiker Adolph Kolping".[74]

Anfang 1859 traten die Auseinandersetzungen, die zum Italienischen Krieg zwischen Frankreich und Piemont/Sardinien einerseits und Österreich andererseits führten, in das besondere Interesse der „Rheinischen Volksblätter". Kolping bemerkte dazu: „Ich hätte große Lust, mein

---

[71] Vgl.: KS, Bd. 1, S. 52-55.
[72] KS, Bd. 4, S. 393-397, hier S. 393.
[73] A. a. O., S. 395-396.
[74] Schmolke, S. 190.

Blättchen, dessen Leserkreis sich ziemlich erweitert, fast zu einem ausschließlich politischen Blättchen zu machen."[75]

Kolping muß damals Tag und Nacht tätig gewesen sein, um seine Meinung zum Geschehen in Italien, das sich immer mehr ausweitete zu einem Kampf um den Kirchenstaat, unters Volk zu bringen. Im Sommer 1859 verzichtete er deswegen auf den Urlaub.[76] Selbst die halbwegs poetische Figur des „Doktor Fliederstrauch" mußte in einer Artikelserie „Vom Kriege" dazu herhalten.[77] Nach dem Umfang der politischen Beiträge in den „Rheinischen Volksblättern" zu schließen, legte sich dieses außerordentliche Engagement Kolpings etwa seit 1862.

Zu erwähnen ist als die andere Seite der Medaille, daß in diesen Jahren Kolpings Tätigkeit für den Gesellenverein in den Hintergrund trat. Größere Reisen unterblieben, und die im Jahre 1858 angefangene Gliederung nach Diözesanverbänden wurde erst sechs Jahre später fortgeführt.

Kolping war sich der Folgen seiner politischen Publizistik für ihn selbst durchaus bewußt. Er schrieb: „Die Zeitereignisse der letzten Jahre ... haben meinen Blick von der gemütlichen Beobachtung des Lebens in den engeren Kreisen weggezogen, nach den Weltereignissen hingewandt und mich so sehr, durch den täglichen Verkehr damit, in Anspruch genommen, daß ich kaum an irgend etwas anderes habe denken können."[78]

Aber auch die Gesundheit litt darunter. Schäffer erzählt: „Ein berühmter Arzt in Köln, den er konsultierte, sagte ihm mit ernster Miene: 'Lieber Kolping! Wenn Sie sich nicht schonen, geht's bald mit Ihnen bergab!' Auf Kolpings Frage, wie viele Lebenszeit er ihm noch verspreche, antwortete derselbe: 'Wenn Sie sich schonen, noch eine ziemlich lange; wenn Sie sich so weiter abmühen, nur noch höchstens drei Jahre.'"[79]

7. Kolpings Bemühungen um die Erweiterung des Gesellenhauses

Im Protokoll der Vorstandssitzung vom 4. Januar 1855 heißt es: „Der Präses legt den Plan über die Erwerbung des Nebenhauses, welches der Armenverwaltung gehöre, vor und sagt, daß die Verwaltung darauf eingehen würde. ... Der Zweck sei der, in dem Hofraume des Nebenhauses ein Lokal als Versammlungssaal etc. zu bauen, welches bei der gegenwär-

[75] Brief vom 14. 4. 1859, in: KS, Bd. 2, S. 316-317.
[76] Vgl.: Brief vom 23. 8. 1859, in: a. a. O., S. 323.
[77] Vgl.: KS, Bd. 10, S. 376-414.
[78] Brief vom 28. 5. 1861, in: KS, Bd. 2, S. 404.
[79] Schäffer, S. 315-316.

tigen Lage des Vereins durchaus notwendig sei. Den Plan zur Tilgung der dadurch entstehenden Schuld legte er gleichzeitig vor."[80]

Bei dem in Frage stehenden Gebäude handelt es sich um das Hospital Heiligkreuz, eine Stiftung für Beginen und Arme, die auf das Jahr 1288 zurückgeht.[81] Es war ein Grundstück von 15 m Front an der Breitestraße und 23 m Tiefe, bebaut mit zwei Häusern einschließlich einer Kreuzkapelle. Wie der Text zeigt, war die Stiftung damals nach wie vor wirksam, und von daher ist es zu verstehen, daß Kolping trotz aller seiner Verbindungen zum Kölschen Klüngel es nicht schaffen sollte, das Haus zu erwerben.[82]

Als alle Bemühungen gescheitert waren, im Sommer 1864, also fast ein Jahrzehnt später, wandte sich Kolping in dieser Angelegenheit an die Öffentlichkeit, um seine Sicht der Dinge darzulegen.[83] Das hatte die öffentliche Antwort von Johann Baptist Haaß zur Folge, der damals im Vorstand der Armenverwaltung tätig war und später Präsident des Zentraldombauvereins wurde. Daraus seien einige Sätze wiedergegeben:

„Der Unterzeichnete, welcher bereits früher bemüht gewesen war, auf die Wichtigkeit dieser lange verkannten und irrig gewürdigten Stiftungen die öffentliche Aufmerksamkeit zu richten, hat mancherlei Anträge, Berichterstattungen usw. veranlaßt; eine Widerlegung der rechtlichen, von ihm aufgestellten Grundsätze ist bis jetzt nicht erfolgt. ... Neben der geschichtlichen Stellung der in Belgien und am Niederrhein häufig vorkommenden Erscheinung der Beginen sowie den Beziehungen zu den jetzt noch vorhandenen Konventualstiftungen und bei dem Mangel eines in der Rheinprovinz gültig publizierten Gesetzes über die Aufhebung solcher Stiftungen ist hier in praktischer Beziehung das mit gesetzlicher Kraft publizierte und anwendbare Dekret vom 12. Juli 1807 besonders hervorzuheben. ... Immerhin muß zugegeben werden, daß die strenge Heilighaltung der einer öffentlichen Verwaltung überwiesenen Stiftungen innerhalb der gesetzlichen Grenzen eine unverkennbare Pflicht der Nachkommen ist." [84]

---

[80] Protokollbuch, S. 38. Am 28. 5. 1854 hatte Kolping schon von dem Plan gesprochen, das Vereinslokal „durch Neubauten zu vergrößern". In: Deutsche Volkshalle 6 (1854), Nr. 123 vom 31. 5., [S. 4].

[81] Vgl.: Johann Baptist Haaß, Die Convente in Köln und die Beghinen, Köln 1860; Johannes Asen, Die Beginen in Köln, Teil 1, in: Annalen des historischen Vereins für den Niederrhein 111 (1927), S. 81-180, hier S. 141-143; Die Kunstdenkmäler der Rheinprovinz. Die Kunstdenkmäler der Stadt Köln, Ergänzungsband: Die ehemaligen Kirchen, Klöster, Hospitäler und Schulbauten der Stadt Köln, Düsseldorf 1937, S. 363-364; Colonia Romanica 10 (1995), S. 287.

[82] Vgl. den Beitrag: „Adolph Kolpings Bemühungen um den Kauf des Kölner Konventes Kreuz in den Jahren 1855 bis 1863", in diesem Band.

[83] Vgl.: RV 11 (1864), Nr. 27 vom 2. 7., S. 421-424.

[84] Der Verkauf des Konvents Kreuz zu Köln, in: Kölnische Blätter Nr. 221 vom 31. 7. 1864, Erste Beilage.

Kolping zog aus dem Scheitern der Verhandlungen den Schluß: „Also mußte der Vereinsgarten herhalten und das neue Hospitium aufnehmen. Das füllt ihn beinahe ganz aus, da außer der nötigen Ökonomie, welche in die Souterrains verwiesen ist, wir einen Saal bedürfen, der im Notfalle tausend Menschen faßt."[85]

Der Bau des Gesellensaales zögerte sich dann doch noch etwas hinaus. Am 20. Juni 1864 wurde der Grundstein gelegt.[86] Die feierliche Einweihung fand am 17. September 1865 statt. Kolping trat hier zum letzten Mal in der Öffentlichkeit auf. Seine Festansprache ist in den „Rheinischen Volksblättern" in indirekter Rede wiedergegeben. Daraus seien einige Sätze zitiert:

„Es sei doch allen wohl erinnerlich, wie der Gesellenverein zu Köln in einer engen Schulstube angefangen, wie er in raschem Wachstum mehrfach das Versammlungslokal habe wechseln müssen, um ein anderes, größeres zu beziehen, bis er heute endlich das lang gehoffte Glück habe, in ein geräumiges, luftiges und schönes Haus einziehen zu können. ... Mit welchen großen Schwierigkeiten der Verein zu kämpfen gehabt habe, wisse der Vorsteher am besten; aber die beste Hilfe, die ihm immerdar geworden, das seien die Gesellen selber gewesen. ... Die Sorge um strebsame Männer sei eine der edelsten Sorgen, und das Gute im Manne gedeihen zu sehen, sei die größte Freude, die ein Menschenherz empfinden könne; und diese Freude habe er in reichlichem Maße genossen. In dem raschen Gedeihen des Gesellenvereines müsse man aber weiter erkennen den Segen Gottes. ... Das Gesellenhaus sei nicht bloß für die Gesellen, sondern auch für die Meister erbaut; das ganze Handwerk solle in diesem Hause wohnen. Darum lade er die Meister ein, dieses Haus mit als das ihrige zu betrachten, sich oft und zahlreich in demselben einzufinden, damit Meister und Gesellen sich immer enger aneinander anschlössen. Geschähe dieses, dann sei für sie die Soziale Frage gelöst. Nicht minder hoffe er, daß auch die übrige Bürgerschaft dieses Lokal liebgewinnen werde, damit dadurch das gegenseitige Vertrauen der Bürger zueinander erstarke."[87]

Diese letzte Bemerkung sollte schon in den nächsten Wochen in die Tat umgesetzt werden. In den „Kölnischen Blättern" vom 1. November 1865 ist folgende Notiz zu lesen: „Der Gesellenverein hatte bereits am letztverflossenen Sonntage die übrige Bürgerschaft der Stadt in das eigene Haus zu einer Feier eingeladen. Der Verein hat damit angefangen, der übrigen Bürgerschaft von Zeit zu Zeit als geselliger Vereinigungspunkt zu dienen, um dieselbe dadurch mit dem Gesellenvereine selber und seinem inneren Leben bekannt zu machen. Kölner Gesang und Kölner

---

[85] RV 11 (1864), Nr. 27 vom 2. 7., S. 424.
[86] Vgl.: a. a. O., Nr. 26 vom 25. 6., S. 401-406.
[87] RV 12 (1865), Nr. 38 vom 23. 9., S. 605-606.

Humor haben dabei, ihrem alten Rufe entsprechend, den Gästen eine heitere und fröhliche Unterhaltung gewährt. Mit dem Abschluß dieses Festes beginnen nun die öffentlichen Vorträge in den großen sonntäglichen Versammlungen."[88]

Als letztes noch eine Notiz, die ebenfalls in den „Kölnischen Blättern" von Ende November 1865 steht: „In welcher Verehrung unser Gesellenvater Kolping steht, beweist ein Vorfall vom gestrigen Abende. Als nämlich nach gelöschtem Brande auf Aposteln/Alte Mauer gegen 10 Uhr die Spritzen nach ihren Depots zurückgebracht werden sollten, verfügte auf allgemeinen Wunsch der Spritzenmannschaft der Branddirektor, daß keine der Spritzen an der in nächster Nähe gelegenen Wohnung des schwer erkrankten verehrten Mannes vorüberfahren solle, um ihn in seiner Ruhe nicht zu stören."[89]

Am 4. Dezember, nachmittag um 2¼ Uhr, starb Adolph Kolping. Der Vorstand des Kölner Gesellenhospitiums schrieb in seiner Todesanzeige: „Durch seine großen Verdienste um den Handwerkerstand, durch seine aufopfernde und rastlose Tätigkeit und sein wahrhaft priesterliches Wirken in ganz Deutschland und über dessen Grenzen hinaus weithin bekannt und verehrt, wird sein unersetzlicher Verlust bei den Gesellen, die in ihm ihren Vater verehrten, und bei allen, die das wahre Wohl des Volkes im Auge haben, eine tiefe Trauer hervorrufen."[90]

8. Schlußbemerkung

Blicken wir zurück auf die über 16jährige Tätigkeit Kolpings im Kölner Gesellenverein, so lernen wir zunächst einen jungen Kaplan kennen, der sofort durch seine originelle Art auffiel. Der Kölner Gesellenverein ist aus einem kleinen Pflänzchen zu einem Verein mit fast 800 Mitgliedern gewachsen. Angefangenen in einem gemieteten Schulraum, konnte der Verein am Ende der Wirksamkeit Kolpings in einen sehr geräumigen Saal einziehen mit dem Vermächtnis, in die Stadt Köln und in die Welt hinein zu wirken.

Der Kölner Gesellenverein war zugleich Zentralverein für eine umfassende Verbandsorganisation. Wenn auch diese Zentralfunktion sich immer stärker auf Kolping selbst personalisierte in seinen verschiedenen Ämtern,[91] so blieb dieser Verein auch selbst in der Zeit, als sich Kolping

[88] Kölnische Blätter 1865, Nr. 308 vom 1. 11., Beilage.
[89] A. a. O., Nr. 333 vom 26. 11., Beilage, [S. 1].
[90] A. a. O., Nr. 343 vom 6. 12., S. [4].
[91] Zur „Klerikalisierung der Vereinsleitung" im Sinne von Baaders durch Kolping gegenüber der ursprünglichen Idee Breuers vgl. den Beitrag: „Der Streit um die Gründung des Elberfelder Gesellenvereins", Anhang, in diesem Band; Ansgar Krimmer, Der katholische Gesellen-

mit Haut und Haar der Politik verschrieben hatte, der zentrale Ort, wo sein Wirken seinen Ruhepunkt fand. Die Lücke, die Kolping durch seinen Tod hinterließ, ist zu Recht als „unersetzlicher Verlust“ empfunden worden.

verein in der Diözese Rottenburg von 1852 bis 1945. Ein Beitrag zur Geschichte der Katholizismus in Württemberg, Paderborn 1994, S. 6.

Zwei Kolpinglegenden aus Köln[1]

1. Einführung

Daß sich um bekannte Persönlichkeiten Erzählungen ranken, ist selbstverständlich, und oft kommt es vor, daß diese Erzählungen sich zu Legenden verselbständigen, ja, daß Legenden ganz bewußt gebildet werden, um einen bestimmten Zweck zu erreichen. So ist es auch Adolph Kolping ergangen, der in den Jahren 1849 bis 1865 Präses des Kölner katholischen Gesellenvereins war und diese Vereinsform überregional verbreitet hat.

Eine erste Legende rankt sich schon um Kolpings Geburt. Im Jahre 1861 hatte er geschrieben, er sei „in einem kleinen Häuschen daheim, das schon längst dem Wandel irdischer Dinge unterlegen, nämlich gar nicht mehr existiert. Nur der Platz, wo das Häuschen gestanden, ist frei geblieben und wird wie ein Stück Garten benutzt."[2] Das hinderte die späteren Besitzer aber nicht daran, im Jahre 1913 das auf dem elterlichen Grundstück in der Obermühle in Kerpen stehende, aber später errichtete Haus als Kolpings Geburtshaus dem Generalrat des Gesellenvereins anzubieten und zu verkaufen. Seit dieser Zeit ziert dieses Haus eine Erinnerungstafel mit dem Hinweis, es sei Kolpings Geburtshaus.

Zu Anfang dieses Jahrhunderts ist die Erzählung aufgetaucht, der Student Kolping habe sich in München ausführlich mit seinem Mitstudenten Wilhelm Emmanuel von Ketteler darüber unterhalten, welche Vereinsform der später zu gründende Gesellenverein haben solle.[3] Franz Joseph Wothe hat diese Erzählung überzeugend als Legende nachgewiesen.[4]

Zu einem mehr als hundertjährigen Streit hat die Behauptung geführt, der erste katholische Gesellenverein in Elberfeld sei von Adolph Kolping ins Leben gerufen worden. Auch wenn diese Legende schon seit

---

[1] Zuerst veröffentlicht in: Jahrbuch des Kölnischen Geschichtsvereins 62 (1991), S. 97-108.

[2] Kalender 1862, S. 2.

[3] Vgl.: Hubert Franz Schweitzer, Der katholische Gesellenverein. Handbuch für Vereinsvorsteher, Köln 1905, S. 5.

[4] Franz Joseph Wothe, Ketteler und Kolping. Die Frage ihrer gegenseitigen Begegnung und Beeinflussung, in: Mitteilungen 1937, S. 98-102.

etwa 1890 eindeutig widerlegt ist, sind Nachwehen dieses „Streits um die Gründung“ noch bis in die Gegenwart festzustellen.[5]

Kolping beobachtete das Entstehen von Mägdeherbergen, besonders des „katholischen Mägdehauses“ in Köln, das schon zu Ende des Jahres 1850 gegründet worden war.[6] Für dieses Haus engagierte er sich seit dem Jahre 1857 immer wieder in seiner Zeitschrift, und zwar auch deshalb, weil die finanzielle Grundlage des Hauses recht schwach war.[7] Wie seine Briefe zeigen, hatte er häufig mit der Leiterin, Frau Bosen, zu tun.

Dieses Kolpingsche Engagement hielt sich im allgemeinen Bewußtsein, und dieses überlagerte schon nach wenigen Jahren den historischen Ablauf zu der Meinung, die man Ende 1869, noch nicht vier Jahre nach seinem Tode, so lesen konnte: „Schon Vater Kolping sel[ig] hatte in seinem segensreichen Wirken für die Handwerksgesellen auch die Notwendigkeit erkannt, in Köln eine Mägdeherberge zu gründen. ... Doch mußte er in den letzten Jahren seines Lebens die Anstalt durch die Ungunst verschiedener Umstände aufgeben.“[8] Eine kurze mündliche Überlieferung reichte also aus, um die Legende in die Welt zu schaffen, Kolping sei „Gründer“ dieser Einrichtung gewesen.

Um Kolpings Kölner Zeit haben sich weitere Legenden gerankt. Hier sollen zwei solcher Legenden auf ihre Ursprünge hin untersucht werden. Die erste ist an das Gründungsdatum des Kölner Gesellenvereins geknüpft und hat die Gegenüberstellung von Adolph Kolping und Karl Marx zum Inhalt, der am selben Tage im Kölner Gürzenich eine Revolutionsrede gehalten haben soll. Die zweite geht den Überlieferungen darüber nach, in welchen Häusern der Kölner Gesellenverein in der Zeit vom Mai 1849 bis zum Mai 1853 getagt hat.

2. Der 6. Mai 1849

Im Jahre 1846 war in Elberfeld der erste katholische Gesellenverein von dem dortigen Hauptlehrer Johann Gregor Breuer gegründet worden. Im Dezember dieses Jahres, als der Verein schon konstituiert war, lernte ihn der dortige zweite Kaplan an St. Laurentius Kolping kennen. Ein halbes Jahr später wurde er zweiter Präses dieses Vereins, und schon in dieser Zeit, im Sommer 1847, reifte bei ihm der Plan, diese Vereinsidee zu verbreiten und zu organisieren. Aus Gründen, die in seiner untergeordneten Stellung in Elberfeld lagen, und wegen des Zeitaufwandes, den

---

[5] Vgl. den Beitrag: „Der Streit um die Gründung des Elberfelder Gesellenvereins“, in diesem Band.

[6] Vgl.: KS, Bd. 4, S. 36-37, 227-232, 276-278; KS, Bd. 5, S. 318.

[7] Vgl.: RV 4 (1857), Nr. 3 vom 17. 1., S. 48; KS, Bd. 5, S. 44-45, 318-321, 362-364.

[8] Christlich-sociale Blätter 2 (1869), Nr. 10 vom 6. 11., S. 159.

diese seine Lebensaufgabe erforderlich machen würde, suchte er seit 1848 eine Anstellung in Köln und fand sie auch als Domvikar, als welcher er seit April 1849 tätig wurde.

Im Hinblick auf seine Lieblingsaufgabe suchte er schon von Elberfeld aus die Gründung eines Gesellenvereins in Köln vorzubereiten. So sandte er zweimal Gesellen nach Köln.[9] Er wandte sich auch an seinen Freund Christian Hermann Vosen um Vermittlung.[10] Breuer berichtet über den Erfolg dieser Vermittlung: Aufgrund des Elberfelder Vereinsstatuts wurde in Köln „kurz vor Kolpings Übersiedlung dorthin der erste Zweigverein durch Religionslehrer Dr. Vosen gegründet.“[11]

In den ersten gedruckten Statuten des Kölner Gesellenvereins wird der 6. Mai 1849 als Gründungsdatum angegeben.[12]

Kolping berichtet über dieses Gründungsgeschehen im Herbst 1850: „Im Frühjahr 1849, also zu einer scheinbar sehr ungünstigen Zeit, wo noch alle politischen Leidenschaften in voller Blüte standen, wurde der Anfang gemacht. Dazu fehlte es anfangs noch fast an allem, und es ward Herbst, bevor nur ein irgend passendes Lokal konnte beschafft werden. Sieben Gesellen fanden sich bei der ersten Versammlung ein.“[13]

Ein Jahr später erzählt Kolping in Mainz, was er in der ersten Vereinsversammlung gesagt hat: „Hört mal, Leute, im Wuppertale sitzt ein Häuflein Katholiken, die haben sich zusammengetan vor Jahr und Tag; es sind Gesellen. Sie sind es wohl wert, daß ihr es ihnen nachmacht; darum geht hin und holt mir wieder andere herbei.“[14]

Im Jahre 1857 berichtet Kolping über die Anfänge des Vereins: „Mit Kerzenstümpfen auf alten Flaschen hat er sein erstes Licht leuchten lassen am 6. Mai 1849 in einem engen Schulzimmer bei einer gar kleinen Versammlung. Zwar sah die ganze Einrichtung aus, als ob man zurück in alte Finsternis wollte, und der damals ausgesprochene Zweck war gerade auch nicht von der damals noch sehr geltenden Weisheit der Gasse und des Wirtshauses hergenommen. Wir waren für viele Leute verkappte Jesuiten, Finsterlinge und Reaktionäre.“[15]

Vosen schreibt in einem Rückblick aus dem Jahre 1866: „Gegen Ostern im Jahre 1849 begann nun Kolping seinen Versuch, indem er eine kleine Schar von Gesellen zu einer Versammlung berief. In einem schlecht beleuchteten Schulzimmer fanden sich zu dieser Versammlung

---

[9] Vgl. die Aussage von Karl Kneib in: Archiv der Deutschen Kolpingsfamilie, Köln, Zeugenaussagen.

[10] Vgl.: Schäffer, S. 92.

[11] Zitiert nach dem Beitrag: „Der Streit um die Gründung des Elberfelder Gesellenvereins“, Anhang, in diesem Band. Vitus, S. 74, schreibt deshalb: Kolping „übernahm“ den Kölner Gesellenverein.

[12] Vgl.: KS, Bd. 3, S. 82.

[13] A. a. O., S. 113.

[14] A. a. O., S. 261.

[15] KS, Bd. 4, S. 314.

Abb. 8: Das sogenannte Pallenbergsche Haus in einer Zeichnung von Paeffgen aus dem Jahre 1880 (Quelle: Köln in alten Graphiken, Köln ²1975, Bild 39)

zuerst nur sieben Gesellen ein, von denen nur zwei oder drei von Elberfeld her den Gesellenverein und seinen Stifter [!] kannten; die anderen begriffen anfangs die Sache wenig. Allein, bald gelang es dem Stifter in seiner Begeisterung für das Wohl seiner früheren Standesgenossen und bei seiner echt populären Beredsamkeit, Verstand und Herz der jungen Leute für seine Vorschläge zu gewinnen."[16]

Das genannte Schulzimmer befand sich in der Kolumbaschule, wie einige Dokumente aus dem Jahre 1849 belegen, die im Jahre 1934 publiziert worden sind.[17]

Im Jahre 1889 schrieb Kolpings Nachfolger Schäffer: „Ein auf immer denkwürdiger Tag in der Geschichte des Kath[olischen] Gesellenvereins ist und bleibt der 6. Mai. An diesem Tage sind genau vierzig Jahre ins Land gegangen, seit Adolph Kolping den Verein in Köln gestiftet hat."[18]

Zu dieser Zeit, als der Gegensatz zwischen den Katholiken in der Zentrumspartei und den Sozialisten besonders stark herausgestellt wurde, kam noch niemand im Gesellenverein auf die Idee, diesen Gegensatz auch in die beiden „Gründerpersönlichkeiten" Adolph Kolping und Karl Marx zu verlegen.

Am 26. April 1933 wurden zum ersten Mal diese beiden Persönlichkeiten gegenübergestellt: „In Adolph Kolping, dem Gründer des Gesellenvereins, dessen Denkmal in Köln vor der Minoritenkirche steht, haben wir den Mann vor uns, der an demselben Tage, an dem ein Karl Marx den ersten Kongreß der sozialen Demokraten in Köln zusammenrief, als Gegenmittel den Gesellenverein mit sieben Mitgliedern in der Kolumbaschule gegründet hat."[19]

Der Autor dieses Satzes war Generalpräses Theodor Hürth, und er steht in einem Schreiben an den Staatssekretär des Reichspräsidenten von Hindenburg.

Damit ist natürlich nicht gesagt, Hürth habe diese Parallele erfunden. Von wem er sie aber aufgegriffen hat, bleibt unbekannt. Sie paßte sehr genau in den Umbruch des Jahres 1933, in dem der Gesellenverein die

---

[16] KS, Bd. 5, S. 391.

[17] KB 34 (1934), Nr. 9 vom 1. 5., S. 57: Die stadtkölnische Schulkommission erlaubt am 3. 5. 1849 Kolping, an vier Sonntagabenden „Unterweisung für Erwachsene" zu erteilen. A. a. O., S. 59, finden sich weitere Dokumente der Schulkommission von Juni bis August 1849 zur Benutzung des Schulsaales. Nach diesen Dokumenten übte Dr. Vosen eine Art Protektion über den Gesellenverein aus.

[18] RV 36 (1889), Nr. 18 vom 4. 5., S. 282.

[19] Zitiert nach: Ralph Eberhard Brachthäuser, Das Entstehen einer Legende. Erfindung in einer Zeit, als es um das nackte Überleben ging, in: KB 90 (1990), Nr. 2, S. 6. Vgl. auch das dort wiedergegebene Wort von Kardinal Faulhaber vom 12. 6. 1933, Kolping habe „gegen Karl Marx" den „ersten" Gesellenverein gegründet. Der Begriff „Parallele" Kolping – Marx wird hier verwandt, weil der Kongreß der sozialen Demokraten wirklich stattgefunden hat. Brachthäuser unterscheidet aber diese Vorform nicht von der eigentlichen Legende, die erst ein Jahr später, 1934, schriftlich greifbar wird, nämlich die Erzählung von der Rede im Gürzenich.

Parole ausgab: „Wir bauen mit!“[20] Dazu paßte auch, daß man sich als von Anfang an als antibolschewistisch ausgab.

Zu der Frage, wie diese Parallele aufkommen und wie sie im Anschluß daran zu einer Legende weiterentwickelt werden konnte, gibt August Winkler im „Kolpingsblatt“ 1934 Hinweise, so daß vermutet werden darf, daß dieser damalige Reichssenior des Gesellenvereins bzw. der Deutschen Kolpingsfamilie, wie sich der Verband seit September 1933 nannte, der Erfinder ist. Er zitiert nämlich die „Rheinische Volkshalle“ vom 8. Mai 1849: „Die Bürger werden mit großer Entrüstung die Ausfälligkeiten vernehmen, welche gegen das königliche Haus vergangenen Sonntag im Gürzenich geschehen, allwo Redakteur en chef Karl Marx das Wort genommen. Da zu gleicher Stund noch andere demokratische Kongresse in unserer Stadt waren, ist genügend bewiesen, daß die Langmut der hohen Stadtkommandantur ihren Grad erreicht hat.“[21]

Dieser Text, dem man den denuntiatorischen Charakter deutlich anmerkt, wurde nicht auf seine historische Beweiskraft hin untersucht, und durch die plakative Veröffentlichung im „Kolpingsblatt“ wurde diese Kolpinglegende schnell Gemeingut der „Kolpingsöhne“. Diese plakative Gestaltung zeigt sich besonders dort, wo „Kolping kontra Marx“ gesetzt wird, letzterer „der jüdische Intellektuelle“, der Schulsaal gegen den Gürzenichsaal, und wo das „Programm 1921 des Katholischen Gesellenvereins“ parallel gesetzt wird mit dem „Gesetz zur Ordnung der nationalen Arbeit“, und folgende Parallele kann der Leser selber ziehen: „Mussolini ehrt Don Bosco“; „... daß auch uns Deutschen einmal eine solche wahrhaft nationale Feierstunde für den deutschen Volksmann und Jugenderzieher Adolf Kolping beschieden sein möge.“[22]

Ohne jede Quelle, auf die er sich berufen konnte – Kolping hat Marx nie in seinen Schriften erwähnt –, bringt Winkler folgendes Gemälde: „In der Gründung seines Gesellenvereins lag der ernste und entschlossene Wille ausgedrückt, dem volksvergiftenden und gesellschaftszerstörenden Werk der sozialistischen Agitatoren entgegenzutreten. Kolping wußte zu genau, daß die verelendete Handwerkerschaft, das ‚Proletariat‘ der damaligen Zeit, am leichtesten den sozialistischen Irrlehren des Marx zum Opfer fallen konnte. Er sah die Zerstörung aller natürlichen Werte und Ordnungen des Berufes und Standes, der Heimat und des Volkes, die

[20] Vgl.: Heinz-Albert Raem, Katholischer Gesellenverein und deutsche Kolpingsfamilie in der Ära des Nationalsozialismus, Mainz 1982, S. 40.

[21] KB 34 (1934), Nr. 9 vom 1. 5., S. 58. Ob Winkler wirklich der Erfinder der Legende ist, muß vorerst dahingestellt bleiben. Er war jedenfalls Vertrauter von Johannes Nattermann, dem damaligen Reichspräses, der als die schöpferischste Persönlichkeit in der Verbandsgeschichte nach Kolping anzusehen ist. Den antikommunistischen Gründungszweck hat erstmalig angezweifelt: Hans-Joachim Kracht, Kolping. Ein Mann von gestern mit Ideen für morgen, Essen 1970, S. 45.

[22] A. a. O., S. 58-59.

Vernichtung der religiösen Substanz, die von der marxistischen Lehre ausging."[23]

Eine Unkorrektheit ist Herrn Winkler aber unterlaufen – ob bewußt, sei dahingestellt: Er zitiert die u. a. von Marx unterschriebene Einladung zu einem Provinzialkongreß der „sozialen Demokratie" vom 26. April 1849 nur teilweise[24] und unterdrückt damit den dort angegebenen Versammlungsort: „hier bei Simons im Kranz am Altermarkt".[25]

Die Frage stellt sich nun, ob dieser Kongreß stattgefunden hat und ob Marx dort wirklich gesprochen hat. Das erste ist erwiesen,[26] und zwar „im Kranz am Altermarkt", das zweite nicht. Nicht das erste Mal ist damals Karl Marx denunziert worden, Aufruhr verursacht zu haben, wo er gar nicht anwesend war.[27]

Bis in die letzte Zeit hinein ist im Kolpingwerk diese Kolping-Marx-Legende tradiert worden,[28] ja, in einem Werbefaltblatt mit dem Titel: „Kolping, was ist das?" wurde als erstes gesagt: „Als Karl Marx am 6. Mai 1849 im überfüllten Kölner Gürzenich sein kommunistisches Manifest verkündete, gründete der Kölner Domvikar Adolph Kolping mit sieben Gesellen in der Kolumbaschule in Köln den Katholischen Gesellenverein."

Der erste, dem diese Geschichte nicht ganz geheuer vorkam, war Joseph Höffner. Er ließ sich aber durch die Meldung der „Rheinischen Volkshalle" vom 8. Mai 1849 beruhigen. Zum ersten Mal widerlegt wurde die Legende im Kolpingblatt 1984.[29] Anhand mehrerer Marxbiographien konnte leicht nachgewiesen werden, daß dieser sich von Mitte April bis Anfang Mai 1849 in Norddeutschland befand und erst am 9. Mai in Köln wieder eingetroffen ist.[30] Er kann also die „Revolutionsrede" gar nicht gehalten haben.

---

[23] A. a. O., S. 58.

[24] A. a. O., S. 57.

[25] Zitiert nach: Hans Stein, Der Kölner Arbeiterverein (1848-1849). Ein Beitrag zur Frühgeschichte des rheinischen Sozialismus, Köln 1921, S. 102.

[26] Vgl. u. a.: Heinrich Billstein, Marx in Köln, Köln 1983, S. 179; G. Becker, Der Kongreß der Arbeitervereine der Rheinprovinz und Westfalens am 6. Mai 1849. Eine Dokumentation, in: Beiträge zur Geschichte der Arbeiterbewegung, 1968, Heft 2, wo S. 379 die „Düsseldorfer Zeitung" vom 8. 5. 1849 und die „Trier'sche Zeitung" vom 12. 5. 1849 als Hauptquellen zitiert werden. Danach nahmen 120 Personen an der Versammlung teil.

[27] Vgl.: Hans Stein (Anm. 25), S. 70, über ein angebliches Auftreten von Marx in Worringen im September 1848.

[28] Zuletzt noch: Bernhard Vogel, Der deutsche Katholizismus im 20. Jahrhundert, in: Archiv für mittelrheinische Kirchengeschichte 42 (1990), S. 494-505, hier S. 496; Feldmann, S. 9-12.

[29] Vgl.: Franz Lüttgen, Verursachte Zeitungsente historischen Irrtum?, in: KB 84 (1984), Nr. 7/8, S. 15. Eine Reaktion darauf war ein Schreiben, in dem es hieß: „Franz Lüttgen ist ein Kommunist."

[30] Vgl. u. a.: Karl Marx. Chronik seines Lebens in Einzeldaten, Glashütten 1971, S. 73, mit Quellenangaben, z. B. dem Reisepaß von Marx. Vgl. auch das Schreiben von Marx,

Eigenartig ist, daß etwa ein halbes Jahrhundert lang sich niemand die Mühe machte, auch bei Marx die angeblich providentielle Zeitgleichheit der Ereignisse zu untersuchen. Doch trotz dieser eindeutigen Klärung wird es noch lange dauern, bis diese Legende nicht mehr weiter tradiert wird; sie „kommt ja so gut an", antwortete jemand auf eine entsprechende Anfrage.

3. Die „Wohnungen" des Kölner Gesellenvereins

Weniger spektakulär, aber ebenso bezeichnend für Legendenbildung ist eine andere Frage: Nachdem der Kölner Gesellenverein im Mai 1849 in der Kolumbaschule aus der Taufe gehoben worden ist, wurde nach Monaten diese Behausung zu klein, und er suchte sich in der Folgezeit ein oder mehrere Domizile, bis er im Mai 1853 sein eigenes Haus in der Breitestraße bezog. Welches waren diese Domizile?

Im Herbst 1850 berichtet Kolping: „Und es ward Herbst, bevor nur ein irgend passendes Lokal konnte beschafft werden. ... Als aber beim nahenden Winter ein freundliches Lokal beschafft war und wenigstens zum Teil für den Unterricht hinreichend konnte gesorgt werden, stieg die Zahl der Mitglieder bald bis zu hundert."[31]

Schäffer erzählt, daß er als Bonner Student einmal in Köln „in einem Haus ‚Am Hof'" an einer Versammlung des Kölner Gesellenvereins teilgenommen habe. Recht anschaulich wird dabei der Ablauf eines solchen Vereinsabends geschildert.[32]

Kolping berichtet über das Jahr 1850: „Bald war das Lokal zu klein für die Sonn- und Feiertage, und beim Beginn des Frühjahrs mußte man darauf denken, ein dem Zwecke und den Umständen angepaßtes Haus für die nächste Zukunft zu erwerben. Das Stiftungsfest des Vereines fand über 300 Mitglieder versammelt."[33]

Dieses erste Stiftungsfest fand am 7. Juli 1850 statt.[34] In der „Deutschen Volkshalle" ist die Einladung zu diesem Fest erhalten geblieben, wo es heißt: „Festversammlung im Lokale Nr. 20 Am Hof".[35] Es handelt sich dabei um einen Saal in der rechten Hälfte des sog. Brabanter Hofes oder Bartmannschen Hauses, das zwei Jahre vorher ein Kaufmann für Öl und Spiritus sowie ein Inhaber einer Gemäldesammlung bewohnt hatten und das im Adreßbuch von 1850 und 1852 als

„Hamburg, 6. Mai 1849", in: Der Bund der Kommunisten. Dokumente und Materialien, Bd. 1: 1836-1849, Berlin ²1983, S. 940.

31 KS, Bd. 3, S. 113.

32 RV 26 (1879), Nr. 1 vom 4. 1., S. 5-6; Nr. 2 vom 11. 1., S. 19-20, hier S. 5.

33 KS, Bd. 3, S. 113.

34 Vgl.: Feierstunde 1(1851), Nr. 2 vom 12. 1., S. 8.

35 Deutsche Volkshalle 2 (1850), Nr. 182 vom 5. 7., [S. 4].

„leer" bezeichnet wurde. Später befand sich in dem Haus eine Wirtschaft.[36]

Im „Kolpingsblatt" 1934 wird die Geschichte erzählt, eine „Gastwirtin Rosenkranz, wohnhaft Am Hof", habe im Oktober 1849 Kolping angeboten, in ihrer Wirtschaft ein Versammlungslokal für den Gesellenverein einzurichten. „In diesem sehr zentral gelegenen Lokal hat der Gesellenverein bis in das Frühjahr 1850 gewohnt."[37]

Das Protokollbuch über die Vorstandssitzungen des Kölner Gesellenvereins ist erhalten. Die erste Eintragung stammt vom 13. Februar 1850. Am 10. Juni 1850 wird über die Suche eines größeren Lokals berichtet: „Herr Kolping stattete Bericht über das eingesehene Bartmannsche Haus Am Hof als neues Vereinslokal ab, forderte den Vorstand auf, sich von der Zweckmäßigkeit desselben näher zu überzeugen."[38]

Vier Tage später wurde eine Verhandlungskommission für den Mietvertrag gebildet.[39] Diese Herren berichteten am 15. August, „daß die von den Besitzern des Bartmannschen Hauses gestellten Bedingungen es unmöglich machen, ferner noch auf dieses Lokal zu reflektieren". Weiter heißt es dort:

„Herr [Johann Joseph] Baudevin wurde infolgedessen zur Miete des von verschiedenen Vorstandsmitgliedern vorgeschlagenen ehemaligen Logenlokals auf der Marzellenstraße ... u[nd] zur vorläufigen Vereinbarung eines Mietvertrages mit dem Eigentümer, Herrn [Franz] Pallenberg, für eine jährliche Miete von 300 Talern autorisiert."[40]

Dieser Mietvertrag wurde am 28. August genehmigt und am 2. September unterzeichnet. Er trat am 15. September 1850 in Kraft.[41]

Im Rückblick hat Kolping 1857 ganz ähnlich geschrieben: „Aber auch die Wohnung 'Am Hof' genügte nicht; wir zogen weiter, und zwar in die Räume einer alten Burg",[42] das Pallenbergsche Haus.

Auch Vosen erzählt den Hergang nach der Vereinsgründung in ähnlicher Weise: „Bei den folgenden Versammlungen vermehrte sich bald die Zahl der Teilnehmer, denen Kolping immer besser gefiel. Freunde ...

---

[36] Vgl.: Wohnungs-Anzeiger (Adreß-Buch) für Cöln, Hrsg. Wilhelm Greven, Köln 1848, S. 27; Allgemeines Adreß-Buch (Wohnungs-Anzeiger) für Cöln, Hrsg. J. B. Greven, Köln 1850, S. 43; dass., Hrsg. Wilhelm Greven, Köln 1852, S. 41; dass., Köln 1857, S. 56.

[37] Vom Kolumbakirchhof bis zur Breite Straße, in: KB 34 (1934), Nr. 15/16 vom 1. 8., S. 100. Das angegebene Datum ist falsch, und in den benutzten Adreßbüchern ist der Name „Rosenkranz" nicht zu finden.

[38] Protokollbuch, S. 6. Um welchen Teil des Hauses Am Hof 20-22 es sich handelte, bleibt unklar. Vgl.: Die Kunstdenkmäler der Rheinprovinz. Die Kunstdenkmäler der Stadt Köln. Die profanen Denkmäler, Düsseldorf 1930, S. 475.

[39] Vgl.: a. a. O., S. 7-8.

[40] A. a. O., S. 8.

[41] Vgl.: a. a. O., S. 8-9. Text des Mietvertrages in: KS, Bd. 1, S. 39-41. Das Datum, a. a. O., S. 39, ist falsch.

[42] KS, Bd. 4 , S. 315. Vgl.: Die Kunstdenkmäler der Rheinprovinz (Anm. 38), S, 504-505.

Abb. 9: Das Kölner Gesellenhospitium, Breitestraße 118, mit angrenzenden Gebäuden (Quelle: Archiv der Deutschen Kolpingsfamilie, Köln)

nahmen sich der Sache an, schafften einige Geldmittel herbei und sagten ihre Mitwirkung durch Unterricht und Vorträge zu. So konnte Kolping einen kleinen Saal mieten und das nötige Hausgerät beschaffen, um hier regelrecht den Verein für seine Zwecke einzurichten. ... Trotz alledem war bald der Saal viel zu klein geworden, und Kolping ... beschloß nun, ein eigenes Gesellenhaus zu mieten."[43]

Dieser Ablauf der Ereignisse stellt sich in der Kolpingbiographie von Schäffer folgendermaßen dar, wobei zu berücksichtigen ist, daß dieser eine Reihe von Einzelheiten nur vom Hörensagen her kennen konnte:

„Auch das zweite Lokal - Am Hof -, wo Schreiber dieses den Verein einmal besuchte und seinen Präses zuerst sah, reichte schon bald nicht aus. Man mietete das Bartmannsche Haus, Brabänter Hof genannt, später katholisches Kasino, jetzt im Besitze der Witwe Kaufmann-Asser. Mit mehr als 300 Mitgliedern zog Kolping in dasselbe ein. Als es nach einiger Zeit verkauft wurde, mietete man das Pallenbergsche Haus in der Marzellenstraße, wo der Verein verblieb, bis Kolping das Lendersche Haus in der Breitestraße, ein stattliches Gebäude mit großem Garten, für den Preis von 14200 T[a]l[e]rn ankaufte und in demselben ein Hospitium für durchreisende Gesellen einrichtete."[44]

An diesem Text fällt auf, daß für Schäffer das Lokal „Am Hof" und das Bartmannsche Haus nicht identisch sind, und das hatte zur Folge, daß die Reihenfolge „Pfarrschule von St. Kolumba, Haus Am Hof, Brabanter Hof, Pallenberghaus in der Marzellenstraße"[45] weiter tradiert wurde. Eine neue Variante der Legende bringt wiederum das „Kolpingsblatt" 1934 ins Spiel: Das Bartmannsche Haus wird von diesem in die Sternengasse verlegt, und an dieses Haus knüpfen sich einige Anekdoten.[46] Die Kolpingbiographen Johannes Dahl und Bernhard Ridder übernahmen diese Version.[47]

Nach dem Einzug in das Pallenbergsche Haus in der Marzellenstraße im September 1850 blieb der Gesellenverein dort bis zum April 1853. Darüber liegen ebenfalls Berichte im Protokollbuch des Vorstandes vor. Aber schon in der Sitzung vom 3. November 1851 brachte Kolping „die Errichtung eines Hospizes für wandernde Gesellen in Verbindung mit dem Vereine zur Besprechung",[48] und am 8. März 1852 heißt es: „Der

---

[43] KS, Bd. 5, S. 391-392. Ähnlich: Christian Hermann Vosen, Trauerrede beim Begräbniß des Gesellenvaters Adolph Kolping, gehalten am 7. Dezember 1865 in der Minoritenkirche zu Köln, Köln 1865, S. 12.

[44] RV 26 (1879), Nr. 27 vom 5. 7., S. 419.

[45] Mitteilungen des Kölner Gesellenvereins 3 (1928), Nr. 3 vom 1. 12., S. 7-8.

[46] Vgl.: KB 34 (1934), Nr. 15/16 vom 1. 8., S. 100. Dieser Artikel, der von August Winkler zu stammen scheint, strotzt von Ungenauigkeiten.

[47] Adolph Kolping. Sein Leben und Werk, von S. G. Schäffer, umgearbeitet und ergänzt von Johannes Dahl, Köln 1947, S. 108-109; dasselbe, ergänzt und neu herausgegeben von Dr. Bernhard Ridder, Köln 1961, S. 90.

[48] Protokollbuch, S. 14.

Präses bringt zur Sprache, ob es nicht möglich sei, ein solches Lokal anzukaufen."[49]

Schon im August 1852 wurde das Haus Breitestraße 118 gekauft. Bis dieses Haus frei werde, am 1. April 1853, sei der Mietvertrag mit Herrn Pallenberg verlängert worden, heißt es am 9. August 1852.[50] Der Umzug in das eigene Haus ist dann feierlich am 8. Mai 1853 vollzogen worden.[51] Anhand der zeitgenössischen Berichte ließ sich die Legende, der Kölner Gesellenverein sei zwischen Mai 1849 und Mai 1853 öfter als dreimal umgezogen, leicht widerlegen.

4. Folgerungen

Die beiden hier vorgestellten Kolpinglegenden sind entscheidend formuliert worden von Schäffer und Winkler. Zu fragen bleibt, welchen Stellenwert die Kolpinglegenden im Gesamtkonzept dieser beiden Erzähler haben.

Schäffer hat seine Kolpingbiographie überschrieben: „Adolph Kolping der Gesellenvater". Schon allein deshalb wurden andere biographische Aspekte weniger berücksichtigt. Schäffer hatte aus eigener Erfahrung und aus Gesprächen mit Kolping ein feststehendes Kolpingbild. Als Nachfolger im Amt des Generalpräses stand ihm der ganze Nachlaß Kolpings zur Verfügung. Sein Kolpingbild bestimmte ihm die Auswahl der Dokumente, und in Einzelfällen, wenn ihm einzelne Stellen in den zitierten Dokumenten nicht behagten, „frisierte" er sie ohne Kenntlichmachung der Änderung oder Auslassung.

Ein Beispiel zeigt die Arbeitsweise Schäffers: Er zitierte einen Brief von Wollersheim vom 24. Januar 1848 ausführlich. Den Text: „Joseph von Copertino war so entsetzlich dumm ..." änderte er in: „... war so wenig begabt ..."[52]

Diese Art der Quellenbenutzung läßt Zweifel aufkommen bei allen Zitaten, die Schäffer in seiner Biographie bringt, ob sie wirklich wörtlich wiedergegeben sind. Im Falle der „Wohnungen" des Kölner Gesellenvereins hat er die ihm vorliegenden Unterlagen nicht zu Rate gezogen, sondern sich auf ein Gerücht gestützt.

Die Unzuverlässigkeit von Winkler sei noch an einem anderen Beispiel demonstriert. Er schreibt: „Kolping hat vom 9. Juli bis gegen Mitte

---

[49] A. a. O., S. 16.

[50] Vgl.: a. a. O., S. 20-21.

[51] Vgl. den Bericht darüber, in: Feierstunde. Beilage zum RK 3 (1853), Nr. 20 vom 15. 5., S. 77-79.

[52] Vgl.: Schäffer, S. 68; Fritz Hemmersbach, Ein Brief von Theodor Wollersheim an seinen Freund Adolf Kolping vom 24. Januar 1848, in: Kerpener Heimatblätter 4 (1981-1985), S. 208-213, hier S. 212.

Oktober im Bürgerhospital gewirkt."[53] Dort hat er während der Choleraepidemie dem Anstaltsgeistlichen beigestanden. Ein amtliches Dokument der Kölner Armenverwaltung gibt aber als Datum an: 20. August. bis 9. Oktober.[54] Winkler hat also das Datum einfach erfunden.

Seine Geschichtsklitterung muß aber in den Rahmen der Verbandspolitik gespannt werden, für die Generalsekretär und Reichspräses Johannes Nattermann verantwortlich zeichnete. Dieser schrieb am 18. Mai 1933 an Adolf Hitler: „So sehen wir in Ihnen ... den Führer, der das, was Adolf Kolping, unser Gründer und Führer, auf dem Wege geistiger Umbildung erstrebte, nämlich die Überwindung des Liberalismus und Sozialismus, mit politischer Macht durchgesetzt hat."[55]

Heinz-Albert Raem bewertet dieses Bekenntnis Nattermanns als „taktisch";[56] man muß es aber als strategisch ansehen; haben doch er und Hürth in der Folgezeit immer wieder ähnliche Formulierungen gebraucht.[57] Winkler, der zu dieser Zeit Zentrumsabgeordneter im Reichstag war, hat als erster um eine Übernahme in die NSDAP nachgesucht.[58] Er zeigte sich auch hierin als ein treuer Schüler Nattermanns. Die neuen Legenden um Kolping, besonders die Gegenüberstellung zu Karl Marx, sollten die „neue" Verbandspolitik historisch legitimieren.

Eine wissenschaftlich exakte Kolpingbiographie, die noch zu erstellen ist, hat, solange sie sich nicht auf Originaldokumente stützen kann, auch solchen Legenden nachzugehen. Auf der anderen Seite sind solche Legenden aber auch insofern wichtige historische Quellen, weil sie „auf wertvoller, ja unersetzbarer Weise Denkweisen der Menschen der Vergangenheit"[59] aufdecken im Sinne der Mentalitätsgeschichte.

---

[53] KB 34 (1934), Nr. 13 vom 1. 7., S. 86: „Kolpings Wirken in der Cholerazeit 1849 zu Köln. Was die Kölner Stadt- und Domakten erzählen." Die Autorschaft Winklers wird zusätzlich dadurch nahegelegt, daß er diese und andere Geschichten fast wörtlich als Büchlein veröffentlicht hat: Der Volksmann von Köln. Erinnerungsblätter vom Kolpinggrab, Hrsg. August Winkler, Köln 1936.

[54] Archiv der Deutschen Kolpingsfamilie, Köln, B 171. Vgl. dazu: Franz Lüttgen, Einsatz für die Cholerakranken, in: KB 89 (1989), Nr. 2, S. 7; KS, Bd. 2, S. 138.

[55] Zitiert nach: Georg Denzler, Volker Fabricius, Die Kirchen im Dritten Reich. Christen und Nazis Hand in Hand?, Bd. 1: Darstellung, Frankfurt 1984, S. 53. Vgl. auch: Ernst-Wolfgang Böckenförde, Der deutsche Katholizismus im Jahre 1933. Eine kritische Betrachtung, in: Hochland 53 (1960 - 1961), S. 215 - 239, hier S. 229, auch erschienen in: ders., Der deutsche Katholizismus im Jahre 1933. Kirche und demokratisches Ethos. Mit einem historiographischen Rückblick von Karl-Egon Lönne, Freiburg 1988, S. 57; Klaus Breuning, Die Vision des Reiches. Deutscher Katholizismus zwischen Demokratie und Diktatur (1929-1934), München 1969, S. 179-192.

[56] Heinz-Albert Raem (Anm. 20), S. 56.

[57] Vgl.: a. a. O., S. 62, 84 u. a.

[58] Vgl.: Ralph Eberhard Brachthäuser (Anm. 19).

[59] Alain Boureau, Döllinger und die „Päpstin" Johanna, in: Georg Denzler, Ernst Ludwig Grasmück (Hrsg.), Geschichtlichkeit und Glaube. Zum 100. Todestag Johann Joseph Ignaz von Döllingers (1799-1890), München 1990, S. 391-394, hier S. 393-394.

Adolph Kolping und das Handwerk[1]

1. Die Fragestellung

Bis auf die Kindheit und die Studienjahre hat sich Adolph Kolping sein ganzes Leben lang mit dem Handwerk befaßt. Schon mit 13 Jahren mußte er ein Handwerk erlernen. Ungefähr zehn Jahre lang war er Lehrling und Geselle im Schuhmacherhandwerk, und als solcher lernte er Werkstätten in Kerpen, Lechenich, Düren und zuletzt in Köln kennen.[2] Die dort gemachten Erfahrungen ließen ihn zu der Entscheidung kommen, dieses Milieu zu verlassen und den Stand eines Geistlichen anzustreben. Eine ganz neue Welt, die der theologischen Wissenschaft, lernte er im Laufe der folgenden Jahre kennen. Nach seiner Priesterweihe war seine erste Kaplanstelle in Elberfeld, und die dort verlebten knapp vier Jahre waren alles andere als einfach für ihn. Er erlebte einen Praxisschock, lernte aber auch das Handwerk von einer ganz neuen Seite kennen, und zwar im Gesellenverein, den der Lehrer Johann Gregor Breuer gegründet hatte. Kolpings erstes Zusammentreffen mit dem Vereine hat Breuer später so beschrieben:

„... als er an einem Montagabend, vom Präses Steenaerts eingeführt, dem Vereine seinen ersten Besuch machte, den Gesellen sich als einen der ihrigen, d. h. als einen ehemaligen Standesgenossen, als Sohn des ehrbaren Schusterhandwerks, präsentierte u[nd] in begeisterten u[nd] begeisternden Worten über 'Handwerkerfreud' und Handwerkerleid' sich aussprach."[3]

Schon kurz, nachdem er Vereinspräses geworden war, faßte Kolping den Beschluß, die Ausbreitung des Gesellenvereinswesens zu seiner Lebensaufgabe zu machen. Damit war er wieder mitten ins Handwerk gestellt, und es stellt sich die Frage, wie er das Handwerk gesehen hat und mit welchen Mitteln er es zu fördern gedachte.

Die Klientel, mit der Breuer und Kolping es zu tun bekamen, waren zunächst „katholische Jünglinge, insbesondere Handwerksgesellen und Lehrlinge",[4] wie Breuer sich in der sogenannten Denkschrift ausgedrückt hat. Die Statuten vom Januar 1847 sprechen nur von „katholische[n]

---

[1] Vgl. dazu meinen gleichnamigen Beitrag, in: Chronik der Kolpingfamilie Linz/Rh. zur 125-Jahr-Feier, Linz 1987, S. 25-32, der noch ein anderes „Reflexionsniveau" dokumentiert.
[2] Vgl. den Beitrag: „Adolph Kolping als Schustergeselle in Köln", in diesem Band.
[3] Breuer, S. 186-187.
[4] KS, Bd. 3, S. 4.

Jünglingen".[5] Kolping beschreibt in seiner ersten Predigt über den Gesellenverein die Mitglieder so: „Es sind zwar die Mitglieder meist Handwerker und Arbeiter, gehören dem Mittelstande, der unteren Klasse gar an."[6] In dem ersten Aufsatz, den er über den Gesellenverein veröffentlicht hat, kommt dieser ständische Gedanke deutlich zu Wort: Der „junge Handwerker und Arbeiter" soll „nicht über seinen Stand hinaus – ein Hauptübel unserer Zeit –, denselben aber auch ganz auszufüllen streben".[7] Demnach waren von Anfang an Gesellen wohl die Mehrzahl der Mitglieder, weshalb Breuer den Verein auch zunächst Gesellenverein genannt hat. Anfangs waren auch Lehrlinge dabei und dann eine Reihe von jungen Arbeitern, wohl auch solche Gesellen, die in Fabriken beschäftigt waren. Wegen dieser uneinheitlichen Standeszuordnung wurde der Verein auch auf Vorschlag des ersten Präses Junggesellenverein und dann meistens Jünglingsverein genannt.

Kolping kam mehr und mehr auf die Breuersche Bezeichnung „Gesellenverein" zurück. So schrieb er im Oktober 1848: „Der Verein gilt also recht eigentlich den Junggesellen oder dem Gesellenstande, dessen Wichtigkeit jeder weiß, dem's Wohl der menschlichen Gesellschaft am Herzen liegt."[8]

Zur gleichen Zeit veröffentlichte er seine programmatische Schrift „Der Gesellenverein. Zur Beherzigung für alle, die es mit dem wahren Volkswohl gut meinen", und darin ist nicht mehr von jungen Arbeitern die Rede, sondern das Gesellenleben wird geschildert,[9] und vom „Handwerksstand" heißt es: „... liegt deshalb auf ihm nicht der Wohlbestand der Bürgerschaft?"[10]

In den ersten Kölner Statuten wird als Vereinsziel angegeben: „Fortbildung und Unterhaltung der Gesellen ..., dadurch einen tüchtigen, ehrenwerten Meisterstand heranzubilden."[11]

Wie diese letzte Formulierung zeigt, hat sich Kolping in den anderthalb Jahren seit der letzten Kodifizierung der Elberfelder Statuten vom Oktober 1848, in denen als Ziel genannt worden war: „Fortbildung und Unterhaltung der erwachsenen katholischen Jünglinge zur Anregung und Pflege eines kräftigen religiösen und bürgerlichen Sinnes",[12] wohl grundsätzliche Gedanken gemacht, und das Ergebnis war die eindeutige Festlegung auf das Handwerk. Der ganze Gesellenverein wird in den Dienst der Heranbildung von Meistern gestellt, und der Meisterstand

---

[5] A. a. O., S. 9.
[6] A. a. O., S. 15.
[7] A. a. O., S. 28.
[8] A. a. O., S. 42.
[9] Vgl.: a. a. O., S. 45-50.
[10] A. a. O., S. 50.
[11] A. a. O., S. 82.
[12] A. a. O., S. 61.

wird mit zwei Vokabeln geschmückt: Tüchtigkeit und Ehre. War die Tüchtigkeit schon seit Breuers „Denkschrift“ ein Ziel des Gesellenvereins,[13] das den „Typus des vorwärtsstrebenden, auf Leistungssteigerung und Geschäftsausweitung ausgerichteten Handwerkers“[14] charakterisiert, so ist die Ehrbarkeit ein aus der Zunfttradition entlehntes Wort, das hier zu einem Vereinsziel erhoben wird. Dadurch hat Kolping ein traditionelles Element in den von Breuer gegründeten Gesellenverein hineingebracht, das so vorher nicht vorhanden gewesen war. Es stellt sich also die Frage, was ihn veranlaßt hat, das Handwerk in dieser sowohl fortschrittlichen als auch traditionellen Ausprägung zum Vereinsziel zu erklären. Welche Erfahrungen hat er in diesen anderthalb Jahren gemacht? Weil in der Revolution 1848/1849 „starke zünftlerische Kräfte aufgetreten waren“,[15] stellt sich zunächst die Frage nach der öffentlichen Diskussion über das Handwerk in diesen bewegten Monaten.

2. Die Handwerkerbewegung vom Jahre 1848

Mit Edikt vom 2. November 1810 war die allgemeine Gewerbefreiheit für ganz Preußen eingeführt worden. In den damals linksrheinischen, zu Frankreich gehörenden Gebieten bestand sie schon länger. Die Zünfte als Zwangsinstanzen wurden abgeschafft. Die Ausübung eines Gewerbes war danach nur noch vom Besitz eines Gewerbescheins abhängig. Andere deutsche Staaten führten die Gewerbefreiheit erst viele Jahre später ein. Die Beseitigung der Gewerbefreiheit wurde für die nächsten Jahrzehnte die Forderung der Handwerksmeister schlechthin. Die preußische Gewerbeordnung vom Jahre 1845 stellt insofern einen „Kompromiß“ dar, „als man die Gewerbefreiheit zwar nicht antastete, aber die Bildung freier Innungen anregte und einige Vorteile damit verband“.[16]

Seit den Märzereignissen vom Jahre 1848 trafen sich an verschiedenen Orten Handwerker, um in der neuen politischen Situation ihre Forderungen zu formulieren, so auch Anfang Juni in Hamburg. Man rief einen „Handwerker- und Gewerbekongreß“ zum 15. Juli nach Frankfurt ein. Dieser Frankfurter Kongreß, der bis zum 18. August tagte, ist geprägt durch Beschlüsse, die in der Mehrzahl „in die Vergangenheit gerichtet“[17] waren.

---

[13] Vgl.: a. a. O., S. 2 und 15.

[14] Jürgen Bergmann, Das Berliner Handwerk in den Frühphasen der Industrialisierung, Berlin 1973, S. 109.

[15] Karl Birker, Die deutschen Arbeiterbildungsvereine 1840-1870, Berlin 1973, S. 150.

[16] Jürgen Bergmann (Anm. 14), S. 72.

[17] Peter John, Handwerk im Spannungsfeld zwischen Zunftordnung und Gewerbefreiheit. Entwicklung und Politik der Selbstverwaltungsorganisationen des deutschen Handwerks bis 1933, Köln 1987, S. 195.

„Die gemeinsame Plattform, auf der sich die Handwerksmeister fanden, war gekennzeichnet durch die Ablehnung der Gewerbefreiheit und einen die Handwerkerbewegung charakterisierenden latenten Antikapitalismus. ... Neben der Ablehnung der Gewerbefreiheit verfestigt sich die gemeinsame Basis der in Frankfurt versammelten Handwerksmeister im besonderen auch in der Wiederbelebung und Bestätigung tradierter handwerklicher Leitbilder der Zunftzeit."[18]

In der Frage, ob Gesellen zum Kongreß als gleichberechtigte Partner zugelassen werden sollten, „mochte die große Mehrzahl der Handwerksmeister nicht vom alten patriarchalischen 'Herr-im-Hause-Standpunkt' lassen".[19] Das führte zu einem eigenen „Gesellen- und Arbeiterkongreß", der sich später in „Allgemeiner deutscher Arbeiterkongreß" umbenannte, vom 20. Juli bis zum 20. September in Frankfurt, in dem dann „die zukunftsweisenden Forderungen mit klarer Deutlichkeit"[20] überwogen. In dem von den Handwerksmeistern erarbeiteten Handwerker- und Gewerbeordnungsentwurf kommen Formulierungen vor, die später bei Kolping immer wieder sich finden werden, z. B.:

„Nur aus einem fleißigen, sparsamen, folgsamen Lehrling wird ein braver Gatte und Vater, ein tüchtiger Bürger werden. Der Lehrmeister hat daher die heilige Verpflichtung, für vollkommene Geschäftsordnung des Lehrlings zu sorgen, ihn gleich einem Familiengliede zu überwachen und zur Ordnung und Sittlichkeit anzuhalten."[21] „Die Handwerksmeister stellten sich als Kern des Mittelstandes, als staatstragendes Element, als Hort der Bürgerlichkeit und als Garant für Recht und Ordnung dar."[22]

In der preußischen Staatsregierung „entschloß man sich in der Gewerbeordnung vom 9. Februar 1849 ... zu einer partiellen Revision der liberalen Gewerbeverfassung, die den Forderungen nach Einschränkung der Gewerbefreiheit ... weitgehend entsprach".[23]

„Waren mit den Bestimmungen der Verordnung von 1849 auch einige der alten Zwangsbefugnisse der Zunft wiedergekehrt, so war die Absicht dieser Gewerbegesetzgebung staatlicherseits doch vor allem, die positiven Seiten des alten Zunftwesens mit den liberalen Prinzipien des 19. Jahrhunderts zu verbinden und die Zunft aus einem spätmittelalterlichen Zwangsgebilde zu einer genossenschaftlichen Organisation umzugestalten, durch die vor allem die Wiedererrichtung einer neuen berufs-

---

[18] A. a. O., S. 195-196.
[19] A. a. O., S. 197.
[20] A. a. O., S. 201. Vgl. Jürgen Bergmann (Anm. 14), S. 125: Es „entstand ein übergreifendes Gemeinschaftsgefühl aller Arbeitenden, das zur Übernahme des Arbeiterbegriffs durch die Handwerksgesellen führte".
[21] A. a. O., S. 213.
[22] A. a. O., S. 265.
[23] Jürgen Bergmann (Anm. 14), S. 73.

ständischen Ordnung des in seinem Selbstverständnis schwer erschütterten Handwerks erreicht werden sollte."[24]

Gibt es Hinweise darauf, wie Kolping die Handwerksdiskussionen des Jahres 1848 aufgenommen hat? Ein zeitgleiches Dokument dafür gibt es nicht, wohl aber eine Rückschau aus dem Jahre 1860: „Im Jahre 1848, das in vieler Beziehung den Beinamen des tollen verdient, wo die 'Freiheiten' und 'Errungenschaften' in üppiger Fülle aufschossen, waren es, merkwürdig genug, gerade die sonst so liberalen, oft gar radikalen Handwerker, welche in Frankfurt ihre Anträge in eigenen Angelegenheiten ziemlich konservativ, wenn nicht gar reaktionär formulierten und die tolle Freiheit, das ist jede schrankenlose, bei sich selbst mitnichten wollten angewendet wissen. Die Zeit ist ruhiger geworden, die Köpfe sind in vielen Dingen klarer, die Gegensätze sind so ziemlich bis in ihre Tiefen erforscht, und es muß heute viel interessanter und nützlicher sein, der öffentlichen Entwicklung der genannten Frage zu folgen als seit langem."[25]

Aus diesem Text ergibt sich, daß Kolping zumindest in späterer Zeit die in Frankfurt erhobenen Forderungen der Handwerksmeister nicht ohne Abstand angesehen hat. Andererseits erwähnt er den Frankfurter Gesellenkongreß, der ein wichtiger Schritt auf dem Wege zu einer eigenständigen Arbeiterbewegung war, mit keinem Wort.

Es stellt sich nun die Frage, wie Kolping die Stellung der Gesellen innerhalb des Handwerks, speziell ihr Verhältnis zu den Meistern, gesehen hat. Anders ausgedrückt: War der Katholische Gesellenverein eine Vorform der später ins Leben getretenen Gewerkschaften, die für ihre Klientel, in diesem Falle die Handwerksgesellen, möglichst viele Vorteile herauszuholen suchen, oder war er eine Vereinigung zur Erziehung eines friedvollen Meisternachwuchses? Dieser Frage soll anhand der schriftlichen Stellungnahmen Kolpings nachgegangen werden.

3. Die Stellung des Katholischen Gesellenvereins zum Handwerk im Sinne Kolpings

Breuers und Kolpings Aktivitäten setzten bei der Not des konkreten jungen Menschen an. Im Jahre 1848 schrieb Kolping ganz im Sinne von Breuers „Denkschrift" vom Gesellenstande, „dessen tiefleidende und verkommene Zustände" zu kennen notwendig sei: „Es wäre auch ein halbes Wunder, wenn junge Leute, gewöhnlich mit einer sehr mangelhaften religiösen und weltlichen Bildung ausgestattet, meist von ihrer Familie getrennt, ohne Familienhalt beim Meister, an eine lockere Ge-

---

24 A. a. O., S. 81-82.
25 KS, Bd. 5, S. 146.

meinschaft gebunden, die Zeit sprossender und wuchernder Leidenschaft, der so reichlich Nahrung geboten wird, ohne Schaden und Reue hinter sich legen würden."[26]

Das Gesellenleben wurde von Kolping dann auch ausführlich geschildert.[27] Im ganzen, glaubte Kolping, biete der Handwerksstand „wenig Trostreiches dar".[28] Auch die Berufsgruppe der Gesellen wurde von Kolping als „Stand"[29] beschrieben, und den Gesellen hielt er vor, daß sie „standesgemäß" sich zu verhalten hätten, was voraussetzt, „daß es verschiedene Stände gibt, die alle ihre besondere Eigentümlichkeit von Natur aus besitzen".[30] „Gott selbst nämlich will's nicht ändern, was das verrückte Volk auch über die Gleichheit der Stände schreien mag."[31] Es zeigt sich hier eine restaurative Tendenz, die in den Zielen der Französischen Revolution nur Negatives erblicken konnte. Kolping folgerte daraus die jeweilige Standesehre: „... das, was man ist, mit Ehren, d. h. tüchtig sein."[32] Damit hat er die fortschrittliche Tüchtigkeit mit der restaurativen Ehrsamkeit identifiziert.

Schon früh machte sich Kolping Gedanken über die Gründe der sozialen Not. Er schrieb schon im Jahre 1848: „Zuerst ist die so oft gerühmte Gewerbefreiheit und das gar zu leichte Gestatten des Ansässigmachens ein Fehler von oben herab."[33]

„Handwerkszustände in Köln" ist ein Aufsatz aus dem Jahre 1851 überschrieben. Darin zitierte Kolping, daß in Köln „aus dem Handwerkerstande 4500 Meister als Arbeitgeber und 4300 Gesellen als Arbeitnehmer" beschäftigt waren.[34] Die Zahl der Meister ohne Gesellen errechnete Kolping auf etwa 2550, und diese, „wenn man ein wenig aus Erfahrung die Verhältnisse kennt, leben mit ihren Familien aus der Hand in den Mund und leiden eine gute Zeit des Jahres Mangel. Diese stehen mit beiden Füßen also im Proletariat. ... Da sage noch einer: 'Handwerk hat goldenen Boden.'" Auch hier die Begründung: „Das ist die direkte, praktische Folge der Gewerbefreiheit."[35] Diese Behauptung,

---

[26] KS, Bd. 3, S. 42.

[27] A. a. O., S. 45-50, dann zwei Jahre später wieder: a. a. O., S. 108-109.

[28] A. a. O., S. 50.

[29] A. a. O., S. 111.

[30] A. a. O., S. 301.

[31] A. a. O., S. 301-302.

[32] A. a. O., S. 305-306.

[33] A. a. O., S. 37.

[34] A. a. O., S. 199. Vgl.: Pierre Ayçoberry, Probleme der Sozialschichtung in Köln im Zeitalter der Frühindustrialisierung, in: Wirtschafts- und sozialgeschichtliche Probleme der frühen Industrialisierung, Hrsg. Wolfram Fischer, Berlin 1968, S. 512-528.

[35] A. a. O., S. 200. Jürgen Bergmann (Anm. 14), S. 203-204, stellt für Berlin fest: „Fast 75 % der selbständigen Handwerker gehörten also zur Gruppe der 'Proletaroiden', das heißt der allein oder höchstens mit einem Gesellen arbeitenden Meister." A. a. O., S. 106, heißt es: „Große Teile der Handwerker standen ökonomisch wie bewußtseinsmäßig zwischen dem Handwerkerstand und dem Proletariat."

die ein Gemeinplatz in der Handwerksliteratur des vergangenen Jahrhunderts darstellt, läßt sich statistisch nicht belegen.[36]

In einem weiteren Aufsatz aus dem Jahre 1851 geht es Kolping darum, „unsere Handwerkerzustände einmal in der derben Wirklichkeit näher zu besichtigen". Er ist überschrieben: „Du sollst dem Arbeiter seinen verdienten Lohn nicht zurückhalten!"[37] Hier erzählt Kolping zum ersten Mal - ähnliche Erzählungen wird er bis in seine letzten Jahre hinein immer wieder veröffentlichen - das Leid der Handwersmeister, die lange Zeit bei den „Höhergestellten" um ihren verdienten Lohn betteln müssen, deshalb nicht ordnungsgemäß weiterarbeiten und ihre Familie nicht ernähren können. „Es muß der Lohn bei der Arbeit sein, sonst nutzt die Arbeit allein nicht."[38]

Die Zünfte sah Kolping als christlich-mittelalterliche Institutionen an: „Das moderne Heidentum ... suchte nun selbst auch mit äußeren, gewaltsamen Mitteln die letzten Reste der Kirche und des Christentums auszurotten. Was aus dem französischen Volke in jener unglücklichen Zeit geworden ist, belegt die heutige Tagesgeschichte noch immer mit schrecklichen Zeugnissen. ... Die Zeit der Umwälzung in Deutschland hat jedem Zunftwesen in unserem engeren Vaterlande den Todesstoß gegeben, dabei aber jenen entarteten Kindern des Vaterlandes Tür und Tor geöffnet, mit ihrer französischen Kunstfertigkeit französisches Verderben in den Bürgerstand unserer Städte zu verpflanzen."[39] „Seit die Klöster (Zünfte) aufgehoben sind und die Gewerbefreiheit proklamiert ist, seit man diese armen Leute vergessen hat, sind ihre Herbergen zu niederen Spelunken herabgesunken."[40] „So hat man in dieser neuen Zeit gewissermaßen die Mauern eingerissen, und jede Schranke ist gebrochen, das ehrsame Handwerk ist gewichen, das Verhältnis zwischen Meistern und Gesellen, wie es ehedem war, aufgelöst, und infolge davon sind diese jungen Leute hinausgeworfen in die Welt und sich selbst überlassen."[41]

„Kolping selbst will ... auf kirchlichem Gebiete Meister und Gesellen bleibend versöhnen."[42] Dieses Ziel Kolpings ist zu sehen einerseits vor

---

[36] Vgl.: Barbara Vogel, Staatliche Gewerbereform und Handwerk in Preußen 1810-1820, in: Handwerker in der Industrialisierung. Lage, Kultur und Politik vom späten 18. bis ins frühe 20. Jahrhundert, Hrsg. Ulrich Engelhardt, Stuttgart 1984, S. 184-208, hier S. 185; Karl Abraham, Der Strukturwandel im Handwerk in der ersten Hälfte des 19. Jahrhunderts und seine Bedeutung für die Berufserziehung, Köln 1955.

[37] KS, Bd. 3, S. 203.

[38] A. a. O., S. 204.

[39] A. a. O., S. 247-248. Im Unterschied dazu sieht Wolfram Fischer, in: Handwerksrecht und Handwerkswirtschaft um 1800. Studien zur Sozial- und Wirtschaftsverfassung vor der industriellen Revolution, Berlin 1955, S. 21, in dem Nachlassen kirchlicher Pflichten der Zünfte einen „Gradmesser für ihren historischen Standort" im Verlauf der Entwicklung ihres „mittelalterlich-universellen Charakters zu einem neuzeitlich-speziellen".

[40] A. a. O., S. 261-262.

[41] A. a. O., S. 318.

[42] A. a. O., S. 323.

dem Hintergrund vormärzlicher Restaurationstendenzen, wie sie sich im politischen Leben äußerten, und solcher Restaurationstendenzen, die im kirchlichen Raum die Oberhand gewonnen hatten. Eine Autonomie der irdischen Wirklichkeiten, wie sie das Zweite Vatikanische Konzil verkündet hat, ist hier noch lange nicht in Sicht.

Die „schöne alte Zeit" wird manchmal auch von Kolping beschworen, so im folgenden: „Das 'ehrbare Handwerk' war der Stolz jedes Zunftgenossen, mußte eine Wahrheit sein auf der Lippe jedes Gesellen und Lehrburschen. Die Alten verstanden es nämlich, anerkannte Ordnungen zu handhaben. Damals stand die Familie, Meister mit Frau und Kindern und den Gesellen, in christlicher Ehrwürdigkeit da, jeder in seiner Stellung geachtet und geehrt und deshalb jeder in seiner Stellung zufrieden. Das Handwerk blühte, und die Städte standen in Flor; denn der wahren bürgerlichen, sittlichen Tüchtigkeit folgt der Wohlstand. Tiefer religiöser Ernst hielt die Gesellschaft in größeren und kleineren Kreisen zusammen; denn die Kirche war noch in allen Lebenskreisen als 'die göttliche Anstalt' anerkannt."[43]

Auf dieser Folie ließ sich die Not der Gegenwart trefflich zeichnen. Dennoch: „Noch birgt unser Meisterstand gesunde, kräftige Elemente in sich, noch ist viel Gutes vorhanden."[44]

Zu Beginn des Jahres 1854 überschrieb Kolping seinen Neujahrsgruß mit dem alten Wunsche: „Gott segne das ehrbare Handwerk!"[45] In der Folgezeit hat er diesen Wunsch immer wieder wiederholt, und er wurde zum Erkennungs- und Segensgruß des Katholischen Gesellenvereins, dem die Antwort folgte: „Gott segne es!" In diesem Neujahrsgruß ist auch angegeben, wie Kolping sich „die Heilung, ... Wiederherstellung und Gesundung" der Handwerksnot dachte:

Das kann „nur die Kirche, die göttliche Mutter, die das kranke, leidende Kind der Menschheit in sorglichem Schoße bettet. ... Diese Kirche als göttliche Mutter überschaut nicht allein mit ihrem himmelklaren Auge den Zustand des Kranken und den Verlauf seiner Leiden, sondern sie allein weiß auch, woher das Übel gekommen; sie versteht sich auf die Ursachen des Jammers und geht an die Heilung, indem sie das Leid an seiner Quelle angreift. Dabei stehen ihr wunderbare Mittel zu Gebote. ... Unter diesen besonderen Aufgaben ist die Pflege des arg zerrütteten Handwerkerstandes, besonders in den Städten, gewiß nicht der geringsten eine, welche die Kirche als die ihrige angesehen hat."[46]

---

[43] KS, Bd. 4, S. 1.

[44] A. a. O., S. 59. Überhaupt hat Kolping die Zukunft des Handwerks nicht so schwarz gesehen wie andere Zeitgenossen. Vgl.: a. a. O., S. 341: „Das Handwerk hat eine Zukunft, eine bessere, gesegnetere Zukunft, wenn es selbst nur mutig zugreift."

[45] A. a. O., S. 96.

[46] A. a. O., S. 97.

Kolping zog daraus für sich und den Gesellenverein die Folgerung: „Gott hat durch die Kirche uns einen Fingerzeig gegeben, wie da zu helfen sei.“[47]

Ein Vierteljahr nach diesem Neujahrsgruß gründete Kolping seine eigene Zeitschrift, der er den Namen gab: „Rheinische Volksblätter für Haus, Familie und Handwerk“. Einen programmatischen Aufsatz veröffentlichte er in der ersten Nummer wieder unter dem Titel: „Gott segne das ehrbare Handwerk!“[48] Nachdem wieder einmal die Handwerksnot beschrieben worden war, sagte Kolping: „An der Wiederherstellung dieses Standes zu arbeiten, ist eine gebieterische Pflicht der Gegenwart, die um so dringlicher ist, als jeder Aufschub das Übel nur unheilbarer vergrößert. ... Auf dem Boden des praktischen Christentums aber muß die Wiederherstellung der Stände vor sich gehen; auf ihm muß auch der Handwerkerstand sich zu einem neuen sozialen Bau fügen. Außer der Kirche kein Heil, auch für den Handwerkerstand.“[49]

Man kann in den „Rheinischen Volksblättern“ eine ganze Reihe von Beiträgen Kolpings zur Handwerkerfrage finden, allerdings mit folgender Einschränkung: „Die ‘Rheinischen Volksblätter’ widmeten sich im Widerspruch zum ursprünglichen Plan des Herausgebers nur in sehr geringem Umfang speziell handwerklichen Themen (2,2 %).“[50]

Dieser geringe Umfang umfaßt aber immer noch über 200 Seiten. So befaßte sich Kolping mit dem „Entwurf eines gewerblichen Ortsstatuts für die Stadt Köln“,[51] mit dem „Verhältnis [der Zahl] der Meister zu der Bevölkerung“,[52] er betrachtete „die Zustände, zu denen die ‘Gewerbefreiheit’ geführt hat“, anhand der preußischen Gewerbetabelle,[53] und er schrieb über die Magazinfrage,[54] über die „Handwerksmeister der früheren Zeit“,[55] über „Handwerksprüfungskommissionen“,[56] über „Musterlager als Mittel zur Hebung der gewerblichen Bildung“,[57] usw.

Kolping spornte die Handwerker auch zu politischen Aktionen an: „Vereinigt euch – aber einigt euch auch dabei – insgesamt für die Sicherheit des Handwerks, petitioniert unermüdlich und beharrlich um die Rechte, die euch naturgemäß zukommen, und laßt nicht nach, bis Stadtmauern auch Stadtbürger wieder schützen.“[58]

---

[47] Ebd.
[48] A. a. O., S. 105.
[49] A. a. O., S. 106-109.
[50] Schmolke, S. 188.
[51] KS, Bd. 4, S. 121-126.
[52] RV 1 (1854), Nr. 26 vom 23. 9., S. 406.
[53] RV 1 (1854), Nr. 38 vom 16. 12., S. 596.
[54] KS, Bd. 4, S. 156-163.
[55] A. a. O., S. 199.
[56] A. a. O., S. 278-280.
[57] A. a. O., S. 306-313.
[58] A. a. O., S. 163.

Die Aufgabe des Gesellenvereins sah Kolping näherhin darin, daß er „zur Hebung des Handwerkerstandes, für seinen besseren Teil, da ist".[59] Der Gesellenverein sollte eine „Pflanzschule der zukünftigen selbständigen Handwerker, ... des ehrenhaften Handwerkerstandes"[60] sein.

Das Verhältnis der Meister und Gesellen zueinander soll „vertraulich"[61] sein, genauer gesagt: „Da wir den Meisterstand ehren, so müssen wir ihm sein Recht lassen. ... Wir haben die Aufgabe, den katholischen Gesellen zum braven, gesitteten Gesellen, zum wirklichen Sohn des Hauses, zum ordentlichen Arbeiter heranzubilden; also führen wir den Gesellen dem Meister entgegen. Sie müssen sich aber auch auf halbem Wege begegnen; denn wenn der Meister weit hintenan stehenbleibt und der Geselle auch so hintennach kommt, so ist das unnatürlich. Im Christentume bleibt nichts stehen, da geht alles zueinander; in gleichmäßigem Maß gewogen sind Rechte und Pflichten, und so gleicht sich das Verhältnis der Menschen auf Erden aus."[62]

Die Erziehung eines friedvollen Meisternachwuchses ist also das eindeutige Ziel des Gesellenvereins, wie Kolping ihn verstanden haben wollte, und nicht oder nur sehr bedingt die Interessenvertretung des Gesellenstandes gegenüber den Meistern. Dabei wurde das Handwerk sozusagen mit Augen aus der Zeit vor der Industrialisierung gesehen; denn diese bewirkte zunächst eine Proletarisierung und „beinhaltete einen Globalangriff auf das Denk-, Werte-, Produktions- und Sozialsystem des alten Handwerks",[63] vor dem Kolping „seine" Gesellen und damit das Handwerk bewahren wollte. Diese Bewahrung sollte mit Hilfe der katholischen Kirche geschehen, die fideistisch gesehen wurde als Heilsinstitution nicht nur für den geistlichen, sondern auch für den weltlichen Bereich.[64]

---

[59] A. a. O., S. 186. Seit dem Jahre 1860 feierte der Kölner Gesellenverein Anfang Mai zusammen mit Handwerksmeistern das Patronfest des hl. Josef „von seiten des christlichen Handwerks". Vgl.: RV 7 (1860), Nr. 19 vom 12. 5., S. 294-297.

[60] RV 8 (1861), Nr. 23 vom 8. 6., S. 355-356.

[61] KS, Bd. 4, S. 349.

[62] A. a. O., S. 355-356.

[63] Toni Offermann, Mittelständisch-kleingewerbliche Leitbilder in der liberalen Handwerker- und handwerklichen Arbeiterbewegung der 50er und 60er Jahre des 19. Jahrhunderts, in: Handwerker in der Industrialisierung (Anm. 36), S. 528-551, hier S. 539.

[64] Dementsprechend sah Kolping den Gesellenverein als geistlich-weltliches Konglomerat: „Wenn es sich darum handelt, ob der Gesellenverein geistlich oder weltlich sei, dann sage: Nein, der Gesellenverein ist weder das eine noch das andere, er ist und kann nur sein beides, so wie er ist." Brief vom 24. 3. 1857, in: KS, Bd. 2, S. 267.

4. Kolpings Beitrag zur Diskussion über Assoziationen im Handwerk

Jürgen Bergmann schreibt: „An die Stelle der früheren Zwangsregelungen durch die Zunft traten jetzt zunehmend genossenschaftliche Gemeinschaftsaktionen der Handwerksmitglieder, die später in der Idee des Assoziationswesens beherrschend werden sollten und zu zahlreichen genossenschaftlichen Einrichtungen führten."[65]

Schon im Jahre 1853 bemerkte Kolping, daß die Handwerker „zusammenstehen" und „einen rechten, gesunden Korporationsgeist"[66] entwickeln sollten. Mit seinen Bekannten erörterte er gerne solche Fragen. So berichtete im August 1855 Friedrich Pilgram: „Neulich war ich mit Kolping zusammen. ... Er sprach sich u. a. lebhaft über das Bedürfnis einer hinlänglich vollständigen Bearbeitung der Geschichte des Innungswesens, einer für praktische Zwecke brauchbaren Darstellung seiner Bedeutung im Mittelalter, aus."[67]

Mit dem Publizisten und Laientheologen Pilgram verband Kolping sehr viel.[68] So könnte man leicht nachweisen, daß Pilgrams Schrift „Sociale Fragen betrachtet aus dem Princip kirchlicher Gemeinschaft",[69] die Meinung Kolpings über die Rolle der Kirche in der Frage der Lösung der Sozialen Frage bis zum Anfang der 1860er Jahre exakt wiedergibt. Seit dem Jahre 1853 schrieb Pilgram sozialpolitische Beiträge für die „Historisch-politischen Blätter",[70] seit 1855 auch Beiträge für die „Rheinischen Volksblätter".[71]

Zu Beginn des Jahres 1856 übernahm Kolping aus dem „Sonntagsblatt des österreichischen Volksfreundes" einen mit „J. St." gezeichneten Artikel „Ein Wort über die Innungen". In einem Vorwort zu dem

---

[65] Jürgen Bergmann (Anm. 14), S. 48.

[66] KS, Bd. 4, S. 59.

[67] Pilgram an Jörg, in: Joseph Edmund Jörg, Briefwechsel 1846-1901, Bearb. Dieter Albrecht, Mainz 1988, S. 42.

[68] Vgl.: Bernhard Casper, Die Einheit aller Wirklichkeit. Friedrich Pilgram und seine theologische Philosophie, Freiburg 1961; Gerhard Zieler, Die Wirklichkeit der Gemeinschaft. Der philosophische und theologische Beitrag Friedrich Pilgrams zur sozialen Problematik, Mainz 1965. In beiden Werken sind die unten mitgeteilten Beiträge Pilgrams für die „RV" nicht erwähnt. Vgl. auch: Franz Josef Stegmann, Von der ständischen Sozialreform zur staatlichen Sozialpolitik. Der Beitrag der Historisch-Politischen Blätter zur Lösung der sozialen Frage, München - Wien 1965, S. 130-132.

[69] Freiburg 1855.

[70] Vgl.: Die Mitarbeiter der Historisch-politischen Blätter für das katholische Deutschland 1838-1923. Ein Verzeichnis, Bearb. Dieter Albrecht und Bernhard Weber, Mainz 1990, S. 18-24.

[71] Über den Unglauben, in: RV 2 (1855), Nr. 12 vom 24. 3., S. 177-180; Vom Lande. Die Hausarmen in der Teuerung, in: RV 3 (1856), Nr. 6 vom 9. 2., S. 90-92. Diese mit „P." unterzeichneten Artikel haben wie auch in den „Historisch-politischen Blättern" Pilgram zum Autor. Vgl.: Schmolke, S. 202, wo „P." „nicht dechiffrierbar" ist.

Artikel schrieb Kolping: „Die alte Zunft hat sich in der alten Form überlebt, das gestehen auch wir gern zu, obschon wir durchaus nicht an geeignetem Neubau, der allerdings die Forderungen der Jetztzeit zu berücksichtigen hat, verzweifeln."[72]

Einige Sätze aus dem Artikel mögen zur Charakterisierung hier folgen: „Als die Innung von ihrem ursprünglichen, christlichen Standpunkt sich entfernte, erschlaffte die Disziplin derselben, mit der Disziplin sank auch die Standesehre. ... Losgerissen von der Mutterbrust der katholischen Kirche, war die Innung dem Handwerksgenossen nur noch eine Stiefmutter. ... Die auf den alten Grundmauern neu herzustellende Innung mag immerhin eine andere, den Zeitbedürfnissen anpassende Form erhalten. Viel und gediegenes Material ist bei der alten Innung vorhanden, das zum Neubau benutzt werden könnte; auch werden die zahlreichen Söhne des Kath[olischen] Gesellenvereines dazu treffliche Bausteine liefern. Gesegnet von der Kirche, geschützt vom Staate, wird die neue Innung dastehen als eine lichte und freundliche Wohnung für die Handwerksgenossen, worin sie sich wieder heimisch fühlen und als Glieder einer Familie zusammenleben. Die erneuerte christliche Innung wird sich entfalten."[73]

Dieser Artikel stellte den Auftakt dar für eine ganze Reihe von Beiträgen zum Thema „Innung", die in den kommenden Monaten in den „Rheinischen Volksblättern" erschienen.

Im Juni des gleichen Jahres erschien ein dreiteiliger Aufsatz von Friedrich Pilgram: „Soziale Bestrebungen in Belgien und Frankreich".[74] Es handelt sich um eine inhaltsreiche Vorstellung des gerade ein Jahr vorher erschienenen zweibändigen Werkes „Reisebriefe aus Belgien, Frankreich und England" von Viktor Aimé Huber.[75] Damit tritt vor die Leser der „Rheinischen Volksblätter" eine neue, wichtige Gestalt der christlichen Sozialbewegung. Ob dieser, der ein Jugendfreund Ignaz von Döllingers gewesen und evangelisch geworden war, eine Zeitlang in Berlin doziert hatte und damals in Wernigerode wohnte, schon damals Kontakt mit Kolping hatte, ist ungewiß. Pilgram stellte ihn vor als jemand, der „seit einer Reihe von Jahren das Vereins- oder Assoziationswesen zum Gegenstande seiner Studien und Bestrebungen gemacht und in der Tat sehr dankenswerte Arbeiten auf diesem Felde geliefert" habe. Hubers Ziel wurde so umschrieben: „Durch Assoziationen, die, von den Gebildeten im Volke, der 'geistigen Ritterschaft', angeregt und ausgehend, diese wieder aufs neue mit den weniger gebildeten und bemittelten

---

[72] RV 3 (1856), Nr. 11 vom 15. 3., S. 172-175, hier S. 172.

[73] A. a. O., S. 174-175.

[74] A. a. O., Nr. 23 vom 7. 6., S. 354 -360; Nr. 24 vom 14. 6., S. 370-378; Nr. 25 vom 21. 6., S. 385-393. Der Titel wurde in Nr. 24 und 25 ergänzt: „... in Belgien, Frankreich und England".

[75] Hamburg 1855.

Klassen verbinden und letzteren Anleitung und Mittel gewähren sollen, durch Vereinigung ihrer Mittel und Kräfte in der Produktion wie Konsumption dem großen Kapital gegenüber wieder eine sichere Stellung und bessere Existenz zu erlangen,"[76] wollte er zur Lösung der Sozialen Frage beitragen. Pilgram brachte dann lange Auszüge aus dem Werk von Huber als praktische Beispiele für geglückte Assoziationsvorhaben in den drei westlichen Industrieländern.

Pilgram, der als Konvertit zur katholischen Kirche den „protestantischen Standpunkt"[77] Hubers kritisch ins Auge faßte, sah folgende Begründung für die soziale Not: „Seit sich der Staat und die Gesellschaft von der Kirche zurückgezogen [haben] und rein weltlich geworden sind, haben sich alle innerlichen Ordnungen des bürgerlichen Lebens, durch welche allen Klassen der Gesellschaft ein ihnen entsprechender Anteil an Arbeit und Verdienst gesichert war, allmählich aufgelöst, sind zuerst in sich verkommen und dann auch meist äußerlich weggeschafft worden. Die Folge war, daß nun eine Art Anarchie in bürgerlichen Dingen entstand. ... Wahrscheinlich wird im Verlauf von nicht sehr vielen Jahren der bürgerliche Mittelstand bis auf wenige Überbleibsel ganz zugrunde gehen, die ihm Angehörigen zu bloßen Lohnarbeitern herabsinken, wenn nicht der eben in vollem Gange befindliche Entwicklungsprozeß zu diesem Stand der Dinge einen Einhalt und [eine] Umwendung erhält."[78]

Pilgram sah nicht in „der Wiedereinführung des alten Zunftwesens"[79] die Lösung des Problems, sondern in einer Übernahme positiver „Grundgedanken"[80] der Zünfte in neuer Form. Aus den von Huber vorgestellten Beispielen zog er die Folgerung: „Wenn es möglich ist, trotz solcher Mängel, Fehler, trotz des Abganges eines wahrhaft religiösen Geistes derartige Vereinigungen zu gründen und glückliche Geschäfte in ihnen zu treiben, um wieviel mehr muß dies möglich sein unter Christen!"[81]

Eine „solche Erneuerung des Innungswesens in einer innigeren Vereinigung des Mittelstandes, die dessen einziges Rettungsmittel ist,"[82] wünschte sich Pilgram.

Huber antwortete in den „Rheinischen Volksblättern" mit dem Beitrag: „Über einige Handwerkerassoziationen in Deutschland (von einem

[76] RV, a. a. O., S. 354.
[77] Ebd.
[78] A. a. O., S. 370-371.
[79] A. a. O., S. 371.
[80] A. a. O., S. 372.
[81] A. a. O., S. 377.
[82] A. a. O., S. 392-393. Pilgram hat seine Gedanken, die durch das Buch von Huber angeregt worden waren, noch einmal im Zusammenhang ausgeführt, in: Gewerbliche Assoziationen, in: Historisch-politische Blätter 39 (1857), S. 48-80, 260-283.

Protestanten)".[83] Hier hob er die praktischen Verdienste um das Genossenschaftswesen von Hermann Schulze-Delitzsch besonders hervor, der als „ein Mann aus den höheren Ständen" die Vermittlung übernommen habe.

„Wo aber eine solche Vermittlung nottut, da, sollte man denken, würde es an gar vielen Orten unter römisch-katholischen Handwerkern ganz besonders leicht sein und naheliegen, den rechten Mann unter den Geistlichen zu suchen und zu finden, die auch durch ihre Teilnahme an den Gesellenvereinen beweisen, daß sie ihren Hirtenberuf recht verstehen und ausüben. ... Eine Hauptsache würde aber natürlich immer sein, daß sich die Mitglieder über das Wesen und den Nutzen der Assoziationen und über den wirklichen Stand der Sache da, wo sie schon im Gange, unterrichten können. Was den letzten Punkt betrifft, so will ich denen, die es angeht, noch besonders eine Zeitschrift empfohlen haben, die als Beilage zu der 'Deutschen Gewerbezeitung' – monatlich eine Nummer – in Leipzig erscheint. Sie trägt den bedeutsamen Titel: 'Die Innung der Zukunft'."[84]

Dieses letztere Stichwort hat wohl eine Aufsatzreihe unter dem Titel: „Die Innungen der Zukunft"[85] angeregt, die ihre Herkunft mit „vom Rhein"[86] angab, doch zuerst im „Österreichischen Volksfreund" erschienen war. Zunächst kritisierte der Autor den Begriff „Assoziation" und wollte ihn durch „Korporation"[87] ersetzt sehen. Dann entwickelte er einen universalen Plan mit Korporationen, die er sich von oben nach unten organisiert dachte, „konsequent für alle Erwerbssphären"[88] „mit Beitragspflicht für alle Erwerbsgenossen"[89]. Auch hier wurde der Kirche ihr Ort angegeben: „Die Kirche muß auch hineinragen in das soziale Leben. Das geschieht vermittelst der Innungen. Erst [wenn] diese wiederhergestellt [sind], dann wird auch die Sittenpredigt, dann wird das praktische Christentum wieder alle Verhältnisse durchdringen können."[90]

---

[83] RV 3 (1856), Nr. 29 vom 19. 7., S. 460-464. Ein Werkverzeichnis Hubers befindet sich in: Ingwer Paulsen, Viktor Aimé Huber als Sozialpolitiker, Berlin 1956, S. 212-216. Die Beiträge Hubers für die „RV" sind dort nicht erwähnt. Vgl. auch: V. A. Hubers Ausgewählte Schriften über Socialreform und Genossenschaftswesen, Hrsg. K. Munding, Berlin 1894, Einleitung.

[84] A. a. O., S. 461.

[85] RV 3 (1856), Nr. 38 vom 20. 9., S. 603-607; Nr. 40 vom 4. 10., S. 635-638; Nr. 41 vom 11. 10., S. 650-654; Nr. 42 vom 18. 10., S. 668-670; Nr. 43 vom 25. 10., S. 682-686; Nr. 44 vom 1. 11., S. 699-702.

[86] A. a. O., S. 603.

[87] A. a. O., S. 604.

[88] A. a. O., S. 606.

[89] A. a. O., S. 670.

[90] A. a. O., S. 683.

Schon vom nächsten Heft der „Rheinischen Volksblätter“ an erschien aus der Feder von Huber darauf eine Replik: „Über ‘die Innungen der Zukunft’“.[91] Zunächst erzählte er, daß er im Kölner Gesellenverein „vor mehre[re]n hundert Zuhörern ... einen Vortrag über Assoziation als Innung der Zukunft“[92] gehalten habe. Dann pflückte er die Begriffe „Assoziation“ und „Korporation“ und „korporative Assoziation“[93] auseinander, und zur Realisierbarkeit der Vorschläge meinte Huber, daß „wir - aufrichtig gesagt - auf die Verwirklichung der Organisation der bürgerlichen Gesellschaft, worin der Verf[asser] nicht nur das Handwerk und die arbeitenden Klassen überhaupt, sondern alle Klassen und Stände umfassen will, lange warten können“.[94]

Die Diskussion um die Assoziationen zog sich noch in den nächsten Jahrgang der „Rheinischen Volksblätter“ hinein. Friedrich Pilgram schrieb: „Besprechung noch einiger Einwendungen gegen produktive Assoziationen“.[95] Den Weg der Assoziationen wollte er nicht als Allheilmittel verstanden wissen, sah ihn aber „für gewisse Stände und Verhältnisse für den einzig richtigen“[96] an. Als Beispiel führte er den früheren Kölner Generalvikar Johann Philipp von Horn-Goldschmidt an.[97] Auch hier wurde auf das Verhältnis von Korporation und Assoziation eingegangen: „Hierauf ist zu erwidern, daß die Assoziation ... vielmehr der rechte Weg und keimliche Anfang zu solchen Korporationen ist, wie sie die Gegenwart bedarf und möglich macht.“[98]

„Im Huberschen Sinne“ stellte Pilgram die Frage: „Kann das Innungswesen dahin erweitert werden, daß es nicht mehr auf die gemeinsame Behauptung und Nutzung gewisser Rechte und Ehren sich beschränkt und im Leben der Genossen untereinander nicht mehr bei gelegentlichen Unterstützungen stehenbleibt, sondern der ganze Betrieb der Geschäfte zu einem genossenschaftlichen gemacht wird? Es handelt sich um eine Ausdehnung der Gemeinschaft in den Korporationen auf den Erwerb und Verbrauch, auch über die ganze Berufsarbeit. ... Die rasch fortschreitende Entwicklung der großen Industrie dürfte bald Zustände herbeiführen, in denen es wenigstens der Mehrzahl offenbar wird, daß

---

[91] RV 3 (1856), Nr. 45 vom 8. 11., S. 716-718; Nr. 46 vom 15. 11., S. 730-733; Nr. 47 vom 22. 11., S. 747-750.

[92] A. a. O., S. 716.

[93] A. a. O., S. 717.

[94] A. a. O., S. 749.

[95] RV 4 (1857), Nr. 3 vom 17. 1., S. 44-46; Nr. 4 vom 24. 1., S. 59-60; Nr. 5 vom 31. 1., S. 77-79; Nr. 6 vom 7. 2., S. 92-95.

[96] A. a. O., S. 44.

[97] A. a. O., S. 45-46, 59-60. Vgl. auch Pilgrams Aufsatz über Horn-Goldschmidt in: Historisch-politische Blätter 31 (1853), S. 517-537. Vgl. auch: RK 8 (1851), Nr. 28 vom 13. 7.; Nr. 29 vom 20. 7.

[98] A. a. O., S. 77.

sie ihre Existenz nur retten kann durch solches teilweise Aufgeben ihrer partikulären Freiheit im vereinzelten Geschäftsbetrieb."[99]

Die Diskussion über Assoziationen in den „Rheinischen Volksblättern" klang aus mit einem Bericht von Huber über den Darlehnsverein zu St. Theobaldi in Wernigerode.[100]

Man könnte meinen, daß der praktische Ertrag dieser Diskussion in den „Rheinischen Volksblättern" nicht sehr groß gewesen ist, weil sie zu theoretisch geführt wurde. Für die Verhältnisse des Jahres 1856 aber war diese Diskussion sehr modern, und das große Verdienst Kolpings ist es, die damaligen führenden Köpfe der christlich-sozialen Bewegung sowohl auf katholischer als auch auf evangelischer Seite in einen sozusagen ökumenischen Dialog geführt zu haben, den man in den populären „Rheinischen Volksblättern" nicht vermutet hätte und der deswegen auch bisher weithin unbekannt geblieben ist.

In dem knappen Jahrzehnt, das dem vielbeschäftigten Adolph Kolping noch bleiben sollte, hat er sich öfters aus aktuellem Anlaß wieder zum Handwerk geäußert, seine grundsätzliche Sicht über dessen Rolle in der Geschichte und über die Rolle des Gesellenvereins im Handwerk aber nicht revidiert.

In den Jahren 1857 und 1858 schien es so, als biete sich für den Gesellenverein, und zwar den Wiener, eine umfangreiche Zusammenarbeit mit den dortigen Innungen an. Die Briefe Kolpings an Anton Joseph Gruscha aus dieser Zeit geben ein Zeugnis von den hohen Erwartungen, die ihn damals erfüllten.[101] Die Sache ist dann aber im Sande verlaufen.

Im Jahre 1859 lobte er die praktischen Ergebnisse eines „Konsumvereins der Schuhmacher-Meister-Genossenschaft in Köln", der im Sinne von Schulze-Delitzsch wirkte.[102]

Ein Jahr später behandelte er noch einmal ausführlich die Handwerkerfrage in sieben Folgen. Anlaß war der preußische Landes-Handwerkertag, der kurz vorher in Berlin abgehalten worden war. In Auseinandersetzung mit den dort vorgetragenen Argumenten wiederholte Kolping seine Sicht der Dinge über Gewerbefreiheit, Gewerbeordnung, persönliche Tüchtigkeit und Selbständigkeit.[103]

Im Jahre 1861 veröffentlichte er aus Anlaß des Wahlkampfes für das preußische Abgeordnetenhaus: „Das 'Handwerk' und die 'Wahlen' in

---

[99] A. a. O., S. 78, 95.

[100] RV 4 (1857), Nr. 46 vom 14. 11., S. 731-734; Nr. 47 vom 22. 11., S. 748-750. Vgl. auch: a. a. O. 5 (1858), Nr. 9 vom 27. 2., S. 142-144.

[101] Vgl.: KS, Bd. 2, S. 265-289. Zu diesem Zweck ist Kolping im Februar 1958 eigens nach Wien gereist.

[102] Vgl.: KS, Bd. 5, S. 71-73. Auch bei den „verheirateten Mitgliedern" des Kölner Gesellenvereins gab es im Jahre 1857 eine „Konsumkasse" zu dem Zweck, „die Bedürfnisse im Großen auf eine billigere Weise als im Detail anzukaufen". Protokollbuch, S. 56.

[103] Vgl.: a. a. O., S. 142-162.

Preußen".[104] Als Freunde des Handwerks und „geborene Freunde" der Gewerbeordnung, die „ausschließlich auf der konservativen Seite"[105] saßen, wurden von ihm „Junker, Feudale und Ultramontane"[106] bezeichnet. „Also haltet zusammen und wählt gut!"[107]

Im Frühjahr 1864 öffnete Kolping noch einmal die „Rheinischen Volksblätter" für eine Diskussion über Assoziationen, und zwar für den Beitrag von Christian Hermann Vosen „Über Assoziationen im Arbeiterwesen".[108] Die damals diskutierten Thesen zur Lösung der Sozialen Frage wurden vorgestellt und bewertet, und zum Schluß hieß es:

„So etwelche 'Kolpinge' ... wären hier nötig, und die finden sich sicher."[109]

5. Kolpings soziales Testament

In seinem letzten Aufsatz, „Zur Arbeiterfrage", ist Kolping zunächst auf die unselbständigen Arbeiter zu sprechen gekommen und hat ausführlich ihren rechtlosen Zustand in ihrer Abhängigkeit vom „Arbeitgeber"[110] beklagt. Daraus zog er die Konsequenz:

„Derartige Fragen werden nicht in Gnade und Barmherzigkeit, sondern in Gerechtigkeit gelöst. Das soziale Leben in allen seinen Verzweigungen ruht auf dem richtigen Recht und soll in den entsprechenden Gesetzen seinen wahren Schutz und seine Wehr finden."[111]

Dieses Zitat bedeutet, daß Kolping entgegen seiner oben angedeuteten früheren Überzeugung zu der Erkenntnis vorgedrungen ist, daß bestimmte soziale Fragen nur mit Hilfe einer staatlichen Gesetzgebung zu lösen seien. Die Forderung Ferdinand Lassalles nach staatlichen Interventionen hat hier ein praktikables Echo gefunden. Wilhelm Emmanuel von Ketteler hat diese zentrale Aussage Kolpings kurz vor dessen Tod in einer Rede vor dem Mainzer Gesellenverein aufgegriffen[112] und sich so zu eigen gemacht, daß sie in der Literatur immer wieder mit seinem Namen in Verbindung gebracht wird.[113] Durch ihn ist sie zum sozialen

---

[104] A. a. O., S. 212-215.
[105] A. a. O., S. 213.
[106] A. a. O., S. 214.
[107] A. a. O., S. 215.
[108] A. a. O., S. 302-313.
[109] A. a. O., S. 312.
[110] A. a. O., S. 371, 382.
[111] A. a. O., S. 373.
[112] Vgl.: Wilhelm Emmanuel Freiherr von Ketteler, Schriften, Aufsätze und Reden 1848-1866, Hrsg. E. Iserloh, Ch. Stoll, E. Valasek, N. Jäger, Mainz 1977, S. 685-688.
[113] Fritz Vigener, Ketteler. Ein deutsches Bischofsleben des 19. Jahrhunderts, München – Berlin 1924, S. 437 u. ö., hat die Verbindungen Kettelers zu Kolping hervorgehoben und Kettelers Entwicklung in der Beurteilung der Sozialen Frage eingehend geschildert. Vgl.

Grundbestand der späteren Zentrumspartei geworden. Diese Kolpingsche Aussage stellt im katholischen Raum in den 1860er Jahren die erste Forderung nach Sozialgesetzgebung und Sozialpolitik dar. Dennoch: Im katholischen Gesellenverein ist diese Forderung, die man als „Kolpings soziales Testament"[114] bezeichnen kann, auf sehr lange Zeit sozusagen unbekannt geblieben. Erst Josef Anton Stüttler hat immer wieder darauf hingewiesen.[115]

In dem genannten Aufsatz ist dann Kolping ausführlich auf die „selbständigen Arbeiter, die wir im allgemeinen unter dem Namen 'Handwerker' bezeichnen,"[116] zu sprechen gekommen und zuletzt auf das Verhältnis der Gesellen zu den Meistern. Dort heißt es:

„Den einzig richtigen Weg, die Verhältnisse zwischen Meister und Gesellen zu ordnen, gibt die Natur der Dinge an, wenn man nur zu ihr zurückkehren wollte. Meister und Gesellen müssen wieder in engeren, wir sagen, freundlicheren Verkehr miteinander treten, müssen lernen, füreinander [zu] wirken, sich gegenseitig [zu] helfen und [zu] fördern. ... In der Korporation muß der Meister wieder sein natürliches Recht, seine wahre Stellung wieder einnehmen und der Geselle auch seinen berechtigten Schutz finden. Alles andere sind nutzlose Experimente, nur geeignet, das bereits sehr sauer gewordene Verhältnis zwischen Meister und Gesellen noch mehr zu vergiften."[117] Mit diesen Worten fand Kolpings Wirken für Gesellen und Handwerk wegen Erkrankung und Tod sein Ende.

Wenn man die beiden oben angeführten Zitate aus dem gleichen Aufsatz, die ja auch eine ähnliche Struktur aufweisen, miteinander vergleicht, kommt man zu folgendem Ergebnis: Die Forderung nach einer

---

auch: Erwin Iserloh, Die soziale Aktivität der Katholiken im Übergang von caritativer Fürsorge zu Sozialreform und Sozialpolitik, dargestellt an den Schriften Wilhelm Emmanuel v. Kettelers, Mainz – Wiesbaden 1975.

[114] Vgl. diesen Begriff, in: Albert Franz, Adolf Kolping der Gesellenvater, Mönchen-Gladbach ³1922, S. 54, wo ein Text Kolpings aus dem Jahre 1863, in dem Kolping noch nicht zu der oben bezeichneten neuen Erkenntnis vorgedrungen war, so charakterisiert wurde. Vgl. auch die entsprechenden Ausführungen in: Michael Hanke, Sozialer Wandel durch Veränderung des Menschen. Leben, Wirken und Werk des Sozialpädagogen Adolph Kolping, Mülheim 1974, passim.

[115] Vgl. u. a.: Josef Anton Stüttler, Gesellschaftspolitik – eine Aufgabe des Kolpingwerkes, in: KB 70 (1970), Nr. 12, S. 8-9; ders., Kolpingwerk und Sozialpolitik, in: Kolping und die soziale Frage, Köln 1981, S. 87-108, hier S. 89. A. a. O., S. 91-92, wendet sich der Autor gegen „verkürzende Sichtweisen", wie sie auch im gleichen Band vorgetragen wurden. Vgl.: Ders., Adolph Kolping und „Rerum Novarum". Kolpings Wirken und Werk und 100 Jahre kirchliche Sozialbotschaft im Vergleich, Köln 1991, S. 44.

[116] KS, Bd. 5, S. 371.

[117] A. a. O., S. 385. Hier zeigt sich die „verschärfte Frontstellung zwischen Innungsmeistern und Gesellen", von der Jürgen Bergmann (Anm. 14), S. 94, spricht. Vgl.: a. a. O., S. 103: „Die Risse im sozialen Gefüge des Handwerks waren ... schon sichtbar, und die innerhandwerkliche Entwicklung, vor allem des Verhältnisses von Meister und Gesellen, hatte in vielen Punkten bereits Gegensätze geschaffen, die nur mühsam von den Resten des einheitlichen handwerklichen Standesbewußtseins überdeckt wurden."

gesetzmäßigen Absicherung der sozial Benachteiligten wendet Kolping wohl auf die unselbständigen Arbeiter an, nicht aber auf die Gesellen; denn diese will er nicht als sozial Benachteiligte gegenüber den Meistern anerkennen, obwohl doch „die Gerechtigkeit ... das soziale Leben in allen seinen Verzweigungen" bestimmen soll. Die Erkenntnis, daß „die Herausbildung eines nüchternen, rein leistungsorientierten Arbeitnehmer-Arbeitgeber-Verhältnisses eine der wesentlichsten Entwicklungstendenzen innerhalb des Handwerks und eine der Hauptantriebskräfte der sozialen Entwicklung und Veränderung des handwerklichen Trägerkreises"[118] war, war damals nur sehr schwer zu erlangen. Der grundsätzliche Durchbruch, der Kolping mit seiner Forderung nach Sozialgesetzgebung gelungen war, wird nicht auf das Handwerk angewandt, sondern die „Gesetze" werden hier bestimmt durch die Stellung der Meister in den Korporationen, und entsprechend wird die gesetzliche Absicherung der Gesellen durch den Protektionismus der Meister den Gesellen gegenüber ersetzt. Die als göttlich vorgegeben geglaubte Ständeordnung der Gesellschaft hat an dieser Stelle das an sich „fortschrittliche" Denken Kolpings über die Lösungsmöglichkeiten der Sozialen Frage überdeckt. Hier zeigt sich, „daß der Graben zwischen konservativer und 'moderner' Einstellung"[119] mitten durch Kolping ging.

Zum Schluß stellt sich die Frage nach der „Modernität" dessen, was Kolping über Handwerk und Katholischen Gesellenverein gedacht hat, für seine eigene Zeit. War er wirklich der „große Sozialreformer",[120] als der er immer wieder gerühmt wird? Auf die Forderung nach Sozialgesetzgebung trifft das sicher zu, wohl kaum aber auf seine Sicht des Verhältnisses von Meistern und Gesellen. Daß er großen Erfolg mit der Organisierung des Gesellenvereinswesens hatte, liegt wohl darin begründet, daß damit einer großen sozialen Not tatkräftig zu Leibe gegangen wurde. Schon zu seinen Lebzeiten wurde er als „Apostel für das christliche Handwerk"[121] öffentlich gerühmt. Dennoch: Die Denkmuster, nach

---

[118] Jürgen Bergmann (Anm. 14), S. 62.

[119] A. a. O., S. 91.

[120] Festing, S. 62, wird Kolpings „Sozialreform" als Gesinnungsreform interpretiert. Kracht hat in dieser Frage, die doch nach dem Buchtitel die Zielsetzung Kolpings sein soll, je nach der benutzten Vorlage keine eindeutige Meinung. S. 403 zitiert er zwar die entscheidende sozialpolitische Aussage Kolpings, auf der nächsten Seite aber ist zu lesen: „Kolping ist nicht der Mann einer umfassenden Sozialreform." Nach S. 242 hielt dieser „zu allen sozialpolitischen Unternehmungen deutliche Distanz". Überhaupt wird Sozialpolitik von Kracht als eine Vorform der Sozialrevolution angesehen. Schon Hartwig Bopp hatte 1931 geschrieben, Kolping habe „nie an den sozialreformerischen Versuchen seiner Tage" teilgenommen. In: Adolf Kolping und die Gesellenbewegung, in: Die soziale Frage und der Katholizismus. Festschrift zum 40jährigen Jubiläum der Enzyklika „Rerum Novarum", Hrsg. Sektion für Sozial- und Wirtschaftswissenschaft der Görres-Gesellschaft, Paderborn 1931, S. 99-114, hier S. 106. Hier vermischen sich sachliche und definitorische Unklarheiten.

[121] Anton Joseph Gruscha in: Verhandlungen der neunten General-Versammlung des katholischen Vereines Deutschlands am 21., 22., 23. und 24. September 1857 zu Salzburg. Amtli-

denen Kolping den Gesellenverein zu einer Organisation innerhalb des Handwerks ausbaute, waren zu seiner Zeit sowohl politisch als auch kirchlich restaurativ, d. h., gegen Aufklärung und Französische Revolution gerichtet, und sie erblickten in einer irgendwie erneuerten mittelalterlichen Theokratie ihr Ideal.[122] Dieses Denken war in ultramontanen Kreisen allgemein verbreitet, wie ein Blick auf die Behandlung der Handwerkerfrage auf den Generalversammlungen der katholischen Vereine Deutschlands zeigt.[123] Ob allerdings ein wie auch immer geartetes „moderneres" Denken in der Handwerkerfrage zu Kolpings Zeiten mehr Aussicht auf Erfolg gehabt haben würde, ist eine andere Frage.

Was das Handwerk betraf, so war es in den folgenden Jahrzehnten für den Katholischen Gesellenverein nicht leicht, die „Zeichen der Zeit" zu deuten und den Verein zu einer Interessenvertretungsorganisation der Gesellen gegenüber den Meistern auszubauen. In den 1890er Jahren wurde ausführlich im Gesellenverein darüber diskutiert, unter welchen Bedingungen die Mitglieder in den Gewerkschaften mitarbeiten dürften.[124] Erst die Erfahrungen der Demokratie in der Weimarer Republik brachten das Umdenken. Ein „Offener Brief des Katholischen Gesellenvereins an den Reichsverband des Deutschen Handwerks" vom 18. Juni 1932, worin eine „paritätische Vertretung"[125] der Gesellen neben den Meistern in den Handwerkskammern gefordert wurde, die, nebenbei gesagt, bis heute noch aussteht, gibt Zeugnis davon. Dieses Aufbrechen protektionistisch-patriarchalischer Anschauungen, wie sie Kolping in der Tradition Franz von Baaders praktiziert und im Katholischen Gesellenverein strukturell verankert hatte,[126] hatte unter der Federführung von Generalsekretär Johannes Nattermann zu einer völligen Umstrukturierung des Verbandes im Sinne einer paritätischen Vertretung der Laienmitglieder gegenüber den geistlichen Präsides[127] und – als Forderung – auch der Gesellen gegenüber den Meistern geführt.

---

cher Bericht, Salzburg 1858, S. 231. Hartwig Bopp sagt: „Der katholische Gesellenverein stellt den Höhepunkt der Gesellenbewegung im 19. Jahrhundert dar." In: Adolf Kolping und die Gesellenbewegung (Anm. 120), S. 113.

[122] Vgl. dazu Buchtitel: Hans-Joachim Kracht, Kolping. Ein Mann von gestern mit Ideen von morgen, Essen 1970.

[123] Vgl.: Ephrem Filthaut, Deutsche Katholikentage 1848-1958 und soziale Frage, Essen 1960, passim.

[124] Vgl.: Josef Anton Stüttler, Kolpingwerk und Gewerkschaften, in: Kolping und die soziale Frage (Anm. 115), S. 59-72.

[125] KB 32 (1932), Nr. 14 vom 15. 7., S. 101.

[126] Vgl.: Franz von Baader, Über das dermalige Mißverhältnis der Vermögenslosen oder Proletairs ... aus dem Jahre 1835, abgedruckt in: Franz von Baader, Gesellschaftslehre, München 1957, S. 235-250, hier S. 241-242. Vgl. auch: KS, Bd. 5, S. 339.

[127] Vgl.: KB 28 (1928), Nr. 22 vom 15. 11., S. 169-170; Handbuch des katholischen Gesellenvereins, Köln 1929, S. 56.

Die Auseinandersetzungen um die Korporationsrechte des katholischen Gesellenhospitiums in Köln 1853 bis 1859

1. Die Fragestellung

Am 8. Mai 1853 hatte der Kölner katholische Gesellenverein in der Breitestraße 118 Einzug in das eigene Haus gehalten. Gekauft hatte es sein Präses Adolph Kolping auf seinen eigenen Namen, weil der Verein noch keine juristische Person war. Auch den Ankauf der für das Gesellenhospitium notwendigen Einrichtungsgegenstände mußte Kolping auf seinen Namen tätigen. Um dieses Werk juristisch von seiner Person unabhängig zu machen und dadurch seinen Bestand auf die Dauer zu sichern, befaßte sich der Vorstand des Vereins in seiner Sitzung vom 10. September 1853 mit dem Thema: „Beratung des Korporationsstatuts".[1] Am 11. Februar 1859 setzte der Oberpräsident der Rheinprovinz, Adolph von Pommer-Esche, seine Unterschrift unter das „Statut für das katholische Gesellenhospitium zu Köln".[2] In diesen 5 ½ Jahren ist vieles an Verhandlungen und Stellungnahmen geschehen, was schon relativ früh das Interesse geweckt hat. Wenige Jahre nach Kolpings Tod veröffentlichte dessen Nachfolger Schäffer unter dem Titel „Zur Geschichte des katholischen Gesellenhospitiums zu Köln" erste Dokumente darüber.[3] In den neueren Kolpingbiographien spielt der Streit um die Korporationsrechte eine wichtige Rolle, und je nach den benutzten Quellen sind darin neue Details zu finden. Allerdings sind bisher noch nie alle vorhandenen Dokumente gesichtet und ist daraus der genaue historischen Ablauf rekonstruiert worden. Ebensowenig ist man der Frage konsequent nachgegangen, welche Motive die unterschiedlichen Kontrahenten zu ihren Handlungen bewegt haben.

Der Antrag zur Verleihung der Korporationsrechte wurde bei der Kölner Polizeidirektion gestellt. Von dort wurde er an das Regierungs-

---

[1] Protokollbuch, S. 32. Dort heißt es: Es „wurde bestimmt, daß der Notar den Tag bestimme, an welchem der Akt in bezug auf das Korporationsrecht getätigt werde". Vorausgegangen war schon in der Sitzung vom 18. 1. 1853 die Zusammenstellung einer Kommission, „die die Statuten in bezug auf das zu erwerbende Korporationsrecht entwerfen" sollte; a. a. O., S. 24.

[2] Vgl.: RV 6 (1859), Nr. 14 vom 2. 4., S. 217-222.

[3] In: Mitteilungen 1,2 (1872-1879), Sp. 5-15.

präsidium Köln, Abteilung des Innern, geleitet und über den Regierungspräsidenten an das Oberpräsidium der Rheinprovinz in Koblenz. Von dort ging er weiter an den preußischen Innenminister, der dann zu entscheiden hatte, ob er dem König zur Unterschrift empfohlen werden sollte oder nicht. Der König hatte dann die Möglichkeit, das Korporationrecht zu „verleihen"; denn nach damaliger Auffassung war der König Quelle des Rechts. Danach hatte der Oberpräsident die Statuten zu genehmigen.

Es stellt sich zunächst die Frage nach den Quellen. Das Protokollbuch des Vorstandes des Kölner Gesellenvereins enthält kurze Ergebnisprotokolle der regelmäßigen Vorstandssitzungen. Einzelne Dokumente sind in den „Rheinischen Volksblättern" und in den „Mitteilungen" zum Abdruck gekommen. Aus Briefen von und an Kolping lassen sich zusätzliche Details erschließen. Der wichtigste Quellenbestand, die entsprechenden Akten des Regierungspräsidiums Köln, muß als Kriegsverlust angesehen werden. Dagegen ist der Bestand des Oberpräsidiums der Rheinprovinz überliefert. Das gilt ebenso für die Akten des preußischen Innenministeriums. Da in den Behörden oft Abschriften von Dokumenten gemacht worden sind, sind einige der in den Akten des Kölner Regierungspräsidiums vorhanden gewesenen Texte erhalten. Dennoch sind durch die Verluste einzelne Fragen nicht mehr aufzuklären. Im ganzen ist die Sammlung der Dokumente aber so umfangreich, daß sich daraus ein ziemlich getreues Bild der mehrjährigen Auseinandersetzungen gewinnen läßt.

Im folgenden soll der historische Ablauf anhand ausgewählter Dokumente so vorgeführt werden, daß die damaligen Akteure möglichst selbst zu Wort kommen.

2. Von der Antragstellung bis zur Ablehnung der Korporationsrechte im Juli 1855

In einer offiziellen Eingabe des Vorstandes des Kölner Gesellenvereins, der sich „Verein zu Schutz und Pflege lediger Handwerksgesellen" nannte, an den Kölner Polizeidirektor Wilhelm Geiger vom 26. März 1858 wird ein Rückblick auf die Geschichte getätigt, der die Motivationen Kolpings und seiner Mitarbeiter zum Ausdruck bringt und deshalb in den entsprechenden Passagen hier vorgestellt werden soll:

„Als bei dem sichtbaren Aufblühen des bereits im Jahre 1849 durch den mitunterzeichneten Präses, den Domvikar Kolping, in Köln gegründeten katholischen Gesellenvereins der Vorstand desselben im Laufe des Jahres 1853 den Entschluß faßte, mit den bisher verfolgten Zwecken des Gesellenvereins die Zwecke eines Gesellenhospitiums zu verbinden und der Vereinspräses sein im Laufe desselben Jahres angekauftes Haus bereits zur Benutzung dieser Vereinszwecke eingeräumt hatte, entschloß sich der bisherige Vorstand des katholischen Gesellenvereins zu Köln behufs der Erlangung von Korporationsrechten für die bereits bestehende und anerkannt gedeihlich wirkende Anstalt, sich als einen besonderen Verein zu Schutz und Pflege lediger Handwerksgesellen zu konstituieren, um [um] die Korporationsrechte höheren Orts nachsuchen zu können.

Dieser Entschluß wurde im Herbste 1853 ausgeführt und das Statut des Vereins, welchem die Errichtung und Konstituierung der Anstalt oblag, in der Vereinssitzung am 9. September e[ius] a[nni][4] diskutiert und schließlich angenommen. Dieser Verein zu Schutz und Pflege lediger Handwerksgesellen wurde einzig und allein zu dem Zwecke gebildet, um als Vorstand des von ihm selbst gegründeten katholischen Gesellenhospitiums zu gelten und in dieser Eigenschaft zu wirken, wie die Natur der Sache es klar auf die Hand legt, zugleich aber auch, um, wie bereits bemerkt, in geeigneter Weise [um] die Erlangung von Korporationsrechten für seine Anstalt höheren Orts nachsuchen zu können. Der genannte Verein hat seiner Natur nach keinen anderen Zweck gehabt noch haben können. Abschrift des Vereinssitzungsprotokolls, worin dieser Gegenstand festgestellt und erledigt worden, ist der königlichen Regierung dahier mit sämtlichen Unterschriften dem ersten Gesuche dieses Vereins vom 25. November 1853 um die Befürwortung der Erlangung von Korporationsrechten beigelegt worden. Diesem Gesuche war das Vereinsstatut, welches - wir wiederholen es - seiner Natur nach nur Vorstands- und Anstaltsstatut sein konnte, beigefügt, wie es ja nicht anders in Übung ist, als daß, wenn Korporationsrechte nachgesucht werden, auch zugleich die Statuten des Vereins oder der Anstalt, für welche die Korporationsrechte nachgesucht werden, beiliegen müssen.

Im Laufe des Jahres 1854 hat der Präses des Vereins zu verschiedenen Malen bei der hiesigen Polizeidirektion über dieses eingesandte Statut Erläuterungen und Erklärungen abgegeben. Da kein Bescheid erfolgte, wandte sich der Verein unterm 13. Januar 1855 an die hiesige königliche Regierung mit der Bitte, die Entscheidung beschleunigen zu wollen. Den Bescheid, daß die fragliche Sache neuerdings in Anregung gebracht sei, erhielt der Verein am 19. Januar e[ius] a[nni]. Im August 1855 wurde dem Verein endlich die Nachricht zuteil, daß das hohe Ministerium Anstand genommen habe, bei s[eine]r Majestät, dem Könige, die Korporationsrechte für den Verein zu befürworten. Die eingereichten Statuten erhielt der Verein gleichzeitig zurück.“[5]

Aus dem Protokollbuch ist zu entnehmen: Am 12. Oktober 1853 „wurde bestimmt, daß der Notar den Tag bestimme, an welchem der

[4] Jenes Jahres. Nach: Protokollbuch, S. 32, fand diese Sitzung einen Tag später statt.
[5] Akte Koblenz, S. 508-511.

Akt in bezug auf das Korporationsrecht getätigt werde".[6] Zum 22. November 1853 heißt es: „Besprochen wurde das Korporationsrecht. In bezug auf die Antwort der Regierung wurde bemerkt, daß diese noch zwei Punkte gefordert habe, erstens die bestimmte Zahl der Mitglieder, zweitens der Einfluß, den sie auszuüben habe."[7]

Demnach gingen dem offiziellen Gesuch vom 25. November 1853 schon Verhandlungen mit der Kölner Regierung voraus. Der Text dieses Gesuchs ist nicht erhalten, ebensowenig der damals eingereichte Statutentwurf. Man kann aber davon ausgehen, daß er im wesentlichen identisch ist mit dem später genehmigten Statut, das 17 Paragraphen enthielt.[8] Eine inhaltliche Zusammenfassung des Statutentwurfs enthält das Gutachten des Kölner Regierungsrats Freiherr Emil von Fürth an den preußischen Innenminister und den Handelsminister vom 8. Juni 1854:

„Die Leiter des hierselbst im Jahre 1849 gegründeten katholischen Gesellenvereins, dessen Statuten wir gehorsamst einschließen, sind zu einem 'katholischen Verein zu Schutz und Pflege lediger Handwerksgesellen zu Köln' zusammengetreten und haben hierfür nach Entwerfung der gleichfalls beigeschlossenen, aus 17 Paragraphen bestehenden Statuten [um] 'die Gewährung von Korporationsrechten behufs Verleihung des Erbrechtes, Erwerbung von Grundstücken und Hypothekenrechten auf eigenen Namen sowie aller äußeren Rechte, welche das Statut den genehmigten Wohltätigkeitsanstalten beilegt', nachgesucht.

Nach den Statuten hat der Verein zum Zwecke, die ledigen Handwerksgesellen vor dem herrschenden Verderben zu bewahren und zu tüchtigen, braven Staatsbürgern heranzubilden, und er will diesem Zwecke nachstreben

erstens durch Gründung eines Gesellenhospitiums, das zur Herberge für die wandernden Mitglieder des Katholischen Gesellenvereins dient und Räumlichkeiten zu geselligen und belehrenden Unterhaltungen für die Freizeit darbietet,

und zweitens durch Unterricht in allen das Gewerbe betreffenden Gegenständen und durch Vorträge über praktische Lebensfragen mit strengem Ausschlusse jeder Politik und gehässiger religiöser Polemik.

Der Unterricht soll vorläufig unentgeltlich erteilt werden; dagegen sollen die in das Hospitium aufgenommenen Gesellen eine geringe Vergütung für Kost und Wohnung zahlen. Die Zahl der Vereinsmitglieder soll nicht über 25 und nicht unter 18 betragen, und es sollen dazugehören der im Hospitium wohnende Präses, die im letzteren tätigen Lehrer und solche Bürger hiesiger Stadt, die mittelbar oder unmittelbar für die

---

[6] Protokollbuch, S. 32.

[7] A. a. O., S. 33.

[8] Abgedruckt, in: RV 3 (1856), Nr. 50 vom 13. 12., S. 795-798, und unten, Anhang.

vom Verein unternommene Anstalt sorgen. Der Präses soll stets ein katholischer Geistlicher sein und von den Vereinsmitgliedern unter Vorbehalt der Bestätigung durch den zeitlichen Erzbischof von Köln auf Lebenszeit gewählt werden. Die 18 Mitglieder, welche jetzt mit dem Domvikar Adolph Kolping als provisorischem Präses den Verein bilden und worunter sich außer dem Bürgermeister hiesiger Stadt mehrere ehrhafte Bürger derselben befinden, sollen sich durch Wahl ergänzen. Die Vermögens- und Geschäftsverwaltung des Vereins soll durch einen aus dem Präses, dem Vizepräses, dem Kassierer, dem Sekretär und drei Vereinsmitgliedern bestehenden Ausschuß besorgt werden; bei Rechtsgeschäften dritten Personen gegenüber sollen aber der Präses, der Kassierer und der Sekretär den Ausschuß vertreten. Im Falle der Auflösung des Vereins soll das Vereinsvermögen als milde Stiftung zugunsten braver katholischer Handwerksgesellen von einem Kuratorium verwaltet werden, dessen Vorsteher der jedesmalige Pfarrer der hiesigen katholischen Pfarrkirche St. Gereon sein soll." [9]

Dieser Bericht setzte sich im weiteren mit einigen Vorbehalten für die Erteilung der Korporationsrechte ein.[10] Ob ein nicht erhaltener Bericht der Kölner Regierung vom 12. September 1854 die gleiche Tendenz verfolgt hat oder ob darin schon politische Befürchtungen laut wurden, läßt sich nicht sagen. Am 31. Oktober 1854 hat sich der Oberpräsident der Rheinprovinz, Hans Hugo von Kleist-Retzow, an den Innenminister Ferdinand Otto Wilhelm von Westphalen in dieser Angelegenheit gewandt, und weiter gab es ein Gutachten des Generalprokurators zu Köln vom 24. und 26. Dezember 1854. Diese Texte sind nicht erhalten.[11] Dementsprechend können vorläufig die Gründe für die Verzögerung nicht geklärt werden.

Wie man in amtlichen Kreisen aber über den Gesellenverein dachte, dazu liegt vom 22. Dezember 1853 aus der Feder des Koblenzer Polizeidirektors folgender Text vor: Obwohl sich beim Koblenzer Gesellenverein „ein sehr wohltätiger Erfolg für das Gesellenleben ergeben habe", gibt der Autor zu bedenken:

„Nichtsdestoweniger würden diese Gesellenvereine und ihre Leiter der steten Überwachung der Behörden unterliegen müssen; denn unzweifelhaft sei durch dieselben ein unendlich großer Einfluß der betreffenden leitenden Geistlichen auf die Mitglieder dieses Standes geschaffen, deren mehr oder minder wohltätige oder gefährliche Einwirkung ganz von dem jedesmaligen individuellen Charakter der Leiter abhängen werde. Durch die Überweisungen der wandernden Gesellen von einem Verein zu anderen könne vermutlich in Zeiten politischer Aufgeregtheit

---

9 Akte Koblenz, S. 119-121.
10 Vgl.: a. a. O., S. 121-122.
11 A. a. O., S. 143, werden diese Texte erwähnt.

oder bestehender Konflikte zwischen Staat und Kirche ein höchst bedeutender Einfluß der Geistlichkeit ausgeübt werden."[12]

Im Protokollbuch des Gesellenvereinsvorstandes ist zum 4. Januar 1855 zu lesen: „Die hiesige königliche Regierung soll über den Stand der Vereinssache in betreff der Korporationsrechte um Auskunft ersucht werden."[13]

Daraufhin hat, wie schon oben zitiert, die Kölner Regierung versprochen, die Angelegenheit zu beschleunigen. Ein Brief des Innenministers an den Oberpräsidenten vom 22. Januar 1855 läßt erkennen, daß in der Zwischenzeit auch das preußische Justizministerium eingeschaltet worden ist.[14]

Auch Kolping wurde aktiv. Am 25. März 1855 hielt er vor dem Berliner Gesellenverein eine Ansprache. In einem Bericht darüber heißt es: „Wir sahen dort s[eine] königl[iche] Hoheit, den Prinzen Friedrich [von Preußen], s[eine] Durchlaucht Fürst B[oguslaw] Radziwill, die Herren Minister Exzellenz von Westphalen und [August] von der Heydt, den Generaladjutanten s[eine]r Majestät des Königs, [Leopold] von Gerlach, den Generaldirektor der Polizei, [Karl Ludwig Friedrich] von Hinckeldey, den Oberbürgermeister [Heinrich Wilhelm] Krausnick und viele andere hervorragende Persönlichkeiten."[15]

In Berlin wandte sich Kolping direkt an den Innenminister. Dieser bat ihn in einem Schreiben vom 31. März 1855, da Kolping dringend von Berlin abreisen mußte, schriftlich seine Erläuterungen einzureichen.[16]

Noch Anfang Juni 1855 schrieb Kolping an das Kölner Vorstandsmitglied Peter Michels, der sich damals in Berlin aufhielt: „Heute habe ich an den Vereinspräses geschrieben (Vikar [Eduard] Müller), daß er Sie beim Herrn Probst [Leopold Pelldram] ankündigt und nötigenfalls beim Fürsten [von Radziwill] und beim Generaldirektor [der preußischen Museen, Ignaz] von Olfers einführt, wo Sie sicheren Aufschluß erhalten werden. Wenn's muß sein oder gut ist, wird einer der Herren dafür sorgen, daß Sie bei dem betreff[enden] Minister eingeführt werden. Das wirkt endlich doch."[17]

Es half aber nichts. Am 17. Juli 1855 erfolgte die Verfügung des Kultusministers und des Innenministers, „daß wir nach sorgfältiger Prüfung und genauer Erwägung der Sache uns nicht veranlaßt finden können, die von den Vorständen der Vereine[18] beantragte Verleihung von Korpora-

---

[12] A. a. O., S. 207-208.

[13] Protokollbuch, S. 38.

[14] Vgl.: Akte Koblenz, S. 143.

[15] RV 2 (1855), Nr. 14 vom 7. 4., S. 222. Bericht über die Ansprache, in: KS, Bd. 4, S. 198-199.

[16] Vgl.: Archiv der Deutschen Kolpingsfamilie, Köln, A 126.

[17] Brief vom 8. 6. 1855, in: KS, Bd. 2, S. 217-218.

[18] Neben dem Kölner hatte auch der Bonner katholische Gesellenverein einen Antrag auf Korporationsrechte gestellt.

tionsrechten an die letzteren, soweit diese Rechte zur Erwerbung von Grundstücken und Kapitalien sowie zur Vornahme von Rechtsgeschäften erforderlich sind, allerhöchsten Orts zu befürworten. Die königl[iche] Regierung veranlassen wir daher, die Bittsteller auf ihre Gesuche abschlägig zu bescheiden.“[19]

Das Protokollbuch notiert diese Entscheidung für der Sitzung vom 28. August 1855.[20] Kolping teilte sie in den „Rheinischen Volksblättern“ den Lesern mit, und zwar in der Fassung, wie sie ihm vom Regierungspräsidium übermittelt worden war,[21] und er schrieb folgende Zeilen dazu:

„Wir bringen dieses Ergebnis mit der Versicherung zur Kunde unserer Gönner und Wohltäter, daß wir unsererseits wissentlich nichts unterlassen haben, der gewünschten Sache einen günstigeren Ausgang zu verschaffen. Jetzt können wir nur die Versicherung beifügen, daß es unsere angelegentlichste und gewissenhafteste Sorge sein wird, die dem Gesellenhospitium bereits zugewendeten und noch zuzuwendenden Gaben auch dem Zwecke selbst zu widmen und zu erhalten, und leben der Hoffnung, daß wir mit Korporationsrechten oder ohne dieselben gleichviel Zutrauen wert sind.

Köln, den 3. September 1855.

Für den Vorstand Kolping, Präses.

Der Unterzeichnete hat für jetzt nur noch ein paar Worte in seinem eigenen Namen beizufügen, bis er bei günstiger Gelegenheit sich weitläufiger äußern kann. Die Sache des Gesellenhospitiums als einer Anstalt zur Hebung und Besserung unserer sehr kranken Handwerkerverhältnisse muß jedem redlichen Christen und Menschenfreunde am Herzen liegen; und wer kann, soll sie nach Kräften fördern. Wir haben lange über unsere Bedürfnisse geschwiegen, weil wir auf unsere Eingaben bei der hochlöblichen königlichen Regierung einen Entscheid erwarten wollten, der, so oder anders, für die Fortsetzung des guten Werkes von entscheidender Wichtigkeit werden mußte. Dieser Entscheid ist anders ausgefallen, als wir ihn glaubten erwarten zu dürfen, aber auch so nicht ohne besondere Anordnung Gottes. Deshalb trösten wir uns mit dem Gedanken, daß unser Herrgott, sind wir's anders wert, selbst für die Zukunft des Gesellenvereins und -hospitiums sorgen wird, vielleicht besser, als wir Menschen mit aller unserer Vorsorge es verstehen. Ja, je weniger wir unsere Hoffnungen auf diese Welt setzen können, um so fröhlicher setzen wir sie auf den, der nie wankt.

Daß der katholische Gesellenverein sich in Leid, Mühsal und Anfechtung [von] mancherlei Art durchbringen muß, ist auch ein katholisches

---

[19] Akte Koblenz, S. 189. Die Mitteilung der Regierung an Kolping ist abgedruckt in: KS, Bd. 1, S. 44-45.

[20] Protokollbuch, S. 39.

[21] Vgl.: RV 2 (1855), Nr. 36 vom 8. 9., S. 577.

Zeichen, das nur unseren Mut und unsere freudige Tätigkeit erhöhen und anspornen soll. Für das allenfallsige Vermögen des Vereins wird aufs beste gesorgt werden und zur Zeit darüber den verehrten Wohltätern Rechenschaft abgelegt. Gehorsam den Gesetzen, treu unserer Pflicht dienend, hoffen wir, um Gottes willen unser Ziel fest im Auge zu behalten, und werden uns nach Kräften bestreben, es zu erreichen, wenn das anders Gottes Wille ist. Den Freunden und Wohltätern des Vereines steht dabei noch ein weites Feld offen, sehr viel Gutes zu tun, und wir rufen sie zur tätigen Mithilfe auf. Bei nächster Gelegenheit werden wir darauf zurückkommen.

Kolping, Präses."[22]

Es stellt sich die Frage, welche Beweggründe die Ablehnung des Antrags bewirkt haben. Auf die Angst vor dem Einfluß der Geistlichen in Krisenzeiten wurde schon hingewiesen. Nach den Äußerungen des Ministers des Innern, von Westphalen, war das auch der Hauptgrund:

„Bei voller Anerkennung, daß die Wirksamkeit dieser Vereine auf die religiös-sittliche Haltung der Gesellen als eine günstige sich gestaltete, durfte ich doch nicht unerwogen lassen, daß aus diesen Vereinen in politischer Beziehung ein nicht unbedenkliches Element sich heranbilden könne. Geleitet und beeinflußt durch katholische Geistliche, kann in den Gesellenvereinen eine Macht erwachsen, die um so weniger unterschätzt werden darf, als sie aus Männern des kräftigsten Lebensalters bestehen, die, gewohnt an den Gehorsam gegen die Geistlichkeit, den Impulsen derselben zu folgen geneigt sind, und als endlich die an sich religiöse Sphäre sich deutlich genug als eine politische beweisen könnte." Deshalb „glaubte ich doch, auf den vor geraumer Zeit gemachten Antrag, dem katholischen Verein zu Schutz und Pflege lediger Handwerksgesellen in Köln Korporationsrechte zu verleihen, nicht eingehen zu dürfen, vielmehr erst abwarten zu müssen, wie die Wirksamkeit des Vereins sich gestalten und ob sie bedenkliche Erscheinungen darbieten würde. Ein früherer Bericht des Oberpräsidenten riet von der Erfüllung dieses Antrages ab. Er verkannte zwar die günstigen Einwirkungen des Vereins auf die Gesellen nicht; er wies aber auf die möglichen politischen Bedenken derselben hin und hob überdies hervor, daß die Persönlichkeit des Kolping eben nicht geeignet sei, diese Bedenken zu beseitigen. Er brachte Äußerungen desselben zur Anzeige, welche seine Loyalität zweifelhaft machten."[23]

---

[22] A. a. O., S. 577-578.

[23] Gutachten des Innenministers von Westphalen „an des Königs Majestät" vom 23. 4. 1856, in: Geheimes Staatsarchiv Preußischer Kulturbesitz, Berlin, Rep. 77, Tit. 662, Nr. 20, Bd. 4, S. 84-85. Bei dem „früheren Bericht" von Kleist-Retzows muß es sich um dessen Schreiben vom 19. 5. 1855 handeln, an das der Innenminister im Brief an von Kleist-Retzow vom 28. 12. 1855 erinnerte. Vgl.: Akte Koblenz, S. 213.

Diese Äußerungen können natürlich nur von Köln aus über Koblenz nach Berlin gelangt sein. Die Einlassungen des Innenministers geben deutlich den eigentlichen Grund für die Verweigerung der Korporationsrechte wieder.

Einen weiteren Grund für die Verweigerung nennt der Innenminister in einem Brief an von Kleist-Retzow vom 28. Dezember 1855: Es „ist dabei auch die allgemeine Erwägung maßgebend gewesen, daß dieser Verein wie die übrigen gleichartigen in anderen Orten bestehenden Vereine eigentlich nur als Lokalverein und als solcher nur als Glied eines größeren Zentralvereins auftrete. Bei der großen Ausdehnung, welche dieser allgemeine Verband nicht bloß in Preußen, sondern auch in Deutschland und selbst über die Grenzen Deutschlands hinaus erlangt hat, ist es prinzipiell nicht ohne Bedenken gewesen, die Verleihung der Korporationsrechte zu befürworten."[24]

Kolping sah die Beweggründe folgendermaßen: „Mit unserer Sache geht's durchweg löblich weiter, nicht in Gnaden vor dem königl[ichen] preußischen Ministerium, wie Sie gesehen haben. ... Daß man uns die Korporationsrechte abgeschlagen, hat einzig seinen Grund in konfessioneller Abneigung und ist wieder einer von jenen taktlosen, höchst unpolitischen Streichen, womit sich die verblendeten Leute nur selber schaden. Wir haben dadurch an Popularität sicher nicht eingebüßt, sie selber aber gewiß verloren. Wenn's hoch kommt, machen wir aus der Anstalt eine kirchliche Stiftung, und dann steht sie sicher und fest genug."[25]

3. Mittel und Wege, die zur Verleihung der Korporationsrechte im April 1856 und zur Unterzeichnung der Statuten im November 1856 führten

Kolping ließ die Sache nicht auf sich beruhen. In Berlin hatte er in Fürst Radziwill und Generaldirektor von Olfers zwei Verbindungsleute, die auch als Protektoren des dortigen katholischen Gesellenvereins in Erscheinung traten. Über sie nahm er am 1. Oktober 1855 Kontakt zu Legationsrat Alfred von Reumont auf, dessen gute persönliche Beziehungen zu König Friedrich Wilhelm IV. bekannt waren:

„Was wir tun könnten und um was wir Eure Exzellenz recht bitten möchten, es nach weisem Ermessen zu vermitteln, wäre, die einzige Gnade bei seiner Majestät zu erbitten, uns, den Präses oder das eine oder andere Vorstandsmitglied des katholischen Gesellenvereins, zur Audienz befehlen zu wollen. Wo und wann, hinge dann nur von einem Wink seiner Majestät, unseres geliebten Landesvaters, ab. ...

---

[24] Akte Koblenz, S. 213.

[25] Brief vom 26. 9. 1855, in: KS, Bd. 2, S. 228.

Bereits vor zwei Jahren kaufte der Vorstand dahier zu diesem Zwekke ein geräumiges Haus und richtete es ein. Ich könnte viel erzählen, wieviel Gutes diese Arbeit bereits gewirkt und wie fröhlich die Saat auf eine noch reichere Ernte steht. Um die Anstalt in ihrem materiellen Bestande zu sichern, hat der Vereinsvorstand im Herbste 1853 ein Gesuch an das hochlöbl[iche] königl[iche] Ministerium um Verleihung von Korporationsrechten gerichtet, damit das bereits vorhandene und noch zu erwerbende Vermögen dem Zwecke gesichert bleibe. Wir erhielten lange gar keine Antwort.

14 Tage vor Ostern d[iese]s J[ahres] reiste ich deshalb nach Berlin, um an Ort und Stelle der Sache förderlich zu sein. Dazumal erschienen im Berliner katholischen Gesellenverein auf Einladung seiner Durchlaucht, des Fürsten B[oguslaw] Radziwill, mehrere Minister des königlichen Hauses und seine königliche Hoheit, Prinz Friedrich. Ich hatte Gelegenheit, über Notwendigkeit, Einrichtung und Bestreben des Gesellenvereins mich offenherzig auszusprechen. Ja, wir tun nur unsere Christenpflicht unter sehr verwahrlosten Menschen, wir tun sie, will's Gott, auch nur um Gottes willen; aber wir freuen uns auch, dem Vaterlande durch unser Wirken dienen zu können; und daß wir ihm dienen, davon ist die Haltung des ganzen Vereins Zeuge. Man ließ mich die Gewährung der Korporationsrechte von seiten des Ministeriums des Inneren hoffen, fand die Sache löblich und gut; aber wieder erhielt ich keinen bestimmten Bescheid. Bei dieser Gelegenheit sollte ich seiner Majestät, dem Könige, vorgestellt werden; ich kann nicht sagen, ob auf Wunsch eines Freundes des Gesellenvereins oder auf Befehl seiner Majestät selbst. Ich wartete fast eine Woche, dann trat ein Todesfall in der königlichen Familie ein, und aus der Vorstellung ist nichts geworden. Ich mußte in der Karwoche zu Hause sein.

Vor einigen Wochen ist uns von seiten des Ministeriums endlich der Bescheid geworden, daß man die Korporationsrechte bei seiner Majestät nicht befürworten könne. Gründe sind natürlich nicht angegeben. Offenbar aber setzt man in das Wirken und Streben des Katholischen Gesellenvereins Mißtrauen; und das ist's, was nicht allein unter den näheren Freunden des Vereines, sondern im Volke einen gar üblen Eindruck gemacht hat. Daneben hält man die Tatsache, daß den evangelischen Jünglingsvereinen und Gesellenhäusern nicht allein Korporationsrechte – im Verein der Inneren Mission – sind verliehen, sondern auch namhafte Gaben zugewiesen worden. Wir haben noch das erste Zeichen von Wohlwollen zu erfahren; und doch meinen wir, König und Vaterland ehrlich und treu zu lieben, wie es guten Christen und Bürgern geziemt. Eure Exzellenz mögen von meiner Seite die Versicherung annehmen, daß ich persönlich für mich nichts tun will; nur muß das Bewußtsein der Pflichterfüllung genügen. Aber der Sache des Gesellenvereins und der Sache der königlichen Regierung selbst hätte es nur förderlich sein können, wenn man uns zugestanden, was andere, die ähnliches Streben verfolgen, bereits besaßen. Nicht bloß der Gesellenverein, nein, auch die königliche Regierung hätte nur gewinnen können.

Ich weiß nun nicht, ob es schicklich ist, seine Majestät über die Lage der Dinge in Kenntnis zu setzen. Seine Durchlaucht sprachen sich gegen mich darüber nicht aus; doch drängten sie mich, an Eure Exzellenz zu schreiben, ob durch hochdero Vermittlung seine Majestät nicht geruhen wolle, dem Gesellenverein durch den Empfang eines Vorstandsmitgliedes einen Beweis seiner Huld und Gnade zu geben. Wenn sich daran nur die Hoffnung knüpfen ließ', daß dadurch das hochlöbl[iche] königliche Ministerium wohlwollender gegen den Katholischen Gesellenverein sich erwies', wäre der Gewinn für die Sache doppelt groß."[26]

In den „Rheinischen Volksblättern" ist ein Schreiben des bayerischen Königs Maximilian II. vom 19. September 1855 abgedruckt, in dem dem katholischen Gesellenhaus in München Korporationsrechte verliehen und 10000 Gulden vermacht werden. Kolping kommentierte: „Ja, die haben gut lachen!"[27] An den Präses des Münchener Gesellenvereins wandte er sich einige Zeit später:

„Nun bitte ich Dich dringend, mir in Form einer Korrespondenz zu melden, ob das wahr ist, daß s[eine] M[ajestät], König Max, Dich und ein paar Gesellen des Vereins zur Audienz befohlen hat und ob's geschehen ist. Wenn letzteres, teile nur alles mit; ich brauch's.[28] Wir bombardieren nächstens wieder unsere eigene Majestät und hoffen, zum Ziel zu kommen mit unseren Korporationsrechten. Da kommt uns nun das bayerische Beispiel zustatten. Ihr seid allerdings nun über den Berg; aber werdet ja nicht übermütig!"[29]

Der entscheidende Schritt war dann das Immediatgesuch des Vereins zu Schutz und Pflege lediger Handwerksgesellen zu Köln an den preußischen König:

„Allerdurchlauchtigster, großmächtigster König, allergnädigster König und Herr!

Im Herbste des Jahres 1845 war es, daß in Elberfeld sich einige zunächst katholische Handwerksgesellen an ihre Geistlichen mit der Bitte wandten, irgendeine Art von Vereinigung für sie zu gründen, da nach den herrschenden Verhältnissen sie außer der Werkstätte in ihrer freien Zeit nur auf die Straße oder ins Wirtshaus gewiesen seien, eine Lage, die neben den offenkundigen Nachteilen für viele immer unerträglicher

---

[26] A. a. O., S. 232-233. Dort, S. 231, Anm. 1, heißt es, der Adressat des Briefes sei „nicht zu ermitteln".

[27] RV 2 (1855), Nr. 40 vom 6. 10., S. 640. Vgl. Kolpings Kommentar zu einem Bericht über den Besuch des Königs im Münchener Gesellenverein: „Die Kölner sehnen sich auch darnach, einmal ein solches Fest zu feiern." A. a. O., Nr. 42 vom 20. 10., S. 671.

[28] Georg Mayrs Bericht in: RV 2 (1855), Nr. 48 vom 1. 12., S. 767-770.

[29] Brief vom 5. 11. 1855, in: KS, Bd. 2, S. 236.

wurde. Das Gesuch wurde in Erwägung gezogen und bald darauf unter Mitwirkung des ehrfurchtsvoll unterzeichneten Präses des Kölner Gesellenvereins, dessen zehnjähriger Gesellenstand ihn mit den Gesellen und ihrer Art hinreichend bekanntgemacht, für die Gesellen in Elberfeld eine Art Kasino, freie, gesellige Zusammenkünfte, die dann zu nützlicher Belehrung verwendet wurden, in einem Schullokal eröffnet.[30] Bald versammelten sich dort an den Sonn- und Montagabenden bis zu 130 Gesellen und lernten begierig, was zu ihrem Fortkommen vonnöten schien. Jede religiöse Polemik blieb fern; von öffentlichen Angelegenheiten war nie die Rede.

Im Jahre 1848 zeigte sich der gute Geist der Vereinsgesellen in ganz auffallender Weise. Während gerade die Arbeiterbevölkerung bis in ihre Tiefen aufgewühlt wurde, bedurfte es nur eines abmahnenden Wortes von seiten des Vereinsvorstehers, um die Vereinsmitglieder bis zum letzten Mann von aller Politik fernzuhalten. Ja, als im Jahre 1849 noch traurigere Begebnisse im Wuppertale sich gestalteten, blieben unsere Gesellen in strengster Ordnung Gott und ihrem Fürsten treu. Den Wink glaubte der ehrfurchtsvoll mitunterzeichnete Präses des Vereins von Köln nicht mißverstehen zu sollen. Wenn das in Elberfeld möglich war, warum sollte es anderwärts nicht auch wenigstens des Versuches wert sein? Auf desfallsige Vorstellungen bei der geistlichen Behörde erhielt ich eine Anstellung an der Domkirche zu Köln, um hier, am wichtigsten Orte der Provinz, das bereits in Elberfeld erprobte Werk ins Leben zu rufen. Um Ostern des Jahres 1849 wurde der erste Gesellenverein zu Köln mit sieben Gesellen gegründet. Daß wir erklärten, uns von aller Politik fernhalten zu wollen, gefiel den besseren Gesellen erst recht. Im folgenden Jahre 1850 hatten wir bereits die Freude, 300 tüchtige Burschen in geordnetem Zuge zum Gottesdienste, sogar zum heiligen Abendmahle zu führen, die dann abends ein so harmloses, heiteres Fest unter Anwesenheit vieler notabler Bürger feierten, daß man kaum begriff, wie das dazumal möglich geworden. Der praktische Beweis war geliefert, daß es lediglich auf den Führer ankommt, ob das Volk zum Guten sich wendet oder dem Bösen nachläuft.

Die augenfällige segensreiche Wirksamkeit des Gesellenvereins, die sich bald nach vielen Seiten kundtat, erwarben [!] ihm bald den Beifall der Behörden und der besseren Bürgerschaft. Die jungen Leute sahen bald sauberer aus und betrugen sich gesitteter, lernten nützliche Dinge, sparten ihren sauren Lohn und freuten sich, durch den Verein auch vor der Öffentlichkeit wieder zu Ehren zu kommen. Das gute Betragen der Vereinsmitglieder wirkte selbst auf diejenigen Standesgenossen vorteil-

[30] Diese Erzählung über die Ereignisse in Elberfeld entspricht insofern nicht dem historischen Verlauf, als Kolping an der Vereinsgründung in Elberfeld keinen Anteil hatte. Die Ichform im folgenden Abschnitt zeigt Kolping als Autor des Textes.

haft ein, die dem Verein, der strenge sittliche Aufführung zur Pflicht macht, nicht beitreten wollten, aber nun mehr als je der öffentlichen Aufmerksamkeit ausgesetzt waren.

Seit dem Jahre 1850 wurde das größere Publikum auf unsere besondere Form des Gesellenvereins und auf die Wichtigkeit oder gar Notwendigkeit, für den sehr verwahrlosten Gesellenstand Sorge zu tragen, aufmerksam. Zuerst verbreitete sich der Verein in den Köln zunächst gelegenen Städten Düsseldorf, Aachen, Bonn und Koblenz, die ebenfalls aus kleinen Anfängen sich bald zu bedeutender Mitgliederzahl erhoben. Im Jahre 1851 begann die öffentliche Aufmerksamkeit sich mehr als je diesem Institute zuzuwenden. Man fing an, es als eine der wichtigsten sozialen Zeitfragen in diesem Stande zu betrachten.

Die Folge war, daß es bereits im Jahre 1852 möglich wurde, einen größeren Kreis von Vereinen ins Leben zu rufen. In diesem Jahre und in den beiden folgenden entstanden am Rhein und in Westfalen die Gesellenvereine von Trier, Wittlich, Euskirchen, Siegburg, Düren, M[önchen]-Gladbach, Viersen, Eschweiler, Krefeld, Barmen, Essen, Hückeswagen, Wipperfürth, Steele, Bochum, Dortmund, Soest, Lippstadt, Paderborn, Hemer, Höxter, Erfurt, Münster, Warendorf und Borken, in denen sich gegenwärtig mit den obengenannten wenigstens über 4000[31] Mitglieder befinden mögen.

Zugleich entstanden die Vereine von Berlin, Breslau, Neiße, Glatz, Münsterberg, Groß-Glogau, Oppeln, Schweidnitz, Trebnitz, Gleiwitz und Spandau mit einer der Örtlichkeit entsprechenden Mitgliederzahl, so daß sämtliche katholische Gesellenvereine in den Staaten Ew. Majestät sich bereits auf die Zahl von 42 belaufen, zu denen noch mehrere in der Bildung begriffene nächstens hinzutreten und deren Mitgliederzahl sich wenigstens auf 6000 beläuft.

Alle diese Vereine sind auf derselben religiösen und sittlichen Grundlage erbaut und in gleichförmiger Weise organisiert, damit der wandernde Bursche überall dieselbe Heimat finde. Bisher haben alle diese Vereine der Behörde zu keiner gegründeten Klage Anlaß gegeben, aber, wie alle Welt weiß, des Guten sehr viel gewirkt. Das Werk wächst von Tag zu Tag und gewinnt mit Gottes Hilfe immer mehr Vertrauen und Zuneigung bei allen Freunden der Religion und der gesetzlichen Ordnung. Es hilft offenbar, die Verhältnisse eines Standes [zu] regeln, der für den Staat, namentlich für die Städte, von großer Wichtigkeit ist.

Unser ausgesprochener Zweck geht dahin, aus den jungen Leuten nach unseren besten Kräften jetzt brave, wackere Gesellen, einst tüchtige Meister und achtbare Bürger des Staates zu bilden, fromme Christen und treue Söhne des Vaterlandes. Deshalb suchen wir sie in der Religion zu unterrichten und sie zur Ausübung derselben anzuleiten, erteilen ihnen

---

[31] Im Text steht: 400.

Unterricht im Gesange, im Lesen, Schreiben, Rechnen, Zeichnen, in der Mathematik und derlei direkt aufs Handwerk bezüglichen Gegenständen, erörtern meist gesprächsweise jene sozialen Fragen, die sie direkt berühren, Haus, Werkstatt, Familie und Erziehung. Dabei lassen wir für angemessene Spiele Raum, gönnen ihnen heitere Fröhlichkeit und feiern mit ihnen zuzeiten harmlose heitere Feste, zu denen wir die Behörden, die Bürgerschaft und namentlich die Meister freundlich einladen. Wir möchten die Jugend gern fromm, aber auch zugleich frisch und fröhlich erhalten.

An der Spitze des Vereines muß ein katholischer Geistlicher stehen. Sein Amt und seine Stellung soll [!] die Autorität, den Glauben, die gute Sitte und die gesetzliche Ordnung repräsentieren. Auf dem Grunde des Gewissens und des Glaubens kann nur Volkswohlfahrt gedeihen. Das ist das festeste Fundament aller sozialen Ordnung.

Den Präses umgeben in der Leitung und Verwaltung achtbare Bürger der Stadt, wenn möglich, aus den höheren Ständen, damit neben dem geistlichen Stande auch der weltliche dort seine Vertretung und Mittätigkeit finde, wo für das praktische Leben ebensogut als für religiöse Erziehung gesorgt werden muß.

Wir haben damit nach unserem besten Wissen und Können der Anstalt die größte moralische Gewähr ihres gesegneten Fortbestandes zu geben versucht, weshalb wir auch fast überall den Magistraten und sonstigen Beamten Platz im Vorstande eingeräumt haben.

Alle Mühe, die der Vorstand für den Verein aufgewendet, muß um Gottes willen unentgeltlich geschehen. Mit freien Wohltaten möchten wir das Herz der Jugend zum Besseren wenden. In Köln und an mehreren Orten haben wir für die Gesellen zugleich eine Sparkasse angelegt und in Köln allein seit zwei Jahren bereits über 2000 T[a]l[e]r Spargeld eingenommen und zum Besten der Sparer verzinslich angelegt.

Um nun dem Gesellenstande möglichst viel Gutes zu tun und namentlich ihn aus den meist mit Recht verrufenen Herbergen herauszuhalten, haben wir zunächst in Köln mit dem Lokale des Gesellenvereins eine Vereinsherberge verbunden, worin die wandernden Mitglieder anständige Unterkunft und christliche Pflege erhalten. Soll der Gesellenverein dem schädlichen Wirtshausleben entgegenwirken, dann sollen die Vereinsherbergen – Gesellenhospitien – das wüste Herbergsleben zerstören helfen. Die Vereinsherberge ist die nötige Ergänzung des Vereins, der damit seine ganze Aufgabe in der Hand hat.

Wie sehr die Bürgerschaft Kölns die Wichtigkeit dieser Anstalt begriff, möge die untertänigst beigelegte Liste jener Beiträge ausweisen, die aus allen Ständen und Konfessionen uns bereitwilligst sind übergeben worden, um das gute Werk beginnen zu können. Wir haben dazumal nur die Not des Augenblicks abgewendet und sofort unsere Sammlung eingestellt, als für das notdürftigste Bedürfnis gesorgt war. Die angeführten Gaben sind binnen wenigen Wochen gezeichnet worden.[32]

Die Vereinsherberge nun mit den nötigen Räumen für die Tätigkeit des Gesellenvereins bedürfen [!] in größeren Städten bedeutender Räumlichkeiten; in Köln versammeln sich im Vereinshause an den Sonntagabenden regelmäßig 200 bis 300 Gesellen; mehr gestattet der gegenwärtige Raum nicht. Aber nicht bloß für die regelmäßigen Zusammenkünfte muß hinreichender Raum geschafft werden, sondern es ist auch von entschiedenem Vorteil, hin und wieder heitere Feste im Vereinshause zu veranstalten, denen die Behörde mit der besseren Bürgerschaft, namentlich mit den Gewerbsmeistern, beiwohnen sollen [!]. Wir wissen bereits aus Erfahrung, wie versöhnend und erhebend solche Feste auf alle Teilnehmenden wirken. Da solche Lokalitäten dem Zwecke entsprechend eingerichtet sein müssen, kann man ein eigenes Haus nicht füglich entbehren.

Wir haben in Köln deshalb bereits vor zwei Jahren ein solches Haus käuflich erworben und notdürftig eingerichtet. Vergrößerungen und Erweiterungen werden von Tag zu Tag dringender. Das also dem Vereinszwecke gewidmete Eigentum möchten wir demselben gesetzlich erhalten.

Da der Unterricht im Vereine unentgeltlich erteilt werden soll, muß der Vereinsvorstand auf Mittel bedacht sein, tüchtige Lehrer zu besolden und die nötigen Unterrichtsmittel herbeizuschaffen.

Die Aufnahme und Pflege der wandernden Vereinsmitglieder im Vereinshospitium soll zwar nicht ganz unentgeltlich geschehen – nur die baren Auslagen werden berechnet –; aber wir haben bereits durch zweijährige Erfahrung die Überzeugung gewonnen, daß es, besonders zur Winterszeit, unausführbar ist, von den Hospitanten das Zehrgeld zu verlangen. Die meisten sind sehr arm, und wollten wir das Verpflegungsgeld durchaus einziehen, wären die jungen Leute meist gezwungen, dasselbe entweder vor ihrem Eintritte ins Haus zusammenzubetteln oder doch in bisher beliebter Weise während ihres Aufenthaltes in der Stadt selbst zu 'fechten'. Wir haben den Vereinsmitgliedern das 'Fechten' aufs strengste untersagt und wollen lieber selbst für ihre dringendsten Bedürfnisse sorgen.

Die Aufgabe, die wir uns gestellt und die wir, auf Gottes Hilfe vertrauend, bereits in die Hände genommen, deren zeitweilige Lösung uns erst recht für die Sache trotz aller Mühe und Beschwer immer mehr begeistert, durch den Erfolg belehrt und überzeugt, wie unberechenbar segensreich sie für das soziale Staatsleben sich erweist, diese Aufgabe auch fürder und immer mehr lösen zu können, dazu bedürfen wir materieller Mittel, der Ansammlung und Sicherstellung eines Vermögens, das

[32] Vgl.: Protokollbuch, S. 35-36, Sitzung vom 2. 5. 1854.

dem Umfange und dem Zwecke der Anstalt entspricht. Der gegenwärtige, in den Händen des Vereinspräses sich befindende Vermögensstand des Kölner Vereinshauses beläuft sich mindestens schon auf 12000 T[a]l[e]r, der bei gesetzlicher Anerkennung der Anstalt sofort unverkürzt derselben überwiesen ist.

Da ferner jeder örtliche Verein und das ihm ebenfalls zugehörige Hospitium ganz besonders der Stadt, worin die Anstalt errichtet ist, zum Nutzen und Segen gereicht, wir auch diese Anstalt dem Herzen der Bürgerschaft immer näherrücken und endlich gar als eine der volkstümlichsten Wohltätigkeitsanstalten in den Kreis der städtischen Anstalten einführen möchten, jeder Stadt auch namentlich daran liegen muß, für einen gesunden Nachwuchs ihrer Bürgerschaft zu sorgen, dürfte es am zweckmäßigsten sein, die hiermit untertänigst erbetenen Korporationsrechte für den Kölner Verein immer nur auf die Vereine einzelner Städte zu beschränken. Dann nimmt die Stadt um so eher Anteil an dem Gedeihen der Anstalt und ist endlich jedenfalls gewiß, daß das Vereinsvermögen für die Stadt verwendet wird und unter allen Umständen ihr erhalten bleibt. Wir glauben auch auf den dadurch angeregten Wetteifer hinweisen zu dürfen, der, wenn irgendwo, auch hier dem Guten dienstbar zu machen sei.

Da die Gesellen, wenn auch Mitglieder des Gesellenvereins, doch in der Führung und Leitung des Vereins sowie über Beschaffung und Verwendung der Vereinsmittel durchaus nicht mitzureden haben, diese Tätigkeit ausschließlich dem Vorstande vorbehalten bleibt[33] – auch in solchen Vereinen tut die Handhabung der Autorität not, ja, die Gelegenheit ist in diesen sehr günstig, das Volk wieder mehr an die Autorität zu gewöhnen –, so ist es nicht der Gesellenverein als solcher, welcher hiermit die Bitte um Verleihung von Korporationsrechten ehrfurchtsvoll am Throne Ew. Majestät vorbringt, sondern es ist lediglich der als besonderer 'Verein zu Schutz und Pflege lediger Handwerksgesellen' nach den anliegenden Statuten konstituierte Vorstand, der außer dem geistlichen Präses aus den achtbarsten Bürgern der Stadt besteht. Der Gesellenstand ist nur das Objekt, dem der Verein seine Sorge und Pflege angedeihen läßt.

Die ehrfurchtsvoll Unterzeichneten hatten beiläufig vor zwei Jahren durch die hiesige königliche Regierung sich an das hohe Staatsministerium um Befürwortung zur Verleihung von Korporationsrechten an den obengenannten Verein zu Schutz und Pflege lediger Handwerksgesellen in Köln gewendet. Wir haben im Laufe des verflossenen Sommers eine

---

[33] Dieses Autoritätsprinzip hielt sich im Katholischen Gesellenverein durch bis in die 1920er Jahre. Vgl.: Wollt ihr mündig werden?, in: KB 28 (1928), Nr. 16 vom 15. 8., S. 121; Unser Parlament tagt!, in: a. a. O., Nr. 22 vom 15. 11., S. 169-170, wonach damals die Mitglieder die gleichen Entscheidungskompetenzen auf allen Ebenen des Verbandes erhielten wie die Präsides.

abschlägige Antwort erhalten, ohne daß es uns vergönnt gewesen, allenfallsige Anstände beseitigen zu können. Sie wurden uns nicht mitgeteilt, und wir kennen sie auch nicht. Als der mitunterzeichnete Präses des Vereins sich in der letzten Zeit an den Legationsrat zu Florenz, Herrn von Reumont, wandte mit der Bitte, ihm, wenn nur tunlich, Zutritt zur geheiligten Person Ew. Majestät zu verschaffen, ist die Gewährung dieser Bitte im Drange der Festlichkeiten am Rheine[34] unausführbar gewesen. Doch benachrichtigte ihn vor kurzem se[ine] Exzellenz, der an Ew. Majestät über unser Anliegen ehrfurchtsvolle Mitteilung gemacht und die beifällige Weise, mit welcher Ew. Majestät seine Bemerkungen über die Wirksamkeit des Gesellenvereins entgegenzunehmen huldreichst geruht, uns vielleicht ermutigen möchten, nochmals offenherzig und treu Ew. Majestät Zweck und Mittel darzulegen und daran die ehrfurchtsvolle Bitte um Gewährung der die künftige Existenz und ausgiebige Wirksamkeit des Vereins allein sichernden Korporationsrechte für den Kölner Verein zu erbitten.[35]

Hocherfreut über die Huld und Gnade, mit welcher Ew. Majestät, unser allergnädigster Landesvater, des Gesellenvereins gedacht, und ermutigt durch so erhabene Güte, nahen sich also die ehrfurchtsvoll Unterzeichneten dem Throne Ew. Majestät und erbitten für ihren Verein diejenigen Rechte, ohne welche seine Existenz und gesegnete Wirksamkeit keinen Bestand haben kann.

Hat uns der abschlägige Bescheid des hohen Staatsministeriums tief betrübt und ist der Eindruck davon auf die Gesellen wie auf die Bürgerschaft nicht gut gewesen, dann wird die huldreiche Gewährung unserer Bitte aus dem hohen Herzen Ew. Majestät uns wieder fröhlich aufrichten und heißes Dankgebet für Ew. Majestät aus tausend Herzen mit der Bitte zum Himmel steigen, daß Gott die Tage der Regierung Ew. Majestät in Frieden verlängern und mit seinem reichsten Segen krönen wolle. Unser besonderes Bestreben wird dann sein, immer mehr durch unser Wirken für das allgemeine Beste zu zeigen, wie sehr wir sind und bleiben Ew. Majestät untertänigste Mitglieder des Vereins zum Schutz und zur Pflege lediger Handwerksgesellen zu Köln.

[Hermann Joseph] Stupp, Oberbürgermeister; Adolph Kolping, Domvikar und Präses des Gesellenvereins; [Johann Franz Heinrich] v[on] Wittgenstein, Reg[ierungs]präs[ident] a. D.; Fr[iedrich] Könen, Vikar; [Joseph Nikolaus Hubert] Chargé, Religionslehrer; [Franz] Müller, Lehrer der Mathematik; Fr[riedrich] Baudri, Maler; [Gottfried] Strauß, Domkapitular; Dr. [Christian Hermann] Vosen, Religionslehrer; [Johann Adam] Heinrich Oedenthal; [Max Clemens Anton] Clavé v[on]

---

[34] Friedrich Wilhelm IV. wohnte seit dem 24. 9. auf Schloß Stolzenfels und nahm am 3. 10. 1855 an der Grundsteinlegung für die steinerne Rheinbrücke in Köln teil.

[35] Dieser Brief von Reumonts ist nicht erhalten.

Bouhaben, Gutsbesitzer; [Wilhelm] Effenberger, Lehrer im Deutschen; [Johann Wilhelm Hubert] Meuser, Referendar; P[eter] Michels; H[ubert] Düster.
Köln, den 15. November 1855."[36]

Wie im Text vermerkt, war diesem Immediatgesuch eine „Liste der zu einem Gesellenhospitium zu Köln gezeichneten freiwilligen Beiträge" beigefügt, in dem die Namen der Spender mit ihren Beiträgen von 25 bis 250 Talern, zusammen 5300 Taler, aufgelistet sind.

Darin erscheinen naturgemäß eine Reihe von Vorstandsmitgliedern des Gesellenvereins. Diese zusammen mit den anderen Spendern zeigen, wie Kolping es verstanden hat, den „Kölner Klüngel" für seine Ziele einzuspannen.[37]

Eine unterstützende Immediateingabe beim König reichte Kardinal von Geissel am 14. Dezember 1855 ein. Dort heißt es u. a.: „Dem Präses des Vereins, Domvikar Kolping, kann ich das wohlverdiente Zeugnis ausstellen, daß er mit unermüdlichem Eifer und mit ungemeiner Selbstverleugnung seit vielen Jahren dieses edle Ziel des Gesellenvereins verfolgt."[38]

Kolping beschrieb den Vorgang in einem Brief vom 18. Dezember 1855 folgendermaßen: „Einige Anfechtung von außen, sogar das offen erklärte Mißtrauen der preuß[ischen] Regierung, schadet uns im Grunde nicht. ... Indessen scheint die Sache wegen unseren Korporationsrechten doch eine andere Wendung nehmen zu wollen. Hochgestellte Freunde, besonders Fürst Radziwill in Berlin, haben uns den Weg zur Majestät selbst eröffnet. Wir haben eine ordentliche Eingabe gemacht, und s[eine] Majestät hat sie aus den Händen des Fürsten huldreich angenommen. Er ist persönlich der Sache wohl gewogen; wenn eine gewisse Partei uns nur wieder nicht aufs neue alles verdirbt! Auch unser H[err] Kardinal hat an den König privatim geschrieben, und hoffen wir nun das Beste. Gott wird fügen, was gut ist. Erhalten wir aber günstigen Bescheid, nun, dann geht in Köln die Arbeit erst an, da wir dann die Anstalt erst recht in Angriff nehmen können."[39]

Verkürzt schildert Schäffer die weiteren Ereignisse: „Se[ine] Majestät ließ die Eingaben an den Minister des Innern zur Berichterstattung unter dem Hinzufügen abgeben, daß allerhöchstsie sehr geneigt seien, auf die Erfüllung des Ansuchens einzugehen. In gleichem Sinne sprach sich der König bei der Zufertigung der Vorstellung des Kardinals aus. Der Minister erforderte zunächst die Äußerung des Oberpräsidenten v[on] Kleist-

[36] Akte Koblenz, S. 215-222. Abgedruckt mit Änderungen in: Mitteilungen 1,2 (1872-1879), Sp. 5-11
[37] A. a. O., S. 223-225.
[38] Zitiert nach: Festing, S. 67.
[39] KS, Bd. 2, S. 238.

Retzow und befürwortete demnächst auch seinerseits die Gewährung der Bitte."[40]

Ein Artikel in dem in Koblenz erscheinenden „Rhein- und Mosel-Boten", der wohl einzigen nach dem Verbot der „Deutschen Volkshalle" noch existierenden katholischen, genauer ultramontanen Tageszeitung im Rheinland, vom 13. Dezember 1855 erregte in der Folgezeit die Aufmerksamkeit der staatlichen Behörden. Die entsprechende Passage lautet:

„Besonders in Bayern hat die königliche Regierung die schöne, segensreiche Wirksamkeit der Gesellenvereine zu würdigen gewußt, und der König hat ihnen nicht nur die zur Entfaltung ihrer Wirksamkeit erforderlichen Korporationsrechte verliehen, sondern dem Münchener Gesellenhospitium auch noch ein Geschenk von 10000 Gulden gemacht. Schwerlich mögen je die Gelder zu größerem Heile verwandt werden. In anderen Staaten ist ähnliches geschehen. Doch haben mehrere Regierungen, wahrscheinlich durch Gespensterfurcht verleitet, jene Vereine als ihre wahren Freunde noch nicht erkannt und zur Befestigung und Verbreitung der guten Sache noch gar nichts getan, was um so mehr zu bedauern ist, als die ohnehin mit so vielen Vorurteilen und Schwierigkeiten kämpfenden Vorstände dadurch der Ermutigung entbehren, die ein gedeihliches Leben bedingt. Dabei ist für die Regierungen, welche den Gesellenvereinen die Korporationsrechte aus irgendeinem Skrupel vorzuenthalten müssen glauben, nicht nur die volle Wohltat, welche diese Vereine zu schaffen vermögen, sehr verringert, sondern im Hinblicke auf andere Regierungen auch zu einer Bitterkeit der Keim gelegt, der keine freundlichen Blüten bringen kann. Um die erforderlichen Korporationsrechte zu erlangen, werden dann die Vereine sich völlig der Kirchengemeinde anschließen und in Form von Sodalitäten das sein, was man verhindern wollte und durch verdiente Gunst sehr wohl zu vermeiden vermag."[41]

An diesem Leitartikel, der möglicherweise von Kolping in die Zeitung lanciert worden ist, fällt die Betonung der Eigenständigkeit der katholischen Gesellenvereine gegenüber den Kirchengemeinden auf im Unterschied zu den Sodalitäten. Der Koblenzer Polizeidirektor wies den Oberpräsidenten am 28. Dezember 1855 auf diesen Artikel hin mit den Worten:

„Nachdem inzwischen wiederum zwei Jahre verflossen sind, hat sich zwar nichts ereignet, was diese Auffassung[42] zu ändern geeignet wäre oder spezielle Befürchtungen wahr machen könnte. Nichtsdestoweniger liegt eine gewisse innerliche Unzufriedenheit der Leiter dieser Vereine

---

[40] Schäffer, S. 175.

[41] Die Vinzenz- und Gesellenvereine, in: Rhein- und Mosel-Bote Nr. 286 vom 13. 12. 1855, S. 1-2.

[42] Gemeint ist die oben wiedergegebene Äußerung zur Überwachung der Gesellenvereine durch die Behörden.

mit der Haltung der Staatsbehörden den Vereinen gegenüber vor, welche sich auch in einem Leitartikel des hiesigen ultramontanen Zeitungsblattes Luft gemacht hat."[43]

In dem schon genannten Brief des Innenministers an von Kleist-Retzow vom 28. Dezember 1855 heißt es:

„Neuerdings hat sich der Vorstand des Kölner Vereins mit dem in Abschrift beigefügten Gesuche vom 15. November c[urrentis anni][44] an des Königs Majestät gewandt, und se[ine] Majestät haben unter dem Hinzufügen, daß allerhöchstsie sehr geneigt seien, auf die Erfüllung dieses Gesuches einzugehen, meinen Bericht über dasselbe befohlen. In gleicher Weise haben se[ine] Majestät sich auf ein diesen Antrag unterstützendes Gesuch des Kardinal-Erzbischofs von Geissel sich auszusprechen geruhet.

Ehe ich diesen Bericht erstatte, kommt es mir auf nähere Auskunft an, welcher Art das Verhalten des Vereins zu Köln gewesen ist und ob dieses Verhalten in irgendeiner Weise zu gegründeten Besorgnissen in politischer Beziehung Anlaß gegeben hat. Indem ich Ew. Hochwohlgeboren ergebenst ersuche, sich hierüber schleunigst gegen mich äußern zu wollen, wünsche ich auch, daß Sie hierüber den Bericht des Herrn Regierungspräsidenten von Moeller zu Köln erfordern und mir denselben mit vorlegen. Ich finde mich zu dem letzteren besonders veranlaßt, weil der Präsident von Moeller sich in der Lage befindet, ein Urteil aus eigener Beobachtung in der Sache abzugeben, und aus der in Abschrift beigefügten Liste hervorgeht, daß er selbst für die Zwecke des Vereins beigetragen hat, worin ich einen Beweis des [!] Anerkenntnisses der nützlichen Wirksamkeit des Vereins erblicke. Endlich füge ich s[ub] v[oto] rem[issionis][45] die mit dem Immediatgesuche überreichten Statuten zur gefälligen Einsicht und evtl. Äußerung bei und ersuche schließlich ergebenst, den Bericht soviel wie möglich zu beschleunigen."[46]

Hier ist Kolping ein ganz besonderes „Kabinettstück"[47] gelungen: In seinen Augen war der Kölner Regierungspräsident der Quertreiber für die Verleihung der Korporationsrechte. Dennoch hat er oder ein anderes Vorstandsmitglied diesen dazu bewegen können, hundert Taler für die Zwecke des Gesellenhospitiums zu stiften. Durch die Bekundung dieser Stiftung bei den höheren Beamten wurden die Einwände von Moellers neutralisiert.

Offensichtlich hatten die amtlichen Stellen es diesmal eilig. Von Olfers schrieb am 4. Januar 1856 an Kardinal von Geissel: „Mit Vergnügen

[43] Akte Koblenz, S. 208.
[44] Des laufenden Jahres.
[45] Mit dem Wunsch der Rücksendung.
[46] Akte Koblenz, S. 213-214.
[47] Steinke, S. 150, betitelt ein Kapitel: „Preußisches Kabinettstück um die Korporationsrechte in Köln".

kann ich hinzufügen, daß wir Hoffnung haben, für das vortreffliche Werk des Gesellenvereins des Herrn Domvikars Kolping die Rechte einer moralischen Person zu erlangen, wenn es auch noch einige Zeit erfordern möchte. Eine Rückfrage bei dem Regierungspräsidenten v[on] Moeller wird gewiß einen günstigen Bericht bringen."

Der Kardinal antwortete am 11. Januar 1856: „Wenn je in der neueren Zeit ein Institut einer solchen Gnade des Königs würdig war, so ist es gewiß dieser Verein des braven und loyalen Gesellenvaters."[48]

Am 15. Januar 1856 konnte Kolping an von Olfers nach Berlin schreiben: „Euer Hochwohlgeboren beeile ich mich, sofort auf Ihr liebes Briefchen vom 13. d[ieses] M[onats] zu erwidern, daß der Bericht unseres Regierungspräsidenten noch im Laufe der Woche von hier abgehen wird, aber heute noch nicht abgegangen ist. Wie er ausfällt, kann ich Ihnen wohl voraussagen, da er mir gestern noch sagte, er könne sich nur auf das beziehen, was er damals auch an das hohe Ministerium in dieser Angelegenheit geschrieben habe.

Daß die Sache jetzt durch die Gnade unseres geliebten Königs zu dem erwünschten Ziele zu gedeihen scheint, freut mich ungemein, und wahrlich nicht für mich allein. Aber so recht in Ordnung scheint doch nicht alles zu sein. Meine Person ist zum Gegenstande tief eingehender Untersuchungen geworden, und da ich in der Tat viel zu harmlos bin, um nach irgendeiner Seite den Diplomaten spielen zu können, so hat man, wie es scheint, und mehr, wie es scheint, allerlei entdeckt, über das ich selbst höchlich erstaunt bin, es zu vernehmen. Den größten Teil dieser Ereignisse, die man auf Wegen an mir aufgelesen, wissen Sie, verehrter Gönner und Freund.[49] Ich kann Ihnen versichern: Was mich persönlich betrifft, habe ich darüber lachen können; da es aber der guten Sache schaden kann, habe ich mein ernstes Bedenken dabei. Warum glaubt man meinen öffentlich und feierlich gegebenen Versicherungen nicht? Warum ist man nicht zufrieden, für jetzt wenigstens, mit den bereits erzielten Erfolgen, die doch vor jedermanns Augen offen daliegen? Ach Gott, möchten doch die gar zu besorgten Herren sich einmal

---

[48] Zitiert nach: Otto Pfülf, Cardinal von Geissel. Aus seinem handschriftlichen Nachlaß geschildert, Bd. 2, Freiburg 1896, S. 51.

[49] Schäffer, S. 174: „Einzelne Zeitungsorgane griffen damals schon den Verein an, beschuldigten ihn der starren Ausschließlichkeit im katholischen Sinne, glaubten bemerken zu müssen, derselbe sei ein Vorwand für hierarchische Herrschgelüste; ... unter anderem hat der treue, gute v[on] Olfers noch zuletzt den Wahn bekämpfen müssen, als ob Kolping in der Eisenbahn einmal gegen die preußische Regierung sich unliebsam geäußert hätte. Eine beantragte Untersuchung ist nie gekommen." Vgl. auch das Zitat aus den „Fliegenden Blättern aus dem Rauhen Hause zu Horn bei Hamburg" 11 (1854), Nr. 12, in: KS, Bd. 4, S. 288.: „Bestimmte politische Tendenzen treten, soweit für uns ersichtlich, in diesen Vereinen nicht hervor, im Rheinland auch keine bestimmt ausgeprägten preußischen Sympathien; daß gewisse Magnetnadeln mehr nach der Donau (nach der oberen oder unteren? D[ie] R[edaktion der „RV"]) als nach der Spree hinweisen, ist mehr zwischen als in den Zeilen zu lesen."

mitten unter der Volksklasse, namentlich hier am Rhein, befinden, unter der ich wirken kann, soll und muß, sie würden gar bald praktisch sich überzeugen, daß ich nur so, wie ich es getan, habe arbeiten und wirken müssen und nicht anders.

Doch, was gestern zwischen mir und unserem Regierungspräsidenten vorgefallen, darf ich Ihnen nicht verschweigen. Seine Durchlaucht ließen mir sagen, daß es nur noch auf den Bericht von hier ankomme, und wenn von unserer Seite etwas geschehen könne, möge es sofort geschehen. Gestern ging ich mit einem Vorstandsmitgliede, dem Kaufmann P[eter] Michels, zum Herrn Präsidenten, einesteils, um ihm zu danken für seine uns bewiesene Teilnahme, und dann, um ihn zu bitten, jetzt uns nichts in den Weg legen zu wollen. Ein paar Tage vorher hatte der Präsident sich einen Jahrgang der 'Rheinischen Volksblätter' geben lassen, um sich nach deren Tendenz zu erkundigen. Ich weiß nicht, ob Sie mit den Blättern bekannt sind. ... Aber in Anbetracht meiner Umgebung, meiner öffentlichen Stellung, meiner Leser usw. habe ich absichtlich vermieden, über Deutschland, namentlich über unsere Regierung, zu politisieren. ... Der Herr Präsident sieht die Sache ganz anders an. Ihm ist meine Politik eine in die Volkssprache übersetzte Volkshalle![50]

Ihm ist zu wenig, nein, gar kein Patriotismus darin; und doch sei es meine Pflicht, das Volk patriotisch zu machen. Ich spräche aus Abneigung nicht von Preußen, usw. Nun, das ist wahr: Die Art, wie der Herr Präsident will, daß ich mich patriotisch zeigen soll, halte ich für verkehrt. Sobald ich das tue, schließe ich die Türe zu, durch die ich beim Volk ein- und ausgehe. ... Genug, wir haben uns gestern über derlei weit und breit zerdisputiert, ohne daß ich den Herrn Präsidenten, so schien es, von der Irrigkeit seiner Meinung und von der Schwierigkeit meiner Stellung unter den hiesigen Verhältnissen habe überzeugen können. Es kann auch sein, daß er sich hintennach die Sache doch noch einmal angesehen hat; aber es bleibt immer ein schweres Stück Arbeit, was man einmal schief angesehen hat, für gerade und recht zu halten. Und zu solchen Auseinandersetzungen muß man nicht nach Jahr und Tag kommen, wo man sich auf der Türe wohnt, usw. ...

Mit Gottes und guter Freunde Hilfe hoffen wir, doch zum Ziele zu kommen. Seine Majestät setzen sich damit in den Herzen seines Volkes am Rhein – wenn auch des ärmeren, doch nicht des schlechtesten Teiles – ein Denkmal der Liebe und Verehrung für alle Zeiten, und der Segen davon wird sicher nicht ausbleiben. Sie glauben nicht, mit welcher

---

[50] Am 10. Juli 1855 war die katholische Kölner Tageszeitung „Deutsche Volkshalle" durch die preußische Regierung unterdrückt worden. Vgl.: Karl Bachem, Josef Bachem. Seine Familie und die Firma J. P. Bachem in Köln. Die Rheinische und Deutsche Volkshalle. Die Kölnischen Blätter und die Kölnische Volkszeitung. Zugleich ein Versuch der Geschichte der katholischen Presse und ein Beitrag zur Entwicklung der katholischen Bewegung in Deutschland, Bd. 2, Köln 1912, S. 394-415.

Spannung man nicht bloß am Rhein dem Ergebnis unserer Bemühungen entgegensieht; um so größer wird der Jubel sein, wenn sie mit Erfolg gekrönt werden."[51]

In den kommenden Wochen wurde immer wieder auf eine Beschleunigung der Antworten gedrängt.[52] Statt dessen sandte von Moeller den von Kolping ausgeliehenen Band der „Rheinischen Volksblätter" zur Begutachtung am 28. Januar 1856 zum Oberpräsidenten.[53]

Die Antworten von Moellers und von Kleist-Retzows an den Innenminister sind zwar nicht erhalten, wohl aber der Bericht des Innenministers an den König vom 23. April 1856, in dem diese Antworten zusammengefaßt werden:

„Ew. etc. haben mittelst allerhöchsten Erlasses vom 17. Dezember v[origen] J[ahres] das Immediatgesuch des Vorstandes des katholischen Vereins zu Schutz und Pflege lediger Handwerksgesellen zu Köln vom 15. Nov[em]b[e]r a[nni] pr[aeteriti][54] und des Gesuchs des Fürsten Radziwill, mit welchem dieses Immediatgesuch Ew. etc. überreicht worden ist, zur Berichterstattung mir zuzufertigen, zu gleichem Zwecke auch ein auf diese Angelegenheit bezügliches, an Ew. etc. gerichtetes Gesuch des Kardinal-Erzbischofs zu Köln vom 14. Dezember v[origen] J[ahres] mir zu überweisen geruht. Indem ich diese Schriftstücke nebst sämtlichen Anlagen alleruntertänigst zurückreiche, berichte ich in tiefster Ehrfurcht folgendes, nachdem ich über die bisherige Wirksamkeit des Vereins die Berichte des Oberpräsidenten v[on] Kleist-Retzow und des Regierungspräsidenten v[on] Moeller eingezogen habe.

Der Domvikar Kolping zu Köln, welcher früher selbst dem Handwerkerstande angehörte, gründete [!] zunächst in Elberfeld einen sogenannten Gesellenverein. Durchdrungen von der Idee, daß es, um den Handwerkerstand zu heben, vor allem darauf ankomme, die Gesellen zur Zucht und zur Sitte zurückzuführen, wurde dieser Verein als eine gesellige Zusammenkunft aufgefaßt, in welcher den Gesellen belehrende Vorträge und Lektüre geboten wurden, welche die Kräftigung des religiösen Elementes und die Erweiterung ihrer Berufskenntnisse sowie endlich die Veredlung der Verhältnisse des bürgerlichen Lebens bezweckten.

Vorzugsweise war es das religiöse Moment, auf welches hierbei gerücksichtigt wurde; und hierauf gründete sich denn auch die Bestimmung, daß stets ein katholischer Geistlicher Vorstand des Vereins sein müsse. Die katholische Geistlichkeit nahm, angeregt durch dieses Beispiel, die Förderung dieser Angelegenheit in die Hand, und ihre Bemü-

---

[51] KS, Bd. 2, S. 240-243.
[52] Brief des Innenministers an von Kleist-Retzow vom 26. 1. 1856, in: Akte Koblenz, S. 245; Mahnung vom 22. 2. 1856, in: a. a. O., S. 247.
[53] Vgl.: a. a. O., S. 243.
[54] Des vergangenen Jahres.

hungen haben die Folge gehabt, daß Vereine dieser Art nicht nur in Ew. k[öniglichen] Maj[estät] Staaten, sondern auch in ganz Deutschland und namentlich in Österreich in großer Zahl entstanden sind. ...[55]

Ich habe daher wiederholt den Bericht des Oberpräsidenten erfordert und gleichzeitig veranlaßt, daß der Präsident v[on] Moeller zu Köln seine Äußerung abgebe, teils, weil er in Köln die beste Gelegenheit gehabt hat, die Angelegenheit unmittelbar zu verfolgen, teils, weil aus dem dem Immediatgesuche beigefügten Verzeichnisse sich ergibt, daß er zu den Zwecken des Vereins eine nicht unerhebliche Summe beigesteuert hat.

Zu so verschiedenen Resultaten auch die beiden Beamten gelangen, indem der Oberpräsident sich nunmehr für den Antrag ausspricht, während der Regierungspräsident v[on] Moeller demselben entgegentritt, so sind sie doch zunächst darüber einig, daß die Gesellenvereine so wenig wie dieser spezielle Verein zu irgend mißliebigen Handlungen in politischer oder sonstiger Beziehung Anlaß gegeben haben, daß vielmehr die sittliche Haltung der Gesellen durch sie in erfreulicher Weise wesentlich gehoben worden sei. Der Regierungspräsident erweist aber zur Begründung seiner Ansicht zunächst auf die allgemeinen Gründe und dann auf die Persönlichkeit des Kolping. Die allgemeinen Gründe sind indes nicht auf Tatsachen basiert; sie bewegen sich vielmehr lediglich auf dem Gebiete des Möglichen und treten nur als Befürchtungen auf, welche bisher wenigstens nirgend Bestätigung gefunden haben.

Was die Persönlichkeit des Kolping anbetrifft, so macht der Regierungspräsident aufmerksam auf die von dem Kolping redigierte, auf die geringe Mittelklasse berechnete politische Zeitschrift, die 'Rheinischen Volksblätter'. Sein Urteil geht dahin, daß die 'Rheinischen Volksblätter' denselben Charakter haben, welchen die 'Deutsche Volkshalle' hatte, und er sucht das dadurch zu begründen, daß diese Zeitschrift in dem politischen Teile Preußen sonst gänzlich ignoriert, während sie in der religiösen Besprechung ausschließlich den streng katholischen Standpunkt festhält.

Der Oberpräsident tritt diesem Urteile entgegen, und ich muß dieser Ansicht beipflichten. Daß das von einem katholischen Geistlichen redigierte und für Katholiken berechnete Blatt den katholischen Standpunkt festhält und daß es von diesem aus die katholische Kirche als die alleinige Quelle des Heils hinstellt, liegt in der Natur der Sache. Nur dann würde man hierin Bedenklichkeit finden können, wenn hiermit eine Polemik gegen die anderen Konfessionen verbunden wäre. Dies ist aber nicht der Fall. Das Blatt verschließt sich der Duldung nicht, wie denn auch die Statuten des Vereins die evangel[ischen] Gesellen nicht ausschließen.

Der politische Teil bespricht Preußen freilich sonst gar nicht; allein, ich möchte hierin eher ein günstiges als ein nachteiliges Moment erblik-

[55] Es folgt die Passage, die schon oben zitiert worden ist.

ken. Den Diskussionen und Erörterungen über das Vaterland wird dadurch der Boden entzogen, und daß dies wohl die Absicht gewesen ist, dürfte daraus zu entsehen sein, daß Kolping wiederholt und energisch ausspricht, der Handwerker habe sich um Politik nicht zu kümmern, sein Beruf sei, sich in seinem Fache auszubilden, die Verhältnisse des bürgerlichen Lebens kennenzulernen und ein nützliches Mitglied der bürgerlichen Gesellschaft zu werden. Er warnt vor jedem Abwege wiederholt.

Die Äußerungen und Handlungen des Kolping, auf welche der Präsident v[on] Moeller außerdem verweist und welche früher selbst von dem Oberpräsidenten zur Sprache gebracht worden sind, sind folgende: In einer Gesellschaft in Köln, in welcher Maßregeln der Regierung in eben nicht angenehmer Weise besprochen und kritisiert wurden, äußerte er unter Berücksichtigung der nachgesuchten Korporationsrechte: 'Wenn ich nur noch eins von der Staatregierung erlangt habe, werde ich auch schon anders auftreten.' Zweitens ist die bei einer anderen Gelegenheit getane und konstatierte [Äußerung]: 'Der König von Preußen soll noch erfahren, was er an den Gesellenvereinen hat.' Und endlich ist noch folgender Vorfall zu erwähnen: Die in München erscheinenden Historisch[-politischen]en Blätter enthielten einen gegen Preußen sehr auftragenden und gehässigen Artikel.[56] Das betreffende Heft kam in die Hand eines gutgesinnten Mannes, und dieser fand in demselben einen von Kolping geschriebenen, für einen anderen Leser bestimmten Zettel, in welchem auf diesen Artikel aufmerksam gemacht und das Lesen desselben besonders empfohlen wurde.

Der Oberpräsident verkennt das Bedenkliche in dem Charakter des Kolping nicht; er glaubt aber, daß man dies weder aus dem Inhalte der 'Rheinischen Volksblätter' noch aus den Äußerungen des Kolping herleiten könne. Er führt diese als zu vereinzelt und überdies auch als solche an, welche wohl auch eine andere Deutung zulassen, und findet die Haltung der Zeitschrift vom katholischen Standpunkte aus eher maßvoll als ausschreitend. Immerhin kann aber auch er die Bedenken nicht ganz von sich weisen, und er schlägt deshalb vor, zwar die Korporationsrechte zu gewähren, dabei aber den jederzeit zulässigen Widerruf vorzubehalten.

Ich muß dem Oberpräsidenten auch in seiner Auffassung über die Äußerungen des Kolping beitreten. Ich habe seine Vorträge in dem hiesigen katholischen Gesellenvereine gehört, ich habe mit ihm längere Unterredungen gehabt, und er hat auf mich nicht den Eindruck eines Mannes gemacht, der zur Opposition geneigt ist; ich habe vielmehr gefunden, daß er die Sache, die er vertritt, mit vollem Herzen erfaßt und

---

[56] Zur Einschätzung der „Historisch-politischen Blätter" durch die preußische Regierung vgl.: Götz von Pölnitz, Einleitung zu: Joseph Görres, Aufsätze in den Historisch-politischen Blättern, 1. Teil: 1838-1845, Köln 1936; als Sonderdruck: ders., Joseph Görres und die Pressepolitik der deutschen Reaktion, Köln [1936].

daß er sie zu seiner Lebensaufgabe gemacht hat. Er ist erfüllt von dem Berufe, den Handwerkerstand zu heben und ihn sittlich wieder zu kräftigen.

Eine Bestätigung meiner Auffassung finde ich in dem gewiß bedeutsamen Momente, daß in Köln Männer aller Stände und Konfessionen den Verein fördern, daß sie mit nicht unerheblichen Summen für die Zwecke desselben beigesteuert haben und daß unter diesen selbst der Präsident v[on] Moeller sich befindet.

Die Äußerungen des Kolping sind vereinzelt, und sie haben vielleicht in dem Unmute ihren Grund, daß die lang erstrebten Korporationsrechte ihm nicht zuteil geworden sind.

Ew. etc. haben mittelst allerhöchsten Erlasses vom 21. Juni 1852 dem Gesamtverein für Innere Mission in Bonn diese Rechte verliehen und diesem Gesuch zur Verfolgung derselben Zwecke auf evangelischer Grundlage durch den allerhöchsten Erlaß vom 23. März 1855 eine Unterstützung von tausend Talern huldreichst geruht. Man würde dem ohnehin laut gewordenen Vorwurf der Disparität eine unwillkommene Nahrung geben, welche im oppositionellem Sinne entschieden würde ausgebeutet werden. Der Vorbehalt des Widerrufs empfiehlt sich aus demselben Grunde nicht; er ist bei dem Jünglingsverein nicht gemacht und führt auch, abgesehen von der Zweifelhaftigkeit der gesetzlichen Zulässigkeit, zu praktischen Resultaten nicht: Das nachträgliche Entziehen stellt das Gouvernement entschieden ungünstiger als die Versagung von Hause aus. Dagegen kommt es in keiner Beziehung darauf an, dem Verein als solchem die Korporationsrechte beizulegen, sondern nur darauf, daß diese Rechte dem Institute oder [der] Anstalt verliehen werden.

Dasselbe kommt dadurch in die Lage, Grundstücke und Kapitalien erwerben zu können; es tritt als Institut direkter unter die Staatsaufsicht; und endlich sind ganz nach demselben Grundsatze die evangelischen Rettungsvereine behandelt worden.

In diesem Sinne ist der von Ew. k[öniglichen] Maj[estät] huldreichst zu vollziehende allerhöchste Erlaß gefaßt, und ich gestatte mir nur noch untertänigst zu bemerken, daß die Prüfung und Bestätigung der Statuten gesetzlich dem Oberpräsidenten anheimfällt, welchen ich demnächst mit entsprechender Weisung versehen werde.“[57]

Dieser Bericht des Innenministers hatte folgenden königlichen Erlaß zur Folge:

„An den Minister des Innern. Auf Ihren Bericht vom 23. April d[ieses] J[ahres], dessen Anlagen zurückfolgen, will ich dem zu Köln gegründeten Gesellenhospitium Korporationsrechte, soweit es derselben

[57] Geheimes Staatsarchiv (Anm. 23), S. 83-91.

zum Erwerben von Grundeigentum und Kapitalien bedarf, hierdurch verleihen.

Charlottenburg, den 29. April 1856.

gez. Friedrich Wilhelm."[58]

Der Innenminister schrieb daraufhin am 3. Mai 1856 an den Oberpräsidenten der Rheinprovinz:

„Durch die in beglaubigter Abschrift beigefügte allerhöchste Order vom 29. v[origen] M[onats] haben des Königs Majestät geruht, dem zu Köln gegründeten Gesellenhospitium Korporationsrechte, soweit es derselben zum Erwerb von Grundstücken und Kapitalien bedarf, zu verleihen. Diese Rechte kommen sonach der Anstalt, nicht dem Gesellenverein zu; der letztere kommt nur als erlaubte Gesellschaft und so weit in Betracht, als er in Beziehung zu der Anstalt steht. Aus diesem Grunde und mit Berücksichtigung der S. 11 der Instruktion für die Oberpräsidenten vom 31. Dezember 1825 steht Ew. Hochwohlgeboren die Prüfung und Bestätigung der Statuten des Vereins zu. Zu diesem Zwecke füge ich das mit dem Immediatgesuche der Vereinsmitglieder vom 15. November v[origen] J[ahres] überreichte Statutexemplar ergebenst bei, und indem ich Ew. Hochwohlgeboren das weitere überlasse, habe ich nur ergebenst zu bemerken, daß bei der Bestätigung folgende Punkte zu beachten sein werden: erstens, daß Abänderungen der Statuten ohne bes[ondere] Hochwohlgeboren Genehmigung nicht vorgenommen werden dürfen, und zweitens, daß, der Bestätigung ungeachtet, den Staatsbehörden sowohl die Beaufsichtigung des Vereins in Gemäßheit der Bestimmungen des Gesetzes vom 11. März 1850, das Vereinsrecht betreffend, wie die in bezug auf den Unterricht vorzubehalten ist. Diese Bedingungen werden in die Konfirmationsklausel aufzunehmen sein; ob sonst noch Änderungen des Statuts nötig erscheinen, muß ich der Erwägung Ew. Hochwohlgeboren überlassen.

Ew. Hochwohlgeboren ersuche ich ergebenst, die Mitglieder des Vereins auf das Immediatgesuch vom 15. November [anni] pr[aeteriti] demgemäß zu bescheiden, dem Herrn Kardinal-Erzbischof zu Köln auf sein denselben Gegenstand betreffendes Immediatgesuch vom 14. Dezember [anni] pr[aeteriti] von der allerhöchsten Entscheidung in Kenntnis zu setzen und die Regierung zu Köln mit der nötigen Weisung zu versehen.

Abschrift der bestätigten Statuten wollen Ew. Hochwohlgeboren mir einreichen.

Das mit dem gefälligen Berichte vom 25. Februar c[urrentis anni] eingesandte Heft der 'Rheinischen Volksblätter' remittiere ich ergebenst."[59]

Schon wenig später konnte Kolping von Triest aus schreiben: „Gestern erhielt ich, kaum den Fuß am Lande, die Nachricht, daß der

---

[58] A. a. O., S. 92.
[59] Akte Koblenz, S. 290a-291.

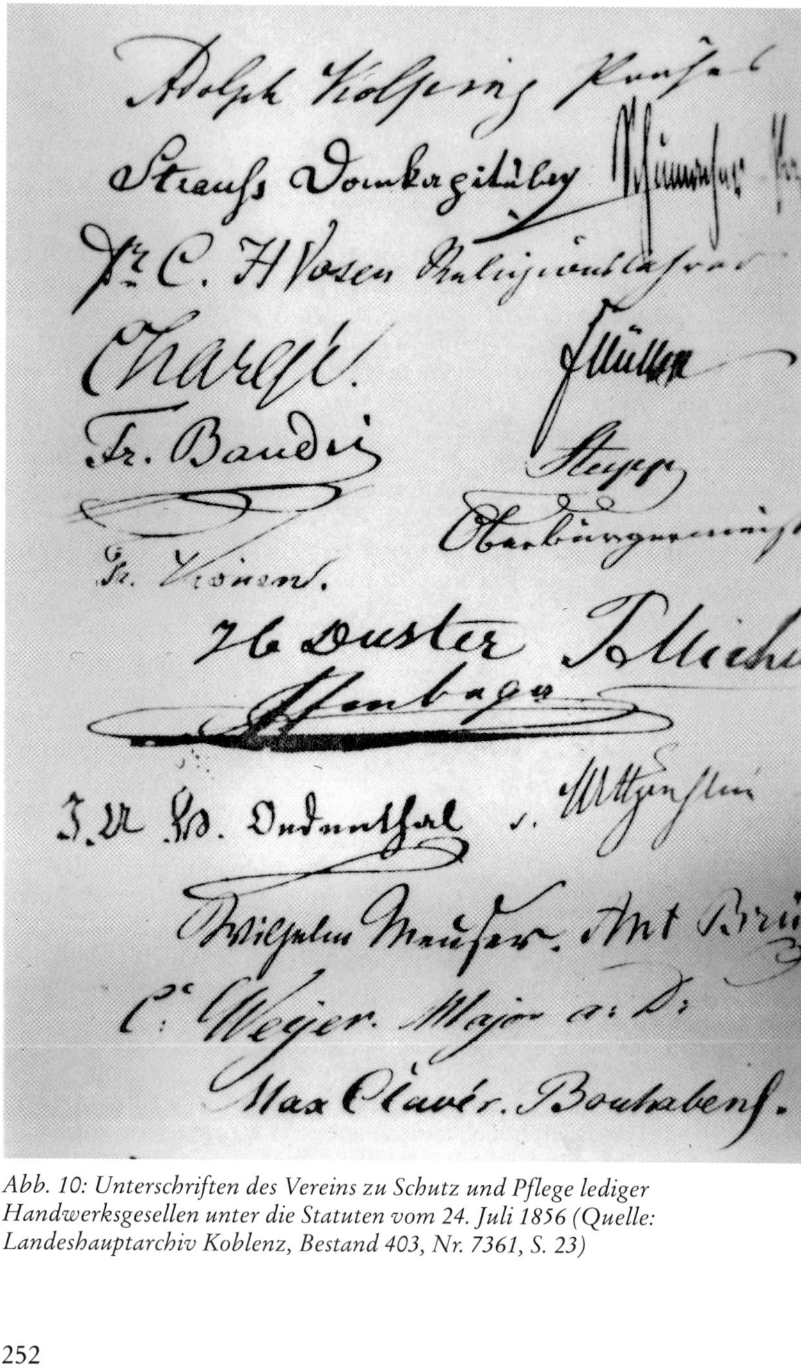

Abb. 10: Unterschriften des Vereins zu Schutz und Pflege lediger Handwerksgesellen unter die Statuten vom 24. Juli 1856 (Quelle: Landeshauptarchiv Koblenz, Bestand 403, Nr. 7361, S. 23)

König uns die Korporationsrechte gewährt habe. Mich freut's von Herzen."[60]

Die offizielle Nachricht, die der Verein von Koblenz aus erhielt, veröffentlichte der Vizepräses, weil Kolping sich noch auf Reisen befand, in den „Rheinischen Volksblättern" wie folgt:

„Zur Nachricht für die Freunde und Wohltäter des kath[olischen] Gesellenhospitiums zu Köln.

Voll des innigsten Dankes gegen unseren königlichen Herren, teilen wir den Freunden des Gesellenvereins und insbesondere den Wohltätern des katholischen Gesellenhospitiums zu Köln die freudige Nachricht mit, daß se[ine] Majestät, unser allergnädigster König und Herr, unter dem 29. April d[ieses] J[ahres] dem hiesigen Gesellenhospitium Korporationsrechte zu verleihen geruht haben, soweit es derselben zur Erwerbung von Grundeigentum und Kapitalien bedarf. Gott segne, Gott erhalte den König!

Dieses für unsere Sache so wichtige Ereignis wurde uns durch nachstehendes Schreiben des Herrn Oberpräsidenten der Rheinprovinz, Herrn von Kleist-Retzow, eröffnet:

'Mit Bezug auf das von den Mitgliedern des katholischen Vereins zu Schutz und Pflege für ledige Handwerksgesellen an des Königs Majestät unter dem 15. November v[origen] J[ahres] gerichtete Immediatgesuch benachrichtige ich den Vorstand hierdurch in höherem Auftrage, daß vorbehaltlich der mir gesetzlich zustehenden Bestätigung der für den genannten Verein vorgelegten Statuten durch allerhöchsten Erlaß vom 29. April d[ieses] J[ahres] dem in Köln gegründeten Gesellenhospitium Korporationsrechte, soweit es derselben zum Erwerbe von Grundeigentum und Kapitalien bedarf, verliehen worden sind. Hinsichtlich der vorerwähnten Statuten des Vereins werden dem Vorstande durch die dortige königliche Regierung die erforderlichen Verfügungen zugehen.

Koblenz, den 3. Juni 1856.

Der Oberpräsident der Rheinprovinz, v[on] Kleist-Retzow.'[61]

Für den Vorstand des Gesellenvereins: a[d] a[cta][62] Könen, Vizepräses."[63]

Die nächsten Schritte bis zur Unterzeichnung der Statuten durch das Oberpräsidium am 12. November 1856 waren nun rein formaler Art, weil alle Seiten das gleiche Ziel vor Augen hatten. Das Protokollbuch teilt von der Sitzung vom 24. Juni 1856 mit: „Der Präses verlas die Verfügung des H[errn] Oberpräsidenten der Rheinprovinz, wonach dem

[60] Brief vom 12. 5. 1856, in: KS, Bd. 2, S. 250.

[61] In: Mitteilungen 1,2 (1872-1879), Sp. 11, ist zusätzlich als Adresse angegeben: „An den Vorstand des katholischen Vereines zu Schutz und Pflege für ledige Handwerksgesellen zu Köln."

[62] Zu den Akten.

[63] RV 3 (1856), Nr. 24 vom 14. 6., S. 369-370.

Gesellenhospitium zu Köln die erbetenen Korporationsrechte allerhöchsten Orts verliehen worden seien. Die hiesige k[öni]gl[iche] Regierung habe nun verlangt, daß die Statuten des Vereins von den Mitgliedern unterzeichnet und demnächst zurückgesendet werden sollen; in einem besonderen Berichte könne angegeben werden, welche Änderungen in dem Statut seit jener Zeit eingetreten seien. Die Anwesenden unterschrieben die Statuten und ersuchten den Präses um die Berichterstattung."[64]

Die königliche Regierung zu Köln, Abteilung des Innern, wandte sich am 5. August 1856 an den Oberpräsidenten mit der Bemerkung über den Statutentwurf, „daß wir gegen dessen Inhalt nichts zu erinnern finden und dasselbe deshalb den Beteiligten zur Vollziehung haben vorlegen lassen". Erwähnt wird, daß statt der im Statutentwurf vorgesehenen 18 nur 15 Mitglieder unterschrieben hätten und daß das zweite Haus im Besitz des Gesellenhospitiums mittlerweile verkauft worden sei. „Einen hierüber aufgenommenen, von mehreren Mitgliedern unterschriebenen Vermerk überweisen wir in der Anlage. Schließlich erlauben wir uns, unmaßgeblich vorzuschlagen, in der Bestätigungsklausel noch hinzuzufügen, daß der Verein rücksichtlich der Gründung eines Gesellenhospitiums und der Erteilung von Unterricht den gesetzlichen Vorschriften der Konzessionierung von Logierwirtschaften und der Errichtung von Unterrichtsanstalten nachzukommen habe."[65]

Kolping wurde wegen der Bestätigung der Statuten schon ungeduldig. An von Olfers schrieb er am 12. August 1856:

„Was nun die Ausfertigung der Korporationsrechte betrifft, so läßt diese noch immer auf sich warten, doch hoffe ich, daß wir bald damit zum guten Ende gelangen; kann ich doch nicht begreifen, daß unser Herr Oberpräsident etwas Vernünftiges dagegen wird einwerfen können. Daß er übrigens katholische Angelegenheiten mit einem besonderen Eifer betreibt, glaube ich nicht ganz. Wir werden dabei nur in der Feier unseres Stiftungsfestes aufgehalten, bei welcher Gelegenheit dann wir unseren Dank unserem gnädigsten Herrn und König öffentlich aussprechen können. ...

Bei der nächsten [Vorstandssitzung] werde ich den Vorschlag machen, eine Deputation zu benennen, die persönlich im Namen des Vereins seiner Majestät unseren Dank aussprechen soll. Bei der Gelegenheit käme ich auch wieder nach Berlin und hätte die Freude, Sie und so viele andere Freunde der guten Sache zu sehen. [Ich] will sehen, wie das auszuführen ist. Nur das kann ich Ihnen mit freudigem Herzen mitteilen, daß die uns erwiesene königliche Huld und Gnade auf das Volk und beson-

---

[64] Protokollbuch, S. 39-40. Das Original mit den Unterschriften befindet sich in: Landeshauptarchiv Koblenz, Best. 403, Nr. 7361, S. 15-23.

[65] Akte Koblenz, S. 300-302. Der genannte Vermerk ist erhalten in: Landeshauptarchiv Koblenz (Anm. 64), S. 25.

ders auf unsere Burschen einen sehr guten Eindruck gemacht hat. Das hilft mir, nach verschiedenen Seiten den versöhnlichen Weg zwischen Fürst und Volk weiter zu bauen."[66]

Das Protokollbuch bemerkt für die Sitzung vom 14. Oktober 1856, daß auf Wunsch des Oberpräsidenten eine Nachwahl stattgefunden habe, um die vorgeschriebene Zahl von 18 Vereinsmitgliedern zu erreichen.[67] Am 7. November wird die Anzeige über diesen Vorgang vom Regierungspräsidium an den Oberpräsidenten weitergegeben,[68] und die Statuten werden am 12. November 1856 im Namen des Oberpräsidenten der Rheinprovinz unterschrieben.[69]

Kolping unterließ es nicht, sich auch bei Prinz Friedrich von Preußen für seine Hilfe zu bedanken.[70] Für die Sitzung vom 2. Dezember 1856 notiert das Protokollbuch, „daß dem Vernehmen nach nunmehr die Statuten des Vereins von der höheren Behörde genehmigt worden seien und es daher an der Zeit sei, auf die Organisation des Vereins nach Maßgabe der Statuten hinzuwirken, was indessen vorläufig bis nach Aushändigung der Statuten ausgesetzt wird".[71] Drei Tage später schrieb Kolping: „Nun sind endlich auch noch die Korporationsrechte angekommen. Sitzungen müssen auf Sitzungen gehalten werden, um die Sache zu ordnen, einzurichten und in Gang zu bringen."[72]

Unter dem Titel „Zur Geschichte des katholischen Gesellenhauses zu Köln" hat dann Kolping in der nächsten Nummer der „Rheinischen Volksblätter" mit folgender Einleitung die genehmigten Statuten veröffentlicht:

„Wie bereits in Nr. 24 der 'Rhein[ischen] Volksblätter' vom 14. Juni d[ieses] J[ahres] mitgeteilt worden, haben se[ine] Majestät, unser vielgeliebter König, bereits unter dem 29. April d[ieses] J[ahres] dem Gesellenhospitium zu Köln Korporationsrechte zu verleihen geruht, soweit es derselben zur Erwerbung von Grundeigentum und Kapitalien bedarf. Unter dem 12. November d[ieses] J[ahres] sind uns endlich die von dem Oberpräsidium genehmigten Statuten wieder zugestellt worden, und wir stehen nun nicht an, sie hiermit vollständig mitzuteilen, damit die Gönner, Freunde und Wohltäter des Vereins einsehen, nach welcher Ordnung das Vereinsvermögen verwaltet wird und welche legalen Bestimmungen zu berücksichtigen sind bei der Zuwendung von Legaten, Schenkungen, usw zum Besten der nunmehrigen wohltätigen Stiftung.

---

[66] KS, Bd. 2, S. 252-253.
[67] Vgl.: Protokollbuch, S. 40.
[68] Vgl.: Akte Koblenz, S. 310.
[69] Das Original mit Unterschrift befindet sich in: Landeshauptarchiv Koblenz (Anm. 64), S. 15-26.
[70] Brief vom 26. 11. 1856, in: KS, Bd. 2, S. 256.
[71] Protokollbuch, S. 41.
[72] Brief vom 5. 12. 1856, in: KS, Bd. 2, S. 257.

Zuvörderst ist zu bemerken, daß aus dem bisherigen Vorstande des Kölner Gesellenvereins sich ein eigener, selbständiger Verein gebildet hat, dem die Korporationsrechte sind verliehen worden und an den die wohltätigen Zuwendungen geschehen müssen. Gleich die Aufschrift mit dem ersten Paragraphen bezeichnet ihn genauer."[73] Es folgen die genehmigten Satzungen.[74]

Die königliche Regierung zu Köln brachte in ihrem Amtsblatt mit Datum vom 16. Dezember 1856 den Text der Kabinettsorder „zur öffentlichen Kenntnis".[75]

Das Protokollbuch teilt über die nächste Sitzung vom 16. Dezember 1856 folgendes mit:

„Auf der Tagesordung steht zunächst die Chargenwahl. Nach dem Statute – § 6 – steht an der Spitze des Vereins ein Präses, ein Vizepräses, ein Kassierer und Sekretär. Bei der Wahl wird der bisherige Präses Kolping einstimmig zum Präses gewählt und von diesem der Religionslehrer Chargé als Vizepräses ernannt, und nimmt H[err] Chargé dieses Mandat sehr gerne an. Zum Kassierer wird der H[err] Major [Clemens] Weyer einstimmig gewählt. Zum Sekretär wird der H[err] Müller ebenfalls einstimmig gewählt, und erklären die beiden Herren, dieses Mandat anzunehmen. Ferner sind statutgemäß noch drei Mitglieder des Vereins zu wählen, die mit den oben Genannten den Verwaltungsausschuß bilden. Auf den Vorschlag des Präses wird [!] H[err] Michels, H[err] [Anton] Brück und H[err] Meuser einstimmig in den Ausschuß gewählt, und erklären die beiden erstgenannten Herren die Annahme des Mandats; das nicht anwesende Mitglied Meuser soll zur Annahme des Mandats ersucht werden. Demnächst wird über die Wahl der in § 10 vorgesehenen Substituten entschieden. Dieselbe soll in dem Verwaltungsausschuß selbst vorgenommen werden, wie das Statut besagt, und werden die Namen der Substituten in der nächsten Versammlung mitgeteilt werden. ... Wegen Übertragung des Vereinsvermögens, welches bisher auf den Namen des H[errn] Präses angeschrieben steht, soll der Verwaltungsausschuß näher beraten und in der nächsten Versammlung das Resultat mitteilen."[76]

Über die interne Stellvertretung im Verwaltungsausschuß wurde am gleichen Tag noch entschieden.[77]

Damit alles seine formale Richtigkeit habe, steht im Protokollbuch über die Ausschußsitzung vom 23. Dezember 1856: „Der Herr Präses teilte den Anwesenden mit, daß der hiesigen Regierung eine Abschrift

---

[73] RV 3 (1856), Nr. 50 vom 13. 12., S. 794. Die „Aufschrift" lautet dort, S. 795: „Statuten für den katholischen Verein zu Schutz und Pflege lediger Handwerksgesellen zu Köln".
[74] Siehe unten, Anhang.
[75] Amtsblatt der Königlichen Regierung zu Köln 41 (1856), Nr. 55 vom 23. 12., S. 369.
[76] Protokollbuch, S. 42-44.
[77] Vgl.: a. a. O., S. 44.

des vorigen Protokolls, wonach der Ausschuß konstituiert worden sei, mitgeteilt werden müsse, und übernimmt es H[err] Müller, die Eingabe zu redigieren, und soll dieselbe den H[erren] Mitgliedern zur Unterschrift vorgelegt werden. Zur Aufnahme des Inventars der Anstalt werden die Herren Brück und Müller kommitiert, und erklären dieselben, das Resultat in der nächsten Sitzung mitzuteilen. Demnächst wird der Etat der Anstalt beraten, die laufenden Einnahmen und Ausgaben werden festgesetzt und das Defizit der Ausgaben durch extraordinäre Einnahmen ausgeglichen. Die Aufstellung des Etats wird dem Sekretär überlassen, und soll dem Kassierer Abschrift dieses von der Generalversammlung zu genehmigenden Etats mitgeteilt werden."[78]

Zum öffentlichen Bekunden der Dankbarkeit veranstaltete Kolping am 21. Dezember 1856 eine „Festfeier des hiesigen katholischen Gesellenvereins" mit Festzug und Festrede des Präses.[79] In dem Bericht darüber heißt es:

„Aber das Fest sollte ein Dankfest sein, und darum vor allem Dank unserem Herrgott im Himmel für allen Segen, Dank unseren Wohltätern, etlichen besonders, weil sie's reichlich verdient, Dank unseren Fürsprechern am königlichen Throne, der tiefste und lauteste Dank aber s[eine]r Majestät, unserem hochverehrten Könige und Herrn, für die uns erwiesene Huld und Gnade, die uns aus dem väterlichen Herzen und auf die wohlwollendste Art zuteil geworden trotz allen Bedenken, die man einwerfen mochte."[80]

Von den prominenten Teilnehmern wurden genannt: Kardinal von Geissel, der Stadtkommandant [Hermann] von Gansauge, der Oberpostdirektor [Karl] Waldeyer, „mehrere Regierungsräte und Stadträte - der Herr Regierungspräsident war durch Krankheit verhindert - und der Polizeidirektor [Geiger]."[81]

Statutgemäß wurde in der Ausschußsitzung vom 18. Januar 1857 ein Etatentwurf für das laufende Jahr erstellt.[82]

Fürst Radziwill schrieb am 28. Januar 1857 an Kolping: „Die Korporationsrechte haben lange auf sich warten lassen, ehe sie den Weg von dem vortrefflichen, echten und liebevollen Herzen des Königs, dem allein Sie sie zu verdanken haben, bis zu Ihnen gefunden!"[83]

Im Protokollbuch steht zum 23. Februar 1857 zu lesen: „Der Präses teilt den Anwesenden mit, daß er auf ausdrücklichen Wunsch des H[errn] Fürsten v[on] Radziwill im Laufe dieser Woche mit dem H[errn]

---

78 A. a. O., S. 45.
79 Programm in: RV 3 (1856), Nr. 51 vom 20. 12., S. 816.
80 RV 3 (1856), Nr. 52 vom 27. 12., S. 826 (verbesserte Paginierung).
81 A. a. O., S. 824 (verbesserte Paginierung). Vgl.: Brief von Olfers's an Kardinal von Geissel, zitiert in: Otto Pfülf (Anm. 48), S. 51.
82 Vgl.: Protokollbuch, S. 46.
83 Archiv der Deutschen Kolpingsfamilie, Köln, A 154, S. 2.

Michels nach Berlin reisen werde, um dem Könige im Namen des Vereins für die Verleihung der Korporationsrechte Dank zu erstatten."[84]

Diese Audienz bei Friedrich Wilhelm IV. fand am 26. Februar 1857 um 10 Uhr morgens statt. Fürst Radziwill stellte die beiden vor, und Kolpings Ansprache lautete:

„Der Verein zu Schutz und Pflege lediger Handwerksgesellen zu Köln hat den Präses desselben und das Mitglied P[eter] Michels beauftragt, seinen und besonders unseren tiefgefühltesten, herzlichsten Dank Eurer Majestät, unserem erhabenen Könige und Herrn, in ergebenster Untertanentreue für die huldreiche Gnade der Verleihung der Korporationsrechte an das dortige Gesellenhospitium darzubringen. Wir entledigen uns dieses Auftrages mit um so größerer Freude, als wir damit zugleich die erwünschte Gelegenheit gefunden, dem Drange des eigenen Herzens folgen zu können, Eurer Majestät mit den lebendigsten Gefühlen des Dankes auch die freudige Versicherung mündlich aussprechen zu können, daß, wie bisher wir redlich bestrebt waren, in der arbeitenden Jugend des Handwerks dem öffentlichen Gemeinwohl zu dienen, so auch in Zukunft mit erhöhterer Liebe und Freude an unserer Aufgabe mit allen uns zu Gebote stehenden Kräften zu arbeiten, der Kirche gehorsame Söhne, dem Staate treu ergebene Bürger und ergebene Untertanen Eurer Majestät heranzubilden, damit auch in dem Handwerkerstande ehrenhafte, treue Gesinnung wieder aufblühe zur Freude Eurer Majestät und zum Glück der Handwerker selber.

Als ich unseren Gesellen ankündigte, daß ich das Glück und die hohe Ehre haben werde, persönlich unseren Dank Ew. Majestät darbringen zu dürfen, haben sie wie ein Mann sich in freudigem Jubel erhoben und in dreimaligem Lebehoch Eure Majestät mit ihrem Herzen emporgehoben, Gottes Segen über unseren teuren König und Herrn herabflehend. Ich schätze mich glücklich, den Dank zwar armer, aber braver Söhne des Vaterlandes unserem Danke anschließen zu können, und bitte, diese aus dem tiefsten Herzen quillenden Gefühle mit jener Huld entgegennehmen zu wollen, mit der Eurer Majestät königliches Herz uns die unschätzbare Wohltat gewährt hat. Gott segne und erhalte Eure Majestät und das ganze königliche Haus!"[85]

In einem Bericht der „Rheinischen Volksblätter" über diese Audienz heißt es: „S[eine] Majestät erkundigten sich sodann über den Beginn und den Fortgang des guten Werkes sehr angelegentlich, empfahlen dem Präses ganz besonders noch die Fürsorge für dasselbe auch in Zukunft und unterhielten sich dann mit der Deputation noch eine Weile in jener leutseligen, herzlichen Weise, die ganz besonders das edle Herz unseres Landesvaters auszeichnet. Die Deputation hat von ihrer Mission die

---

[84] Protokollbuch, S. 48.

[85] Mitteilungen 1,2 (1872-1879), Sp. 547.

freudige Überzeugung mit heimgebracht, daß wir durch unsere Fürsorge für die jungen Handwerker auch das edle Herz unseres erhabenen Königs in demselben Maße erfreuen, als diese Fürsorge zum geistigen und leiblichen Wohl der uns Anvertrauten gedeiht."[86]

Somit schien alles in bester Ordnung zu sein.

4. Der Streit um den Träger der Korporationsrechte bis zur endgültigen Bestätigung der Statuten im Februar 1859

Während man im Köln feierte, zog ein neues Gewitter auf, diesmal von Berlin aus. Der Innenminister von Westphalen schrieb am 11. Dezember 1856 an den Oberpräsidenten der Rheinprovinz:

„Die von dem königlichen Oberpräsidium mittels gefälligen Berichts vom 12. November d[ieses] J[ahres] hierher eingereichten, mit der dortseitigen Genehmigung versehenen Statuten des Kölner katholischen Vereins zu Schutz und Pflege für ledigen Handwerksgesellen stehen insofern mit der durch meinen Erlaß vom 3. Mai d[ieses] J[ahres] mitgeteilten allerhöchsten Order vom 29. April c[urrentis anni] in Widerspruch, als vermöge der letzteren und dem von dem Verein gegründeten Gesellenhospitium als einer gemeinnützigen Anstalt Korporationsrechte, soweit es deren zum Erwerbe von Grundeigentum und Kapitalien bedarf, erteilt worden sind, während in den Statuten der Verein als Besitzer solcher Rechte, namentlich als Subjekt von Vermögensrechten und als Substrat einer korporativen Vertretung – § 4, 10, 11, 16, 17 –, sich hinstellt. Da die Statuten, abgesehen von dem Zusatzparagraphen, vor der Gewährung der Korporationsrechte von der Anstalt entworfen zu sein scheinen, so läßt sich zwar eine geflissentliche Nichtachtung des Inhalts der allerhöchsten Order vom 29. April c[urrentis anni] durch den Vereinsvorstand nicht annehmen; es hätte jedoch nicht der Genehmigung der Statuten Anstand genommen werden sollen, bis durch eine Umarbeitung derselben der oben gerügte Widerspruch derselben gegen die allerhöchste Order beseitigt gewesen wäre, und um so mehr, als durch meine Verfügung vom 3. Mai d[ieses] J[ahres] auf den wichtigen Umstand, daß die verliehenen Korporationsrechte nur eben dem Gesellenhospitium – der Anstalt – zustehen, der Verein aber nur als erlaubte Gesellschaft und, soweit er in Beziehung zu der Anstalt stehe, in Betracht komme, ausdrücklich aufmerksam gemacht worden ist.

Da dies die erforderliche Beachtung zu meinem Bedauern nicht gefunden hat, es aber keinesfalls Absicht ist, dem in Rede stehenden Verein als solchem Korporationsrechte zu bewilligen, so ersuche ich Ew. Hochwohlgeboren ergebenst, eine durchgehende Umarbeitung der Sta-

[86] RV 4 (1857), Nr. 10 vom 7. 3., S. 159.

tuten in dem zuvor angedeuteten Sinne behufs deren anderweitiger Prüfung und Genehmigung alsbald anzuordnen. Von den umgeänderten Statuten wünsche ich alsdann, ehe sie Ew. Hochwohlgeboren Genehmigung erhalten, Einsicht zu nehmen. Inzwischen wollen Ew. Hochwohlgeboren darüber wachen lassen, daß die korporativen Befugnisse, die der Verein in den Statuten sich mißverständlicherweise beigelegt hat, auch faktisch nicht von dem Verein als solchem, sondern lediglich von der Anstalt resp[ektive] namens derselben ausgeübt werden. Namentlich wird Sorge zu tragen sein, daß der Verein nicht öffentlich in Bekanntmachungen oder durch Aneignung des Besitzrechts an Grundstücken und Kapitalien als eine korporative Genossenschaft auftrete, und wird derartigen Übergriffen gemessen begegnet werden müssen."[87]

Der Oberpräsident suchte sich daraufhin in einem Schreiben vom 18. Dezember 1856 beim Innenminister zu rechtfertigen und schlug Wege zu einer gütlichen Einigung mit dem Verein zu Schutz und Pflege lediger Handwerksgesellen vor.[88]

An Regierungspräsident von Moeller schrieb von Kleist-Retzow am 23. Dezember 1856, nicht der Gesellenverein, sondern das Gesellenhospitium habe die Korporationsrechte verliehen bekommen.[89]

Dadurch wurde Kolping veranlaßt, in die „Rheinischen Volksblättern" folgende Notiz „Zur Berichtigung" zu setzen: „Der Unterzeichnete sieht sich veranlaßt zu erklären, daß nicht dem Gesellenverein zu Köln, sondern dem Gesellenhospitium Korporationsrechte ... allerhöchsten Ortes verliehen worden [sind]. Dieses Gesellenhospitium wird durch einen besonderen Verein 'zu Schutz und Pflege lediger Handwerksgesellen' nach genehmigten Statuten geleitet und verwaltet. ... Dies, um ... die wirkliche juristische Person namhaft zu machen, welche bereit ist, freundliche Gaben dem rechten Zwecke in gesetzlicher Form zuzuwenden.[90]

Der Innenminister ließ sich aber durch den Oberpräsidenten nicht beschwichtigen. In einem Schreiben vom 9. Januar 1857 forderte er mit Nachdruck die Umarbeitung des Statuts.[91]

Der Oberpräsident gab daraufhin diese Direktive an den Regierungspräsidenten nach Köln in einem Brief vom 24. Januar 1857 weiter, wobei auffällt, daß er den Gesellenverein mit dem Verein zu Schutz und Pflege lediger Handwerksgesellen verwechselte:

„Des Herrn Ministers des Innern Exzellenz hat mittels Reskripts vom 9. d[ieses] M[onats] entschieden, daß die von mir unter dem 12. November pr[aeteriti anni] genehmigten Statuten des dortigen katholischen

---

87 Akte Koblenz, S. 328-330.
88 Vgl.: a. a. O., S. 332-339.
89 Vgl.: a. a. O., S. 340-341.
90 RV 4 (1857), Nr. 4 vom 24. 1., S. 64.
91 Vgl.: Akte Koblenz, S. 350-366.

Gesellenvereins zur vollständigen Konstituierung der mit Korporationsrechten versehenen Anstalt des dortigen Gesellenhospitiums nicht genügen, daß vielmehr für ihre letztere im Sinne des Zirkularreskripts vom 26. Oktober 1855 Nr. IV ein besonderes Anstaltsstatut entworfen und gleichzeitig aus dem der staatlichen Genehmigung dann nicht weiter bedürfenden Statut des letztlich als erlaubte Privatgesellschaft zu betrachtenden Gesellenvereins alle diejenigen Bestimmungen, welche den Verein als Besitzer der nicht ihm, sondern lediglich der Anstalt verliehenen korporativen Rechte darzustellen geeignet erscheinen, fortzulassen seien. Indem ich ergebenst bemerke, daß das königliche Ministerium als solches mit der durch die allerhöchste Kabinettsorder vom 29. April pr[aeteriti anni] begründeten rechtlichen Stellung der Anstalt nicht zu vereinigende Bestimmungen, namentlich die Paragraphen 4, 10, 11, 16 und 17 der Vereinsstatuten, welche etwa der Ansicht des königlichen Ministerii zufolge die der Anstalt allerhöchst gewährten Korporationsrechte auf den Verein zu übertragen scheinen, bezeichnet hat, ersuche ich Ew. Hochwohlgeboren ergebenst, den Verein zur Entwerfung eines besonderen Anstaltsstatuts, womit denn eine entsprechende Umgestaltung seiner Vereinsstatuten notwendig verbunden sein wird, gefälligst zu veranlassen.

Ich bemerke dabei ausdrücklich, daß es nicht in der Absicht des königl[ichen] Ministerii liegt, eine Abänderung der Statuten insofern zu erheischen, als dieselben die Verbindung des Vereins mit dem Hospitium und die Verwaltung und Vertretung der Anstalt durch den Verein anordnen. In dieser Beziehung steht vielmehr nichts dem entgegen, daß die Bestimmungen der Statuten maßgebend für die Verfassung der Anstalt bleiben. Ebenso wird es aber den Wünschen und Absichten des königl[ichen] Ministerii entsprechen, wenn zu der mißverständlichen Auffassung, als liege den behufs Sicherung der korporativen Stellung der Anstalt und Ausführung der allerhöchsten Order vom 29. April pr[aeteriti anni] notwendigen besonderen Maßnahmen irgendein Mißtrauen gegen die Persönlichkeit und die konfessionelle Stellung der Vereinsmitglieder zugrunde, irgend Anlaß zu geben, sorgsam vermieden wird.

Dagegen ist schon jetzt als feststehend anzunehmen und dem Vereinsvorstande der ausdrücklichen Bestimmung des königl[ichen] Ministerii gemäß von vornherein in geeigneter Weise anzudeuten, daß die obigen bezüglich der Entwerfung besonderer Anstaltsstatuten resp[ektive] der Fortlassung des die Korporationsrechte der Anstalt scheinbar alterierenden Vereinsstatuts vom königl[ichen] Ministerium getroffenen Bestimmungen unbedingt ausgeführt werden müssen und deshalb, [wenn] der zunächst einzuschlagende Weg der Verständigung, welche ich durch persönliche Einwirkung möglichst zu fördern bitte, wider Erhoffen nicht zum Ziele führen sollte, der wenn auch unliebsame Weg der Nötigung von der Staatsregierung beschritten werden würde.

Ew. Hochwohlgeboren ersuche ich ergebenst, hiernach das Weitere gefälligst recht bald zu verfügen und die nun zu entwerfenden Anstaltsstatuten unter Beifügung des früher genehmigten Vereinsstatuts seinerzeit zur Bestätigung mir einzureichen."[92]

Die königliche Regierung zu Köln, Abteilung des Innern, wandte sich unter dem 21. Februar 1857 an den Oberpräsidenten: „Euer Hochwohlgeboren erwidern wir auf den an unseren Präsidenten gerichteten, von diesem an uns abgegebenen geehrten Erlaß vom 24. v[origen] M[onats] ..., daß, da die in das Anstaltsstatut aufzunehmenden Bestimmungen bereits in dem früher aufgestellten Statut des Vereins zu Schutz und Pflege lediger Handwerksgesellen im wesentlichen enthalten sind, es also nur darauf ankommt, diese Bestimmungen in die Form eines Anstaltsstatuts zu bringen, es zweckmäßig sein dürfte, dem Vereinsvorstande, wenn ihm die Entscheidung des Herrn Ministers des Innern bekanntgemacht wird, gleichzeitig den Entwurf eines Anstaltsstatuts mit der Aufforderung vorlegen zu lassen, dessen Vollziehung durch die Vereinsmitglieder herbeizuführen oder sich darüber zu erklären, was er gegen den Inhalt desselben zu erinnern habe. Wir haben zu dem Ende den Entwurf eines Anstaltsstatuts ausgearbeitet, welchen wir in der Anlage mit dem ganz gehorsamsten Ersuchen überreichen, uns zuvörderst gefälligst mitteilen zu wollen, ob Euer Hochwohlgeboren mit demselben einverstanden sind."[93]

Dieser Statutentwurf, der unten abgedruckt ist,[94] besteht aus zehn Paragraphen. Er lehnt sich stark an das genehmigte Statut an, läßt den „Verein zu Schutz und Pflege lediger Handwerksgesellen" bestehen und macht dessen Verwaltungsausschuß zum Vorstand des Gesellenhospitiums.

Der Oberpräsident leitete diesen Vorschlag am 21. März 1857 an den Innenminister weiter, ohne ihn befürworten zu können.[95]

Der Innenminister antwortete daraufhin in einem Schreiben vom 31. Mai 1857 an den Oberpräsidenten:

„Ew. Hochwohlgeboren erwidere ich auf den Bericht vom 21. März d[ieses] J[ahres], die Entwerfung eines Statuts für das katholische Gesellenhospitium zu Köln betreffend, unter Rückschluß der Anlagen derselben ergebenst, daß auch ich aus den von Ihnen hervorgehobenen Gründen den von der königl[ichen] Regierung zu Köln mit dem Bericht vom 21. Februar d[ieses] J[ahres] in Vorschlag gebrachten Statutentwurf für das gedachte Hospitium nicht für geeignet erachten kann, um der Annahme und Bestätigung anstelle des unterm 12. November pr[aeteriti anni] konfirmierten Statuts unterbreitet zu werden.

---

[92] A. a. O., S. 368-369.

[93] A. a. O., S. 370-371.

[94] Siehe unten, Anhang.

[95] Vgl.: Akte Koblenz, S. 376-382.

Das Bedürfnis geht lediglich dahin, daß ein ausschließlich das Hospitium betreffendes, die Verfassung desselben mit korporativer Selbständigkeit, also unabhängig von dem 'Verein zu Schutz und Pflege lediger Handwerksgesellen', regelndes Statut an die Stelle des am 12. November pr[aeteriti anni] bestätigten Statuts trete. Ich habe der besseren Anschaulichkeit wegen einen solchen Entwurf aufstellen lassen, welchen ich in der Anlage beifüge. Ew. Hochwohlgeboren ersuche ich ergebenst, nunmehr durch die königliche Regierung zu Köln Veranlassung zu treffen, daß die Stifter des in Rede stehenden Gesellenhospitiums zu Köln zur Annahme dieses Entwurfs anstelle der unterm 12. November pr[aeteriti anni] konfirmierten Statuten aufgefordert werden, und evtl. die Bestätigung desselben unter Zurückziehung jener früher erteilten Bestätigung einholen zu lassen. Sollten die Stifter zur Annahme sich nicht verstehen wollen, so wollen Ew. Hochwohlgeboren die Erklärung und die Gegengründe derselben mir gefälligst vorlegen."[96]

Dieser unten abgedruckte ministerielle Statutentwurf,[97] aus nur sieben Paragraphen bestehend, kennt den „Verein zu Schutz und Pflege lediger Handwerksgesellen" nicht mehr und ist konsequent darin, daß das Gesellenhospitium Träger der Korporationsrechte ist. Allerdings ist den Verfassern möglicherweise aus Unkenntnis der örtlichen Verhältnisse ein schwerer Fehler unterlaufen: Nicht mehr Kolping und seine Mitstreiter sollen als Vorstand des Gesellenhospitiums fungieren, sondern der Pfarrer von St. Gereon sowie je ein Vertreter des Kölner Erzbischofs und des Kölner Oberbürgermeisters, d. h. das Kuratorium, das nach den ursprünglichen Statuten im Falle der Auflösung des Hospitiums die Stiftungsverwaltung zu führen gehabt hätte.

Dieser Statutentwurf entfachte nun wieder einen „Papierkrieg" zwischen Köln, Koblenz und Berlin.[98] Nach einigem Hin und Her lautete am 14. Oktober 1857 die Antwort des Innenministers auf die gemachten Vorschläge an den Oberpräsidenten:

„Auf den gefälligen Bericht vom 26. September d[ieses] J[ahres], betreffend die von der königlichen Regierung zu Köln in dem anbei zurückfolgenden Bericht vom 23. Juni c[urrentis anni] in Antrag gebrachten Modifikationen des Statutentwurfs für das Gesellenhospitium in Köln, erwidere ich dem königlichen Oberpräsidium ergebenst, daß ich, was zunächst die Bestimmungen des § 3 des gedachten Entwurfs, die Zusammensetzung des Anstaltsvorstandes, anbelangt, mit den Vorschlägen des königlichen Oberpräsidii dahin einverstanden bin, daß der Vorstand aus dem jedesmaligen Pfarrer zu St. Gereon oder dessen gesetzli-

---

[96] A. a. O., S. 400-401.

[97] Siehe unten, Anhang.

[98] Brief des Oberpräsidenten an die königliche Regierung vom 11. 6. 1857, in: Akte Koblenz, S. 406-407; Antwort der königlichen Regierung vom 23. 6. 1857, in: a. a. O., S. 414-417; Brief des Oberpräsidenten an den Innenminister vom 26. 9. 1857, in: a. a. O., S. 418-420.

chem Stellvertreter und aus zwei Mitgliedern, von denen das eine von der Regierung zu Köln zu wählen, das andere der jedesmalige Bürgermeister von Köln resp[ektive] dessen gesetzlicher Stellvertreter sein würde, zu bilden sein wird. Wenn dabei jedoch gleichzeitig der Vorschlag dahin geht, dem Pfarrer zu St. Gereon resp[ektive] dessen Vertreter den Vorsitz ein für allemal zu übertragen, wie dies auch in dem diesseits aufgestellten Statutentwurf vom 31. Mai c[urrentis anni] beabsichtigt war, so macht sich das Bedenken geltend, ob die persönliche Beteiligung des Bürgermeisters an dem Vorstande sowohl in Rücksicht auf seine persönliche Stellung als auch eine ersprießliche Geschäftsführung nicht auch die Übertragung des Vorsitzes an ihn erheischen wird. Eine derartige Organisierung des Vorstandes wird sich, zumal sie den für kommunale Anstalten wohltätigen Zwecken in dortiger Provinz üblichen Verwaltungsformen analog sein würde, als die korrekteste empfehlen und wird deshalb principaliter den Stiftern des Hospitiums vorzuschlagen sein. Sollte indes von letzterer Seite ein entscheidendes, die Einigung gefährdendes Gewicht auf die Belassung des Vorsitzes bei dem geistlichen Vorstandsmitgliede gelegt werden, so wird die Regierung resp[ektive] das Oberpräsidium anderweit in Erwägung zu ziehen haben, ob es nicht, um den Bürgermeister dem vorsitzenden Geistlichen gegenüber nicht in eine unangemessene Stellung zu bringen, doch vorzuziehen sein möchte, das Statut dahin zu fassen, daß es dem Bürgermeister überlassen bleibe, statt seiner nur ein von ihm auf eine gewisse Zeitdauer designiertes Mitglied in den Vorstand eintreten zu lassen.

Eventuell sehe ich den bezüglichen weiteren Vorschlägen bei der künftigen Berichterstattung über das Ergebnis der mit den Stiftern des Hospitiums über die Annahme des modifizierten Statuts zu pflegenden Verhandlungen entgegen. Hinsichts der von der königlichen Regierung zu Köln zu § 4 des Statutentwurfs proponierten Änderung, die Übertragung der Feststellung des Etats, der Rechnungsabnahme und der Dechargeerteilung auf den Bürgermeister betreffend, schließe ich mich der Ansicht des königlichen Oberpräsidii an, daß ein Bedürfnis zu dieser Änderung nicht vorliegt.

Ebensowenig kann ich indessen auch einen zureichenden Grund für die Streichung der in den § 7 des Statutentwurfs aufgenommenen Bestimmung, daß über die anderweitige Verwendung des Stiftungsfonds und Aufhebung der Anstalt der Erzbischof von Köln zuvor gehört werden solle, finden, da dieser Vorbehalt keine erheblichen Inkonvenienzen hervorzurufen geeignet, wohl aber dazu angetan ist, die willige Annahme des modifizierten Statuts von seiten der Stifter des Hospitiums zu fördern. Dem § 7 wird daher die diesseits gegebene Fassung zu belassen sein.

Das königliche Oberpräsidium wolle hienach die königliche Regierung zu Köln mit entsprechendem Bescheid versehen.“[99]

Dieser Bescheid erfolgte am 21. Oktober 1857.[100] Die Weiterleitung des Vorschlages, der aus dem Gesellenhospitium eine städtische Einrichtung gemacht hätte, an den Vorstand des Gesellenvereins verursachte laut Protokoll der Vorstandssitzung vom 15. November 1857 zunächst in der Ausschußsitzung folgende Reaktion: „Der Präses referiert über eine Verfügung der königlichen Regierung dahier in betreff der Statuten des Gesellenhospitiums, welche letztere von dem H[errn] Minister des Innern entworfen und dem Verein zur Unterschrift übersandt worden sind. Über diese Angelegenheit soll der Beschluß der Generalversammlung eingeholt werden. H[err] Meuser übernimmt es, darüber vorher ein Memoire entwerfen zu lassen und bei der Versammlung vorzulegen.“[101]

In der Generalversammlung vom 24. November 1857 wurde folgender Beschluß gefaßt:

„Der Präses gibt sodann Nachricht über ein von der königlichen Regierung übersandtes Statut für das Gesellenhospitium, welches von den Mitgliedern [des Vereins] zu Schutz und Pflege lediger Handwerksgesellen unterzeichnet und demnächst mit dem bereits genehmigten Statut zurückgesandt werden soll. Er verliest das desfallsige Schreiben der k[öni]gl[ichen] Regierung und das Statut und eröffnet die Debatte. Der Herr Oberbürgermeister verliest zunächst ein an ihn gerichtetes Schreiben der k[öni]gl[ichen] Regierung, wonach ihm bereits als projektiertem Vorsitzenden nach dem Statut Abschrift dieses Statuts zur Kenntnisnahme mitgeteilt worden ist mit dem Bemerken, daß das Statut dem Verein zur Vollziehung vorgelegt werden und sodann [um] deren Bestätigung nachgesucht werden solle. Nach längeren Debatten wird beschlossen, gegen die Verfügung bei dem Herrn Oberpräsidenten zu rekurrieren und die Beibehaltung der bisherigen, genehmigten Statuten zu erbitten. Zu dem Ende soll ein engerer Ausschuß gebildet werden, welcher die Rekursschrift redigieren soll; der Ausschuß soll bestehen aus den Mitgliedern Meuser, Clavé und Müller und dem Präses.“[102]

Wie Kolping persönlich auf die neue Verfügung reagierte, liest sich so: „Nun haben wir wieder neuen Hader mit der Regierung über die Verwaltung des Gesellenhospitiums. Sie möchte mir gern noch einen besonderen Vorstand auf die Nase setzen; ich will ihn aber nicht. Du glaubst nicht, was die Leute einem zumuten. Das ist der Dank von der eigenen Regierung! Und doch möchte ich über die Geschichte lachen. [Ich] hab' keinen Dank von ihr gesucht und erwarte auch keinen.“[103]

---

[99] A. a. O., S. 424-426.
[100] Vgl.: a. a. O., S. 428.
[101] Protokollbuch, S. 53.
[102] A. a. O., S. 56-57.
[103] Brief vom 3. 12. 1857, in: KS, Bd. 2, S. 284-285.

Und an anderer Stelle: „Nun haben wir auch wieder einen neuen Krieg mit der Regierung ([von] Kleist-R[etzow] und Minister [von] Westphal[en]) wegen den Korporationsrechten, der jedenfalls noch unendlich viel Leid und Spektakel absetzt. Man will uns die bereits genehmigten Statuten wegnehmen und die Korporationsrechte abhängig machen von einem Statut, das mich faktisch vor die Türe setzt, die ganze Anstalt ruiniert, usw. So etwas ist doch in der Tat noch nicht dagewesen! Nun heißt es also, sich wehren. Wie, muß ich sehen."[104]

Im Protokollbuch ist über die Sitzung des Ausschusses vom 8. Dezember 1857 zu lesen: „Die Redaktion der Rekursschrift an den Polizeidirektor dahier wird besprochen und in der vorgelegten Fassung nach einigen Änderungen genehmigt."[105]

Auf eine „Erinnerungsverfügung" des Oberpräsidiums vom 14. Januar 1858 hin schreibt die königliche Regierung am 21. Januar 1858 nach Koblenz, „daß die Verhandlungen hierüber mit den Beteiligten noch nicht zum Abschluß gelangt sind".[106]

Im Protokollbuch lesen wir über die Sitzung der Generalversammlung vom 9. Februar 1858: „Demnächst wird über das Reskript der k[öni]gl[ichen] Regierung dahier hinsichtlich der übersandten Statuten für das Gesellenhospiz beraten und beschlossen, die bisherigen Statuten des Vereins zu Schutz p[raemissis] p[raemittendis][107] materiell beizubehalten, dagegen auf eine Änderung der Form, wenn solche beliebt werden sollte, einzugehen. Die etwa vorzunehmenden Änderungen werden beraten, und es soll der Regierung ein Entwurf des Statuts für das Hosp[itium] nebst einem Promemoria eingereicht werden."[108]

Und in der Ausschußsitzung vom 8. März 1858 ließ Kolping verlauten: „Sodann teilt er mit, daß die Polizeidirektion wiederholt auf Antwort auf die Verfügung der k[öni]gl[ichen] Regierung gedrungen habe. Die Sache soll in der binnen kurzem einzuberufenden Generalversammlung beraten und demnächst erledigt werden."[109]

In einem Brief schrieb Kolping am 9. März 1858 folgende drei Wörter: „In Berlin gutgegangen."[110] Was diese Worte bedeuten, wird im Verlauf der folgenden Verhandlungen deutlich: Kolping hat es offensichtlich wieder einmal über seine Berliner Mittelsmänner geschafft, Einfluß auf das Innenministerium auszuüben. Möglicherweise wurde dabei das folgende Vorgehen abgestimmt.

---

104 Brief vom 29. 12. 1857, in: a. a. O., S. 288.
105 Protokollbuch, S. 57.
106 Akte Koblenz, S. 440.
107 Mit Vorausschickung des Vorauszuschickenden; im Sinne von: usw.
108 Protokollbuch, S. 59.
109 A. a. O., S. 60.
110 KS, Bd. 2, S. 289-290.

Dieses Vorgehen zeigt sich möglicherweise schon im Protokollbuch beim Bericht über die Sitzung der Generalversammlung vom 21. März 1858: „Der Präses legt das Konzept der Rückantwort an die hiesige Polizeidirektion vor und referiert, daß zwei Wege dem Vereine offenstehen: der eine dahingehend, daß der gegenwärtige Bestand, das gegenwärtige Statut beizubehalten sei, der andere, wonach dieses Statut auf das Hospitium umgeschrieben und dieses umgeschriebene Statut der Behörde eingereicht werde. Nach längerer Beratung wird der zweite Weg beliebt und beschlossen, daß die Eingabe nach der zweiten Fassung, wonach das umgeschriebene Statut eingereicht werden solle, expediert werde. Der Beschluß erfolgte einstimmig; jedoch wurde die Ansicht ebenfalls einstimmig geltend gemacht, daß von dem Wesen des bisherigen Statuts und des bisherigen Bestandes nichts geändert werde.“[111]

Das Ergebnis war die Eingabe des Vereins zu Schutz und Pflege lediger Handwerksgesellen an den königlichen Polizeidirektor Geiger in Köln vom 26. März 1858. Als Antwort auf ein Schreiben vom 16. Januar 1858, das nicht erhalten ist, wird darin zunächst die Geschichte der Verweigerung und Verleihung der Korporationsrechte aus der Sicht der Betroffenen geschildert, wie sie schon oben zitiert worden ist. Zu der Immediateingabe vom 15. November 1855 heißt es dann:

„Dem Immediatgesuche waren die Statuten wieder beigelegt und in dem Gesuche selbst die Gründe angegeben, zu welchem Zwecke sich der Verein zu Schutz und Pflege lediger Handwerksgesellen gebildet, was er also als seine Aufgabe erachte. Die konnte keine andere sein, als die von ihm selbst gegründete, mit namhaften materiellen und geistigen Opfern sustentierte Anstalt gesetzlich zu leiten und ihr vorzustehen. Dieser Verein, organisiert und geregelt nach dem erwähnten Statut, hat also in seinem eigenen Namen und für seine im Statut deutlich ausgesprochenen Zwecke, die sich namentlich im Gesellenhospitium konzentrieren, [um] die Korporationsrechte nachgesucht, wie unbestreitbar aus den Akten und insbesondere aus dem genannten Immediatgesuche hervorgeht. Des Königs Majestät haben darauf durch allerhöchste Kabinettsorder, etc., Charlottenburg, den 29. April 1856, dem in Köln gegründeten Gesellenhospitium Korporationsrechte allergnädigst verliehen. Ein anderes Statut als das dem erwähnten Gesuche beigelegte ist weder von dem Verein zu Schutz und Pflege lediger Handwerksgesellen, dem natürlichen Vorstand des Gesellenhospitiums, noch von sonst jemandem für die Anstalt, welcher die Korporationsrechte verliehen, abverlangt worden. Also wurde damals faktisch der Verein zu Schutz und Pflege lediger Handwerksgesellen zugleich als der berechtigte Vorstand dieser von ihm selbst gegründeten Anstalt, des Gesellenhospitiums, angesehen und anerkannt.

[111] Protokollbuch, S. 61.

An diesen Verein ist deshalb auch die Zuschrift des Herrn Oberpräsidenten der Rheinprovinz vom 3. Juni 1856, worin ihm die Erteilung der Korporationsrechte an die Vereinsanstalt angezeigt wird, gerichtet; ihm wird gesagt, daß hinsichtlich der Statuten des Vereins dem Vorstande durch die hiesige königliche Regierung die erforderlichen Verfügungen zugehen würden; er wurde durch die königliche Regierung im Juli desselben Jahres veranlaßt, den Zusatzparagraphen 5 zu beschließen, die im Statute normierte Zahl der Mitglieder zu komplettieren; an ihn wurden endlich unterm 12. November 1856 die von dem Herrn Oberpräsidenten genehmigten Statuten ausgehändigt mit dem besonderen und bezeichnenden Beisatze, 'daß die Beaufsichtigung der Staatsbehörden in bezug auf den Unterricht und auf die im Gesellenhospitium zu betreibende Gast- und Schenkwirtschaft vorbehalten bleibt'. Schließlich ist dem Präses des Vereins ein Exemplar des Amtsblattes zugefertigt worden, worin die allerhöchste Kabinettsorder, die Korporationsrechte des Gesellenhospitiums betreffend, zur öffentlichen Kunde gebracht wird.

Der Verein zu Schutz und Pflege lediger Handwerksgesellen kann also nur sich als den gesetzlich bestehenden Vorstand des Gesellenhospitiums betrachten und weicht von dieser Überzeugung auch jetzt nicht ab. Er ist der Meinung, daß die Verfügung des Herrn Ministers Exzellenz, wonach dem mit Korporationsrechten versehenen Gesellenhospitium das Statut fehlen soll, weil das Statut des Vereins zu Schutz und Pflege lediger Handwerksgesellen nicht ausreiche resp[ektive] nicht direkt auf das Gesellenhospitium laute, dahin müsse verstanden werden, daß das Statut des Vereins mit der Anforderung des Herrn Ministers Exzellenz in Einklang zu bringen sei.

Da nun das anderweitig ausgearbeitete, uns zugesandte Statut die historische Entwicklung des Gesellenvereinswesens und namentlich den Bestand des Gesellenhospitiums nicht hinreichend berücksichtigt, so daß bei seiner Vollziehung es völlig unmöglich wäre, mit ihm das ganze Werk fortführen zu können – der ganze bisherige Vorstand wird nämlich ignoriert und ein Vorstand namhaft gemacht, der nichts mit der Anstalt zu tun gehabt hat und auch faktisch sich nicht damit befassen kann, der bisherige Vorstand sich auch durchaus nicht bewußt ist, irgendeinen Anlaß zur Klage gegeben zu haben, wonach er für unfähig erachtet werden dürfte, die Anstalt selbst zu leiten –, so sieht der gegenwärtige Vorstand keinen anderen Ausweg an, das Wohl der Anstalt zu mehren und zugleich den Anforderungen des hohen Ministeriums nach Kräften entgegenzukommen, als daß er salvo iure possidentis[112] das Statut des Vereins zu Schutz und Pflege lediger Handwerksgesellen, der – es muß wiederholt werden – nur zum Zwecke der Anstalt gebildet worden [ist], in das Statut des Gesellenhospitiums umschreibt und dasselbe anlie-

[112] Unbeschadet des Besitzrechtes.

gend mit der Bitte an die königliche Regierung gelangen läßt, ihm zu seiner weiteren Erwägung hochgeneigtest mitteilen zu wollen, ob ein in solcher Art aufzustellendes Statut des Hospitiums für angemessen erachtet werde.

Der Verein kann sich aber unmöglich verhehlen, daß durch eine Isolierung des Hospitiums von dem Vereine, wie solche auf diesem Wege eintreten würde, die für die dauernde Aufrechthaltung des ersteren erforderlichen Garantien in wesentlichem Maße geschwächt, wo nicht aufgehoben werden würden; denn das Hospitium als solches ist, wie der höheren Behörde nicht unbekannt, noch keineswegs als dergestalt in seinen Mitteln fundiert zu betrachten, daß dasselbe eines fortwährenden selbständigen Bestandes versichert sein kann. So wie allein der Verein es gewesen ist, der durch die Opfer und die Tätigkeit seiner Mitglieder das Hospitium, wie dasselbe jetzt vorhanden ist, ins Leben gerufen hat, so ist [!] auch er nur und die von seinen Mitgliedern über sich genommene Obsorge es allein, die gegenwärtig und für die weitere Zukunft die Mittel zu beschaffen hat, durch welche das Hospitium aufrechterhalten werden muß.

Daher kann der Verein nicht umhin, zunächst der Ansicht zu sein, daß es bei der jetzigen Verfassung des Vereins selbst sowohl als des innerhalb seiner staatlich anerkannten Wirkungssphäre erwachsenen Hospitiums lediglich belassen werden müsse und daß es in der Tat an einem zureichenden Beweggrunde fehle, eine Veränderung anzubahnen, die auf jeden Fall eine wesentliche Lücke in die getroffenen und heilsam wirkenden Einrichtungen hervorbringen müßte. Der Verein bittet daher auch zunächst und vorzugsweise, daß die höheren Behörden von diesem Standpunkte aus geneigt sein mögen, die vorliegende Angelegenheit einer erneuerten wohlwollenden Erwägung zu unterwerfen und demnächst von den in Frage gekommenen Änderungen abzustehen.

Ew. Hochwohlgeboren gefällige Vermittlung beehren wir uns ganz ergebenst in Anspruch zu nehmen, damit diese unsere Auffassung zur Kenntnis und geneigten Berücksichtigung der königlichen Regierung und des Herrn Ministers Exzellenz gelangen möge. Das uns übersandte Statut reichen wir ganz ergebenst zurück."[113]

Der beigefügte Statutentwurf ist im Anhang abgedruckt.

Unabhängig von dem Ergebnis der Verhandlungen veranstaltete Kolping am 30. Mai 1858 eine große Stiftungsfeier des Kölner Katholischen Gesellenvereins. Im Bericht darüber heißt es:

„Das hochwürdige Domkapitel war vertreten, auch der Stadtrat. Der funktionierende Stadtkommandant [von Gansauge] beehrte auch die Versammlung."[114]

---

[113] Akte Koblenz, S. 511-517.
[114] RV 5 (1858), Nr. 23 vom 5. 6., S. 365.

Kolping sagte in seiner Festansprache u. a.:

„Es gibt Leute in der Welt, die bei dem Namen des Kath[olischen] Gesellenvereins, dessen Haupt ein kath[olischer] Geistlicher sein muß, mit einer Art geheimen Schauers den Kopf schütteln. Den Gesellenverein lassen sie sich gefallen, auch, daß er Schreiben und Rechnen lehrt, Zeichnen, etc., etc. Sie loben ihn, wenn er lustig und froh ist, wenn er spart, besonders auch, wenn er seine eigenen Kranken pflegt. Aber wenn er zur Kirche geht, seinen Glauben betont, dann können sie sich finsterer Ahnungen gar nicht erwehren. Der kath[olische] Geistliche ist ihnen in einem Handwerksgesellenverein eine kaum begreifliche, eigentlich unerträgliche Figur. Ich könnte aus meiner nächsten Erfahrung fast ergötzliche Geschichten erzählen. ... Meine Herren! Die Religion ist das eigentliche Leben selbst. Wer will das leugnen? Wenn sie es ist, dann muß sie auch in diesem Leben äußerlich sich gestalten.“[115]

Die königliche Regierung sandte am 26. April 1858 die Eingabe des Gesellenvereinsvorstandes nach Koblenz weiter mit der Bemerkung: „Unseres Erachtens ist der von dem Verein vorgelegte Statutentwurf zur Genehmigung nicht geeignet; denn nach diesem Entwurf soll der Vorstand des Hospitiums aus den seitherigen Mitgliedern des Vereins gebildet werden, so daß also die Verwaltung und Vertretung des Hospitiums in Wirklichkeit dem Verein verbleibt, während nach der Bestimmung des Herrn Ministers des Innern eine von dem Verein unabhängige Anstalt mit korporativer Selbständigkeit gegründet werden soll.“[116]

Der Innenminister erkundigte sich am 27. April 1858 beim Oberpräsidenten „um gefällige Mitteilung, in welcher Lage die gedachte Angelegenheit sich zur Zeit befindet“.[117] Auf die Antwort des Oberpräsidenten vom 5. Mai 1858[118] antwortete der Minister am 12. Juni 1858:

„Wenn der ‘Verein zu Schutz und Pflege lediger Handwerksgesellen’ in Köln am Schluß der anliegenden Vorstellung vom 26. März c[urrentis anni] es als seinen prinzipalen Wunsch bezeichnet, daß es bei der bisherigen Verfassung des Vereins selbst und des von ihm gegründeten Hospitiums lediglich belassen werden möge, so kann dieser Antrag aus den schon in meinem Erlasse vom 11. Dezember 1856 und 9. Januar pr[aeteriti anni] zur Genüge entwickelten Gründen auch jetzt nur einfach zurückgewiesen werden.

---

[115] KS, Bd. 4, S. 339-340. Steinke, S. 154, schreibt über diese Veranstaltung: „Der Bericht in den Rheinischen Volksblättern bekundet deutlich, daß Gesellenverein und Gesellenhaus in Köln sich durchgesetzt haben und in hohem öffentlichen Ansehen stehen.“ Wenn der Autor, ebd., aber meint, mit diesem Fest seien die Auseinandersetzungen um die Korporationsrechte beendet gewesen, so irrt er.

[116] Akte Koblenz, S. 451-452.

[117] A. a. O., S. 454.

[118] Vgl.: a. a. O., S. 456-458.

In Voraussicht dessen hat der Verein jedoch eventuell, um einerseits das Wohl der Anstalt und sein Anrecht an deren Fortführung zu wahren, andererseits den staatlichen Anforderungen tunlichst entgegenzukommen, sich zu dem Auswege bereit finden lassen, das bisher für den Verein entworfene und unterm 12. November 1856 von Ew. Hochwohlgeboren bestätigte Statut in das Statut des Gesellenhospitiums umzuschreiben und einen hierzu ausgearbeiteten Entwurf der königlichen Regierung zur Prüfung vorzulegen.

In diesem Statutentwurf wird, wie es die in dieser Angelegenheit bisher von hier erlassenen Anordnungen gefordert haben, das Hospitium für sich allein als Träger der allerhöchst bewilligten Korporationsrechte, als selbständiges Subjekt des Anstaltsvermögens, hingestellt; der 'Verein zu Schutz und Pflege lediger Handwerksgesellen' erscheint darin nicht mehr als notwendige Basis der Anstalt, die Repräsentation der letzteren nach außen und ihre Verwaltung nach innen nicht mehr durch eine von der Anstalt unabhängige Organisation des Vereins bedingt. Vielmehr ist der Verein in den Organismus des Instituts gar nicht aufgenommen, sondern nur faktisch zurzeit in den aus einzelnen namentlich benannten Vereinsmitgliedern gebildeten Vereinsvorstand – § 2 – gänzlich aufgegangen und hat eine Existenz und Wirksamkeit außerhalb des statutmäßigen Organismus der Anstalt, also auch außerhalb der die letztere umfassenden staatlichen Aufsicht, nicht behalten. Der Vorstand ergänzt sich durch Kooptation – § 4 –, aus ihm geht [!] der Präses, der Vizepräses, der Kassierer und Sekretär – § 3 –, ebenso der die innere Verwaltung der Anstalt führende Verwaltungsausschuß – § 5 – durch Wahl hervor, und auch die Vertretung der Anstalt nach außen, welche – § 7 – in die Hand des Präses resp[ektive] Vizepräses, des Sekretärs und Kassierers, evtl. eines zu substituierenden Vorstandsmitgliedes, gelegt ist, ruht auf derselben Grundlage.

Die wesentlichsten Bedenken, welche gegen das frühere Statut bestanden haben, sind durch diese Umarbeitung erledigt. Wenn Ew. Hochwohlgeboren im Einverständnis mit der königlichen Regierung zu Köln dagegen bemerken, daß auch dieser Statutentwurf den diesseits in den vorangegangenen Erlassen aufgestellten Gesichtspunkten nicht entspreche, weil danach die Verwaltung und Vertretung des Hospitiums in Wirklichkeit doch dem Verein verbleibe und nicht einem von dem Verein gänzlich abgelösten Vorstande unterstellt werde, so ist dies doch nur insofern zutreffend, als die bisherigen Mitglieder des Vereins materiell ihren Einfluß auf die fernere Leitung der Anstalt behalten. Sowenig ihnen aber als den Gründern, Dotierern und ferneren Erhaltern der Anstalt dieser Einfluß jetzt, nachdem sie in die völlige statutenmäßige Ausschließung des Vereins von dem Organismus der Anstalt gewilligt, überhaupt mit Fug noch streitig gemacht werden kann, so ist auch andererseits das Bedenkliche dieses Einflusses nunmehr im wesentlichen dadurch beseitigt, daß der Verein in Beziehung auf die Anstalt eine formelle Existenz als solche überhaupt nicht mehr hat und daß die materielle Tätigkeit der Vereinsmitglieder qua Vorstand der Anstalt jetzt vollständig innerhalb der statutenmäßigen Verwaltung der Anstalt und des staatlichen Aufsichtsrechtes liegt.

Das in den früheren diesseitigen Erlassen vorgezeichnete Ziel, die Selbständigkeit der Anstalt als Subjekt der Korporationsrechte, nicht beeinflußt durch außerhalb ihrer statutenmäßigen Organisation stehende und der staatlichen Kontrolle entzogene Potenz, erscheint somit genügend gesichert, und ich nehme daher keinen Anstand weiter, mit dem umgearbeiteten Statut mich im allgemeinen einverstanden zu erklären und Ew. Hochwohlgeboren zu ermächtigen, nach Abänderung der etwa der Emendation noch bedürftig erscheinenden Einzelbestimmungen desselben diesem Statute unter Aufhebung des älteren Ihre ressortmäßige Bestätigung zu erteilen.

Ich glaube um so mehr, mich hierbei Ew. Hochwohlgeboren Einverständnisses bei nochmaliger gefälliger Erwägung der Sache versichert halten zu können, als der hiernach einzuschlagende Weg im wesentlichen mit dem ursprünglich von Ew. Hochwohlgeboren in dem gefälligen Berichte vom 18. Dezember 1856 empfohlenen, 'dem Hospitium eine eigene Verwaltung und Vertretung nach Beschlußnahme der jetzigen Vertretung, aber übrigens unabhängig von einem außerhalb der Anstalt stehenden Vereine zu geben', zusammenfällt.

Welche Einzelbestimmungen des Statuts etwa einer angemesseneren Fassung noch zu unterwerfen sind, überlasse ich dem Ermessen Ew. Hochwohlgeboren resp[ektive] der königlichen Regierung zu Köln, wünsche jedoch dabei festgehalten zu sehen, daß die Hauptgrundsätze des Statuts nunmehr intakt bleiben und der definitiven Vereinbarung über dasselbe keine anderen Bedenken, als welche unumgänglich geboten erscheinen sollten, weiter entgegengestellt werden. Als der Modifikation bedürfende Punkte würden danach etwa folgende in Betracht zu ziehen sein:

1.) Da die Vertreter des Vereins nach außen – § 7 – durch Vorstandswahlen berufen werden und ebenso die künftige Ergänzung des Vorstandes selbst durch Wahlen des Vorstandes erfolgt – § 4 –, so ist zur Feststellung der Legitimation jener Vertreter in Fällen, wo dieselbe streitig werden sollte, das Zurückgehen auf die Vorstandswahlen beider Kategorien und folglich eine öffentliche Beglaubigung dieser Wahlakte unentbehrlich. Es wird daher noch festgestellt werden müssen, daß alle Wahlakte, aus welchen die in den § 3, 5, 7 bezeichneten Organe des Gesellenhospitiums oder neue Vorstandsmitglieder – § 4 – hervorgehen sollen, notariell aufgenommen werden.

2.) Die Dauer der Funktion des Präses – § 3 – wird alternativ auf Lebenszeit oder auf die Dauer seines Aufenthaltes resp[ektive] seiner geistlichen Amtstätigkeit in Köln zu bestimmen sein.

Ob sich der Vorstand der Zustimmung des Erzbischofs von Köln zur Wahl des Präses versichern will, bleibt ihm überlassen; die Bestätigung dieser Wahl durch den Erzbischof aber in den Statuten ausdrücklich vorzuschreiben, erachte ich weder für richtig noch für ratsam. Es handelt sich hier um kein kirchliches Institut; und so hoch ich auf die Wirksamkeit des religiösen Elements für dessen Erfolge anschlage, so darf ihm doch nicht, was jedenfalls dem Schein nach geschehen würde, durch die Notwendigkeit jener Bestätigung der Charakter eines kirchlichen Instituts aufgedrückt werden. Die Worte: 'und vom zeitigen Erzbischofe von Köln bestätigt', in § 3 sind daher zu streichen.

3.) Wenn – nach § 8 – der Ausschuß nicht befugt sein soll, ohne Beschluß des Vorstandes Immobilien anzukaufen oder zu verkaufen, noch, Darlehen aufzunehmen, so wird, um der in § 7 verordneten Vertretung nach außen ihre Wirksamkeit ohne jedesmaliges Zurückgehen auf die betreffenden Vorstandsbeschlüsse zu sichern, falls nicht eine formell glaubwürdige Ausfertigung derartiger Beschlüsse bei Eingehung der betreffenden Rechtsgeschäfte mit vorgelegt werden soll, ein deklarierender Zusatz dahin aufzunehmen sein, daß wegen Übertretungen der durch diese Vorstandsbeschlüsse gezogenen Grenzen die in § 7 genannten Vertreter des Vereins nur nach innen, der Anstalt gegenüber, verantwortlich sind, ohne daß die Rechtsverbindlichkeit der von ihnen mit dritten Personen namens der Anstalt abgeschlossenen Rechtsgeschäfte dadurch beeinträchtigt wird.

4.) Zu § 9, 11, 12 bedarf es noch konformer Bestimmungen über die Formen und Fristen, unter welchen die betreffenden Vorstandsversammlungen, sei es mittels öffentlicher Bekanntmachung, sei es mittels persönlicher Einladung, anzuberaumen sind.

5.) Zu den Statutänderungen – § 11 – ist die Genehmigung des königlichen Oberpräsidiums vorzubehalten.

6.) In § 12 muß der zweite Satz: 'Ist die Hälfte der Mitglieder mit der Auflösung nicht einverstanden', noch näher dahin erläutert werden, ob die Hälfte der in der Versammlung erschienenen oder die Hälfte aller überhaupt vorhandenen Vorstandsmitglieder gemeint ist. Wenn ferner im vorletzten Satze dieses Paragraphen verlangt wird, daß in der letzten Sitzung alle Vorstandsmitglieder vertreten sein oder doch ihre Stimmen schriftlich abgegeben haben müssen, so würde es damit in die Hand irgendeines einzelnen Mitgliedes gelegt sein, durch sein Ausbleiben jeden Auflösungsbeschluß zu hintertreiben; dies ist aber offenbar nicht die Absicht, und wird daher der betreffende Satz besser etwa dahin zu halten sein: 'Erst in der letzten dieser Sitzungen, wozu alle Mitglieder besonders brieflich eingeladen sein müssen, kann die Auflösung definitiv beschlossen werden, wozu es jedoch des ausdrücklich erklärten Einverständnisses von mindestens drei Vierteilen aller Vorstandsmitglieder bedarf.'

7.) Am Schluß des § 13 wird endlich folgende Bestimmung noch hinzuzufügen sein: 'Die näheren Modalitäten hinsichts der alsdann eintretenden anderweitigen Organisation der Anstalt bleibt jedoch für solchen Fall Gegenstand besonderer, durch den Oberpräsidenten der Provinz zu bestätigender Festsetzung.'

Über die hiernach zu bewirkende endgültige Feststellung und Bestätigung des Statuts sehe ich seinerzeit Ew. Hochwohlgeboren gefälligen Anzeige ergebenst entgegen.«[119]

Der Oberpräsident gab diese Verfügung mit Schreiben vom 23. Juni 1858 an die königliche Regierung weiter.[120] Diese antwortete darauf aber folgendermaßen in einem Brief vom 7. Juli 1858 an den Oberpräsidenten:

„Der Herr Minister des Innern hat in dem mittels Verfügung vom 23. v[origen] M[onats] uns mitgeteilten Erlaß vom 12. v[origen] M[onats] in betreff der Aufstellung des Statuts für das hier errichtete Gesellenhospitium dahin entschieden, daß der von dem Verein zu Schutz und Pflege lediger Handwerksgesellen vorgelegte Entwurf in seinen Grundzügen beizubehalten und eine Abänderung desselben nur in einigen Nebenpunkten herbeizuführen sei.

Bevor wir den Verein von dieser Entscheidung in Kenntnis setzen, erlauben wir uns, nachstehend unsere Bedenken dagegen ganz gehorsamst vorzutragen:

Euer Hochwohlgeboren hatten mittels Verfügung vom 11. Juni v[origen] J[ahres] Nr. 4702 uns mitgeteilt, wie der Herr Minister des Innern sich dahin ausgesprochen habe, daß das Bedürfnis lediglich dahin gehe, ein ausschließlich das Hospitium betreffendes, die Ausstattung desselben mit korporativer Selbständigkeit, also unabhängig von dem Verein zu Schutz und Pflege lediger Handwerksgesellen, regelndes Statut aufzustellen. Es wurde mit der gedachten Verfügung ein von dem Herrn Minister selbst aufgestellter Entwurf uns mit der Anweisung zugefertigt, die Stifter des Gesellenhospitiums zur Annahme dieses Entwurfs anstelle der unterm 12. November 1856 konfirmierten Statuten aufzufordern.

Nachdem wir demgemäß eine Aufforderung zur Annahme des gedachten Entwurfs an die Stifter des Gesellenhospitiums hatten ergehen lassen, haben sie die Annahme abgelehnt und einen anderen Entwurf vorgelegt, der, wie wir bereits in unserem Berichte vom 26. April d[ieses] J[ahres] bemerkt hatten, dem von dem Herrn Minister ausgesprochenen Grundsatz, daß eine von dem Verein zu Schutz und Pflege lediger Handwerksgesellen unabhängige Anstalt mit korporativer Selbständig-

[119] A. a. O., S. 460-470.
[120] Vgl.: a. a. O., S. 472.

keit gegründet werden soll, in keiner Weise entspricht. Denn nach § 1 des gedachten Entwurfs soll der Vorstand des Hospitiums aus denselben Personen bestehen, welche gegenwärtig den Verein bilden. Es verbleibt also in Verwaltung und Vertretung des Hospitiums in Wirklichkeit bei dem Vereine, während der vorgelegte Statutentwurf nur seiner Hoffnung nach als ein Anstaltsstatut sich darstellt.

Würde nunmehr dieser Entwurf nach dem Antrage des Vereinsvorstandes bei Aufstellung des Statuts für das Gesellenhospitium zum Grunde gelegt und dagegen der ministerielle Entwurf beseitigt werden, so würde darin eine Schwäche der Behörden gefunden werden, welche sicher zum Nachteil der Regierung ausgebeutet werden wird. Wenngleich der Verein nach dem Inhalt seiner Statuten nur löbliche Zwecke verfolgt und er seither auch durchaus in den Grenzen des Gesetzes sich gehalten hat, so läßt sich doch nicht verkennen, daß er in Zeiten der Aufregung gefährlich werden kann. Die Personen, welche gegenwärtig an der Spitze stehen, werden alsdann beseitigt und durch feindlich gesinnte Lenker ersetzt werden, welche der Regierung um so größere Schwierigkeiten bereiten werden, als der aus einer großen Zahl von Handwerksgesellen bestehende Gesellenverein als blindes Werkzeug zu Demonstrationen etc. von ihnen mißbraucht werden wird.

Es liegen viele Andeutungen darüber vor, daß der Gesellenverein eine Schöpfung derjenigen Partei in der katholischen Kirche ist, welche je eher, je lieber aufhören möchte, unter preußischem Zepter zu stehen. Diese Partei durch Nachgiebigkeit gegen ihre Forderungen zu stärken, liegt gewiß nicht im Interesse des preußischen Staates.

Wir halten uns unter diesen Umständen für verpflichtet, uns aufs entschiedenste dagegen auszusprechen, daß bei der Aufstellung des Statuts für das Gesellenhospitium der von dem Vorstande des Vereins zu Schutz und Pflege lediger Handwerksgesellen vorgelegte Entwurf zum Grunde gelegt wird, und bitten ganz gehorsamst, Euer Hochwohlgeboren wollen bei dem Herrn Minister des Innern mit Nachdruck für die Beibehaltung des mittels Verfügung vom 11. Juni v[origen] J[ahres] uns mitgeteilten ministeriellen Entwurfs sich hochgeneigtest verwenden."[121]

Dieser Einwand stieß aber beim Oberpräsidenten auf taube Ohren,[122] und die königliche Regierung beeilte sich im Schreiben vom 26. Juli 1858 an diesen, auf seine Forderungen einzugehen. Nachdem zu einzelnen Paragraphen des jetzt auch von der Kölner Regierung als Grundlage angesehenen Statutentwurfs des Gesellenvereinsvorstandes Vorschläge gemacht worden sind, heißt es weiter:

„Indem wir die Erklärung des Vereins zu Schutz und Pflege lediger Handwerksgesellen vom 26. März d[ieses] J[ahres] nebst einem Sta-

---

[121] A. a. O., S. 474-479.

[122] Brief vom 14. 7. 1858, in: a. a. O., S. 480-481.

tutentwurfe zurückgeben, erlauben wir uns schließlich, ehrerbietigst zu bemerken, daß wir auf eine weitere Berücksichtigung der in unserem Berichte vom 7. d[ieses] M[onats] vorgetragenen Einwendungen gegen die Anordnungen des Erlasses des Herrn Ministers des Innern vom 12. Juni d[ieses] J[ahres] kein Gewicht legen, wenn mit der Anerkennung der Mitglieder des Vereins zu Schutz und Pflege lediger Handwerksgesellen als Vorstand des Gesellenhospitiums jener Verein sich auflöst und ganz aufhört. Diese Auflösung scheint übrigens selbst der Absicht des Vereins zu entsprechen, da er nach seiner anliegenden Erklärung vom 26. März d[ieses] J[ahres] sich lediglich zu dem Zwecke gebildet hat, um als Vorstand des von ihm gegründeten Gesellenhospitiums [um] die Erlangung von Korporationsrechten für dieses nachsuchen und erwirken zu können, und mit seiner Anerkennung als Vorstand des Hospitiums, dem nunmehr bereits Korporationsrechte verliehen sind, der Zweck des Vereins erfüllt ist."[123]

Plötzlich war die Sache auch für die Kölner Regierung ganz einfach. Es folgte noch eine ausgedehnte Korrespondenz über die Formulierung einzelner Paragraphen.[124]

Das Ergebnis liest sich folgendermaßen im Protokollbuch über die Sitzung der Generalversammlung vom 10. Dezember 1858, die sich umbenannt hatte in: „Generalversammlung des Vorstandes des Gesellenhospitiums": „Der Präses verliest ein Schreiben des Herrn Polizeipräsidenten, wonach laut einer Verfügung der königlichen Regierung das von derselben umgeänderte Statut des Gesellenhospitiums von dem Vorstande vollzogen und die Genehmigung des H[errn] Erzbischofs zu den in § 13 des Statuts dem jedesmaligen Pfarrer von St. Gereon übertragenen Funktionen eingeholt werden soll. Das vorgelegte Statut wird von dem Präses vorgelesen und von den anwesenden Mitgliedern vollzogen. Das Statut soll, nachdem die erwähnte Genehmigung des Herrn Erzbischofs eingegangen, dem Polizeipräsidenten eingereicht werden. Es wird hierbei bemerkt, daß das im § 2 des Statuts bezeichnete Mitglied des Vorstandes, Effenberger, wegen Domizilveränderung aus dem Vorstande ausgeschieden ist, und soll die Neuwahl eines Mitgliedes nach erfolgter Genehmigung der Statuten sofort vorgenommen werden."[125]

---

[123] A. a. O., S. 486-487.

[124] Brief des Oberpräsidenten an die Kölner Regierung vom 4. 8. 1858, in: a. a. O., S. 488-492; Brief des Innenministers an den Oberpräsidenten vom 31. 8. 1858, in: a. a. O., S. 494-497; Brief des Oberpräsidenten an die königliche Regierung vom 6. 9. 1858, in: a. a. O., S. 498; Brief der königlichen Regierung an den Oberpräsidenten vom 30. 9. 1858, in: a. a. O., S. 506-507; Brief des Innenministers an die königliche Regierung vom 13. 10. 1858, in: a. a. O., S. 530-531; Brief des Oberpräsidenten an den neuen Innenminister Eduard Heinrich von Flottwell vom 23. 10. 1858, in: a. a. O., S. 526-528; Brief des Innenministers an den Oberpräsidenten vom 13. 11. 1858, in: a. a. O., S. 530-531; Brief des Oberpräsidenten an die königliche Regierung vom 19. 11. 1858, in: a. a. O., S. 534-535.

[125] Protokollbuch, S. 69-70.

Der Kölner Erzbischof gab schriftlich sein Einverständnis dafür, daß der Pfarrer von St. Gereon im Falle der Auflösung nach § 13 der Statuten Kuratoriumsvorsteher sein soll.[126] Daraufhin bat die königliche Regierung den Oberpräsidenten im Schreiben vom 26. Januar 1859 um die Bestätigung der unterschriebenen Statuten.[127] Diese erfolgte am 11. Februar 1859 durch den neuen Oberpräsidenten der Rheinprovinz, von Pommer-Esche, wie im Anhang nachzulesen ist.

Damit alles seine Ordnung hatte, mußte der Vorstand des Gesellenhospitiums am 14. März 1859 zusammentreten. Wie schon am 16. Dezember 1856 wurden Kolping zum Präses und die übrigen Verwaltungsausschußmitglieder sowie ein zusätzliches Vorstandsmitglied gewählt, und es wurden erste Überlegungen angestellt, wie das auf den Namen Kolping stehende Vermögen formell Vermögen des Hospitiums werden könne.[128]

Im Protokoll über die Ausschußsitzung vom 28. März 1859 heißt es: „Es wird sodann das Begleitschreiben der alten Statuten, welche heute an die königl[iche] Regierung zurückgesandt werden, verlesen und vom Ausschusse genehmigt und unterzeichnet.“[129]

In den „Rheinischen Volksblättern“ veröffentlichte daraufhin Kolping die Statuten mit folgenden Bemerkungen:

„In Nr. 50 dieser Blätter vom Jahre 1856 sind die Statuten für den ‘kath[olischen] Verein zu Schutz und Pflege lediger Handwerksgesellen zu Köln’ mitgeteilt, wie sie damals durch das Oberpräsidium der Rheinprovinz bestätigt worden. Da aber durch die allerhöchste Kabinettsorder vom 29. April desselben Jahres die Korporationsrechte dem katholischen Gesellenhospitium zu Köln namentlich erteilt worden, als dessen natürlicher und berechtigter Vorstand sich obengedachter Verein zu betrachten für befugt erachtete, das hohe Staatsministerium hingegen geglaubt hat, es müsse der Vorstand des kath[olischen] Gesellenhospitiums auch in seiner Benennung der allerhöchsten Kabinettsorder entsprechen, sind vielfache Verhandlungen gepflogen worden, als deren Ergebnis die nachstehenden, nunmehr bestätigten Statuten zu betrachten sind.[130]

Bei näherer Vergleichung wird man finden, daß nur die Benennung des Vorstandes in Einklang mit der Benennung der mit Korporationsrechten versehenen Anstalt gebracht worden, wesentliche Veränderungen des Statutes gar nicht stattgefunden haben. Der Verein zu Schutz und

---

126 Brief von Kardinal von Geissel vom 7. 1. 1859, in: Landeshauptarchiv Koblenz (Anm. 64), S. 3.

127 Vgl.: a. a. O., S. 1-2.

128 Vgl.: Protokollbuch, S. 72-73.

129 A. a. O., S. 74.

130 Die hier vorgestellten langfristigen Verhandlungen verkürzen sich in der Sicht von Kracht, S. 187-188, auf einen Satz, der zudem zumindest unklar formuliert ist: „Nach der Erteilung der Rechte mußte dann wegen der namentlich geänderten Trägerschaft des Hauses auch eine neue Satzung beschlossen werden.“

Pflege lediger Handwerksgesellen zu Köln ist damit selbstverständlich aufgelöst, die denselben bildenden Personen sind nun der 'Vorstand des Gesellenhospitiums zu Köln'. Wir machen das 'wohltätige' Publikum zugleich darauf aufmerksam, daß es in seinen gütigen Zuwendungen und Vermächtnissen nicht übersehen möge, daß das 'katholische Gesellenhospitium zu Köln' gesetzlich befugt ist, Vermächtnisse und wohltätige Gaben anzunehmen. Die Zuwendungen müssen also der wohltätigen Anstalt, nicht den Personen des Vorstandes gemacht werden.

Folgende Personen vertreten das Gesellenhospitium nach § 3 und 5 des Statuts: Die Herren Domvikar Kolping, Präses; Religionslehrer Dr. Chargé, Vizepräses; Rentner Wilh[elm] Meuser, Sekretär; Weyer, Major a. D., Kassierer; Kaufmann Peter Michels; Kaufmann Brück; und Rentner Clavé von Bouhaben als Ausschußmitglieder, nach einstimmiger Wahl des Vorstandes."[131]

Die königliche Regierung zu Köln, Abteilung des Innern, konnte am 4. April 1859 an den Oberpräsidenten schreiben: „Infolge des geehrten Erlasses vom 11. Februar d[ieses] J[ahres] (Nr. 755) überreichen wir ganz gehorsamst zwei beglaubigte Abschriften des unter demselben Tage bestätigten Statuts des katholischen Gesellenhospitiums zu Köln. Das von dem Vorstande des Vereins zu Schutz und Pflege lediger Handwerksgesellen zurückgegebene Exemplar der früher unterm 12. November 1856 bestätigten Statuten dieses Vereins erlauben wir uns beizufügen."[132]

Es dauerte dann wieder einige Zeit, bis auch das Gesellenhospitium Eigentümer wurde. Am 14. Dezember 1860 konnte Kolping mitteilen, „daß der Kaufakt wegen Übertragung der Hospitiums-Gebäulichkeiten nebst Zubehör auf den Vorstand des Gesellenhospitiums inzwischen von dem Verwaltungsausschusse getätigt worden sei, so daß also diese seit langer Zeit schwelende Angelegenheit nunmehr definitiv geregelt sei".[133]

5. Zusammenfassung

Es stellt sich zum Schluß die Frage nach den Gründen für die mehrjährigen Auseinandersetzungen. Als erstes ist die Angst preußischer Beamter im Kölner Regierungspräsidium und anderswo vor einem Anwachsen katholischer Kräfte zu nennen, wobei nicht ohne Grund darauf hingewiesen wurde, daß Kolping innerhalb des Katholizismus einer bestimmten Partei, dem Ultramontanismus, angehörte. Ein zweiter Grund liegt in Fehlern der Verwaltung: Der Oberpräsident hätte die Statuten zu-

---

[131] RV 6 (1859), Nr. 14 vom 2. 4., S. 217-218.
[132] Landeshauptarchiv Koblenz (Anm. 64), S. 13.
[133] Protokollbuch, S. 88.

nächst so nicht unterschreiben dürfen, und das Innenministerium hätte nicht den Versuch unternehmen sollen, die Leitung des Hospitiums in andere Hände zu legen. Nach dem Einspruch des Vorstandes wurde dieser Vorstoß fallengelassen, sogar von den Kölner Bürokraten, nachdem ihr Widerspruch höheren Orts verworfen worden war. Wir haben hier ein klassisches Beispiel für bürokratische Verzögerungstaktik vor Augen.

Dieses Beispiel steht nicht vereinzelt da. Schon Weihbischof Baudri hat darauf hingewiesen, daß es dem Christlichen Kunstverein in Köln ganz ähnlich erging und daß das erst im Jahre 1858 aufgehobene Verbot, in Köln die Generalversammlung der katholischen Vereine abzuhalten, „in der gegen die kathol[ischen] Vereine eingenommenen Stimmung des damaligen Regierungspräsidenten v[on] Moeller“[134] seine Ursache gehabt habe.

Dennoch: „Innerhalb zweier Jahrzehnte hatte sich der Katholische Gesellenverein gegen alle Gegner und Nörgler durchgesetzt, deren er natürlich unter den areligiösen und radikalen Handwerksgesellen, unter der liberalen Bourgeoisie und unter der protestantischen preußischen Bürokratie genug besaß.“[135]

Kolping hat wahrscheinlich dreimal in Berlin interveniert. Das erste Mal, im Frühjahr 1855, ist er nicht bis zum König vorgedrungen. Er hat dabei zwar einen positiven Eindruck beim Innenminister hinterlassen; das reichte aber nicht aus, um die Vorbehalte ihm und dem Gesellenverein gegenüber auszuräumen. Das zweite Mal, vorbereitet durch Vermittlung „durch dem Hofe nahestehende katholische Persönlichkeiten“,[136] hatte die Immediateingabe beim König durchschlagenden Erfolg, woraufhin die höheren Beamten alles tun mußten, um ihr Gesicht zu wahren. Das dritte Mal, als die Gefahr bestand, daß Kolping aus der Verwaltung seines Gesellenhospitiums hinausgedrängt würde, kam eine überraschende Wende in der Meinung des Innenministers zustande, und auch hier scheinen Kolpings Berliner Verbindungsmänner mitgewirkt zu haben. Im ganzen zeigte er dabei großen Mut; er nahm es nämlich mit den Mächtigen auf, wenn diese sein Lebenswerk in Gefahr bringen sollten.

Damit hat Kolping die Eigenständigkeit des Katholischen Gesellenvereins und des Hospitiums gegenüber dem Staat verteidigt. Aber auch gegenüber der kirchlichen Hierarchie ist die Eigenständigkeit bewahrt

---

[134] Johannes Anton Friedrich Baudri, Der Erzbischof von Köln Johannes Cardinal von Geissel und seine Zeit, Köln 1881, S. 208.

[135] Hartwig Bopp, Adolf Kolping und die Gesellenbewegung, in: Die soziale Frage und der Katholizismus. Festschrift zum 40jährigen Jubiläum der Enzyklika „Rerum Novarum“, Hrsg. Sektion für Sozial- und Wirtschaftswissenschaft der Görres-Gesellschft, Paderborn 1931, S. 99-114, hier S. 112.

[136] Johannes Anton Friedrich Baudri (Anm. 134), S. 208.

worden; denn einerseits betonte man die Unabhängigkeit von den Pfarrgemeinden, und andererseits wurde in die Statuten eine Bestätigung der Präseswahl durch den Bischof als rein innerkirchlicher Vorgang, der das Korporationsrecht in keiner Weise tangiere, nicht aufgenommen. Das Ergebnis war ein Statut, das in seinen Grundzügen kaum anders aussah als das im November 1853 vorgeschlagene.

Dieser Streit zeigt exemplarisch die innere Spannung zwischen (protestantischer) Verwaltung in der preußischen Rheinprovinz und (katholischer) Bevölkerung um die Mitte des vergangenen Jahrhunderts, zugleich aber auch das komplizierte Machtgefüge am Hofe Friedrich Wilhelms IV., wo persönliche Beziehungen den Beamtenapparat neutralisieren konnten. Kolping war clever genug, sich auch dieses Mittels zu bedienen.

6. Anhang: Die verschiedenen Statuten und Statutenentwürfe für das Gesellenhospitium

1. Die zunächst genehmigten Statuten vom 12. November 1856

Statuten für den katholischen Verein zu Schutz und Pflege lediger Handwerksgesellen zu Köln

§ 1. Der Verein zu Schutz und Pflege lediger Handwerksgesellen hat seinen Sitz in Köln. Sein Wahlspruch ist: „Das Gute mehren, dem Schlechten wehren."

§ 2. Der Verein hat zum Zwecke, die ledigen Handwerksgesellen nach Kräften vor dem herrschenden Verderben zu bewahrten und sie zu tüchtigen, braven Bürgern des Staates heranzubilden.

§ 3. Diesen Zweck sucht der Verein zu erreichen:

a.) durch Gründung eines Gesellenhospitiums, das einesteils zur Herberge für die wandernden Mitglieder des Katholischen Gesellenvereins dient und andererseits Räumlichkeiten zu geselligen und belehrenden Unterhaltungen für die Feierzeit darbietet,

b.) durch Unterricht in allen das Gewerbe betreffenden Gegenständen und durch Vorträge über praktische Lebensfragen mit strengem Ausschluß jeder Politik und gehässiger religiöser Polemik.

Der Unterricht wird vorläufig unentgeltlich erteilt. Die im Hospitium aufgenommenen Gesellen zahlen eine geringe Vergütung für Kost und Wohnung.

§ 4. Das gegenwärtige Vermögen des Vereins besteht aus:

1.) dem Breitestraße Nr. 118 dahier gelegenen, vom Herrn Domvikar Kolping laut notariellem Akt vom 14. August 1852 zu 14000 T[a]l[e]r[n] für den Verein angekauften Hause mit Garten, worauf derselbe bis heute die Summe von 8000 Talern aus Vereinsmitteln gezahlt hat,

2.) dem Großer Griechenmarkt Nr. 58 dahier gelegenen Hause mit Hofraum, laut notariellem Akt vom 24. Januar 1853 durch Herrn Kolping für den Verein angekauft und aus Vereinsmitteln gezahlt (Zusatz vom 19. Juli c[urrentis anni]: Das Nr. 2 genannte, auf dem Großen Griechenmarkt Nr. 58 dahier gelegene Haus mit Hofraum ist verkauft und der Erlös zu baulichen Einrichtungen des Vereinshauses verwendet worden),

3.) den bisher von Herrn Kolping für den Verein aus Vereinsmitteln angeschafften Mobilien, worüber ein Inventar aufgenommen werden soll; dazu treten

4.) die alljährlich eingehenden freiwilligen Gaben.

§ 5. Mitglieder des Vereines sind einesteils der im Hospitium wohnende Präses (§ 6) mit den im Hause tätigen Lehrern (§ 3b), andernteils solche Bürger der Stadt, die mittelbar oder unmittelbar die Sorge für die vom Vereine unternommene Anstalt über sich nehmen. Die Zahl der Mitglieder soll nicht über 25 Personen und nicht unter 18 betragen.

§ 6. An der Spitze des Vereins steht der Präses, der stets ein katholischer Geistlicher sein muß. Derselbe wird von den Vereinsmitgliedern mit absoluter Stimmenmehrheit gewählt und vom zeitlichen Erzbischofe von Köln bestätigt. Die Wahl gilt auf Lebenszeit. Ihm zur Seite steht ein Vizepräses, den der Präses aus den Vereinsmitgliedern wählt, ein Kassierer und ein Sekretär. Diese letzteren werden auf drei Jahre gewählt, sind aber nach deren Ablauf wieder wählbar.

§ 7. An die Stelle ausscheidender Mitglieder werden auf den Vorschlag von drei Mitgliedern die neuen Mitglieder zum Vereine gewählt. Zu dieser Wahl sind drei Viertel der Stimmen der Mitglieder erforderlich. Der Ausschluß eines Mitgliedes muß von wenigstens zwölf Mitgliedern beantragt werden. Zur Gültigkeit eines desfallsigen Beschlusses müssen ebenfalls drei Viertel der Stimmen einverstanden sein.

§ 8. Der Präses, der Vizepräses, der Kassierer und der Sekretär bilden mit drei vom Vereine zu diesem Zwecke gewählten Mitgliedern den Verwaltungsausschuß, der die ganze Vermögens- und Geschäftsverwaltung zu besorgen, das Hospitium und die damit verbundenen Anstalten in ökonomischer Beziehung zu regeln und zu überwachen hat.

§ 9. Der Ausschuß hält jeden Monat eine ordentliche Sitzung, um über die Förderung des Vereinszweckes zu beraten. Er beschließt bei Anwesenheit von wenigstens fünf Mitgliedern mit Stimmenmehrheit. Bei Stimmengleichheit entscheidet der Vorsitzende. Auf den Antrag von drei Mitgliedern des Ausschusses ist der Präses verpflichtet, denselben zusammen zu berufen.

§ 10. Die Ausführung der Beschlüsse liegt dem Präses des Vereins ob, der indessen auch ein anderes Mitglied des Ausschusses damit betrauen kann. Der Kassierer und der Sekretär stehen ihm dabei zur Seite.

Bei Rechtsgeschäften dritten Personen gegenüber wird der Ausschuß durch seinen Präses, den Kassierer und Sekretär dergestalt vertreten, daß denselben gemeinschaftlich die Befugnis beiwohnt, kontraktliche Verbindungen für den Verein zu übernehmen resp[ektive] Rechte zu erwerben, namentlich Kauf- und Mietkontrakte über Mo- und Immobilien abzuschließen, hypothekarische Einschreibungen für den Verein zu nehmen, überhaupt für den Verein und im Namen desselben gerichtlich und außergerichtlich zu verhandeln.

Für Verhinderungsfälle des Präses und des Vizepräses sowie des Kassierers und Sekretärs hat der Ausschuß entstehenden Falles ein anderes Mitglied zur Wahrnehmung des vorgedachten Repräsentationsrechtes zu substituieren.

§ 11. Der Verwaltungsausschuß verwaltet das Vermögen des Vereins und führt darüber Rechnung. Er hat in den halbjährlichen Versammlungen (§ 12) der Generalversammlung des Vereins einen Etat über die regelmäßig vorkommenden Einnahmen und Ausgaben des folgenden Semesters zur Bestätigung vorzulegen. Für unvorhergesehene Fälle wird in diesem Etat eine bestimmte Summe aufgenommen. Ohne Beschluß der Generalversammlung des Vereins ist der Ausschuß nicht befugt, Immobilien anzukaufen, noch, Darlehen aufzunehmen; auch kann weder der Verein noch können die Mitglieder desselben über das Vermögen des Vereins hinaus in keinerlei Weise durch den Verwaltungsausschuß verpflichtet werden.

§ 12. Alle Halbjahre, im Frühjahre und im Herbste, ist ordentliche Versammlung des Vereines, die durch den Präses zusammen berufen wird. In dieser Versammlung wird

1.) ein vollständiger Bericht über die Wirksamkeit des Vereins in dem abgelaufenen Semester und über dessen Vermögensstand vom Ausschusse erstattet,

2.) dem Kassierer die Entlastung über die vorgelegte und vom Ausschusse geprüfte Rechnung erteilt, wenn gegen dieselbe zurzeit keine weiteren Bemerkungen angemeldet resp[ektive] die angemeldeten durch den Ausschuß so weit als tunlich ihre Erledigung gefunden haben, und

3.) über die weiteren Mittel zur Sustentierung der Anstalt verhandelt; sodann werden

4.) die statutenmäßigen Wahlen vorgenommen.

Jedes Mitglied des Vereins hat in dieser Versammlung das Recht, Vorschläge und Bemerkungen zu machen, über welche jedoch gegen den Willen des Ausschusses in derselben Versammlung nicht Beschluß gefaßt werden kann. Die Versammlung ist nur dann beschlußfähig, wenn zwei Drittel der Mitglieder zugegen sind.

§ 13. Bei allen Abstimmungen und Wahlen mit Ausnahme der in den Paragraphen 7, 14 und 15 gedachten ist absolute Stimmenmehrheit erforderlich. Bei Stimmengleichheit gibt der Vorsitzende den Ausschlag.

§ 14. Zwei wenigstens 14 Tage auseinanderliegende Sitzungen des Vereins müssen behufs einer Statutänderung, und zwar auf den Antrag von wenigstens zwölf Mitgliedern, durch den Präses anberaumt werden. Bei diesen Sitzungen müssen wenigstens zwei Drittel der Mitglieder anwesend sein. Erst in der letzten Sitzung wird endgültiger Beschluß gefaßt, wozu jedoch zwei Drittel der anwesenden Stimmen erforderlich sind.

§ 15. Soll der Verein aufgelöst werden, so muß diese Absicht durch den Präses sämtlichen Mitgliedern angezeigt und zu diesem Behufe eine Sitzung anberaumt werden. Ist die Hälfte der Mitglieder mit der Auflösung nicht einverstanden, so bleibt der Gegenstand für jetzt auf sich beruhen. Ist aber mehr als die Hälfte der Mitglieder mit der Auflösung einverstanden, so muß die Frage in zwei in Zwischenräumen von 14 Tagen auseinanderliegenden, zu diesem Zwecke gehaltenen Sitzungen beraten werden. Erst in der letzten Sitzung, worin alle Mitglieder vertreten sein müssen oder doch ihre Stimmen schriftlich abgegeben haben, kann definitiver Beschluß, wozu jedoch drei Viertel der Stimmen erforderlich sind, gefaßt werden. Wer sich an dieser Abstimmung nicht beteiligt, begibt sich seines Stimmrechts.

§ 16. Im Falle der Auflösung des Vereins wird das gesamte Vereinsvermögen als milde Stiftung zugunsten braver katholischer Handwerksgesellen von einem Kuratorium verwaltet, dessen Vorsteher der jedesmalige katholische Pfarrer von St. Gereon zu Köln sein soll. Zu diesem Kuratorium ernennt überdies der zeitliche Erzbischof von Köln und der Magistrat der Stadt Köln jeder ein Mitglied.

§ 17. Die Genehmigung vorstehender Statuten sowie die Gewährung von Korporationsrechten für den Verein behufs Ausübung des Erbrechtes, Erwerbung von Grundstücken und Hypothekenrechten auf eigenen Namen sowie allen äußeren Rechten, welche der Staat den genehmigten Wohltätigkeitsanstalten beilegt, soll durch den Präses allerhöchsten Orts nachgesucht werden.

(gez.) Adolph Kolping, Präses; Strauß, Domkapitular; Schumacher, Pfarrer; Dr. C[hristian] H[ermann] Vosen, Religionslehrer; Chargé; F[ranz] Müller; Fr[iedrich] Baudri; F[riedrich] Könen; Stupp, Oberbürgermeister; P[eter] Michels; H[ubert] Düster; Effenberger; von Wittgenstein; J[ohann] A[dam] H[einrich] Oedenthal; Wilhelm Meuser; Anton Brück; C[lemens] Weyer, Major a. D.; Max Clavé von Bouhaben.[137]

Vorstehende Statuten nebst Nachtrag vom 9. Juli d[ieses] J[ahres] werden hiermit nach Maßgabe bestätigt,

[137] Im Original (Anm. 69) heißt es: „Die Unterzeichneten sind die vorhandenen alten Mitglieder außer Herrn Michels, der gegenwärtig sehr krank ist. Köln, den 30. Oktober 1856. gez. Kolping.“

1.) daß Abänderungen der Statuten erst nach erfolgter Genehmigung seitens des Oberpräsidiums in Kraft treten,

2.) daß den Staatsbehörden die Beaufsichtigung des Vereins sowohl in Gemäßheit der Bestimmungen des Gesetzes vom 11. März 1850, das Vereinsrecht betreffend, als auch in bezug auf den Unterricht und auf die im Gesellenhospitium zu betreibende Gast- und Schenkwirtschaft vorbehalten bleibt.

Koblenz, den 12. November 1856. Der Oberpräsident der Rheinprovinz, i.V. (gez.) Schede.[138]

2. Statutentwurf der Kölner Regierung vom 21. Februar 1857

Statuten des Gesellenhospitiums zu Köln.

§ 1. Die unter dem Namen Gesellenhospitium zu Köln gegründete Anstalt hat den Zweck, einesteils zur Herberge für die wandernden Mitglieder des Katholischen Gesellenvereins zu dienen, anderenteils Räumlichkeiten zu geselligen und belehrenden Unterhaltungen für die Feierzeit darzubieten.

Die im Hospitium aufgenommenen Gesellen zahlen eine geringe Vergütung für Kost und Wohnung.

§ 2. Das Vermögen der Anstalt besteht gegenwärtig

1.) aus einem Hause nebst Garten, gelegen hierselbst in der Breitestraße Nr. 118, welches für die Summe von 14000 T[a]l[e]r[n] angekauft ist,

2.) aus den für dieses Haus angeschafften Mobilien.

Außerdem werden die Kosten der Anstalt durch freiwillige Beiträge bestritten.

§ 3. Die Mitglieder des hier bestehenden Vereins zu Schutz und Pflege lediger Handwerksgesellen sind in Gemäßheit des Inhalts dieser Statuten berechtigt, an der Verwaltung der Anstalt teilzunehmen.

§ 4. Der Verwaltungsausschuß des gedachten Vereins ist gleichzeitig der Vorstand des Gesellenhospitiums. Die Mitglieder, welche bei diesem Vereine die Ämter des Präses, Vizepräses, Kassierers und Sekretärs versehen, fungieren bei dem Gesellenhospitium in gleicher Eigenschaft.

§ 5. Der Vorstand des Gesellenhospitiums besorgt die Geschäfte der Anstalt, und er verwaltet ihr Vermögen. Zu dem Ende hält derselbe monatlich eine ordentliche Sitzung; er beschließt bei Anwesenheit von wenigstens fünf Mitgliedern mit Stimmenmehrheit. Bei Stimmengleichheit entscheidet der Vorsitzende. Auf den Antrag von drei Mitgliedern des Vorstandes ist der Präses verpflichtet, denselben zusammen zu berufen.

---

[138] RV 3 (1856), Nr. 50 vom 13. 12., S. 795-798.

Die Ausführung der Beschlüsse liegt dem Präses ob, der indes auch ein anderes Mitglied des Vorstandes damit betrauen kann. Der Kassierer und der Sekretär stehen ihm dabei zur Seite.

§ 6. Bei Rechtsgeschäften dritten Personen gegenüber wird der Vorstand durch seinen Präses dergestalt vertreten, daß demselben die Befugnis beiwohnt, kontraktliche Verbindlichkeiten für die Anstalt zu übernehmen resp[ektive] Rechte zu erwerben, namentlich Kauf- und Mietkontrakte über Mo- und Immobilien abzuschließen, hypothekarische Einschreibungen für die Anstalt zu nehmen, überhaupt für die Anstalt und im Namen derselben gerichtlich und außergerichtlich zu verhandeln.

Ist der Präses verhindert, die vorstehend gedachten Geschäfte zu besorgen, so wird der Präses durch den Vizepräses, falls auch dieser verhindert ist, durch den Kassierer vertreten.

§ 7. Der Vorstand hat den halbjährlichen Generalversammlungen des Vereins zu Schutz und Pflege lediger Handwerksgesellen einen Etat über die bei der Anstalt regelmäßig vorkommenden Einnahmen und Ausgaben des folgenden Semesters zur Bestätigung vorzulegen. Für unvorherzusehende Fälle wird in diesem Etat eine bestimmte Summe aufgenommen.

Zum Ankauf und Verkauf von Immobilien sowie zur Aufnahme von Darlehen ist die Genehmigung der Generalversammlung erforderlich; über das Vermögen der Anstalt hinaus können die Mitglieder des Vereins in keinerlei Weise durch den Vorstand verpflichtet werden.

§ 8. Der Kassierer ist zur Rechnungslegung verpflichtet; die Prüfung der Rechnungen erfolgt durch den Vorstand, und nachdem die etwa erhobenen Erinnerungen erledigt worden, erteilt die Generalversammlung dem Kassierer die Entlastung.

§ 9. Die Oberaufsicht über die Anstalt steht der königlichen Regierung in Köln zu.

Abänderungen dieses Statuts können nur von der Generalversammlung mit einer Mehrheit von zwei Dritteilen der Stimmen beschlossen werden. Die Generalversammlung wird zu dem Ende auf den Antrag von wenigstens zwölf Mitgliedern des Vereins durch den Präses zweimal mit einem Zwischenraum von wenigstens 14 Tagen berufen. In beiden Generalversammlungen müssen zwei Dritteile der Vereinsmitglieder anwesend sein, und wird erst von der zweiten Versammlung ein endgültiger Beschluß gefaßt.

Die etwa beschlossenen Abänderungen der Statuten unterliegen der Bestätigung des königlichen Oberpräsidiums.

§ 10. Im Falle der Auflösung des Vereins wird das gesamte Vermögen der Anstalt als milde Stiftung zugunsten braver katholischer Handwerksgesellen von einem Kuratorium verwaltet, dessen Vorsteher der jedesmalige katholische Pfarrer von St. Gereon zu Köln sein soll. Zu diesem Kuratorium ernennt überdies der Erzbischof von Köln und der Oberbürgermeister der Stadt Köln jeder ein Mitglied.

Köln, den ...[139]

3. Statutentwurf des Innenministeriums vom 31. Mai 1857

Statuten des Gesellenhospitiums zu Köln.

§ 1. Die unter dem Namen Gesellenhospitium zu Köln gegründete Anstalt hat den Zweck, zur Herberge für wandernde Gesellen zu dienen und Gesellen überhaupt gesellige und belehrende Unterhaltung zu verschaffen.

§ 2. Das jetzige Vermögen der Anstalt besteht:

1.) aus dem hierselbst in der Breitestraße Nr. 118 belegenem Hause nebst Garten,

2.) aus dem für den Zweck desselben angeschafften Mobiliar.

Die Unterhaltungskosten werden aus den etwa eingehenden freiwilligen Beiträgen und aus den Zahlungen bestritten, welche die Gesellen, von denen die Anstalt benutzt wird, zur Anstaltskasse zu leisten haben. Etwaige Überschüsse dieser Einnahmen werden kapitalisiert; Geschenke oder Legate folgen der Bestimmung der Zuwendenden; ist hierüber nichts bestimmt, so können sie zur Bestreitung der Unterhaltungskosten verwendet werden. Zu demselben Zwecke dürfen die Zinsen der angesammelten Kapitalien benutzt werden.

§ 3. An der Spitze der Anstalt steht der Vorstand. Derselbe besteht:

1.) aus dem jedesmaligen Pfarrer von St. Gereon zu Köln oder dessen gesetzlichem Vertreter als Vorsitzender,

2.) aus zwei Mitgliedern, von welchen das eine von dem Erzbischof zu Köln und das andere von dem Oberbürgermeister daselbst ernannt wird.

Die Ernennung erfolgt auf Lebenszeit mit Vorbehalt des Rechtes des jederzeit zulässigen Rücktritts.

Der Vorstand verwaltet sein Amt unentgeltlich.

§ 4. Der Vorstand regelt die inneren und äußeren Angelegenheiten der Anstalt. Er entscheidet über die Aufnahme resp[ektive] die Entfernung der Gesellen, setzt die von denselben zu zahlenden Entschädigungen fest, bestellt die zum Dienst der Anstalt nötigen Personen und Lehrer unter Beachtung der bestehenden gesetzlichen Vorschriften, setzt den Etat fest, legt die Rechnungen und sorgt für die Aufrechthaltung der Ordnung. Zu diesem Behufe ist er befugt, die Hausordnung und die Dienstinstruktionen festzustellen.

---

[139] Akte Koblenz, S. 372-375.

Er vertritt die Anstalt nach außen in allen gerichtlichen und außergerichtlichen Angelegenheiten, jedoch unter Vorbehalt der einzuholenden Genehmigung der königlichen Regierung zu Köln in den Fällen, wo die Gesetze dies vorschreiben. Er ist verpflichtet, dieser Behörde jährlich Abschrift des Etats, der Rechnung und einer Vermögensbilanz einzureichen.

Die Beratungen finden auf Einladung des Vorsitzenden statt. Sie sind kollegialisch. Die Beschlüsse werden nach Stimmenmehrheit gefaßt. Die Verteilung der Geschäfte geschieht durch den Vorsitzenden.

§ 5. Die Anstalt steht unter der Oberaufsicht der Staatsbehörden und namentlich der königlichen Regierung zu Köln.

§ 6. Diese Statuten können nur auf Antrag des Vorstandes abgeändert werden, vorbehaltlich der Änderungen, welche diese Staatsbehörden im Interesse des Staates zu fordern berechtigt sind. Die von dem Vorsitzenden ausgehenden Änderungsvorschläge unterliegen der Genehmigung des Oberpräsidenten.

§ 7. Die Aufhebung der Anstalt kann nur aufgrund königlicher Bestimmung erfolgen. Diese allerhöchste Entscheidung bestimmt zugleich über die Verwendung des etwa vorhandenen Vermögens derselben, nachdem zuvor der Erzbischof von Köln hierüber gehört worden ist.[140]

4. Statutentwurf des Vorstandes des Kölner Gesellenvereins vom 26. März 1858 und die rechtskräftigen Statuten in der Fassung vom 11. Februar 1859[141]

Statut[142] für das katholische Gesellenhospitium zu Köln.

§ 1. Es besteht zu Köln ein katholisches Gesellenhospitium. Zwecke dieser Anstalt sind folgende:

a.) als Herberge für die wandernden Mitglieder des Katholischen Gesellenvereins zu dienen,

b.) Räumlichkeiten darzubieten zur geselligen und belehrenden Unterhaltung für die Kölner Mitglieder des Katholischen Gesellenvereins während der Feierzeit und

c.) den Unterricht in allen das Gewerbe betreffenden Gegenständen und Vorträge über praktische Lebensfragen mit strengem Ausschluß jeder Politik und religiöser Polemik zu vermitteln.

Der Unterricht wird vorläufig unentgeltlich erteilt.

Die im Hospitium aufgenommenen Gesellen zahlen eine geringe Vergütung für Kost und Wohnung.

---

140 A. a. O., S. 402-404.

141 Die rechtskräftige Fassung steht im Text, anderslautende Formulierungen des Statutentwurfs in den Anmerkungen.

142 Im Entwurf hieß es: „Statuten".

§ 2. Der Vorstand des Hospitiums besteht aus folgenden Personen: Fr[iedrich] Baudri, Maler; A[nton] Brück, Kaufmann; Chargé, Religionslehrer; Clavé von Bouhaben, Rentner; Düster, Paramentenmacher; Effenberger, Steuerbeamter; Könen, Gesanglehrer; Kolping, Domvikar; Meuser, Rentner; Michels, Kaufmann; Müller, Lehrer der Mathematik; Oedenthal, Zeichenlehrer; Schumacher, Pfarrer; Strauß, Domkapitular; Stupp, Oberbürgermeister; Vosen, Religionslehrer; Weyer, Major a. D.; und von Wittgenstein, Regierungspräsident a. D.

Die vorstehend genannten Personen verbleiben lebenslänglich im Vorstande; es steht ihnen aber jederzeit der Rücktritt frei. Dasselbe gilt rücksichtlich der Personen, welche später an die Stelle ausscheidender Mitglieder nach den Bestimmungen des § 4 in den Vorstand gewählt werden.[143]

§ 3. An der Spitze des Vorstandes steht der im Hospitium wohnende Präses, der stets ein katholischer Geistlicher sein muß. Derselbe wird von dem Vorstande mit absoluter Stimmenmehrheit gewählt. Der Gewählte versieht die Funktionen des Präses lebenslänglich oder, falls er später die Stadt Köln verlassen sollte, für die Dauer seines Aufenthaltes resp[ektive] seiner geistlichen Amtstätigkeit in Köln.[144]

Ihm zur Seite steht ein Vizepräses, den der Präses aus dem Vorstande wählt, ein Kassierer und ein Sekretär. Der Vizepräses, der Kassierer und der Sekretär werden auf drei Jahre gewählt, sind aber nach deren Ablauf wieder wählbar. Die Wahl des Kassierers und des Sekretärs erfolgt durch den Vorstand mit einfacher Stimmenmehrheit.

§ 4. An die Stelle ausscheidender Mitglieder werden auf den Vorschlag von drei Mitgliedern die neuen Mitglieder zum Vorstande gewählt. Zu dieser Wahl sind drei Viertel der anwesenden Stimmen der Mitglieder erforderlich. Der Ausschluß eines Mitgliedes muß von wenigstens zwölf Mitgliedern beantragt werden. Zur Gültigkeit eines desfallsigen Beschlusses müssen ebenfalls drei Viertel der anwesenden Stimmen einverstanden sein.

§ 5. Der Präses, der Vizepräses, der Kassierer und der Sekretär bilden mit drei vom Vorstande zu diesem Zwecke gewählten Mitgliedern den Verwaltungsausschuß, der die ganze Vermögens- und Geschäftsverwaltung des Hospitiums zu regeln und zu überwachen hat.

Die zuletzt gedachten drei Mitglieder des Ausschusses werden auf drei Jahre gewählt und können nach deren Ablauf wiedergewählt werden.[145]

---

[143] Dieser Absatz stand nicht im Entwurf.

[144] Dieser Satz lautete im Entwurf: „Derselbe wird von dem Vorstande mit absoluter Stimmenmehrheit gewählt und von dem jetzigen Erzbischofe von Köln bestätigt. Die Wahl gilt auf Lebenszeit."

[145] Dieser Absatz stand nicht im Entwurf.

§ 6. Der Ausschuß hält jeden Monat eine ordentliche Sitzung, um über die Förderung der Zwecke des Hospitiums zu beraten. Er beschließt bei Anwesenheit von wenigstens fünf Mitgliedern mit Stimmenmehrheit. Bei Stimmengleichheit entscheidet der Vorsitzende. Auf den Antrag von drei Mitgliedern des Ausschusses ist der Präses verpflichtet, denselben zusammen zu berufen.

§ 7. Die Ausführung der Beschlüsse liegt dem Präses ob, der indessen auch ein anderes Mitglied des Ausschusses damit betrauen kann. Der Kassierer und der Sekretär stehen ihm dabei zur Seite. Bei Rechtsgeschäften dritten Personen gegenüber wird der Ausschuß durch seinen Präses, den Kassierer und den Sekretär dergestalt vertreten, daß denselben gemeinschaftlich die Befugnis beiwohnt, kontraktliche Verbindlichkeiten für das Hospitium zu übernehmen resp[ektive] Rechte zu erwerben, namentlich Kauf- und Mietkontrakte über Mo- und Immobilien abzuschließen, hypothekarische Einschreibungen für das Hospitium zu nehmen, Hypotheken zu löschen, überhaupt für das Hospitium[146] und im Namen desselben gerichtlich und außergerichtlich zu verhandeln.

Für Verhinderungsfälle des Präses und des Vizepräses sowie des Kassierers und Sekretärs hat der Ausschuß entstehendenfalls ein anderes Mitglied zur Wahrnehmung des vorgedachten Repräsentationsrechts zu substituieren.

Diejenigen, welche das Gesellenhospitium nach außen vertreten, haben ihre Eigenschaft als Präses, Vizepräses, Kassierer, Sekretär oder als Mitglieder des Verwaltungsausschusses sowie ihre Berechtigung, in dieser Eigenschaft das Gesellenhospitium zu vertreten, durch eine Bescheinigung des Oberbürgermeisters von Köln nachzuweisen.[147]

§ 8. Der Verwaltungsausschuß verwaltet das Vermögen des Hospitiums und führt darüber Rechnung. Er hat in der im Herbste stattfindenden Versammlung (§ 9) dem Vorstande des Hospitiums einen Etat über die regelmäßig vorkommenden Einnahmen und Ausgaben des folgenden Jahres zur Bestätigung vorzulegen. Für unvorhergesehene Fälle wird in diesem Etat eine bestimmte Summe aufgenommen. Ohne Beschluß des Vorstandes ist der Ausschuß nicht befugt, Immobilien anzukaufen oder zu verkaufen, noch, Darlehen aufzunehmen.[148] Wenn indes die in § 7 genannten Vertreter des Hospitiums die durch Beschlüsse des Vorstandes gezogenen Grenzen überschreiten, so sind sie nur nach innen der Anstalt gegenüber verantwortlich, ohne daß die Rechtsverbindlichkeit der von ihnen mit dritten Personen namens der Anstalt abgeschlossenen Rechts-

---

146 Im gedruckten Text der „RV“ fehlen die Worte zwischen „Hospitium“ und „Hospitium“, nicht aber in: Mitteilungen 1,2 (1872-1879), Sp. 13.

147 Dieser Absatz stand nicht im Entwurf.

148 Der Schluß von § 8 lautete von hier an im Entwurf: „Auch kann weder das Hospitium noch können die Vorstandsmitglieder desselben über das Vermögen des Hospitiums hinaus in irgendeiner Weise durch den Verwaltungsausschuß verpflichtet werden.“

geschäfte dadurch beeinträchtigt wird. Über das Vermögen des Hospitiums hinaus können aber so wenig das Hospitium als die Mitglieder des Vorstandes in irgendeiner Weise durch den Verwaltungsausschuß verpflichtet werden.

§ 9. Alle Halbjahre, im Frühjahr und im Herbste, ist ordentliche Versammlung des Vorstandes, zu welcher die Mitglieder wenigstens acht Tage vor dem Versammlungstage durch den Präses schriftlich eingeladen werden.[149]

In dieser Versammlung wird

a.) ein vollständiger Bericht über die Wirksamkeit des Hospitiums in dem abgelaufenen Semester und über den Vermögensstand des Hospitiums vom Ausschusse erstattet,

b.) dem Kassierer die Entlastung über die vorgelegte und vom Ausschusse geprüfte Rechnung erteilt, wenn gegen dieselbe zurzeit keine weiteren Bemerkungen angemeldet resp[ektive] die angemeldeten durch den Ausschuß so weit als tunlich ihre Erledigung gefunden haben, und

c.) über die weiteren Mittel zur Sustentierung des Hospitiums verhandelt; sodann werden

d.) die statutenmäßigen Wahlen vorgenommen.

Jedes Mitglied des Vorstandes hat in dieser Versammlung das Recht, Vorschläge und Bemerkungen zu machen, über welche jedoch gegen den Willen des Ausschusses in derselben Versammlung nicht Beschluß gefaßt werden kann. Die Versammlung ist nur dann beschlußfähig, wenn wenigstens zwei Drittel der Mitglieder zugegen sind.

§ 10. Bei allen Abstimmungen und Wahlen mit Ausnahme der in den Paragraphen 4, 11 und 12 gedachten ist absolute Stimmenmehrheit erforderlich. Bei Stimmengleichheit gibt der Vorsitzende den Ausschlag.

§ 11. Zwei wenigstens 14 Tage auseinanderliegende Sitzungen des Vorstandes müssen behufs einer Statutänderung, und zwar auf den Antrag von wenigstens zwölf Mitgliedern, durch den Präses anberaumt werden. Zu diesen Sitzungen werden die Mitglieder wenigstens acht Tage vor den Versammlungstagen durch den Präses schriftlich eingeladen, und sind in dem Einladungsschreiben die Gegenstände der Beratung summarisch zu bezeichnen.[150] Bei beiden Sitzungen müssen wenigstens zwei Drittel der Mitglieder anwesend sein. Erst in der letzten Sitzung wird endgültiger Beschluß gefaßt, wozu jedoch zwei Drittel der anwesenden Stimmen erforderlich sind.

Die etwa beschlossenen Änderungen des Statuts unterliegen der Bestätigung des königlichen Oberpräsidiums und treten erst, nachdem diese Bestätigung erteilt worden, in Kraft.[151]

---

149 Im Entwurf lautete der Nebensatz: „die durch den Präses zusammen berufen wird“.

150 Im Entwurf fehlte dieser Satz.

151 Dieser Absatz stand nicht im Entwurf.

§ 12. Soll das Hospitium aufgelöst werden, so muß diese Absicht durch den Präses sämtlichen Vorstandsmitgliedern angezeigt und zu diesem Behufe eine Sitzung anberaumt werden. Ist die Hälfte der in dieser Sitzung erschienenen[152] Mitglieder mit der Auflösung nicht einverstanden, so bleibt der Gegenstand für jetzt auf sich beruhen. Ist aber mehr als die Hälfte der Mitglieder mit der Auflösung einverstanden, so wird die Frage in zwei in Zwischenräumen von 14 Tagen auseinanderliegenden, zu diesem Zwecke gehaltenen Sitzungen beraten werden. Erst in der letzten dieser Sitzungen kann die Auflösung definitiv beschlossen werden, wozu es jedoch des ausdrücklich erklärten Einverständnisses von mindestens drei Vierteilen aller Vorstandsmitglieder bedarf.[153] Wer sich bei der[154] Abstimmung nicht beteiligt, begibt sich seines Stimmrechtes.

Die Einladung der Vorstandsmitglieder zu den Sitzungen, in welchen über die Auflösung des Hospitiums beraten werden soll, erfolgt in derselben Weise wie zu den Sitzungen, welche zu Beratungen über Änderungen des Statuts anberaumt werden (§ 11).[155]

§ 13. Im Falle der Auflösung des Hospitiums wird das gesamte Vermögen desselben als milde Stiftung zugunsten braver katholischer Handwerksgesellen von einem aus drei Männern katholischen Glaubens bestehenden Kuratorium verwaltet, dessen Vorsteher der jedesmalige katholische Pfarrer von St. Gereon zu Köln sein soll und dessen zweites Mitglied von der königlichen Regierung zu Köln, das dritte von dem Oberbürgermeister der Stadt Köln ernannt wird.[156]

Die näheren Modalitäten hinsichts der alsdann eintretenden anderweitigen Organisation der Anstalt bleibt jedoch für solchen Fall Gegenstand besonderer, durch den Oberpräsidenten der Provinz zu bestätigender Festsetzung.[157]

§ 14. Das Hospitium steht unter der Oberaufsicht der Staatsbehörde und namentlich der königlichen Regierung zu Köln.[158]

Köln, den 10. Dezember 1858.

(gez.) Kolping; M[ax] Clavé v[on] Bouhaben; Strauß; F[ranz] Müller; Düster, Fr[iedrich] Baudri; v[on] Wittgenstein; P[eter] Michels; Schumacher; Brück; H[einrich] Oedenthal; Dr. Chargé; Könen; Wilhelm Meuser; Weyer; Stupp; Vosen.

---

152 Im Entwurf fehlte: „der in dieser Sitzung erschienenen".

153 Im Entwurf lautete dieser Satz: „Erst in der letzten Sitzung, worin alle Mitglieder vertreten sein müssen oder doch ihre Stimmen schriftlich abgegeben haben, kann definitiver Beschluß, wozu jedoch drei Viertel der Stimmen erforderlich sind, gefaßt werden."

154 Im Entwurf stand: „an dieser".

155 Dieser Absatz stand nicht im Entwurf.

156 Der Schluß dieses Satzes lautete im Entwurf: „... zweites Mitglied von dem zeitlichen Erzbischof von Köln, das dritte von dem Magistrat der Stadt Köln ernannt wird."

157 Dieser Absatz stand nicht im Entwurf.

158 Hier endete der Entwurf.

Vorstehende Statuten werden hierdurch mit der Maßgabe bestätigt, daß den Staatsbehörden die Beaufsichtigung des Vereins sowohl in Gemäßheit der Bestimmungen des Gesetzes vom 11. März 1850, das Vereinsrecht betreffend, als auch in Beziehung auf den Unterricht und auf die im Gesellenhospitium zu betreibende Gast- und Schenkwirtschaft vorbehalten bleibt.

Koblenz, den 11. Februar 1859. Der Oberpräsident der Rheinprovinz
(gez.) [von] Pommer-Esche.[159]

[159] Akte Koblenz, S. 518-524 (Entwurf); RV 6 (1859), Nr. 14 vom 2. 4., S. 217-222 (rechtskräftige Fassung).

Adolph Kolping und der politische Katholizismus

1. Kolpings Verhältnis zur Politik bis zum Jahre 1858

Der im Jahre 1845 zum Priester geweihte Adolph Kolping war in den Jahren 1845 bis 1849 Kaplan in Elberfeld. Als solcher erlebte er die Revolution von 1848 mit und engagierte sich kurz nach den „Märzereignissen" für die „Freiheit und Einigkeit des deutschen Vaterlandes".[1] Seine Grundtendenz war dabei eine kirchlich-priesterliche. Das geht aus einem Schreiben hervor, das er, als er 1849 Domvikar in Köln geworden war, am 12. November dieses Jahres der Armenverwaltung von Köln gesandt hat. Er weigerte ich, von einer nicht kirchlichen Behörde Geld für seine priesterlichen Dienste entgegenzunehmen, und zeigte sich deshalb „tief gekränkt".[2]

Schon früh hat Kolping sich publizistisch betätigt. So übernahm er in Köln die Redaktion des „Rheinischen Kirchenblattes".[3] Dann gründete er im Frühjahr 1854 die wöchentlich erscheinenden „Rheinischen Volksblätter für Haus, Familie und Handwerk". Er nannte diese Gründung „eine von den wichtigsten Unternehmungen meines Lebens".[4] Gründe für dieses Unternehmen sieht Michael Schmolke drei: finanzielle, vereinsorganisatorische und die Hoffnung auf „ein größeres publizistisches Wirkfeld".[5]

Der Unterschied zwischen den beiden Publikationsorganen fällt in die Augen. „Weniger predigen"[6] will die neue Zeitschrift, dafür aber „eine kurze Übersicht der wichtigsten Ereignisse des Tages in kirchlicher und politischer Beziehung" bringen, wie es in der Ankündigung hieß. Und weiter: „Aufs Politiktreiben lassen die Rheinischen Volksblätter sich nicht ein."[7]

Im ersten Jahrgang 1854 gab es dann auch fast in jeder Nummer die Rubriken „kirchliches Leben" und „politisches Tagebuch". Doch schon im zweiten Jahrgang wächst der Umfang des „politischen Tagebuchs" ganz erheblich, und das „kirchliche Leben" verschwindet mehr und

---

[1] KS, Bd. 9, S. 139.
[2] KS, Bd. 2, S. 138.
[3] Vgl.: Schmolke, S. 125-135.
[4] Brief vom 2. 6. 1854, in: KS, Bd. 2, S. 202.
[5] Schmolke, S. 156-157.
[6] A. a. O., S. 159.
[7] A. a. O., S. 158.

mehr. Der Grund liegt darin, daß die Ereignisse des Krimkrieges auf großes Interesse stießen. Dazu bemerkte Kolping: „Es steht eine wöchentliche politische Überschau über die Kriegsereignisse darin, und zwar ohne jede Parteinahme, ungefähr so, wie ich sie einem Bauern erzählen würde, mit Ernst und Humor, wie's kommt. Mein oft ausgesprochener Zweck geht dahin, die Leser auf den Finger Gottes in der Weltgeschichte aufmerksam zu halten. Es ist mir in der Tat nie eingefallen, mich zu irgendeiner politischen Partei, auch nur in Gedanken, zu schlagen."[8]

Von dieser seiner „eigentümlichen Politik" in den Blättern sagte Kolping: „Wie sie auch sein mag, sie gefällt den Leuten, schafft Abonnenten und schadet sicher nicht."[9]

Der finanzielle Gesichtspunkt, der hier anklingt, ist ein nicht zu verachtender Nebeneffekt. Später, ab 1859, als die Abonnentenzahl wegen der politischen Stellungnahmen Kolpings enorm in die Höhe schnellte, machte sie diesen nicht nur wirtschaftlich unabhängig, sondern geradezu reich und gab ihm auch die Möglichkeit, größere Reisen und Bauvorhaben zu finanzieren.

Wie schon gesagt, geht mit dem Anwachsen der politischen Beiträge Hand in Hand ein Zurücktreten von Beiträgen religiösen und kirchlichen Inhalts. Auch Band 9 der Adolph-Kolping-Schriften, in dem diese Beiträge zusammengefaßt sind, zeigt das: Auf das Jahrzehnt von 1846 bis 1855 entfallen dreimal so viele Beiträge wie auf das Jahrzehnt von 1856 bis 1865. Die politischen Beiträge sind aber nicht so zu verstehen, als habe Kolping selbst „Politik machen" wollen; sie waren in seinem Sinne ein christlicher Kommentar zu den politischen Ereignissen.

2. Kolpings Einsatz für die Fraktion des Zentrums und den bedrohten Kirchenstaat in den Jahren 1858 bis 1862

Zum Ende des fünften Jahrgangs der „Rheinischen Volksblätter" schrieb Kolping einen Beitrag: „Die 'Rheinischen Volksblätter' und ihr ferneres Programm". Er begann damit, welche Wünsche ihm für die Gestaltung der Zeitschrift vorgetragen wurden; „alle aber wünschen noch mehr Politik".[10] In Preußen war in der Zwischenzeit die „Neue Ära" eingetreten, eine Art innenpolitischen Tauwetters nach der Reaktionszeit. Kolping kam dabei auf „die eigentümliche Politik, die wir in dem Blättchen vertreten", zu sprechen: „Sie hat schon in letzter Zeit eine neue Wen-

[8] Brief vom 15. 1. 1856, in: KS, Bd. 2, S. 241.
[9] Brief vom 1. 10. 1855, in: a. a. O., S. 230.
[10] KS, Bd. 4, S. 393-397, hier S. 393.

dung genommen", und zwar insofern, als innenpolitische Themen im „politischen Tagebuch" verstärkt zur Sprache gekommen sind.

„Vorab die Erklärung, daß wir in unserer Wochenschau durchaus nicht Politik machen wollen, uns durchaus nicht eindrängen wollen in die große Landespolitik selber. ... Weil wir katholisch sind ..., sind wir wahrhaft erhaltender Natur, konservativ. ... Indem wir also nach bestem Wissen und Gewissen der Wahrheit dienen und uns feindselig gegen ihr Gegenteil wenden, bleiben wir außer und über den eigentlichen Parteien und dienen am treuesten dem Vaterlande."[11]

Nun kommt das Aber: „Wir meinen aber, es täte heutzutage sehr not, daß man den offenen Kampf gegen alles Unwahre, also, um es verständlicher zu sagen, gegen alles Unchristliche im öffentlichen politischen Leben nur mutig und getrost übernehme."[12]

Als solche „Partei" der Unwahrheit wird der (falsche) „Liberalismus" mit seinen „tönenden Phrasen"[13] namhaft gemacht. „Wenn wir nun auch nicht Politik im Großen machen können noch wollen ..., dann können und sollen wir doch, soviel Zeit und Kräfte erlauben, bemüht sein, unsere Leser über das, was wahr und falsch ist im öffentlichen Leben, aufzuklären. ... Wir haben ja, gottlob, einen sicheren Maßstab: Was nicht christlich ist oder sich mit christlichen Wahrheiten nicht verbinden läßt, das ist falsch."[14]

Eine Autonomie der irdischen Wirklichkeiten, wie sie das Zweite Vatikanische Konzil proklamiert hat, ist hier noch außerhalb jeder Vorstellung. Nicht nur die „falschen" Lehren sind nach Kolping zu bekämpfen, sondern es soll „uns unbenommen bleiben, ... die Früchte dieser Lehren an wirklichen Menschen zu zeigen".[15] Von der Richtung der „Rheinischen Volksblätter" heißt es dann weiter: „Daß sie 'klerikal' sind, soll kein vernünftig' Menschenkind erschrecken. ... Darum also wird in der Folge das 'politische Tagebuch' unsere besondere Aufmerksamkeit in Anspruch nehmen und nach Lage der Dinge die entsprechende Erweiterung erhalten."[16]

Dieses Aber sprengte schon damals die vorgebliche parteipolitische Neutralität Kolpings. Ende Oktober 1858 hatte er einen Aufruf verfaßt: „Zu den Wahlen!" und darin die Frage gestellt: „Wen soll man wählen?"[17] „Wählt ... besonnene, Gerechtigkeit liebende, sachkundige Männer, deren Christentum ihr nicht zu bezweifeln braucht; und da wir hier

[11] A. a. O., S. 394-395.
[12] A. a. O., S. 395.
[13] Ebd.
[14] A. a. O., S. 396.
[15] Ebd.
[16] A. a. O., S. 397.
[17] RV 5 (1858), Nr. 45 vom 6. 11., S. 705-707, hier S. 706.

fast nur zu katholischen Christen reden, so setzen wir hinzu: Wählt, wo ihr könnt, tüchtige Katholiken, die ihrem Glauben Ehre machen."[18]

Hier wird ohne Frage die Fraktion des Zentrums im preußischen Landtag favorisiert, und es ist wahrscheinlich, daß Kolpings näherer Umgang mit August Reichensperger entscheidend dazu beigetragen hat.

Schon Michael Schmolke war aufgefallen, daß Kolpings Verhältnis zur Politik nicht auf einen Nenner zu bringen ist, und er nannte es „gebrochen"; er sei „selbst der Politik und, trotz gegenteiliger Versicherungen, dem Politisieren durchaus zugetan".[19] „Inhaltlich wurden die 'Rheinischen Volksblätter' ab 1859 ein vorwiegend politisches Blatt ... Aus der Krisensituation heraus wird der Politiker Adolph Kolping mit einem Schlage offenbar."[20]

Vor den Wahlen von 1861 druckte Kolping aus den „Kölnischen Blättern" einen Wahlaufruf ab, worin zu lesen war: „Wir scheuen uns nicht ..., uns als politische Partei zu erklären und zu benehmen."[21]

Die Fraktion des Zentrums „repräsentierte den deutschen Katholizismus"[22] nur zu einem Teil, vertrat aber einen Alleinvertretungsanspruch für alle Katholiken. Wer sich nicht anschloß, wurde öffentlich diskriminiert. So erging es von seiten Kolpings Friedrich Blömer, von dem es in einem Brief Kolpings an August Reichensperger heißt: Ob „er sich bald bekehrt?"[23] Ebenso wurden der katholische Priester Philipp von Berg und andere katholische Abgeordnete, die im Parlament für die „Konsolidierung Italiens" gestimmt hatten, von Kolping dem katholischen Volk mit folgendem Satz namhaft gemacht: „Ob diese wohl im Sinne ihrer Wähler und der Wahlkreise abgestimmt haben, mögen Wähler und Wahlkreise bei sich selber ausmachen."[24]

Von seinem „klerikalen" Standpunkt aus befaßte sich Kolping in dieser Zeit wiederholt mit dem Liberalismus und seinen „Phrasen".[25]

Mit dem Beginn des Jahres 1859 trat ein anderes Thema in den Mittelpunkt des öffentlichen Interesses, die Auseinandersetzungen, die zum Italienischen Krieg zwischen Frankreich und Sardinien/Piemont einerseits und Österreich andererseits führten. Entsprechend breiten Raum nahm dieses Thema im „politischen Tagebuch" ein. Kolping schrieb darüber in einem Brief: „Das Blättchen macht mir recht viele Arbeit, wie

---

[18] A. a. O., S. 707.

[19] Schmolke, S. 171. Vgl.: a. a. O., S. 187 und 189, die Tabelle und Graphik, die die Zäsur zeigen, die in den „RV" etwa in den Jahrgang 1859 fällt.

[20] A. a. O., S. 190.

[21] RV 8 (1861), Nr. 45 vom 9. 11., S. 706.

[22] Kracht, S. 379.

[23] Brief vom 30. 3. 1860, in: KS, Bd. 2, S. 336. Vgl. auch: KS, Bd. 5, S. 39.

[24] RV 8 (1861), Nr. 8 vom 23. 2., S. 120.

[25] Vgl.: KS, Bd. 5, S. 45-70, 82-102, 129-138, u. a. Hingewiesen sei auch auf A. Reichenspergers Broschüre: Phrasen und Schlagwörter, Paderborn 1862, die zuerst in den „RV" abgedruckt worden war. Vgl.: KS, Bd. 5, S. 82, Anm. 1.

Du siehst, in diesen bösen Zeiten. ... Ich habe ein ordentliches Pläsier daran, Österreich und sein gutes Recht verteidigen zu können. ... Das beste ist: Mir glauben die Leute eher als der Kölner Zeitung. ... Österreich ... ist doch die einzige Macht in der Welt, welche mit Recht die katholische Sache vertritt. Die läßt Gott nicht zugrunde gehen. Ich hätte große Lust, mein Blättchen, dessen Leserkreis sich ziemlich erweitert, fast zu einem ausschließlich politischen Blättchen zu machen, wenigstens, solange der Krieg dauert, um mich für Österreich und die gute Sache zu wehren mit allen Kräften."[26]

Und an anderer Stelle: „Nun waffne Gott Österreich mit Heldenstärke, damit es den Drachen der Revolution zerschmettere!"[27] „Aber nur Mut! Die Geschicke erfüllen sich, und Gott wird den großen Sieg davontragen. Das Herz unseres Volkes ist bei Österreich, beim Recht, bei den Verteidigern der Religion."[28]

Als die letzten Zeilen geschrieben wurden, war die Schlacht von Magenta schon geschlagen, die den Österreichern hohe Verluste eingebracht hat.

In diesen Texten wird eine Schwarzweißmalerei getrieben: Österreich ist auf der Seite des Rechts, also Gottes, Napoleon III. mit Sardinien/Piemont auf der Seite der Revolution, also des Teufels.

In Erwartung einer allgemeinen Mobilmachung in Preußen beschloß der Kölner Gesellenverein, „bis auf weiteres keine öffentlichen fröhlichen Feste mehr zu feiern, dafür aber eine Hilfs- und Unterstützungskasse zu errichten, um einige Fonds anzusammeln, aus denen im Falle der Not arbeitslose Gesellen, die brave Mitglieder des Vereins sind, können unterstützt werden. Auch sollen die Familien derjenigen Ehrenmitglieder, die bei einer möglichen Mobilmachung wieder zum Heere einberufen werden, nach Kräften im gegebenen Falle bedacht werden."[29]

Im Juli 1859 wurde zwischen Frankreich und Österreich ein Waffenstillstand geschlossen, aufgrund dessen Sardinien/Piemont die Lombardei zugestanden bekam. Im folgenden Jahre schlossen sich die Toskana, Parma, Modena und die Romagna Sardinien/Piemont an, dann auch später Neapel, die Marken und Umbrien. Damit war der Kirchenstaat in seiner Existenz im höchsten Maße gefährdet, und seit 1861 gab es das Königreich von Italien, das das ganze italienische Gebiet mit Ausnahme von Venetien und einem Umkreis um Rom umfaßte. Wie Kolping auf diese Ereignisse im „politischen Tagebuch" reagierte, läßt sich leicht denken.

---

[26] Brief vom 14. 4. 1859, in: KS, Bd. 2, S. 316-317.
[27] Brief vom 8. 5. 1859, in: a. a. O., S. 319.
[28] Brief vom 18. 6. 1859, in: a. a. O., S. 320.
[29] RV 6 (1859), Nr. 24 vom 11. 6., S. 383.

3. Die Artikelserie „Vom Kriege" aus dem Jahre 1859

Die folgenden Ausführungen, in denen nach Möglichkeit Kolping selbst zu Wort kommt, mögen auf einen Leser zu Ende des 20. Jahrhunderts befremdlich wirken. Er möge sich dabei die lange Zeit zwischen ihm und Kolping vor Augen führen, in der sich vieles verändert hat. So hat der Krieg in unserem Jahrhundert einen ganz anderen Stellenwert bekommen. Das politische und das kirchliche Leben war damals orientiert auf Thron und Altar, und beiden wurde eine unmittelbare göttliche Herkunft attestiert. Das galt speziell für den „Papstkönig" in Rom und den „apostolischen" Kaiser von Österreich. Es gab zwar schon Kreise, die zwischen Religion und Politik scharf unterschieden; für konservative Kreise bedeuteten sie aber eine Einheit. In weiten Kreisen des katholischen Klerus im Rheinland herrschte dazu ein Fideismus und Traditionalismus, der im Glauben die Quelle aller Erkenntnis sah im Unterschied zum scholastischen Axiom: Gratia supponit naturam. Kolping formulierte es einmal so: „Auf dem Glauben ruht das Leben."[30] Mit seiner Meinung über den Krieg in Italien stand er sicher nicht allein, sondern formulierte eine in sogenannten ultramontanen Kreisen Deutschlands verbreitete Meinung, unterlag dabei aber leicht der Gefahr, diese Sichtweise mit der „christlichen" zu identifizieren und anderen Sichtweisen den gesunden Menschenverstand abzusprechen.

Seine Meinung über das Kriegsgeschehen in Italien hat Kolping u. a. in der Artikelserie „Vom Kriege" ausgeführt. Die beiden ersten Folgen erschienen vor dem 12. Juli, dem Tag des Waffenstillstandes von Villafranka. Kolping schlüpfte in die Haut des weisen Dr. Fliederstrauch, dessen pädagogische Einsichten in Dialogform in den ersten Jahrgängen der „Rheinischen Volksblätter" zum Tragen gekommen waren.[31] Aktueller Anlaß waren die Nachrichten von Magenta im „Krieg zwischen Napoleon und der mit ihm verbündeten Revolution gegen den österreichischen Kaiserstaat".[32]

„Unsere Überzeugung stand auf der Seite Österreichs." Das „Schreckliche"[33] des Krieges wird angesprochen; doch „lassen wir heute unsere Blicke von den gräßlichen Bildern eines Schachtfeldes wegwenden", um „die Bedeutung des Krieges"[34] in den Blick zu bekommen.

[30] KS, Bd. 5, S. 238. Vgl.: Adolph Kolping, Auf dem Glauben ruht das Leben. Textauswahl von Heinrich Festing, Kevelaer 1987, wo es S. 7 heißt: „Das war der Kerngedanke Adolph Kolpings."

[31] Vgl.: KS, Bd. 10, passim.

[32] A. a. O., S. 376.

[33] A. a. O., S. 378.

[34] A. a. O., S. 379.

Dr. Fliederstrauch alias Kolping geht dann auf den Krieg ein, „dem nur der Christ mit seinem weltumfassenden Glauben wirklichen Sinn und Verstand abgewinnen kann“.[35]

„Wer mich in den Tod schickt, muß seine Vollmacht dazu aufweisen“.[36] „Nur wer der Obrigkeit, wir wollen sagen, dem Landesfürsten, in dem die Macht der Obrigkeit ihre Fülle erreicht, die Stellvertretung Gottes im Gebiete irdischer Gerechtigkeit einräumt, nur dieser kann auch recht eigentlich dem Landesfürsten das Recht einräumen, seiner Untertanen Leben im Notfalle, ich sage, im Kriege, zu verwenden. ... Das kann die christliche Obrigkeit, weil sie eine christliche ist und ihre Vollmacht von Gott hat, seine Gerechtigkeit auf Erden zu handhaben.“[37]

Hier beginnt eine „politische Theologie“: „Diese Gerechtigkeit wird aber gehandhabt durch das Belohnen der Guten und das Bestrafen der Bösen, worin eigentlich die ganze Aufgabe der christlichen Obrigkeit sich zusammenfassen läßt. ... Die Obrigkeit als Gottes Stellvertreterin in zeitlichen Dingen hat ... die göttlichen Gesetze im Bereiche ihrer Macht aufrechtzuhalten und die Übertreter zu strafen. ... Jede Übertretung der Ordnung Gottes aber ruft eine entsprechende Strafe Gottes heraus. ... Eine solche Strafe Gottes, namentlich für gewisse Versäumnisse und Übertretungen, ist auch der Krieg.“[38]

Weiter ist die Rede von demagogischen Umtrieben und Revolutionen in Italien, die „dem Bannstrahl der Kirche verfielen“. Österreich dagegen, das „nichts anderes getan hatte, als seinen Besitz geschirmt und wahrlich seine Untergebenen nicht sonderlich gequält hat“, habe nicht „den Krieg gewollt“.[39]

„Daß Österreich endlich zum Schwert greifen mußte, tat ihm die Not an. Wer für Ehre und Recht und Pflicht noch einiges Gefühl in der Brust trägt und das Entstehen dieses Krieges von Anfang an beobachtet hat, erkennt von der einen Seite die ganze Schuld am Kriege, wenn er auf der anderen Seite nur die einfachste Notwehr erblickt. Was man nämlich von österreichischen Sünden in Italien erzählt, schrumpft diesem Krieg gegenüber so gut wie in nichts zusammen, vorausgesetzt, daß man Wahrheit und Lüge auseinanderzuhalten weiß.“[40]

Daß Kolping selbst der Mär aufgesessen war, daß in der Hauptsache die italienische Einigung durch Umtriebe der „geheimen Gesellschaften“[41] zustandegekommen sei, sei nebenbei angemerkt.[42]

---

[35] A. a. O., S. 381.
[36] A. a. O., S. 382.
[37] Ebd.
[38] Ebd.
[39] A. a. O., S. 384.
[40] A. a. O., S. 385.
[41] A. a. O., S. 384.
[42] Vgl.: KS, Bd. 9, S. 397-417, 430-431.

Wieder ist davon die Rede, „daß alles Böse auf Erden, jede Strafe Gottes, jedes Unheil bis zum sogenannten Unglücke herab seine Verschuldung in den Sünden der Menschen findet", daß Gott „auch alles Böse straft, und zwar entsprechend straft".[43] „Den Krieg verschulden die Menschen, die den Krieg hervorrufen; ... Gott verschuldet auch nicht das kleinste Übel in der Welt. Aber daß der verschuldete Krieg zur Strafe wird, das ist die Anordnung Gottes."[44]

Die Artikelserie „Vom Kriege" wurde auch nach der Nachricht vom Waffenstillstand fortgeführt. Der Gedanke vom Krieg als Strafe für die Sünde wird wiederholt: „Aber alle solche Sünden, bei deren Bestrafung die weltliche Gerechtigkeit entweder nicht ausreicht oder auch sich säumig erweist, schreien zum Himmel. ... Die Strafen derselben verhängt und verfügt Gott selber."[45] „Der Krieg, aus tiefliegenden Ursachen in der sündigen Menschenseele geboren, zu vielseitiger Buße von Gott verwendet, schüttelt gewaltsam die Menschen von dem los, woran sie ungeordnet sich gehangen."[46] „Was meinen Sie wohl, mein Freund, gibt's wohl ein göttliches Gebot, das allgemeiner und vielfältiger, frecher und raffinierter übertreten wird als das sechste unter den Zehn Geboten?"[47] Darin liege „die Lösung des Rätsels"[48] vom Kriege. Um der „Liederlichkeit"[49] willen kommen „die Strafgerichte Gottes über die Welt".[50] „Dafür wird der Mann in den Krieg gezogen."[51] „Nur wird dem Schuldlosen dasselbe zum sühnenden Opfer, was beim Schuldigen die gerechte Strafe ist."[52]

Nun geht Kolping speziell auf die „französische Liederlichkeit" ein, und zwar zunächst in der Geschichte des Ancien régime. „Als das Maß der Frevel voll war, kam das Gericht. Die erste Französische Revolution war auch eine Buße."[53] „Eigentlich hat in Frankreich seit 1789 das Revolutionieren noch gar nicht aufgehört. ... Immer folgen sich in Frankreich oder durch Frankreich die blutigen Kriege wie bei gewissen Kranken bestimmte Ausbrüche. ... Da aber unser Herrgott mitwirkt dabei, recht eigentlich der Hauptfaktor ist, so müßte man vom christlichen Standpunkte doch schon sehr blind und beschränkt sein, um in diesen steten Heimsuchungen Frankreichs die entsprechenden Strafen für die Sünden

---

[43] KS, Bd. 10, S. 385.
[44] Ebd.
[45] A. a. O., S. 388.
[46] A. a. O., S. 390.
[47] A. a. O., S. 393.
[48] A. a. O., S. 394.
[49] Vgl. diesen Ausdruck in dem Beitrag: „Adolph Kolping als Schustergeselle in Köln", in diesem Band.
[50] KS, Bd. 10, S. 395.
[51] A. a. O., S. 396.
[52] A. a. O., S. 397.
[53] A. a. O., S. 398.

und Frevel am Familienleben wie am Menschenleben, eben die Strafen für die Übertretungen des sechsten Gebotes, nicht zu erkennen, die in Frankreich noch immer in entsetzlicher Weise Mode sind und eben auch um Rache zum Himmel schreien."[54]

Kolping faßt seine Meinung noch einmal zusammen: „Menschliche Schuld und Gottes Gericht gehen sich immer nach, bis sie zusammentreffen und dann aus der eigentümlichen Schuld die entsprechende Heimsuchung gleichsam hervorwächst."[55]

An dieser Stelle kramt Dr. Fliederstrauch das römische Pontificale heraus und sagt: „In diesem Buche ist mehr Weisheit, Tiefsinn und hohe göttliche Poesie als in der ganzen Profanliteratur aller Zeiten. Allerdings, nur dem Glauben ist das Verständnis geoffenbart."

Diese fideistische Aussage wird belegt mit einem angeblichen Augustinuszitat, das den Tenor hatte: Wer dem Priester den Zehnten verweigert, der wird ihn „dem gewalttätigen Soldaten geben"[56] müssen. „Der hl. Augustinus hat also schon sehr gut gewußt, daß alles, was man der Pflege und der Geltendmachung der Religion entzieht, endlich nach gerechter göttlicher Anordnung durch den gewalttätigen Krieg aufgezehrt werden müsse."[57]

Die Folgerung aus dem Gesagten sieht so aus: „Daß die Aufrechthaltung der göttlichen Gebote die beste Versicherung gegen Landesunheil ist, begreifen offenbar sehr wenige. ... Dann folgt aber daraus nur, daß, wenn man die Grundwahrheit, daß eben die Heilighaltung des göttlichen Gesetzes die Grundbedingung des Landeswohles, die beste Wehr gegen Unheil ist, nicht leugnen will oder mag, man sich auch selbst und vor allen Dingen der Zucht und Ordnung der Kirche unterwerfen müsse. ... Wer dann darauf ausgeht, das Aufblühen des kirchlichen Lebens niederzuhalten, wer des Dafürhaltens ist, die sozialen kirchlichen Bestrebungen dürfe man nicht aufkommen lassen, wer an allem derartigen nörgelt und es zu verdächtigen bestrebt ist, verdient in der Tat den Namen eines Feindes des Vaterlandes."[58]

Die Anwendung dieser Gedanken auf den damaligen preußischen „protestantischen" Staat drängt sich auf.

Kolping geht bezüglich des Krieges noch einen Schritt weiter: „Mich dünkt, der Krieg habe auch eine erhabene Seite und trüge auch einen wahrhaft großartigen, sogar christlichen Charakter wie kaum eine andere Erscheinung in der Weltgeschichte an sich."[59]

---

[54] A. a. O., S. 399-400.
[55] A. a. O., S. 402-403.
[56] A. a. O., S. 404.
[57] A. a. O., S. 405.
[58] A. a. O., S. 406.
[59] A. a. O., S. 407.

Gerechtigkeit wird als das höchste irdische Gut dargestellt. „Werden Sie sich denn nun verwundern dürfen, daß der Mensch mit dem Aufwand aller Kräfte, mit der Darangabe aller übrigen zeitlichen Güter, ja mit dem Einsatz des Lebens für dieses höchste sittliche Gut der Gesellschaft, für die Gerechtigkeit, eintritt?“[60] Mich „dünkt, das sei erst recht christlich; denn das Christentum ist tatsächlich hienieden nach einer Seite nichts anderes als ein fortgesetzter Kampf für die Gerechtigkeit um jeden Preis gegen die Ungerechtigkeit, und regelt, adelt und verklärt das Christentum den mutigen Streiter für Recht und Gerechtigkeit.“[61]

Es folgt die Lehre vom gerechten Krieg. „Ein gerechter Krieg also, worin der Landesherr, die persönliche Obrigkeit, die kriegsfähigen Untertanen aufruft, die Ehre und das Recht des Landes zu schirmen und dem bedrohten Recht anderer zu Hilfe zu kommen, die Ungerechtigkeit zu bekämpfen, ungerechte Gewalt niederzuwerfen, ist in diesem Falle eine von jenen erhabenen Pflichten, welche die christliche Gesellschaft auszuüben hat im Namen Gottes und namentlich des Christentums, das in diesem Sinne auch nicht auf die Erde gekommen ist, den Frieden zu bringen, die Gemeinschaft mit dem Schlechten, das feige Waltenlassen der Ungerechtigkeit, sondern das Schwert, den mutigen, tapferen Widerstand gegen alle Böse. ... Die größten Helden in der Schlacht waren auch gute Christen, und endlich werden immer die wahren und tüchtigen Christen auch die treuesten und zuverlässigsten Soldaten im Felde sein.“[62] „Und wie der Landesfürst dabei auf den Ruf Gottes hinweisen kann, so kann auch der Soldat getrost dem Tode entgegensehen; denn sein Kampf ist eine christliche Pflicht, deren Erfüllung ihm die frohe Hoffnung der Gnade Gottes gewährt.“[63] „Schon diese Andeutungen mögen vorläufig genügen, Ihnen den Krieg trotz seiner schrecklichen, ja entsetzlichen Außenseite und seinem providentiellen Strafcharakter auch von einer anderen, erhabenen und christlich-großartigen Seite zu zeigen, so daß es nicht bloß möglich ist, sich mit demselben zu versöhnen, sondern im Notfalle sogar dafür zu begeistern.“[64]

Die „ungünstigen Erfolge der österreichischen Waffen“ werden hier so versucht zu erklären: „Gott läßt in der Tat das Recht auf Erden zeitweilig leiden, um andere Zwecke mittlerweile zu fördern.“[65]

---

[60] A. a. O., S. 409.

[61] A. a. O., S. 410.

[62] A. a. O., S. 410-411. Diese Meinung kehrt in einer Soldatenpredigt vom 31. 1. 1991 in ähnlicher Form wieder: „Friedensdienst ist Glaubensdienst. Wer dem Glauben und seiner Ausbreitung dient, der dient dem Frieden und seiner Verbreitung. Jeder Soldat muß daher auch Theologe sein. ... Der homo politicus setzt den homo religiosus voraus. Der Gottesglaube befähigt zu verantwortlichem politischem Handeln.“ J. Kardinal Meisner, nach: Presseamt des Erzbistums Köln, Dokumente, Nr. 226 vom 1. 2. 1991.

[63] A. a. O., S. 411.

[64] A. a. O., S. 412.

[65] Ebd.

Es folgt noch eine biblische Begründung für den Krieg: „Von da an, wo im Reiche der Geister zuerst die Empörer den Bruch des Rechts zwischen sich und Gott tatsächlich machten und Michael mit dem ewigen Feldgeschrei der Kinder Gottes: 'Wer ist wie Gott?' zum Schwerte griff, um das ewige Recht zu verteidigen, und der Kampf zwischen Recht und Unrecht entbrannte, auch die abstürzende Bahn der Empörer sich auftat für sie und alle Nachfolger, bis zum Schlusse der Geschichte wird dieser Kampf durchgefochten werden müssen, bis die Sieger im Heere Gottes einst mit zu Gericht sitzen über die für ewig Überwundenen. Innerhalb der irdischen Menschengeschichte spinnt sich dieser Kampf in seiner eigentümlichen blutigen Weise von Geschlecht zu Geschlecht fort."[66]

Im Falle des heiligen Michael wird der „Kampf" nur noch unter dem Aspekt der blutigen Kriege wahrgenommen, die eigentliche, „geistige" Seite des Kampfes ist aus dem Blickfeld verschwunden.

Zum Schluß wird dem Leser noch einmal „sein Standpunkt" klargemacht: „Wenn ich das klare Recht auf der einen Seite sah, dann mußte natürlich das klare Unrecht auf der anderen Seite sein." Man suche zwar „auch in der falschen Politik dem faktischen Unrecht ein ehrbar scheinendes Mäntelchen umzuhängen"; doch: „Ohne die Gerechtigkeit kann die sogenannte Freiheit nur als Despotie auftreten. Die Geschichte aller gewalttätigen Revolutionen bestätigte das vollauf."[67] Das ist „die Praxis aller Revolutionäre gewesen, und auf diesem Wege sind alle ungerechten Kriege zustande gekommen."[68]

Wie sehr Kolping in diesen hier nachgezeichneten Gedanken persönlich zu Hause war, dafür gibt es einen Beleg in einem Brief, der seine Betroffenheit vom „Frieden" zum Ausdruck bringt:

„Also, Euer Kaiser Franz Joseph macht Frieden mit Napoleon, einen – sagen wir es nur – faulen, schimpflichen Frieden, daß man vor Scham und Zorn vergehen möchte! Und nachdem dieser Friede unterzeichnet ist, umarmt er den Napoleon auch noch! Gestern nachmittag war hier die Nachricht schon verbreitet zum Schrecken aller Gutgesinnten und zum Hohn und Spott aller Widersacher Österreichs! Also, von Eurem Kaiser ohne entscheidende Schlacht der Revolution die Hand zum Frieden gereicht! Das ist Schmach und Schande. Seit gestern habe ich nicht Lust, vor die Türe zu gehen; ich möchte keinen Menschen sehen, so schäme ich mich für Österreich. ... Nun sag doch einmal ehrlich und aufrichtig: Ist es denn bei Euch so faul und elend bestellt, daß ein solcher Friede notwendig war? ... Ihr werdet sagen: Wir sind von unseren Bundesgenossen im Stiche gelassen worden. Aber wo ist dann das Gottver-

---

[66] A. a. O., S. 412-413.
[67] A. a. O., S. 413.
[68] Ebd.

trauen? Da Ihr das gute Recht, also Gottes Sache, vertratet, war Gott Euer Bundesgenosse, der, wenn er Euch auch demütigte, Euch doch nicht untergehen ließe. Wenn der Glaube Eures Kaisers und seiner Umgebung so schwach ist, daß sie sich nicht mehr unbedingt auf diesen Bundesgenossen verlassen, allerdings, dann mag Österreich seinen Weltberuf an den Nagel hängen! ... Solange Österreich die Hurer und Ehebrecher nicht aus seinem Heere entfernt, so lange wird der Sieg seine Fahne fliehen und es sich beugen müssen unter die Hand seiner Feinde. ... Darum ist dieser schmachvolle Friede schmachvoller als drei und auch als zehn verlorene Schlachten."[69]

Durch den Friedensschluß war Kolpings eindeutiges Weltbild ins Wanken geraten. Auch wenn in den folgenden Jahren im Papst und im Kirchenstaat ein Ersatz für die Rolle Österreichs als Hüter des Rechts gefunden wurde, so hat die politische Begeisterung Kolpings dadurch doch einen starken Dämpfer bekommen, und im Jahre 1863 konnte er schreiben: „Namentlich ist mir innerlich die Politik zum Greuel geworden."[70]

4. Kolpings Einsatz für die „Michaelsbruderschaft" und sein allmähliches Ausscheiden aus dem politischen Tageskampf

Schon früh, im Jahre 1859, nutzte Kolping die „Rheinischen Volksblätter" dazu, um für den Papst Geld zu sammeln. So schrieb er zum Ende dieses Jahres: „Nun habe ich gerade 500 Taler für den Heiligen Vater beisammen."[71]

Wenn wir uns vergegenwärtigen, welche Rolle der heilige Michael in dem beschriebenen „Kampf" zu spielen hatte, so wundern wir uns nicht, wenn zum Zwecke der Geldsammlungen für den Papst eine Michaelsbruderschaft gegründet worden ist. Die ersten Anstöße zur Gründung gingen von Aachen aus.[72] Am 9. März 1860 hat der Papst die Bruderschaft bestätigt und mit Ablässen versehen.[73]

In Münster rief am 3. Oktober 1860 der dortige Vorstand der Michaelsbruderschaft zum Beitritt auf.[74] Die Gedanken, die die dortigen Verantwortlichen der Bruderschaft äußerten, sind zeittypisch für die Vermengung von Theologie und Politik:

---

[69] Brief vom 19. 7. 1859, in: KS, Bd. 2, S. 321-322.
[70] Brief vom 23. 10. 1863, in: a. a. O., S. 498.
[71] Brief vom 30. 12. 1859, in: a. a. O., S. 329.
[72] Vgl.: Franz Bäumker, Dr. med. Heinrich Hahn, ein Apostel im Laienkleide, 1800-1882, Aachen 1930, S. 142-143.
[73] Vgl.: Sonntags-Blatt für katholische Christen 19 (1860), Nr. 46 vom 11. 11., S. 734.
[74] Vgl.: a. a. O., Nr. 43 vom 21. 10., S. 673-676.

„Das Böse ist organisiert, sowohl in den geheimen Bünden als in der Waffengewalt. ... Würde es möglich sein und wäre die Kirche nicht ewiger, göttlicher Institution, man würde schon jetzt anstelle des Christentums ein Heidentum proklamieren, anstelle der Kirche die Politik und eine Staatsordnung setzen, welche nur die irdische Wohlfahrt zu besorgen hätte, während Glaube und Moral dem einzelnen überlassen bliebe [!]. ... Der Kampf ist in seinem tiefsten Grunde religiöser Natur, und zwar nicht nur, weil es sich handelt um die Begriffe von Recht und Wahrheit, die allein in der Religion ihre richtige Deutung finden und nur durch die Religion können erhalten werden, sondern auch, weil dieser Kampf sich geradezu gegen die Kirche gerichtet hat, welche mit einem unerschütterlichen Dogma und einer unantastbaren Moral auf dem Felsen steht. Man greift in ganz richtiger, menschlicher Taktik die Kirche im Mittelpunkte, in ihrem Oberhaupte, im Papst an. ... Hier treten offenbar Pflichten an uns heran, denen wir nicht ausweichen können. Dies Bewußtsein hat den Gedanken der St. Michaelsbruderschaft ins Leben gerufen. ... Zweck der Bruderschaft ist, zu beten für den H[eiligen] Vater, Mittel zu beschaffen zu seinem Schutz und zur Bildung einer religiös-militärischen Genossenschaft, welche sich dem Dienste des Heiligen Vaters widmet."[75]

Hier zeigt sich ein kirchlicher Absolutheitsanspruch gegenüber dem Staat, der eine Reihe von Jahren später mit zum Kulturkampf beigetragen hat, gleichzeitig aber auch eine gewisse Kreuzzugsmentalität, die im Blick auf die militärische Lage in Italien hier offen, später eher verdeckt zur Aufrüstung der päpstlichen Truppen aufrief.

Daß Kolping führend bei der Gründung im Kölner Erzbistum tätig war, zeigt seine Äußerung, „daß nun mit dem Michaelisverein Ernst gemacht wird. Noch heute werden hier im Hause die Statuten festgesetzt, und dann soll's mit Eifer darüber hergehen."[76] Nach diesen Statuten der Bruderschaft, die mit einem Hirtenwort des Kölner Erzbischofs allen Diözesanen eindringlich ans Herz gelegt wurde, bezweckte sie „die Unterstützung des Apostolischen Stuhles in der Regierung der Kirche durch Gebete und Almosen".[77] Gebete und Ablässe werden genannt, und weiter heißt es: „Die Darbringung des Peterspfennigs geschieht nach den Anordnungen der geistlichen Oberbehörde an die betreffenden Vorstände." Die Bruderschaft sei „in jeder Pfarre"[78] einzuführen. Kolping

---

[75] A. a. O., Nr. 46 vom 11. 11., S. 733-734.
[76] Brief vom 10. 11. 1860, in: KS, Bd. 2, S. 346.
[77] Kirchlicher Anzeiger für die Erzdiözese Köln 9 (1860), Nr. 23 vom 1. 12., S. 110; RV 7 (1860), Nr. 49 vom 8. 12., S. 777.
[78] A. a. O., S. 111 bzw. 778. Vgl.: Kolpings Äußerung im Brief vom 11. 12. 1860, in: KS, Bd. 2, S. 354: „Wir hier führen im Vereine die Michaelsbruderschaft ein; kein Mann darf zurückbleiben!"

beteiligte sich intensiv an der Sammlung.[79] Enorme Geldbeträge von jährlich etwa 50000 Talern kamen so zusammen und wurden nach Rom weitergeleitet.

Auch wenn das „politische Tagebuch" seinen prozentual hohen Anteil am Inhalt der „Rheinischen Volksblätter" hielt,[80] so ließ bei Kolping doch die Begeisterung für die Politik nach. Hatte er im Sommer 1859 deswegen sogar auf seinen Urlaub verzichtet,[81] so hatte die unausgesetzte politische Publizistik auch andere Folgen. Die organisatorische Tätigkeit für den Gesellenverein trat in den Hintergrund. Größere Reisen unterblieben, und die im Jahre 1858 inaugurierte Gliederung des Gesellenvereins nach Diözesanverbänden wurde erst im Jahre 1864 fortgeführt. Seit dem Jahre 1862 kamen andere Aufgaben auf Kolping zu, und zwar die innere Renovierung der Kölner Minoritenkirche und der Ausbau des Kölner Gesellenhospitiums, dann noch die Redaktion der neuen Zeitschrift „Mittheilungen für die Vorsteher der katholischen Gesellen-Vereine", was die politischen Ereignisse in den Hintergrund treten ließ, zumal sich in diesen Jahren in Italien nicht viel Neues ereignete.

In einem Brief sprach sich Kolping einmal darüber aus, welche Folgen die politische Publizistik bei ihm selber zeitigte: „Ich weiß nur zu gut, was ich über diesen fortgesetzten geistigen Arbeiten eingebüßt habe; aber das ist nur die natürliche Folge des eigentlich zu vielen Schaffens. Sie finden diesen Mangel an innerem Schwung, an wirklicher Poesie zumeist im Kalender; und ich beklage es selber, daß dieser so sehr gelitten hat. ... Die Zeitereignisse der letzten Jahre tragen die meiste Schuld; denn sie und noch andere Dinge dazu, die mich vielfach gründlich gequält haben, haben meinen Blick von der gemütlichen Beobachtung des Lebens in den engeren Kreisen weggezogen, nach den Weltereignissen hingewandt und mich so sehr, durch den täglichen Verkehr damit, in Anspruch genommen, daß ich kaum an irgend etwas anderes habe denken können."[82]

Schon im Jahre 1865 zeigten sich die Folgen der unermüdlichen Arbeiten: Kolping wurde Ende März schwer krank, und am 4. Dezember starb er.

5. Kolping als ein Wegbereiter der Zentrumspartei

Über die Gründung der Zentrumspartei in den Jahren 1870/1871 ist zwar schon vieles geschrieben worden; dennoch kamen erst im letzten

[79] Vgl.: Kirchlicher Anzeiger für die Erzdiözese Köln 10 (1861), Nr. 3 vom 1. 2., S. 23; Nr. 12 vom 15. 6., S. 61. Eingelaufene Geldbeiträge wurden auch in den „RV" angezeigt.
[80] Vgl.: Schmolke, S. 189.
[81] Vgl.: Brief vom 23. 8. 1859, in: KS, Bd. 2, S. 323.
[82] Brief vom 28. 5. 1861, in: a. a. O., S. 404.

Jahrzehnt Dokumente an die Öffentlichkeit, die das bisherige Geschichtsbild einigermaßen zurechtrücken. Zusammengefaßt hat diese neuen Erkenntnisse Christoph Weber in dem Buch „Eine starke, enggeschlossene Phalanx“.[83] Die Thesen dieses Buches seien hier kurz vorgestellt:

„Das Zentrum war eine Partei von entschiedenen, kämpferischen Katholiken, die gegründet wurde, um dem schwer bedrängten Papst zu Hilfe zu eilen und in Deutschland die Rechte der Kirche zu verteidigen“,[84] und zur „Niederringung des Liberalismus, des Rationalismus und der ganzen modernen Zivilisation“.[85] „Programm und Personenauswahl sind nur mit dem Begriff 'ultramontan' kurz und vollständig zu umschreiben.“[86] Dabei wurde in der „Wiederherstellung des Kirchenstaates ein Erfordernis der Religionsfreiheit der deutschen Katholiken“[87] gesehen. Diese Wiederherstellung sollte, falls erforderlich, durch „bewaffnetes Einschreiten“[88] bewerkstelligt werden. „Wer nicht für den Papst zu Felde zu ziehen bereit ist, ist 'antikatholisch'.“[89] „Dieser Verfügungsanspruch über die politische Betätigung aller Angehörigen einer Konfession war das eigentlich Unerhörte, das das Zentrum wie keine andere Partei kennzeichnete.“[90] „Im Zentrum waren, wenn es konkret wurde, ... Religion und Politik ein und dasselbe, so wie es ja der hochkonservativen antirevolutionären Theorie ohnehin entsprach.“[91]

Kolping hat in seiner Art ganz ähnliches gesagt. Wenn man zusätzlich noch in Betracht zieht, daß die Gründer der Zentrumspartei bis auf wenige Ausnahmen wie den später dazugestoßenen Karl Friedrich von Savigny alte Bekannte Kolpings waren, so kann man ohne Übertreibung sagen, daß der politische Katholizismus der späteren Zentrumspartei in der publizistischen Agitation Kolpings einen Vorläufer hatte.

Ein weiterer Gesichtspunkt spricht für diese These: Eine große Lebensleistung Kolpings ist die verbandliche Organisation des Gesellenvereins, wie er ihn in Elberfeld als Werk des Lehrers Johann Gregor Breuer kennengelernt hatte. Die „Rheinischen Volksblätter“ fungierten auch als Verbandsorgan. Dadurch wurden die Ideen des politischen Katholizismus nicht nur ins katholische „Volk“, sondern auch in die katholischen Gesellenvereine getragen. In Düsseldorf beispielsweise war der Gesellen-

---

[83] Untertitel: Der politische Katholizismus und die erste deutsche Reichtagswahl, Essen 1992.
[84] A. a. O., S. 7.
[85] A. a. O., S. 10.
[86] A. a. O., S. 17.
[87] A. a. O., S. 28.
[88] A. a. O., S. 25.
[89] A. a. O., S. 32. Ob diese Charakterisierung Webers auf alle „politischen Katholiken“ von 1870/1871 zutrifft, sei dahingestellt.
[90] A. a. O., S. 37.
[91] A. a. O., S. 119-120.

verein zusammen mit anderen katholischen Vereinen das Fundament, auf dem die Zentrumspartei aufbauen konnte.[92] Nur so ist folgendes Phänomen zu erklären: „So war es auch vor Beginn des eigentlichen Kulturkampfes, daß der seit Mitte der sechziger Jahre nur andeutungsweise als politische Größe zu registrierende Katholizismus gleichsam über Nacht zum dominierenden politischen Faktor wurde und es für Jahrzehnte bleiben sollte."[93]

Von seiten eines „liberalen Katholiken" hieß es zu Beginn des Kulturkampfes über die „klerikale Partei": Ihr „sind die Gesellenhäuser nicht nur christliche Erholungs- und Bildungsanstalten, sondern auch treffliche Exerzierschulen, in denen die Griffe vor den Wahlschlachten eingeübt werden."[94]

Diese Behauptung wie überhaupt das politische Verhalten solcher Standesvereine, ja selbst von spirituellen Vereinen im katholischen Raum harrt noch der eingehenden Untersuchung.

Persönliche Nachwirkungen des politischen Wirkens Kolpings kann man ab und zu finden. So konnte Paul Maria Baumgarten, dessen Mutter „ein Beichtkind des Gesellenvaters Kolping gewesen"[95], war im Rückblick auf seine Jugend schreiben: „Ich müßte nicht jener begeisterungsfähige, mit ehrlichem Hasse gegen die Freimaurerei Italiens erfüllte junge Mensch gewesen sein, ..."[96]

Der politische Katholizismus kann in Adolph Kolping einen bedeutenden Wegbereiter sehen mit allen Vorzügen und Nachteilen dieser „Bewegung, die mit modernen Mitteln antimoderne Ziele verfolgte".[97]

---

[92] Vgl.: Norbert Schloßmacher, Düsseldorf im Bismarckreich. Politik und Wahlen, Parteien und Verbände, Düsseldorf 1985, S. 27 und 89. Leider ist der Autor nicht auch dieser Spur gefolgt und hat die Gesellenvereine eigens untersucht.

[93] A. a. O., S. 249-250.

[94] Heinrich Böhmer, Die freie Kirche im freien Staate und der Ultramontanismus. Rede, gehalten in der Versammlung liberaler Urwähler zu Eschweiler am 26. October 1873, Bonn 1873, S. 22.

[95] Paul Maria Baumgarten, Römische und andere Erinnerungen, Düsseldorf 1927, S. 304.

[96] A. a. O., S. 157.

[97] Christoph Weber (Anm. 83), S. 139.

Adolph Kolpings Bemühungen um den Kauf des Kölner Konventes Kreuz 1855 bis 1863

1. Einleitung

Die im folgenden anhand von bisher zum größten Teil unbeachtet gebliebenen Archivalien nachgezeichnete Geschichte der vergeblichen Bemühungen Adolph Kolpings um den Erwerb des neben dem Kölner Gesellenhospitium gelegenen Grundstücks ist in ihren Grundzügen durch Kolpings eigene öffentlichen Äußerungen zur Sache und durch die Biographie von Schäffer bekannt.[1] Auch waren immer eine Reihe von Briefen bekannt, in denen Kolping dazu Stellung nahm und die im Jahre 1976 insgesamt zugänglich wurden.[2]

Eine weitere wichtige Quelle für die Verhandlungen ist das bisher noch unveröffentlichte Protokollbuch des Hospitiumsvorstandes. Auf der Grundlage dieser Quellen ist auf etwa einer halben Seite das Thema bei Kracht abgehandelt, wobei aber einem Hinweis Schäffers auf die „Kölnischen Blätter“ und weiteren Hinweisen in Kolpings Briefen auf mögliche weitere Quellen nicht nachgegangen worden ist, so daß diese Darstellung wie schon die Darstellung Schäffers die Argumente der Gegenseite nicht in den Blick nimmt.[3]

Weil der größte Teil der im folgenden abgedruckten Texte bisher unbekannt war, soll dem Leser die Möglichkeit gegeben werden, an der Entdeckerfreude Anteil zu nehmen.[4] Diese Lektüre ist allerdings anstrengender, als wenn nur die Geschehnisse überblicksartig zusammengefaßt würden. Dadurch wird der Leser mit einer ungewohnten Kanzleisprache konfrontiert. Das Flair der Originaltexte bietet aber die Gewähr dafür, daß eine wie immer geartete Interpretation nicht die Oberhand gewinnt, und zugleich werden die handelnden Personen in ihren Motiven und Emotionen erkennbar. Es sei allerdings bemerkt, daß wegen der Vielzahl der Texte durchaus eine Auswahl vorgenommen werden mußte. Texte aus Verhandlungsprotokollen werden im folgenden wie wörtliche Zitate behandelt.

---

[1] Vgl.: Schäffer, S. 177-178.

[2] Vgl.: KS, Bd. 2, 1. Auflage 1976.

[3] Vgl.: Kracht, S. 188.

[4] Leider war diese Freude nicht ungetrübt. So teilte das Geheime Staatsarchiv Preußischer Kulturbesitz, Berlin, am 8. 7. 1996 mit, daß dort keine Akten zum Thema aufzufinden seien.

2. Erste Verhandlungen mit der Armenverwaltung in den Jahren 1855 bis 1857

Nach dem Einzug des katholischen Gesellenvereins in das eigene Haus Breitestraße 118 im Mai 1853 wuchs der Verein schnell an. Das hatte zur Folge, daß sich Kolping schon relativ bald konkrete Gedanken machte über eine mögliche Erweiterung des Hauses. Wegen der Besitzverhältnisse kam neben einer Erweiterung in den eigenen Garten hinein, was Kolping aber erst als letzte Möglichkeit in Betracht ziehen wollte, nur das westlich vom Hospitium gelegene Konvent Kreuz, Breitestraße 120/122, in Frage, das auf eine mittelalterliche Stiftung aus dem Jahre 1287[5] zurückging mit dem Zweck, armen Frauen, sogenannten Konventualinnen, im Volksmund „Kuventsmöhne" genannt,[6] auf Lebenszeit ein Wohnrecht zu geben. Seit der französischen Zeit hatte die Armenverwaltung der Stadt Köln für diese Stiftungen zu sorgen.[7] Schon bei der ersten Erwähnung des Erweiterungsprojektes zeigte sich, daß Kolping sehr wohl im Auge hatte, den Stiftungszweck, das Wohnrecht der alten Frauen, nach Kräften zu gewährleisten. Diese Erwähnung findet sich im Protokoll zur Sitzung des Vorstandes des Gesellenvereins vom 4. Januar 1855:

„Der Präses legt den Plan über die Erwerbung des Nebenhauses, welches der Armenverwaltung gehöre, vor und sagt, daß die Verwaltung darauf eingehen würde, das Haus durch Tausch dem Vereine zu überlassen. Zu dem Behufe könne das von den Nonnen im Glockenringe bisher bewohnte, bald aber disponibel werdende Haus erworben werden, und glaube er, daß die Armenverwaltung auf diesen Tausch eingehen werde. Der Zweck sei der, in dem Hofraume des Nebenhauses ein Lokal als Versammlungssaal etc. zu bauen, welches bei der gegenwärtigen Lage des Vereins durchaus notwendig sei. Den Plan zur Tilgung der dadurch entstehenden Schuld legt er gleichzeitig vor. Die Anwesenden erklären sich mit dem Projekte einverstanden, und wollen die Herren Michels und der Präses mit der Armenverwaltung deshalb in Verbindung treten."[8]

Überliefert ist über diese erste Kontaktaufnahme mit Mitgliedern der städtischen Armenverwaltung nur folgende Bemerkung Kolpings in einem Brief vom 18. Januar 1855: „Was meinen Sie, der neue Plan mit dem Nebenhause, der jedenfalls 12000 Taler kostet, ist schon im Werk,

---

[5] In neueren Publikationen wird regelmäßig des Jahr 1288 genannt.

[6] Vgl.: Adolf Klein, Köln im 19. Jahrhundert. Von der Reichsstadt zur Großstadt, Köln 1992, S. 140.

[7] Vgl.: Ulrike Dorn, Öffentliche Armenpflege in Köln von 1794 bis 1871. Zugleich ein Beitrag zur Geschichte der öffentlichrechtlichen Anstalt, Köln 1990, S. 77, 122.

[8] Protokollbuch, S. 38. Vgl.: Deutsche Volkshalle 6 (1854), Nr. 123 vom 31. 5., [S. 4], wonach Kolping am 28. 5. 1854 öffentlich von dem Plan von „Neubauten" gesprochen hat.

Beschluß gefaßt, und sind wir eben mit der Armenverwaltung am Handeln."[9]

Im folgenden Jahre erhielt das Gesellenhospitium Korporationsrechte und damit die Möglichkeit, Immobilien zu erwerben. In der Vorstandssitzung vom 2. Dezember 1856, in der die Nachricht von der Unterzeichnung der Statuten des Vereins zu Schutz und Pflege lediger Handwerksgesellen als Vorstand des Gesellenhospitiums weitergegeben wurde und in der sich dieser Verein konstituierte, sagte Kolping: „Demnächst bringt der Präses abermals die durchaus notwendige Erweiterung der Anstalt in baulicher Beziehung. Er berührt die großen Mängel, die aus den beschränkten Räumlichkeiten hervorgehen, da das Haus nur zum allerdürftigsten Bedürfnisse Raum habe. Es wurde beschlossen, mit der hiesigen Armenverwaltung wegen Überlassung des neben dem Vereinshause gelegenen Terrains zu einem mäßigen Preise nochmals in Verbindung zu treten."[10]

Am 18. Januar 1857 beriet der Ausschuß des Vorstandes „die Redaktion des Antrages an die Armenverwaltung behufs Überlassung des Hauses Breitestraße 120",[11] und das Ergebnis war die Eingabe an die Armenverwaltung vom 23. Januar 1857:

„Nachdem dem hiesigen Gesellenhospitium von s[eine]r Majestät, dem Könige, die Korporationsrechte verliehen worden und die Statuten die höhere Genehmigung erhalten haben, hat der Verein zu Schutz und Pflege lediger Handwerksgesellen dahier, der frühere Vorstand des katholischen Gesellenvereins, unter dessen Leitung das Gesellenhospitium steht, in seiner ersten Sitzung sich mit der Frage wegen Erweiterung der Räumlichkeiten des Hospitiums befaßt.

Um über die Sache selbst klar zu werden, müssen wir uns erlauben, über das Wesen und den Zweck des Vereins einige Bemerkungen voranzuschicken. Der Verein zu Schutz und Pflege lediger Handwerksgesellen hat es sich, wie schon der Name besagt, zum Ziele gesetzt, aus den Handwerksgesellen christliche und brave Meister und ehrenhafte Bürger des Staates resp[ektive] der hiesigen Stadt heranzubilden. Diesen Zweck suchen wir zu erreichen durch Unterricht in den zur Ausübung des Meisterrechts erforderlichen Disziplinen, durch allgemeine, das Handwerk betreffende Vorträge und durch Überwachung des sittlichen Lebenswandels der Gesellenvereinsmitglieder. Zu dem Ende haben wir bereits vor einigen Jahren das Haus Breitestraße Nr. 118 dahier erworben und dasselbe den Zwecken des Vereins entsprechend einrichten lassen. Es enthält außer den Unterrichtssälen auch Räumlichkeiten zur Unterbringung resp[ektive] Beherbergung derjenigen wandernden Gesellen, welche

---

[9] KS, Bd. 2, S. 209.

[10] Protokollbuch, S. 41-42.

[11] A. a. O., S. 46.

sich als Mitglieder irgendeines katholischen Gesellenvereins legitimieren. Wir wollen dadurch dem großen Unwesen des sogenannten Fechtens steuern, dann aber auch die Gesellen aus den ihre Moralität so sehr gefährdenden Herbergen fernhalten.

Die in dem Vereinshause, Breitestraße Nr. 118, eingerichteten Räumlichkeiten waren in bezug auf ihre Größe den damaligen Verhältnissen ganz angemessen. Die Zahl der Mitglieder des Gesellenvereins hat sich aber seitdem so vermehrt und ist noch fortwährend so sehr im Wachsen begriffen, daß die Räume schon jetzt durchaus nicht mehr genügen. Der Verein zählt gegenwärtig beinahe 800 Mitglieder, die nicht einmal zur Hälfte in dem Hause Platz finden; an den Sonntagabenden oder bei allgemeinen Vorträgen sind die Säle gedrängt gefüllt, und eine große Zahl muß auf den Besuch des Hauses verzichten. Daß solche Verhältnisse unsere Bemühungen hemmen, daß sie überhaupt den Zwecken unseres Vereins Abbruch tun, liegt nahe; und da sich das Übel von Tag zu Tag durch Vermehrung der Vereinsgesellen vergrößert, so müssen wir jetzt unbedingt darauf Bedacht nehmen, dasselbe zu beseitigen. Dies kann aber vorderhand nur durch Herstellung größerer Räumlichkeiten geschehen, und können diese wiederum nur dann geschaffen werden, wenn wir uns im Besitze des nebenliegenden Hauses nebst Hofraum, Breitestraße Nr. 120, gegenwärtig als Wohnung für Konventualinnen dienend, befinden. Unser ergebenster Antrag geht daher dahin: Es möge der wohllöblichen Armenverwaltung gefallen, uns das gedachte Haus nebst Hofraum zu einem mäßigen Preise käuflich zu überlassen.

Wir erlauben uns hierbei die Bemerkung, daß nach dem Gutachten der unserem Verein angehörenden Techniker sowohl das an der Straße gelegene Haus als auch das Hofgebäude sich in einem sehr schlechten Zustande befinden, letztes sogar so beschaffen ist, daß sein Zustand ein fast unbewohnbarer genannt werden muß. Wird unserem Antrag willfahren, dann sind wir unter allen Umständen genötigt, ein neues Gebäude aufzuführen, und beabsichtigen wir dann, vorläufig das Hofgebäude niederzureißen und an dessen Stelle ein Gebäude mit den fehlenden Räumlichkeiten herzustellen.

Ferner können wir die Bemerkung nicht unterdrücken, daß das Gesellenhospitium jetzt, nachdem ihm die Korporationsrechte verliehen worden sind, nach den Statuten als eine öffentliche Wohltätigkeitsanstalt anerkannt worden ist; und dürfen wir kühn behaupten, daß nach den oben ausgesprochenen Zwecken kein Verein in hiesiger Stadt der Armenverwaltung so kräftig und nachhaltig unter die Arme greift als gerade der unserige. Diejenigen Meister, die bisheran aus dem Vereine hervorgegangen sind – und ihre Zahl ist nicht gering –, erfreuen sich sämtlich eines geordneten Hauswesens; und da wir auch nach ihrem Ausscheiden aus dem Vereine noch nach Kräften für sie sorgen, so steht nicht zu erwarten, daß sie jemals der Armenverwaltung zur Last fallen, wie dies leider bei so vielen anderen Meistern der Fall ist. Auf diesen Punkt glauben wir hinsichtlich unseres Antrages ein besonderes Gewicht legen zu dürfen, und bitten wir die hochlöbliche Armenverwaltung ergebenst, denselben bei Bestimmung des Kaufpreises geneigtest im Auge behalten zu wollen, wobei wir noch erwähnen, daß unsere Anstalt lediglich und allein durch freiwillige Gaben sustentiert wird, daß wir aber trotzdem durch wohltätige Freunde in den Stand gesetzt werden, für die Berichtigung des Kaufpreises hinreichende Bürgschaft zu leisten. Wegen Dringlichkeit der Sache bitten wir um baldgefällige Resolution.“[12]

Die Plenarversammlung der Armenverwaltung, die sich mit solchen Fragen zu befassen hatte und zu der ein alter Freund Kolpings, Rainer Wilhelm Wallraf, damals gehörte,[13] beriet am 6. Februar 1857 diesen Antrag:

„Die Frage: Ist die Armenverwaltung zum Verkaufe des besagten Konventhauses berechtigt?, wurde einstimmig bejaht.

Es wurde darauf von Herrn Wallraf der Antrag gestellt: Von dem Stadtbaumeister [Karl Julius] Raschdorff ein Gutachten zu erfordern erstens über den Wert des gesamten Terrains nebst den Gebäuden Nr. 120 und 122 und zweitens über das Haus Nr. 120 nebst Garten so, wie diese Objekte in dem Schreiben des Vereins bezeichnet sind, sowie über die etwaige Bewertung des Magazingebäudes Nr. 122, wenn die übrigen Gebäude nebst Garten dessen verkauft werden. Dieser Antrag wurde mit 9 gegen 5 Stimmen abgelehnt.

Weiters wurde über den Antrag des Herrn Pastors [Peter Joseph] Horn abgestimmt, welcher also lautet, dem Gesellenverein zu antworten, daß die Armenverwaltung nur auf den Verkauf des ganzen Terrains nebst den Gebäuden Nr. 120 und 122 in der Breitestraße, und zwar nur zum objektiven, wirklichen Preise, eingehen könne, und werde seiner Auffassung über den Preis, den er zu zahlen geneigt sei, entgegengesehen. Dieser Antrag wurde einstimmig angenommen.“[14]

---

[12] Akte Köln, [S. 1-4]. Diese unpaginierte Akte der Armenverwaltung, die die Korrespondenz und Eingaben über diesen Vorgang zum großen Teil enthält, ist offensichtlich für die historische Klärung der Fragestellung seit dem Jahre 1864 nicht mehr zu Rate gezogen worden. Dies gilt ebenso für die Plenarbeschlüsse der Armenverwaltung. Die Korrespondenz an den Vorstand des Vereins zu Schutz und Pflege lediger Handwerksgesellen bzw. des Gesellenhospitiums ist zum größten Teil verloren, ebenso der entsprechende Aktenbestand der königlichen Regierung zu Köln.

[13] Vgl.: Georg Neuhaus, Die Armen- und Waisenpflege, in: Die Stadt Cöln im ersten Jahrhundert unter Preußischer Herrschaft. 1815 bis 1915, Hrsg. Stadt Cöln, Bd. 2, Köln 1915, S. 543-580, hier S. 545. Zu den Verwandtschaftsbeziehungen unter führenden Kölner Juristen, zu denen Kolping intensiven Kontakt hatte, vgl.: Konrad Adenauer, Die Nachfahren Berghaus, die Familien Weyer und Adenauer und die Kölner Justiz, in: Rheinische Justiz. Geschichte und Gegenwart. 175 Jahre Oberlandesgericht Köln, Hrsg. Dieter Laum, Adolf Klein, Dieter Strauch, Köln 1994, S. 447-468; Max Wallraf, Aus einem rheinischen Leben, Hamburg 1926, S. 20-21.

[14] Plenarbeschlüsse, Nr. 1392, S. 54.

Die Antwort der Armenverwaltung an den Verein zu Schutz und Pflege lediger Handwerksgesellen vom gleichen Tag lautet im Konzept:

„Dem p[raemissis]p[raetermittendis][15] erwidern wir auf die Eingabe vom 23. v[origen] M[ona]ts, betreffend die Akquisition des Konvents Kreuz, Breitestraße Nr. 120, nebst Hofraum, daß das Konventualhaus spezielle Zwecke, nämlich armen, altersschwachen u[nd] irren Personen Wohnung und Obdach bis zu ihrem Lebensende zu gewähren, zum Gegenstand hat, die durch keine anderen Zwecke leiden dürfen. Wir können daher nur auf den Verkauf des ganzen Terrains nebst den Gebäulichkeiten Breitestraße Nr. 120 und 122, und zwar zum objektiven, wirklichen Werte, eingehen und ersuchen den p[raemissis]p[raetermittendis], über den zu zahlenden Preis sich gefälligst äußern zu wollen.“[16]

Kolping bemerkte am 9. Februar 1857 in einem Brief: „Dies Jahr geht's heiß her. Ich stürze mich und unseren Verein kopfüber in eine tüchtige Schuld, z[irk]a 24000 Guld[en], und muß krabbeln, daß ich nicht darin versaufe. Wir sind im Kauf begriffen und müssen bauen, um unsere Leute besser unterzubringen.“[17]

Der Ausschuß des Vereins zu Schutz und Pflege lediger Handwerksgesellen beriet am 17. Februar über das Antwortschreiben: „Über das Bedürfnis des Neubaues eines Saales erklären sich die Anwesenden einstimmig, zumal die Ökonomieräume des Hauses den gegenwärtigen Verhältnissen durchaus nicht mehr entsprechen. Bevor indessen über den Ankauf der beiden Häuser mit der Armenverwaltung verhandelt wird, soll mit einem Bauverständigen das Terrain besichtigt und über die zweckmäßigste Lage des Baues beraten werden. Das desfallsige Gutachten wird bei der nächsten Versammlung mitgeteilt werden.“[18]

Es folgte eine Generalversammlung des Vorstandes des Vereins zu Schutz und Pflege lediger Handwerksgesellen am 23. Februar 1857: „Da die Sache noch nicht so weit gediehen ist, um Beschluß darüber zu fassen, so soll später, sobald der Ausschuß die Angelegenheit so weit gefördert hat, darüber verhandelt werden.“[19]

Der Ausschuß tagte am 10. März 1857: „In betreff des Ankaufes der Häuser Breitestraße 120/122 wird beschlossen, der Armenverwaltung zu erwidern, sie möge den reellen Wert der Häuser angeben; event[uell] möge durch eine kontradiktorische Abschätzung dieser Wert ermittelt werden.“[20]

Die Antwort an die Armenverwaltung vom 16. März 1857 lautete: „Der wohllöblichen Armenverwaltung erwidern wir auf das gefällige

[15] Mit Vorausschickung des Vorauszuschickenden, im Sinne von: usw.
[16] Akte Köln, [S. 5].
[17] KS, Bd. 2, S. 260.
[18] Protokollbuch, S. 47-48.
[19] A. a. O., S. 48.
[20] A. a. O., S. 49.

Schreiben vom 6. vor[igen] M[ona]ts Nr. 1392 P. ergebenst, daß wir die beiden Häuser Breitestraße Nr. 120 und 122 nebst Appertinenzien[21] zu erwerben und dabei den vollen Wert zu zahlen bereit sind. Wir sagen: den vollen, d. h., den wirklich in diesem Augenblick vorhandenen Wert, den Wert, durch dessen Zahlung die Armenverwaltung für die fraglichen Objekte vollkommen desinteressiert[22] und sich anderwärts gleich gut und vielleicht besser anzusiedeln imstande ist. Was die Ermittlung jenes reellen Wertes anbelangt, so dürfte derselbe entweder durch einseitige Expertise seitens der Armenverwaltung ermittelt und uns mitgeteilt oder durch ein kontradiktorisches, von Sachverständigen beider Teile aufzustellendes Gutachten bestimmt werden. Sollte die Armenverwaltung auf diesen letzteren, offenbar kürzeren und zweckmäßigeren Weg eingehen wollen, so bezeichnen wir als unseren Experten den Privatbaumeister [Eduard] Kramer. Schließlich bitten wir, da die Sache für uns einige Dringlichkeit hat, um baldgefällige Bescheidung."[23]

Am 26. März 1857 tagte der Ausschuß wiederum[24] mit dem Ergebnis einer Eingabe an die Armenverwaltung vom gleichen Tag: „Mit Bezugnahme auf unser Schreiben vom 16. d[iese]s M[ona]ts beehren wir uns, der wohllöblichen Armenverwaltung nachträglich ergebenst mitzuteilen, daß wir über die Angelegenheit wegen Ankaufs der beiden Häuser Breitestraße Nr. 120 und 122 nebst Appertinenzien inzwischen nochmals beraten und beschlossen haben, für das gedachte Terrain einen Kaufpreis von 9000 R[eichs]t[a]l[e]r[n] vorbehaltlich der Genehmigung des Vereins zu zahlen, ein Betrag, welcher nach dem Urteile von Sachverständigen dem objektiven, wirklichen Werte entspricht. Indem wir diesen Kaufpreis von 9000 R[eichs]t[a]l[e]r[n] für die beiden Häuser Breitestraße Nr. 120/122 nebst Appertinenzien hierdurch offerieren, ersuchen wir die wohllöbliche Armenverwaltung ergebenst, uns mit zusagendem Bescheide baldgefälligst versehen zu wollen."[25]

Schon am folgenden Tag, dem 27. März 1857, tagte die Plenarversammlung der Armenverwaltung. Dabei „wurde einstimmig beschlossen, durch den Stadtbaumeister Raschdorff eine Taxe anfertigen zu lassen mit Berücksichtigung der Lagen".[26]

Kolping bemerkte am 5. April 1857 in einem Brief: „Mit unserem Haushandel nebenan will's auch noch nicht recht rücken; doch hoffen wir, zum Ziele zu kommen. Dann gibt's natürlich wieder neue Arbeit für mich."[27]

---

[21] Zubehör.
[22] Auf seine Kosten gekommen.
[23] Akte Köln, [S. 6].
[24] Vgl.: Protokollbuch, S. 49-50.
[25] Akte Köln, [S. 7].
[26] Plenarbeschlüsse, Nr. 1406, S. 61.
[27] KS, Bd. 2, S. 270.

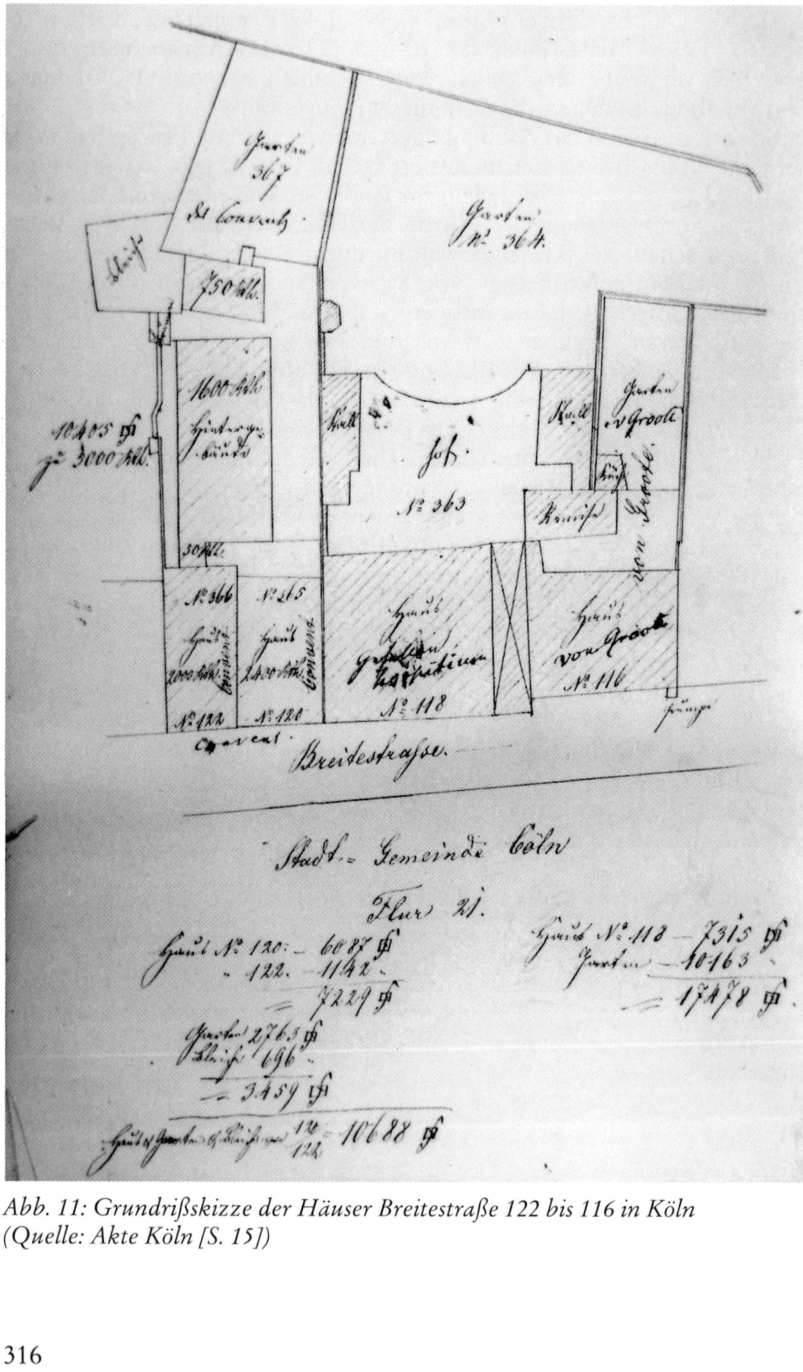

Abb. 11: Grundrißskizze der Häuser Breitestraße 122 bis 116 in Köln (Quelle: Akte Köln [S. 15])

Das Gutachten des Stadtbaumeisters datiert vom 24. April 1857. Gekürzt lautet es: „Das Ganze mit allen Gebäulichkeiten und dahinter liegendem Terrain ... schätze ich zu dem Werte von 12611 Taler[n] ... die Gebäude straßenwärts ... inkl[usive] Hof, ... das Stück Garten hinter diesen beiden liegenden Häusern ... zusammen 6590,10 [Talern], ... die Gebäude hofwärts ... zusammen 6020,20 [Talern].“[28]

Die Plenarversammlung der Armenverwaltung nahm das Thema am 22. Mai 1857 wieder auf: „Nach Verlesung der Verhandlungen mit dem Verein zu Schutz und Pflege lediger Handwerksgesellen wegen Abtretung des Konvents Kreuz in der Breitestraße oder eines Teils derselben sowie der Taxe des Inspektors Stadtbaumeisters Raschdorff wurde eine Kommission ernannt aus den Herren [Johann Hermann] Riffart, [Friedrich Wilhelm] Roggen und Wallraf, um an Ort und Stelle von der Situation des Grundstücks Einsicht zu nehmen und sich über die Nützlichkeit der Abtretung und über die Zweckmäßigkeit der Einteilung der betreffenden Abteilungen in der nächsten Plenarsitzung zu äußern und Bericht zu erstatten.“[29]

Zwei Tage später, am 24. Mai 1857, tagte der Ausschuß des Vereins zu Schutz und Pflege lediger Handwerksgesellen: „Die Armenverwaltung hat am vorigen Freitag über die Angelegenheit in betreff der Veräußerung der beiden Häuser Breitestraße 120/122 beraten und drei Mitglieder ernannt, welche mit drei Mitgliedern des Vorstandes des Gesellenvereins an Ort und Stelle verhandeln sollen. Von dem Ausschusse wollen die Herren Michels, Weyer und Müller an den Verhandlungen teilnehmen.“[30]

Kolping machte seinem Ärger über die langwierigen Verhandlungen – sie sollten noch viel langwieriger werden – in einem Brief vom 30. Mai 1957 Luft: „Auch bin ich in weitläufigen und ärgerlichen Unterhandlungen über den Ankauf unseres Nebenhauses, um bauen zu können. Es geht wenigstens ein Kapital von 24000 bis 30000 Gulden darauf, und matte Aussichten. Doch Gott wird helfen!“[31]

Die Plenarversammlung der Armenverwaltung tagte am 12. Juni 1857 und setzte unter die bisherigen Verhandlungen einen Schlußpunkt: „Nach mündlichem Bericht der betreffenden Kommission, wonach es nicht ratsam erscheint, mehr als den hintersten Teil des Terrains, von wo ab derselbe in Eigentum des Nachbarn [Johann Baptist] Wiertzfeld einspringt, abzugeben, wurde über die Frage abgestimmt, ob überhaupt auf den Verkauf des Ganzen oder eines Teils des Konvents Kreuz einge-

[28] Akte Köln, [S. 17-19].
[29] Plenarbeschlüsse, Nr. 1425, S. 67.
[30] Protokollbuch, S. 51
[31] KS, Bd. 2, S. 274.

gangen werden solle, und wurde diese Frage gegen eine Stimme verneint."[32]

Es dauerte dann über zwei Monate, bis die Armenverwaltung diese Entscheidung an den Vorstand des Gesellenhospitiums weiterleitete. Das Konzept dieses Briefes vom 14. August 1857 lautet:

„Den p[raemissis]p[raetermittendis] benachrichtigen wir auf die Zuschrift vom 26. März c[urrentis anni], betreffend die Akquisition der unserer Verwaltung, in specie[33] dem Konventualfonds, zugehörigen Häuser Breitestraße Nr. 120 und 122 dahier, daß bei einer nochmaligen Erwägung der Frage, ob die p[raemissis]p[raetermittendis] Häuser oder ein Teil derselben veräußert werden sollen, das Kollegium sich gegen die Veräußerung ausgesprochen hat."[34]

In der Generalversammlung des Vereins zu Schutz und Pflege lediger Handwerksgesellen vom 24. November 1857 referierte Kolping: „Die Verhandlungen sind an dem Umstande schließlich gescheitert, daß die Armenverwaltung die Erklärung abgegeben habe, nicht zu verkaufen."[35]

3. Wiederaufnahme der Verhandlungen in den Jahren 1858 und 1859

Nach diesen zunächst ergebnislosen Verhandlungen behielt Kolping das Ziel, das Nebenhaus zu erwerben, beharrlich im Auge. Auf der 10. Generalversammlung der katholischen Vereine Deutschlands sagte er am 9. September 1858 vor der Versammlung: „Es tut mir wirklich leid – euer sind zu viele –; sonst würde ich euch einladen, unser Haus und unsere Einrichtung anzusehen, was wir jetzt schon haben. ... Und wenn wir bei großem Gedränge die Wände eindrückten und ins Nachbarhaus fielen – es ist das zwar polizeiwidrig; aber wir wünschen doch, es mit Recht tun zu können – und ich sagte euch, auch das Haus hätten wir gern und könnten es wohl bezahlen, wenn man's uns nur überlassen wollte, um alle unsere Gesellen aufnehmen zu können, so ist eine solche Wohltätigkeit, die das nämlich möglich machte, auch kölnisch, echt kölnisch."[36]

Aufgegriffen wurde das Thema in der Generalversammlung des Vereins zu Schutz und Pflege lediger Handwerksgesellen vom 30. November 1858, der damals zum letzten Mal unter dieser Bezeichnung tagte:

---

[32] Plenarbeschlüsse, Nr. 1436, S. 68.
[33] Besonders.
[34] Akte Köln, [S. 14].
[35] Protokollbuch, S. 56.
[36] KS, Bd. 4, S. 364-365.

„Es sind seit November 1857 im ganzen 331 Handwerksburschen im Hospiz aufgenommen und verpflegt worden, wobei jedoch mehrere Mal[e] der Fall eintrat, daß einige dieser Leute auswärts haben logiert werden müssen, da die Räumlichkeiten im Hospiz nicht ausreichten. Auf eine Vergrößerung dieser Räume Bedacht zu nehmen, sei daher Notwendigkeit. ... Der Präses bespricht zu wiederholten Malen die beschränkten Räumlichkeiten des Hospitiums und schildert die Übelstände, die sich hierdurch für die Vereinssache ergeben. Es sei daher dringendes Bedürfnis, auf eine Vergrößerung der Lokalitäten Bedacht zu nehmen, und schlage er vor, nochmals mit der Armenverwaltung wegen Akquisition des neben dem Hospiz gelegenen Terrains, gegenwärtig zu Wohnungen für Konventualinnen benutzt, in Verbindung zu treten und event[uell] wenigstens den Garten nebst Bleiche zu erwerben. Die Herren v[on] Wittgenstein, Stupp und Michels übernehmen es, in dieser Sache die erforderlichen Schritte zu tun, und soll der Sekretär Müller mit zugezogen werden."[37]

Die Auswahl dieser Kommission ist bemerkenswert: Herr von Wittgenstein war ehemaliger Regierungspräsident von Köln, Herr Stupp damaliger Kölner Oberbürgermeister und als solcher führendes Mitglied der Armenverwaltung und Herr Michels ein vermögender Kölner Kaufmann. Ihre Eingabe vom 4. Januar 1859 an die Armenverwaltung lautet:

„Der Vorstand des hiesigen Gesellenhospitiums hat in seiner Sitzung vom Dezember [!] v[origen] J[ahres] die untergezeichnete, aus ihrer Mitte gewählte Kommission damit beauftragt, auf die wiederholten Vorstellungen ihres Präses, Herrn Kolping, wegen Beschaffung der durchaus nötig gewordenen Räumlichkeiten die wohllöbliche Armenverwaltung noch einmal um geneigte Überlassung eines Teils des Kreuzkonventes auf der Breitestraße 120-122 zu ersuchen.

Der ganze Vorstand hat sich davon überzeugt, daß Herr Präses in den jetzt vorhandenen, für die große Anzahl Mitglieder viel zu beschränkten Räumen das begonnene segensreiche Werk seinem Ziel entgegenzuführen nicht imstande ist, und wir müssen leider zusehen, daß ein großer Teil unserer Gesellen, welche an dem Unterrichte und den belehrenden Vorträgen teilzunehmen wünschen, häufig zurückgewiesen, ihren Verbleib im Wirtshause zu suchen gezwungen sind.

Darum halten wir uns verpflichtet, das edle Streben unseres Präses, soviel [wie] möglich, zu unterstützen, um der Stadt und der Provinz, wir dürfen sagen, dem ganzen Lande ein Institut zu erhalten, welches sich die sittlich-religiöse Bildung und Veredlung einer so bedeutenden Klasse unserer Mitbürger und infolgedessen die Abwehr der Armut zur Aufgabe gestellt hat.

---

[37] Protokollbuch, S. 67-68.

In Berücksichtigung dieser Verhältnisse dürfen wir hoffen, daß die Armenverwaltung uns behilflich und nicht abgeneigt sein wird, dem Gesellenhospitium den hinteren Teil des Kreuzkonvents käuflich zu überlassen; den vorderen, weit wertvolleren Teil desselben bedürfen wir zur Erweiterung unserer Lokalitäten nicht. Wir tragen nur auf die Überlassung desjenigen Teils dieser Gebäulichkeiten an, der hinter der Linie gelegen ist, welche 80 Fuß[38] von der Straßenfront entfernt ist und einen Flächenraum von zirka 5500 Quadratfuß in sich schließt.

Diese Grenze ist durch den Umstand bestimmt worden, daß das Gesellenhospitium mit den zu erbauenden Sälen in eine zweckmäßige bauliche Verbindung gebracht werden muß und bei einer größeren Entfernung aber nicht angemessen erreicht werden kann.

Die auf diesem Terrain sich [!] befindlichen Gebäude bieten den Konventualinnen derzeit nur feuchte und ungesunde Wohnungen dar, und wir sind der Meinung, daß die Armenverwaltung mit dem zu vergütenden Kaufpreise imstande sein wird, ebenso viele, aber bessere und zweckmäßigere Wohnungen zu beschaffen.

Über den Wert dieses Terrains haben wir uns vielseitig mit Sachverständigen besprochen. Alle geben den Preis dafür auf 20 S[ilber]gr[oschen] je Quadratfuß an; wir offerieren aber, um die Armenverwaltung willfährig zu machen, in unserem Namen 25 S[ilber]gr[oschen] je Quadratfuß, ein Preis, der unseres Erachtens dem objektiven Wert vollkommen entspricht.

Demnach ersuchen wir die wohllöbliche Armenverwaltung ergebenst, unserem Antrag wegen Überlassung des fraglichen Terrains für das hiesige Gesellenhospiz ihre hilfreiche Mitwirkung gütigst angedeihen zu lassen, und bitten um einen gefälligen baldigen Bescheid."[39]

Drei Tage später, am 7. Januar 1859, tagte die Plenarversammlung der Armenverwaltung: „Betreffs der von dem Gesellenverein beantragten Überlassung des hinteren Teiles des Konvents Kreuz in der Breitestraße wurde desfalls eine Kommission ernannt aus den Herren [Nikolaus] Grosman, [Johann Friedrich] Kruse, [Franz Joseph] Mittweg, Clavé [von Bouhaben] und [Heinrich] Sonoré."[40]

Schon vom gleichen Tag, dem 7. Januar 1859, datiert eine Abschätzung des Stadtbaumeisters Raschdorff. Die Taxe liegt deutlich höher als zwei Jahre vorher: „Die Gebäulichkeiten Nr. 120 und 122 auf der Breitestraße dahier inkl[usive] unterliegendem Boden und dem Hofraum, von der Straße und auf eine Tiefe 80 Fuß gemessen, schätze ich zu dem Werte von 6512 T[a]l[e]r[n]. ... Die Gebäulichkeiten Nr. 120 und 122 auf der Breitestraße dahier inkl[usive] unterliegendem Boden und dem Hof-

[38] 1 Fuß = 0,3138 m, 1 Quadratfuß = 0,0985 m².

[39] Akte Köln, [S. 22-24].

[40] Plenarbeschlüsse, Nr. 1593, S. 136-137.

raum auf eine Tiefe von hundert Fuß, von der Straße aus gemessen, schätze ich auf den Wert von 7870 T[a]l[e]r[n]. ... Die Gebäulichkeiten Nr. 120 und 122 auf der Breitestraße inkl[usive] unterliegendem Boden und den Hofraum und Garten zur ganzen Tiefe schätze ich zu dem Werte von 14570 T[a]l[e]r[n].“[41]

Nicht zufrieden mit dieser Erhöhung, setzte die Kommission der Armenverwaltung in ihrem Bericht vom 10. Januar 1859 von sich aus die Taxe noch bedeutend herauf und engte zugleich das Terrain, über dessen Verkauf beraten werden sollte, ein:

„Die eingerichtete Kommission, durch Beschluß des Plenums vom 7. d[dieses Monats] ernannt, um über den Antrag des Vorstandes des Gesellenvereins vom 4. d[ieses Monats] Nr. 1593 Bericht zu erstatten, hat sich die Frage vorgelegt, ob im allgemeinen es im Interesse des Armenvermögens sei, das Konvent Kreuz zu veräußern. Die Kommission hat einstimmig diese Frage verneint, indem sie der Meinung ist, daß der Verkauf eines [!] Immobils nicht stattfinden dürfe, wenn aus demselben dem Armenvermögen ein Nachteil erwachse. Dieses würde nach ihrem Bericht bei dem Neukaufe des Konventes offenbar der Fall sein, weil nach ihrer Überzeugung die Gebäude derselben bei gehöriger Instandsetzung und Unterhaltung noch wenigstens 15 bis 20 Jahren zu dem gegenwärtigen Zwecken benutzt werden können und mit mehr als Wahrscheinlichkeit auszumachen [ist], daß nach Verkauf [nach] dieser Zeit das Grundstück ebenso wertvoll, ja noch wertvoller sein werde wie gegenwärtig.

Ferner hat die Kommission die Frage erörtert, für welchen Preis das Konvent abgegeben werden dürfe, wenn die Armenverwaltung darauf willens wäre, dasselbe dem Gesellenverein zu dem angegebenen Zwecke abzutreten. Einstimmig hat die Kommission diesen Preis auf 17000 R[eichs]t[a]l[e]r fixiert mit dem Vorbehalt, daß das Konvent nicht früher überliefert werde, bis die Bewohnerinnen desselben in das in der Stolkgasse zu erbauende Konvent übersiedelt worden sind. ...

Demnächst hat die Kommission den Antrag des Vorstandes des Gesellenvereins geprüft, welcher dahin geht, die Armenverwaltung möge dem Gesellenverein das nördlich ... liegende Grundstück, 6444 Quadratfuß groß, für 5370 R[eichs]t[a]l[e]r verkaufen. Die Kommission hat einstimmig beschlossen, dem Plenum zu empfehlen, diesen Antrag abzulehnen; denn würde derselbe genehmigt, so würde der dem Armenvermögen verbleibende Teil des Grundstücks für den eventuellen Verkauf bedeutend entwertet. Die Hintergebäude, neun Wohnungen enthaltend, der Brunnen und der Abtritt fallen in das abzutretende Terrain; zu denselben fallen auch die Bleichplätze. ...

Endlich hat die Kommission noch die Frage beraten, ob es nicht genügen dürfte, wenn dem Gesellenverein der nördlich ... liegende Garten

---

[41] Akte Köln, [S. 16].

nebst der Bleiche, welche zusammen etwa 4200 Quadratfuß messen und in einer Länge von 75 Fuß an den 10163 Quadratfuß großen Garten des Vereins grenzen, käuflich überlassen werde. Die Kommission ist einstimmig dieser Ansicht und befürwortet, diesen Teil des Grundstücks dem Gesellenverein zu dem von dessen Vorstand angegebenen Zwecke zu überlassen und den Preis auf 20 S[ilber]gr[oschen] festzusetzen."[42]

Genau in diese Zeit der laufenden Verhandlungen traf ein Schreiben der königlichen Regierung von Köln an Oberbürgermeister Stupp vom 18. Januar 1859 ein: „Bei dieser Gelegenheit beauftragen wir Sie, die Armenverwaltung zu einem durch Ihre Vermittlung an uns einzusendenden Berichte darüber zu veranlassen, ob sie nicht die durch die Zeitverhältnisse sehr wertvoll gewordenen Konventgebäude in einigen Teilen der Stadt zu veräußern und dafür andere dazu geeignete Gebäude in beliebigen Stadtteilen zu erwerben beabsichtige und welche Schritte bis jetzt in dieser Angelegenheit von ihr einleitend geschehen sind."[43]

Am 21. Januar 1859 tagte die Plenarversammlung der Armenverwaltung:

„Über den Antrag der Verwaltungskommission des Gesellenhospitiums wegen Abtretung des hinteren Teiles des Konvents Kreuz in der Breitestraße Nr. 120-122 wurde nach Verlesung des betreffenden Kommissionsberichts vom 10. d[ieses] M[ona]ts beraten.

Es wurde beraten über den fraglichen Antrag dahingehend, dem Gesellenverein denjenigen Teil des Konvents Kreuz zu überlassen, welcher 80 Fuß von der Straßenfront entfernt ist und eine Fläche von z[irk]a 5500 Quadratfuß in sich schließt. Einstimmig wurde dieser Antrag abgelehnt; Herr Wallraf enthielt sich der Abstimmung.

Der Kommissionsantrag dahingehend, dem Hospitium den hintersten, nördlich ... gelegenen, z[irk]a 4200 Quadratfuß enthaltenden Teil zu 20 Silbergroschen pro Quadratfuß abzutreten, wurde ebenfalls zur Abstimmung gebracht und mit allen gegen eine Stimme – H[er]r Roggen – angenommen.

Herr Oberbürgermeister stellte den Antrag, darüber abzustimmen, ob die Armenverwaltung nicht geneigt sei, einen größeren Teil des Konvents bis auf hundert Fuß gegen die Straße abzutreten. Herr Sonoré beantragte Vertagung dieser Sache, wofür sich die Majorität aussprach."[44]

---

[42] A. a. O., [S. 26-29].

[43] A. a. O., [S. 33]. Kolping hat das später, in: RV 11 (1864), Nr. 27 vom 2. 7., S. 422, so umschrieben: „Nun aber hatte, sicherem Vernehmen nach, in jener Zeit die königliche Regierung zu Köln die städtische Armenverwaltung aufgefordert, in Anbetracht des steigenden Häuserwertes an gelegenen Straßen die daran belegenen Konvente, soviel sich das nur tun ließ, öffentlich zu versteigern, offenbar zu dem Zwecke, die betreffenden Stiftungen durch die vorteilhaft abgeschlossenen Verkäufe aufzubessern."

[44] Plenarbeschlüsse, Nr. 1598, S. 139.

Kolping konnte am 25. Januar 1859 in einem Brief schreiben: „Der Saalbau steht wenigstens in guter Aussicht.“[45]

Die nächste Sitzung der Armenverwaltung fand schon am 28. Januar 1859 statt:

„Herr Oberbürgermeister wiederholt seinen neulichen Antrag, zu dem hintersten Teile des Konventsgartens und [der] Bleiche von 4200 Quadratfuß, der in der vorigen Sitzung abzutreten beschlossen worden, einen ferneren Teil bis auf hundert Fuß von der Straße an dem Gesellenhospitium zu überlassen. Dieser Teil mit Einschluß besagter 4200 Quadratfuß enthält 5509 Quadratfuß.

Der Herr Vorsitzende [Franz Xaver Berghaus] machte darauf aufmerksam, daß die Armenverwaltung nach den gesetzlichen Bestimmungen nur durch öffentliche Versteigerung vor Notar unter Vorbehalt der höheren Genehmigung die Veräußerung von Immobilien vornehmen könne.[46] Er hielt es auch für beide Seiten für angemessen, daß das Konvent Kreuz im ganzen und in Abteilungen öffentlich versteigert werde.

Der Herr Oberbürgermeister hält nach Lage der Sache eine öffentliche Versteigerung nicht für erforderlich und untergebenst für die Armenverwaltung nicht vorteilhaft, da es allgemein bekannt sei, daß der Gesellenverein auf das qu[ästionierte] Grundstück reflektiere.

Der Herr Mittweg beantragte, die öffentliche Versteigerung zu versuchen, welchem Antrag H[er]r Oberbürgermeister sich anschloß für den Fall, [daß] die Armenverwaltung für die in dem Kreuzkonvent wohnenden Konventualinnen innerhalb [von] sechs Monaten ein Unterkommen finden könne.

Herr [Johann Baptist] Haaß beantragte, es möge das bebaute Terrain des Konvents nicht abgetreten werden.

Es wurde die Frage gestellt, ob das ganze Konvent Kreuz öffentlich vor Notar versteigert werden solle. [Antwort:] Sobald für dessen Bewohnerinnen ein anderweites Unterkommen in dem neuen Konvent in der Stolkgasse beschafft sei. Diese Frage wurde mit allen, eine Stimme – H[er]r Justizrat Haaß – [ausgenommen], bejaht. Dieser Beschluß soll durch Vermittlung des Oberbürgermeisteramtes der Regierung zur Genehmigung eingesandt werden.“[47]

Hier taucht zum ersten Mal der Name des Justizrats Haaß auf, der damals Vorsitzender der Kommission zur Beratung der allgemeinen Konventualangelegenheiten bei der Kölner Armenverwaltung war. Dieser sollte sich bald zu dem eigentlichen Gegenspieler Kolpings entwikkeln, was den Kauf des Konvents Kreuz anlangt. Schäffer sollte ihn später so charakterisieren: „Es erhob sich aus dem Gremium der Armen-

[45] KS, Bd. 2, S. 306.
[46] Vgl.: Ulrike Dorn (Anm. 7), S. 128.
[47] Plenarbeschlüsse, Nr. 1603, S. 140.

verwaltung selbst die Stimme eines sonst [!] hochachtbaren Mannes, welche die Erhaltung der altehrwürigen Stiftung aus vielen Gründen verlangte."[48]

Am 3. Februar 1859 wandte sich die Armenverwaltung an den Oberbürgermeister und bezog sich zunächst auf das Schreiben der königlichen Regierung vom 18. Januar 1859. Weiter wurde die Bitte geäußert um Weiterleitung des Plenumsbeschlusses an die Regierung zu Köln, um die Genehmigung des Verkaufs zu erhalten. Der Beschluß vom 28. Januar 1859 wurde dabei folgendermaßen beschrieben: „... daß das ganze Konvent Kreuz amtlich vor Notar versteigert werden solle, sobald für dessen Bewohnerinnen ein anderweites in dem neuen Konvent Karthaus in der Stolkgasse beschafft sei."[49]

Die Kölner Stadtverordnetenversammlung befaßte sich am 18. Februar 1859 mit der Frage. Der Beigeordnete Jakob Rennen meinte nach der Schilderung der Sachlage, die Verwaltung könne „dieses Vorhaben der Armenverwaltung nur gutheißen". Weiter wurde der Wunsch geäußert, „daß, wenn bei den beiden Verkäufen ungefähr gleiches Resultat erzielt [werde], dem Verkauf in zwei Abteilungen im Interesse des Gesellenhospitiums der Vorrang erteilt werden möge, und erklärte sich die Versammlung hierauf mit der von der Armenverwaltung beabsichtigten Versteigerung einverstanden".[50]

Am 14. März 1859 erhielt Oberbürgermeister Stupp von der königlichen Regierung Antwort. Dort heißt es, „daß wir nichts dagegen zu erinnern finden, daß der auf der Breitestraße hierselbst belegene Kreuzkonvent ... öffentlich vor Notar zum Verkauf ausgestellt werde. ... Die Genehmigung des Verkaufes selbst resp[ektive] die Bestätigung des Zuschlages kann jedoch erst dann von uns erteilt werden, wenn nach abgehaltenem Verkaufstermine die Größe der verschiedenen Angebote und die sonstigen Modalitäten derselben sich überblicken lassen. Wir machen hierbei noch darauf aufmerksam, daß ... durch Einsicht in die betreffende Stiftungsurkunde ... näher zu prüfen sein wird, ob nicht etwa dem Verkaufe oder der sonstigen Veräußerung dieses Konventgrundstücks die Verfügungen des Stifters entgegenstehen."[51]

Bis zur Fertigstellung des Neubaus in der Stolkgasse hieß es für Kolping: warten. Darüber gingen der Rest des Jahres 1859 und das ganze

---

[48] Schäffer, S. 178.

[49] Akte Köln, [S. 37-38]. Über den Konvent in der Stolkgasse schreibt Johannes Asen in: Annalen des historischen Vereins für den Niederrhein 113 (1928), S. 13-96, hier S. 21: „1860 ließ die Armenverwaltung ein neues Haus auf derselben Stelle errichten, in welchem 1880 für 43 Frauen freie Wohnungen vorhanden war[en]."

[50] Verhandlungen der Stadtverordneten-Versammlung zu Köln vom Jahre 1859 nebst den Budgets der Stadtgemeinde, der Armenverwaltung und der städtischen Schulverwaltung für 1860, Köln [1860], S. 62. Zu den Mitwirkungsrechten des Stadtrats in Vermögensfragen der Armenverwaltung vgl.: Ulrike Dorn (Anm. 7), S. 145.

[51] Abschrift, in: Akte Köln, [S. 41-42].

Jahr 1860 hin. Anfang Mai 1860 schrieb Kolping in den „Rheinischen Volksblättern“: „Wann wird endlich der Kölner Gesellenverein, der Haupt- und Mutterverein für ganz Deutschland, auch nur die nötigsten Räume erhalten, um solche Feste auch räumlich mit dem Anstand feiern zu können, den sie erheischen? Wir fragen schon seit Jahr und Tag; wir werden die Klage so lange erheben, bis die rechten Leute sie fühlen und helfen.“[52]

Und einige Wochen später bemerkte Kolping: „Noch immer will das eigene Haus sich nicht nach seinen 'natürlichen Grenzen' hin erweitern.“[53]

4. Die Verhandlungen, die zur Ersteigerung des Konvents Kreuz am 6. Mai 1861 führten

Als die Fertigstellung des neuen Konventshauses in der Stolkgasse in greifbare Nähe gerückt war, gab das Mitglied der Armenverwaltung Haaß am 23. Januar 1861 ein Votum gegen den Verkauf des Konvents Kreuz zu den Akten.[54] Die Plenarversammlung tagte zwei Tage später, am 25. Januar 1861, und beschloß: „Auf das von dem Herrn Justizrat Haaß zu den Akten gegebene Votum vom 23. d[ieses]M[ona]ts gegen den Verkauf des Konvents Kreuz auf der Breitestraße wurde beschlossen, daß nach den Regeln der Verfügung vom 14. März 1859 B. I 1321 zu verfahren ist, ob die Stiftungsurkunde existiert, eventuell eine Abschrift derselben durch den städtischen Archivar Dr. [Leonard] Ennen anfertigen zu lassen, welche vorgelegt werden soll.“[55]

In deutscher Übersetzung lieferte der Stadtarchivar eine Abschrift der Stiftungsurkunde.[56] Am 11. Februar 1861 gab Haaß zusätzlich „sein motiviertes Gutachten zu den Akten und sprach sich gegen die Zulässigkeit des beabsichtigten Verkaufs aus“.[57] Die Plenarversammlung der Armenverwaltung entschied aber am 15. Februar 1861:

„Nachdem das neue Konventhaus in der Stolkgasse fertiggestellt ist und die Übersiedlung der Konventualinnen des Konvents Kreuz in das erstere erfolgen kann, beschloß das Plenum per maiora,[58] den früheren Plenumsbeschluß vom 28. Januar 1859, Nr. 1603, wonach das Konvent Kreuz öffentlich zur Versteigerung ausgestellt werden soll, nunmehr zur

---

52 RV 7 (1860), Nr. 19 vom 12. 5., S. 296.
53 A. a. O., Nr. 25 vom 23. 6., S. 397.
54 Vgl.: Akte Köln, [S. 43-48].
55 Plenarbeschlüsse, Nr. 1834, S. 26.
56 Vgl.: Akte Köln, [S. 49].
57 Haaß, in: Kölnische Blätter 1864, Nr. 221 vom 31. 7., Erste Beilage. Text des Gutachtens in: Akte Köln, [S. 50-54].
58 Mit Mehrheit.

Ausführung zu bringen. Zur Beratung über die Modalitäten des Verkaufs wurde die nächste, innerhalb [von] 14 Tagen anzuberaumende Plenarsitzung beistimmt."[59]

Diese Plenarsitzung fand am 1. März 1861 statt:

„Der erste Gegenstand der Tagesordnung ist die Festsetzung der Modalitäten des Verkaufs des Konvents Kreuz auf der Breitestraße. Das Plenum beschloß:

Erstens: Das ganze Grundstück soll unter der Taxe von 17000 Taler[n] abgegeben werden. Dieser Beschluß wurde mit neun gegen drei Stimmen gefaßt. In der Minorität war Herr Haaß, welcher überhaupt gegen jeden Verkauf war.

Zweitens: Bei dem Verkauf in zwei Teilen soll der vordere Teil von der Straße ab eine Tiefe von 110 Fuß behalten.

Drittens: Der Zuschlag und die Genehmigung desselben bleibt [!] vorbehalten. Der Kaufpreis soll in folgender Art bezahlt werden, nämlich: ein Drittel gleich nach der Genehmigung des Zuschlags und die übrigen zwei Drittel in vier Jahresraten nebst fünf Prozent Zinsen pro Jahr."[60]

Der Ausschuß des Hospitiumsvorstandes tagte am 10. März 1861: „Der Präses teilt mit, daß der Verkauf des Kreuzkonvents am Montag, dem 6. Mai c[urrentis anni], vor dem Notar [Heinrich Wilhelm] Claisen stattfinden solle. Es sei nun zu erwägen, ob der Vorstand des Hospitiums auf den Verkauf reflektieren wolle. Es sei bestimmt, das Terrain in zwei Abschnitten zum Verkaufe auszustellen, und zwar der eine Teil von der Straße bis auf eine Tiefe von 110 [Fuß] und der andere Teil von da an bis zur vollen Tiefe. Demnächst soll das Terrain im ganzen zur Versteigerung ausgestellt werden. Nachdem die Angelegenheit hinreichend diskutiert, wird beschlossen, bei der Generalversammlung den Antrag zu stellen, den Ausschuß zu ermächtigen, auf den hinteren Teil des Terrains zu bieten und dabei bis auf einen R[eichs]t[aler] pro Quadratfuß zu offerieren."[61]

Kolping konnte am 12. März 1861 schreiben: „Wir werden also nebenan ein Stück Grund kaufen und, will's Gott, diesen Sommer bauen. Unermeßliche Arbeit, für mich namentlich, Arbeit, die besonders meine Schreibereien beeinträchtigt."[62]

Am 13. März 1861 lieferte der Stadtbaumeister Raschdorff eine erneute Schätzung. 16535 Taler.[63]

In den „Rheinischen Volksblättern" bemerkte Kolping in diesen Tagen: „Auch hier in Köln hat die Enge des Lokals die langen Jahre her

---

[59] Plenarbeschlüsse, Nr. 1848, S. 27.
[60] A. a. O., Nr. 1850, S. 28.
[61] Protokollbuch, S. 89.
[62] KS, Bd. 2, S. 382.
[63] Vgl.: Akte Köln, [S. 57-58].

empfindlich geschadet. Wie sich bessere Aussichten öffnen und welche Teilnahme dann die sehr interessierte begüterte Bürgerschaft uns zuwenden wird, wird sich bald zeigen."[64]

Und am 16. März 1861 schrieb er in einem Brief: „Noch etwas Gutes: Gestern habe ich von einem fernen Unbekannten für unser Haus tausend Taler erhalten, gerade apropos![65] Was ich mit Ankauf und Fortbau für eine Not habe, erzähle ich Ihnen mündlich. Aber durchsetzen muß ich [es], und wenn auch der letzte Taler daraufgeht!"[66]

Was diese „Not" Kolpings besagt, zeigt ein Briefausschnitt vom 19. März 1861: „Der Verkauf des Nebenhauses ist nun definitiv festgesetzt; leider ist die Taxe so hoch, daß ich meine Leute entweder gar nicht oder nur mit großen persönlichen Opfern zum Ankauf bewegen kann. Der teilweise Ankauf ist nämlich höchst unpraktisch und sogar nachteilig für die Zukunft. Darüber nun unendliche Debatten in unserem Vorstande und allerlei Verdruß, der sich nicht abwenden läßt. Herr Michels, meine Hauptstütze, liegt dabei an der Gicht krank zu Bette und kann mir wenig helfen. Sie glauben gar nicht, wie mühselig mich die ganze Affäre anschaut, abgesehen davon, daß mir unendlich viel Zeit und gute Laune dabei verdorben wird [!]. Und bringe ich die Leute zum teuren Ankauf, dann wird gebaut; und nun beginnt die nächste Plage, da für den Bau so gut wie kein Bargeld vorhanden ist und sich heut' schwer beschaffen läßt. Oder soll ich wirklich alles, was ich habe, dareinstekken?"[67]

Drei Tage später, am 22. März 1861, schrieb Kolping in einem Brief an Antonie Mittweg, die Frau von Ernst Mittweg, ausführlicher:

„Die Armenverwaltung hat das Nebenhaus zwar in zwei Teilen zum Verkauf ausgeboten, die Teile aber für uns sehr nachteilig zerlegt, so daß wir füglich den uns zugedachten Gartenteil nicht für unseren Zweck benutzen können. Es ist dann nämlich an eine organische Verbindung der demselben Zwecke dienenden Gebäulichkeiten nicht zu denken. Es bliebe für uns also nichts übrig, als das ganze Terrain anzukaufen. Nun hat aber die Armenverwaltung, und in ihr namentlich Herr [Franz Joseph] Mittweg, für das Ganze eine Taxe angesetzt, für 10400 Quadratfuß mit 205 Fuß Tiefe nicht weniger als 17000 Taler, eine Summe, die zu hoch ist, als daß wir sie geben könnten. Auch sagen kundige Leute, es sei eben zuviel. Ich habe mir die Sache hin und her überlegt, viel Disput und meist unnützes Gerede in unserem Vorstande gehabt und bin nun endlich zu folgendem Resultate gelangt, das ich glaube in unserem Vorstande durchsetzen zu können: Wenn wir für das Ganze 15000 Taler zahlen, ist es schon übermäßig bezahlt; indessen, wir sind dazu erbötig,

[64] RV 8 (1861), Nr. 11 vom 16. 3., S. 174-175.
[65] Nebenbei.
[66] KS, Bd. 2, S. 384.
[67] A. a. O., S. 386.

versteht sich, der Vorstand; wenn ich persönlich mich's 5000 Taler kosten lasse, woran meinerseits nichts liegt, wenn wir nur zu einem gedeihlichen Ziele kommen.

Aber ob die Armenverwaltung von ihrer Taxe herabgeht und unser Angebot annimmt, das ist noch der kitzlige Punkt. Ein paar Mitglieder habe ich zwar leidlich gewonnen; Herr Mittweg aber steht mir persönlich zu fern, als daß ich selbst irgendwelchen Versuch machen könnte, ihn zu gewinnen. Auch ist die Sache nicht recht der Art, daß Ernst auf ihn direkt einwirken könnte. Dann merkt er, daß es nur aus persönlicher Freundschaft geschieht, redet sich aus und tut doch, was er will. Vorderhand versuche ich, ihm Herrn von Wittgenstein, Mitglied unseres Vorstandes, hinter ihn [!] zu setzen. Ob's gelingt, steht dahin, da solche Herren sehr schwer in Bewegung zu setzen sind und nicht gern sich anstrengen, wo es sich nicht um eigene Sachen handelt. Ja, liebe Schwester, da sollten Sie einmal sehen, was das eine Mühe, ein Geläuf' und Geschwätz kostet, bis man erst ein halbes Dutzend Köpfe im eigenen Vorstande für die Ausführung einer Idee, die nur Geld kostet, unter einem Hut hat! Und nun erst, wo es sich um die Beschaffung eines Kapitals von ungefähr 24000 Talern handelt, wovon die Hälfte wenigstens, wenn Gott nicht in seiner gewohnten Art wunderbar hilft, muß zusammengebettelt werden. ... Wenn Ernst einen passenden Weg weiß, seinem Herrn Vetter beizukommen, möchte er es versuchen. Zeit ist noch genug übrig, da erst am 6. Mai verkauft wird. Doch will ich erst sehen, was ich hier mit ihm ausrichte. Am Montage haben wir Plenarsitzung unseres Vorstandes, und das Ergebnis wäre noch abzuwarten."[68]

Die entscheidende Generalversammlung des Hospitiumsvorstandes fand am 25. März 1861 statt: „Tagesordnung: Ankauf des neben dem Gesellenhospitium belegenen, der Armenverwaltung zugehörigen Terrains. ... Demnächst eröffnet der Präses der Versammlung, daß die gerade neben dem Hospitium belegenen, der Armenverwaltung zugehörigen Gebäulichkeiten p[raemissis] p[raetermittendis] Breitestraße Nr. 120 u[nd] 122 in der ersten Woche nach Ostern zum öffentlichen Verkauf ausgesetzt werden würden, und zwar in zwei Abteilungen, die erste 110 Fuß, von der Straße ab gerechnet, und dann der hintere, übrige Teil. Die Bedürfnisfrage zur Erweiterung der Hospitiumsgebäulichkeiten erörternd, bemerkte er schließlich, daß in der Ausschußsitzung vom 10. d[iese]s M[ona]ts zwar der Beschluß gefaßt worden sei, bloß auf den zweiten, hinteren Teil zu reflektieren, daß es aber für die Sache viel vorteilhafter sei, das ganze Terrain anzukaufen, was in einem weitläufigen Vortrage motiviert wird. Nach längerer eingehender Diskussion stellt der Präses die Frage zur Abstimmung, ob auf das ganze Terrain geboten und ob im bejahenden Falle außer den gesetzlichen Kosten auf das Terrain bis zu

[68] A. a. O., S. 387-388.

15000 R[eichs]t[a]l[e]r offeriert werden soll[en]. Diese Frage wurde mit 12 Stimmen gegen eine Stimme bejaht; die Mitglieder Weyer und Clavé [von Bouhaben][69] als Mitglieder der Armenverwaltung enthalten sich der Abstimmung."[70]

In einem Brief vom folgenden Tag, dem 26. März 1861, schildert Kolping seine Empfindungen: „Gestern abend haben wir die bekannte Plenarsitzung unseres Vorstandes gehabt und bis tief in die Nacht geplant und geraten, daß ich darauf fast kein Auge zugetan und mir der Kopf jetzt noch weh davon tut. Und das Resultat davon? Daß wir zwar entschlossen sind, den Kauf abzuschließen – ein Drittel der ganzen Kaufsumme habe ich angeboten –, aber noch lange nicht am Ziele sind. Die starrköpfige Armenverwaltung macht Bedingungen, die höchst drückend für uns sind und auf die wir ohne weiteres nicht eingehen können. Es wäre nicht unmöglich, daß das ganze Projekt noch mal ins Wasser fiele. Natürlich säße niemand schlimmer in der Klemme als ich, da ich dann alle meine nächsten und entfernteren Pläne an den Nagel hängen könnte."[71]

Offensichtlich ist die Armenverwaltung nicht darauf eingegangen, die Taxe um 2000 Taler zu erniedrigen. Kolping schrieb daraufhin am 23. April 1861: „Jetzt habe ich die Haupthähne in unserem Vorstande so weit, daß wir nebenan ankaufen um die festgesetzte Taxe der Armenverwaltung. Nun, wo es einmal so ist, bin ich ganz zufrieden! Der liebe Gott wird sorgen. So bauen wir dann noch in diesem Sommer, worüber ich trotz der Unruhe nicht wenig froh bin."[72]

Am 28. April 1861 erschien in der „Kölnischen Zeitung" ein vom 25. April 1861 datierter Aufsatz mit dem Titel: „Die Armenkonvente in Köln". Autor ist ganz offensichtlich Haaß:

„'Personne n'est plus fou qu'un fondateur – Niemand begeht eine größere Torheit, als wer eine Stiftung macht.' An diesen diabolischen Spruch verzweifelten Unmutes über getäuschten Wohltätigkeitssinn, hervorgerufen durch die schreiendsten Rücksichtslosigkeiten in vielen Ländern, wurden wir zu unserem tiefsten Schmerze erinnert, als uns in diesen Tagen die Kunde wurde, daß nun dennoch das in der Breitestraße hierselbst gelegene 'Konvent Kreuz' am 6. des nächstfolgenden Monates an den Meistbietenden versteigert werden soll.

Wir fragen, wo in aller Welt das Recht gefunden wird, an eine so herrliche, von dem Danke vieler Jahrhunderte umgebene Stiftung noch jetzt die nivellierende Hand zu legen und die Trauerperiode des Comité

---

69 Vgl. Kracht, S. 188: „... das Bemühen des Präsidenten [Clavé], in der Angelegenheit neutral zu bleiben". Clavé war am 25. 1. 1861 zum Präsidenten der Armenverwaltung gewählt worden.

70 Protokollbuch, S. 90-91.

71 KS, Bd. 2, S. 391.

72 A. a. O., S. 397.

du salut public,[73] wenn auch gegen Absicht und Willen, in bittere Erinnerung zu bringen. Man weise nach, wodurch die heutige Verwaltung von der unerläßlichen Pflicht entbunden ist, wohltätige Stiftungen, wie sie gemacht sind, und als solche zu konservieren. Der Irrtum, als ob die Französische Revolution auch in hiesigen Landen diese Stiftungen rechtlich aufgehoben und alles in einen kommunistischen Topf geworfen hätte, kann doch wohl nicht mehr obwalten. Daß er bisher schon mehrere Konvente zerstört hat, muß, weit entfernt, ihn zu rechtfertigen, nur um so dringender zur Umkehr mahnen. Nur die Verwaltung der Stiftungen hat in hiesigen Landen gewechselt; die Stiftungen selbst sind in ihrem rechtlichen Bestande unberührt geblieben und müssen von der neuen Verwaltung ihrem besonderen Zwecke in jeder Modalität so lange erhalten werden, als es nicht durch höhere Gewalt oder sonstige dringende Not unmöglich wird. Ist solche nun aber dem Fortbestande der Konvente, insbesondere des Konventes Kreuz, in den Weg gelegt?

Wir dürfen nicht zweifeln, daß die Behörde, die vorzugsweise berufen ist, sich mit ihren Beobachtungen in die Lebensnot der bedürftigen Klassen städtischer Bevölkerung zu vertiefen, es nicht noch besser erkannt haben sollte als ihre Mitbürger, die den weisen Stiftern so dankbar nachrühmen, daß der Stadt Köln eben in ihren Konventen eine äußerst wohltätige Erbschaft überkommen ist, die durch keine moderne Wohltätigkeitserfindung erreicht, geschweige überholt wird. Altersschwachen, gebrechlichen und bedürftigen, vereinzelt hinterbliebenen Personen weiblichen Geschlechtes die ihrem besseren Wesen kaum entbehrliche eigene Häuslichkeit wiederzugeben, statt sie mit einem sparsamen Almosen abzufinden und den übertriebenen Anforderungen für Wohnungen in elenden, ungesunden Hütten zu überantworten oder in eine heimatlose Kasernengemeinschaft einzuengen, dieser edle, von echter Nächstenliebe eingegebene Gedanke ist es, dem die Stifter ihr Haus und Vermögen zugewandt haben. Die Armen in dieser bestimmt gewollten Lage sind darin die rechtmäßigen Nachfolger; und wer sie darin aufstört, drängt den Stifter selbst und den, dessen Wahrzeichen 600 Jahre den First bewacht, aus seinem Eigentum. 'Du sollst nicht begehren deines Nächsten Haus!'[74] Und das soll in einer Zeit statthaft sein, die als die gegenwärtig dringendste Not der Städte den Mangel an gesunden, die Familie sittlich schützenden Wohnungen der Armen beklagt, soll statthaft sein in der Stadt Köln, wo noch in der jüngsten Zeit die Wohnungsräume massenhaft den Expropriationen haben weichen müssen! Die moderne, lediglich auf ihre Zwecke blickende Finanzwelt sagt uns vielleicht, daß man die teure Lage in verkehrsreicher Straße zum Ersatz an entlegener Stelle vorteilhaft verwerten könne. Allerdings kann man das.

[73] Öffentlicher Wohlfahrtsausschuß.
[74] Ex 20,17.

Man kann alle Armut und alles Elend der Städte zu großen Haufen zusammenführen, unnahbar für die helfende Hand, für die sittigende Kraft, für das wachsende, warnende und ermunternde Auge des größeren Lebensverkehrs, wenn man sorglos den traurigen Folgen entgegeneilen will. Man kann das, und es ist leider in dieser Richtung ohne amtliche Nachhilfe schon genug geschehen.

In unserem Falle aber darf man es nicht. Die Stifter der Konvente haben ihre Häuser über die ganze Stadt verbreitet, und es gehört gerade zum Wesen ihrer edlen Stiftung, gehört zu der besseren Lage, die sie ihren Armen sichern wollten, daß diese weiblichen Ansiedlungen sich in zuverlässiger Nachbarschaft geschützt wissen, daß sie in zugänglichem Verkehre mit ihren wohltätigen Gönnerinnen für die gesunden Tage lohnende Arbeit und auf dem Schmerzenslager Trost und Unterstützung finden, in allem aber die Beziehungen der Klientel zu den Familien der bemittelten Stände müssen unterhalten können, welche diese ihnen auch zu allen Zeiten mit Vorliebe zugewandt haben. Die Stifter haben die Konvente gerade da gewollt, wo sie bestehen; und je teurer die Straße, desto mehr erreichen sie ihren Zweck. Niemals hat eine Kölner Patrizierfamilie einem Konvente die Nachbarschaft mißgönnt, und die Stifter, meist selbst Patrizier, gedachten wahrlich keine ihrer unwürdige Sukzession in ihrem Hause zu hinterlassen. Daß man es in gehörigem Stande erhalten und was man an der Fassade wünschen möchte, auch anzubringen nicht unterlassen werde, war doch das mindeste, was sie erwarten durften.

Wenn man übrigens von anderweitigem Ersatze spricht, so bleibt zuallernächst abzuwarten, bis wann derselbe für die bereits abhanden gekommenen Konvente pflichtgemäß hergestellt sein wird, wozu ja die erlöste Summe von mehr als 56000 Talern vorhanden ist. Als einen solchen ein jüngst für das abgebrochene Quirinuskonvent hergestelltes Lokal in der Stolkgasse anzubieten und, um die Entbehrlichkeit plausibel zu machen, diese Räume, auf welche so viele Anwärterinnen Anspruch haben, leerstehen zu lassen, ist ein Plan, welcher der Armenverwaltung nur untergeschoben sein kann, da er ebenso unglaublich als ungefährlich ist.

Jedenfalls vertrauen wir, eine höhere Vormundschaft werde es nicht gestatten, daß die durch Recht und Christenpflicht geheiligte Schwelle unter den Hammer gebracht und fremden Zwecken dienstbar gemacht werde. Sie wird für das [!] Anerkenntnis sorgen, daß die Erhaltung der Stiftung das Recht und die Pflicht der Verwaltung ist, nicht ihre Zerstörung oder Verstümmelung. 'Jedem das Seinige!'[75] Dem Armen aber zuallererst!

---

[75] Ausspruch des älteren Cato nach Gellius, Attische Nächte, 13,24,1.

'Wohl dem, der sich des Armen und Dürftigen annimmt; zur Unglückszeit errettet ihn der Herr!' (Ps 41,2).

Ein Armenfreund.[76]

Eine weitere Generalversammlung des Hospitiumsvorstandes tagte am 30. April 1861: „In der letzten Sitzung der Generalversammlung vom 25. März c[urrentis anni] ist beschlossen worden, bei dem Verkauf der neben dem Gesellenhospitium belegenen Gebäulichkeiten Breitestraße Nr. 120 und 122 bis zu 15000 R[eichs]t[a]l[e]r[n] exkl[usiv] der gesetzlichen Kosten seitens des Vorstandes mit zu konkurrieren. Der Präses knüpft an diesen Beschluß bei der Eröffnung der Versammlung an, indem er bemerkt, daß nach seinen Erfahrungen es sehr zweifelhaft sei, daß die Genehmigung zu dem Verkaufe erteilt werden würde, wenn nicht die Taxe für das qu[ästionierte] Terrain geboten werde. Diese Taxe betrage, wie er erfahren habe, z[irk]a 17000 R[eichs]t[a]l[e]r, und trage er darauf an, den Beschluß vom 25. März c[urrentis anni] dahin zu reformieren, daß er ermächtigt werde, bei dem Verkauf der qu[ästionierten] Gebäulichkeiten die Taxe zu bieten. Dabei erläutert er nochmals die dringende Notwendigkeit für den Ankauf dieser Gebäulichkeiten im Interesse des Gesellenhospitiums. Die Versammlung ist mit diesem Antrage einverstanden, ermächtigt somit den Präses, bei dem Verkaufe der qu[ästionierten] Gebäulichkeiten die Taxe zu bieten, und beschließt gleichzeitig, für den Fall, daß der Verkauf ratifiziert werden sollte, 10000 R[eichs]t[a]l[e]r gleich abzutragen, falls die Armenverwaltung damit einverstanden sein sollte. ... Schließlich werden der Präses sowie die Mitglieder des Ausschusses Meuser und Brück beauftragt, das Gesellenhospitium bei dem qu[ästionierten] Verkaufe zu vertreten."[77]

In den „Kölnischen Blättern" vom 3. Mai 1861 stand unter dem Titel „Zur Armenpflege" folgendes zu lesen:

„Ein Armenfreund bringt in Nr. 117 der 'Köln[ischen] Z[ei]t[un]g' einige wohlwollende Bemerkungen über einen wichtigen Gegenstand, der nicht allein vom christlichen, sondern auch vom politischen Standpunkte die größte Bedeutsamkeit hat. Die jetzigen Zustände im Armenwesen lassen sich nicht mehr halten, da der christliche Standpunkt aufgegeben ist. Die früheren Jahrhunderte waren nicht allein milder, sondern auch klüger; denn während sie die Armut beaufsichtigten und durch reiche Stiftungen unterstützten, beherrschten sie dieselbe, während sie jetzt in Tagen der Erregtheit stets loszubrechen bereitsteht.

Wo ist das reiche Armengut der früheren christlichen Barmherzigkeit? Geplündert. Übriggeblieben sind nur die Konvente; sie sind von der französischen Umwälzung unberührt gelassen worden. Über sie gerade spricht der Verfasser des fraglichen Aufsatzes beherzigenswerte

---

[76] Kölnische Zeitung Nr. 117 vom 28. 4. 1861, [S. 3].
[77] Protokollbuch, S. 92-93.

Worte, und der Gegenstand verdient es, von den Besten erwogen und von allen Seiten besprochen zu werden. Seit einem halben Jahrhundert ist der Sturm der Zerstörung über die Welt gefahren; es wäre traurig, wenn Köln jetzt selbst Hand anlegte, gegen alles Recht den Rest des Armengutes zu vergeuden. Die Folgen werden nicht ausbleiben; denn wie sollen die Söhne Stiftungen ihrer Väter heilighalten, die ihnen das Beispiel des Gegenteils gegeben?

Gelenius,[78] Winheim[79] usw. zählen dem betrübten Leser die vielen und reichen Konvente auf, die voreinst dem weiblichen, d. h. wichtigsten und zukunftbegründenden Geschlechte sichere Zufluchtstätten boten und in allen Teilen der Stadt verbreitet waren. Wie viele es schon seit Cäsarius von Heisterbach und später gegeben, darüber hat als Rechtsgelehrter unser gelehrter Mitbürger Dr. J[ohannes] B[aptist] Haaß in einer Schrift – 'Die Convente in Köln', 1860 bei Bachem –[80] gehandelt, die schon vom sozialen Standpunkte die höchste Beachtung verdient und eben praktisch werden will. Urkundlich weist der Verfasser nach, was Köln in christlicher Klugheit und Voraussicht geleistet. Das wichtigste Ergebnis aber, auf das es jetzt vorzüglich ankommt, ist der feststehende Satz, daß trotz der französischen Schreckensherrschaft und trotz der Schöpfung der jetzigen Armenverwaltung, gleichsam durch höhere Fügung, das Gesetz über die Aufhebung der Konvente gar nicht verkündigt worden, daß diese Stiftungen also noch wie ursprünglich zu Recht bestehen und niemand das Recht hat, sie anzutasten oder in anderer Weise, als die Stifter festgesetzt haben, zu verwalten. Indessen hat unsere Zeit, und nicht zu ihrem Vorteile, hier willkürlich eingegriffen, und wir leiden schon an den Folgen der Selbstverschuldung. Für die Linearlinie der Straßen und ähnliche Zwecke verschwanden die Zufluchtstätten St. Heribert, St. Agnes usw., noch jüngst das denkwürdige Quirinsgebäude an Pantaleon ohne wirklichen Ersatz; denn Wohnungsentschädigungen nach jetzigen Geldwerte sind ungenügend und widerstreiten dem Geiste der alten Stiftungen.

Nun soll auch, wie verlautet, am 6. d[ieses Monats] das Konvent Kreuz auf der Breitestraße neben dem Gesellenvereinslokale zur Versteigerung gebracht werden. Wir fragen mit dem Armenfreunde der 'Köln[ischen] Z[ei]t[un]g', der alle übrigen wichtigen Punkte hervorgehoben hat: Wo ist und wer hat das Recht dazu? Wenn nach altchristlicher und wahrhaft staatsmännischer Ansicht Armengut gleich ist mit Kirchengut, so leuchtet ein, was Armenraub ist. Ehrliche Leute werden sich schwerlich an Kirchenraub beteiligen. Wir wissen zwar, daß die

---

[78] Vgl.: Aegidius Gelenius, De admiranda sacra et civili magnitudine Coloniae, Köln 1645.

[79] Vgl.: Erhardus Winheim, Sacrarium Agrippinae, Köln 1607.

[80] Vgl.: Johannes Baptist Haaß, Die Convente in Köln und die Beghinen. Eine Abhandlung über die gesetzliche Beibehaltung der Stiftungen für christliche Wohltätigkeit. Zum Besten des Convents Carthaus, Köln 1860.

neueren Ansichten ganz anders geworden sind und das Gebot: 'Du sollst nicht begehren deines Nächsten Haus', von den jetzigen Aufgeklärten belächelt wird. Allein, für die Verständigen sich die Anzeichen der Zeit warnend genug, daß nicht noch mehr Rechtsverletzungen von seiten der Leitenden vorkommen dürfen. Woran krankt unsere Zeit? Eben daran, daß sie kein Recht mehr hat, bis über die starke Faust die stärkere kommt. Discite iustitiam moniti![81]"[82]

Kolping stellte sich schon ganz auf die Situation nach der Ersteigerung ein. So schrieb er Anfang Mai 1861 in den „Rheinischen Volksblättern": „Abends wurde wieder so recht im Verein der Mangel an Raum fühlbar. Doch Geduld, bald schreien wir um Hilfe, daß der Taubste es hören muß!"[83]

Der Notar Claisen informierte am 1. Mai 1861 die Armenverwaltung über die genaue Grundstücksgröße.[84]

Den Vorgang der Versteigerung erzählte Kolping später folgendermaßen: „Im Winter und Frühjahr 1861 erschien die Verkaufsanzeige in den öffentlichen Blättern,[85] und war der Termin auf den 6.[86] Mai in der Amtsstube des königlichen Notars Claisen anberaumt. Bis zum Verkaufstage ist kein Einspruch gegen diesen Verkauf, und zwar von keiner Seite, erfolgt.[87] Beim Termin selbst fanden sich viele Kauflustige ein. Als aber von seiten der Armenverwaltung die Taxe verkündigt wurde, gab's vielfach arg verwunderliche Gesichter. Diese nämlich war nach den damaligen Verhältnissen nach dem Urteil sachverständiger Leute wenigstens hoch genug. Der Vorstand des Gesellenhospitiums mußte im Interesse seiner Anstalt das Äußerste tun. Er steigerte noch etwas über die Taxe das Kaufobjekt an, und der Zuschlag erfolgte. Daß alle anwesenden Kauflustigen aus Rücksicht aufs Gesellenhospitium das Weiterbieten unterlassen, haben wir guten Grund nicht zu glauben."[88]

Die ersteigerte Summe kalkulierte Haaß später folgendermaßen: „Der öffentliche Verkauf des ganzen Konvents Kreuz an den Vorstand des Gesellenvereins hatte am 6. Mai 1861 statt, und zwar für den Kaufpreis von 16545 T[a]l[e]rn; außerdem betrug das bedungene Aufgeld von zwei S[ilber]gr[oschen pro Taler] 1103 T[a]l[e]r, mithin der ganze Erlös 17648

---

[81] Lernt, gewarnt, rechttun! Vergil, Äneis, 6,620.
[82] Kölnische Blätter 1861, Nr. 101 vom 3. 5., [S. 3].
[83] RV 8 (1861), Nr. 18 vom 4. 5., S. 287.
[84] Vgl.: Akte Köln, [S. 61].
[85] Vgl.: Kölnische Blätter Nr. 99 vom 1. 5. 1861, [S. 4]; Kölnische Zeitung Nr. 122 vom 3. 5. 1861, Beilage, [S. 1]. Dort heißt es: „Das ganze Grundstück hält bei einer Straßenfront von 49 ½ Fuß und einer Tiefe von 203 Fuß eine Fläche von 10405 Quadratfuß. Köln, 9. März 1861."
[86] In der Vorlage steht: 3.
[87] Das stimmt nicht.
[88] RV 11 (1864), Nr. 27 vom 2. 7., S. 422. Das Versteigerungsprotokoll ist erhalten in: Akte Köln, [S. 81-101].

T[a]l[e]r. Da der Stadtbaumeister Raschdorff am 13. März 1861 den Verkaufsgegenstand zu 16535 T[a]l[e]rn abgeschätzt hatte, so war nur ein Mehrwert von 10 T[a]l[e]rn beim Verkaufe erworben. Die frühere Taxe der Armenverwaltung dagegen fand sich nun mittels des außer dem Kaufpreis zu bezahlenden Aufgeldes mit 648 T[a]l[e]rn überstiegen."[89]

In den „Kölnischen Blättern" vom 8. Mai 1861 stand über die Versteigerung zu lesen: „Wenn unter diesen Umständen überhaupt nicht zu bedauern sein kann, daß das Terrain aus den Händen einer wohltätigen Anstalt alter Zeit in das einer anderen, aus den Bedürfnissen der Gegenwart entstandenen Stiftung übergeht, so ist auch im besonderen zu berücksichtigen, daß das Konvent 'Kreuz' durch diesen Verkauf keineswegs eingehen wird. Die Armenverwaltung beabsichtigt nämlich, mit den Kaufschillingen sofort ein durchaus geeignetes Gebäude anzukaufen, während die eigentlichen Wohngebäude des alten Konvents so baulos waren, daß jede Reparatur unmöglich erschien; nur der an der Straße gelegene Gebäudeteil war neueren Datums und in einigermaßen gutem Stande."[90]

Aus den vorgelegten Briefausschnitten Kolpings und den Protokollauszügen des Hospitiumsvorstandes ergibt sich ein Bild von Kolping, das nicht ausschließlich geprägt ist von der Sorge um eine möglichst gute Unterbringung der Gesellen, sondern es ging ihm dabei zugleich um seine Person und seine Stellung in der Öffentlichkeit. Er, der den Ehrentitel „Generalpräses" trug, wollte, daß „sein" Verein eines der besten Häuser im Vereinsverbande vorzuweisen hatte. Zugleich ging es ihm um seine Stellung innerhalb der Stadt Köln; denn ein ähnlich ausgestattetes Haus, wie er es erbauen wollte, gab es im katholischen Köln damals noch nicht.

5. Das Votum von Johann Baptist Haaß vom 21. Mai 1861 und seine nächsten Folgen

Die Plenarversammlung der Armenverwaltung tagte vier Tage nach der Versteigerung, am 10. Mai 1861:

„Am 6. d[ieses] M[ona]ts hat die Versteigerung des Konvents Kreuz, Breitestraße Nr. 120 u[nd] 122, vor dem Notar Claisen stattgefunden. Dasselbe wurde vorbehaltlich der höheren Genehmigung zugeschlagen dem hiesigen Gesellenverein für den Preis von 16545 Taler[n] und 1103 Taler[n] Aufgeld - zwei S[ilber]gr[oschen] pro Taler –, im ganzen 17648 Taler[n].

---

[89] Kölnische Blätter 1864, Nr. 221 vom 31. 7., Erste Beilage.
[90] Kölnische Blätter 1861, Nr. 105 vom 8. 5., [S. 3].

Der Justizrat Haaß beantragte, diesem Verkaufe die Genehmigung zu versagen, und übergab zu diesem Protokoll seinen schriftlich motivierten Antrag.

Nach stattgehabter Diskussion und in Erwägung, daß der erzielte Kaufpreis angemessen erscheint und daß der erzielte Kaufpreis derselben zur Beschaffung anderer Konventualwohnungen bestimmt ist, beschließt das Plenum: Erstens: Die Genehmigung des geschehenen Verkaufs des Konvents Kreuz ist bei der höheren Behörde zu beantragen. Zweitens: Der erlöste Kaufpreis soll zur sofortigen Beschaffung resp[ektive] Erbauung neuer Konventualwohnungen verwandt werden. Dieser Beschluß wurde mit allen gegen eine Stimme – der Herr Justizrat Haaß – gefaßt.

Über den von Herrn Haaß gestellten zweiten Antrag, sein Votum mit den bezüglichen früheren Anträgen mit dem diesseitigen Berichte der Oberbehörde mit einzusenden, wurde beschlossen, diesem Antrage nicht zu entsprechen.“[91]

Die Armenverwaltung informierte schon am 11. Mai 1861 offiziell den Oberbürgermeister über den erfolgten Zuschlag. Darin ist zu lesen, daß gemäß der Stiftungsurkunde „der Veräußerung eine Bestimmung des Stifters nicht entgegensteht“. Und weiter: „Aufgrund unseres heutigen [!], mit allen gegen eine Stimme – des Herrn Justizrats Haaß – gefaßten Plenarbeschlusses, wonach der erzielte Kauf zur Erschaffung neuer Konventualwohnungen sofort verwandt werden soll, erlauben wir uns, demselben die Ausfertigung des Versteigerungsprotokolls vom 6. Mai c[urrentis anni] unter dem ergebensten Ersuchen vorzulegen, dasselbe der königl[ichen] Regierung zur Genehmigung gefälligst unterbreiten zu wollen. Schließlich erlauben wir uns noch auszuführen, daß die Gebäulichkeiten des Kreuzkonvents teilweise sich in einem solchen baulosen Zustande befinden, daß sie als Wohnungen nicht mehr zu erhalten sind.“[92]

Der Ausschuß des Hospitiumsvorstandes tagte am 12. Mai 1861: „Der Präses macht zuvörderst die Mitteilung, daß er die Häuser Breitestraße Nr. 120 und 122 zu der Taxe von 16545 R[eichs]t[alern] inkl[usive] eines Plus von 10 R[eichs]t[alern] angesteigert habe, und da pro Taler zwei S[ilber]gr[oschen] Aufgeld zu zahlen seien, so belief sich die Kaufsumme auf 17648 R[eichs]t[aler] ... Demnächst wird das Projekt zum Neubau des Saales besprochen, und soll nach den Besprechungen das Projekt ausgearbeitet werden. Ebenso soll versucht werden, das überflüssige Terrain der jetzigen Bleiche des Hauses Nr. 120 auszutauschen und den hinter dem projektierten Saale belegenen Teil des Gartens zu verkaufen, und zwar zu dem Taxpreise.“[93]

---

[91] Plenarbeschlüsse, Nr. 1860, S. 31.
[92] Entwurf in: Akte Köln, [S. 62-63].
[93] Protokollbuch, S. 94.

Über die Vorgänge in der Armenverwaltung zeigte sich Kolping informiert. Am 14. Mai 1861 schrieb er in einem Brief: „Mit unserem Ankauf nebenan ist noch lange nicht aller Verdruß beseitigt, da die widersprechende Partei alle Hebel in Bewegung setzt, die Genehmigung der höheren Behörden zu verhindern. Da müssen wir unterderhand den kleinen Krieg also wieder fortsetzen. Durch kommen wir endlich doch; nur wär's betrübt, wenn uns die Bauzeit in diesem Sommer verdorben würde. Neben dem Verdruß auch eine erfreuliche Nachricht: Die bekannte reiche Frau hat mir tausend Taler für den Saalbau versprochen als ordentlichen Grundstein."[94]

Die Stadtverordnetenversammlung genehmigte „gegen zwei dissentierende Stimmen" den Verkauf.[95]

Herr Haaß gab sein gegenteiliges Votum vom 10. Mai 1861 nicht nur zu den Akten,[96] sondern handelte insofern beschlußwidrig, als er erklärte, „daß er sein abweichendes, schriftlich zu den Akten übergebenes Votum unter Beleuchtung der gegen dasselbe bei der Diskussion vorgebrachten Gründe an die königl[iche] Regierung unter gleichzeitiger Mitteilung einer Abschrift zu den Akten der Armenverwaltung einreichen werde. Abgesehen von der ihm zustehenden Befugnis, mit Vorwissen des Kollegiums dieses Recht auszuüben, erachtete derselbe als bisheriger Referent in Konventualangelegenheiten sich hierzu berechtigt und verpflichtet."[97]

Dieses umfangreiche Votum vom 21. Mai 1861, das im Unterschied zu den drei vorherigen erfolgreich sein sollte, enthält eine Reihe von Formulierungen, die sich schon in seinem Buch aus dem Jahre 1860 finden. Das Votum sei in den Hauptzügen hier wiedergegeben:

„Das seit meinem Eintritt in die hiesige Armenverwaltung für die vorhandenen Stiftungen und insbesondere für die hiesigen Konvente gehegte Interesse hat mich veranlaßt, im vorigen Jahre die Ergebnisse meiner Bemühungen und Forschungen speziell zu bearbeiten und zu veröffentlichen. Ich fühlte mich hierzu durch die Erwägung aufgefordert,

---

[94] KS, Bd. 2, S. 400. Bei der reichen Frau handelt es sich möglicherweise um Frau de Noël über die in der „Kölnischen Zeitung" Nr. 136 vom 14. 6. 1861, [S. 3], zu lesen war, daß sie „für den Gesellenverein jährlich 240 T[a]l[e]r, für denselben außerdem für den Fall, daß dessen Haus vergrößert werden solle, 6000 T[a]l[e]r" gestiftet habe. Vgl. auch die Äußerung im Brief vom 17. 5. 1861, in: KS, Bd. 2, S. 400, worin als Mitwirkender von Haaß Domkapitular Wilhelm Frenken genannt wird: „Daß wir nebenan gekauft, wissen Sie, teuer genug; doch, Gott Dank, daß wir einmal so weit sind. Sobald die Genehmigung der Regierung da ist – wenn Frenken pro Haaß et Com[pagnie] uns nicht dort Dreck in den Lehm mengt –, wird sofort eingerissen und gebaut. Bis Winter wären wir dann notdürftig unter Dach und Fach."

[95] Verhandlungen der Stadtverordneten-Versammlung zu Köln vom Jahre 1861 nebst den Budgets der Stadtgemeinde, der Armenverwaltung und der städtischen Schulverwaltung für 1862, Köln [1862], S. 175.

[96] Vgl.: Plenarbeschlüsse, Anhang zu S. 31.

[97] Kölnische Blätter 1864, Nr. 221 vom 31. 7., Erste Beilage.

daß in dieser Angelegenheit fast keine Vorarbeiten sich vorfanden und daß der bisherige Usus[98] auf einer Verkennung der Grundsätze und einer fast unglaublichen Inkonsequenz und Willkür beruhte.

Die im Jahre 1847 von einem anderen Mitgliede der Armenverwaltung eingereichten statistischen Nachweise über die hiesigen Konvente hatten mich, einen Nichtkölner von Geburt,[99] lebhaft angeregt. Die Behauptung dieser Eingabe vom rechtlichen Standpunkt rief die auf eine entgegengesetzte Auffassung beruhende Erwiderung des damaligen Präsidenten der Armenverwaltung [Everhard von Groote] hervor. Das Kollegium verwies diese Prinzipienfrage an eine Kommission, die mit abwechselndem Eifer arbeitete, jedoch zwei erhebliche Folgen herbeiführte, nämlich die genauen und detaillierten Nachweise des noch jetzt vorhandenen Konventualvermögens, sodann die Bestätigung der von mir geäußerten Meinung, daß die in Köln seit dem Jahre 1245 bis 1439 gestifteten Konvente – auf diesen zweihundertjährigen Zeitraum sind alle Stiftungen der Konvente, gleichbedeutend mit den ursprünglich belgischen Beginenstiftungen, beschränkt – nur auf der allgemeinen, durch geschichtliche und rechtliche Studien vorbereiteten Basis erörtert werden konnten, indem die mir zugänglichen und möglichst benutzten Archivschriften selten oder nie generalia[100] unter einigen, allerdings erheblichen Bestätigungs- resp[ektive] Einrichtungsurkunden, vielmehr nur untergeordnete specialia[101] hinsichtlich der Anzahl, der Kleidung, den geistlichen und kirchlichen Verrichtung der Konventualinnen usw. enthalten. Die im vorigen Jahr durch den städtischen Archivar Dr. Ennen stattgehabte Regulierung des Archivs der Armenverwaltung bestätigt gewiß [wie] die auf die Anfrage der Kommission erteilte, bei den Akten der Armenverwaltung beruhende Antwort diesen Sachverhalt.

Als im Januar c[urrentis anni] über die Veräußerung des von der Armenverwaltung beaufsichtigten, auf der Breitestraße gelegenen Konvents zum Kreuz verhandelt werden sollte, meldete ich mittels der hier abschriftlich angefügten Eingabe vom 23. Januar Einspruch an. Auf Entschluß der Armenverwaltung erklärte der Archivar Ennen, daß ein spezielles Verbot über die Statthaftigkeit der Veräußerung dieses Konvents im Archiv nicht vorfindlich sei. Bei der ferneren Beratung über diesen Gegenstand wurde das ebenfalls hier abschriftlich angefügte Votum am 14. Februar c[urrentis anni] übergeben und ein besonderer Nachdruck auf die beiden Gründe gelegt, daß nach den zur Zeit der Stiftung im J[ahre] 1287 bestandenen Gesetzen die einer pia causa[102] zugehörigen

[98] Gewohnheit.
[99] Geboren am 1. 3. 1790 in Münstereifel.
[100] Allgemeines.
[101] Besonderes.
[102] Fromme Sache.

Immobilien nur im Fall einer erwiesenen necessitas[103] oder evidens utilitas[104] veräußert werden dürften, daß bei den reichen Einkünften des Konvents Kreuz, besonders aber bei dem Vorhandensein des ausschließlich zur Erbauung von neuen Konventen aufbewahrten und dem seit dem J[ahre] 1818 bis 1831 [durch] verkaufte baulose Konvente erworbenen Baukapitales die jetzige Veräußerung in keinerlei Art gerechtfertigt erschien.

Inzwischen hat der von der Majorität der Armenverwaltung beschlossene öffentliche Verkauf dieses Konvents am 6. d[dieses Monats] stattgehabt. Als die Genehmigung dieses Zuschlags erfolgte, habe ich die abschriftlich angefügte motivierte Erklärung vom 10. d[ieses Monats] zur Kenntnis der Armenverwaltung eingereicht und gleichzeitig meinen Entschluß schriftlich und mündlich vorgebracht, daß ich im unerwarteten, nun eingetretenen Fall der Verwerfung meines Antrags das jedem Individuum bei einer öffentlichen Angelegenheit, besonders aber einem Mitglied der Armenverwaltung, zustehende Recht, die vorgesetzte höhere Behörde auf die wahre Sachlage aufmerksam zu machen und die gegen die Bestätigung des stattgehabten Zuschlags sprechenden Gründe unter Mitteilung dieser Eingabe an die Armenverwaltung vorzutragen, zur Anwendung zu bringen entschlossen sei.

Die bisherigen Verhandlungen erweisen, daß die vom Vorstand des hiesigen Gesellenvereins, dessen gute Zwecke im diesseitigen Votum vom 23. Januar c[urrentis anni] anerkannt und innerhalb der der Armenverwaltung rechtlich vorgesteckten Grenzen befördert werden, nachgesuchte Erwerbung des Konvents Kreuz anfangs von der Armenverwaltung verworfen, auf die erneuerte Eingabe durch die Majorität angenommen wurde. Die sub modo[105] im J[ahre] 1859 von der königl[ichen] Regierung in Aussicht gestellte Statthaftigkeit des öffentlichen Verkaufs dieses Konvents wurde anfangs dieses Jahres ex officio[106] wieder angeregt; die rechtlichen und sachlichen, gegen diesen Verkauf angeregten Gründe blieben unbeachtet.

Die Befugnis der Armenverwaltung als einer mit der Beaufsichtigung und Verwaltung der Konventualstiftungen beauftragten Behörde – und hierauf reduziert sich die wichtige, bis jetzt noch nicht erledigte, sondern nur zu einer baldigen Entscheidung vorbereitete Frage, ob das bei der hiesigen Armenverwaltung vorhandene und ihrer Beaufsichtigung anvertraute Stiftungsvermögen durch die französische Gesetzgebung eine Veränderung erlitten hat und ob das Konventualvermögen zu den gesetzlich nicht aufgehobenen Stiftungen gehört – gestattet die Veräußerung von Immobilien nur in den beiden oben erwähnten Fällen.

---

103 Notwendigkeit.
104 Offensichtliche Nützlichkeit.
105 Bedingungsweise.
106 Von Amts wegen.

Die Notwendigkeit der Veräußerung würde vorhanden sein, wenn die Baulosigkeit der Gebäulichkeiten nicht nur behauptet, sondern auch erwiesen wäre. Der Hauptteil des Konvents Kreuz ist nach der Straße gelegen; er umfaßt die Wohnungen von 12 dort wohnenden Konventualinnen; bis jetzt ist nirgends eine Klage nicht [!] angebracht, vielmehr von dem Herrn Oberbürgermeister Stupp zurzeit in der Sitzung behauptet worden, daß vor Ablauf von 18 bis 20 Jahren ein Baubedürfnis nicht vorhanden sei. Ein anderer Teil dieser straßenwärts gelegenen Gebäulichkeiten wird noch jetzt zur Aufspeicherung der für die Bäckerei der Armenverwaltung nötigen Früchte gebraucht; erst vor etwa sechs Jahren ist dieser Teil, die ehemalige Kapelle, zu diesem Zweck mit bedeutenden Kosten eingerichtet worden. Hinter diesen Gebäulichkeiten findet sich ein Hofraum, auf welchem ein von neun Konventualinnen bewohntes baufälliges Gebäude liegt, an welches sich ein Gartenplatz anschließt, welcher seit längerer Zeit zur Benutzung der Armenapotheke für die Zucht offizieller Pflanzungen dient. Für diesen Garten sowie für den Fruchtspeicher wird eine Vergütung an den Konventualfonds aus unbekannten oder wenigstens unhaltbaren Gründen nicht berichtet; im diesseitigen Votum vom 23. Januar c[urrentis anni] ist das Nähere hierüber angegeben. Immerhin steht fest, daß dieses Hintergebäude keinen rechtlichen Grund zum Verkauf des Ganzen gibt noch geben darf sowie daß der [um] diesen Verkauf nachsuchende Gesellenverein durch einen[107] eigenen, nicht aber durch den Vorteil des Konvents zur Beantragung des Verkaufs bewogen wurde.

Ebensowenig ist eine evidens utilitas hier vorhanden. Abgesehen von dem Mangel der Konkurrenz von Bewerbern, darf nicht verkannt werden, daß der Frühling des Jahres 1861 eben eine rege Baulust in unserer Stadt nicht hervorgerufen hat und daß bis jetzt, soviel dem Unterzeichneten bekannt ist, der Ankauf von Grund und Boden zum künftigen Bau zu den unbekannten Erscheinungen gehört. Wenn auch die Summe von 17000 Talern als Ankaufpreis recht gering zu nennen ist, so muß doch die Nützlichkeit und die pure Evidenz der Nützlichkeit im jetzigen Augenblick bestritten werden. Nach Ablauf von einigen Jahren darf wohl ein höherer Preis mit Wahrscheinlichkeit und der Eintritt der Baulust mit Sicherheit erwartet werden.

Nicht minder erscheint die Behauptung unrichtig, daß an anderen, den Konventualstiftungen zugehörigen Örtlichkeiten füglich aus den erlösten Kaufschillingen gebaut werden könne. Gerade diese anderen Konvente sind auch berechtigte Stiftungen. Wenn das Konvent Kreuz darf verkauft werden, so ist unter gleichen Umständen das auch bei anderen Konventen statthaft; der Grund und Boden dieser Konvente bildet ein rechtliches Eigentum für die Stiftung. Der gewichtige Umstand tritt

[107] In der Vorlage steht: keinen.

hinzu, daß bereits seit dem Jahre 1832 ein solcher Baufonds aus den verkauften Konventen vorhanden ist. Die Einwendung, daß hierüber in diesem Augenblick noch nicht entschieden sei, wird siegreich widerlegt durch den auch hier anwendbaren Satz: Pendente lite nihil immovendum.[108]

Die ebenfalls leider vernommene Behauptung, daß das aus diesem Fonds erbaute neue Spital von den Konventualinnen benutzt und deshalb rechtlich zum neuen Spitalbau verwendet worden sei, zeugt von einer auffallenden Vermengung verschiedener unabhängiger Dinge und einer weder faktisch noch rechtlich begründeten Rechtfertigung der hier anzuwendenden Grundsätze. Das neue Spitalgebäude ist vorzüglich für heilbare Kranke, dann auch für Invaliden gebaut. Unsere Konventualinnen haben weder in der ersten noch in der zweiten Beziehung irgendein Vorzugsrecht auf die Aufnahme in das Spital, wobei gleichwohl nicht verabredet werden soll, daß einzelne Konventualinnen bei der Natur ihrer Krankheit als krank und einige wenige wegen Altersgebrechen und gänzlicher Hilflosigkeit als invalide in das Spital wirklich aufgenommen wurden. Die Zahl der als invalide aufgenommenen Konventualinnen beträgt durchschnittlich neun Individuen jährlich. Die Aufnahme erfolgt niemals wegen der Eigenschaft als Konventualinnen; gerade wie alle anderen gebrechlichen und hilflosen Individuen werden die Konventualinnen behandelt. Bei der definitiven Regulierung der Konventualangelegenheit wird ein Antrag zu rechtlichen Beiträgen nach billiger Berücksichtigung erfolgen, womit aber nimmermehr der durchaus unfehlbare Satz begründet werden kann, als seien die Baukosten des Bürgerspitals aus dem Konventualfonds zu decken, oder vielmehr, als sei die in den Beschlüssen der Plenarversammlung der Armenverwaltung anerkannte und von der königl[ichen] Regierung wiederholt bestätigte Verpflichtung der Armenverwaltung zur Verwendung dieser Kaufschillinge für neue, in den verschiedenen Teilen der Stadt zu errichtende Konventualwohnungen in irgendeiner rechtlich zulässigen Art aufgehoben oder gar vernichtet worden.

Zur Beseitigung jeden desfallsigen Zweifels und bei dem leidigen Nachdruck auf diesen Hinweis wird hier noch folgendes bemerkt: Als in den Jahren 1818 bis 1831 die Genehmigung des Verkaufs der baulosen Konvente durch die königl[iche] Regierung erfolgte, ist nie die Behauptung aufgestellt worden, als sei das Recht der Konventualinnen zur Aufnahme in das Spital erweitert oder die Verpflichtung der Armenverwaltung verändert worden. Vielmehr wurde in Übereinstimmung mit dem Antrage der Armenverwaltung in die Regiminalverfügung vom 20. September 1832 verordnet, 'daß die Kaufschillinge der Konventualhäuser zu dem von den Stiftern bestimmten Zweck stets vorbehalten bleiben müß-

---

[108] In einem laufenden Rechtsstreit darf nichts verändert werden.

ten'. Desgleichen wurde in der Plenarversammlung der Armenverwaltung vom 24. März 1834 der Antrag gestellt, 'mehrere neue Konventualwohnungen zu erbauen und in dieser Art eine der wohltätigsten Einrichtungen zum Besten alter armer Weibspersonen fortbestehen zu lassen und gleichzeitig soviel als möglich den Willen der frommen Stifter zu erfüllen'. In dem letzten, bei den Akten der Armenverwaltung beruhenden, die nachgesuchte Genehmigung zur Erbauung der neuen Konventualwohnungen betreffenden Reskript der königl[ichen] Regierung vom 31. August 1835 heißt es: 'Wir vermissen jede Äußerung darüber, ob es die Absicht ist, die neuen Konvente mit Utensilien zu versehen und woher eventualiter das dazu erforderliche Geld genommen werden soll.'

Die in diesen Verhandlungen bekundete Auffassung von der Heilighaltung des Willens der Stifter ist für sich allein hinreichend, um sowohl den Einwand der für den Spitalbau verwendeten früheren Kaufschillinge gründlich zu beseitigen als auch die Unstatthaftigkeit des Verkaufs der für zwölf Konventualinnen noch jetzt und für die lange Zukunft dienenden Wohnungen im Konvent Kreuz nachzuweisen. Der etwaige Einwand, als habe die Armenverwaltung mehrere bauliche Reparaturen in diesem Teil des Konvents nötig werden lassen, darf wahrlich kein Schutzmittel zur ferneren Verkennung dieser Verpflichtung oder eines ferneren Aufschiebens dieser allerdings die Armseligkeit der Wohnungen vermehrenden, aber keineswegs den ferneren Bestand dieser Konventswohnung[en] gefährdenden Wiederherstellung dienen.

Gerade der oben angeführte und in den Akten der Armenverwaltung nachgewiesene, noch jetzt vorhandene Bestand des Konventualvermögens bildet einen neuen rechtlich erheblichen Grund zur Konservierung der bestehenden Wohnungen und zur festen Anerkennung der den Stiftungen gebührenden Achtung und der davon unzertrennlichen Ermunterung zu neuen Stiftungen. Der unter vielerlei unerträglichen Hindernissen endlich von der ernannten Spezialkommission einstimmig gefaßte Beschluß, bei der Plenarversammlung die Aufrechthaltung der Konventualstiftungen zu beantragen, wobei der durch die veränderte Zeitströmung herbeigeführten und als zweckmäßig für die Folge anzuerkennenden Veränderung Rechnung zu tragen und die höhere Zustimmung zu erbeten sein wird, kann erst in der nächsten Zeit nach vorheriger Ausarbeitung des Korreferats über den bereits am 15. April c[urrentis anni] vom Referenten abgegebenen Bericht erfolgen.

In dieser Lage der Sache und bei der vom gehorsamst Unterzeichneten als Recht und Pflicht erkannten Überzeugung sehe ich mich genötigt, die vorgesetzte Behörde um rechtlichen Schutz gegen ein Verfahren anzurufen, welches die dem vormundschaftlichen Besitz und der Obsorge anvertrauten Stiftungen gegen die bestehenden Gesetze und unter unhaltbaren, mehr oder weniger zufälligen und individuellen Meinungen und bei eingebildeten Nützlichkeitstheorien unhaltbar verderben würde.

Die Bestätigung des Verkaufs des Konvents Kreuz würde wider das allgemeine Konventualinteresse und gegen das besondere Interesse des fraglichen Konvents streiten. Die obervormundliche Weise wird zugleich die wichtige Frage zur näheren Prüfung und Untersuchung zeihen, ob und wie die Instandhaltung und zweckmäßige Instandsetzung der noch vorhandenen Konventualwohnungen anzuordnen sein wird. Ob und in welcher Art schon jetzt oder nach der binnen kurzem zu erwartenden, der höheren Bestätigung zu unterbreitenden Bestätigung der allgemeinen Regulierung der Konventualangelegenheiten, wie die jetzige Entscheidung über das Konvent Kreuz zu erfolgen hat, wird von der königl[ichen] Regierung zu prüfen und zu entscheiden sein."[109]

Nachdem die Stadtverordnetenversammlung dem Verkauf zugestimmt hatte, erschien in der „Kölnischen Zeitung" vom 31. Mai 1861 folgender, vom 24. Mai datierter Beitrag:

„Die Kölnische Zeitung vom 25. [!] v[origen] M[ona]ts enthält einen Artikel über den Verkauf des hier in der Breitestraße gelegenen Kreuzkonventes. Derselbe entbehrt so sehr aller Klarheit und Sachkenntnis, daß er gerade dadurch geeignet ist, Fernstehende irrezuleiten und die öffentliche Meinung gegen die Institute einzunehmen, welche bei der Sache beteiligt sind. Mag das auch nicht bezweckt gewesen sein, so ist doch jetzt, nachdem der Verkauf stattgefunden und in letzter Sitzung die Genehmigung des Gemeinderates erhalten hat, eine Rektifizierung notwendig.

Das Gefühl allerdings, daß es zu beklagen ist, daß im Laufe der Zeit so viele Konvente der Stadt verschwunden sind, herrscht wie bei vielen Kölnern, so gewiß vorzüglich im Gremium der Armenverwaltung. Um demselben jedoch Ausdruck zu verleihen, hat der Verfasser jenes Artikels einen unpassenden Zeitpunkt gewählt und eine unpassende Gelegenheit vom Zaume gebrochen, da es ihm bekannt sein mußte, daß gerade jetzt ein neues geräumiges Konvent hergerichtet ist und daß der Verkauf des Kreuzkonventes, weit entfernt, die Zahl der Wohnungen zu vermindern, dieselbe bedeutend vermehren wird.

Das sogenannte Kreuzkonvent, eigentlich Konvent Kreuz und Heribert,[110] in der Breitestraße besteht aus zwei Häusern, deren eines, eine ehemalige Kapelle, zu Wohnungen unbrauchbar, als Fruchtspeicher benutzt wird, deren anderes zwölf Konventualinnen beherbergt. In den zerfallenen, baulosen Hintergebäuden hausen noch fünf derselben. Im ganzen also wohnen dort 17 Personen, deren Ruhe wegen der Beschaffenheit ihrer Wohnungen unmöglich ungestört bleiben konnte. Deshalb hat [!] der Gemeinderat und die königliche Regierung bereits vor zwei

[109] Akte Köln, [S. 67-77].

[110] Es handelt sich nur um das Konvent Kreuz. Die von Haaß ins Gespräch gebrachte Verbindung zum aufgelösten Konvent St. Heribert bestand darin, daß nach dessen Auflösung einige Konventualinnen im Konvent Kreuz Unterkunft gefunden hatten.

Jahren den Antrag der Armenverwaltung genehmigt, das Konvent Kreuz nebst Heribert zu verkaufen, sobald das neue, 31 Personen umfassende Konventualgebäude in der Stolkgasse fertiggestellt sein würde. Letzteres wurde bereits im Laufe dieses Jahres dem Gebrauche übergeben und eine Anzahl Räume offengehalten, um nach Verkauf des Kreuzkonventes dessen Bewohnerinnen dorthin zu übersiedeln.

Die Armenverwaltung hat aus ihrem Verkaufe über 17000 T[a]l[e]r gelöst und darauf sogleich beschlossen, diesen ganzen Betrag zu einem neuen Konvente von abermals 30 Stellen, wozu Plan und Kostenanschlag schon seit längerer Zeit fertig sind, zu verwenden.

Das Kreuzkonvent ist von dem hiesigen Gesellenvereine, dessen nebenanliegende Räumlichkeiten längst seinem Zweck nicht mehr entsprachen, angekauft und von demselben die Zusage gegeben worden, das vordere, bewohnbare Haus seiner seitherigen Benutzung auf mindestens zwei Jahre nicht zu entziehen, bis zu welcher Zeit das zu erbauende Konvent neue, gesunde Wohnungen bieten wird, welche selbst den ritterlichen Vorkämpfer der Konventualinnen befriedigen werden. Auf diese Art werden nur fünf Personen aus ihren alten, desolaten Hintergebäuden in der Breitestraße in das Konvent in der Stolkgasse übergesiedelt und die übrigen Räume solchen Leuten überwiesen, welche infolge früher verkaufter Konvente seither Mietentschädigung bezogen."[111]

Die Regierung zu Köln erließ am 1. Juni 1861 ein Schreiben an die Armenverwaltung, in dem es hieß:

„Gegen den Verkauf des Kreuzkonventes auf der Breitestraße dahier an das Gesellenhospitium für den Preis von 17648 R[eichs]t[a]l[e]r[n], gegen welchen die hiesige Stadtverordnetenversammlung nach ihrem Beschlusse vom 16. v[origen] M[ona]ts nichts zu erinnern fand, ist uns der urschriftlich hier beiliegende Einspruch eines Mitgliedes der Armenverwaltung, des Herrn Justizrats Haaß I, zugegangen. Wenn nun auch nach der Äußerung der Armenverwaltung in dem Berichte vom 11. v[origen] M[ona]ts und der beigefügten Stiftungsurkunde vom Jahre 1287 der Kanonikus Hermannus Bischof bei der Bestimmung und Überweisung des fraglichen Hauses zur Aufnahme und Verpflegung von Beginen und Armen den bestallten Provisoren seiner Hospitalstiftung die allgemeine Befugnis erteilt hat, für das Hospital zu sorgen und zu handeln, wie ihnen der Heilige Geist zu handeln und zu sorgen eingeben werde, und sonach eine ausdrückliche Bestimmung der Stiftungsurkunde die damalige Veräußerung des Konventgebäudes ausschließt, so mußten doch nach jener Bestimmung des Stifters auch die allgemeinen gesetzlichen Grundsätze über die Verwaltung von Stiftungsvermögen für die ernannten Provisoren der Stiftung maßgebend bleiben, und es dürfte denselben gemäß, wenn nicht ausnahmsweise ganz besondere Verhältnis-

[111] Kölnische Zeitung 1861, Nr. 149 vom 31. 5. [S. 3].

se solche bedingten, [zu] einer Veräußerung nur dann übergangen werden, wenn die Notwendigkeit oder ein unzweifelhaft erheblicher Notstand es nötig machten. Daß nun gegenwärtig ein solcher Fall einer zulässigen Veräußerung vorliege, wird von Herrn Haaß bestritten; und von der Armenverwaltung ist der Nachweis des Gegenteils nicht geliefert.

Deshalb wird sie hierdurch veranlaßt, von diesem Gesichtspunkte aus die Angelegenheit nochmals in reifliche Überlegung zu ziehen und über das Resultat ihrer Beratung anderweitig zu berichten. Gleichzeitig ist sodann uns ausführlicher Bericht über die hiesigen Veräußerungen von Konventgebäuden, die Verwendung des Erlöses aus denselben und die Einrichtung neuer Konvente sowie über die Überlassung von 50000 R[eichs]t[a]l[e]r[n], welche in den Jahren 1832 bis 1838 aus dem Verkaufe von Konventen erlöst worden sein sollen zu dem Bau des neuen städtischen Hospitals, zu erstatten."[112]

Die Armenverwaltung lieferte am 25. Juni 1861 ihren Bericht an die königliche Regierung ab.[113]

Das Regierungspräsidium antwortete darauf in seinem Schreiben vom 24. Juli 1861:

„Die Armenverwaltung hat im Berichte vom 25. v[origen] M[ona]ts Nr. 4629 hinsichtlich des von derselben laut dem wieder beigeschlossenen Protokolle vom [am] 6. Mai d[ieses] J[ahres] vorgenommenen Verkauf des Grundstücks des Konventes Kreuz auf der Breitestraße hierselbst den Satz aufgestellt, daß dieses Grundstück gleich jedem anderen, zum hiesigen Armenvermögen gehörigen Grundstücke veräußerbar sei. Der Satz wird darauf gestützt, daß die Konventgebäulichkeiten durch die Stiftungsurkunde von 1287 gegeben seien, 'um darin aufzunehmen und zu pflegen Beginen und Arme zur Ehre Gottes,' daß das Grundstück hierdurch die Natur von Beginenvermögen erlangt habe, daß das Beginenvermögen als das Eigentum einer religiösen Genossenschaft durch den Konsularbeschluß vom 20. Prairial [des] J[ahres] X[114] an den Staat übergegangen sei und daß dasselbe, indem dieser von seinem Rechte keinen Gebrauch gemacht, der Präfekt des Roerdepartements vielmehr durch Beschluß vom 8. Brumaire [des] J[ahres] XI[115] die Güter und Einkünfte der Begineninstitute den Armenverwaltungen überwiesen habe, die Natur eines freien Armenvermögens erhalten habe.

Wir können dieser Auffassung nicht beipflichten. Wir können es deshalb nicht, weil das Gebäude, welches in der Stiftungsurkunde ein Hospital genannt wird, zur Aufnahme und Pflege von Beginen und Armen bestimmt worden ist und dasselbe also nicht exklusiv Beginenvermögen werden konnte, es vielmehr die Natur des Vermögens einer Stif-

---

112 Akte Köln, [S. 78-79].

113 Text in: Akte Köln, [S. 102-109].

114 9. 6. 1802.

115 30. 10. 1802.

tung zu einem auf die Gewährung von Wohnung und Pflege der Bedürftigen gerichteten Wohltätigkeitszwecke erlangt hat, der auch zu einer Zeit, wo es keine Beginen mehr gibt, noch immer zugunsten von Armen vollzogen werden kann. Außerdem können wir es nicht, weil es zum mindesten erheblichem Zweifel unterliegt, ob die Güter von Stiftungen zur Gewährung von Wohnung und Pflege an Beginen 'Beginenvermögen' wurden und ob die Beginen zu den congrégations régulières[116] zu rechnen sind, welche der Art[ikel] 1 des Konsularbeschlusses vom 20. Prairial [des] J[ahres] X aufgehoben hat.

Unseres Erachtens haben die Güter des Konvents Kreuz noch immer die Natur eines der Gewährung von Wohnung und Pflege von Bedürftigen gewidmeten Stiftungsvermögens, und es hat sich rücksichtlich derselben nur geändert, daß deren Verwaltung statt den in der Stiftungsurkunde bezeichneten, nicht mehr existierenden Provisoren jetzt der Armenverwaltung zusteht.

Schließen wir an diesen Obersatz die Frage an, ob die Armenverwaltung das fragliche Grundstück des Konventes Kreuz veräußern könne, so enthält zwar die Stiftungsurkunde kein Verbot der Veräußerung; allein, sie bestimmt auch nichts über den Fall, in welchem veräußert werden soll; und es folgt daher aus den allgemeinen Grundsätzen über die Verwaltung von Stiftungsgut, daß die Veräußerung nur im Falle der Notwendigkeit oder einer evidenten Nützlichkeit für die Stiftung stattfinden kann und daß die Erfüllung des Stiftungszweckes dabei immer gewahrt werden muß.

Nach dem Berichte der Armenverwaltung liegt der Fall einer evidenten Nützlichkeit insofern nicht vor, als das auf das Grundstück des Konventes Kreuz ergangene Gebot den Taxwert nicht erheblich übersteigt. Die Armenverwaltung erachtet jedoch die Veräußerung für notwendig, weil die Konventgebäulichkeiten in einem desolaten Zustande seien und Stiftungsmittel zu deren Neubau nicht beständen.

Wir erkennen aufgrund einer vom Landbaumeister [Eduard] Cremer vorgenommenen Lokalbesichtigung an, daß für den Fall der Beibehaltung des Grundstücks bald zu einem erheblichen Reparatur- und teilweise Neubau zu schreiten wäre, indem Mauerwerk, Holzwerk und innerer Ausbau des Hintergebäudes sich in sehr schlechtem Zustande befinden, der jetzt als Fruchtspeicher dienende Teil des Vordergebäudes nur mittels eines Neubaus würde bewohnbar gemacht werden können und der bewohnte Teil des Vordergebäudes einer gründlichen Reparatur bedarf. Dagegen übersehen wir nicht, ob der Stiftung die Mittel zu diesen Bauten nicht zu Gebot stehen. Der Justizrat Haaß, welchem wir darin beipflichten müssen, daß der Stiftungsfonds insofern eine Forderung an den allgemeinen Armenfonds hat, als zu dessen Gunsten der Fruchtspeicher

---

[116] Kongregationen mit Satzungen.

und der Garten des Konventgrundstücks seit längerer Zeit unentgeltlich benutzt worden sind, gibt außerdem in seinem Votum vom 14. Februar d[ieses] J[ahres] an, daß der Konvent Kreuz ein Vermögen von 11000 R[eichs]t[a]l[e]r[n], 23 S[ilber]gr[oschen], 9 P[fennigen] und der damit verbundene Konvent Heribert ein Vermögen von 112509 R[eichs]t[a]l[e]r[n], 6 S[ilber]gr[oschen], 6 P[fennigen] habe.

Wir wollen daher noch hierüber der Äußerung der Armenverwaltung entgegensehen. Dabei ist von derselben gleichfalls zu berühren, ob für den Fall der Aufwendung der Summe, welche zu einem Reparatur- und Neubau der Gebäulichkeiten auf dem Grundstücke in der Breitestraße nach einem Überschlage erforderlich sein würde, der Übergang auf ein anderes Grundstück erhebliche Vorteile für die Stiftung darbieten würde.

Wir bemerken schließlich, daß wir den Verkauf des in Rede stehenden Stiftungsgrundstückes, wenn überhaupt, jedenfalls nur dann werden genehmigen können, wenn der Stiftungszweck auf einem anderen Grundstücke in selbständiger Art seine Erfüllung fände und in der etwaigen Zwischenzeit von der Armenverwaltung für ein entsprechendes Unterkommen der jetzigen Bewohnerinnen des Stiftungsgebäudes gesorgt würde.

Bezüglich der weiteren Beratung über diesen Gegenstand bemerken wir, daß es, da es nur darauf ankommt, zwischen zwei sich im Kollegium der Armenverwaltung entgegenstehenden Meinungen das Rechte zu finden, jedenfalls angemessen sein wird, beiden Ansichten Gelegenheit zur Äußerung zu geben, also eine Form zu wählen, bei welcher auch Herr Justizrat Haaß zu Worte kommen kann.“[117]

Kolping, der im Sommer bauen wollte, schrieb am 4. Juni 1861 in einem Brief: „Leidlich gesund nach überwundenem Kopfweh, bin ich wohl; aber da wir mit unserem Bau noch nicht von Flecke rücken – die Regierung schleppt –, bin ich noch in einer fortwährenden Spannung.“[118]

Etwa zur gleichen Zeit schrieb er in den „Rheinischen Volksblättern“ einen längeren Artikel, um die Öffentlichkeit von seiner Sicht des Kaufes und von der nach seiner damaligen Meinung bevorstehenden Bettelei für den Neubau zu informieren. Durch diese Veröffentlichung wollte er zugleich auf die Kölner Regierung Druck ausüben. Nachdem er sich wieder einmal über die beengten Raumverhältnisse ausgesprochen und seine Sicht der Verhandlungen dargelegt hatte, fuhr er fort:

„Allerdings, mit dem Kaufe sind wir nicht mit allem fertig; der nackte Boden genügt nicht. Das eigentlich schwere Stück Arbeit steht noch bevor; denn nun muß gebaut werden, so rasch als möglich und so groß, als das Bedürfnis der Sache erheischt. Ein ausreichender Versammlungs-

[117] Akte Köln, [S. 110-115].
[118] KS, Bd. 2, S. 407.

saal mit Lesezimmer und Schlafstätten muß in Angriff genommen werden, und zwar ohne jede Zögerung. Mit welchen Mitteln soll der Bau aber vorzüglich bestritten werden? Hört einmal, liebe Leser und Mitbürger! Wer A gesagt, muß auch B sagen; wer etwas Rechtes anfängt, was sich darf sehen lassen, der muß es auch durchzusetzen suchen, und wenn die Mühe und Sorge auch noch so groß dabei ist [!]. Was wir in Angriff genommen haben, muß sein; denn die Förderung der Sache erheischt die notwendige Vollendung. Dieses moralische Muß, diese innere Notwendigkeit drückt uns die Feder in die Hand, an den dargelegten Bericht[119] einen herzlichen Aufruf anzuschließen, damit jetzt, wo es nottut, man uns helfe, den Bau des Vereinssaales in Angriff nehmen zu können. Wir haben das wohlwollende Publikum seit Jahr und Tag nicht mehr mit irgendwelcher Bettelei behelligt; wir haben zunächst selbst getan, was in unseren Kräften stand. Nur jetzt, wo die eigenen Kräfte nicht mehr ausreichen und wir doch vorwärts müssen, rufen wir laut und eindringlich wohltätige Herzen an, uns diesmal zu Hilfe zu kommen, und zwar mit freigebiger Hand. Der notwendig gewordene Bau zum Gesellenhospitium kann schwerlich unter 10000 T[a]l[e]r[n] hergestellt werden. ...

Darum haben wir das nebenan stehende 'Kreuz', wie schwer es ist – es war einmal leichter nicht zu haben – auch mutig aufgenommen, überzeugt, daß recht viele gern uns tragen helfen. Es ist uns dabei durchaus nicht darum zu tun gewesen, dieses 'Kreuz' auszureißen und der alten Breitestraße den Trost des 'Kreuzes' zu rauben. Im Gegenteile hoffen wir, es wieder so herzustellen, daß jeder, der des Weges geht und überhaupt ein Verehrer des Kreuzes ist, mit Freuden das neu errichtete 'Kreuz' anschaut, auch wohl, namentlich abends, in den tätigen und heiteren 'Konvent' junger, rüstiger Burschen tritt und sich an ihrem löblichen Streben erfreut."[120]

Schon um diese Zeit wurde der Gedanke erörtert, „Kolping werde sich wohl klagend an das Ministerium wenden müssen".[121]

---

[119] Rechenschaftsbericht des Gesellenhospitiums für 1860, in: RV 8 (1861), Nr. 22 vom 1. 6., S. 338-343; Nr. 23 vom 8. 6., S. 354-355.

[120] A. a. O., Nr. 23 vom 8. 6., S. 357-359.

[121] Constance Michels in einem Brief an Peter Michels vom 17. 6. 1861, in: Robert Michels, Peter Michels und seine Tätigkeit in der rheinische Industrie, in der rheinischen Politik und im rheinischen Gesellschaftsleben, in: Jahrbuch des Kölnischen Geschichtsvereins 12 (1930), S. 1-98, hier S. 58.

6. Weitere Verhandlungen bis zur Verweigerung der Verkaufsgenehmigung durch die Kölner Regierung am 8. Februar 1862

Für die folgenden Monate ruhen die Akten. Erst am 29. September 1861 befaßte sich der Ausschuß des Hospitiumsvorstandes wieder mit der Frage: „Es wird beschlossen, bei der Armenverwaltung anzufragen, warum die Gebäulichkeiten p[raemissis]p[raetermittendis] des Kreuzkonvents, welche im Monat Juni [!] c[urrentis anni] öffentlich verkauft worden seien und wobei das Gesellenhospitium letztbietender geblieben sei, nicht diesem bis jetzt überwiesen worden, während doch der Termin der Überweisung auf den 1. Juli c[urrentis anni] in den Bedingungen stipuliert gewesen."[122]

Eine schriftliche Anfrage des Ausschusses aus dieser Zeit liegt nicht vor. Am 8. November 1861 befaßte sich die Plenarversammlung der Armenverwaltung wieder mit dem Thema: „Nach Verlesung der Regierungsverfügung [vom 24. Juli 1861] sowie des diesseitigen Berichtes an die k[önigliche] Regierung vom 25. Juni c[urrentis anni] und des heutigen Referats [von Herrn Wallraf] beantragte der Referent Anfertigung eines Kostenüberschlags über die erforderliche Reparatur resp[ektive den] teilweisen Neubau des Konvents Kreuz auf der Breitestraße sowie eines neuen Konventgebäudes an einer anderen Stelle durch den Stadtbaumeister Raschdorff."[123]

Vom gleichen Tage datiert eine Eingabe der Armenverwaltung bei der königlichen Regierung, signiert von Wallraf. Dabei fällt auf, wie von den Armen, die in der Stiftungsurkunde genannt werden, hier die Rede ist:

„Das verehrliche Reskript königlicher Regierung vom 24. Juli c[urrentis anni] B. I. 3880 will den im diesseitigen Berichte vom 25. Juni aufgestellten Satz, daß das Konvent Kreuz gleich jedem anderen zum hiesigen Armenvermögen gehörigen Grundstücke veräußerbar [sei], nicht gelten lassen. Der Satz aber ist unbedingt dann wahr, wenn das Konvent Kreuz nicht etwa einen besonderen, von den allgemeinen Zwecken der Armenverwaltung unterschiedlichen, aparten Zweck verfolgt. Dies würde beispielsweise dann der Fall sein, wenn das Konvent Kreuz für eine besondere Klasse von Menschen oder zu einer besonderen Leistung p[raemissis]p[raetermittendis] gestiftet wäre. Richtig ist es nun freilich, daß dasselbe laut der Stiftungsurkunde gegeben ist, 'um darin aufzunehmen und zu pflegen Beginen und Arme zur Ehre Gottes'. Zunächst also ist dasselbe gestiftet für Arme im allgemeinen, dann aber auch – und nur darin liegt das Besondere – für Beginen.

[122] Protokollbuch, S. 95-96.
[123] Plenarbeschlüsse, Nr. 1897, S. 41.

Darauf, ob diese Beginen gesetzlich aufgehoben, wie die Armenverwaltung behauptet, oder nicht, kommt es bei der obschwebenden Frage gar nicht an, da es tatsächlich über jeden Zweifel erhaben ist, daß Beginen alten Stiles, wie sie die Stiftungsurkunde im Auge hat, d. h. Mitglieder einer bestimmten religiösen Genossenschaft, in der Rheinprovinz gar nicht existieren und also für solche das Konvent Kreuz gar nicht verwendet werden kann. Sollte also das Begineninstitut nicht legaliter[124] aufgehoben und ebenso legaliter ihre Güter dem Armenfonds überwiesen sein, so würde doch hiesige Armenverwaltung, in deren Besitz das spezielle Beginengut, Konvent Kreuz, seit 60 Jahren übergegangen [ist], Beginengut nur für allgemeine Zwecke verwenden können, weil der einzige, besondere Stiftungszweck, Verwendung für Beginen, seit 60 Jahren nicht mehr erreichbar gewesen noch heute erreichbar ist. Jede zu besonderem Zwecke errichtete Stiftung zerfällt in dem Augenblicke, wo sie nicht mehr erreichbar ist, und ihr Eigentümer, der besondere Zwecke nicht mehr verfolgen kann, wird die Stiftungsfonds nur zu möglichst verwandten allgemeinen Zwecken gebrauchen können.

Darauf würde die Frage richtig dahin zu stellen sein, ob für das Konvent Kreuz diejenigen Veräußerungsgründe vorhanden [sind], die in früheren Fällen als ausreichend zur Veräußerung von Armengütern erachtet worden sind. Solcher Fälle seien hier zwei angeführt, die Veräußerung des Hofes zu Feldkassel und das Konvent Quirin. Die Veräußerung des ersteren wurde deshalb beliebt, weil die Hofgrundstücke in einer sandigen und zum Teil den Rheinüberschwemmungen ausgesetzten Gegend liegen, die Veräußerung des letzteren, weil der von der städtischen Verwaltung, welche dasselbe zu Schulzwecken akquirierte, unterderhand gebotene Preis von 25 S[ilber]gr[oschen] inkl[usive] aufstehendem Gebäude ein 'angemessener' sei.

Würde die Armenverwaltung lediglich diesen Maßstab, der aber seinerzeit von keiner Seite, auch nicht von königlicher Regierung, beanstandet worden [ist], an die Veräußerung des Konvents Kreuz legen, so würde man vielleicht eine 'größere Strenge' mit dem Schein von Recht von ihr fordern können. Aber die Gründe, welche dermalen die Veräußerung von Kreuz motiviert haben, sind ganz schlagender Natur.

Königliche Regierung teilt uns das Resultat der durch H[errn] Stadtbaumeister Cremer vorgenommenen Lokalbesichtigung dahin mit, 'daß für den Fall der Beibehaltung des Grundstücks bald zu einem erheblichen Reparatur- und teilweise Neubau zu schreiten wäre, indem Mauerwerk, Holzwerk und innerer Ausbau des Hintergebäudes sich in sehr schlechtem Zustande befinden, der jetzt als Fruchtspeicher dienende Teil des Vordergebäudes nur mittels eines Neubaus würde bewohnbar gemacht werden können und der bewohnte Teil des Vordergebäudes einer

[124] Rechtlich.

gründlichen Reparatur bedarf'. Dadurch ist auf das evidenteste konstatiert, daß die Konventgebäude einer dringenden Reparatur und resp[ektive eines] Neubaus bedürfen."

Es folgt eine detaillierte Aufzählung der zur Stiftung Kreuz gehörenden Vermögenswerte. Weiter heißt es:

„Übrigens sei bemerkt, daß ein Teil der 9000 T[a]l[e]r zur Bestreitung der stiftungsmäßigen Spenden an 162 T[a]l[e]r[n] jährlich zirka reserviert bleiben müßte und nur der überfließende Rest von 4[000] à[125] 5000 T[a]l[e]r[n] verwendbar bliebe, eine Summe, die angesichts des Kostenanschlags nicht ausreicht. Doch wenn auch das, so würde nur folgern, daß die Armenverwaltung diese Fonds zu Bauzwecken ganz oder teilweise verwenden könne, nicht aber, daß sie es müßte; sie hat zu untersuchen, ob der Bau an dieser Stelle gegen einen Bau an anderer Stelle vorteilhafter und zweckmäßiger überhaupt sei. Nun hat die Verwaltung die Frage nach gründlicher Untersuchung dahin entschieden, daß der Neubau an Ort und Stelle unvorteilhafter [sei], indem dabei die zu verwendende Bausumme gänzlich verlorengehe und man beim Reparatur- und resp[ektive] Neubau durch die vorhandene Lokalität und die Notwendigkeit ihrer teilweise Erhaltung beengt ist, während mit dem erlösten Kaufpreise an anderer Stelle Grund und Boden erworben und ein nach freiem Plane durchaus zweckmäßig, lichtvoll und bequem herzustellendes selbständiges Konventhaus errichtet werden kann. Hierin sucht und findet die Armenverwaltung die evidens utilitas; aber sie erwartet auch den Kaufpreis als einen sehr hohen, da er die noch im höchsten Maßstabe angelegte Taxe der Armenverwaltung noch um z[irk]a tausend R[eichs]t[a]l[e]r übersteigt.

Daß übrigens die Verwaltung dafür Sorge tragen wird, daß bis zur Herstellung des neuen Konventes Kreuz die dermaligen Konventualinnen desselben, sei es im Konvent Karthaus, sei es anderwärts angemessen plaziert werden, versteht sich von selbst. Wahrscheinlich wird der Vorstand des Gesellenhospitiums einwilligen, daß bis dahin der vordere und noch brauchbare Teil des Konvents Kreuz der Armenverwaltung gegen eine angemessene Mietentschädigung noch verbleibe.

Die letztere beantragt demgemäß um so mehr die Bestätigung des Verkaufs, als sie durch die von königlicher Regierung selbst autorisierte Vornahme desselben einen öffentlichen Akt vollzogen, den wieder zurückziehen zu müssen, ihrer Autorität nach außen nur von dem empfindlichsten Nachteil sein kann."[126]

Die königliche Regierung erteilte daraufhin am 13. November 1861 folgende Verfügung an die Armenverwaltung:

---

[125] Bis.

[126] Akte Köln, [S. 121-127].

„Wir veranlassen die Armenverwaltung hiedurch, uns in betreff des Konventes Kreuz auf der Breitestraße nach Anleitung unseres Erlasses vom 24. Juli d[ieses] J[ahres] weiteren Bericht zu erstatten, indem, wenn von dessen Veräußerung an den Gesellenverein, wie wir nunmehr annehmen, abgesehen wird, zur baulichen Herstellung der Konventgebäude und zu einer der Stiftungsurkunde von 1287 entsprechenden Sonderung der Einnahmen und Ausgaben des Stiftungsvermögens von dem allgemeinen Armenvermögen übergegangen werden muß."[127]

Herr Haaß legte am 24. November 1861 ein Votum von 51 Seiten sowie am 3. und 22. Dezember 1861 zwei Nachträge von zusätzlich 21 Seiten Umfang vor. Der Schluß des Votums lautet:

„Übrigens vertritt der Unterzeichnete in dieser Sache einen ihm durch langjährige Beschäftigung überaus liebgewordenen Gegenstand. Er ist der lebendigen Überzeugung, daß gerade die in der jüngsten Zeit manifestierte Not des weiblichen Geschlechts im Alter am zweckmäßigsten durch die zur Geltung zu bringenden Stiftungen unserer Voreltern gelindert werden kann. Der freie, keinen Wechselfällen und beliebigen Aufkündigungen unterworfene Genuß einer stillen und bescheidenen Wohnung nebst einigen nicht in der Form von Almosen gereichten, die übrigen Lebensbedürfnisse erleichternden Spenden erscheint geeignet, die zahlreiche Klasse von unverheirateten weiblichen Individuen im Alter und bei vermehrten Bedürfnissen, aber auch bei verminderter Erwerbsfähigkeit wirksam zu erleichtern und zu trösten. Dies war seit vielen Jahren meine durch die Geschichte der Entstehung dieser Stiftungen mehr und mehr begründete Meinung, und zwar lange bevor, ehe in den letzten Jahren besondere Namen und besondere Individuen bei ihren sonst löblichen Bestrebungen laut wurden. Mögen die letzteren noch so lauter sein, nimmermehr sind sie vor dem Richterstuhl des Rechts imstande, die früher vorhandenen und zu Recht bestehenden Einrichtungen zu stören oder in den rechtmäßigen Besitz derselben irgend einzugreifen oder die mit der Ausführung des Willens der Stifter beauftragte Armenverwaltung auf den gefährlichen und willkürlichen Boden der vermeintlichen Verbesserung einer vorhandenen Stiftung zur Beeinträchtigung der ihr auferlegten Pflichten zu verleiten."[128]

Auf diese Eingaben antworte am 20. Dezember Wallraf mit dem Entwurf einer Antwort der Armenverwaltung an die Regierung. Der Schluß sei zur Charakterisierung der Argumentation zitiert:

„Zum Schlusse noch einige Worte über den Bericht des Stadtbaumeisters vom 25. November d[ieses Jahres]. In diesem Bericht sind die Kosten eines teilweisen und eines gänzlichen Umbaus des Konventes Kreuz an Ort und Stelle veranschlagt und jener auf 13200, dieser auf 15700

---

127 A. a. O., [S. 128].
128 A. a. O., [S. 183-184].

R[eichs]t[a]l[e]r angenommen mit dem Zusatze, daß der Neubau an jeder anderen Stelle die gleiche Summe von 15700 R[eichs]t[a]l[e]r[n] betragen würde. Daraus folgt, daß, wenn die Armenverwaltung auf dem übergroßen, sonst nicht wohl verwertbaren Terrain des Allerheiligenkonventes den fr[aglichen] Neubau errichtet, sie von dem Kaufpreise ad[129] 17600 R[eichs]t[a]l[e]r zirka 2000 R[eichs]t[a]l[e]r erübrigt, die dann als spezieller Baufonds kapitalisiert und mit den zuwachsenden Zinsen einem jedem späteren Baubedürfnisse genügen werden. Baute dagegen die Verwaltung auf dem Terrain Kreuz, so hätte sie einmal den Baufonds erst zu beschaffen. Dieser Fonds wäre re vera[130] ein fonds perdu,[131] da der gleiche Zweck an anderer Stelle ohne Aufwendung eigener Fonds zu erreichen steht; und warum eine derartige Summe à fonds perdu zum Fenster hinauswerfen? Lediglich zu dem Ende, um das Konventhaus an der alten Stelle zu behalten!

Was soll denn der Vorzug, den man gerade dieser Scholle Erde vor einer anderen gibt? Ist die Breitestraße sonniger, luftiger als die Stelle an Allerheiligen? Im Gegenteile, es ist umgekehrt. Wird die Form des Hauses auf der Breitestraße eine elegantere oder bessere? Im Gegenteile, die Lokalität legt der Freiheit des Baumeisters Schranken auf, die in Allerheiligen wegfallen. Hier in Allerheiligen kann, wie die vorliegende Skizze ausweist, ein Bau für 36 Konventualinnen hergerichtet werden, der alle Bedingungen von Licht und Luft und Bequemlichkeit darbietet, wie sie der einsichtsvollere Wohltätigkeitssinn unserer Zeit nur immer unterstellt.

Ich schlage vor, daß das Plenum, an seinem bisherigen Entschlusse festhaltend, bei königl[icher] Regierung wiederholt die Genehmigung des Verkaufs von Kreuz beantrage und über diejenigen Anträge des H[er]rn Kollegen Haaß, die nicht direkt den vorstehenden Punkt betreffen, zu[r] Zeit zur Tagesordnung übergehe."[132]

Das Plenum der Armenverwaltung tagte an demselben 20. Dezember 1861:

„Das Konvent Kreuz betreffend, erstattet Herr Justizrat Haaß seinen Vortrag über die Konventualangelegenheit im allgemeinen und über das Konvent Kreuz im besonderen. ... Herr Justizrat Wallraf hält dafür, daß ... der Verkauf des Konvents Kreuz von der allgemeinen Konventualangelegenheit zu trennen sei, weil erstens die Entscheidung über die Genehmigung des Verkaufs [von] Kreuz dränge und daher sehr bald durch Beantwortung der Rückfragen der k[öniglichen] Regierung zu bewirken sei, dagegen zweitens die allgemeine Konventualangelegenheit sich noch

[129] Zu.
[130] In Wahrheit.
[131] Verlorene Geldanlage.
[132] Akte Köln, [S. 208-209].

sehr in die Länge ziehen dürfte, da bei der Bearbeitung derselben große Schwierigkeiten zu überwinden sind. ...

Herr Wallraf stellt den Antrag: [Es] soll der Verkauf des Konvents Kreuz von der allgemeinen Konventsangelegenheit getrennt werden. Herr Haaß stellt diesem entgegen die Frage: Sollen die vorliegenden drei Regiminalreskripte durch die selbige Beschlußnahme erledigt werden? Letzte Frage wurde einstimmig bejaht. Danach kam zur Abstimmung die Frage: Soll der Verkauf des Konvents Kreuz separat behandelt und in dem Berichte an königl[iche] Regierung gesagt werden, daß die allgemeinen Konventualangelegenheiten später erledigt werden sollen? Auf diese Frage wurde zugestimmt.«[133]

Der Ausschuß des Hospitiumsvorstandes tagte am 10. Januar 1862 und beschloß, auf die Anfrage der Armenverwaltung zu antworten.[134] Die Antwort vom gleichen Tage lautet: „Anknüpfend an unsere letzte Anfrage bezüglich des Verkaufs des Konventes Kreuz, erklärt der unterzeichnete Vorstand zur Beseitigung etwaiger Bedenken darüber, in welcher Art die jetzt im Vorderhause von Konvent Kreuz untergebrachten Konventualinnen bis dahin, daß das neuprojektierte Konventhaus fertiggestellt sein wird, wie es mit denen zu halten sei, sich gerne bereit, das Wohnhaus von Konvent Kreuz, Breitestraße Nr. 120, mit dem ihm zugehörigen Hofraum vorläufig auf drei Jahre für die Mietentschädigung von 300 Taler[n] pro Jahr der Armenverwaltung zu überlassen mit dem Beifügen, daß es der Armenverwaltung zugestanden sein soll, die fragliche Miete nach Bedürfnis um ein Jahr zu verlängern oder zu kürzen.«[135]

Das Plenum der Armenverwaltung tagte noch am gleichen Tag:

„Der Vorsitzende verliest ein soeben eingegangenes Schreiben des Ausschusses des Gesellenvereins vom heutigen Tage. ... Ferner wurde verlesen das ... Referat des Herrn Justizrat Haaß in der Konventualangelegenheit vom 22. vor[igen] M[ona]ts und der von dem Herrn Justizrat Wallraf entworfene Bericht an die königl[iche] Regierung, worin die Notwendigkeit und Nützlichkeit des Verkaufs des Konvents Kreuz dargetan wird.

Mehrere Mitglieder der Verwaltung beantragen, da in dem Entwurfe Herrn Wallrafs das Konvent Allerheiligen als Baustelle für ein neues Konvent bezeichnet ist, daß in dem Bericht an die k[önigliche] Regierung keine bestimmte Baustelle für ein zu erbauendes Konvent bezeichnet werden möge, womit Herr Wallraf sich einverstanden erklärt.

---

133 Plenarbeschlüsse, Nr. 1906, S. 47-48.

134 Vgl.: Protokollbuch, S. 98. Zum Schluß heißt es dort: „Nach erfolgter Beschlußnahme hat H[err] Clavé v[on] Bouhaben sich eingefunden."

135 Akte Köln, [S. 210].

Das Plenum beschließt mit allen gegen eine Stimme – der Herr Justizrat Haaß –, daß im Sinne des Wallrafschen Entwurfs an die k[önigliche] Regierung berichtet werden solle."[136]

Kolping äußerte sich in einem Brief vom 13. Januar 1862 folgendermaßen: „Auch in der Konventsangelegenheit schimmern neuerdings wieder einige Sterne. Nur habe ich gelernt, Hoffnungen zu dämpfen, und will also mich ganz ruhig verhalten, bis der Knoten sich löst."[137]

Die Armenverwaltung legte am 20. Januar 1862 ihren Bericht bei der Regierung vor.[138]

Die Regierung antwortete am 8. Februar 1862 auf diese Eingabe mit der Verweigerung des Verkaufs. Außerdem bestimmte sie,

„erstens, daß die Armenverwaltung das Vermögen der Stiftung Kreuz fortan als ein besonderes Stiftungsvermögen nach einem eigenen Inventar und einem eigenen Einnahme- und Ausgabeetat zu verwalten habe, daß ein besonderer Vertreter des Stiftungsvermögens aufzustellen und dieser dasselbe liquid zu stellen habe, etc.,

zweitens, daß mit Rücksicht auf das unzweifelhafte Vorhandensein der Mittel zum Neubau des Hintergebäudes von Kreuz mit dessen Neubau schon in künftigem Frühjahr vorgegangen werden solle, etc."[139]

Die Nachricht von der Verkaufsverweigerung wurde in der „Kölnischen Zeitung" vom 8. März 1862 in einem vom 1. März datierten Beitrag „Das Konvent Kreuz ist gerettet" folgendermaßen, wohl von Haaß, kommentiert:

„Die Leser dieser Zeitung haben durch die frühere öffentliche Besprechung das Recht zu erfahren, und auch einem Teile der Kölner Bürgerschaft wird noch unbekannt sein, welchen Ausgang die seit einiger Zeit verhandelten Bestrebungen gegen den Fortbestand des Armenkonventes Kreuz in der Breitestraße genommen haben. Der Hilferuf eines Armenfreundes in der vorjährigen Nr. 117, in welchen auch die 'Kölnischen Blätter' (Nr. 101) einstimmten, konnte zwar das von der Armenverwaltung anberaumte Ausgebot nicht mehr verhindern; aber von der Bürgerschaft der Stadt Köln wurde er, wie sich zeigte, weniger überhört. Bei der sonst so lebhaften Konkurrenz zu Ankäufen solcher in den belebteren Straßen der Stadt feilgebotenen Grundstücke trat hier nur ein einziges Angebot, und zwar in einem den Taxwert kaum übersteigenden Preise, auf. Wenn diese Konstellation, wie beide Hilferufe durch ihre Mahnung an das zehnte Gebot vermuten lassen, auch vorhergesehen sein mochte, so muß doch die Deutung, als ob die Armenverwaltung gerade diese gewollt und überhaupt nur zu deren Förderung gehandelt hätte, um so nachdrücklicher zurückgewiesen werden, da der von der-

136 Plenarbeschlüsse, Nr. 1917, S. 49.
137 KS, Bd. 2, S. 432.
138 Vgl.: Akte Köln, [S. 211-222].
139 Zitiert nach: A. a. O., [S. 249].

selben gleichwohl beschlossene Zuschlag den bösen Schein leider vermehren konnte.

War einmal das stiftungsmäßige Recht so weit in Vergessenheit geraten und die Würdigung der besonderen, an ihre eigentümliche Lage und Verfassung geknüpfte Wohltätigkeit dieser Versorgungshäuser so sehr abhanden gekommen, daß vor 30 Jahren unter Zustimmung der Aufsichtsbehörde 15 Konvente der Stadt zur Aufhebung verurteilt werden konnten, so mochte es der anderseitigen Spekulation nicht sehr bedürfen, um der Verwaltung, nachdem die Anstalt bereits seit Jahren dem Verfalle preisgegeben war, die Verkäuflichkeit zweckmäßig erscheinen zu lassen. Und es mag gut sein, daß es so gekommen; auch hier sollte aus dem Bösen das Gute werden.

Freilich fehlte nicht viel, daß dem Stifter des Konventes Kreuz, einem Kanonikus an St. Gereon, welcher im Jahre 1287 sein elterliches Haus an der Stelle, wo es noch jetzt steht, vermachte, um daraus ein Hospiz zu machen - ad hospitale inde faciendum -, in welchem zur Ehre Gottes Beginen und Arme versorgt werden sollten - ad hospitandum in eo bechinas et pauperes in honorem Dei -, und welcher den bestellten zwei Provisoren aus der Pfarrgenossenschaft auferlegte, zum Besten dieses Hospitals zu verfügen und zu sorgen, 'wie ihnen der Heilige Geist zu verfügen und zu sorgen eingeben werde', nachdem sechs Jahrhunderte die geheiligte Schwelle in Ehren gehalten, in unseren Tagen sein Haus, von anderem Geiste angeweht, zu fremdem Zwecke entzogen und damit die wesentliche Grundlage der Stiftung zerstört worden wäre. Die Provisoren, die sie vertreten sollten, hatten dem französischen Präfekten weichen müssen.

Aber der Heilige Geist, der vom Stifter angerufene Schutzgott seines Armenhauses, war nicht von ihm gewichen. Die königliche Regierung hierselbst hat, wie in diesen Tagen bekannt geworden, den Verkaufsbeschluß der Armenverwaltung verworfen. Wenn der betreffende Erlaß die rechtliche Unstatthaftigkeit des Verkaufes anerkennt und nicht bloß, wie es der Behörde ebenfalls zugestanden und bei der Natur des Verhältnisses gewiß ebenso nahegelegen hätte, aus prinzipiellen Gründen der Zweckmäßigkeit die Genehmigung verweigert worden ist, so gewinnt der Vorgang eine Tragweite von so umfassender Bedeutung für den Rechtsschutz des wohltätigen Stiftungswesens und für das Vertrauen in die öffentliche Pietät, daß dafür auch die stille Reflexion, wie es nicht immer wahrer Fortschritt sein möge, wenn die lokalen Verwaltungen selbständiger werden, bereitwillig hingenommen werden darf.

Diese höchst anerkennenswerte Selbstorientierung der königlichen Regierung auf einer Bahn, deren Unrichtigkeit früher verkannt werden konnte, wird auch die Armenverwaltung unfehlbar zu selbsttätigen weiteren Berichtigungen führen. Sie wird nicht bloß das Vorhandene in seinem Rechte respektieren, sondern auch das widerruflich Zerstörte so weit [wie] möglich wiederherzustellen suchen und nicht länger vergeblich an die Summen erinnert werden wollen, welche für die bereits verkauften Konvente zu deren Neubeschaffung zu ersetzen sind. Auch, daß diese den Charakter der Wiederherstellung tragen und an dem Maßstabe der alten Stiftungen, welche stets eine zureichende besondere Wohnlichkeit in luftigen, mit Bleichplätzen versehenen Hofräumen gewährten, ihre Einrichtungen treffen muß, wird das wiedergefundene Recht von selbst fordern.

Vor allen Dingen aber wird doch nun wohl für das Konvent Kreuz die verdienstvolle Leidensperiode endlich geschlossen werden können. Es wird schwerlich ein Fremder an ihm vorübergehen, ohne verwundert zu fragen, was doch wohl hinter dieser mysteriös vergitterten, elendig verkümmerten Fassade verborgen sein möge. Und wie mag es erst in seinem Inneren sich finden? 'Sie sollen Fürsorge tragen, wie es ihnen der Heilige Geist eingeben wird.' Eine Anstalt, die 600 Jahre bestanden, kann der Unterhaltungsmittel unmöglich bar sein; und wäre es anders, sind denn die städtischen Armenmittel nicht auch dazu da, die für eine gewisse Klasse von Hilflosen und Armen der ganzen Stadt gestifteten und übernommenen Anstalten zu unterhalten? Hoffentlich hat die Widerwärtigkeit des neuesten Handels das Auge der Behörde über den wahren Sachverhalt geöffnet und kann die erforderliche Hilfe nicht mehr fern sein. Unwillkürlich wird man dabei an die hohe Zweckmäßigkeit erinnert, für solche Anstalten besondere Provisoren zu bestellen.

Wenn Jahr und Tag über einer Anstalt das Schwert der Vernichtung schweben darf, ohne daß diese selbst zu Worte kommen kann, wenn alles nur in eine zentrale Kommission aufgeht, die, mit konkurrierenden Wohltätigkeitsansprüchen befaßt und davon gedrängt, leicht versucht sein kann, nach momentanen Begriffen einer allgemeinen Nützlichkeit oder Dringlichkeit das besondere Recht unterzuordnen, so ist das eine Anomalie, die auf einen organisatorischen Mangel hinweist, dessen Folgen die Aufsichtsbehörde nicht in allen Fällen, wie es in dem vorliegenden glücklicherweise geschehen, zu begegnen imstande ist. Daß die laufende Pflege der Unterhaltung ebenfalls in den Zustand hinabführt, wie er jetzt in der Breitestraße vor Augen steht, ist unter solcher Einrichtung kaum vermeidlich. Dabit Deus his quoque finem![140]«[141]

[140] Gott wird auch dort für ein gutes Ende sorgen.
[141] Kölnische Zeitung vom 8. 3. 1862.

7. Einsprüche der Armenverwaltung gegen die Verweigerung der Verkaufsgenehmigung

Am 17. April 1862 wandte sich die Armenverwaltung in einem ausführlichen Schreiben an den Koblenzer Oberpräsidenten, um „höheren Orts" die Verweigerung der Verkaufsgenehmigung durch das Regierungspräsidium in Köln aufheben zu lassen. Aus diesem Schreiben seien folgende Passagen zitiert:

„Gegen diese Entscheidung glaubt die Armenverwaltung den Rekurs an Ew. Exzellenz ergreifen zu müssen, einmal deshalb, weil die k[öni]gl[iche] Regierung dem Verkaufe vom 6. Mai 1861 die Genehmigung versagt, dann aber, weil dieselbe durch die beigefügten weiteren Bestimmungen über die Verwaltung der Stiftung Kreuz und [den] Neubau des Konventhauses ihre Zuständigkeit uns gegenüber überschritten und jedenfalls uns materiell beschwert hat.

I. Was den ersteren Punkt anlangt, so hat die getroffene Entscheidung k[öni]gl[icher] Regierung das Mißliche, daß sie uns gegenüber der öffentlichen Meinung, die gerade wir, die mehr wie jede andere Verwaltung mit dem Publikum zu verkehren hat, hochhalten müssen, mehr oder minder kompromittiert. Diese öffentliche Meinung, die so sehr sensibel ist, verlangt mit Recht, daß eine öffentliche Verwaltung, ehe sie eine Maßregel von irgendwelcher Tragweite beschließt oder gar exequiert,[142] diese Maßregel allseitig geprüft, jedes einschlägige Verhältnis für oder wider erwogen [habe], kurz, daß sie keinen Mißgriff begehe. Die Armenverwaltung darf sich freilich das Zeugnis geben, daß sie wie überhaupt, so gerade die vorliegende Angelegenheit mit der gewissenhaftesten Sorgfalt geprüft und vorgearbeitet habe. Aber die öffentliche Meinung pflegt nur nach Resultaten zu urteilen, ist im vorliegenden Falle durch eine Reihe von Zeitungsartikeln voreingenommen; und ist die Armenverwaltung daher doppelt dabei interessiert, daß die endliche Entscheidung der vorgesetzten Behörde mit dem Ergebnis ihrer eigenen Anschauung sich einverstanden erkläre. ...

Demnach stellt die untergezeichnete Verwaltung bei Ew. Exzellenz den geziemenden Antrag, daß hochdieselbe unter Abänderung der Entscheidung königlicher Regierung vom 8. Februar d[ieses] J[ahres] dem Verkaufe des Konventes Kreuz die Genehmigung erteilen und jedenfalls diejenigen Bestimmungen des fraglichen Reskripts, welche über die Versagung der Genehmigung hinausgehen, beseitigen wolle oder, wenn unserem Antrage zur Zeit nicht sollte entsprochen werden können, die königl[iche] Regierung hierselbst hochgeneigtest veranlassen zu wollen, vorerst in der Sache nicht weiter vorzugehen und zunächst unseren Be-

[142] Vollziehen.

richt über die Konventsfrage im allgemeinen abzuwarten. Wir hoffen, diesen Bericht binnen kurzem vorlegen zu können."[143]

Herr Haaß hatte schon vorher, am 9. April 1862, nach Einsichtnahme in diesen Text dazu Anmerkungen zu Händen des Präsidenten der Armenverwaltung, Herrn Clavé von Bouhaben, der zugleich Vorstandsmitglied des Gesellenhospitiums war, gemacht.[144]

Kolping wandte sich in den „Rheinischen Volksblättern" mit folgenden Zeilen an die Öffentlichkeit:

„Im vorigen Jahresbericht haben wir mitgeteilt, daß wir das baulose Konvent Kreuz nebenan für nahe 18000 T[a]l[e]r erworben hätten und es nur der Genehmigung der königl[ichen] Regierung bedürfe, um das Kaufobjekt zu unseren Zwecken zu verwenden. Nach langen und vielen Verhandlungen zwischen der hiesigen städtischen Armenverwaltung als dem Verkäufer des genannten Konventes und der Regierung, die den Verkauf früher genehmigt hatte und welche einen einseitigen Protest gegen den Verkauf überhaupt und unseren Ankauf insbesondere aufhob und berücksichtigte, hat die Regierung ihre Genehmigung als weder notwendig noch nützlich für das Konvent versagt. Die Armenverwaltung ihrerseits ist aber anderer Überzeugung geblieben und hat höheren Orts Rekurs ergriffen, dessen Ausgang abzuwarten bleibt.

Wir glauben, diese Mitteilung machen zu müssen, damit unsere Leser wissen, weshalb wir während des Jahres mit der Sache nicht vom Flecke gerückt sind. Daß wir auf gewisse Zeitungsartikel keine Antwort gegeben, lag in der Art, wie sie gefaßt waren. Die blöde Verdächtigung, daß man seines Nächsten Haus nicht begehren dürfe, wenn man – einer besehe unsere linke Nachbarschaft von außen und noch mehr von innen! – für dasselbe eine solche Summe zu bezahlen bereit ist, wie wir sie aus Not zahlen wollen, ist sicher nicht wert, daß man sich damit herumschlägt."[145]

Als in Koblenz die Entscheidung noch nicht gefallen war, wandte sich Kolping an seine Mittelsmänner in Berlin, um über das Innenministerium auf die Koblenzer Entscheidung Einfluß nehmen zu können. Fürst Boguslaw Radziwill schrieb ihm aus Berlin am 14. Juli 1862:

„Im Begriff, auf mehrere Monate zu verreisen, will ich in aller Eile Ihnen noch einige Worte und aufrichtige herzliche Grüße zukommen lassen und Ihnen sagen, daß ich bisher vergebens auf den Oberbürger-

---

[143] Landeshauptarchiv Koblenz, Best. 403, Nr. 771, Das Armenwesen der Stadt Köln, S. 387-403, hier S. 392-393 und 403.

[144] Vgl.: Akte Köln, [S. 223-229].

[145] RV 9 (1862), Nr. 17 vom 26. 4., S. 271. Vgl.: Schäffer, S. 177-178: „Man schrieb Zeitungsartikel nach Kräften dagegen, man klagte Kolping an, er wolle 'das Kreuz' ausreißen, während er es gerade neu und schöner errichten wollte; er setze arme Frauen auf die Straße, während doch jedenfalls die Armenverwaltung für den Erlös ein besseres, anständigeres Gebäude an einer anderen Stelle aufzuführen beabsichtigte; man hielt ihm vor, daß es nicht christlich sei, des Nächsten Haus zu begehren, und dgl. mehr."

meister Stupp gewartet, der mir in betreff Ihrer Hauskaufangelegenheit für das Gesellenhospiz die nötigen Details geben sollte zu meiner Verwendung für diese Angelegenheit bei dem Minister des Innern. Stupp hat sich hier zwar nicht sehen lassen; und ich bin daher auch ohne gehörige Information zu dem Minister [Gustav Wilhelm] v[on] Jagow gegangen und habe ihm, so gut ich konnte, Ihre Sache ans Herz gelegt. Er hatte indes bis jetzt keine Eingabe von der Armenverwaltung der Stadt Köln in betreff der in Rede stehenden Angelegenheit erhalten und konnte mir daher keine Meinungsäußerung in betreff der Sachlage mitteilen. Eines hat mich jedoch gestaunt in Ihrem Interesse, nämlich, daß er Sie und Ihr Wirken kennt und in hohem Grade von der Wichtigkeit und dem Segen dieses Wirkens durchdrungen ist. Jagow ist kein Mann, der Höflichkeitssprüche macht, und es war ihm Ernst mit dem, was er über Sie und Ihren Lebensberuf mir sagte. Und so nehme ich auch an, daß es gut gemeint war, was er mir sagte: daß ich versichert sein könne, daß, wenn Ihre Angelegenheit in seine Hände käme, Sie versichert sein können, daß er alles tun würde, was er in seiner Stellung vermöchte, um Ihrer guten Sache förderlich zu sein.

Mein Rat geht nun dahin, daß Sie sich vorerst informieren, wo die Sache jetzt steckt, daß, wenn die Armenbehörde die Eingabe an den Minister gegen die abschlägige Antwort der Regierung noch nicht eingereicht, sie dieses bald tue und daß, wenn die Sache vom Ministerium, wie das geschehen muß, der Kölner Regierung zur Berichterstattung zugesandt ist und von dieser wieder dem Ministerium zum endgültigen Entscheid vorgelegt wird, daß Sie dann diesen Moment benützen, sich auf den Weg machen und selber in dem entscheidenden Momente mit dem Minister persönlich verhandeln; nur, ich müßte dafür bürgen, daß Sie den Vogel abschießen trotz [Eduard] Müller und Konsorten."[146]

Kolpings Reaktion auf diese Nachricht liest sich in einem Brief vom 15. Juli 1862 wie folgt: „Heute erhalte ich vom Fürsten Radziwill einen sehr tröstlichen Brief in anderen Angelegenheiten, und so scheint denn jetzt nacheinander die Rosenzeit der Ehren und Freuden angebrochen zu sein."[147]

Auf die Anfrage des Oberpräsidenten hat die Regierung zu Köln an diesen am 15. August 1862 eine eingehende Stellungnahme von 38 Seiten Umfang eingereicht, erarbeitet von Justitiar von Fürth. Weil dieser Text die Argumentation der Regierung deutlich hervorhebt, sei er in wichtigen Passagen zitiert:

„Im Februar 1859 fragte die Armenverwaltung bei uns an, ob wir mit dem Verkaufe dieses Grundstücks, dessen Gebäude in schlechtem Zu-

[146] Archiv der Deutschen Kolpingsfamilie, Köln, A 295.

[147] KS, Bd. 2, S. 451. Kolping war nach seiner Romreise in Köln feierlich empfangen worden.

stande seien und welches von dem Vorstande des hiesigen katholischen Gesellenhospitiums zur Vergrößerung seines angrenzenden Besitztums gewünscht werde, einverstanden seien. Damals, mit den Verhältnissen der Stiftung Kreuz nicht näher bekannt, erwiderten wir durch Verfügung vom 14. März 1859, daß wir im allgemeinen gegen den Verkauf nichts zu erinnern fänden, von demselben jedoch die Urkunde über die Stiftung herbeizuschaffen und zu prüfen sei, ob nicht dem Verkaufe die Bestimmungen des Stifters entgegenständen. Die Armenverwaltung erledigte nicht den Vorbehalt unserer Verfügung durch Vorlage der Stiftungsurkunde, sondern ließ die Sache ruhen. Am 6. Mai v[origen] J[ahres] stellte sie aber, wahrscheinlich auf erneuertes Drängen des Vorstandes des Gesellenhospitiums, das Grundstück zum öffentlichen Verkauf aus. ...

Mittels Berichts vom 11. Mai d[ieses] J[ahres] suchte die Armenverwaltung [um] unsere vorbehaltene Genehmigung zu dem Verkaufe nach. Es geschah dieses aufgrund eines Plenarbeschlusses, welcher bloß gegen eine dissentierende Stimme, nämlich die des Justizrats Haaß, gefaßt wurde, der im Jahre 1860 eine Schrift über 'die Konvente in Köln' herausgegeben hatte. Schon vorher war unsere Aufmerksamkeit dem Gegenstande durch einen Aufsatz in der 'Kölnischen Zeitung' vom 28. April v[origen] J[ahres] zugewendet worden, worin nicht nur das Recht der Armenverwaltung, ein solches Stiftungsgrundstück zu veräußern, bezweifelt, sondern auch die hohe Zweckmäßigkeit der Beibehaltung kleinerer, nicht kasernenartiger Wohngebäude für unterstützungsbedürftige, aber nicht völlig arbeitsunfähige Frauenspersonen an verschiedenen Stellen der Stadt hervorgehoben wurde. Nicht minder bewirkte es ein uns vom Justizrat Haaß eingereichtes ausführliches Separatvotum.

Die von der Armenverwaltung in deutscher Übersetzung vorgelegte Stiftungsurkunde vom Jahre 1287" wird kurz zitiert. „Gestützt auf den Inhalt dieser Urkunde, erklärten wir durch Verfügung vom 1. Juni v[origen] J[ahres], daß, wenn auch der Stifter die Veräußerung des Grundstücks in der Breitestraße nicht verboten habe, doch nach seinen Festsetzungen über die Befugnisse der ernannten Stiftungsprovisoren für die letzteren die allgemeinen Rechtsgrundsätze über die Verwaltung von Stiftungsvermögen als maßgebend zu erachten seien. Hieraus folgerten wir, daß von den Verwaltern zur Veräußerung des Grundstücks nur übergegangen werden könne, wenn die Notwendigkeit oder ein unzweifelhafter erheblicher Vorteil für die Stiftung dazu auffordern. Wir verlangten daher mit Rücksicht darauf, daß das Vorhandensein eines solchen Ausnahmefalls durch die Armenverwaltung nicht einmal artikuliert, durch den Justizrat Haaß aber ausdrücklich bestritten war, von der Armenverwaltung weiteren Bericht.

Diese erstattete dieselbe [!] unter dem 25. Juni v[origen] J[ahres]. Sie suchte darin vor allem auszuführen, daß das Grundstück des Konventes Kreuz gleich jedem anderen zum hiesigen Armenvermögen gehörigen

Grundstücke veräußerbar sei. Dieses wurde darauf gegründet, ... daß das Beginenvermögen als das Eigentum einer religiösen Genossenschaft durch den Konsularbeschluß vom 20. Prairial [des] Jahres X. an den Staat übergegangen sei ..., [ihm] die Natur eines freien Armenvermögens zuteil geworden sei. Außerdem wurde aufgestellt, daß die Veräußerung des Konventes Kreuz sowohl durch die Notwendigkeit geboten als durch evidente Nützlichkeit für die Stiftung gerechtfertigt sei. ...

Wir erwiderten auf diesen Bericht durch die abschriftlich angebogene Verfügung vom 24. Juli v[origen] J[ahres], daß wir den Satz, das Grundstück des Konventes Kreuz sei gleich jedem anderen Grundstücke der hiesigen Armenverwaltung veräußerbar, aus dem Grunde nicht anerkennen könnten, weil dieses Grundstück nicht bloß Armenvermögen, sondern auch nach seiner Widmung im Jahre 1287 und gegenwärtig noch Stiftungsvermögen sei. Wir bemerkten, daß es die Natur des Stiftungsvermögens auch dann habe, wenn die Güter und Einkünfte der früheren hiesigen Begineninstitute wirklich ... dem allgemeinen Armenfonds als freies Vermögen überwiesen sein sollten. Es sei dieses der Fall, weil durch die Stiftungsurkunde ein Hospital zur Aufnahme und Pflege von Beginen und von Armen begründet worden sei, weil das Vermögen des Hospitals also nicht die Natur eines exklusiven Beginenvermögens, sondern die des Vermögens einer Stiftung zu einem auf die Gewährung von Wohnung und Pflege an Bedürftige gerichteten Wohltätigkeitszwecke erlangt habe und weil der Zweck der Stiftung zu einer Zeit, wo es keine Beginen mehr gebe, noch immer zugunsten von bedürftigen Frauenspersonen vollzogen werden könne und vollzogen werden müsse. ...

Aus diesen Gründen entschieden wir, daß die Güter des Konventes Kreuz noch immer die Natur eines der Gewährung von Wohnung und Pflege an Bedürftige gewidmeten Stiftungsvermögens hätten und rücksichtlich derselben sich nur geändert habe, daß deren Verwaltung an der Stelle der in der Stiftungsurkunde bezeichneten, jetzt nicht mehr herstellbaren Provisoren gegenwärtig der Armenverwaltung zustehe.

Von diesem Obersatze aus zu der Frage übergehend, ob die Armenverwaltung das in Rede stehende Grundstück der Konventstiftung Kreuz veräußern könne, erkannten wir das Vorhandensein einer evidenten Nützlichkeit der Veräußerung für die Stiftung nicht an, weil der Taxwert von 16535 R[eichs]t[a]l[e]r[n] durch das Gebot von 16545 R[eichs]t[a]l[e]r[n] unbedeutend überschritten worden sei. Was die behauptete Notwendigkeit der Veräußerung anlangt, so räumten wir infolge einer Lokalbesichtigung, welche wir ... durch den Landbaumeister Cremer hatten vornehmen lassen, ein, daß für den Fall der Beibehaltung des Grundstücks bald zu einem erheblichen Reparatur- und teilweisen Neubau geschritten werden müsse. Wir konnten aber aus dem Berichte der Armenverwaltung nicht übersehen, ob ihrer Behauptung gemäß und den speziellen Einwendungen des Justizrats Haaß zuwider der Stiftung wirklich zu den bezeichneten Bauten die Mittel nicht zu Gebot ständen, und waren daher genötigt, vor schließlicher Entscheidung der Sache hierüber noch die nähere Äußerung der Armenverwaltung zu erfordern.

Diese Äußerung ist von ihr unter dem 20. Januar d[ieses] J[ahres] bei Vorlegung der Übersicht des Vermögens der Stiftung Kreuz erfolgt. ...

Wir entschieden daraufhin durch die ... Verfügung vom 8. Februar d[ieses] J[ahres], daß wir, nachdem von uns bereits durch Verfügung vom 24. Juli v[origen] J[ahres] der Fortbestand des Vermögens des Konventes Kreuz als ein der Gewährung von Wohnung und Pflege an Bedürftige gewidmetes spezielles Stiftungsvermögen ... ausgesprochen worden, ... eine evidente Nützlichkeit der Veräußerung für die Stiftung für nicht vorhanden. ... Desgleichen verneinten wir die Notwendigkeit der Veräußerung des Grundstücks. ... Es geschah dieses deshalb, weil unseres Erachtens zu dem veranschlagten Reparatur- und Neubau nach den eigenen Vorlagen der Armenverwaltung allerdings genügendes Stiftungsvermögen vorhanden ist. ... Wir hielten uns ... zu der Annahme berechtigt, daß die von der Armenverwaltung der Stiftung Kreuz zu erstattenden Mieten und Zinsen die erforderlichen Mittel für den Reparatur- und Neubau der Konventsgebäulichkeiten vollständig oder fast vollständig gewähren würden und daher das noch vorhandene Kapital- und Grundvermögen nicht einmal angegriffen zu werden brauche. Demzufolge versagten wir dem Verkaufe des Konventsgrundstücks in der Breitestraße an das Gesellenhospitium die im Verkaufsakte vorbehaltene Genehmigung.

Ferner bestimmten wir im Einklange mit den Motiven dieser Entscheidung, daß die Armenverwaltung das Vermögen des Konventes Kreuz fortan als ein besonderes Stiftungsvermögen nach einem eigenen Inventar und einem eigenen Einnahme- und Ausgabeetat zu verwalten habe und daß von ihr ein besonderer Vertreter dieses Stiftungsvermögens zum Behuf seiner Liquidstellung zu ernennen sei. Endlich ordneten wir mit Rücksicht auf das unzweifelhafte Vorhandensein der Mittel zu dem auf 5900 R[eichs]t[a]l[e]r veranschlagten Neubau des Hintergebäudes auf dem Grundstücke in der Breitestraße an, daß mit diesem Neubau schon im kommenden Frühjahr vorgegangen werden solle.

Gegen unsere vorstehend im wesentlichen reproduzierte Verfügung vom 8. Februar d[ieses] J[ahres] hat die Armenverwaltung mittels Eingabe vom 17. April d[ieses] J[ahres] den Rekurs an Eure Exzellenz ergriffen. Derselbe ist gegen alle Festsetzungen unserer Verfügung gerichtet. ...

Zunächst haben wir gegen diesen Rekurs einzuwenden, daß er wegen Verspätung nicht berücksichtigt werden kann. ... Sodann ist der Rekurs der Armenverwaltung auch materiell völlig unbegründet.

Indem derselbe erstens sich dagegen richtet, daß wir die Genehmigung des Verkaufs ... versagt haben, ... wendet [er] sich ... gleich der Frage zu, ob Notwendigkeit oder evidente Nützlichkeit des Verkaufs vorhanden sei, und behauptet dann, beide Bedingungen seien von der Armenverwaltung als vorhanden nachgewiesen.

Was a.), die Notwendigkeit der Veräußerung, anlangt, so beharrt die Rekursschrift dabei, daß die Stiftung Kreuz nicht die notwendigen Geldmittel zu dem unerläßlichen Reparatur- und Neubau besitze. ... Über die der Stiftung Kreuz von dem allgemeinen Armenfonds zu erstattenden langjährigen Zinsen der 9526 R[eichs]t[a]l[e]r, 24 S[ilber]gr[oschen], 6 Pf[ennige] hat die Schrift nichts geäußert; diese Forderung ist aber infolge des Fortbestandes des Konventes Kreuz als besondere Stiftung ebenfalls unzweifelhaft. Hierauf halten wir dafür, daß die Rekursschrift die Annahme unserer Verfügung vom 8. Februar d[ieses] J[ahres] in betreff des Vorhandenseins eines zulänglichen Stiftungsvermögens zur Ausführung des ganzen auf 13200 R[eichs]t[a]l[e]r veranschlagten Reparatur- und Neubaus in keinem Punkte geschwächt, geschweige denn widerlegt hat.

Was b.), die evidente Nützlichkeit des Verkaufs für die Stiftung, betrifft, so sucht die Rekursschrift diese damit zu begründen, daß der gebotene Preis 17648 R[eichs]t[a]l[e]r betrage, die Taxe ... des Stadtbaumeisters Raschdorff vom 7. Januar 1859 auf 14570 R[eichs]t[a]l[e]r sich belaufe, die von der Kommission von Mitgliedern der Armenverwaltung ausgegangene Feststellung des Verkaufspreises aber nicht für eine Taxe zu achten sei. Hierbei übergeht jedoch die Rekursschrift den im Berichte der Armenverwaltung vom 11. Mai v[origen] J[ahres] angezeigten Umstand, daß der Stadtbaumeister Raschdorff das Konventsgrundstück am 13. März v[origen] J[ahres] mit Rücksicht auf den seit seiner ersten Taxe gestiegenen Bodenwert auf 16535 R[eichs]t[a]l[e]r abgeschätzt hat. ... Infolge dieser Abschätzung ... kann unseres Erachtens von einer evidenten Nützlichkeit für den Konvent Kreuz ... nicht die Rede sein. ...

Hiernach scheint es uns, daß, wenn der nicht umfangreiche Konvent Kreuz in der Breitestraße, dessen Wohnungen von unterstützungsbedürftigen Frauenspersonen der Umgegend sehr gesucht werden, nach einem anderen Teile der Stadt in ein Gebäude verlegt würde, welches schon viele derartige Bewohnerinnen birgt, diese dem individuellen Zwecke der Stiftung des Kanonikers Hermann keineswegs entsprechen würde.

Der Rekurs greift zweitens unsere Anordnung an, daß die Armenverwaltung das Vermögen des Konventes Kreuz fortan als ein besonderes Stiftungsvermögen nach einem eigenen Inventar und einem eigenen Einnahme- und Ausgabeetat zu verwalten und einen besonderen Vertreter des Stiftungsvermögens zum Behufe der Liquidstellung desselben zu ernennen habe. Er behauptet, wir griffen durch diese Bestimmung über die Grenzen des uns zustehenden Aufsichtsrechtes hinaus und ordneten etwas an, was nur durch ein neues Gesetz bestimmt werden könne. ... Alles Ausgeführte ist einfach die Folge davon, daß es sich von [!] einer bestimmten Stiftung handelt. ... Wenn der Rekurs ferner einwendet, unsere Entscheidung präjudiziere die allgemeinen Konventualfrage, so ist damit gegenüber dem hier allein in Betracht kommenden Rechte der Stiftung Kreuz gar nichts gesagt; es ist es um so mehr nicht, als nach dem obigen von einer allgemeinen Konventualfrage rechtlich nicht die Rede sein kann. Bemerkt endlich der Rekurs, unsere Entscheidung involviere die Auflösung des einen Rechtssubjektes der Armenverwaltung in so viele Rechtssubjekte, als überhaupt Stiftungen bei derselben administriert werden, so ist zu erwidern, daß dieses Verhältnis nicht erst durch unsere Entscheidung in bezug auf das Vermögen der Stiftung Kreuz geschaffen wird, sondern längst rechtlich besteht. ... Es mangelt also auch dem zweiten Teile des Rekurses jegliche Begründung.

Der Rekurs wendet sich drittens gegen unsere Anordnung, daß mit dem Neubau des hinteren Konventsgebäudes sofort vorzugehen sei. Derselbe stützt sich dabei darauf, daß gesparte Mittel zu dem auf 5900 R[eichs]t[a]l[e]r veranschlagten Baue nicht vorhanden seien. ... Es fehlt also auch dem dritten Teile des Rekurses die materielle Begründung.

Hiernach bitten Eure Exzellenz wir ehrerbietigst, den Rekurs der Armenverwaltung vom 17. April d[ieses] J[ahres] als verspätet und überdies in seinen drei Punkten als materiell unbegründet zurückweisen zu wollen.“[148]

Am 1. Oktober 1862 ist der Einspruch der Armenverwaltung vom Oberpräsidenten „als verspätet ... und überdies als unbegründet zurückzuweisen“[149] verworfen worden.

Die Armenverwaltung wandte sich daraufhin am 28. Oktober 1862 an die höchste Instanz, den preußischen Innenminister in Berlin. Der Entwurf des Rekurses lehnt sich in den Formulierungen an die Eingabe an den Oberpräsidenten vom 17. April 1862 an. Weiter heißt es darin: „Gegen diese Entscheidung hat die Armenverwaltung den Rekurs an s[ein]e Exzellenz, den Herrn Oberpräsidenten der Rheinprovinz, ergriffen, ist jedoch durch Reskript vom 1. Oktober 1862 ablehnend beschieden worden, ohne daß der Herr Oberpräsident die diesseitigen, in einer umfassenden Denkschrift niedergelegten Gründe einer Widerlegung unterzogen hätte. Die Armenverwaltung erachtet diese Gründe für so durchgreifend, daß sie es für ihre Pflicht erachtet, gegen den Bescheid vom 1. Oktober bei Ew. Exzellenz Schutz und Abhilfe zu erbitten, und wiederholt, indem sie sich lediglich auf die Denkschrift vom 17. April bezieht, die am Schlusse der letzteren gestellten Anträge.“[150]

Am 15. November 1862 schrieb die Regierung zu Köln an die Armenverwaltung die Anweisung, „binnen acht Tagen anzuzeigen, welche Einleitungen von derselben zur Erledigung unserer Verfügung schon

---

[148] Landeshauptarchiv Koblenz, Best. 403, Nr. 771, Das Armenwesen der Stadt Köln, S. 419-456.

[149] Entwurf in: a. a. O., S. 469-472.

[150] Akte Köln, [S. 262-263].

getroffen sind",[151] worauf am 21. November die Antwort erfolgte, die Armenverwaltung habe beim Innenminister Rekurs eingelegt.[152]

Am 20. Januar 1863 wandte sich Kolping an einen weiteren Mittelsmann in Berlin, Generaldirektor von Olfers, wobei man sich fragen muß, ob seine Äußerungen über den Kölner Regierungpräsidenten sachlich begründet waren und was sie bezweckten:

„Eine recht leidige Sache, die ich hier an Ort und Stelle habe und über welche ich vor einigen Tagen [Eduard] Müller anläßlicher geschrieben habe, damit er es Eurer Exzellenz mitteile, ob nicht vielleicht in letzter Stunde noch könne geholfen werden, macht mir vielen Kummer, abgesehen davon, daß sie mich nach einer bestimmten Seite hin in förmliche Verlegenheit bringt. Unserem Hospitium den nötigsten Raum zum Ausbau zu verschaffen, haben wir in Form rechtens nebenan von der hiesigen Armenverwaltung eine Baustelle gekauft – die darauf stehenden Gebäulichkeiten sind notorisch in zum Teil völlig unbewohnbarem, zum Teil höchst baufälligen Zustande –; bis nach unserer Ansteigerung bei öffentlichem Verkaufe hat niemand gegen den Verkauf Einspruch erhoben.[153]

Dann aber tritt die hiesige Regierung, ihre Genehmigung versagend, dazwischen. Hier sagt jeder Kundige: weil wir gekauft und der Präsident [von] Moeller uns nun einmal keinen Vorschub leisten will. Darüber drückt derselbe sich hinreichend deutlich aus. Unsere Gesellen wissen nur zu gut, wer schuld daran ist, daß bisher aus dem Fortbau unseres Hauses nichts geworden ist, und kennen auch die Gründe zur Haltung unserer in dieser Beziehung wenig preislichen Regierung. [Von] Moeller herrscht nämlich in der Regierung, weshalb seine eigenen Unterbeamten ihn den 'Pascha' nennen. Ich meinesteils hab' immer zur Geduld gemahnt, zum Frieden geraten; nur loben kann ich die Sache nicht. Ich weiß wohl: Die Regierung hat der Armenverwaltung allerlei Ausstellungen zu machen; aber was alle erhobenen Einwürfe mit unserem Kauf zu tun haben, begreift eigentlich niemand. Für das angekaufte Terrain erhält die Armenverwaltung eine so hohe Summe, und zwar nach dem Urteil sachverständiger Leute 2000 Taler mehr als den realen Wert im günstigsten Falle, daß sie damit nicht allein ein neues, geeignetes Terrain, hat sie selbst keines, ankaufen, sondern auch den notwendigen Neubau damit bestreiten kann, so daß die quäst[ionierte] Stiftung, um die es sich in den Akten handelt, völlig 10000 Taler dabei gewinnt. Bloß darum remonstriert[154] mit der Armenverwaltung auch die Stadtverwaltung, weil der Nutzen, wie beide sagen, evident sei.

[151] A. a. O., [S. 265].
[152] Vgl.: a. a. O., [S. 266].
[153] Das stimmt nicht.
[154] Einwände erheben.

Ich habe zurzeit seiner Durchlaucht, unserem hochverehrten fürstlichen Freunde, darüber Mitteilung gemacht, weiß bis heute nicht, ob seine Interzession beim Minister Erfolg gehabt. Ich komme selbst nach Berlin, wenn das nur Nutzen bringen könnte. Können Eure Exzellenz gelegentlich ein gutes Wort in dieser Sache einlegen, sind Sie aufs herzlichste darum gebeten. Es handelt sich für unsere Anstalt um eine Lebensfrage. Erhalten wir das angekaufte Terrain nicht, bleiben wir auf einen Raum beschränkt, der der Entwicklung unserer Anstalt höchst ungünstig ist. Daraus [zu] machen, was sie werden soll, ist fast unmöglich. Ein neues Haus anzukaufen, ist wenigstens, wie bei uns die Verhältnisse stehen, unausführbar. Also möchte ich mich jeder Anstrengung unterziehen, um unser eigentliches Recht zur Geltung zu bringen."[155]

Wenige Wochen später, am 13. Februar 1863, wandte sich Kolping an das Mitglied des preußischen Landtags August Reichensperger: „Endlich kommt Nachricht, weil ich selbst gewissermaßen darnach hungere. Mit der Streitfrage bei der Armenverwaltung des Konvents nebenan steht es nun so: Die Kardinalfrage, ob das Konventsvermögen als kirchlich-weltliches Besitztum durch die franz[ösische] Behörde rückhaltlos der städtischen Armenverwaltung ist zurzeit übergeben worden, ist wieder zu einer weitläufigen Erörterung gekommen. Dr. Wallraf kontra Haaß hat nun in einer ausführlichen Denkschrift dargetan resp[ektive] darzutun versucht, daß unbestreitbar das Konventsvermögen in den allgemeinen Armenfonds gesetzlich geflossen sei. Auch höre ich von anderer Seite aus der Armenverwaltung, daß alles, was Haaß dagegen vorbringe, im Grunde nur leere Worte seien. Ich habe nun sofort Wallraf ersucht, Abschrift von dieser Denkschrift zu den Akten nach Berlin zu schicken, was, wie er mir sagt, auch geschehen sein soll. Dringt Wallrafs Rechtsnachweis durch, dürfte unsere Sache zugleich auch erledigt sein, da dann das Verkaufsrecht nicht bestritten werden durfte. Natürlich, in Rücksicht auf die Opportunität kann dem auch auf alle Fälle nichts Rechtes im Wege stehen, da, wenn die Stiftung speziell müßte erhalten werden, der Verkauf nebenan die Stiftung tatsächlich um zirka 15000 Taler verbessert."[156]

Am 28. Februar 1863 schrieb Kolping, der inzwischen die Innenrestaurierung der Minoritenkirche in Angriff genommen hatte: „Mit meinem projektierten Hausbau und der Kirchenrestauration in Minoriten sitze ich bös darin und muß mich durchbringen, so gut ich kann."[157]

Seine Ungeduld über die erwartete ministerielle Entscheidung drückte er am 10. März 1863 so aus: „Von der Konventsgeschichte höre und sehe ich nichts mehr, obschon die Sache mir auf dem Fuße brennt und

---

155 KS, Bd. 2, S. 465-466.
156 A. a. O., S. 467.
157 A. a. O., S. 469.

die Jahreszeit – zum Bauen – vollauf da ist. Oder sitzt man in Berlin denn wirklich schon so tief darin, daß man für anderes weder Zeit noch Lust hat?«[158]

8. Taktische Manöver Kolpings und der Kölner Regierung angesichts der Entscheidung des Innenministers vom 11. März 1863

Endlich erreichte Kolping ein Brief von Fürst Radziwill vom 12. März 1863: „In der Freude meines Herzens kann ich es mir nicht versagen, der erste zu sein, der Ihnen eine Nachricht mitteilt, die Ihrem Herzen wohltun wird. Gestern abend war nämlich der Minister des Inneren, [Friedrich Albert] Graf [zu] Eulenburg, bei mir und sagte mir, daß ich Ursache hätte, mit ihm zufrieden zu sein, indem er soeben den Entscheid in der bewußten Angelegenheit zwischen Regierung und Armendirektorium von Köln unterschrieben, und sei dieser Entscheid trotz allem Widerstande der Regierung zu Ihren Gunsten ausgefallen. Daß ich Ihnen hierzu, mein alter Freund, meine Glückwünsche aus tiefstem Herzensgrund darbringe, brauche ich nicht erst zu sagen und Sie jedoch inständig bitten, vorläufig diese Mitteilung als eine streng konfidentielle zu betrachten."[159]

Am 23. März schrieb Kolping an August Reichensperger: „Warten wollte ich, bis die offizielle Nachricht über die Genehmigung des Verkaufs resp[ektive] Kaufs nebenan eingelaufen sei; aber das wird mir doch zu lang, da bis heute, wo ich schreibe, weder bei der Regierung noch bei der Armenverwaltung meines Wissens die Akten angekommen sind. Seine Durchlaucht, der Fürst, schrieb mir gleichzeitig mit Ihnen, daß der Minister tags zuvor ihm gesagt, daß er die Genehmigung unterschrieben habe. Die Sache ist also über allen Zweifel sicher. Hätte ich sie nur erst in Händen! Es wird mir eben lang, bis die Geschichte losgeht. Ich denke doch nicht, daß die unteren Behörden die alten Stänkereien fortsetzen und nun die Sache absichtlich verschleppen. Was täte man in solchem Falle?«[160]

An den gleichen Adressaten ist der Brief Kolpings vom 13. April 1863 gerichtet, in dem es heißt:

„Bis heute ist noch immer kein Bescheid von der hiesigen Regierung in unserer bewußten Angelegenheit erfolgt, und es scheint auch nicht, daß sie in nächster Zeit einen solchen zu erteilen gedenkt. Wenn ich gut unterrichtet bin, dann spintisiert man jetzt an dem ganzen Handel her-

---

[158] A. a. O., S. 473.
[159] Archiv der Deutschen Kolpingsfamilie, Köln, A 307.
[160] KS, Bd. 2, S. 473.

um, ob sich der Verkauf oder vielmehr der Ankauf unsererseits nicht doch noch anfechten lasse. Man hat nämlich die schreckliche Entdekkung - jetzt erst - gemacht, daß sogar der Präsident der Armenverwaltung und dazu noch der Oberbürgermeister der Stadt Köln Mitglieder unseres Vorstandes seien, und dieser Umstand wird wahrscheinlich trotz allen entgegenstehenden Gesetzen wieder zu neuem Hudel benutzt werden. Das sieht dem F. und seinem sauberen Kompagnon[161] trefflich ähnlich. Ich schreibe aber dieser Tage offiziell an die hiesige Armenverwaltung und verlange baldigen Bescheid, damit sie den Drucker weiterverwerten kann. Es ist dieses Stückchen doch im ganzen und einzelnen ein trefflich' Bild jenes Bürokratismus, welcher der Regierung mehr schadet als tausend dumme liberale Zeitungsartikel. Bitte, lieber Freund, teilen Sie den Stand der Sache gelegentlich s[eine]r Durchlaucht usw. mit den allerbesten Grüßen mit. Sobald der Bescheid in meinen Händen ist, schreibe ich an seine Durchlaucht das weitere."[162]

Die Plenarversammlung der Armenverwaltung befaßte sich am 17. April 1863 wieder mit der Frage und beschloß, „das Vermögen der Konvente Kreuz und Heribert zu liquidieren".[163]

Der Ausschuß des Hospitiumsvorstandes tagte am 22. April 1863: „Der Präses teilt mit, daß dem Vernehmen nach von dem Herrn Minister in bezug auf den Verkauf des Kreuzkonvents eine günstige Entscheidung getroffen sei und daß es demnach wohl sachgemäß sein dürfe, die Armenverwaltung um einen näheren Bescheid in der Sache anzugehen. Es wird beschlossen, eine diesfällige Eingabe nach dem vorgelegten, in der Fassung etwas veränderten Entwurfe an die Armenverwaltung abzusenden."[164]

Diese Eingabe vom gleichen Tage lautet:

„Am 6. Mai 1861 hat der unterzeichnete Vorstand des hiesigen Gesellenhospitiums das diesem nebenan liegende sogenannte Konvent Kreuz bei öffentlichem Verkauf durch Zuschlag erworben, welcher Kauf in den Kaufbedingungen von der Genehmigung der königlichen Regierung dahier abhängig gemacht worden [ist]. Da nun äußerlich verlautet, daß die königliche Regierung jene Genehmigung zurzeit zwar beanstandet, das hohe Ministerium aber auf eingelegte Berufung der Armenverwaltung eine in bezug auf die Genehmigung des Verkaufs günstige Entscheidung getroffen, da ferner der unterzeichnete Vorstand als Käufer bei

[161] Gemeint sind wohl Frenken und Haaß.

[162] KS, Bd. 2, S. 475. Vgl. auch: Ludwig Pastor, August Reichensperger. 1808-1895. Sein Leben und sein Wirken auf dem Gebiet der Politik, der Kunst und der Wissenschaft, Bd. 1, Freiburg 1899, S. 495, wo Reichensperger in einem Brief an seine Frau von Ende April 1863 die ministerielle Entscheidung so interpretiert, daß „das gegenwärtige Ministerium unseren Interessen viel mehr zugetan als vielleicht irgendein früheres" sei.

[163] Plenarbeschlüsse, Nr. 2068, S. 95.

[164] Protokollbuch, S. 107.

dieser Frage dringend interessiert ist, so geht sein ganzes Gesuch dahin, daß die wohllöbliche Armenverwaltung ihm Abschrift der ministeriellen Entscheidung so bald als möglich zugehen lasse oder die Gründe mitteilen wolle, welche sich dem diesseitigen Gesuche entgegenstellen.

Gegenwärtiges Gesuch ist dadurch motiviert, daß die wohllöbliche Armenverwaltung die Schritte um Genehmigung des Kaufaktes vom 6. Mai 1861 im Interesse beider Teile, also auch im unsrigen, getan und somit sachgemäß ist, daß die getroffene Entscheidung uns abschriftlich kommuniziert werde. Im anderen Falle würde der unterzeichnete Vorstand sich selber an s[ein] Exzellenz, den Minister, direkt zu wenden genötigt sehen, um noch vor Schluß der diesjährigen Bauzeit ein endliches Definitivum herbeizuführen."[165]

Am gleichen Tage, dem 22. April 1863, schrieb Kolping an August Reichensperger:

„Zunächst muß ich Sie im laufenden erhalten über unsere Konventsangelegenheit und Ihnen die Gründe dabei angeben, weshalb ich noch nicht an s[eine] E[xzellenz], den Minister, geschrieben. Wie ich Ihnen mitgeteilt, hat in voriger Woche die hiesige Regierung der Armenverwaltung Bescheid erteilt,[166] obschon ich nur dabei hörte, daß dieser Bescheid mit der ministeriellen Entscheidung nicht stimme, namentlich, was unsere Angelegenheit betreffe. Also lasse ich Clavé zu mir bitten und teile ihm vertraulich mit, wie die Sachen ständen und daß er ehrenhalber darauf bestehen müsse, daß nicht die Meinung der hiesigen Regierung, sondern der Bescheid des Ministers maßgebend sei und ihm mitgeteilt werden müsse. Offenbar gehe die hiesige Regierung damit um, [die] schon verdiente Niederlage zu maskieren, wenn möglich, ins Gegenteil zu verkehren. Wer aber in der Freitagssitzung der Armenverwaltung den Mut nicht dazu hatte, war der völlig indolente Clavé. Von uns war eigentlich gar keine Rede; also mögen wir zusehen, wo wir zu unserem Recht gelangen. Ich mußte Sonntag in Vereinsangelegenheiten auswärts und werde erst Montag gewahr, wie die Geschichte abgelaufen. Diesmal habe ich mich über Clavé abscheulich geärgert, ohne Nutzen, aber doch leicht begreiflich.

Was tun? Heute habe ich den Ausschuß zusammengerufen – Clavé blieb richtig aus – und demselben den Entwurf eines Schreibens an die Armenverwaltung vorgelegt, worin gesagt ist, daß wir von außen vernommen, daß der Minister entschieden, und zwar zugunsten des Verkaufs. Bei uns dränge [!] die Zeit und die Umstände. Also wolle sie uns als den sehr bei der Sache interessierten Käufern den Inhalt der ministeriellen Entscheidung mitteilen oder die Gründe angeben, warum das nicht geschehen. Im schlimmsten Falle würden wir uns direkt an den

---

[165] Akte Köln, [S. 267].

[166] Nicht vorhanden in: Akte Köln.

Minister wenden, um authentisch zu erfahren, was uns angehe. Gleich morgen gelangt das Schreiben an die Armenverwaltung, die nun durchaus Bescheid geben muß, er falle aus, wie er wolle. Je nachdem er ausfällt, wenden wir uns mit einer ordentlich motivierten Eingabe an den Minister, wobei ich dann nebenher persönlich an seine Ex[z]ellenz schreibe, den ganzen Sachverhalt auseinandersetze und um Schutz unseres Rechtes bitte. Leider geht die günstige Bauzeit darüber wieder hin; aber was will's helfen? Herr von M[oeller] und Konsorten tun es einmal nicht anders; und wir müssen mit neuer Geduld uns waffnen, deshalb aber an Beharrlichkeit nichts verlieren; nur, daß wir jetzt Fug und Recht haben, angreifend zu Werke zu gehen. Ich kann nämlich nicht mehr ignorieren, daß die Sache zwischen Regierung und Armenverwaltung am Laufen ist, daß also der ministerielle Entscheid erfolgt sein muß. Es gilt, ihn nur zur Geltung zu bringen; und deshalb muß er ans Tageslicht. Ich glaube, auf dem oben angegebenen Wege fangen wir die Geschichte am besten an. Die Antwort muß bald erfolgen, und dann können wir offiziell mitsprechen. Je nachdem nämlich die Antwort ausfällt, teile ich sie dem Minister und zugleich seiner Durchlaucht mit zur Kenntnisnahme, abgesehen, daß wir dann als berechtigte Partei öffentlich auftreten können.

Halten Sie gelegentlich nur seine Ex[zellenz] in guter Laune, damit er einmal gründlich sieht, wie man's in der Provinz mit mißliebigen Sachen treibt und wie es dann kommt, daß die Leute keine Fiduz[167] zu solchen Regierungsleuten gewinnen. Sollten Sie, lieber Freund, des Dafürhaltens sein, daß ich nicht auf dem bezeichneten Wege weiter agieren soll, bemerken Sie es mir mit ein paar Zeilen. Mein Elend hier ist eben, daß ich in wichtigen und entscheidenden Dingen gar niemand habe, womit ich Rat pflegen kann."[168]

Einen Tag später, am 23. April 1863, machte Kolping in einem Brief seinem Herzen Luft: „Lebe ich doch am Orte mit unserer Regierung wieder auf gespanntem Fuße. ... Protest[antischer] Haß, Neid und Mißgunst aus dem eigenen Lager, das sind die Dinge, mit denen ich mich täglich herumschlagen muß."[169]

Im Rechenschaftsbericht des Kölner Gesellenhospitiums für das Jahr 1862, der am 25. April 1863 in den „Rheinischen Volksblättern" erschien, wandte sich Kolping mit einer gezielten Indiskretion, also „angreifend", an die Öffentlichkeit. Hier pokerte Kolping hoch:

„Im vorigen Jahresbericht erzählten wir, bis zu welch weitläufigen und unerquicklichen Verhandlungen und öffentlichen Reklamen der nun vor zwei Jahren – 6. Mai 1861 – erfolgte öffentliche Verkauf des

---

[167] Vertrauen.
[168] KS, Bd. 2, S. 477-478.
[169] A. a. O., S. 479.

Kreuzkonventes nebenan geführt, wobei wir die sichere Hoffnung aussprachen, daß die schließliche Genehmigung des Verkaufs von seiten der Behörde doch noch erfolgen werde. Beinahe ein ganzes Jahr ist in neuen Verhandlungen, Bescheiden und Protesten hingegangen. Endlich ist, sicherem Vernehmen nach, die hiesige Regierung von seiten des hohen Ministeriums bedeutet worden, die gedachte Genehmigung zu erteilen. Also haben doch dem Verkaufe keine gegründeten rechtlichen Bedenken im Wege gestanden. Viele verlorene Zeit und Mühe.

Wir erwarten also von seiten der Armenverwaltung die rechtliche Übergabe des von uns angekauften Nebenhauses täglich und werden dann, im Besitz unseres Eigentums, sofort zum Baue des vor allen Dingen nötigen Versammlungssaales mit den Räumen zur Unterbringung der zugereisten Vereinsmitglieder schreiten, damit es doch einmal möglich wird, die Mitglieder des Vereins und im Notfalle auch ihre Gönner und Wohltäter zusammen unter einem Dache zu versammeln. Geduld und Beharrlichkeit hat [!] mit Gottes Hilfe zum Ziele geführt, und Recht muß Recht bleiben. Zur Zeit werden wir das Nötige weiter mitteilen und dann, so hoffen wir zuversichtlich, die praktische Hilfe unserer Wohltäter zur Förderung unseres neuen Werkes nicht vergeblich anrufen.“[170]

Am 5. Mai 1863 schrieb Kolping an August Reichensperger:

„Die hiesige Armenverwaltung hat uns gestern die Mitteilung gemacht, daß ihr betreffs des Verkaufs des Konventes Kreuz ‘eine ministerielle Entscheidung bisher nicht zugegangen’ sei, man es uns also überlasse, uns direkt an das Ministerium zu wenden.[171] Ich werde demnach noch heute den Vorstand zusammenrufen, damit das offizielle Schreiben an seine Ex[z]ellenz, den Minister, sofort vom Stapel läuft. In demselben können wir nach Lage der Sache nur um Beschleunigung des Entscheides bitten, und zwar, damit die Bauzeit nicht ganz für dieses Jahr abläuft. Ich habe noch einiges Bedenken, ob ich dabei selbst direkt an den Minister schreiben soll, um demselben die wahre Sachlage vorzustellen. An seine Durchlaucht, den Fürsten B[oguslaw] R[adziwill], schreibe ich aber heute noch und werde ihm die ganze nichtsnutzige Taktik der hiesigen Regierung schildern. Sie hat an die Armenverwaltung neue Anfragen wegen der Taxen beim Verkauf gestellt, eine Sache, die längst erledigt ist. Sie will offenbar die Sache in die Länge ziehen und, wenn möglich, heimlich totmachen. Da kann eigentlich nur der Minister dazwischenfahren, um die Leute zu zwingen, die Genehmigung des Verkaufs an die Armenverwaltung gelangen zu lassen.

Können Sie, lieber Freund, irgend etwas dazu tun, dann unterlassen Sie es nicht; denn mir brennt’s eigentlich unter den Füßen. Daß v[on]

---

[170] RV 10 (1863), Nr. 17 vom 25. 4., S. 261-262.

[171] Vgl.: Briefentwurf vom 30. 4. 1863 in: Akte Köln, [S. 268].

M[oeller] und Konsorten in Wut sind, können Sie sich denken. Aber ich hoffe, das Recht bleibt Recht. ...

Was aber die Unterbringung der paar alten Frauen betrifft, so haben wir dieserhalb schon vor eineinhalb Jahren mit der Armenverwaltung ein Abkommen getroffen. Für die paar in den Hintergebäuden kann jeden Augenblick gesorgt werden, da in der Stolkgasse noch Konventslokale für sie offengehalten werden.“[172]

Der Ausschuß des Hospitiumsvorstandes tagte am gleichen Tage: „Der Präses teilt die Rückantwort der Armenverwaltung auf die vom Vorstande des Gesellenhospitiums eingereichte Eingabe mit des Inhalts, daß ihr keine ministeriellen Entscheidung von der königlichen Regierung in betreff des Verkaufs des Kreuzkonvents zugegangen sei. Infolgedessen beschließt der Vorstand, eine direkte Bitte an das königliche Ministerium zu richten. Der Präses verliest einen Entwurf zu dieser Eingabe, welcher vom Vorstande genehmigt wird.“[173]

Am 12. Mai 1863 schrieb Kolping an August Reichensperger:

„Das Schreiben an seine Exzellenz, den Minister, war bereits fertig und lag zur Expedition bereit, als Ihre freundlichen Zeilen ankamen. Ich hab's dann auch in Gottes Namen ablaufen lassen und hoffe, daß es die Geschichte weiter fördert, obschon allem Anschein nach wir damit noch lange nicht zu Ende sind.

Die hiesige Regierung, so höre ich, will gegen die ministerielle Entscheidung demonstrieren, hat vorläufig auf eigene Faust eine neue Taxation des Konvents durch eine von der Regierung ernannte Baukommission vornehmen lassen (!)[174] und bereits die Armenverwaltung aufgefordert, das nebenan liegende, mit dem Konvent verkaufte Fruchtmagazin neuerdings zu verpachten! In der Armenverwaltung zeigt sich jetzt wenig Widerstand gegen die Regierungsmaßregelei, da Cl[avé] v[on] B[ouhaben] ein wahrer Hasenfuß ist. Wallraf[175] ist aus Ärger vor einiger Zeit schon ausgeschieden. Von der Translozierung der alten Frauen ist keine Rede, weil das eine abgemachte Sache war und ist. Wir hoffen, seine Ex[z]ellenz schreitet ein und drängt zur Ausführung des Entscheides. An seine Durchlaucht hatte ich neulich zugleich geschrieben und die Sachlage

[172] KS, Bd. 2, S. 481-483.

[173] Protokollbuch, S. 107-108.

[174] Die Verfügung der Regierung zur neuen Taxierung datiert vom 28. 4. 1863. Diese wurde am 9. 6. 1863 zum Wert von 19420 Talern der Kölner Regierung abgegeben. Siehe: Akte Köln, [S. 270-273]. Der Armenverwaltung wurde diese Taxation am 25. 6. 1863 mitgeteilt. Siehe: a. a. O., [S. 269]. Nach Haaß, in: Kölnische Blätter 1864, Nr. 221 vom 31. 7., Erste Beilage, wurde diese Taxation „am 10. April 1863 angeordnet. Diese Taxe des Bauinspektors [Peter Joseph] Schopen, des Kreisbaumeisters [Leo] Krosilius und des Hausmaklers [Heinrich Joseph] Mertens lautete auf 19420 T[a]l[e]r und erreichte mithin mehr als das Doppelte der vom Gesellenvereinsvorstande im Jahre 1857 angebotenen Summe von 9000 T[a]l[e]r[n].“

[175] In der Vorlage steht: Walter, offensichtlich ein Abschreibfehler.

mitgeteilt. In der Tat, eine solche paschaartige Regierungswirtschaft ist sehr geeignet, Patriotismus zu nähren. Oder legen diese Leute es darauf an, auch den letzten Funken von Achtung vor den Behörden auszutreten? Jetzt liegt es doch offenbar am Tage, daß nicht das wahre Wohl der Sache, sondern pure fanatische Abneigung gegen uns solche Handlungsweisen angibt und hervorruft. 'Der Gesellenverein soll das Konvent nicht haben', das ist doch das Motto der Agitation. ... Ich zweifle zwar nicht, daß seine Ex[z]ellenz Wort hält und am Entscheid nichts ändern läßt; aber wie lange solche Zustände dauern, weiß ja auch kein Mensch."[176]

Drei Tage später schrieb Kolping ebenfalls an August Reichensperger:

„Das Schreiben an den Minister ist bereits in der vorigen Woche abgegangen, und läßt sich also daran nichts ändern. Von der hiesigen Armenverwaltung ist ohnehin nichts herauszubekommen, in so kurzer Zeit nämlich, daß es nutzen könnte. Also müssen wir in Geduld warten, bis ich von meiner Reise, die ich morgen früh antrete, zurückkomme. ...

Der hiesigen Regierung hat übrigens das 'Schicksal' einen hübschen Streich gespielt. Neulich hatte die Regierung von der Armenverwaltung 'Konventsakten' verlangt. Die betreffenden Regierungsakten werden auf der Regierungskanzlei dazugelegt, dann aber aus Versehen zu den anderen gepackt und so der ganze Schwindel an den Oberbürgermeister wie an die Armenverwaltung zurückgeschickt. Hier wird natürlich alles gelesen, was die Regierung selber geschrieben, was der Minister geantwortet, usw. Leider hat niemand die Courage, darauf gegen die Regierung vorzugehen. Stupp geht nächster Tage ab,[177] und Clavé kriecht von Natur aus vor der Regierung ins Mausloch. Also hoffen wir auf den Drücker von seiten des Ministers. Helfen Sie, wo möglich, vor Torschluß noch, daß ich heimkehrend gute Nachricht vorfinde. ... Sagen Sie dem Fürsten, wie es aussieht und daß ich heimkehrend weitere Mitteilungen machen werde."[178]

Der Ausschuß des Hospitiumsvorstandes tagte wieder am 12. Juni 1863: „Die königliche Regierung hat auf das Schreiben an das Ministerium hinsichtlich des Ankaufs des Kreuzkonvents erwidert, daß die schließliche Entscheidung des Herrn Ministers noch nicht ergangen, vielmehr vorher noch mehreres zu ermitteln sei."[179]

An den Präses des Berliner Gesellenvereins, Eduard Müller, schrieb Kolping am 9. Juli 1863:

„Dann die dringende Anfrage, ob seine Durchlaucht noch in Berlin anwesend ist, so daß ich ihm über unsere Angelegenheit Mitteilung ma-

---

[176] KS, Bd. 2, S. 483-484.
[177] Als Oberbürgermeister.
[178] KS, Bd. 2, S. 484-485.
[179] Protokollbuch, S. 108.

chen kann. Für den Fall, daß seine Durchlaucht bereits abgereist sein sollte, wende Dich in meinem Namen an unseren Freund, seine Exzellenz, den Generaldirektor von Olfers, und bitte ihn dringend, doch beim Herrn Minister [zu] Eulenburg sich für uns zu verwenden.

Bei der hiesigen Regierung hat man sich, wie ich höre, mit dem ministeriellen Entscheid nicht zufriedengegeben, sondern will den eigenen Willen durchsetzen. Wir sollen einmal trotz alledem das alte Konvent nebenan nicht haben, das ist der, so scheint es, feste Entschluß unseres Regierungspräsidenten, wozu natürlich der Oberpräsident ja und amen sagt, weil beide in ein Horn stoßen und den Katholischen Gesellenverein, wenigstens den von Köln, gründlich hassen. Wir mögen noch so gesegnete Früchte unseres Wirkens aufweisen, noch so besonnen und loyal uns aufführen, [es] hilft alles nichts: Das Gesellenhospitium zu Köln soll niedergehalten werden. Darum alle die neuen Anstrengungen, den ministeriellen Entscheid rückgängig zu machen; darum die Erhebung einer neuen Taxe des alten Gerümpels, die, wenn sie nur ehrlich angegeben wird, noch ein paar tausend Taler unter der Kaufsumme bleiben muß, die wir anlegen wollen.

Für dieses Jahr ist unser so dringend notwendiges Bauprojekt schon wieder ins Wasser gefallen; seit drei Jahren erwarten wir nur unser Recht, und noch immer wissen wir nicht, woran wir denn eigentlich sind. Wie ich mich vor der Öffentlichkeit benehmen soll, weiß ich kaum mehr. ... Ich wär' selbst nach Berlin gekommen, wenn man's an der Zeit gehalten, um meine Sache zu führen. Wenn's nottut, geschieht's im Herbst, da ich bisher noch nicht gekonnt."[180]

9. Der Beschluß der Armenverwaltung vom 24. Juli 1863 und seine Folgen

Die Plenarversammlung der Armenverwaltung tagte am 24. Juli 1863:

„Der Herr Oberbürgermeister [Alexander Friedrich Wilhelm Bachem] eröffnet die Sitzung mit Verlesung des der Armenverwaltung abschriftlich kommunizierten Reskripts der königl[ichen] Regierung vom 18. Juni c[urrentis anni] B. I. 3935, betreffend den Verkauf des Konvents Kreuz. Die k[önigliche] Regierung verlangt die wiederholte Äußerung der Armenverwaltung darüber, ob sie die Nützlichkeit und Notwendigkeit des Verkaufs noch fortwährend anerkenne.

Nach Anhörung des Referats des Herrn Appellationsgerichtsrats [Bernhard Christian Nepomuk] Thumb und nach stattgehabter Diskussion beschloß das Plenum einstimmig, auf die Genehmigung des Verkaufs vom Jahre 1861 nicht weiter anzutragen, weil im Verlaufe der

[180] KS, Bd. 2, S. 486-487.

verflossenen zwei Jahre das Grundeigentum sehr erheblich gestiegen ist."[181]

Kolping schrieb am 31. August 1863 an von Olfers:

„Euer Exzellenz nehme ich mir die Freiheit, anliegende Abschrift einer Eingabe an seine Exzellenz, den Minister des Innern, beizulegen mit der ergebensten Bitte, dieselbe einer Durchsicht zu würdigen.[182] Der Zusammenhang mit früheren Mitteilungen ist folgender: Als damals ich durch freundliche Mitteilung unterderhand erfuhr, daß des Herrn Ministers Exzellenz zugunsten des Verkaufs des Konvents entschieden hatte, zweifelte ich nicht, daß die untergeordneten Behörden der erhaltenen Weisung Folge leisten und die bereits unangenehm gewordene Sache definitiv erledigen würden. Wir warteten lange vergebens und wandten uns dann an das Ministerium mit der Bitte um Beschleunigung der Angelegenheit – öffentlich konnte ich ja mit der erhaltenen Nachricht nicht hervortreten – und erhielten endlich durch die hiesige Regierung den in der Abschrift (I) beigeschriebenen Bescheid.

Was für Ermittlungen aber wurden erhoben? Jetzt auf einmal sollte das Grundstück stark unter dem richtigen Werte verkauft sein. Also eine neue Taxe, die in der Tat das Nonplusultra von – erlauben Eure Exzellenz im Vertrauen den unparlamentarischen Ausdruck – Unverschämtheit ist. Hier in Köln ist kein unabhängiger sachverständiger Mann, der nicht, als er von der neuen Taxe hörte, sagte: Ihr – d. h. der Gesellenverein – sollt den Konvent nicht haben, darauf ist's abgesehen. Die Taxe ist lächerlich. [Es] hilft nichts, die Regierung hat sie einseitig von ihren Leuten erheben lassen, und diese Taxe ist nun der eingeschüchterten Armenverwaltung aufoktroyiert worden. Um nur aus den Quälereien zu kommen, hat sie sich selbst ins Gesicht geschlagen und den Beschluß gefaßt, den die Regierung nun triumphierend uns vorhielt. Dieses Manöver ist die Antwort auf die ministeriellen Entscheidung. Das alles ist ins Werk gesetzt worden, als ich auf Reisen war, und erst jüngst bei meiner Heimkehr aus dem Bade liegt die saubere Bescherung da.

Was wir in der Eingabe an den Herrn Minister von 'offenen Wegen' gesagt haben, auf denen wir Kunde von der ministeriellen Entscheidung erhalten, so verhält sich die Sache zur Aufklärung so: Die hiesige Regierung hatte sich von der Armenverwaltung die das Konvent Kreuz betreffenden Akten zuschicken lassen. Das Konvolut geriet mit den betreffenden Regierungsakten zusammen, und wurde durch Versehen alles zu-

---

[181] Plenarbeschlüsse, Nr. 2101, S. 106. Haaß schrieb später, in: Kölnische Blätter 1864, Nr. 221 vom 31. 7., Erste Beilage: „Am 24. Juli 1863 erfolgte – und zwar einstimmig – der Beschluß der Armenverwaltung, daß sie den am 6. Mai 1861 stattgehabten Zuschlag nicht für vorteilhaft erachte und auf den gegen den Beschluß der k[öniglichen] Regierung ergriffenen Rekurs unter Bezahlung der unbedeutenden, bloß die Ankündigung des Verkaufs und des bezüglichen Protokolls betreffenden Kosten verzichte."

[182] Diese und die im folgenden genannten Abschriften sind nicht erhalten.

sammen an den geh[eimen] Reg[ierungs]rat Oberbürgermeister Dr. Stupp, dann an den Präsidenten der Armenverwaltung, Herrn Clavé von Bouhaben, geschickt, wodurch es gekommen, daß mehrere Personen den ministeriellen Bescheid gelesen haben.

Die hiesige Regierung ignoriert alles und will um jeden Preis nicht zugeben, daß sie gegen uns den kürzeren gezogen, wie sie meinte. Hier hat sie also offenbar ihr bürokratisches Stückchen gespielt, das ihr wahrlich weder zur Ehre gereicht noch Nutzen bringt. Sie sehen, verehrtester Freund: So behandelt Herr von Moeller mit seinen Freunden hier den Gesellenverein; denn dem soll der Schlag gelten, darüber ist hier alle Welt einig.

Wie die Sachen liegen, kommt alles auf die Antwort des Herrn Ministers an. Kann nicht geholfen werden, dann werden wir schlicht und recht dem Publikum erzählen, wie die Sachen verlaufen sind, und uns auf andere Weise zu helfen suchen. Auf die neue Taxe gehen wir nicht ein; ich wenigstens halte es meiner Ehre zu nahe, sie zu berücksichtigen. Wir haben bereits vor zwei Jahren eine übermäßig große Summe geboten, und dabei bleibt es, oder wir verzichten.

Wenn man aber die Feindseligkeit der hiesigen Regierung gegen das Leben und Gedeihen des Gesellenhospitiums hierselbst von meinem Standpunkt aus betrachtet, sieht es dann nicht gerade so aus, als ob man mich persönlich – im außeramtlichen Verkehr steht mein Name immer statt des Hospitiums – in eine oppositionelle Stellung gegen die königliche Regierung als solche hineindrängen wollte, um dann um so erfolgreicher unsere Sache anzugreifen? Und richtig, ich würde mich heute vor unserem Publikum lächerlich machen und unter den jungen Leuten jeden Kredit verlieren, wenn ich das Verfahren der Regierung, die mich indirekt durch die Konventgeschichte malträtiert hat – Sachen, die die ganze Stadt weiß –, auch noch loben und preisen wollte. Das beste ist, zur Sache die notwendigen Aufklärungen [zu] geben und sich sonst auf einen sehr kühlen, neutralen Boden [zu] stellen, bis die Welt besser ist. Wenn der Katholische Gesellenverein jetzt nach 16jährigem öffentlichen Wirken noch nicht des höheren Schutzes, der Teilnahme und Förderung durch die Behörden wert ist, dann werde ich schwerlich noch etwas tun, was zu Dank geschieht. Diese Kölner Konventsgeschichte wirkt dann weiter, was ich nicht hemmen kann.“[183]

Kolping zog aus der Situation die Konsequenz, die er in einem Brief vom 11. September 1863 so umschrieb: „Mit der Konventsangelegenheit ist [es] endlich aus und am Ende. Nachdem die Armenverwaltung ihren Protest zurückgezogen, kann auch der Minister nichts machen. Gottlob, der Ärger ist schon überwunden, und wird nun sofort zum Saalbau auf

[183] KS, Bd. 2, S. 490-491.

Abb. 12: Der in den Jahren 1864 bis 1865 erbaute Festsaal des Gesellenhospitiums in Köln (Quelle: F. H. Schweitzer, Hospize und Ledigenheime der kath. Gesellenvereine, Mönchengladbach 1991, S. 16)

dem Garten geschritten. Ich habe alles getan, was ich konnte, darf also mir keine Vorwürfe machen."[184]

Der Ausschuß des Hospitiumsvorstandes beriet in seiner Sitzung vom 2. Oktober 1863 die Lage: „Der Präses teilt den Bescheid der hiesigen Regierung hinsichtlich der Verkaufsangelegenheit des Kreuzkonvents mit, wonach von dem Verkauf Abstand genommen worden ist. Da nun aber aus den bereits früher wiederholt vorgetragenen Verhältnissen ein Neubau nicht weiter verschoben werden darf, so müsse darauf Bedacht genommen werden, auf dem Terrain des Hospitiums zu bauen."[185]

In einem Brief vom 9. Dezember 1863 schrieb Kolping: „Ich brauche nächst[ens] gar viel Geld. Wir bauen nämlich mit Beginn des Frühjahrs auf unseren Garten, und der Bau wird kostspielig; [es] geht aber nicht anders. Betteln kann ich dafür in Köln nicht; denn ich habe genug zu betteln für die Restauration meiner Kirche."[186]

Die angekündigte öffentliche Darstellung Kolpings über die „Geschichte des neuen Hospitiumsbaues"[187] erschien wenige Tage nach der Grundsteinlegung für den neuen Vereinssaal vom 20. Juni 1864. Daraus sei zitiert:

„Von der Erweiterung des Hospitiums resp[ektive] von dem längst zum Bedürfnis gewordenen Neubaue desselben ist seit einer Reihe von Jahren so oft und vielfach die Rede gewesen, daß wir jetzt, wo dieser Neubau endlich ist in Angriff genommen worden, uns gleichsam für verpflichtet halten, darüber wie über die sehr unliebsame Verzögerung öffentlich Rechenschaft abzulegen. ...

Die städtische Armenverwaltung akzeptierte das geschehene Gebot gegen eine Stimme, die überhaupt gegen den Verkauf gerichtet blieb; die städtische Behörde genehmigte ihrerseits auch den Zuschlag. Es erübrigte [sich] nur noch die Genehmigung der königlichen Regierung zu Köln. Diese aber versagte nach manchfachen Verhandlungen mit der Armenverwaltung, gestützt auf den nachträglich eingebrachten Protest eines Mitgliedes dieser Armenverwaltung, ihre Zustimmung zum Verkaufe aus Gründen, die wir hier nicht zu erörtern haben dürften, auch wenn wir sie wüßten. Der Armenverwaltung scheinen sie nicht hinreichend gewesen zu sein, den vorteilhaften, sonst nach allen Formen rechtens gemachten Verkauf fallenzulassen. Sie protestierte gegen die versagende Verfügung der Regierung und wandte sich in der Folge an das Oberprä-

---

[184] A. a. O., S. 494. Vgl. auch seine Äußerung im Brief vom 15. 11. 1863, a. a. O., S. 501: „Nun sind wir endlich, da das Konvent nebenan uns ist aus den Händen gerissen worden, gezwungen, auf das eigene Terrain zu bauen, d. h., den sonst so notwendigen Garten zu zerstören. Nebenher fehlen noch einige tausend Taler, um den Bau zu vollführen, und die potenten Leute im Vorstand sind anderwärts gehörig engagiert."

[185] Protokollbuch, S. 109-110.

[186] KS, Bd. 2, S. 504.

[187] RV 11 (1864), Nr. 27 vom 2. 7., S. 417.

sidium der Rheinprovinz. Als auch hier kein besserer Entscheid erfolgte, gab man sich doch nicht zufrieden, sondern wendete sich an das königliche Ministerium in Berlin, war also der sicheren Überzeugung, daß man mit dem festgehaltenen Proteste sich in seinem vollen Rechte befinde.

Wie es bei derlei Verhandlungen zu geschehen pflegt, gingen ein paar Jahre her, bis endlich auch vom hohen Ministerium aus die letzte und entscheidende Antwort eintreffen konnte und, wie wir glauben, mit Grund versichern zu können, auch eingetroffen ist. Weshalb gleich vorher eine neue Vermessung und Taxation des qu[ästionierten] Konventes – zwei Jahre nach dem öffentlichen Verkaufe und unter vielfach veränderten Umständen – ist vorgenommen worden und von welcher Seite sie angeordnet und zur Ausführung gebracht worden, können wir mit voller Sicherheit nicht sagen, verschlägt auch weiter zur Sache nichts mehr. Nach uns auf zuverlässigen Wegen zugekommenen Nachrichten lautete die ministerielle Entscheidung betreffs des stattgehabten Verkaufs des Konventes 'Kreuz' – alle anderen Dinge gehen uns nichts an – dahin, daß die Regierung zu Köln angewiesen wurde, dem qu[ästionierten] Verkaufe ihre Zustimmung zu geben; nur sollte vor der Übergabe des Konventes an den Käufer für die passende Unterbringung der das Konvent annoch bewohnenden alten Frauen Sorge getragen werden. Was den letzteren Punkt betrifft, so war schon längst zwischen dem Hospitiumsvorstande und der städtischen Armenverwaltung ein event[uelles] Abkommen getroffen worden, wobei die möglichste Schonung der Konventualinnen bis zur besseren Unterbringung derselben maßgebend geblieben.

Auf diese Nachrichten hin, an deren Richtigkeit wir nicht zweifeln durften und noch nicht zweifeln, haben wir zurzeit den geehrten Lesern das Betreffende mitgeteilt. Ja, wir haben sogar guten Grund zu glauben, daß die ministerielle Entscheidung, die offenbar zugunsten der Armenverwaltung lautete – wenigstens, soweit es sich um den Konventsverkauf handelte –, Mitgliedern dieser Verwaltung, wenn auch nicht offiziell mitgeteilt, doch gar nicht unbekannt geblieben [ist]. Und doch fand sich diese selbe Armenverwaltung, nachdem sie fast zwei Jahre sich protestierend gegen die Versagung der Genehmigung von seiten der königlichen Regierung zu Köln verhalten [hatte], bevor ihr die endliche Entscheidung des hohen Ministeriums, die sie ehestens zu erwarten hatte, offiziell zugestellt worden, jetzt, gleichsam in letzter Stunde, bemüßigt – denn zwingen konnte sie doch niemand! –, den ganzen Protest zurückzuziehen oder fallenzulassen, wodurch dann natürlich der ganze Verkauf mit sämtlichen Kosten und Mühen ins Wasser fiel.

Wir berichten nur nach bestem Wissen und sind erbötig, wenn oder wo wir geirrt und man uns das beweist, sofort zu berichtigen. Wir müssen es aber auch den Lesern überlassen, nun das Ihrige zu denken und sich den nötigen Reim auf diese ganze Geschichte zu machen. Wir haben, trotz allen Sinnens, noch keinen gefunden. Auch wenn es sich noch weiter herausstellte, daß man gegen das eigene, uns unerklärliche Verfahren wieder protestierte und auch diesen Protest dem anderen nachschickte, verwundern wir uns nicht mehr darüber.

Mit solchen Größen ist nicht zu rechnen. Also mußte der Vereinsgarten herhalten und das neue Hospitium aufnehmen."[188]

Unter dem Titel: „Der Verkauf des Konvents Kreuz zu Köln" nahm daraufhin Herr Haaß in den „Kölnischen Blättern" dazu Stellung:

„Die seit einigen Jahren in die Öffentlichkeit getretene Konventualangelegenheit ist neuerdings in den 'Rheinischen Volksblättern' Nr. 27 vom Samstag, dem 2. Juli 1864, angeregt worden. Eine Ergänzung resp[ektive] Berichtigung des dort Vorgetragenen erscheint um so gerechtfertigter, als im vorletzten Absatz eventuell die Erwartung einer solchen ausgesprochen und die Berichtigung zugesagt wird, wenn ein Irrtum nachgewiesen werden sollte."

Nach einem historischen Überblick, bei dem eine gewisse einseitige Auswahl der Zitate zu bemerken ist, fuhr Haaß fort:

„Dies ist der wirkliche Verlauf der Sache, wie er sich aus den Verhandlungen ergibt. Der weitere Verlauf gehört nicht hierher, indem der oben angeführte, die Prinzipien der diesseits behandelten und verteidigten Konventualangelegenheiten nicht berührende Aufsatz der 'Rhein[ischen] Volksblätter' hier endigt.

Der Unterzeichnete, welcher bereits früher bemüht gewesen war, auf die Wichtigkeit dieser lange verkannten und irrig gewürdigten Stiftungen die öffentliche Aufmerksamkeit zu richten, hat mancherlei Anträge, Berichterstattungen usw. veranlaßt; eine Widerlegung der rechtlichen, von ihm aufgestellten Grundsätze ist bis jetzt nicht erfolgt. Vielmehr hat er in der Ferne, und namentlich in mehreren ausländischen Zeitschriften, eine willkommene Anerkennung sowohl der juristischen als der historischen Grundlagen erhalten. Neben der geschichtlichen Stellung der in Belgien und am Niederrhein häufig vorkommenden Erscheinung der Beginen sowie den Beziehungen zu den jetzt noch vorhandenen Konventualstiftungen und bei dem Mangel eines in der Rheinprovinz gültig publizierten Gesetzes über die Aufhebung solcher Stiftungen ist hier in praktischer Beziehung das mit gesetzlicher Kraft publizierte und anwendbare Dekret vom 12. Juli 1807 besonders hervorzuheben. Begründeten Angriffen wird der Unterzeichnete eine sorgfältige Beachtung nicht versagen und jegliche wirkliche Belehrung dankbar aufnehmen.

Immerhin muß zugegeben werden, daß die strenge Heilighaltung der einer öffentlichen Verwaltung überwiesenen Stiftungen innerhalb der gesetzlichen Grenzen eine unverzichtbare Pflicht der Nachkommen ist. Die unter dem Schutz des Gesetzes errichteten und anerkannten Stiftungen sind als solche der Willkür, zugleich aber auch der vermeintlichen

[188] A. a. O., S. 421-424.

Verbesserung des Willens des Stifters entzogen. Die Gewißheit der redlichen und unbeugsamen Erfüllung des entweder buchstäblich oder nach Zeit und Ort sonst erkennbaren klaren Willens des Stifters ist neben der streng gebotenen Pflichterfüllung zugleich die beste Aufmunterung zur Ergänzung und Vermehrung der vorhandenen und zur Errichtung von gleichen und ähnlichen Stiftungen.

In dieser Beziehung darf mit Recht auf den oben angeführten Bescheid der Armenverwaltung vom 6. Februar 1857[189] verwiesen werden. Nach Ablauf von sechs Jahrhunderten wird noch jetzt dem wohltätigen Sinne der Stifter Rechnung getragen; denjenigen, welche im unverheirateten oder verwitweten Stande sind, wird nach dem Willen der edlen Stifter Schutz und Trost gewährt gegen die Beschwerden des heutzutage so häufig vorkommenden Wohnungswechsels durch die Verleihung einer allerdings einfachen und beschränkten, jedoch sicheren und der Aufkündigung nicht unterworfenen Wohnung. Wenn zu dieser ohne Zweifel erheblichen Wohltat auch noch die Verleihung einer die dringendsten Lebensbedürfnisse befriedigenden Geldspende kommt, wie sie in den meisten Stiftungen vorgesehen ist, so ist für eine zahlreiche, solcher Unterstützungen würdige und bedürftige, sonst verlassene Klasse von weiblichen Individuen in zureichender und angemessener Art gesorgt. Und dies war die Pflicht und die Aufgabe der durch die früheren Anordnungen berufenen Stiftungsprovisoren; es ist jetzt die Pflicht der durch die bestehenden Gesetze an deren Stelle berufenen Armenverwaltung. Möchte jetzt und in der Zukunft stets diese ursprüngliche Bestimmung in der von den Stiftern gewünschten und fest geordneten Art unter Ausschließung merkantilistischer, dem Sinne der Stifter wahrlich nicht entsprechender Berechnungen ernst und wirksam erfüllt werden!

Bei einem Rückblick auf das hier Vorgetragene wird ein unbefangen Prüfender den Gewinn nicht verkennen können, welchen die Konventualangelegenheiten zu Köln im allgemeinen durch die wirksame Anerkennung der Heiligkeit ihrer Stiftungen errungen haben. ... Als feststehend darf nunmehr betrachtet werden, daß nicht der in Geld zu berechnende, häufig nur in der Einbildung bestehende Gewinn von Geld für die Veräußerung von Stiftungsgebäulichkeiten maßgebend sein kann. Nicht jeder vermeintliche Geldvorteil darf von der Vormundschaft erstrebt werden: Der dauernde und lohnende Gewinn liegt in der verständigen Erhaltung und Bewirtschaftung des ihr anvertrauten Vermögens.

Diese Betrachtung erscheint hier um so erheblicher, als bei der Erhaltung der straßenwärts gelegenen Gebäulichkeiten des Konvents Kreuz außer dem Mietpreise eines Fruchtspeichers eine jährliche bare Auslage von 525 T[a]l[e]r[n] an Miete erspart wird. Für jede der berechtigten 21 Pfründerinnen würde die Summe von 25 T[a]l[e]r[n] für ein einziges

[189] In der Vorlage steht: „23. Januar 1857“.

Wohnzimmer jetzt verausgabt werden müssen, wenn dasselbe den mäßigsten Anforderungen nach dem Willen des Stifters entsprechen sollte. Die Besorgnis des gezwungenen Wechsels und die stete Erhöhung des Mietpreises sowie die Mühe und Kosten des Auffindens einer neuen, vom Proletariat und einer üblen Nachbarschaft abgesonderten Wohnung sind Tatumstände, deren Würdigung nicht gering in die Waagschale der mit der Verwaltung des Stiftungsvermögens beauftragten Behörde fallen darf. Durch diese Beibehaltung wird zugleich der erforderliche Raum zur Errichtung des neuerdings beschlossenen baldigen Neubaues von geeigneten Konventualwohnungen in dem gartenwärts gelegenen Teil dieses Konvents [vorhanden sein], wobei zugleich für Brunnen und die unentbehrliche, bei allen übrigen Konventen vorhandene Bleiche gesorgt ist.

Erwägt man dies alles, so repräsentiert der bei dem öffentlichen Verkaufe des Konvents Kreuz am 6. Mai 1861 gebotene Kaufpreis auch keineswegs einen reellen Geldgewinn. Wie aber eine solche Aufrechnung in Geld bei der Ungewißheit der einzelnen Rechnungsfaktoren auch immer ausfallen mag, so bleibt doch eben wegen der Ungewißheit, ob der neue Zustand auch nur ebensogut sein wird als der bestehende, die Beibehaltung des bisherigen Zustandes erwünscht, und zwar selbst dann noch, wenn man von dem Hauptgewinn, nämlich von der ungestörten Aufrechthaltung einer vorhandenen Stiftung, absehen wollte und könnte.

Jedenfalls erscheint das hier Gesagte geeignet, den Impuls zu einer unbefangenen Prüfung der Frage zu verstärken, ob wirklich die von der hiesigen Armenverwaltung erfolgte Nichtzustimmung zu dem Verkaufe des Konvents Kreuz aus inneren Gründen sich rechtfertigt. Insbesondere ergibt sich die Behauptung, daß 'das fragliche Konventsgebäude zum großen Teil in so baulosem Zustand sei, daß man sogar auf alle Reparatur daran längst verzichtet habe', als ungegründet. In ähnlicher Art verhält es sich mit den übrigen, zum Teil auf unrichtigen Voraussetzungen aufgestellten, mit dem wahren Sachverhalt unvereinbarlichen Behauptungen. Die hier gerügten Unrichtigkeiten würden vermieden worden sein, wenn vor der Abfassung, besonders aber vor der Veröffentlichung jenes Artikels der 'Rheinischen Volksblätter' der Verfasser sich eine genauere Bekanntschaft mit den wirklichen Verhandlungen oder auch nur eine Wiedereinsicht in die eigenen früheren Eingaben verschafft hätte. Der vielerlei Arges umfassende Schlußsatz: 'Mit solchen Größen ist nicht zu rechnen', würde dann nicht zu beklagen sein."[190]

Kolping reagierte seinerseits auf diesen Artikel in den „Rheinischen Volksblättern" unter dem Stichwort: „Statt einer Entgegnung". Dabei ist die Selbsterkenntnis interessant, daß er Furcht vor den eigenen Emotionen habe, falls er öffentlich Stellung nähme:

[190] Kölnische Blätter 1864, Nr. 221 vom 31. 7., Erste Beilage.

„Nach meiner Rückkehr von der Reise lese ich, durch andere aufmerksam gemacht, in der Beilage Nr. 221 der Kölner Blätter vom 31. Juli c[urrentis anni] einen längeren Artikel, 'Der Verkauf des Konventes Kreuz zu Köln' betitelt. Der sehr ehrenwerte Herr Verfasser ergänzt resp[ektive] berichtigt, wie er sagt, unseren Vortrag in selber Angelegenheit in Nr. 27 der 'Rheinischen Volksblätter'. Darauf entgegnen ließe sich manches; allein, einesteils fürchten wir in diesem Falle unsere eigene Feder – die Anlässe liegen zu nahe –, und anderenteils hegen wir persönlich gegen den sehr ehrenwerten Herrn Verfasser, dessen unverdrossenes Wirken für die Erhaltung aller Stiftungen – in unserem Falle nur sind wir aus besonderen Gründen anderer Meinung wie er – wir gern anerkennen, eine viel zu große Hochachtung, als daß wir uns mit ihm in einen weiteren Federstreit einlassen wollten. Dazu hat er sich mit seinem Namen genannt, was besonders zu loben ist.

Nur ein paar Bemerkungen mögen noch am Platze sein. Befindet sich das Konvent Kreuz wirklich in einem dauerhaften Bauzustande? Fachleute sagten schon vor vielen Jahren das Gegenteil. Sollten wir beim öffentlichen Verkauf uns selber aufsteigern? Hatte die zuständige Behörde nicht die Taxe selber gemacht? Die mit dem Konvent Kreuz verbundene Kapelle zum h[eiligen] Kreuz ist von der Armenverwaltung zum Fruchtspeicher umgewandelt worden. Ist das vielleicht auch der Wille des Stifters gewesen? Schwerlich. Ferner: Ist kein Unterschied im Bodenwert seit 1857 bis 1861, und wer hat dann die Taxe zu machen zwischen 1861 und 1863? Noch eines, und dann weiter kein Wort mehr: Ist gar keine ministerielle Entscheidung erfolgt, und haben Mitglieder der Armenverwaltung gar keine Kunde davon gehabt, und zwar vor der Rücknahme des Protestes?

Wir wüßten nicht, daß wir irgend etwas behauptet hätten, das wir berichtigen müßten. Auch sind wir noch ehrlich der Meinung, daß die beregte Stiftung, der wir unsererseits nichts anhaben wollen, durch den Verkauf nichts eingebüßt, sondern gewonnen hätte. Wir betrachten aber hiermit die Sache als abgemacht und haben auch weder Lust noch Zeit, unnützen Streit weiterzuspinnen."[191]

Zusammenfassend läßt sich sagen: Kolpings früher aufgestellte Behauptung, der Kölner Regierungspräsident von Moeller habe verlauten lassen, die verweigerte Verkaufsgenehmigung sei vornehmlich aus dem Grunde erfolgt, weil er gegen den katholischen Gesellenverein eingestellt sei, muß dahingestellt bleiben. Jedenfalls ist nach der Aktenlage klar, daß die Argumentationen von Haaß das Regierungspräsidium überzeugt haben, was in seiner Aufforderung an die Armenverwaltung zum Ausdruck kommt, die Stiftungsverwaltung des Konventes Kreuz aus der

[191] Rheinische Volksblätter 11 (1864), Nr. 37 vom 10. 9., S. 591-592.

allgemeinen Verwaltung des Armenfonds herauszunehmen. Was die Behandlung der ministeriellen Entscheidung durch das Regierungspräsidium betrifft, so mag die Vermutung Kolpings, daß diese Behörde diese für sie peinliche Entscheidung nicht bekanntmachen wollte, durchaus zutreffen. Angesichts dieser Situation haben dann sowohl Kolping durch eine gezielte Indiskretion als auch das Regierungspräsidium durch eine überzogene Taxe, vor der das Gesellenhospitium kapitulieren mußte, so hochgepokert, daß danach eine gütliche Lösung nicht mehr möglich war.

Die Geschichte des versuchten Verkaufs des Konventes Kreuz war damit aber noch nicht zu Ende. Nach weiteren Auseinandersetzungen zwischen Armenverwaltung und Kölner Regierung verfügte am 20. August 1864 der Innenminister, der Verkauf des Konventes Kreuz solle „nicht unter dem ermittelten Taxpreise" erfolgen.[192] Bei einer öffentlichen Versteigerung am 13. Dezember 1864 wurden „nur" 15000 Taler geboten,[193] also erheblich weniger, als drei Jahre vorher das Gesellenhospitium zu zahlen bereit gewesen wäre, so daß die Armenverwaltung zunächst auf dem Konvent Kreuz sitzenblieb. Am 30. Januar 1866 beschloß die erste Abteilung der Armenverwaltung, daß „die alten Gebäude auf den Abbruch versteigert werden sollen".[194] Der Abbruch geschah dann im folgenden Jahre.[195]

Im Jahre 1884 kaufte das Gesellenhospitium die beiden neben dem alten Gesellenhaus gelegenen Gebäude, Breitestraße Nr. 116 und 120/122, letzteres „von der Familie Trimborn",[196] und baute auf dem gesamten Gelände ein großes Gesellenhospitium. So erfüllte sich fast drei Jahrzehnte später doch noch Kolpings langgehegter Wunsch.

Eine weitere Folge der Auseinandersetzungen um das Konvent Kreuz, speziell der Argumentation von Haaß bezüglich der Eigenbewirtschaftung der Stiftungsvermögen, war der sogenannte Streit um das Konventualvermögen.[197] Nach und nach hatten die Argumente von Haaß innerhalb des Plenums der Armenverwaltung an Boden gewonnen, zumal sich dieses Kollegium personell veränderte. Über das Jahr 1864 wird berichtet:

---

192 Akte Köln, [S. 306].

193 Vgl.: a. a. O., [S. 313].

194 Abschrift in: a. a. O., [S. 330].

195 Vgl.: Die Kunstdenkmäler der Rheinprovinz. Die Kunstdenkmäler der Stadt Köln. Ergänzungsband: Die ehemaligen Kirchen, Klöster, Hospitäler und Schulbauten der Stadt Köln, Düsseldorf 1937, S. 364.

196 Die katholischen Gesellenhospitien zu Cöln 1853-1913. Festschrift zur Einweihung des Kolpinghauses, 20. Juli 1913, Köln 1913, S. 16. Vgl. auch: Köln und seine Bauten. Festschrift zur VIII. Wanderversammlung des Verbandes deutscher Architekten- und Ingenieur-Vereine in Köln vom 12. bis 16. August 1888, Köln 1888, S. 599-602.

197 Vgl.: Ulrike Dorn (Anm. 7), S. 162-164.

Die Armenverwaltung verwandte „entgegen ihrer bisherigen Verwaltungspraxis ... die von den Konventen ... erzielten Überschüsse nicht zu allgemeinen Armenzwecken, sondern stellte das Vermögen zurück, legte das Kapital an und beschloß eine Erhöhung der Geldspende für die Konventualinnen. Während früher lediglich 4500 Taler im Armenbudget als Ausgabe erschienen, wurde nun das gesamte Vermögen in Höhe von 23310 Taler[n] als Ausgabe ausgewiesen. Dadurch erhöhte sich der städtische Zuschuß zur Armenpflege im Jahre 1864 auf 92782,33 Taler gegenüber 67940,21 Taler[n] für das Jahr 1863. Die Armenverwaltung begründete die Änderung ihrer Verwaltungspraxis damit, daß das Konventualvermögen als besonderes Stiftungsvermögen lediglich zu Konventualzwecken, d. h. nur stiftungsgemäß, verwandt werden dürfe."[198]

Es folgte auch hier eine Auseinandersetzung der verschiedenen Verwaltungsebenen untereinander: Die Stadtverwaltung bewilligte nur einen wesentlich geringeren Betrag, die königliche Regierung erhöhte von sich aus diesen Betrag, ein Rekurs der Stadt Köln beim Oberpräsidenten blieb erfolglos. Der Streit wurde in den folgenden Jahren fortgesetzt, bis auch hier eine Entscheidung des Innenministers vom 13. November 1868 erfolgte, die der Stadtverwaltung beipflichtete[199] und damit letztlich der Meinung von Haaß und der Armenverwaltung widersprach.

„Unter Bezugnahme auf das Urteil des Kölner Stadtarchivars Dr. Ennen hob er [der Minister] hervor, daß die Urkunden und Akten der einzelnen Kölner Konvente über die Zeit der Stiftungen, die ursprüngliche Bestimmung, die Zwecke und Obliegenheiten und allgemeinen Einrichtungen dieser Anstalten nur äußerst dürftige Aufschlüsse gäben. Daher erscheine schon aus diesen Erwägungen ein Verfahren bedenklich, mittels dessen plötzlich und in so weitreichender Weise in Verhältnisse eingegriffen werden sollte, die auf einem langjährigen Herkommen beruhten."[200]

Doch noch am 31. Oktober 1870 argumentierte die Armenverwaltung gegen diese Entscheidung; denn „mit unzweifelhafter Gewißheit stehe fest, daß nicht ein Gesetz existiere, welches die Konventualstiftungen aufgehoben habe".[201]

Der Streit wurde im folgenden Jahre gegenstandslos, als durch das Gesetz vom 8. März 1871 die rheinischen Armenverwaltungen aufgehoben und in die Gemeindebehörden integriert wurden.

Haaß hatte das sicher wohlgemeinte und in langen Studien erhärtete Anliegen, den Konventualstiftungen ihr ursprüngliches, seit der französischen Zeit verändertes Recht zurückzugeben. Die Gelegenheit, dieses Anliegen in die Tat umzusetzen, ergab sich bei Kolpings Bemühungen

---

198 A. a. O., S. 162.
199 Vgl.: a. a. O., S. 162-163.
200 A. a. O., S. 163.
201 A. a. O., S. 164.

um den Kauf des Konventes Kreuz. Das führte zu langen Streitigkeiten zunächst zwischen der Armenverwaltung und der Kölner Regierung, die Kolping den Kauf verunmöglichten, und im Anschluß daran zwischen der Armenverwaltung und der Stadtverwaltung.

Das weitere Schicksal von Haaß sei zum Schluß noch beleuchtet. Am 24. Juli 1871 wurde er zum Präsidenten des Zentral-Dombauvereins gewählt. Mitten im Kulturkampf, am 20. März 1875, befaßte er sich im „Kölner Domblatt" in einem „durchaus sachlichen Artikel"[202] mit dem Eigentumsrecht an der von den Altkatholiken beanspruchten Minoritenkirche und nahm dabei eindeutig zugunsten des Erzbischofs Stellung.[203] Um den zum großen Teil vom preußischen Staat finanzierten Dombau nicht zu gefährden, distanzierte sich der Vorstand des Vereins von diesem Artikel und wählte seinen Autor am 31. Mai 1875 in einer Kampfabstimmung ab.[204] Ein Jahr später starb Haaß im Alter von 86 Jahren. Es darf hier als Vermutung angemerkt werden, daß sein Einsatz für die Kirche des Katholischen Gesellenvereins, in der Kolping begraben liegt, eine Art von Wiedergutmachung dafür sein könnte, daß durch sein Dazwischentreten Kolping nicht zu der geplanten Erweiterung des Gesellenhospitiums gelangt war.

---

202 Manfred Baldus, Vom Streit um heilige Sachen. Der Besitz am Dombild Stephan Lochners und an der Minoritenkirche in Köln, in: Justitia Coloniensis. Landgericht und Amtsgericht Köln erzählen ihre Geschichte(n), Hrsg. Adolf Klein und Günter Rennen unter Mitarbeit von Hermann Josef Goebel, Köln 1981, S. 215-230, hier S. 227.

203 Vgl.: Kölner Domblatt. Monatsschrift. Amtliche Mittheilungen des Central-Dombau-Vereins mit geschichtlichen, artistischen und literarischen Beiträgen, Nr. 301 vom 20. 3. 1875, [S. 3-4].

204 Vgl.: Arnold Wolff, Zeittafel zur Geschichte des Zentral-Dombauvereins und des Dombaus seit 1794, in: Kölner Domblatt 25 (1965/1966), S. 13-70, hier S. 44-45. Vgl. das Altersbild von Haaß in: a. a. O.,[S. 151], Abb. 74. Zu den Auseinandersetzungen um die Minoritenkirche vgl.: RV 22 (1875), Nr. 17 vom 24. 4., S. 270-272; 26 (1879), Nr. 14 vom 5. 4., S. 215-217; 27 (1880), Nr. 24 vom 12. 6., S. 371-378; 28 (1881), Nr. 19 vom 7. 5., S. 298-300.

Anhang: Bibliographie des Autors bezüglich des Katholischen Gesellenvereins

1. Editionen

Adolph-Kolping-Schriften (KS), Bd. 3: Soziale Frage und Gesellenverein, Teil I: 1846-1852, Hrsg. Rosa Copelovici, Michael Hanke, Franz Lüttgen und Josef Anton Stüttler, Köln 1985.

KS, Bd. 4: Soziale Frage und Gesellenverein, Teil II: 1852-1858, Hrsg. Rosa Copelovici, Michael Hanke, Franz Lüttgen und Josef Anton Stüttler, Köln 1986.

KS, Bd. 5: Soziale Frage und Gesellenverein, Teil III: 1859-1865, Hrsg. Rosa Copelovici, Michael Hanke, Franz Lüttgen und Josef Anton Stüttler, Köln 1987.

KS, Bd. 7: Reiseberichte, Teil I, Hrsg. Rosa Copelovici und Franz Lüttgen, Köln 1992.

KS, Bd. 8: Reiseberichte, Teil II, Hrsg. Rosa Copelovici † und Franz Lüttgen, Köln 1995.

KS, Bd. 9: Predigten und religiöse Schriften, Hrsg. Franz Lüttgen, Köln 1994.

KS, Bd. 10: Erzählungen um Doktor Fliederstrauch, Hrsg. Franz Lüttgen, Köln 1996.

2. Aufsätze

Ein Neujahrsgeschenk Pfarrer Wollersheims an den Kaplan Adolph Kolping aus dem Jahre 1848, in: Kerpener Heimatblätter 5 (1986-1990), S. 2-6.

Mitautor von: Begleitheft zur Kolpingjugend-Wallfahrt anläßlich des 89. Deutschen Katholikentages Aachen, 10.-14. September 1986, Köln 1986.

Adolph Kolping und das Handwerk, in: Chronik der Kolpingfamilie Linz/Rh. zur 125-Jahrfeier, Linz 1987, S. 25-32.

Mitautor von: Adolph Kolping. Sein Leben, sein Werk, Auftrag heute!, Neuried 1988.

Evangelische Jünglingsvereine und katholische Gesellenvereine, in: Zeitschrift des Bergischen Geschichtsvereins 93 (1987/1988), S. 187-196.

Adolph Kolping als Publizist, in: Dialog. Führungszeitschrift des Internationalen Kolpingwerkes 3 (1989), Nr. 2, S. 23-25 [auch in englischer und spanischer Übersetzung].

Ein Lehrer kämpfte um die Belange der Arbeiter. Die Bedeutung von Johann Gregor Breuer für die christlich-soziale Bewegung, in: Deutsche Tagespost Nr. 132 vom 4. 11. 1989, S. 5.

Der Streit um die Gründung des Elberfelder Gesellenvereins, in: Zeitschrift des Bergischen Geschichtsvereins 94 (1989/1990), S. 97-123.

Ein „Verein von Jünglingen" in Kerpen, gegründet 1851, in: Kerpener Heimatblätter 5 (1986-1990), S. 351-360.

Zwei Kolpinglegenden aus Köln, in: Jahrbuch des Kölnischen Geschichtsvereins 62 (1991), S. 97-108.

Adolph Kolping. Overwegingen bij gelegenheid van zijn zaligverklaring op 27 oktober 1991, in: Internationaal Katholiek Tijdschrift Communio 16 (1991), S. 452-461.

Adolph Kolping als Schustergeselle in Köln. Autobiographische Elemente in seinen Volkskalendern, in: Jahrbuch des Kölnischen Geschichtsvereins 64 (1993), S. 149-161.

Adolph Kolping im Revolutionsjahre 1848, in: Geschichte im Wuppertal 2 (1993), S. 8-19.

Adolfo Kolping y la Familia, in: Por los Caminos de Amerca, Nr. 3, 1994, S. 6-8, sowie als Broschüre: Año international de la Familia. „La Raiz de la Humanidad es la Familia", Santiago de Chile 1994.

Mitautor von: Begleitheft zur Wallfahrt der Kolpingjugend „Glauben - Leben - Zukunft wagen" von Kerpen nach Köln, 27.-29. Mai 1994, Köln 1994.

Wie soll es weitergehen mit dem „Clavis periodicorum"?, in: Mitteilungsblatt der Arbeitsgemeinschaft Katholisch-theologischer Bibliotheken (AKthB) 41 (1994), S. 89-93.

Johann Gregor Breuers Beitrag zur Entstehung der Jugendsozialarbeit, in: Jahrbuch für Jugendsozialarbeit 15 (1994), S. 97-116.

Johann Gregor Breuer (1821-1897), in: Lebensbilder aus dem Kreis Neuss, Bd. 2, Dormagen 1995, S. 58-72.

Adolph Kolping und die Jugend, in: Dialog. Führungszeitschrift des Internationalen Kolpingwerkes 9 (1995), Nr. 1, S. 35-39 [auch in englischer und spanischer Übersetzung erschienen sowie in: Kolping Banner 69 (1995-1996), Nr. 4, S. 1-2; Nr. 5, S. 3.[1]

Der katholische Gesellenverein Elberfeld - seine Gründung und die ersten Jahre, in: Gesellenverein 1846 - Kolpingsfamilie 1996. Von Elberfeld um die Welt.150 Jahre Kolpingfamilie Elberfeld-Mitte, Wuppertal 1996, S. 13-31.

---

[1] A. a. O. veröffentlicht mit der Bemerkung: „a clear and important historical perspective".

Die Literatur von und über Adolph Kolping. Eine Übersicht, in: Jahrbuch für Jugendsozialarbeit 17 (1996), S. 133-148.

3. Aktuelle Beiträge

Gegenüberstellung von Marx und Kolping. Verursachte Zeitungsente historischen Irrtum?, In: KB 84 (1984), Nr. 7/8, S. 15.

„Katholikentag" im Jahre 1851: Feurige Rede Kolpings verhinderte weitere Panik, in: KB 84 (1984), Nr. 7/8, S. 27.

Leserbrief in: Aufgespießt. Informationszeitschrift der Kolpingjugend Diözesanverband Osnabrück, Nr. 1/1986, S. 22.

Betr.: Geschichte – Fehlanzeige, in: KB 88 (1988), Nr. 3, S. 11.

Streit um Gründer, in: Deutsche Tagespost vom 31. 5. 1988.

„Neues von Adolph Kolping".[2] Erste Folge einer Reihe historischer Entdeckungen, in: KB 88 (1988), Nr. 3, S. 11.

Eine Münchener Rede Adolph Kolpings, in: KB 88 (1988), Nr. 5, S. 11.

Erste Schritte auf dem Weg zu einer Internationalisierung, in: KB 88 (1988), Nr. 7/8, S. 26-27.

Leserbrief zu: „Strauß: Kolping war fortschrittlich", in: KB 88 (1988), Nr. 10, S. 11.

Ein Aufruf an die Kölner Bevölkerung, in: KB 88 (1988), Nr. 11, S. 11.

Einsatz für die Cholerakranken, in: KB 89 (1989), Nr. 2, S. 7.

Ein gemeinsamer Aufruf von Adolph Kolping und Matthias Joseph Scheeben, in: KB 89 (1989), Nr. 7/8, S. 27.

Texte, in: Deutsche Tagespost vom 13. 2. 1990.

Eine Kolping-Ausstellung in Wuppertal, in: Romerike Berge 40 (1990), Nr. 4, S. 28-29.

Adolph Kolping und Bonn, in: Pressedienst International Kolping Society – Obra Kolping International, 1991.

Was will das K-Zeichen besagen?, in: Junge Zeit. Mitgliederzeitschrift für Jungkolping, 1991, Nr. 3, S. 6-7.

Leserbrief zu: Den Menschen ein Bruder, in: KAB-Zeitung, 1991, Nr. 11, S. 5.

---

[2] Hier handelt es sich um von mir entdeckte Kolpingtexte u. ä., die eigentlich in die schon erschienenen Bände der „KS" gehört hätten und so nachträglich zugänglich gemacht werden sollten. Für diese Reihe waren weitere Beiträge geplant: über eine Rede Kolpings in Mainz vom 15. 4. 1852, in: Volksbote für den Bürger und Landmann vom 25. 4. 1852, Beiwagen Nr. 17, S. 35-36; über eine Rede Kolpings in Wien vom 8. 6. 1852, in: Österreichisch-Kaiserliche Wiener Zeitung vom 10. 6. 1852, S. 1608; über ein Vorwort Kolpings, in: Heinrich Modest, Gnade und Wahrheit, Köln 1853; über ein weiteres Vorwort Kolpings, in: Ferdinand Adrian, Gott segne das ehrbare Handwerk. Ein Handbuch für den deutschen Gesellen in der Heimath und in der Fremde, Freiburg 1858, S. III-IV.

Was Adolph Kolping vom Kölner Karnevalstrubel hielt, in: KB 92 (1992), Nr. 2, S. 14.

Ein „neues", wiedergefundenes Kolpingportrait, in: KB 94 (1994), Nr. 7/8, S. 21.

4. Buchanzeigen bzw. -besprechungen

Neues Buch: Handwerker in der Industrialisierung, in: KB 85 (1985), Nr. 5, S. 14.

Ketteler: Sämtliche Werke und Briefe. Weiterer Band der Gesamtausgabe erschienen, in: KB 86 (1986), Nr. 1, S. 14.

Neuerscheinung über einen Vorgesetzten Kolpings, in: KB 88 (1988), Nr. 4, S. 11.

Soeben erschienen: Adolph-Kolping-Schriften, Bd. 5, in: KB 88 (1988), Nr. 4, S. 15.

Neuerscheinung: „Gestapo contra Kolping", in: KB 89 (1989), Nr. 1, S. 15.

Buchhinweis: Wilhelm Emmanuel von Ketteler, Briefe und öffentliche Erklärungen 1850 bis 1854, in: KB 90 (1990), Nr. 5, S. 11.

Für ein soziales Christentum. Neuerscheinung einer Kolpingbiographie von Christian Feldmann bei Herder, in: KB 91 (1991), Nr. 5, S. 10.

Eine bedeutsame Kolping-Biographie, in: KB 92 (1992), Nr. 4, S. 11.

Kolping-Verlag veröffentlicht Erlebnisse aus den Jahren 1852 bis 1863. Adolph Kolpings Reiseberichte erschienen, in: KB 92 (1992), Nr. 10, S. 11.

Rezension zu: Hans-Joachim Kracht, Adolph Kolping, in: Jahrbuch des Kölnischen Geschichtsvereins 64 (1993), S. 201-204.

Rezension zu: Hans-Joachim Kracht, Adolph Kolping, in: Jahrbuch für Jugendsozialarbeit 14 (1993), S. 338-343.

Neuerscheinungen über das Leben Adolph Kolpings, in: Die Heimstatt 41 (1993), S. 329-330.

Rezension zu: Ernst Heinen, Katholizismus und Gesellschaft, in: Jahrbuch des Kölnischen Geschichtsvereins 65 (1994), S. 263-266.

Predigten und religiöse Schriften Kolpings. Neuerscheinung im Kolping-Verlag, in: KB 94 (1994), Nr. 11, S. 7.

Neuerscheinung: Ansgar Krimmer, Der katholische Gesellenverein in der Diözese Rottenburg 1852-1945, in: Idee und Tat 82 (1995), Nr. 2, S. 18-19.

Kolping-Verlag veröffentlicht Erlebnisse aus den Jahren 1852 bis 1865. Adolph Kolpings Reiseberichte, Teil II, erschienen, in: KB 95 (1995), Nr. 7/8, S. 19 und Nr. 12, S. 17.

Rezension zu: Thomas Mergel, Zwischen Klasse und Konfession, in: Jahrbuch des Kölnischen Geschichtsvereins 66 (1995), S. 244-247.

Rezension zu: Joachim Schmiedl, Marianische Religiosität in Aachen, in: Annalen des historischen Vereins für den Niederrhein 198 (1995), S. 321-324.

Quellenwerk über die Gründungsgeschichte des Katholischen Gesellenvereins erschienen, in: KB 96 (1996), Nr. 1, S. 17.

Rezension zu: Ansgar Krimmer, Der katholische Gesellenverein in der Diözese Rottenburg 1852-1945, in: Rottenburger Jahrbuch für Kirchengeschichte 15 (1996), S. 350-352.

Personenregister

ohne: Breuer, Johann Gregor, und: Kolping, Adolph